Hartmut Traub:
Der Denker und sein Glaube

Spekulation und Erfahrung

Texte und Untersuchungen zum Deutschen Idealismus

Herausgegeben in Verbindung mit den Institutionen

Forschungszentrum für Klassische Deutsche
Philosophie / Hegel-Archiv, Bochum
Ludwig-Maximilians-Universität München
Schelling – Edition und Archiv, Bayerische Akademie
der Wissenschaften, München

Abteilung II: Untersuchungen   Band 61

Der Denker und sein Glaube

Fichte und der Pietismus oder:
Über die theologischen Grundlagen
der Wissenschaftslehre

von Hartmut Traub

Mit einer Übersetzung von Fichtes
›Theologia dogmatica secundum
Theses D. Pezoldi‹
von Christian Reindl

frommann-holzboog   2020

Redaktion:
Jörg Jantzen, München
Günter Zöller, München

in Verbindung mit:
Wilhelm G. Jacobs, München

Bibliografische Information der Deutschen Nationalbibliothek

Die Deutsche Nationalbibliothek verzeichnet diese Publikation
in der Deutschen Nationalbibliografie; detaillierte bibliografische
Daten sind im Internet über <http://dnb.dnb.de> abrufbar.

ISBN 978-3-7728-2883-6
eISBN 978-3-7728-3332-8

© frommann-holzboog Verlag e. K. · Eckhart Holzboog
Stuttgart-Bad Cannstatt 2020
www.frommann-holzboog.de
Satz: JVR Creative India, Panchkula
Gesamtherstellung: Memminger MedienCentrum
Gedruckt auf säurefreiem und alterungsbeständigem Papier

Inhaltsverzeichnis

Siglen-Verzeichnis

AA   *Kant's gesammelte Schriften.* Hrsg. von der Königlich Preußischen Akademie der Wissenschaften. Berlin 1902 ff. Unveränderter photomechanischer Abdruck: Berlin 1968.

AKZ   *Allgemeine Kirchenzeitung. Ein Archiv der neuesten Geschichte und Statistik der christlichen Kirche.* Begründet von Ernst Zimmermann. Darmstadt 1822–1872.

ALZ   *Allgemeine Literatur-Zeitung.* Jena 1785–1803. Halle 1804–1849.

DgF   Peter L. Oesterreich / Hartmut Traub: *Der ganze Fichte. Die populäre, wissenschaftliche und metaphilosophische Erschließung der Welt.* Stuttgart 2006.

FiG   *J. G. Fichte im Gespräch. Berichte der Zeitgenossen.* Hrsg. von Erich Fuchs in Zusammenarbeit mit Reinhard Lauth und Walter Schieche. 7 Bde. Stuttgart-Bad Cannstatt, 1978–2012.

GA   *J. G. Fichte-Gesamtausgabe* der Bayerischen Akademie der Wissenschaften. Herausgegeben von Reinhard Lauth u. a. Stuttgart-Bad Cannstatt 1962-2012.

GdP   *Geschichte des Pietismus.* Hrsg. von Martin Brecht, Klaus Deppermann, Ulrich Gäbler und Hartmut Lehmann. 4 Bde. Göttingen 1993-2004.

GKR   Rudolf Reese: *Geschichte der ev.-luth. Kirchgemeinde Rammenau.* Brentnig-Hauswalde 2007.

LLB   *Johann Gottlieb Fichte's Leben und Litterarischer Briefwechsel.* Hrsg. von Immanuel Hermann Fichte. 2 Bde. Sulzbach 1830/31.

SW   *Johann Gottlieb Fichtes sämmtliche Werke.* Hrsg. von Immanuel Hermann Fichte. 11 Bde. Berlin 1834/35 und 1845/46. Fotomechanischer Nachdruck: *Fichtes Werke.* Berlin 1971.

»Von seiner ersten Schrift an bis zur letzten
sind es religiöse Fragen und Erlebnisse gewesen, die sein Denken zu den letzten Wurzeln
seiner Überzeugung führten.«[1]

Einleitung

Ich koche Kaffee für unser Frühstück. Es ist Sonntagvormittag, kurz
vor 10 Uhr. Von der Dorfkirche her läuten die Glocken zum Gottesdienst. Paare, meist in fortgeschrittenem Alter, oder auch Einzelper-
sonen, in der Regel Frauen, gehen am Fenster vorüber, in Richtung
Kirche.

Mein letzter Gottesdienstbesuch – anlässlich der Beerdigung der
Mutter von Freunden – liegt lange zurück. Für eine zunehmend säkulare Gesellschaft wird der regelmäßige Besuch eines Gotteshauses
oder überhaupt eine Bindung an die Kirche mehr und mehr zur Ausnahme. Wenn, dann meist aus Tradition und Gewohnheit, weniger
aus Überzeugung und aus festem Glauben an die Heilsbotschaft der
christlichen Lehre. Der ›Glaube der säkularen Welt‹ stützt sich auf
die mehr oder weniger sicheren Informationen aus den Medien. Ihre
Basis ist nicht die sonntägliche Predigt von der Kanzel, sondern sind
möglichst zuverlässige Informationsquellen, empirisch überprüfbare
Nachrichten, wissenschaftliche Erkenntnisse. Mit Religion oder Kirche hat das nichts zu tun. Die Frage nach religiösen oder konfessionellen Implikationen innerhalb dieses ›modernen‹ Weltverständnisses
erscheint hier abwegig, konstruiert. Wir haben uns daran gewöhnt,
Religion und Lebenswelt voneinander in die Bereiche privat und öffentlich zu trennen.

Einer der letzten bedeutenden Gelehrten, der die Frage nach dem
Zusammenhang zwischen säkularer Welt und konfessioneller Über-
zeugung grundsätzlich gestellt hat, war der Soziologe Max Weber.
Seine zu Anfang des 20. Jahrhunderts formulierte These, dass der

---

1   H. Heimsoeth: *Fichte*. München 1923, 10.

›Geist des Kapitalismus‹ seinen Ursprung in der protestantischen, insbesondere der pietistischen Ethik habe, ja geradezu Ausdruck ihrer innerweltlichen Praxis sei, wird bis in unsere Gegenwart kontrovers diskutiert.

So fremdartig uns im Zeitalter nach dem ›Tod Gottes‹ der Zusammenhang zwischen religiös-konfessioneller Überzeugung und säkularem, ökonomischem Denken und Handeln auch erscheinen mag, es waren gerade die Großen unserer, speziell auch der deutschen Geistesgeschichte, für die dieser Zusammenhang fraglos galt. Gleichviel, ob sie sich, wie der Pfarrerssohn Friedrich Nietzsche, daran geradezu manisch abgearbeitet oder sich, wie der pietistisch erzogene Immanuel Kant, kritisch damit auseinander gesetzt haben.

Was uns Heutige von ihnen und ihren Zeitaltern unterscheidet, ist die Selbstverständlichkeit, mit der sie intellektuell, emotional und ästhetisch in ihre religiöse Kultur hineinwuchsen. Nicht nur der sonntägliche ›Besuch‹ des Gottesdienstes – genau genommen war es kein Besuch, welches Wort ja eher eine Ausnahmesituation beschreibt –, sondern Kirche und Glaube prägten insgesamt das Leben, auch die Strukturen des Alltags. Das galt nicht nur für die Masse der Gesellschaft – als deren Opium vielleicht –, sondern auch für ihre intellektuellen Spitzenrepräsentanten, die Philosophen – und dies bis ins ausgehende 19. und beginnende 20. Jahrhundert.

1. »Der moderne Philosoph und Gelehrte ist nothwendig ein Protestant.«

Wir können uns heute nur schwer vorstellen, in welchem Ausmaß religiöse Erziehung und eigene religiöse Praxis die Weltanschauung und damit auch die philosophischen Systeme einer Zeit geprägt haben, in der regelmäßiger Gottesdienstbesuch, eine religiöse Sozialisation und ein grundsätzlich affirmatives Verhältnis zu Religion und Kirche selbstverständlich waren.

Daher scheint es eine nicht ganz abwegige Aufgabe zu sein, dem Zusammenhang zwischen religiöser Bildungsbiographie, dem konfessionellen Glauben und der Entwicklung philosophischer Ideen oder gar Systeme nachzugehen und Leben und Werk der Philosophen in dieser Hinsicht miteinander in Beziehung zu setzen. Das gilt insbesondere für solche Denker, die den religiös-wissenschaftlichen Zusammenhang ihrer Arbeit von sich aus nahelegen oder betonen. Ein solcher Philosoph ist Johann Gottlieb Fichte. Seine für uns höchst merkwürdige, für ihn jedoch – wie sich zeigen wird – plausible Kernaussage zu diesem Thema lautet: »der moderne Philosoph u. Gelehrte [ist] nothwendig ein Protestant« (GA II/15, 367). Was bedeutete es für einen Philosophen, wenn sein Professorenleben im täglichen Ablauf, in seinem Wochenplan, in seinem Blick und Urteil über Politik und Gesellschaft durch intensive Glaubenspraxis begleitet wurde? Wenn sich sein professorales Amt in die Frömmigkeits- und Glaubenspraxis des religiös erzogenen und theologisch gebildeten Protestanten eingliederte? Für Fichte gilt, dass das religiös-theologische Fluidum sein wissenschaftliches Denken prägte, durchzog, stützte und orientierte. Wissenschaftliches Denken beurteilt er als zeitgebundene Form des Ausdrucks und der Darstellung eines Inhalts, dessen Substanz überzeitlichen, moralisch-religiösen Charakter trägt. Dies zu zeigen, ist die Absicht dieser Abhandlung.

Beim Thema Religion hat sich die internationale Fichte-Forschung mehr oder weniger ausschließlich um die systemimmanente Frage nach Bedeutung und Funktion des religiösen Denkens, um den Standpunkt der Religion *im Kontext der Wissenschaftslehre* – Fichtes explizitem philosophischen Entwurf – gekümmert. Und dazu ist eine Vielzahl von Publikationen erschienen. Allerdings lautete bisher die Antwort auf die engere Frage: Was hat Fichtes Wissenschaftslehre und deren Transzendentalphilosophie mit der Frage nach Katholizismus, orthodoxem oder reformiertem Protestantismus oder mit Judentum und Islam zu tun?, wie selbstverständlich: Nichts! Die Konfessionsgeschichte des Pfarrers in spe und deren Zusammenhang mit der Ausbildung seiner philosophischen Ideen blieben weitestgehend unbeachtet. Das ist für einen Philosophen wie Fichte, der die These vertritt: »der moderne Philosoph und Gelehrte [ist] nothwendig ein Protestant«, eine bemerkenswerte Selbstbeschränkung im Hinblick auf die angemessene Würdigung und Erklärung seiner philosophischen Themen und deren Behandlung. Es ist eine Art selbstverschuldete Unmündigkeit, in die sich die ideengeschichtliche Forschung hineinbegeben hat. Für einen Denker, dessen geistesgeschichtliche Orientierung in der festen Überzeugung gründet, zum Pfarramt und zur Kanzel berufen zu sein, ist das ein folgenreicher Kurzschluss. Aber nicht nur das. Noch problematischer als der Ausschluss der konfessionellen Diskussion um die Grundlagen des Denkens Fichtes im Allgemeinen ist die Abweisung des Einflusses pietistischen Gedankenguts auf die Grundlegung und Ausbildung seiner Philosophie im Besonderen, wie dies etwa von R. Preul und S. Bacin behauptet wird.[2]

Als Religionswissenschaftler fragt man sich allerdings, wie eine Behauptung dieser Tragweite mit solcher Bestimmtheit aufgestellt und begründet werden kann. Wie soll der Beweis darüber geführt werden, dass Fichte und seine Biographie vom Pietismus unberührt geblieben sind? Kann es überhaupt sein, dass *die* epochale Erneuerungsbewegung des Protestantismus im 17. und 18. Jahrhundert, die alle gesellschaftlichen und politischen – auch und gerade die religiösen und theologischen – Kreise in ganz Nordeuropa und Amerika, bis hin zum Staatspietismus Dänemarks, erfasst und beeinflusst hat, an ihm spurlos vorübergegangen ist? Oder, andersherum gefragt, was wäre so beunruhigend an der eher plausiblen Gegenthese, dass Fichte, als zum Predigeramt prädestinierter Sachse, mehr oder weniger zwangsläufig mit dem Pietismus in Berührung gekommen sein muss? Galt doch gerade Sachsen, und speziell die Oberlausitz, seinerzeit als ein Kerngebiet des Pietismus in Deutschland.

Mit dem Thema *Der Denker und sein Glaube – Fichte und der Pietismus* soll diesen Fragen zu den religiösen und konfessionellen Grundlagen der Philosophie Fichtes auf unterschiedlichen Wegen nachgegangen werden.

---

2 Vgl. R. Preul: *Reflexion und Gefühl. Die Theologie Fichtes in seiner vorkantischen Zeit.* Berlin 1969, 22 und S. Bacin: *Fichte in Schulpforta (1774–1780).* Stuttgart-Bad Cannstatt 2002 (*Spekulation und Erfahrung II/42*), 39.

2. »*Die Eindrüke der ersten Erziehung sind unaustilgbar.*«

Viel intensiver als bisher geschehen, ist bei diesem Unternehmen das Milieu auszuleuchten, in dem der zum Pfarramt bestimmte spätere Philosoph aufwuchs. Es ist ein Mangel im tradierten Bild über Fichtes frühe geistige Prägung, dass es sich seit Generationen im Wesentlichen mehr oder weniger auf dieselben Quellen, das heißt die Biographien des Sohnes und des Enkels sowie die Briefe und Dokumente aus Fichtes eigener Feder, beschränkt und selbst den dort gegebenen Hinweisen kaum weiter nachgeht. Um ein Beispiel zu nennen: Es ist hinreichend bekannt und wird oft wiederholt, dass der etwa neunjährige Fichte nach seiner wundersamen Entdeckung durch Ernst Haubold von Miltitz unter dessen Vormundschaft kam. Ungeklärt aber blieb bislang die bildungsbiographisch interessante Frage nach dem erzieherischen ›Geist‹ im Hause derer von Miltitz. Welche, insbesondere auch religiöse Erziehung genoss der Knabe unter dem Einfluss seiner Vormünder während der immerhin vier Jahre bis zur Aufnahme in die Fürstenschule von Schulpforta im Oktober 1774? Diese Frage lässt sich aus den bisher in der Regel verwendeten Quellen nicht beantworten. Dazu muss der Blick auf anderes Material, das vorliegt, gerichtet werden. Das ist keine Forderung kleinlicher historischer Penibilität, sondern zwingendes Erfordernis. Denn der Blick in die Familiengeschichte derer von Miltitz ist in diesem Falle unter anderem für Fichtes Bildungsbiographie höchst aufschlussreich. Zeigt er doch, dass nicht nur die Hausherrin, Henriette Luise von Miltitz, als streng religiöse Frau galt und dementsprechenden Einfluss auf ihr Mündel nahm. Sondern bemerkenswert ist auch, dass zu Fichtes Vormündern dieser und auch späterer Zeit der Cousin des Hausherrn, Heinrich Ulrich Erasmus von Hardenberg, zählte. Von Hardenberg, der Vater des Dichters Novalis, war als vehementer und bekennender Anhänger des Zinzendorf'schen Pietismus sehr um die Erziehung und Bildung der drei Kinder im Miltitz'schen Hause, inklusive des jungen Fichte, bemüht und machte diesen Einfluss, insbesondere nach dem frühen Tod des Hausherrn, dort auch geltend.

Dass dieses Milieu der Frömmigkeit im Hause derer von Miltitz Spuren bei Fichte hinterlassen haben dürfte, ist anzunehmen.

Es sind genau solche und ähnliche bislang wenig beachtete Umstände in Fichtes früher Bildungsbiographie, deren Klärung für das Verständnis der weltanschaulichen Grundlagen und Besonderheiten seines sich daraus entwickelnden oder sich daran abarbeitenden philosophischen Denkens von Bedeutung sind. Überdies sind sie geeignet – um am Beispiel zu bleiben –, verfestigte, allerdings irrige Ansichten der Forschung über Fichtes Verhältnis zum Pietismus, aber auch andere liebgewonnene Ansichten aufzuklären, etwa die über das ›Dunkel‹ von Fichtes Studienzeit oder zum Determinismus als seiner frühen Weltanschauung. Auf der Entdeckung der bildungsbiographischen Zusammenhänge und deren nachhaltigen Einflüssen und Auswirkungen auf das Denken Fichtes liegt *ein* Schwerpunkt unserer Untersuchung.

Das Ergebnis dieser Recherche ist ein zweifaches. Zum einen wird durch die Konzentration auf die Komplexität der frühen religiös-weltanschaulichen Prägung Fichtes die Frage nach der Bedeutung dessen neu zu stellen sein, was die Fichte-Forschung, unter dem Einfluss Wilhelm Weischedels, seit den dreißiger Jahren des 20. Jahrhunderts ›den frühen Fichte‹ nennt. Das zweite Ergebnis der Untersuchung bisher wenig oder gar nicht berücksichtigter Quellen zur Bildungsbiographie Fichtes besteht in der Möglichkeit, eine schlüssige Antwort auf die Frage nach der ›theologischen Wende‹ im Denken Fichtes nach 1800 geben zu können.

3.   Der ›frühe Fichte‹

Es ist vor allem Wilhelm Weischedels *Der frühe Fichte* aus dem Jahre 1939, das bis in die Gegenwart hinein maßgeblich eine Deutung Fichtes prägt, die dessen spezifischen Ansatz im Ausgang von der Entdeckung des Ich in den Jahren 1793/94 und in seinem ›Damaskus-Erlebnis‹, das heißt Fichtes Begegnung mit Kants *Kritik der praktischen*

Vernunft im Jahre 1790, verortet.[3] Das unendlich häufig als Beleg dieser Sichtweise angeführte Bekenntnis des damaligen Kandidaten der Theologie und Hauslehrers gegenüber seinem alten Schulfreund Friedrich August Weißhuhn: »Ich lebe in einer neuen Welt, seitdem ich die Kritik der praktischen Vernunft gelesen habe«, behauptet als Ganzes, zumindest tendenziell, etwas anderes als den unterstellten *grundsätzlichen* intellektuellen Neustart des bis dahin vom Determinismus geprägten Denkers. Denn Fichte fährt fort:»Sätze, von denen ich glaubte, sie seien unumstößlich, sind mir umgestoßen, Dinge, von denen ich glaubte, sie können mir nie bewiesen werden, sind mir bewiesen« (GA III/1, 167). Insbesondere der zweite Teil dieser Erklärung sagt doch, dass Kant den jungen Fichte auf Erkenntniswege geleitet hatte, auf denen es ihm nun möglich wurde, Ideen beweisen zu können, insbesondere die der absoluten Freiheit und der Pflicht, die ihm vordem als unbeweisbar galten. Es sind also nicht die Ideen selbst, zu denen er sich von Kant hat inspirieren lassen, sondern es ist deren wissenschaftlich-philosophische Beweisbarkeit, die er dem Studium Kants verdankt. Fichtes Ideen, Überzeugungen oder Glaubenssätze selbst, die nun mit Kant bewiesen werden konnten, waren bereits vorhanden. Und genau um deren Wesen und Herkunft muss es gehen, wenn nach den Grundlagen des Fichte'schen Denkens, das heißt, wenn nach dem ›frühen Fichte‹ gefragt wird.

Wenn auch der Ansatz, die vorkantische Bildungsbiographie Fichtes stärker für die Entwicklung und Schwerpunktsetzungen seines philosophischen Systems zu berücksichtigen, zwingend in das Konzept gehört, das seit geraumer Zeit in der Forschung unter dem Titel ›Der ganze Fichte‹ diskutiert wird, so ist dieser Ansatz dennoch nicht gänzlich neu. Denn entgegen Weischedels Ansatz und der durch ihn gefestigten Deutungtradition hatten schon andere zu Beginn des 20. Jahrhunderts beklagt, dass dieser ›kantisch verkürzte‹ Blick auf den frühen Fichte eine wesentliche Periode seiner Herkunft und Prägung

---

3   B. Loheide: *Fichte und Novalis. Transzendentalphilosophisches Denken im romantisierenden Dialog.* Amsterdam/Atlanta 2000 (*Fichte-Studien Supplementa 13*), 19–30.

dem Vergessen oder der Bedeutungslosigkeit überantwortet. Schließlich war Fichte zum Zeitpunkt seiner Bekanntschaft mit Kants Schriften bereits achtundzwanzig Jahre alt und hatte den größten Teil seiner
schulischen und akademischen Prägung hinter sich. In Fritz Medicus'
Fichte-Biographie aus dem Jahre 1914 ist über den Forschungsstand
zum Bildungsgang Fichtes vor 1790 zu lesen: »Diese Überlieferung
[ist] in Vergessenheit gekommen, und gerade die besseren und ausführlicheren Arbeiten über Fichte wissen nichts davon«.[4] Ob diese
Arbeiten, die davon nichts wissen, tatsächlich die besseren waren,
wie Medicus höflich konzediert, lassen wir dahingestellt. Die Thematisierung Fichtes *vor der Wissenschaftslehre* und vor der Begegnung
mit Kant bewegt sich somit nicht völlig auf neuem Forschungsboden.
Sie knüpft vielmehr an eine Tradition der Fichte-Forschung an. Eine
Tradition, die in der gegenwärtigen, vom Weischedel-Diktum zum
›frühen Fichte‹ geprägten Rezeption kaum wahrgenommen wird,
die aber in Fritz Medicus (1914), Max Wundt (1927) und Maximilian Runze (1918/19) einst namhafte Vertreter hatte und die etwa mit
Reiner Preul (1969), Stefano Bacin (2007), Armin Wildfeuer (1999),
Martin Oesch (1981) und Manfred Kühn (2012) auch gegenwärtig
präsent ist.[5]

---

4   F. Medicus: *Fichtes Leben*. Leipzig 1914, 10. Die Verdrängung der philosophischen
    oder weltanschaulichen Prägung Fichtes vor 1790 führt in der Tradition Weischedels
    zu zum Teil unhaltbaren Behauptungen, wie etwa denen, dass über Fichtes Studi-
    enzeit wenig bekannt sei oder Fichtes Motive zur Wahl des Studiums der Theologie
    »im Dunkeln« lägen, P. Rohs: *Johann Gottlieb Fichte*. München 1991, 9 f.

5   Auf die rhetorische und (sprach-)ästhetische Prägung Fichtes sowie sein vertieftes
    Studium der lateinischen Klassiker während seiner Ausbildung in Schulpforta haben
    hingewiesen: DgF, 65–81. Vgl. auch H. Traub: »Ästhetik und Kunst in der Philoso-
    phie Johann Gottlieb Fichtes – eine Bestandsaufnahme«, in *Fichte und die Kunst*.
    Hrsg. von I. Radrizzani / F. Oncina Coves. Amsterdam / New York 2014 (*Fichte-
    Studien 41*), 305–391.

4. Fichtes ›prima inquirenda‹

Ein bedeutender Fortschritt der jüngeren Fichte-Forschung besteht in der Aufwertung dessen, was heute ›Fichtes Spätphilosophie‹ genannt wird, das heißt die kritische Edition seiner Vorlesungen ab 1810 sowie der philosophischen Tagebücher aus seinem letzten Lebensjahr, der *Diarien*. Reinhard Lauth, Gründer und Herausgeber der Fichte-Gesamtausgabe, nennt Fichtes letzte philosophische Untersuchungen die »ultima inquirenda«.[6] Zwar immer noch der transzendentalen Grundlegung seines Denkens verpflichtet, tritt schon um die Jahrhundertwende, nach 1805 verstärkt, eine bisweilen auch explizit theologisch ausgelegte Seins- und Lebenslehre ins Zentrum von Fichtes Denken. So wird schließlich, und darin besteht das Ergebnis der gegenwärtigen Fichte-Revision, die transzendentale Ich-Philosophie der 90er Jahre des 18. Jahrhunderts mit der Seins- und Lebenslehre des frühen 19. Jahrhunderts zu einer theologisch konnotierten »Bildlehre vom Absoluten«[7] verbunden.

Der Forschungsfokus auf dem durch die Gesamtausgabe neu erschlossenen Spätwerk stößt in seiner Deutung der Philosophie Fichtes allerdings immer wieder an eine bisher noch unverständliche Grenze. Nämlich auf die Frage nach der Veranlassung der ›theologischen Wende‹ der Wissenschaftslehre nach 1804/05. Das gängige Deutungsschema für diesen ›Sinneswandel‹ verweist in der Regel auf den *Atheismus-Streit* und speziell auf Fichtes Auseinandersetzung mit der Nihilismus-Kritik Friedrich Heinrich Jacobis.[8] Es trifft zu: Der Atheismus-Streit hat den Philosophen intellektuell sehr beschäftigt, zweifellos auch persönlich getroffen – schließlich hat er über ihn seine Professur in Jena verloren.

---

6 R. Lauth (Hrsg.): *Ultima Inquirenda. J. G. Fichtes letzte Bearbeitungen der Wissenschaftslehre Ende 1813 / Anfang 1814.* Stuttgart Bad-Cannstatt (*Spekulation und Erfahrung I/7*) 2001.

7 W. Janke: *Vom Bild des Absoluten. Grundzüge einer Phänomenologie Fichtes.* Berlin / New York 1993.

8 F. H. Jacobi: »Jacobi an Fichte«, in: *Werke*. Bd. 3. Leipzig 1816, 1–57.

Wir halten die Erklärung, dass sich Fichte über den Atheismus-Streit genötigt sah, seine Wissenschaftslehre durch ein theologisches Fundament weltanschaulich abzusichern, für nicht hinreichend. Denn die Ereignisse um 1799 sind unseres Erachtens vor allem *Veranlassungen*, nicht aber Ursprünge der theologischen Akzentuierung einzelner Perioden und Themen des Fichte'schen Oeuvres. Der immer wieder hervortretende, dann im Spätwerk bisweilen dominierende theologisierende Grundzug hat tiefere Wurzeln. Ihnen nachzugehen führt hinter den Atheismus-Streit, aber auch hinter den Ursprung der Entstehungsgeschichte der Wissenschaftslehre im Jahr 1793 zurück, und zwar in die Anfänge der Bildungsbiographie Fichtes, zurück in seine Schul-, Studien-, Hauslehrer- und Wanderpredigerzeit. Er führt uns zu *Fichte vor der Wissenschaftslehre*, führt zu seiner ›prima inquirenda‹.

5. *»An Realität überhaupt [...] findet lediglich ein Glaube statt.«*

In diesen ersten Untersuchungen wird auch und insbesondere Fichtes Glaubensbegriff grundgelegt und in seinen wesentlichen Elementen ausgebildet. Gegen die verbreitete Ansicht der Fichte-Forschung, dass Fichtes Glaubensbegriff – wie dessen Wendung zu religiösen Fragen überhaupt – vor allem durch den Atheismus-Streit ausgelöst worden sei, ja dass Fichte in diesem Zusammenhang insbesondere von Jacobi bestimmte Elemente in sein Glaubensverständnis übernommen habe,[9] wird sich vielmehr zeigen lassen, dass er bereits viel früher einen systematischen Glaubensbegriff ausgebildet und mit ihm gearbeitet hat. Der schon in den Anfängen des Fichte'schen Denkens nicht im engeren Sinne theologisch-dogmatische Glaubensbegriff bildet dann im Folgenden die Grundlage und Orientierung für

---

9 Vgl. G. Zöller: »›Das Element aller Gewissheit‹ – Jacobi, Kant und Fichte über den Glauben«, in: *Fichte und Jacobi*. Hrsg. von K. Hammacher. Amsterdam / Atlanta 1998 (*Fichte-Studien 14*), 34.

einen auch spezifisch philosophischen Glaubensbegriff, der sowohl in theoretischer wie in praktischer Hinsicht für das Realitätsbewusstsein konstitutive und systematische Bedeutung hat. Denn einerseits erschließt sich über ihn, wie es 1794 in der *Grundlage der gesammten Wissenschaftslehre* heißt, »Realität überhaupt, sowohl die des Ich, als des Nicht-Ich« (GA I/2, 429). Und andererseits artikuliert sich im Gewissheitsmodus des Glaubens, wie es 1800 in der *Bestimmung des Menschen* heißt, »das *Interesse* für eine Realität«, sowohl für eine ideelle wie eine materielle (GA I/6, 258 f.). Auch spätere Wissenschaftslehren, etwa die *Wissenschaftslehre* von 1805, arbeiten mit diesem realitätserschließenden Glaubensverständnis, das, wie schon die *Bestimmung des Menschen* zuvor, dem Glauben eine idealismuskritische, Skeptizismus überwindende und wissenserweiternde Funktion zuweist.

> Dem sehenden, absolute Reflektirbarkeit erblickenden Auge, müste, ohne Glauben, beides [Realismus und Idealismus] gleich gelten; das Resultat wäre ein absoluter Skeptizismus […]. Der Glaube erst, der nur in der vollendeten Klarheit möglich ist, unterordnet auf immer, u. entschieden die idealistische Ansicht unter die realistische (GA II/9, 240).

Wenn nach Fichte das Realitätsbewusstsein unmittelbar mit dem Glauben zusammenhängt, dann stellt sich nicht nur die Frage nach dem Wesen des Glaubens als eines spezifischen Modus der Gewissheit, sondern auch die nach möglichen, über den Glauben vermittelten ›Spielarten‹ der Realität und des Realitätsbewusstseins. In der Folge dieser Überlegungen kommen die ›Glaubenssysteme‹ – virtuelle ›Realitäten‹ eingeschlossen – in den Blick, die Fichte transzendentallogisch und existenzphilosophisch im Rahmen seiner Theorie der Weltanschauungen entfaltet hat. Dass darin der religiöse Glaube und die über ihn erschlossene (absolute) Realität göttlichen Seins eine zentrale Rolle spielt, steht außer Frage (DgF, 194–206). Und es ist insbesondere diese über die subjektive Glaubensgewissheit hinausweisende Relevanz der sich im Glauben einstellenden *objektiven* Realitätsgewissheit, die sich in reflektierter und systematischer Gestalt schon beim frühen Fichte nachweisen lässt. Auf deren ursprünglichen Erfahrungs- und Realitätsgehalt bezieht sich, wie durch die Analyse der vorkantischen Schriften Fichtes plausibel zu machen ist, dann die spätere, für Fichtes theoretische wie praktische Philosophie spezifische Idee genetischer und unmittelbarer Evidenz als Ort der Vermittlung von Realität und Wissen.

In summa: Fichtes Wissenschaftslehre ruht als Transzendental-philosophie auf einem Fundament nicht nur, vielleicht nicht einmal in erster Linie, *philosophischer*, sondern früh geprägter *religiös-moralischer* und *christlich theologischer* Überzeugungen. Diese Basis offenzulegen, die sein Denken nicht nur trägt, sondern prägt und durchzieht, bedeutet nichts weniger, als die Grundzüge der Originalität seines Denkens sowie die bisweilen irritierenden Wendungen seiner Philosophie aus den ideengeschichtlichen Ursprüngen ihrer Herkunft und in ihrer tieferen Bedeutung neu verstehen und bewerten zu lernen.

Die Freilegung des Fichte'schen Denkens *vor der Wissenschaftslehre* ist geboten. Denn, wie gesagt, Fichte war, als die philosophische Welt durch seinen religionskritischen *Versuch einer Critik aller Offenbarung* 1792 auf ihn aufmerksam wurde, bereits dreißig Jahre alt. Das heißt, er hatte zu diesem Zeitpunkt eine mehr als zwanzigjährige gezielte private und öffentliche geistig-moralische Sozialisation und Bildungsgeschichte hinter sich: als Schüler in Rammenau, als Mündel im Hause derer von Miltitz, als Schüler in Meißen und Schulpforta, als Student in Jena, Wittenberg und Leipzig, als weitgereister Hauslehrer und erfahrener Pädagoge sowie als reflektierter und praktizierender Theologe und Prediger. Diese Bildungsgeschichte wird für die Frage nach den Ursprüngen und Quellen seines Denkens und Glaubens nicht ohne Bedeutung gewesen sein.

6. Der Gang der Untersuchung

Die Analyse zu Fichtes ›ersten Untersuchungen‹ enthält einige Besonderheiten. Da ist zum einen die Berücksichtigung von Quellen seiner Geistesbildung, die die Forschung zwar kennt, aber nie eingehender untersucht hat. Zwar ist bekannt, dass die *Historie vom ge-hörnten Siegfried* den Knaben sehr beeindruckt haben muss. Auch Defoes *Robinson Crusoe* ist ein Roman, der in Fichtes Jugend Wirkung zeigte. Worin aber die Bedeutung dieser Schriften für die sich beim jungen Fichte herausbildende Weltanschauung bestanden haben könnte, darüber fehlen bisher Anhaltspunkte. So ist es durchaus möglich, dass etwa zwischen Defoes Robinson und Rousseaus Kulturkritik oder über den gemeinsamen reformprotestantischen Weltanschauungshintergrund der beiden Autoren eine besondere Affinität zu Fichtes eigener Bildungs- und Erziehungsbiographie besteht, die dessen Faszination für deren Schriften nicht nur erklärt, sondern sein weitergehendes Interesse an den bei Rousseau und Defoe behandelten Fragestellungen motivierte.

Eine weitere Besonderheit der Arbeit ist die hier erstmals in deutscher Übersetzung vorgelegte, von Fichte in lateinischer Sprache verfasste Abhandlung der *Theologia dogmatica secundum Theses D.[octoris] Pezoldi* (GA II/1, 35–48). Die dogmatische Theologie nach den Thesen des Doktor Pezold ist deswegen von Bedeutung, weil sie Aufschluss über Fichtes eingehende Auseinandersetzung mit theologischen Fragen und Problemen während seiner Studienzeit gibt, ein Sachverhalt, über den in der Fichte-Forschung bislang weitgehend Unklarheit herrscht. Darüber hinaus weist die *Theologia dogmatica* gemeinsam mit anderen in diesem Zeitraum entstandenen theologischen Arbeiten darauf hin, dass Fichte bereits in dieser frühen Phase seiner Bildungsbiographie eine mehr als nur in Grundzügen vorhandene klare, reflektierte und fundierte theologische, christologische und pastorale Überzeugung angenommen und vertreten hat, eine Überzeugung, die mehr als bloßes Vorlesungswissen ist, eine Überzeugung, an der sich sein philosophisches Denken entweder grundsätzlich ausgerichtet oder die es zumindest als dessen Schatten stets begleitet hat.

Die Untersuchung verläuft in aller Regel chronologisch, beginnend mit Fichtes Herkunft, seinem Bildungsgang in der eigenen Familie und im Dorf Rammenau unter dem Einfluss der dort verantwortlichen Pfarrer und Lehrer. Der zweite Teil befasst sich mit

Fichtes Bildungsbiographie unter der Vormundschaft der Familie von
Miltitz bis zu seiner Aufnahme in Schulpforta. Was die Untersuchung
von Fichtes Aufenthalt in der Landesschule betrifft, so werden auch
hier die unterschiedlichen, insbesondere theologischen und pädagogischen Strömungen vorgestellt, mit denen sich Fichte dort konfrontiert sah und zu denen er sich, bereits durch seine eigene Herkunft
geprägt, auf ganz unterschiedliche Weise verhielt. Bei der Untersuchung seiner Studienzeit in Jena, Leipzig und Wittenberg haben wir
uns bemüht, das theologisch-philosophische Profil seiner Lehrer und
Professoren auszuleuchten, um deren Einfluss auf Fichtes sich ausbil-
dende Gelehrtenpersönlichkeit deutlich zu machen. Auch nichtakademische Lehrer sind dabei berücksichtigt worden: so Fichtes Privatlehrer Christian Gotthold Schocher in Leipzig, der für Fichtes ausge-
schärftes Verhältnis zur und Verständnis der deutschen Sprache und
seine besondere Affinität zur Redekunst eine wichtige Rolle spielt.

Durchbrochen wurde das Schema der Chronologie für Fichtes
Beziehung zu Christian Friedrich Pezold. Pezolds Biographie und
theologische Ausrichtung wurden dem Kapitel zu der von Fichte er-
stellten Ausarbeitung über dessen Thesen zur dogmatischen Theologie eingefügt.

Den Schluss der Untersuchung bilden die systematische Zusammenschau der drei erhaltenen theologischen Frühschriften Fichtes
sowie der auf dieser Grundlage entwickelte Versuch einer strukturierten Erörterung von Fichtes Glaubensverständnis im Rahmen seiner Wissenschaftslehre.

In allen Kapiteln geht es zentral um die Frage nach der Prägung
und Entwicklung von Fichtes religiöser Weltanschauung und seinem
theologischen Selbstverständnis, weil sie es sind, die auch seinem wissenschaftlichen und moralisch-politischen Denken zugrunde liegen,
es durchziehen und orientieren. Dabei besteht letztlich zwischen ex-
aktem (philosophischem) Wissen und wahrem (religiösem) Glauben
bei Fichte eine höchst innige Beziehung. Schließlich sei der Protestantismus nichts anderes als die konsequente Anwendung der Gesetze des Verstandes auf die Inhalte der Religion und die Erleuchtung
des Verstandes durch dieselben. Protestantismus ist demnach für

Fichte die gesuchte Vermittlung von ›Herz und Verstand‹, wobei sich Glauben und Denken im Moment der Gewissheit, Überzeugung und Evidenz auf denselben Wahrheitsgrund stützen.

In der Analyse dieser theologisch-philosophischen Prägegeschichte des Fichte'schen Denkens und Glaubens spielt die Frage nach der Bedeutung eines pietistischen Einflusses eine entscheidende Rolle. Es ist die zentrale These unserer Arbeit, dass im Hintergrund von Fichtes Bildungsbiographie und als Konfessionsgestalt, die sein religiöses wie (religions-)philosophisches Denken charakterisiert, ein gemäßigter, wissenschaftlich aufgeklärter Pietismus steht, aus dem sich sowohl Fichtes Kritik an institutioneller Religiosität überhaupt als auch insbesondere seine auch säkular und philosophisch gewendete Christologie und Ekklesiologie der Unmittelbarkeit verstehen lassen.

Neben dieser Zentralperspektive auf Fichtes frühen Bildungsgang werden in den einzelnen Kapiteln Ausblicke auf weitere Entwicklungen von Fichtes Denken und seiner religiösen und politisch-weltanschaulichen Orientierung geboten, wodurch die These über die Nachhaltigkeit der frühen Prägung unterstützt wird. Dies geschieht bei etwas ausführlicheren Untersuchungen in Exkursen. Schließlich setzen sich die thematischen Schwerpunkte der einzelnen Kapitel auch kritisch mit der Forschungsliteratur zu der jeweiligen Phase der Bildungsgeschichte Fichtes auseinander.

7. Danksagung

Der Weg zu den prägenden Ursprüngen des Fichte'schen Denkens ist von den bekannten Pfaden der Fichte-Forschung zwar nicht völlig abgewichen. Aber er ist über das bisher betretene Terrain bedeutende Schritte hinausgegangen. Aus der dadurch gewonnenen Distanz wurden sowohl neue Perspektiven auf das Welt- und Selbstverständnis des Philosophen als auch kritische Seitenblicke auf die bisherige Fichte-Forschung zu den jeweiligen Episoden und Themen seines Bildungsweges möglich. Damit diese Schritte einigermaßen sicher erfolgen konnten, war vielfältige Hilfe von Privatpersonen und Institutionen erforderlich. Sie haben meiner Arbeit durch Quellenhinweise, Beratung und durch die Bereitstellung von Dokumenten den Rückhalt, aber auch die Korrekturen verschafft, die sie benötigte, um den beabsichtigten Forschungsgang antreten und ihn soweit wie möglich abgesichert durchführen zu können.

An erster Stelle gilt mein Dank der evangelisch-lutherischen Kirchgemeinde Rammenau und ihrer Pfarrerin Jutta Gildehaus. Durch deren Einladungen zu Vorträgen in Fichtes Taufkirche bin ich auf Rudolf Reeses lehrreiche *Geschichte der ev.-luth. Kirchgemeinde Rammenau* aufmerksam geworden. Die Quellensammlung des ehemaligen Diakons zur Ortsgeschichte Rammenaus wurde zum Anstoß für die weitere Erforschung der frühen Bildungsbiographie Johann Gottlieb Fichtes und damit zum Initiator dieser Arbeit.

Ebenso dankbar bin ich der evangelisch-lutherischen Kirchgemeinde Niederau-Oberau, dem Stadtarchiv Meißen sowie dem Archiv der evangelischen Landeskirche Sachsens in Dresden, die mich mit Hinweisen und Dokumenten zu Fichtes Aufenthalt auf den Schlössern derer von Miltitz, im Haus des Pfarrers Krebel und seinem Besuch der Stadtschule von Meißen beraten und unterstützt haben. Dem ›Philosophischen Wochenende‹ der Landesschule Pforta und ihrem Rektor Bernd Westermeyer verdanke ich erhellende Aufschlüsse über Geschichte und Geist des ehemaligen Zisterzienserklosters – der späteren protestantischen Fürstenschule Schulpforta. Dem Universitätsarchiv der Universität Leipzig danke ich für dessen Recherchen zu Fichtes Lehrer Pezold.

Erich Fuchs, dem Mitherausgeber der Akademie-Ausgabe von Fichtes Werken und Herausgeber von *Fichte im Gespräch* und *Fichte in Rezensionen*, danke ich in freundschaftlicher Verbundenheit für sein stets offenes Ohr und seine bereitwilligen Antworten auf meine Fragen zu Biographie und Philosophie Fichtes. Schließlich gilt ein besonderer Dank meinem Kollegen Christian Reindl und Hans-Joachim Pagel, dem einen für seine kritische Übersetzung der *Theologia dogmatica* und Pezolds *Psychotheologia*, dem anderen für sein Korrekturlesen und so manche Anregung auch in sachlichen Fragen.

Erster Teil:
Fichte in Rammenau

1. Stand der Forschung: Was wir bisher über die frühe religiöse Sozialisation und Erziehung Fichtes wussten

Über Fichtes Herkunft und frühe religiöse Prägung im Elternhaus ist sich die Forschung im Wesentlichen einig. Aber auch nur im Wesentlichen. Die Quellen, aus denen 200 Jahre lang geschöpft wurde, sind vor allem Fichtes eigene Aussagen in Briefen (GA III) und Tagebüchern (GA II), die Fichte-Biographien des Sohnes Immanuel Hermann (LLB) sowie die des Enkels Eduard von Fichte[1] und einige spätere Quellen des 19. Jahrhunderts, wie etwa Moritz Weinholds *Achtundvierzig Briefe.*[2] Die in den 70er bis 90er Jahren des 20. Jahrhunderts von Erich Fuchs darüber hinaus zusammengetragenen Zeugnisse in *Fichte im Gespräch* (FiG) über die frühe Kindheit fügten noch einiges, auch manch Anekdotisches hinzu.

1.1 Fichtes Herkunft

Über Fichtes Herkunft liegt ein Schleier der Mystifikation. Immanuel Hermanns Biographie über seinen Vater berichtet, dass der Ursprung der Familie und deren Name »nach der Familiensage« im Dreißigjährigen Krieg zu suchen seien und auf einen im Dorf zurückgebliebenen schwedischen Wachtmeister zurückgehen. Dieser sei »mit dem Heere Gustav Adolfs zur Befreiung des glaubensverwandten Landes herüber gekommen [und] schwer verwundet bei einem Scharmützel in der Nähe zurückgeblieben«. Durch Einheirat in seine »Pflegefamilie« und den Tod aller leiblichen Erben des Schwiegervaters wurde dieser »Eingewanderte […] Gründer jenes Namens, der durch zahl-

---

1 E. Fichte: *Johann Gottlieb Fichte. Lichtstrahlen aus seinen Werken und Briefen nebst einem Lebensabriß.* Leipzig 1863.

2 M. Weinhold: *Achtundvierzig Briefe von Johann Gottlieb Fichte und seinen Verwandten.* Leipzig 1862.

reiche Nachkommenschaft wenigstens in der dortigen Gegend ziemlich verbreitet ist« (LLB I, 4 f.).

Was uns die Familienchronik noch überliefert, ist, dass Johann Gottliebs Großvater, Martin Fichte (1704–1741), der »bei der Zerstreuung der Familie allein im Dorf zurückgeblieben war, [...] von seinen Aeltern, außer seinem Anteil an Garten und Feld, einen kleinen Bandhandel ererbt [hatte]« (ebd., 5). In der Hoffnung, sich in Pulsnitz einen eigenen Absatzmarkt erschließen zu können, schickte er seinen ältesten Sohn, Christian, nach Pulsnitz in die Band- und Leinwandfabrik Schurich. Christian verliebte sich dort in die Tochter des Hauses, Johanna Maria Dorothea, kehrte mit ihr nach Rammenau zurück und heiratete sie am 1. November 1761. Ausgestattet mit einer »ansehnlichen Mitgift«, baute er für sich und seine sich rasch vergrößernde Familie das aus Abbildungen dieser Zeit bekannte Fichte'sche Elternhaus in Rammenau. Schließlich wissen wir über die Herkunft von Fichtes Familie noch, dass es einen alten Onkel von Fichtes Mutter gab, der zu Johann Gottliebs Geburt dessen bedeutende Zukunft vorausgesagt haben soll (ebd., 6).

Eduard von Fichte weist – unter Rückgriff auf Karl Friedrich Traugott Werners *Geschichtliche Nachrichten von dem Kirchdorf Rammenau* (1840) – darauf hin, dass einige der von seinem Vater zusammengetragenen Daten und Geschichten historisch fehlerhaft seien. Die erste Korrektur nimmt Eduard von Fichte an der Legende über die schwedische Herkunft der Fichtes im Dorf Rammenau vor. Nach Werners *Nachrichten*, so E. Fichte, sei der Stammvater der Familie »nicht selbst schwedischer Abkunft gewesen, sondern nur als ein dem Dorfe nicht Angehöriger zur Zeit des Dreißigjährigen Krieges dort eingewandert«. Der zweite Fehler betrifft die irrtümliche Benennung des Pfarrers Dinndorf als Pfarrer »Diendorf«, der nach Immanuel Hermanns Schilderungen Fichte unterrichtet haben soll. Dinndorf starb 1764. Er hat demnach Fichte wohl getauft, nicht aber unterrichtet.[3]

---

3 Karl Friedrich Traugott Werner (1802–1881) war seit 1825 bis zu seinem Tod Pfarrer in Rammenau. Sein 1840 erschienenes Buch *Geschichtliche Nachrichten von dem*

Das sind in etwa die ›Fakten‹ und bisher nachweislichen Quellen, auf die sich die Fichte-Forschung in ihrer Rekonstruktion der Herkunft des Philosophen stützt.[4]

1.2 Fichtes Elternhaus

Aus diesen Quellen wissen wir nun, dass Fichtes früheste, auch religiöse Erziehung vor allem durch seinen Vater Christian erfolgte. »Fichte's erster Lehrer war der eigene Vater, der seinen Gottlieb wegen seines zarten Alters noch nicht zur Schule schicken wollte. [...] [Er] übte ihn im Lesen, lehrte ihn fromme Lieder und Sprüche.« Die Grundlagen für die religiöse Unterweisung des Knaben waren nach Auskunft I. H. Fichtes die Bibel und der Katechismus (LLB I, 7). Was die ›frommen Lieder‹ betrifft, so wird hier wohl auch ein Kirchengesangbuch eine Rolle gespielt haben. Hatte sich doch die Tradition der Kirchenlieder im Protestantismus seit der Reformation zu einem bedeutenden Teil der Katechese und Liturgie entwickelt (Brunners, GdP 4, 122–142). Über die weitere, insbesondere religiöse Erziehung schreibt der Fichte-Sohn, dass »der Kleine bald das Amt im Vaterhause [hatte], der Familie das Morgengebet und den Abendsegen vorzulesen«. Dies tat er von der väterlichen Hoffnung begleitet, »sein Sohn könne vielleicht einmal von der Kanzel des eigenen Dorfes der ganzen Gemeinde den Segen sprechen« (LLB I, 8 f.).

Zu seinem Vater, für ihn der »gute, herzliche, brave Vater«, hatte Fichte ein besonderes Verhältnis und dieser wohl auch zu ihm, seinem Erstgeborenen. Noch als fast Dreißigjähriger charakterisiert Fichte ihn als besonders, ja »zu zärtlich« ihm gegenüber (GA III/1, 83). Anlässlich eines Besuchs in Rammenau, am 9. Mai 1791, schreibt Fichte

---

Kirchdorf Rammenau basiert auf zum Teil mündlicher Überlieferung und Erinnerungen älterer Einwohner des Dorfes. Vgl. E. Fichte (1863), 4.

4 Manfred Kühn hat aus diesen ›Fakten‹ ein interessantes, in manchem allerdings eher zweifelhaftes Familien-Portrait zusammengestellt. M. Kühn: *Johann Gottlieb Fichte. Ein deutscher Philosoph*. Stuttgart 2012, 17 f.

in sein Tagebuch: »Wie wohl thut mir stets sein Anblik, u. sein Ton, und sein Räsonnement!« Und fügt als Stoßgebet hinzu: »Mache mich Gott zu so einem guten, ehrlichen, rechtschafnen Manne, u. nimm mir alle meine Weißheit, u. ich habe immer gewonnen« (GA II/1, 388). Auch Fichtes Mutter, Johanna Maria Dorothea, hat – wenn auch mit einer anderen persönlichen Note – an der religiösen Erziehung des Sohnes mitgewirkt. I. H. Fichte berichtet, dass sie, wie der Vater, allerdings durch eine mehr »fromme« als »gelehrte« Erziehung, besonders um das »Seelenheil« des Sohnes besorgt war. Anlässlich der Entscheidung darüber, den kleinen Johann Gottlieb zur Förderung seines Talents aus dem Haus zu geben, schreibt der Enkel: Die Großeltern hätten wegen

> der Wichtigkeit jenes Vorschlags für die ganze Zukunft des Sohnes [...] leicht eingewilligt, wäre die Mutter in ihrem Gewissen nicht beunruhigt worden, ihr theures, bis her so fromm erzogenes Kind fremden Menschen, besonders denen eines üppigen Edelhofes, zu überlassen. [B]esser sey es, ihr Kind bleibe ungelehrt und unbedeutend, als daß es an seiner Seele Schaden leide (LLB I, 12).

Mit der mütterlichen Sorge um das Wohl des Sohnes kontrastieren Fichtes eigene Aussagen über seine Mutter und sein Verhältnis zu ihr. In einem an seine spätere Ehefrau, Johanne Rahn, gerichteten Brief aus dem Jahre 1790 schreibt er, seine Mutter habe, im Gegensatz zum Vater, nie »besondre Zärtlichkeit gegen« ihn gezeigt und dies trotz seiner körperlichen Ähnlichkeit mit ihr und trotz ihres »auffallendsten Geistes« (GA III/1, 83). In diesem Sinne notiert Fichte anlässlich eines Besuchs in Rammenau im Jahr 1791 in sein Tagebuch: »Meine Mutter, – die arme, arme Frau [...]. Sie wollte gern gut thun, aber sie kann leider nicht, weil ihr Herz nicht gut ist.« Auch ihre Teilnahmslosigkeit an den gemeinsamen Gesprächen, ihre Ungeselligkeit und ihre fehlende Heiterkeit wird hier vom Sohn bemängelt (GA II/1, 388).

Es wäre allerdings falsch, aus dieser Notiz eine *grundsätzliche* Abneigung des Sohnes gegen seine Mutter abzuleiten. Gerade, was ihren Einfluss auf seine religiöse Erziehung und Bildung betrifft, war sie wohl nicht weniger wichtig als der Vater. I. H. Fichte gibt hierzu in einem Brief an Moritz Weinhold einen kurzen Bericht, in dem er einerseits den charakterlichen Unterschied von Fichtes Mutter zu dessen Vater hervorhebt, in dem er aber andererseits ihren prägenden, nicht nur religionspädagogischen Einfluss auf den Sohn betont. Bemerkenswert an diesem Brief ist überdies, dass der Enkel ausdrücklich das Problem der ›psychologischen Konjekturen‹, der zur Herstellung eines Charakterbilds mehr oder weniger frei hinzugefügten Ergänzungen eines Autors, thematisiert. Ein Problem, mit dem wir es hier, angesichts der begrenzten Quellen, sicherlich zu tun haben. I.H. Fichte schreibt:

> Damit komme ich auf meine Großmutter und auf dasjenige, was Sie [Weinhold] mit gewiß sehr richtiger psychologischer Conjekturalkritik über dieselbe schreiben. Was ich selbst über sie und ihr Verhältnis zu Mann und Kindern aus eigener Erinnerung und den Mittheilungen meiner seligen Mutter weiß, ist folgendes. Sie war noch im Alter (Im Jahre 1805 und 1811 besuchte mein Vater mit uns seine Eltern und so schwebt mir das Bild der Großmutter noch in lebhafter Erinnerung vor) eine gerade, stämmige untersetzte Frau, mittlerer Größe, mit Gesichtszügen, die ganz auffallend denen ihres Erstgeborenen glichen. Sie galt in der Familie wegen ihres Verstandes und der Energie ihres Willens als die eigentliche Herrscherin, und ohne Zweifel hat mein Vater *ihr* das Feste, Unerschütterliche seines Charakters als Erbstück zu verdanken. Deshalb wurde sie aber auch gefürchtet in der Familie, und meiner Mutter Äußerung, sowie die meines Vaters erklären sich daraus vollständig. Sie war dabei eine Frau von strenger Religiosität, und mein Vater, der wenigstens in den späteren Jahren, wie ich es selbst erlebt habe, seine Mutter mit kindlicher Ehrfurcht als ein ihm ehrwürdiges Wesen behandelte, hat gegen meine Mutter ausdrücklich erwähnt, wie viel er den ersten religiösen Eindrücken verdanke, welche die Mutter ihm eingeflößt.[5]

Zum weiteren Verständnis dieser Charakterisierung von Johanna Maria Dorothea Fichte seien noch zwei Aspekte zum Verhältnis Fichtes zu seiner Mutter ergänzt. Dorothea leitete das kleine Geschäft, ›den Kram‹, in dem die im Hause gefertigten Bänder verkauft wurden.

---

5 I.H. Fichte, zitiert nach Weinhold (1862), 48f.

Es ist dann weniger der Charakter der Frau als vielmehr die Sorge um das Geschäft, die sie eher ernst als heiter stimmte. Dass Fichte seine Mutter schätzte, schlug sich auch in seinem energischen Engagement für ihr Erbrecht gegenüber den in Rammenau verbliebenen Geschwistern nieder, so etwa in seinem Brief vom 19. Oktober 1812 an seinen Bruder Johann Gottlob (GA III/8, 22–24).

Wenn auch in persönlich unterschiedlicher Manier, waren die Eltern Fichtes offenbar gleichermaßen an der religiösen Bildung und Erziehung des Sohnes beteiligt. Dies gilt auch angesichts der Tatsache, dass es insbesondere während Fichtes Studienzeit Meinungsverschiedenheiten und Streitigkeiten zwischen Sohn und Mutter gab. Auch darauf weist Immanuel Hermann hin, wenn er sich erinnert, dass Fichte ihretwegen »einige Jahre hindurch sogar den Besuch zuhause gemieden zu haben schien«.[6]

Wenn Fichte, wie wir erwähnten, an der Teilnahmslosigkeit und Kühle seiner Mutter Anstoß nahm, so findet sich aber gerade in diesem Charakterzug der Mutter eine bemerkenswerte Parallele bei ihm selbst. I. H. Fichtes Erinnerungen an seinen Vater beschreiben das, was Johann Gottlieb an der Ungeselligkeit seiner Mutter kritisierte, als einen Zug seines eigenen, zumindest seines kindlichen Charakters. Immanuel Hermann schreibt über seinen Vater:

> Man hat aber schon oft beobachtet, dass Kinder von vorzüglicher Anlage still und zurückgezogen erscheinen, und nur wie halb theilnehmend an ihrer Umgebung dahin gehen. So war auch der Kleine selten bei den Spielen, an denen seine lebhafteren Geschwister Freude hatten. Dagegen liebte er es, seinem stillen Treiben nachzuhängen (LLB 1, 7).

Diese Wesensgemeinsamkeit von Mutter und Sohn bestätigen die zeitgenössischen Einwohner Rammenaus. Nach ihrem Urteil galt Fichtes Mutter »als eine stille Frau, von der man nicht Viel wisse«.[7]

---

6   Ebd., 49.
7   K. F. T. Werner (von 1825–1881 Pfarrer in Rammenau), zitiert nach Weinhold (1862), 48.

Was aus den Schilderungen über Fichtes Elternhaus insgesamt entnommen werden kann, ist, dass das Kind mit zwei ihrem Wesen nach
unterschiedlichen Elternteilen zu tun hatte: dem »weichherzigen und
gutmütigen« Vater und der eher stillen, rational kühlen, gleichwohl
aber willensstarken, energischen und vor allem frommen Mutter. Für
beide Seiten des elterlichen Charakters, so unterschiedlich sie auch
erscheinen mögen, lassen sich auch im Wesen des Sohnes Parallelen
aufzeigen. Unzweifelhaft ist, dass beide Elternteile gemeinsam, wenn
auch auf unterschiedliche Weise, bedeutenden Anteil an der religiösen Erziehung und Bildung ihres Sohnes hatten.

Manfred Kühn hat aus den Ambivalenzen in Fichtes Elternhaus
ein Familienportrait konstruiert, in dem vor allem Fichtes Mutter
mit ihrer religiösen Haltung ziemlich schlecht wegkommt.[8] Sie wird
von ihm nicht nur als fromm, sondern als »Frömmlerin« charakterisiert. So sei allein die Tatsache, dass alle ihre Söhne, bis auf Johann
Christlieb, den Namen Gottes im eigenen Namen tragen, Indiz für
ihre starre Religionsauffassung. Unter Zuhilfenahme einer Definition Fichtes zum Wesen der »Frömmlerin«, nämlich dass diese die
»erbärmlichste Leerheit des Kopfs und die traurigste Schiefheit des
Herzens«[9] voraussetze, unterstellt Kühn Fichtes Mutter diesen Wesenszug und leitet daraus ab: Sie habe »diese Art von Frömmigkeit
auch auf einige ihrer Kinder übertragen, wenn auch nicht auf ihren
ältesten Sohn Johann Gottlieb«.[10]

An dieser ziemlich konstruierten Charakterzuschreibung, bei
Fichte junior wäre das in die Rubrik »psychologische Conjectural-
kritik« gefallen, sind Zweifel angebracht. Zum einen ist es sehr be-
denklich, dass Kühns Psychogramm über Dorothea Fichte die Quellen einseitig so verwendet, dass sie Fichtes Mutter in das Licht stellen,

---

8 Auch Max Wundt lässt an Fichtes Mutter kaum ein gutes Haar. Sie sei »hart und verschlossen, starr, bis fast zum Bruch mit ihren Kindern, auf ihrem Willen beharrend«
   gewesen. M. Wundt: *Johann Gottlieb Fichte.* Stuttgart 1927, 7. Daher wundert es
   nicht, dass sich Kühn in seinem Psychogramm der Familie, insbesondere von Fichtes Mutter, besonders auf diese Quelle stützt.

9 Kühn (2012), 22.

10 Ebd.

in dem Kühn sie – bis aufs Totenbett – gern gesehen haben möchte.[11] Ein Ansatz, mit dem er tendenziell auch Fichte selbst behandelt. In diesem Punkt ähnelt seine Fichte-Biographie in Teilen eher einer satirischen Überspitzung à la Augusti als einer seriösen Darstellung.[12] Aber nicht nur Kühns einseitige Nutzung der Quellen macht sein Familien-Portrait, insbesondere von Fichtes Mutter schief. Sondern, selbst wenn Kühns aus Fichtes Definition des Wesens der Frömmlerin abgeleitete Voraussetzungen auf dessen Mutter zuträfen, vertrügen sie sich nicht mit den Wesenszügen, die ihr der kritische Sohn und auch der Enkel zuschreiben:»Klugheit, rasche Auffassungsgabe, Selbständigkeit in jedem Entschlusse, auffallendster Geist«. Von»erbärmlichster Leerheit des Kopfs« als zwingender Voraussetzung für das Wesen einer Frömmlerin lesen wir nirgends. Und ob ihr Mangel an Heiterkeit und Geselligkeit, ihre Zurückgezogenheit, Kühle und Stille angesichts der Sorgen um Familie und Geschäft als seriöser Hinweis auf»die traurigste Schiefheit des Herzens« gelten darf, ist auch sehr fraglich. Schließlich scheint Kühn auch darin falsch zu liegen, wenn er behauptet, dass sich die Frömmigkeit der Mutter vor allem auf Fichtes Geschwister, nicht aber auf ihren ältesten Sohn ausgewirkt habe. Denn dieser betont ja ausdrücklich,»wie viel er den ersten religiösen Eindrücken verdanke, welche die Mutter ihm eingeflößt.«[13]

Fichtes Elternhaus, so können wir resümieren, war in jeder Beziehung – der Zeit und ländlichen Prägung gemäß – religiös geprägt (LLB I, 1). Das Pfarramt stand für den Erstgeborenen als Berufswunsch des Vaters fest. Und auch die Mutter hat dieses anvisierte Ziel gutgeheißen, auch wenn sich damit verständliche Zweifel und Ängste

---

11 Vgl. ebd., 569.

12 Johann Christian Wilhelm Augusti, einst Hörer Fichtes und ab 1798 Privatdozent in Jena, veröffentlichte 1799,»im siebenten Jahr der Fichte'schen Offenbarungen«, die satirische Abhandlung *Die Erscheinungen des Engels Gabriel; Oder: der Engel Gabriel und Johann Gottlieb Fichte.* Was an Zuspitzung und Übertreibung für eine Satire erlaubt ist, empfiehlt sich für eine in ihrem Anspruch wissenschaftliche Arbeit eher nicht.

13 J. G. Fichte, zitiert nach Weinhold (1862), 48.

über die mögliche Entfremdung des Sohnes vom Elternhaus und dessen Milieu verbanden. Worin die spezifische religiöse Prägung des Fichte'schen Elternhauses bestand, wissen wir nicht ganz genau. Ob aus der Charakterisierung von Dorothea Fichte als »sehr fromme« Frau ein Hinweis auf eine (lutherisch-)pietistische Ausrichtung geschlossen werden kann oder ob I. H. Fichtes Charakterisierung des ländlichen Milieus der Oberlausitz als einer Gegend, in der »Sitten und Gebräuche [...] seit der Reformation wenig Änderung erfahren haben« (ebd., 3), zutrifft, ist an dieser Stelle noch nicht mit Sicherheit auszumachen.

1.3 Öffentliche Bildung und Erziehung in Rammenau zur Zeit Fichtes

Über Bildungseinflüsse auf Fichte, die in seiner frühen Kindheit von außerhalb des Elternhauses auf ihn einwirkten, ist bisher wenig bekannt. Die Literatur zu diesem Abschnitt von Fichtes Biographie verweist hierzu auf die wenigen Stellen in den Lebensbeschreibungen des Sohnes und Enkels sowie auf einige Hinweise aus Fichtes Briefen und Tagebüchern. Grundsätzlich ist man sich einig darüber, dass es bewusste oder beiläufige Einflüsse gegeben hat.

Was Fichtes außerhäusliche Bildung in Rammenau betrifft, sind es vor allem die Namen von drei Pfarrern, die in der Literatur eine Rolle spielen: Johann Gottfried *Dinndorf* (Diendorf), Pfarrer in Rammenau von 1711 bis 1764, Carl Christoph *Nestler,* Pfarrer in Rammenau von 1764 bis 1770, und Adam Gottlob *Wagner,* Pfarrer in Rammenau von 1770 bis 1810.

Über Dinndorf schreibt I. H. Fichte, dass der »Pfarrer des Dorfes, ein trefflicher, von seiner Gemeinde hochverehrter, Mann, namens Diendorf, [...] den Knaben, der ihm lieb geworden war, oft zu sich kommen [ließ], um ihn zu unterrichten, und sonst sich mit ihm zu beschäftigen« (LLB I, 10). Den Fehler, dass der Pfarrer, der sich so eifrig um den jungen Fichte bemühte, nicht der 1764 verstorbene Dinndorf gewesen sein konnte, hat schon Immanuel Hermanns Sohn Eduard in seiner Biographie über den Großvater korrigiert und statt dessen auf Nestler und Wagner verwiesen.[14] Unabhängig von dieser Zuordnung spielten Bibel, Gesangbuch und der Katechismus bei dem erteilten Unterricht, wie schon für das Elternhaus angemerkt, für Fichtes Unterweisung eine Rolle.

Des Weiteren ist davon auszugehen, dass der Junge auch die Gottesdienste in der Dorfkirche regelmäßig besuchte und hier, durch Liturgie, Bibellesung und Predigt, durch Musik und Gesang, religiös sozialisiert und im Sinne des elterlichen Wunschs, der Sohn möge einmal selbst der Gemeinde den Segen spenden, geprägt und erzogen wurde.

Fichte selbst bezeugt seine enge Beziehung zu den Leitern der Gemeinde in Rammenau dadurch, dass er in Briefen an Eltern und Geschwister auch des Öfteren Grüße an den Pfarrer ausrichten lässt. So beendet er einen Brief, den er am 13. Mai 1787 als Hauslehrer in Wolfshain an den Vater schreibt, mit den Worten: »Viel Empfehlungen an den Hr. Pfarrer [Wagner]« (GA III/1, 12). Wie wichtig ihm die Beziehung zu Pfarrer Wagner war, kommt auch an anderen, viel späteren Stellen zum Ausdruck. So heißt es 1794 an seinen Bruder Gotthelf: »Des P[farrer] Wagners Vortrag habe ich selbst einmal genoßen. Er ist allerdings sehr faßlich«.[15] Und in den späteren Erbauseinandersetzungen mit seinen Geschwistern soll es wiederum Pfarrer Wagner sein, den er bittet, »die verwickelte Angelegenheit aufzuklären«.[16]

Auch zu dem dritten zu Fichtes Rammenauer Zeit dort tätigen Pfarrer, Carl Christoph Nestler, behält Fichte lange, nachdem er das Dorf verlassen hatte, Kontakt. In einem Briefentwurf aus dem Jahre 1787 spricht er Nestler als denjenigen an, »der den ersten Grundstein meines Glückes legte«, womit wohl die Förderung Fichtes während seiner Kindheit in Rammenau gemeint ist. Die beiden sind sich mehrfach auch später noch persönlich begegnet. So hat Nestler Fichte »einigemal in Bauzen« zu Gast gehabt (GA III/1, 13). Und auch nach

---

14 E. Fichte (1863), 4.
15 J. G. Fichte, zitiert nach Weinhold (1862), 40.
16 Kühn (2012), 426.

1787 hat Fichte den Pfarrer noch einmal besucht. Am 11. Mai 1791 hält Fichte in seinem Tagebuch fest: »Ich besuchte Nestler, der ziemlich freundschaftlich [...] war. Ich hoffe [ihm] mich ganz gut [...] gezeigt zu haben« (GA II/1, 389).

Was aus alledem zusammenfassend zu schließen ist: Fichte wurde neben dem Elternhaus auch durch die Pfarrer der Gemeinde und hier durch Bibel- und Katechismus-Unterricht, durch Gottesdienste und »andere Beschäftigungen« betreut und gefördert. Von elterlicher Seite mit dem Berufswunsch verbunden, der Sohn möge einst Pfarrer werden.

Das ist, trotz der unterschiedlich weitschweifenden, mehr oder weniger phantasievollen oder mehr oder weniger einseitigen Schlüsse daraus, der Stand der gegenwärtigen Forschung zu diesem Abschnitt von Fichtes Herkunft und Leben. Im Wesentlichen stimmen die Fichte-Biographen in diesen Punkten überein.[17] Die Übereinstimmung hat ihren Grund in den von allen Autoren gemeinsam verwendeten und seit geraumer Zeit bekannten Quellen.

17 Vgl. Wundt (1927), 7.

2. Neues über Fichtes Herkunft und Bildung in seiner Rammenauer Zeit

2007 veröffentlichte der Diakon der Gemeinde Rammenau, Rudolf Reese, eine umfangreiche Quellensammlung zur Geschichte seiner Kirchengemeinde (GKR). Sie stützt sich auf unterschiedliche ›Kirchengalerien‹ der Oberlausitz, auf ›Tauf-, Trau- und Sterbe-Bücher‹, auf Protokollbücher von Kirchenvorständen, auf Kirchenbücher sowie auf andere Quellen und Dokumente. Daraus ergeben sich neue, bemerkenswerte Aufschlüsse über die Geschichte, das kulturelle, gesellschaftliche und religiöse Leben sowie die darin agierenden Personen auch für die Fichte-Zeit in Rammenau. Mit ihrer Hilfe sind wir heute in der Lage, ein deutlicheres Bild von Fichtes Herkunft und seiner Kindheit in Rammenau zu zeichnen. So lässt sich durch sie der legendenhafte Hintergrund der Herkunft Fichtes besser verstehen. Und auch die eine oder andere Unstimmigkeit in der Forschungsliteratur ist dadurch zu beheben. Vor allem aber können wir mithilfe dieser Quelle Fichtes religiöse Prägung in seiner Kindheit und damit auch einige Grundlagen seiner philosophischen Weltanschauung bedeutend differenzierter und in ihrer nachhaltigen Wirkungsgeschichte besser beurteilen.

Für unsere Untersuchung ist Reeses Arbeit in drei Hinsichten bedeutsam. Zum einen liefert sie Einblicke in den geschichtlichen Hintergrund, die sich auf die Herkunftslegende der Fichtes in Rammenau beziehen. Des Weiteren enthält sie wichtige Daten über die Situation der öffentlichen und privaten Bildung in Rammenau zur Zeit Fichtes sowie über die in kirchlicher und schulischer Bildung tätigen Lehrer und Pfarrer. Schließlich vermittelt Reeses Arbeit einen Eindruck über deren individuelle Eigenarten in der Ausübung ihres Berufs und damit über die geistliche, seelsorgerische und pädagogische Atmosphäre, in der Fichte im Dorf aufwuchs und die ihn nachhaltig prägte.

2.1   Die Schweden in Rammenau und der sächsische Protestantismus

Reeses *Geschichte der ev.-luth. Kirchgemeinde Rammenau* enthält einen der Sächsischen Kirchengalerie – Abteilung Oberlausitz – Rammenau entnommenen Bericht über einige Ereignisse des Dreißigjährigen Kriegs, die das Kriegsjahr 1642 betreffen. Dort heißt es:

> Michael Manitius [der damalige Pfarrer des Ortes] hatte den Schmerz zu erleben, wie die Greuel und Verheerungen des 30jährigen Krieges auch über die kirchlichen Gebäude Rammenaus Verderben herbeiführten. Als nämlich im Jahre 1642 der General Torstenson mit dem Schwedischen Heere bei Camenz vorbei nach Leipzig zog, und die Kaiserliche Heeresmacht ihm alsbald nachfolgte, kam ein Kaiserl. Lieutnant, wofür er sich ausgegeben, den 22 Octbr. mit geraubtem Vieh nach Rammenau und hat sich allda samt den Reitern und dem Vieh in der Pfarre, da der Pfarrer mit den Seinigen der bevorstehenden Kriegsgefahr halber, ausgewichen, einquartiert und daselbst nicht allein alles in der Eile hinterlassenen Vorrates beraubt, sondern ist auch mit dem Feuer so übel umgegangen, daß das Quartier geräumt, das Pfarrhaus samt der Scheune und den Ställen, so wie auch die Kirche mit Feuer aufgegangen, durch welches Feuer nicht allein der Pfarrer alles das Seinige verloren, sondern auch in der Kirche 3 schöne, wohlklingende Glocken zerschmolzen und alles Kirchenornat samt den Kirchenbüchern verbrannt ist (GKR, 14).

Dieser Bericht besagt zweierlei: Rammenau und seine Umgebung waren von den Kriegshandlungen des Dreißigjährigen Krieges unmittelbar betroffen. Das bedeutete konkret, dass hier oder in der Umgebung auch Kriegshandlungen und ›Scharmützel‹ zwischen schwedischen und kaiserlichen Truppen stattgefunden haben können. Insofern hat die Legende über die Entstehungsgeschichte der Familie Fichte, die Immanuel Hermann und Eduard Fichte in ihren Biographien erzählen, einen realgeschichtlichen Hintergrund. Auch die von ihnen berichtete weite Verbreitung des Namens Fichte in Rammenau und Umgebung ist unbestritten. Von den 78 Familien, die 100 Jahre nach den Ereignissen des Jahres 1642 in Rammenau wohnten, tragen

zehn den Namen Fichte. Eine davon, die Familie Martin Fichte, ist
die Herkunftsfamilie des Philosophen (GKR, »Specifikation«).
So viel lässt sich mit einiger Sicherheit über die Herkunft Fichtes
sagen. Um alles Weitere weht der Schleier des Legendären. Aber das
Legendäre ist nicht bloße Sage. Sondern es hat zumindest in Teilen
weltanschaulich prägende Kraft.

Helmut Petzold, Sohn einer Rammenauer Familie, mit ebenfalls
tiefen Wurzeln in der Geschichte des Dorfes, hat in seinem Buch *Begegnung mit Fichte* nicht nur den Familienstammbaum der Fichtes
über fünf Generationen bis in die Zeit des Dreißigjährigen Kriegs zurückverfolgt, sondern sich auch mit den unterschiedlichen Varianten
der Fichte'schen Herkunftslegenden kritisch befasst. Petzold kommt
zu dem Schluss: »Aus diesen Legenden weht der Atem der Spätro-
mantik und schimmert zugleich die verklärte Erinnerung der lutherischen Bevölkerung an den Schwedenkönig Gustav Adolf.« Denn,
so die »verklärte Erinnerung«: Der Schwedenkönig habe mit seinem
1631 bei Breitenfeld errungenen Sieg über Tillys katholische Truppen
gemeinsam mit den Sachsen den Protestantismus für Europa gerettet.
Und so heißt es in der Überlieferung kurz: »Gustav Adolf, Christ
und Held, rettete bei Breitenfeld Glaubensfreiheit für die Welt.«[18] Für
die Parteinahme in der Auseinandersetzung zwischen Katholizismus
und Protestantismus hat die Rückführung der Familiengeschichte
Fichtes auf den Dreißigjährigen Krieg und auf die Intervention der
Schweden über das bloß Legendäre hinaus offenbar identitäts- und
traditionstiftende Bedeutung. Und so ist es nicht nur möglich, sondern wahrscheinlich, dass dieses für den sächsischen Protestantismus
insgesamt identitätsstiftende Ereignis auch zum familiären Selbstverständnis der Fichtes gehörte. Es spricht somit einiges dafür, dass in
diesem weltanschaulich-religiösen und geschichtlichen Erbe auch für
den angehenden protestantischen Pfarrer und späteren revolutionä-
ren Philosophen ein prägendes Moment seiner eigenen, protestantischen Weltanschauung liegt – wenn man hier etwa an die fundamen-

---

18 H. Petzold: *Begegnungen mit Fichte. Leben und Weltanschauung eines großen deutschen Philosophen*. Waltersdorf 1993, 7.

tale geistesgeschichtliche Wende, die er dem Wirken Martin Luthers zumisst, oder an seine personalistisch begründete Freiheits- und Vernunftphilosophie in den frühen Revolutionsschriften denkt.

2.2 Schule und Lehrer in Rammenau

Neben den Eltern sind Pfarrer und Lehrer für Kinder in einer dörflichen Gemeinschaft des 18. Jahrhunderts Autoritäten, vielleicht sogar prägende Vorbilder. Ihr Wort hat Gewicht. Ihr Beruf hat Bedeutung. Ihr Amt initiiert und gestaltet entscheidende Lebensabschnitte, stiftet, vermittelt und deutet den Sinn des Lebens. Und Letzteres, insbesondere bei Pfarrern und Katecheten, aus der Autorität der geistlichen und weltlichen Macht der Kirche – mit all dem Zauber und der Festlichkeit, den Traditionen, Riten und Gebräuchen, die die Menschen das ganze Jahr über begleiten, die nicht nur ihre Fest- und Feiertage, sondern auch ihren Alltag bestimmen, ordnen und prägen.

I. H. Fichte berichtet, wie bereits zitiert, über die Bildungsgeschichte seines Vaters: »Fichte's erster Lehrer war der eigene Vater, der seinen Gottlieb wegen seines zarten Alters noch nicht zur Schule schicken wollte. […] [Er] übte ihn im Lesen, lehrte ihn fromme Lieder und Sprüche« (LLB I, 8). An dieser Aussage über Fichtes ›Frühförderung‹ ist zutreffend, dass in Fichtes früher Kindheit eine öffentliche schulische Bildung in Rammenau zwar angeboten, explizite Schulpflicht aber noch nicht formell eingeführt war. Darüber aber, was das ›zarte Alter‹ betrifft, weswegen Christian Fichte seinen Sohn noch nicht zur Schule schickte, und darüber, wie lange Fichte allein zuhause gebildet und erzogen wurde, erfahren wir aus der Biographie des Sohnes nichts. Es ist somit davon auszugehen, dass Johann Gottlieb vielleicht erste Grundlagen und Anfänge seiner Bildung – Lesen und Schreiben, religiöse sowie katechetische Unterweisung – zum Teil der häuslichen Erziehung verdankt, was aber nicht bedeutet, dass sich seine Ausbildung darin erschöpfte. Denn von Immanuel Hermann wissen wir, dass sich neben den Eltern auch Pfarrer Nestler und Wagner um die Bildung des Knaben kümmerten. Das heißt, die

Fichtes werden ihren Sohn nur eine Zeit lang oder sporadisch wegen des »zarten Alters« nicht zur Schule geschickt haben. Dass sie ihn aber während seiner ganzen Kindheit von schulischer Bildung haben fernhalten können, ist höchst unwahrscheinlich.

Die Annahme, dass Fichte die Schule in Rammenau besuchte, lässt sich unter anderem dadurch erhärten, dass es zur Zeit Fichtes, und lange vor ihm, in Sachsen schulische Bildungsbestrebungen, ja ein schulisches Bildungssystem gab, dessen Ordnung und institutionelle Struktur auch auf den Dörfern galt. So regelte die schon für Fichtes Vater und Großvater geltende, 1724 von Kurfürst Friedrich August erlassene und in den *Fortgesetzten Codex Augusteus von 1772* aufgenommene *Instruction*: »Wie die Information [Bildung und Erziehung] in den deutschen Schulen der Chur-Sächsischen Lande anzustellen [sei]«.[19] Die *Instruction* betrifft dabei im Detail nicht nur Anordnungen über Lehrinhalte, Unterrichtsmethoden und »Examina«, sondern vor allem werden die »Verantwortlichen« (Eltern und Vormünder) nachdrücklich zur Organisation und Kontrolle des Schulbesuchs der Kinder und Jugendlichen ermahnt und dies unter Angabe disziplinarischer Maßnahmen, wie widrigenfalls zu verfahren sei.[20]

Am 27. April 1770 wird im Namen Friedrich Augusts von Sachsen durch den Landvogt Hieronymus Friedrich von Stammer die *Oberlausitzsche Schulordnung* erlassen. Über sie heißt es »mit dem

---

19 *Fortgesetzter Codex Augusteus oder neuvermehrtes Corpus Juris Saxonici,* [...] *Constitutiones, Decisiones, Mandata und Verordnungen bis zum Jahre 1772.* Leipzig 1772, 204–214.

20 Ebd., 211. Auch in Löseckens in den Schulen verbreiteter »Anweisung und Unterricht, wie ein Schulmeister sein Amt erbaulich verrichten und sich verhalten soll« aus dem Jahre 1758 heißt es unter dem Stichwort »Umgang zwischen Schule und Elternhaus«: »die Kinder sollen mit Vorwissen des Predigers sowohl in die Schule gethan, als wieder heraus genommen werden. Sonst warten die Eltern zu lange, ehe sie die Kinder schicken, oder nehmen sie zu früh wieder aus der Schule. Dazu, wie auch zur Erweckung und Erhaltung guter Ordnung hilft viel, wenn der Prediger ein- oder zweimahl im Jahr Schule:Examen hält in Gegenwart der Eltern« (C. A. Lösecken: *Der zergliederte Katechismus.* Halle 1758, 135).

Ermahnen und Befehl, daß [...] die Pfarrer, Schulmeister und Schul-
halter, auch sonst sich jedermänniglich sich darnach gebührend achten, und solcher aufs genaueste nachkommen, auch mit allem Ernst
darüber halten sollen« (GKR,»Oberlausitzsche Schulordnung«).[21]
Die Schulordnung regelte sowohl die Zeiten des Schulbesuchs der
Kinder – vom fünften bis zum zwölften oder dreizehnten Lebensjahr
– als auch die Berufungsbedingungen für Schulmeister. Ebenso die
›binnendifferenzierte‹ Organisation des Unterrichts in unterschiedlichen Klassen, die Finanzierung des Schulwesens und der Lehrmittel,
die Formen der Examinierung sowie die Ordnungsmaßnahmen und
Geldstrafen, insbesondere bei Verstößen gegen den regelmäßigen
Schulbesuch.[22] Drei Jahre später, 1773, folgte dann die formelle Einführung der Schulpflicht in Sachsen.

Seit der Reformation, nachweislich seit 1600, beschäftigte Rammenau durchgängig einen Lehrer. Er wurde von den wechselnden
Herrschaften und der Kirche berufen, durch Land, Naturalien und
Schulgeld alimentiert. Mit Regina Gebler arbeitete um 1650 auch eine
Lehrerin in diesem Amt (GKR, 11–19). Seit 1732 arbeitete in Rammenau, das um 1760 etwa 500 Einwohner zählte, Christian Grützner
(1713–1774) als Lehrer.»Durch ihn«, so heißt es in Reeses Chronik
der Gemeinde Rammenau,»erhielt Johann Gottlieb Fichte seinen
ersten Schulunterricht« (ebd., 32).
  Zu den Aufgaben eines Lehrers gehörten zu dieser Zeit neben
der Vermittlung von im engeren Sinne schulischer Bildung, Schreiben, Rechnen, Lesen, vor allem auch diakonische und katechetische
Dienste ebenso wie die Aufgaben eines Kantors und Küsters. Vor allem aber musste sich der Schulmeister zu einem untadeligen Lebenswandel verpflichten. Die durch den Schloss-, Rechts- und Kriegsherrn

---

21 Vgl. auch *Fortsetzung des Codicis Augustei oder des Neuvermehrten Corporis Juris
  Saxonici. Dritter Theil. Von den Landes=Constitutionen und Verordnungen derer
  beyden Margrafenthümer Ober= und =Nieder=Lausitz.* 1770, 14–36.
22 Ebd., 20. Vgl. H. M. Moderow: *Volkschule zwischen Staat und Kirche. Das Beispiel
  Sachsen im 18. und 19. Jahrhundert.* Wien / Köln / Weimar 2007.

von Rammenau, Johann Albricus von Hoffmann, 1775 erteilte »Vocation« des neuen Schulmeisters, Friedrich Lobegott Schöne, listet dessen Dienstpflichten und Einkommen im Detail auf (ebd., 34–36.). Insbesondere seien, neben den Kirchenpflichten im engeren Sinne, dem Glockenläuten, Singen und »Orgelschlagen« beim Gottesdienst, sowie der Pflicht zur Einhaltung und Förderung der 1770 erlassenen Schulordnung, zwei Pflichten besonders hervorzuheben, weil sie die religiöse Atmosphäre verdeutlichen, in der Fichte aufwuchs. Unter Punkt 1. der »Förmlichen Vocation« heißt es zur Pflicht des neuen Lehrers, dass er

> vor allen Dingen Gott stets vor Augen habe, sich nebst den Seinigen eines frommen christlichen Lebenswandels befleißige, auch andere durch sein gutes Benehmen ermuntere. [...] [Sowie, unter Punkt 3, dass er] die liebe Jugend zur Erkenntnis Gottes, insgleichen zum Beten, Singen, Lesen, Schreiben und Rechnen, insgleichen zu allen christlichen Tugenden und wohlanständigen Sitten mit fleißiger Vorhaltung der Allgegenwart Gottes sanftmütig und bescheidener Disziplin anhalte und ermahne (ebd., 34).

Zu Lehrer Grützners Zeiten (1732–1774) stand das Schulhaus von Rammenau unterhalb der Kirche »im alten Schulgarten. Es war ein einstöckiger Fachwerkbau mit Schindeln gedeckt, 25 Ellen lang (1 Elle = 0,566 m, 25 Ellen = 14,15 m). [Grützner] hatte [1740] 144 Kinder zu unterrichten« (ebd., 19). Trotz der durch die Schulordnung angedrohten Strafen scheint die Bereitschaft der Eltern in Rammenau, ihre Kinder »fleißig« zur Schule zu halten, nur mäßig gewesen zu sein. Denn: »Da [...] noch kein Schulzwang bestand und die Eltern ihre älteren Kinder zum Arbeiten benötigten, waren fast immer nur die Hälfte der Kinder in der Schule« (ebd.).

In diesem Schulhaus, unter diesen Bedingungen und durch diesen Lehrer »erhielt [auch] Johann Gottlieb Fichte seinen ersten Schulunterricht« (ebd., 32). Da der knapp achtjährige Fichte nach Einführung der Schulordnung im Jahre 1770 noch fünf Jahre schulpflichtig war, ist davon auszugehen, dass er zumindest sporadisch, wahrscheinlich aber regelmäßig die Schulbank in Rammenau drückte. Denn, wenn davon ausgegangen wird, dass der lutherische Protestantismus – gerade nach den Ereignissen des Dreißigjährigen Kriegs – fester und prägender Bestandteil, ja Grund der Weltanschauung der Bevölkerung der Oberlausitz war, dann wird auch Luthers Predigt und sein Imperativ: »dass man Kinder zur Schule halten solle«, nicht ohne Wirkung auf Erziehung und Katechese in Rammenau gewesen sein.[23] Diese These wird nicht nur durch das persönliche Interesse der Fichtes, der Sohn möge einmal Pfarrer in Rammenau werden, sondern auch durch die bereits erwähnten und weiteren schulpolitischen wie schulorganisatorischen Auffassungen zur Zeit Fichtes gestützt. Fichte war somit ein Schulkind und damit neben der privaten auch der öffentlichen Bildung und Erziehung unterworfen.

Ein Blick in die Schulordnung, insbesondere in den Stundenplan, nach dem in Rammenau zu Fichtes Zeiten Unterricht zu halten war, zeigt, dass der fünfstündige Unterricht (7 bis 10 Uhr und 12 bis 14 Uhr) *in systematischer Form* die Inhalte vermittelte, die aus der elterlichen Unterweisung des jungen Fichte schon im Allgemeinen bekannt sind und die auch die *Schul-Instruktion* von 1724 vorgeschrieben hatte: Schreiben, Lesen, Rechnen, vor allem aber katechetische Unterweisung und ethisch-moralische Erziehung (GKR, »Schultabelle«).[24] Auch einige »Arbeitsmaterialien«, die schon genannt wurden, begegnen uns hier wieder: die Bibel, der Katechismus und das Gesangbuch. Anders als die *Instruktion* von 1724 enthält die Beilage »Schultabelle« zur Schulordnung von 1770 aber einige interessante Konkretionen zu den Inhalten und Lehrbüchern, nach denen zu unterrichten war, sowie bemerkenswerte »didaktische Prinzipien« des Unterrichts. Vieles von dem, was die Forschung als

---

23 Pfister / van Spankeren: » Einführung« in: J.J. Rambach: *Erbauliches Handbüchlein für Kinder (1734)*. Hrsg. von dens. Leipzig 2014, 14.

24 Die Schultabelle ist Beilage zur Schulordnung von 1770. »Als Beylagen [zur Schulordnung] trift man an: a) Promission, welche jedes Orts Schulmeister zu leisten hat. b) Vorschrift, wie die ordentl. Schulstunden durch die ganze Woche einzutheilen und anzuwenden sind. c) Schultabelle der 1ten und 2ten Classe. d) Schultabelle sämmtl. Kinder, nach ihren Namen, Alter e) Monatl. Schulcataloge.« Vgl. *Fortsetzung des Codicis (1770)*, 32–42 und dazu Moderow (2007), 61.

Fichtes Grundideen intellektueller und moralischer Erziehung und Bildung kennt, lässt sich hier bis ins Detail vorgebildet erkennen und nachweisen. Insofern ist es sehr wahrscheinlich, dass Fichte entweder selbst die Schule von Rammenau besuchte und dort unter anderem von Christian Grützner unterrichtet wurde oder aber durch den Unterricht seiner jüngeren Geschwister mit den schulischen Gepflogenheiten vertraut war.

2.3 Der Schulalltag zu Fichtes Zeiten

Wie der Schulordnung und der beigefügten Stundentafel von 1770 zu entnehmen ist, begannen und schlossen die Schultage mit einem Lied und einem Gebet, das mal von Schülern vorgelesen, mal von größeren Schülern auswendig oder vom Lehrer frei gesprochen wurde. Um »andachtsloses Hersagen« von Gebeten zu unterbinden, wurde den Kindern eine Wochenaufgabe gestellt, die darin bestand, »einen Psalm oder altes geistreiches Kern=Lied« auswendig zu lernen und diese mittwochs in der zweiten Stunde aufzusagen. Dabei wurde darauf geachtet, dass der Strophen- oder Verskontext mitberücksichtigt und der Text somit möglichst verstanden wurde. Auf diese Weise sollten die Kinder nicht nur mechanisches Wiederholen der Gebete vermeiden, sondern sich vielmehr »geistige Schätze sammeln, die ihnen bey zunehmenden Jahren sehr nutzbar sind« (GKR, »Schultabelle der 1ten Classe«).

Nach Lied und Gebet zu Beginn des Unterrichts »wird allemahl ein Hauptstück des Catechismi hergesagt« (ebd.). Dem festen Ritual zu Beginn jeden Schultags folgte dann, über die Wochentage verteilt, ein ›binnendifferenzierter‹ Unterricht nach den unterschiedlichen Stufen bisher erworbener Fähigkeiten, der vormittags wesentlich in religiöser Unterweisung und moralisch-sittlicher Erziehung bestand. Gegenstände des Lernens waren hier: Katechismus, Kirchengeschichte, Bibel und Liederbuch. Katechetische Lehrwerke waren nach der Stundentafel: Christoph Albrecht Löseckens *Zergliederter*

Catechismus und Johann Jacob Rambachs *Erbauliches Handbüchlein
für Kinder.*[25] Löseckens *Catechismus* ist ein Lehrwerk, in dem, so sein Untertitel, Luthers *Kleiner Katechismus*

> in richtiger Ordnung von Wort zu Wort, auf eine leichte und deutliche Art
> zergliedert wird; [und das sich] der Jugend und anderen Einfältigen zur
> Uebung des Verstandes und der Aufmerksamkeit [empfiehlt]; vornehmlich
> aber den Catecheten, Schulmeistern und Haus-Vätern zur Anleitung, wie
> sie den gantzen Catechismum ausfragen und Fragen machen lernen kön-
> nen [an die Hand gegeben wurde].[26]

Über den rein katechetischen Inhalt hinaus enthält Löseckens Katechismus so etwas wie eine Dienstordnung und Anweisung, »wie ein Schulmeister sein Amt recht nützlich verrichten soll«,[27] die sich weitgehend mit den gesetzlichen Vorgaben des Schulgesetzes decken. Sie erstrecken sich von didaktischen Hilfen zur Unterweisung im Schreiben, Lesen, Sprechen und Singen über praktische Anwendungen der Schreibfähigkeit in alltäglichen Lebenssituationen bis hin zu allgemeinen Umgangsformen, disziplinarischen Maßnahmen sowie Hinweisen zur Kooperation zwischen Elternhaus und Schule.

Neben diesem in vielerlei Hinsicht interessanten Lehrwerk Löseckens hatte die Schulordnung das kindgerechte Unterweisungsbuch *Erbauliches Handbüchlein für Kinder* von Johann Jacob Rambach eingeführt.[28] Es enthält neben einem kindgerecht formulierten Katechismus (»Ordnung« und »Schätze des Heils«) Lieder und Gebete, die »Exempel frommer und wohlgearteter Kinder« sowie zwei Listen von jeweils 100 Sitten- und Lebensregeln für Kinder in allen Le-

---

25 Lösecken (1758); J.J. Rambach: *Erbauliches Handbüchlein für Kinder (1734).* Hrsg.
   von S. Pfister / M. van Spankeren. Leipzig 2014.
26 Lösecken (1758), Titelblatt.
27 Ebd., 123–141.
28 Schulbücher waren entweder Schulbuchbestand oder wurden von Eltern ange-
   schafft. Im Bedarfsfall finanzierte sie die Schulaufsicht sowie die zum Teil durch
   regelmäßige Spenden unterstützte »Schul=Casse«. Vgl. *Fortsetzung des Codicis*
   (1770), 30–32.

benslagen. Was den didaktischen Umgang mit den »Exempeln« und Regeln betrifft, so legt die Schulordnung fest, dass diese nicht nur »vorgelesen«, sondern, dass sie »erbaulich angewandt« und so die Kinder zum »Nachahmen erweckt« würden, dass die Kinder »nicht nur Hörer, sondern auch Thäter des Wortes« seien (GKR, »Schulordnung«). Das heißt: Moralerziehung und die Aneignung religiöser Inhalte standen in der Schule unter den didaktischen Prinzipien von altersgemäßer Verständlichkeit (»nach der Kinder Faßlichkeit«), Charakterbildung (»Erbauung«), Nachhaltigkeit, Verinnerlichung und Anwendungsorientierung, kurz: unter dem »didaktischen Prinzip der Applikation«.[29]

Auf bloßes Hersagen und mechanisches Auswendiglernen religiöser Texte oder moralischer Regeln wurde kein Wert gelegt. Im Gegenteil: Es sollte unbedingt vermieden werden. Formales, andachtsloses, kaltsinniges »nacheinander her beten«-Lassen gilt als Verstoß gegen die schulmeisterliche Pflicht, »sein Amt erbaulich zu verrichten«[30] und die Kinder zur »Erhebung ihres Gemüths« anzuleiten.[31] Fichtes »Innerlichkeitsdidaktik«[32] und seine Auseinandersetzungen darüber mit den Eltern seiner späteren Zöglinge, etwa im Hause Ott in der Schweiz, haben hier ihre ersten und tiefsten biographischen Wurzeln (GA II/1, 147 f.).

Die späteren Vormittagsstunden und der Nachmittag widmen sich weltlicher Gelehrsamkeit: Schreiben, Lesen und Rechnen, Naturkunde, Kirchen- und Völkergeschichte. Bemerkenswert ist dabei, dass die Lerninhalte der Schultabelle einen starken Lebensweltbezug aufweisen. Neben dem bloßen Rechnen spielen angewandte Mathematik, »Münz- Maß und Gewichtssorten, Römische und deutsche Zahlen«, und beim Schreiben »Briefe, Quittungen, Scheine und Zeitungen« eine Rolle.[33] Als besondere Betreuungs- und Fördermaß-

---

29 Pfister / van Spankeren (2014), 60.
30 Lösecken (1758), 123.
31 *Fortsetzung des Codicis* (1770), 33.
32 Vgl. Preul (1969), 10–19.
33 *Fortsetzung des Codicis* (1770), Schultabelle der 1sten Classe, 36 f.

nahme von Montag bis Freitag hatte die Schule im Angebot:»Kinder, so sich in der Schule beständig aufhalten, und auch solche, so Neigung und Lust dazu haben, [werden] im Rechnen wöchentlich Viermahl, von 10 bis 11 Uhr, weiter fortgeführet«.[34] Auch erste Grundlagen im Lateinischen und Französischen wurden in der Schule gelegt.[35] Der Freitag-Nachmittag stand vor allem im Zeichen der Vorbereitung des Gottesdienstes am Sonntag. Hier sollte»das auf folgenden Sonntag verordnete Evangelium und Epistel gelesen, und kürzlich erkläret« oder»allemahl ein Hauptspruch aus dem künftigen Evangelio oder Epistel gelernet« werden.[36] Das heißt, die Kinder in Rammenau besuchten den sonntäglichen Gottesdienst nie unvorbereitet oder unverständig. Das, was der Pfarrer las und worüber er predigte, hatte ihnen Christian Grützners Unterricht vorbereitet und erklärt. Und wenn die Kinder Montags zur Schule kamen, war es üblich, dass der »Schulmeister die Verständigeren aus der Predigt« fragte.[37]

Der Unterricht am Samstag, der nur vormittags stattfand, diente der Vertiefung der Wochenaufgabe vom Mittwoch, das heißt der persönlichen Aneignung religiös-moralischer Überzeugungen, der Examinierung über den Lernstoff der Woche sowie der Ermahnung zum Besuch des sonntäglichen Gottesdienstes.

Durch die Berücksichtigung dieses Hintergrunds fällt auf das ›Wunder‹ der Fichte'schen ›Berufungsgeschichte‹ auf Schloss Rammenau, das heißt auf die Geschichte von der besonderen Gabe des Knaben, die Sonntagspredigt wiedergeben und auch auslegen zu können, ein etwas profaneres Licht. Ohne dass diese Geschichte ihren wundersamen Glanz ganz verlöre, wird sie durch die Berück-

---

34 Ebd.
35 Vgl. ebd. Moderow sieht in der Kombination von Katechese und »Weltwissen« im Lehrplan der Oberlausitzschen Schulordnung den Niederschlag eines bildungspolitischen Zusammenwirkens von *Pietismus und Aufklärung*, die »beide von der Perfektibilität des Menschen und folglich von seiner Bildbarkeit zu einer ›glückseligen‹ und ›nützlichen‹ Existenz ausgingen, wofür entsprechende Kenntnisse nötig waren« (Moderow [2007], 61).
36 *Fortsetzung des Codicis* (1770), 36 f.
37 Lösecken (1758), 134. Vgl. *Fortsetzung des Codicis* (1770), 25.

sichtigung des freitäglichen Unterrichtsschwerpunkts und die montägliche Befragung wohl auch im Weltlichen, dem sächsischen Schulwesen und seiner Konkretisierung in der Schultabelle, zu verankern sein. Und so ist es vermutlich auch dem Unterricht des Schulmeisters zu verdanken, dass der junge Fichte vor den Herrschaften auf dem Schloss den Eindruck hat hinterlassen können, der zu seiner besonderen Förderung durch die Familie von Miltitz führte.

3. Fichte und der Pietismus

3.1 Stand der Fichte-Forschung

Der Einfluss des Pietismus auf Fichtes Bildung und Erziehung ist historisch-systematisch noch nicht untersucht worden. In den Forschungsarbeiten, die sich etwas ausführlicher mit Fichtes frühem Bildungsgang befassen, werden Einflüsse des Pietismus kaum, und wenn, dann in der Regel ablehnend thematisiert. Auch wenn gelegentlich auf Anklänge einer pietistischen Terminologie in Fichtes Philosophie hingewiesen wurde, so wird ein solcher Einfluss doch generell verneint. Was einige Autoren zu diesem Urteil bewogen hat, soll im Folgenden unter dem Stichwort die ›Pietismus-Abstinenz-These‹ etwas genauer erörtert werden.

Während Armin Wildfeuer immerhin noch einen impliziten Zusammenhang über die Freiheitsphilosophie von Christian August Crusius einräumt, »dem letzten namhaften Vertreter der thomasischen Schule, die theologisch [...] dem Pietismus zuzurechnen ist«,[38] weist Reiner Preul einen solchen Zusammenhang trotz scheinbar auffälliger Übereinstimmungen zwischen Ideen des Pietismus und solchen Fichtes zurück. Dies gelte insbesondere für dessen Zeit in »Schulpforta und auch später«.[39] Stefano Bacin urteilt noch rigoroser als Preul und schließt unter Berufung auf ihn grundsätzlich aus, dass »Fichte in irgendeiner Weise durch die Ideen des Pietismus beeinflusst worden« sei.[40]

---

38 A. Wildfeuer: *Praktische Vernunft und System. Entwicklungsgeschichtliche Untersuchungen zur ursprünglichen Kant-Rezeption Johann Gottlieb Fichtes.* Stuttgart-Bad Cannstatt 1999 (*Spekulation und Erfahrung II/40*), 256.
39 Preul (1969), 22.
40 Bacin (2007), 39.

Die Pietismus-Abstinenz-These leidet im Allgemeinen unter dem Mangel, dass sie das, wovon sie behauptet, es habe für Fichte keine Rolle gespielt, nicht näher bestimmt. Was die Autoren unter Pietismus verstehen, wird nicht erörtert. Auch sucht man einen konkreten Begriff dessen, was sie im Einzelnen aus dem komplexen religionsgeschichtlichen Phänomen des Pietismus als für Fichte nicht zutreffend verneinen, vergeblich.

So führt Stefano Bacin nicht näher aus, welche »Ideen des Pietismus« es sein sollen, deren Einfluss auf Fichte auszuschließen sei. Seine Begründung, »bestimmte Ausdrücke [?] des Pietismus hätten auch unabhängig von diesem Kontext, z. B. über die Werke Klopstocks«,[41] Verbreitung gefunden, ist weniger eine Lösung als vielmehr ein neues Problem, und zwar ein zweifaches. Denn zum einen wirft diese Erklärung die Frage nach dem Verhältnis Klopstocks (1724–1803) zum Pietismus auf – wobei im Angang dieser Frage allein Klopstocks pietistische Herkunft hätte nachdenklich stimmen können. Zum anderen steht mit Bacins Behauptung die Frage nach der *Säkularisierung des Pietismus* im Raum, also seine nicht mehr nur religiös, sondern auch ästhetisch ausgedeutete Kultur der Innerlichkeit und Empfindsamkeit, das heißt die *Wirkungsgeschichte des Pietismus*. Und für diese gilt, »dass die Exponenten jener Epochenschwelle, die in der Literaturgeschichte des Sturm und Drang gipfelt, aus pietistischen Elternhäusern, Erziehungsinstitutionen oder Mentorenschaften hervorgegangen sind. [U. a.] Lessing, Klopstock und Wieland« und viele andere mehr (Schrader, GdP 4, 389). Und selbst wenn man Klopstocks besondere Bedeutung als Gründungsfigur säkularer Empfindsamkeitsliteratur betonen möchte, so steht außer Frage, dass deren Wurzel auch in dem durch Zinzendorf eingeführten *Erkenntnisprinzip des Gefühls* zu suchen ist, denn in ihm kündigt sich bereits das »Zeitalter der Empfindsamkeit« an (Meyer, GdP 2, 24).

Dass Fichte selbst seinen angeheirateten Onkel *theologisch* weniger für einen »ästhetisch-säkularisierten« als vielmehr für einen gewöhnlichen, beinah den Schwärmern zuzuordnenden Pietisten hielt,

41 Ebd.

kann man seinen kritischen *Anmerkungen* zu dessen *Oden* entnehmen. Dort heißt es:

> Der Dichter [Klopstock] war ohne Zweifel innig bewegt, auf dem höchsten Gipfel der Empfindung, da er diese Ode machte: aber er zog die Leiter, auf welcher er sich dahin erhob, nach sich, und ruft uns nun aus den Wolken zu: Ich empfinde, ich empfinde – was kein Mensch empfinden kann, wer nicht neben ihm steht (GA II/1, 245).

Anders als Bacin verweist Reiner Preul in seinem Versuch einer Abgrenzung Fichtes gegenüber dem Pietismus nicht auf Klopstock, sondern auf Christian Fürchtegott Gellert (1715–1769) als nicht pietistische, sondern frühaufklärerische Quelle, aus der Fichte etwa sein »Drängen auf Verinnerlichung«[42] geschöpft haben könnte. Für Gellert gilt zunächst dasselbe wie für Klopstock. Ohne eine klare Positionierung des aus der sächsischen Provinz stammenden Pastorensohns im Kontext des Pietismus bleibt auch Preuls These zunächst einmal unbegründet. Ja, Gellerts moralphilosophischer Impetus, der einige seiner Schriften zur Pflichtlektüre von Schulpforta geeignet machte, kann auch als Ausdruck des pietistischen Grundmotivs des *habitus practicus*, das heißt einer lebensweltlichen Zuwendung des Glaubens und als dessen eigentliches ›Applikations-Interesse‹ verstanden werden: ein Ansinnen, das ja bekanntlich auch Fichtes Moral- und Religionsphilosophie vehement vertritt, indem sie den »Standpunkt der Religion« (GA I/9, 162 f.) – kritisch gegen Mystik, Quietismus und Schwärmerei – allein als religiös begründete Moral gelten lässt. Auch Gellerts *Tagebuch* sowie das in seinen Romanen verwendete literarische Tagebuch-Motiv lassen sich nach Sibylle Schönborn nur im Kontext ihrer pietistisch geprägten Herkunftsgeschichte angemessen verstehen.[43]

---

42 Preul (1969), 21,
43 S. Schönborn: *Das Buch der Seele. Tagebuchliteratur zwischen Aufklärung und Kunstperiode.* Tübingen 1999, 9 und 32–37. Vgl. zu diesem Thema auch M. Matthias: »Bekehrung und Wiedergeburt«, in: GdP 4, 76 f.

Dass überhaupt die *Frühaufklärung* und damit auch Gellert eine hohe Affinität zum Pietismus aufweist – nicht nur zu dessen *habitus practicus*, sondern auch zu dessen Skepsis gegenüber bloßer Schulgelehrsamkeit, dessen philosophischem ›Eklektizismus‹, dessen Wendung auf ›Empfindung‹ und ›Erbauung‹ sowie dessen Postulat des Innerlichen als ›Prinzip eines neuen Lebens‹[44] –, macht es schwer, eine strikte Trennung zwischen Pietismus und Gellert zu ziehen und ihn – mit Blick auf Fichte – als »pietismusfreie« Quelle auszugeben.[45]

Wenn aber doch über den Hinweis auf die Frühaufklärung und ihren Einfluss auf Fichte dessen Affinität zu ihr und damit seine Distanz zum Pietismus nahegelegt werden soll, dann ist daran zu erinnern, dass Fichte zur Aufklärung in einem ambivalenten und zu bestimmten Ausprägungen derselben in einem höchst kritischen Verhältnis stand. Sein Verständnis von Aufklärung – etwa seine ›johanneisch-illuministische‹ Akzentuierung der Aufklärung als ›Erleuchtung‹ – ist, wenn überhaupt, dann nur bedingt mit dem in Übereinstimmung zu bringen, was landläufig, etwa in der Berliner Aufklärung, unter Aufklärung verstanden und toleriert wurde. Parallelen zur ›Erleuchtungstheologie‹ des Pietismus liegen da näher.[46]

Durch eine Pauschalabweisung des Pietismus als Einflussgröße auf Entstehung, Prägung und Entwicklung von Fichtes religiöser, moralisch-ethischer oder allgemein philosophischer Weltanschauung lässt sich ideengeschichtlich somit nichts Überzeugendes zum Thema ›Fichte und der Pietismus‹ herausbringen. Denn, wie angedeutet, ist es für die Pietismus-Forschung nicht ausgemacht, dass etwa die Autoren Gellert und Klopstock überhaupt geeignet sind, als Anwälte nicht-pietistischen Gedankenguts aufgerufen zu werden.

---

44 Vgl. F. Paulsen: *Geschichte des gelehrten Unterrichts*. Hrsg. von R. Lehmann. 3. Aufl. Bd. 1, Leipzig 1919, 499; Bd. 2, Leipzig 1921, 4 f.

45 So zeigt etwa Walter Sparn, dass und wie sich etwa im Halleschen Pietismus frühaufklärerischer Eklektizismus in der Philosophie und pietistische Frömmigkeit in »mehreren Zielen gegenseitig stützen« (GdP 4, 234).

46 Vgl. H. Traub: »Der Begriff der Aufklärung in Fichtes Wissenschaftslehre von 1805«, in: *Fichte in Erlangen*. Hrsg. von M. Gerten. Amsterdam / New York 2009a (*Fichte-Studien 34*), 187–201.

Dasselbe gilt über die Genannten hinaus für ebenfalls im Geist des Pietismus aufgewachsene, von ihm beeinflusste oder aus ihm heraus argumentierende Geistesgrößen wie etwa Lessing, Goethe, Schiller, Kant, Jacobi, Schleiermacher oder Schelling, den »pietistischen Geist schlechthin«,[47] mit denen Fichte persönlich und / oder literarisch im geistigen Austausch stand. Was soll mit Blick auf diese unabweisbaren Zusammenhänge noch die Behauptung besagen, Fichte sei vom Pietismus nicht beeinflusst worden oder »kaum mit pietistischen Kreisen in Berührung gekommen«?[48]

Bevor nicht im Einzelnen geklärt ist, welche Art, Richtung, Schule, Spielart oder Lehre des Pietismus – vom radikal-separatistischen bis zum gemäßigt-toleranten Pietismus – gemeint ist, zu der Fichtes Philosophie im Einzelnen zustimmend, ablehnend oder indifferent stehen soll, ist ein pauschales Urteil, dass *der* Pietismus auf ihn keinen Einfluss gehabt habe, wissenschaftlich ebenso oberflächlich wie in der Sache problematisch und letztlich unhaltbar.

Während Preul und Bacin einen Einfluss des Pietismus auf den jungen Fichte grundsätzlich ablehnen, hält Armin Wildfeuer fest, dass die Philosophie von Christian August Crusius »nicht ohne Einfluss auf das vorkantische Denken Fichtes geblieben« sei.[49] An mehreren Passagen früher Fichte'scher Schriften und Vorlesungen belegt Wildfeuer, dass sich Fichte explizit mit der determinismus-kritischen Freiheitslehre des »im weitesten Sinne der pietistischen Bewegung« zuzurechnenden Philosophen und Theologen befasst hat und daher von einer strengen Pietismus-Abstinenz nicht gesprochen werden kann.[50]

Diese Einschätzung Wildfeuers bedarf einer – im Hinblick auf unsere Fragestellung – kurzen Erörterung. Wildfeuer spitzt den Einfluss Crusius' so zu, dass Fichte – als Vertreter des Determinismus – der

---

47 K. Ceming: *Mystik und Ethik bei Meister Eckhart und Johann Gottlieb Fichte.* Frankfurt am Main 1999, 37.
48 Preul (1969), 22.
49 Wildfeuer (1994), 260.
50 Ebd., 259 f.

Theorie der »Selbsttätigkeit der Seele« und der Freiheit des Willens, die Crusius vertrat, eindeutig kritisch-ablehnend gegenüberstand.[51] Dieser Ansatz verführt zu dem Missverständnis, dass nicht nur Fichtes (spekulatives) Denken der damaligen Zeit (der Verstand), sondern sein Menschen- und Weltbild insgesamt deterministisch geprägt gewesen seien. Das aber lässt sich mit Blick auf Fichtes frühe theologischen und pädagogischen Schriften und Predigten nicht behaupten. Die hierfür angeführten *Aphorismen über Religion und Deismus* von 1790, in denen er sich – noch vor seiner Auseinandersetzung mit Kant – explizit auf Crusius bezieht, enden ja nicht in einem *universalen* Determinismus, sondern mit einer offenen Frage: nämlich, ob über das rational überzeugende deistisch-deterministische System hinaus ein Denken, aus welchem Prinzip auch immer, legitimiert werden kann, das die ebenfalls zum menschlichen Wesen gehörenden (moralisch-theologischen) Ansprüche des Herzens befriedigt (vgl. GA II/1, 290 f.).[52] Es war dann Kants praktische Philosophie respektive die *Dialektik* der *Kritik der reinen Vernunft*, die Fichte lehrte, dass diese Ansprüche auch mit den Verstand überzeugenden Mitteln einzulösen sind. Kant wies Fichte auf das philosophische Prinzip hin, von dem aus die Ideen der Freiheit und der Pflicht nicht allein gestiftet oder begründet, sondern bewiesen werden konnten. Und so heißt es an der ›Damaskus-Stelle‹ im Brief an Friedrich August Weißhuhn aus dem

---

51 Ebd., 260.

52 Systematisch stehen die *Aphorismen* als philosophische Aufgabe genau da, wo zehn Jahre später der »Zweifel« im Zweiten Buch der *Bestimmung des Menschen* endet und sich die Frage nach der Möglichkeit eines Auswegs aus dem Naturalismus einerseits und dem stringenten, letztlich aber leeren System der Wissens-Bilder eines reinen Transzendentalismus andererseits stellt. Dort wie hier wird diese Frage – wenn auch in gänzlich anderer philosophischer Durchdringung und Ausgestaltung – durch den Rekurs auf die die Rationalität transzendierenden, ja sie ›korrigierenden‹ ›Seelenkräfte‹ des Willens, des Gefühls und des Herzens beantwortet. Was in den *Aphorismen* als Problem aufgeworfen und dort als Antwort nur angedeutet wird, führt die *Bestimmung des Menschen* einer systematischen Lösung zu. Vgl. zum Thema ›Wahrheitsgefühl / Wahrheitssinn‹, auch als Korrektiv rein rationaler Spekulation, GA I/2, 147 und DgF, 183–188.

Jahre 1790 über den universalen Determinismus:»Sätze, von denen ich glaubte, sie seien unumstößlich, sind mir umgestoßen«. Und mit Bezug auf die Freiheit und Pflicht ist Fichte nun überzeugt:»Dinge, von denen ich glaubte, sie können mir nie bewiesen werden, sind mir bewiesen« (GA III/1, 167). Und die freudvolle Einsicht, die die Befangenheit im Determinismus löst, bittet Fichte dem Vater seines Freundes auszurichten:»Sage Deinem theuren Vater [...]: wir hätten uns bei unseren Untersuchungen über die Nothwendigkeit aller menschlichen Handlungen, *so richtig wir auch geschlossen hätten*, geirrt, weil wir *aus einem falschen Principe* disputirt hätten« (ebd., 171). Mit dieser von Fichte enthusiastisch gefeierten Antwort, und auch das ist im Hinblick auf unsere Fragestellung nicht ganz unbedeutend, wird kein erkenntnistheoretisches, sondern ein moral-theologisches, wenn man so will das alte lutherische Problem,»Wie bekomme ich einen gnädigen Gott?«, gelöst. Denn Fichte ist nun überzeugt,»daß der menschliche Wille frei sey, und daß Glückseligkeit nicht der Zweck unseres Daseyns sey, sondern nur Glückswürdigkeit« (ebd.).

In gewissem Sinne unterstützt auch Wildfeuer den vorgebrachten Einwand gegen einen deterministischen Universalismus im Denken des frühen, vorkantischen Fichte, wenn er feststellt, dass Crusius' Philosophie der Freiheit und der Aktivität der Seelenkräfte»in gewisser Weise den Begriff der ›Kausalität aus Freiheit‹ vorweg [genommen habe], den Kant in der ›Transzendentalen Dialektik‹ der *KrV* darlegt.«[53] Damit unterstellt er, dass der intellektuelle Determinismus für Fichte nicht die einzige ›Wahrheitsquelle‹ war, aus der sich die Grundlegung seiner philosophischen Weltanschauung speiste. Denn offenbar war es der *intellektuell* kritisierte Crusius, der den jungen Fichte *ethisch* und anthropologisch für Kants Freiheits- und Moralphilosophie besonders empfänglich machte.

Unter der Voraussetzung, dass auch Kant eine pietistische Erziehung durch den gemäßigten Hallenser Pietisten Franz Albert Schulz genossen hatte, dessen Einfluss von»kaum zu überschätzender Be-

---

53 Wildfeuer (1999), 258.

deutung« war,[54] wird der ebenfalls dem Pietismus zuzuordnende
Crusius zu einer interessanten ideengeschichtlichen Schnittstelle
zwischen Kant und Fichte. Eine Ansicht, die auch Max Wundt schon
1927 vertreten hat.[55]

3.2 Der Einfluss des Pietismus auf die Bildungs- und Erziehungsinstitutionen in Sachsen

Wir werden in diesem Kapitel zeigen, dass die forschungsgeschichtliche Abstinenz gegenüber den pietistischen Einflüssen auf Fichtes
Bildung erhellende Verständniswege für sein theologisches und philosophisches Weltbild sowie seine spezifische Art zu philosophieren
verschließt. Und umgekehrt gilt, dass deren Berücksichtigung bisher verschlossene geistesgeschichtliche Kontexte eröffnet, die das
Solitäre seines Denkens relativieren und manches, was für originär
Fichte'sches gilt, als vom jungen Fichte Assimiliertes und ›Anver-
wandeltes‹ erweist.

Die Frage, inwieweit Fichtes Bildung und Erziehung unter dem
Einfluss des Pietismus standen und inwieweit er womöglich von dort
her in seinen weltanschaulichen Grundansichten geprägt wurde, lässt
sich nur unter Hinzuziehung einiger kultur- und geistesgeschichtli-
cher Umstände beantworten, die das Verhältnis Sachsens zum Pietismus, insbesondere zur Zeit Fichtes, betreffen. Die Forschungsliteratur zu diesem Thema ist sich in mindestens drei entscheidenden
Punkten einig.

Zum ersten steht außer Frage, dass es sich beim Pietismus um die
bedeutendste und auch nachhaltigste Reformbewegung des Protestantismus handelt. Eine Reformbewegung, die im Laufe ihrer Geschichte – und das betraf auch schon das 17. und 18. Jahrhundert – in
»allen gesellschaftlichen Schichten an Fürstenhöfen, beim Adel, an

---

54 U. Schultz: *Kant mit Selbstzeugnissen und Bilddokumenten.* Reinbek 1999, 8.
55 Wundt (1927), 9.

den Universitäten, unter den Theologen, im städtischen Bürgertum und in der bäuerlichen Bevölkerung des flachen Landes bis hin zu den dienenden Unterschichten« begegnete (Brecht, GdP 1, 1 f.). Konsens besteht auch darüber, dass Sachsen mit Philipp Jacob Spener, dessen Schüler August Hermann Francke und Nikolaus Ludwig von Zinzendorf gleich drei hochkarätige Vertreter dieser Reformbewegung aufzuweisen hatte. Spener (1635–1705), »die zentrale Gestalt des lutherischen Pietismus im letzten Drittel des 17. Jahrhunderts« (ebd., 279), bekleidete von 1686 bis 1691 höchst erfolgreich und öffentlichkeitswirksam – zum Verdruss seiner orthodox-lutherischen Berufskollegen – das Amt des Hofpredigers am Hof des Kurfürsten Johann Georg III. in Dresden. Francke (1663–1727), der Gründer der *Franckeschen Stiftungen* und *Spiritus rector* des *Halleschen Pietismus*, war vordem (als Kollege von Christian Thomasius) Professor der Theologie in Halle und dort an der Reform des Universitätswesens maßgeblich beteiligt. Die Bekehrungsgeschichte Zinzendorfs (1700–1760) – vom Grafen zum pietistischen Gründer der *Herrnhuter Brüdergemeine* – kann *pars pro toto* für die spirituelle Wirkmächtigkeit des Pietismus gerade auch unter den politisch Mächtigen dieser Zeit gelten.[56]

Schließlich herrscht Einigkeit über den kaum zu überschätzenden Einfluss des Pietismus auf die bildungspolitischen Reformen des 18. Jahrhunderts, insbesondere, aber nicht nur, in Sachsen.[57] Auf diesen bildungspolitischen Einfluss des Pietismus gehen nicht nur die 1756 in Sachsen gegründeten Lehrerseminare zurück, sondern unter seinem Einfluss standen zentrale Reformen des Schulwesens überhaupt

---

56 Auch Fichtes Gönner, Ernst Haubold von Miltitz (1739–1774), und dessen Familie standen den Herrnhutern nahe. Sein Sohn, Dietrich von Miltitz (1769–1853), wurde nach dem Tod des Vaters in Niesky und Barby bei den Herrnhutern erzogen. Vgl. A. Peters: *General Dietrich von Miltitz, sein Leben und sein Wohnsitz*. Meißen 1863, 6.

57 Vgl. Moderow (2007), 59–67. Der Förderer und Lehrer des jungen Immanuel Kant, Franz Albert Schultz (1692–1763), war 1734 als gemäßigter, in der Halleschen Schule unter dem Einfluss Franckes und Wolffs ausgebildeter Pietist maßgeblich an der »Erneuten und erweiterten Verordnung über das Kirchen- und Schulwesen in Preußen« beteiligt (Brecht, GdP 2, 345 f.).

– wie auch immer man diese bewertet.[58] Darüber hinaus waren es vor allem pietistische Theologen, die sich als Verfasser einschlägiger katechetischer und moralpädagogischer Standardlehrwerke für den Schulunterricht einen Namen machten. Was die theologische Orientierung der protestantischen Erneuerungsbewegung des 18. Jahrhunderts in Sachsen betrifft, so ist hervorzuheben, dass sie trotz Betonung von praktizierter Frömmigkeit und Innerlichkeit keine radikale Weltverneinung oder Theoriefeindlichkeit betrieb. Im Gegenteil, die »Erfolgsrezepte« des Pietismus waren hier: die Aufnahme der »sozialen Frage«, die Hinwendung zu einem lebensbejahenden Pragmatismus, die Überwindung einer am Lateinischen orientierten reinen Gelehrten-Theologie zugunsten einer populären, existenzbezogenen, gleichwohl reflektierten Religiosität sowie die Entwicklung eigener »anspruchsvoller Systeme« (Brecht, GdP 1, 1).[59] »Hierin ist der Pietismus mit dem Rationalismus ganz einstimmig. Er ist fern von quietistischer Beschaulichkeit«.[60] Inwiefern es sich bei diesen Tendenzen um die generelle Richtung eines gemäßigten Pietismus überhaupt handelt, dem es gelingt, Aufklärung, Weltweisheit und Frömmigkeit zu vermitteln, sei dahingestellt. Bemerkenswert aber ist, dass sowohl Kants als auch Fichtes frühe moralphilosophische und religiös-weltanschauliche Bildung und Erziehung unter dem starken Einfluss dieser reformprotestantischen Erneuerungsbewegung standen. An der ebenfalls dem Pietismus zuzuordnenden Figur des Christian August Crusius wurde im Vorherigen darauf hingewiesen, dass sich unter anderem über ihn die gemeinsamen Herkunftswege ihrer pietistischen Sozialisation auf

---

58 So verurteilt etwa Paulsens *Geschichte des gelehrten Unterrichts* (Bd. II) die Übernahme der von Francke inspirierten pietistischen Gebetsübungen in die sächsische Landesschulordnung von 1742 als »ganz unerträglich« (Paulsen [1921], 4).

59 Wenn Moderow im Zusammenhang von Aufklärung, Pietismus und Absolutismus mit Bezug auf den Begriff des »aufgeklärten Absolutismus« die Diskussion um den Terminus eines »pietistischen Absolutismus« für lohnenswert erklärt (Moderow [2007], 60), dann wäre es zumindest ebenso lohnend, der Frage nach der Sinnhaftigkeit der Verwendung eines Begriffs vom »aufgeklärten Pietismus« nachzugehen.

60 Paulsen (1919), 539.

interessante Weise auch philosophisch kreuzten und dass Fichte womöglich durch ihn den Weg in Kants Philosophie der Freiheit fand.

Wenn die Fichte-Forschung nach der Bedeutung des Pietismus für die Ausbildung und Orientierung des Welt- und Menschenbildes Fichtes oder nach dessen »Berührung mit pietistischen Kreisen«[61] fragt, dann kann diese Frage nicht das ›Ob-überhaupt‹, sondern nur den Umfang und Tiefgang dieses Einflusses zum Gegenstand haben. Es bestand im Bildungswesen Sachsens zur Mitte des 18. Jahrhunderts kaum eine realistische Chance, nicht mit dem Einfluss des Pietismus konfrontiert zu werden. Als ›Quasi-Staatsreligion‹ und zentrale weltanschauliche Strömung der Bildungspolitik konnte man dem Pietismus, auch ohne Mitglied eines ›pietistischen Kreises‹ zu sein, kaum ausweichen oder sich ihm und dem Einfluss seiner Lehren entziehen.

Inwieweit das auch und insbesondere für die ›weltanschauliche Frühförderung‹ Fichtes galt, werden wir nun im Folgenden anhand der öffentlichen Erziehungs- und Bildungsarbeit während seiner Schulzeit in Rammenau zu rekonstruieren versuchen.

3.3 *»Ermahnung zur fleißigen Besuchung der Schule«*

Fichte war bei Einführung der *Oberlausitzschen Schulordnung* im April 1770 sieben Jahre alt. Das heißt, für ihn und seine Eltern galt es, seinen Schulbesuch zu organisieren. Die allgemeine, weltliche wie geistliche Forderung und Förderung einer allgemeinen Volksschulbildung und Erziehung hatten in Sachsen bereits Tradition. Nicht nur über Luthers Forderung, die Kinder zur Schule anzuhalten, sondern auch durch das im Dorf Rammenau seit langem etablierte Schulwesen werden die Fichtes der durch die Schulordnung vorgeschriebenen Verpflichtung, Kinder ab dem fünften Lebensjahr zur Schule zu schicken, nachgekommen sein, auch wenn dies womöglich anfangs nicht regelmäßig erfolgte (LLB I, 8).

---

61 Preul (1969), 22.

Die allgemeine, politische und soziale Erwartung an die Erfüllung der Schulpflicht unterstützten in der Schule selbst nicht nur Lehrer und Pfarrer, sondern vor allem auch die zum Unterricht vorgesehenen Lehrwerke. Wie erwähnt, baute der Unterricht in Rammenau katechetisch auf Johann Jacob Rambachs *Erbauliches Handbüchlein für Kinder* (1734) und Christoph Albrecht Löseckens *Zergliederter Catechismus* (1757) auf.[62] Bei der Intensität und Präsenz dieser Lehrwerke, der Einschärfung ihrer Regeln und Nachahmung ihrer Beispiele ist es legitim, ja vielleicht notwendig, sie und die hinter ihnen stehenden Theologen, Rambach und Lösecken, etwas eingehender zu betrachten.

Rambachs *Erbauliches Handbüchlein* ist ein zur damaligen Zeit in öffentlichen Bildungseinrichtungen, in Schulen und Waisenhäusern weit verbreitetes Unterrichts- und Erziehungsbuch für Kinder.[63] Rambach (1693–1735) selbst ist religionsgeschichtlich und religionspädagogisch in vielerlei Hinsicht interessant. Unser Interesse gilt vor allem dem, was über ihn womöglich in Fichtes eigene Weltanschauung übergegangen ist und in ihr einen Nachhall gefunden hat.

Der erste bemerkenswerte *schulpädagogische* Aspekt in Rambachs *Handbüchlein* ist die an vielen Stellen und in unterschiedlichen Kontexten (Gedicht, Lied, Gebet) wiederholte Einschärfung der von Luther schon bekannten Ermahnung zur »fleißigen Besuchung der Schule«.[64] Das heißt, über die allgemeine, protestantische Forderung an die Eltern hinaus, ihre Kinder zur Schule zu schicken, begegnete den Schülerinnen und Schülern Rammenaus in dem in ihrem Unterricht verwendeten Lehrwerk diese Ermahnung erneut, und zwar als persönliche Aufforderung und in direkter Ansprache an sie: »Herzlich geliebte Kinder. […] Ich habe euch schon einmal […] sieben Ursachen vorgestellet / die euch zur Liebe des Wortes GOttes / und fleißiger Be-

---

62 Vgl. GKR, »Schultabelle« und *Fortsetzung des Codicis* (1770), 36 ff.

63 Die Forschung zu Werk und Wirksamkeit Rambachs geht von mindestens 28 Auflagen aus, wobei die damals kursierenden zahlreichen unautorisierten Nachdrucke nicht mitgezählt sind. Vgl. Pfister / van Spankeren (2014), 11 f., Fn. 6.

64 Rambach (2014), 80.

suchung der Schule bewegen sollen«.[65] Unterstützt wird die Festigung des ›Schulpflichtgedankens‹ in den Köpfen der Kinder durch das erwähnte Ritual, zu Beginn des Schultages und auch zu dessen Ende am Vor- und Nachmittag ein Lied zu singen und ein Gebet zu sprechen. Rambach war ein versierter und vielseitig praktisch ausgerichteter Katechet und Religionspädagoge. Sein *Handbüchlein* ist ein katechetisches ›Universalwerkzeug‹: nicht nur Lehrwerk zur moralischen und sittlichen Erziehung, sondern auch ein Gebet- und Gesangbuch. Was gesungen wird, prägt sich besser ein als das, was nur gehört oder unrhythmisch und unmelodisch gesprochen wird. Insofern sind Rambachs Lieder und Gebete, die die Schule und ihren Besuch betreffen, wohl nicht weniger wirksam bei den Kindern gewesen als die allgemeinen Ermahnungen zum fleißigen Schulbesuch oder die die Schule betreffenden ›Lebensregeln für Kinder‹.

In seinem »Lied vor der Schule« heißt es:

> Oh Vater/[…] Wir dancken dir durch deinen Sohn/Als unsern lieben Gnaden-Thron/Dass uns die Schulen offen stehn/in welche wir mit Freuden gehen/[…] O heilger Geist/treib meinen Sinn mit Freud und Lust zur Schule hin./Laß mich fein still und fleißig seyn/Flöß meinem Herzen Weisheit ein.[66]

Das insgesamt fünfstrophige Lied beschreibt und lobt vor allem und ausführlich Segen und Nutzen des Unterrichts für die Bildung und das Heil des kindlichen Gemüts.

Und in Rambachs »Lied nach der Schule« heißt es:

> Vater/dir sey Lob gegeben Für den Segen deiner Hand/den du mir in meinem Leben/Und auch itzo/zugewandt. Habe Danck/o höchstes Licht/Für den treuen Unterricht/Den ich auch in diesen Stunden hab aus deinem Wort gefunden./[…] [S]chreibe/was ich guts gehöret/tief in mein Gedächtnis ein/Laß dem/was man mich gelehret/meinen Wandel ähnlich seyn. Segne meines Lehrers Zucht/Laß mich bringen gute Frucht.[67]

---

65 Ebd., 79 f.
66 Ebd., 158.
67 Ebd., 159.

Ein Kapitel der im Unterricht regelmäßig studierten und einge-
schärften ›Sittenregeln‹ Rambachs befasst sich, in den Regeln 51 bis
65, ausschließlich mit dem Verhalten des Kindes in der Schule. Bis in
die Details – vom Räkeln übers Kopfkratzen und Nägel und Nase
»Klauben« bis hin zum sorgfältigen Umgang mit den Schulbüchern
– wird hier erzogen und gebildet. Unter den Regeln finden sich auch
die über den pünktlichen Schulbesuch.[68]

Vieles spricht dafür, dass hinter dem doppelten, lutherisch-ram-
bachschen Appell zum Schulbesuch, dessen Konkretisierungen in
Gebet, Lied und moralischer Erziehung nicht nur der Lehrer des
Dorfes, sondern auch die Herrschaft auf Schloss Rammenau, der
Pfarrer und – zumindest zu großen Teilen – auch die Eltern standen.
Danach ist anzunehmen, dass der Schulbesuch der Kinder – wenn
triftige Gründe nicht dagegen sprachen – regelmäßig erfolgte. Dem
›sozialen Druck‹ und der sozialen Kontrolle, die die bereits erwähnte
»Anweisung« aus Löseckens Katechismus noch verstärkte, wird sich
auch die Familie Fichte nicht entzogen haben können. Dies umso
weniger, als für die Eltern ja der starke Wunsch bestand, den Sohn
einst selbst auf der Kanzel der Dorfkirche zu sehen und von dort aus
predigen zu hören.

Insofern ist es mehr als nur wahrscheinlich, dass Fichte über längere Zeit die Schule in Rammenau besuchte und hier auch die ersten
systematischen Prägungen im Hinblick auf seine religiöse und moralische Weltanschauung erfuhr.

Diese These wird noch von einer anderen Seite des *Handbüchleins* unterstützt. Wir haben darauf hingewiesen, dass die sorgfältige
Vorbereitung der sonntäglichen Gottesdienste durch den Schulunterricht am Freitag-Nachmittag als ein Erklärungsgrund für die Berufungsgeschichte Fichtes gelten kann. Mit Blick auf das in der Schule
verwendete Lehrwerk Rambachs lässt sich dieser Umstand noch präziser fassen. Denn in dessen Kapitel IV finden sich diejenigen »Regeln«, die die schulische mit der kirchlichen Erziehung verbinden.
Die »Regeln, wie sich ein Kind in der Kirche verhalten soll«, besagen

68 Ebd., 236 f. und 232.

zunächst, dass die erwähnten, für die Schule aufgestellten Verhaltensregeln selbstverständlich auch im Gotteshaus zu befolgen sind. »Alle
unanständigen Sitten / die du nach [den 12 Unterpunkten der Regel]
62. in der Schule zu vermeiden hast / die hast du noch vielmehr in der
Kirche zu vermeiden«.[69] Darüber hinaus aber betreffen die Regeln für
den Kirchbesuch insbesondere den katechetischen Zusammenhang
zwischen Schul- und Gottesdienstbesuch. Hatte die Schule am Freitag den Predigttext durch Bibellesung und Auslegung vorbereitet, so
weisen Rambachs »Kirchenregeln« die Kinder präzise an, wie sie das
in der Schule Vorbereitete und nun im Gottesdienst Gehörte sichern
und vertiefen sollen. Keine stille, quietistische Andacht, sondern auf-
merksames, erstes theologisches An-Denken. Rambachs Prinzipien
des Gottesdienstbesuchs für Kinder sind predigtbegleitende Literarkritik, erste systematische Textanalyse und Einführung in die Homiletik: also Fortsetzung von Schule und Unterricht an einem geweih-
ten Ort. Materiale Voraussetzung dafür: der Gebrauch der eigenen
Bibel, des eigenen Gesangbuchs sowie der eigenen Tafel und anderer
Schreibutensilien.

Die Predigt beginnt, und damit auch die angeleitete Arbeit der
Schüler und Schülerinnen:

> gib auf alles acht / mercke was aus dem Text vorgestellet / und wie der Vor-
> trag eingetheilet wird; welches du auch in deine Schreib-Tafel aufschreiben
> kanst. Schlage ein und andern Spruch in deiner Bibel / doch ohne Geräusch
> und vieles Blättern / nach und zeichne ihn mit einem hineingelegten schma-
> len langen Papirgen [Papierchen] / deren du immer etliche in deiner Bibel
> ligen haben must.[70]

Unterrichtsdidaktisch haben wir es bei Rambach weniger mit dem
schlichten Besuch eines Gottesdienstes als vielmehr mit der Exkur-
sion eines homiletischen Proseminars zu tun. Wobei beides, Andacht
und Analyse, Erbauung und Erkenntnis, Herz und Verstand, nicht
als Gegensätze, sondern als einander unterstützende Elemente eines

---

69 Ebd., 240.
70 Ebd.

vollen, auch lebensweltlich und moralisch-ethisch relevanten Sinn-
verstehens des Glaubens aufgefasst werden.

Diese Doppelfunktion reformprotestantischer Katechese, von
Glaubensunterweisung einerseits und »Uebung des Verstandes« andererseits, findet sich auch im zweiten Lehrwerk der Schule, Löseckens *Katechismus*, schon in dessen Widmung verankert: »der Jugend und anderen Einfältigen zur Uebung des Verstandes und der
Aufmerksamkeit«.[71]

Vor diesem katechetischen Hintergrund wirkt Fichtes Auftritt
vor der Herrschaft im Rammenauer Schloss wie das personifizierte
Exempel zur allgemeinen religionsdidaktischen Regel schulischer
und katechetischer Bildung und Erziehung in Rammenau. Denn der
Knabe, so berichtet I. H. Fichte über seinen Vater, verfügte über »das
Talent […], eine gehörte Predigt aus dem Gedächtnis wieder her-
zustellen« (LLB I, 11). Diese Fähigkeit betrifft das homiletisch und
katechetisch geschulte Gedächtnis, die »Uebung des Verstandes und
der Aufmerksamkeit«, wie sie Löseckens ›Anweisungen zum Unterricht‹ fordern.[72] Und danach könnte Fichte einer der ›Verständigeren‹
gewesen sein, die der Schulmeister montags zur Predigt vom Sonntag
zu examinieren hatte.[73]

Die Bedingungen, unter denen sich Fichtes Talent so eindrucksvoll
hat entfalten können, sind nun bekannt. Aber auch über das zweite
Element der Katechese, die gemütsbewegende ›Inbrunst‹ und Erbauung, wird uns in der ›Berufungsgeschichte‹ Fichtes berichtet. Denn
in seiner Erzählung über die Reproduktion der Predigt durch seinen
Vater schreibt I. H. Fichte: Dabei »gerieth er in Feuer«, es »belebte
sich Stimme und Ausdruck immer mehr […] und unter dem Zuströ-
men der Gedanken aus der Erinnerung konnte er gar nicht enden«
(LLB I, 11).

Was in der Forschungsliteratur zu Fichtes ›Berufungsgeschichte‹
als einzigartiges, ans Wunderbare grenzendes Ereignis behandelt

---

71 Lösecken (1758), Widmung.
72 Vgl. ebd., 123–141.
73 Ebd., 134.

wird, erweist sich vor dem bildungsgeschichtlichen Hintergrund weniger als exzeptioneller Auftritt eines Wunderknaben, sondern eher als Resultat zeitgenössischer, insbesondere reformprotestantisch-pietistischer Ausbildungsanstrengungen. Dass der junge Fichte auf das Bildungsangebot Rammenaus besonders interessiert ansprach, dass er durch das Elternhaus und den Pfarrer besonders gefördert wurde, dass er ein fleißiger Schüler war (LLB I, 9) oder dass in ihm selbst womöglich eine besondere Disposition zu seiner späteren Berufung bestand, ist damit nicht ausgeschlossen – im Gegenteil. Es werden alle diese Aspekte ihren Anteil an der katechetischen und säkularen Bildung des jungen Fichte gehabt haben.

Neben der kindgerecht aufbereiteten Schul- und Kirchdisziplin ist Rambachs *Handbüchlein* auch wegen seines ebenso didaktisch aufbereiteten theologischen Inhalts und religionsgeschichtlichen Hintergrunds von Bedeutung. Wer war dieser Autor des in der Schultabelle von Rammenau aufgeführten Lehrbuchs?

3.4 Spezifisches und Nachhaltiges aus den Lehrwerken von Rambach und Lösecken

Rambach war zu seiner Zeit eine durchaus bekannte theologische Größe. Er war Schüler der Lateinschule der Franckeschen Stiftungen, späterer Mitarbeiter von August Hermann Francke und dessen Nachfolger als Hochschullehrer in Halle, von wo ihn 1731 die Universität Gießen als Theologen berief.[74] Im Jahr 1734, dem Erscheinungsjahr des *Handbüchleins*, erschienen auch die von Rambach in drei Bänden herausgegebenen *Geistlichen Schriften und Werke* von Johann Arndt, dem »Vater des Pietismus« und »erfolgreichsten deutschen Erbauungsschriftsteller des Protestantismus« (Brecht, GdP 1,

---

74 Pfister/van Spankeren (2014), 40. Die Autoren weisen zu Recht darauf hin, dass Rambachs Religionspädagogik ohne den Bezug zum Halleschen Pietismus und Rambachs Tätigkeit an den Franckeschen Stiftungen nicht zu verstehen sei (ebd., 58–62).

131 u. 149). Rambachs bedeutendster Schüler war der Frankfurter Theologe und Pfarrer *Johann Philipp Fresenius*. Er vermählte Goethes Eltern, Johann Caspar und Catharina Elisabeth, und taufte Johann Wolfgang Goethe, der ihm im vierten Buch von *Dichtung und Wahrheit* ein persönliches Denkmal setzte. Mit anderen Worten, Johann Jacob Rambach war ein führender und höchst einflussreicher Pietist.

Als Pietist steht Rambach in der von Spener, Francke und Zinzendorf geprägten Tradition des hallensisch-sächsischen Pietismus. Seine religionsdidaktischen Prinzipien als Universitätslehrer sind dementsprechend einerseits, »die Frömmigkeit der Theologiestudenten zu vertiefen« (Ackva, GdP 2, 204), was nach pietistischer Überzeugung vor allem die Bestätigung und *persönliche* Aneignung des Glaubens bedeutete: ein Prinzip, das, wie wir hörten, auch in seinen erbaulichen religionspädagogischen Schriften zur Geltung kommt. Andererseits waren Rambachs homiletische Vorlesungen, gemäß dem Geist des Pietismus, darauf angelegt, »die angehenden Pfarrer zu nüchternen, an die Alltagswelt der Hörer anknüpfenden Predigten« zu ermahnen (ebd.). Auch hier herrscht das »didaktische Prinzip der Applikation, das heißt die Anwendung des Gelernten auf Lebensaufgaben und ein ›nützlicher und rechtmäßiger Gebrauch‹«.[75] Das bedeutete nicht, dass das Postulat der ›Verständlichkeit‹ und Popularität der Predigten die »gelegentliche Ausbildung eigener Spekulation oder gar die Ausbildung anspruchsvoller Systeme« behinderte (Brecht, GdP 1, 1).[76]

---

75 Ebd., 60.

76 Vielleicht lässt sich in dieser ideologischen Doppelstrategie des Pietismus, der Vermittlung einer populären, alltagstauglichen Frömmigkeit einerseits und der spekulativ-systematischen Begründung des Glaubens andererseits, die Grundstruktur dessen erkennen, was die neuere Fichte-Forschung den *ganzen Fichte* oder *Fichtes Gesamtidee der Philosophie* nennt. Vgl. DgF, 9–14 und R. Lauth: »J.G. Fichtes Gesamtidee der Philosophie«, in: *Philosophisches Jahrbuch* 71 (1964/65), 353–384. Fichtes Nähe zur pietistischen Erziehungslehre Rambachs hat sich in dem hier angesprochenen Punkt in der eigenen Erziehungspraxis an seinem Sohn als nicht nachhaltig erwiesen. Immanuel Hermann Fichte war zwar, wie sein Vater auch, leidenschaftlicher Pädagoge. Aber im Gegensatz zu ihm vertrat er nicht die vom

Demzufolge kennzeichnet Rambachs Theologie der »unmittelbare Bezug zur Praxis und umgekehrt«, sodass man bei ihm »von einer pädagogisch gewendeten Theologie und einer theologisch durchgebildeten Pädagogik sprechen« kann.[77] Unter Rambachs religionspädagogischem Standardwerk für Kinder, dem erbaulichen *Handbüchlein*, und den darin verarbeiteten religionsdidaktischen Prinzipien erfolgte auch die schulische Unterweisung des jungen Fichte und seiner jüngeren Geschwister. Das heißt, mit und durch Rambachs *Handbüchlein* hatte die pietistische Reformbewegung auch in Rammenau »die bäuerliche Bevölkerung des flachen Landes« und die »dienenden Unterschichten« (ebd., 2) erreicht und hier im Geiste ihrer Religionsreform, insbesondere im Bereich der Katechese, zu wirken begonnen.

3.4.1 Personalisierung des Heils und der Aufbau einer Kultur der Selbstreflexion

Dem allgemeinen pietistischen Grundsatz, nichts Katechetisches mechanisch oder »kaltsinnig« einüben oder aufsagen zu lassen, entsprechen konkret Rambachs und auch Löseckens Prinzipien der *Personalisierung des Heils*, die insbesondere das Ich des Glaubens thematisieren, sowie der Aufbau einer Kultur der Selbstreflexion.[78]

pietistisch beeinflussten Kant postulierte, von J. G. Fichte weiterentwickelte Popularisierung wissenschaftlicher Philosophie und deren Anreicherung durch nichtwissenschaftliche Strategien der Wahrheitserschließung und Wahrheitsvergewisserung. Vgl. hierzu I. H. Fichtes Vorrede zum Band V der von ihm ab 1834 herausgegebenen *Sämmtlichen Werke* seines Vaters (SW V, XXXV).

77 Pfister / van Spankeren (2014), 63. Überhaupt legt der Pietismus insgesamt auf religiöse Erziehung und Katechese größten Wert. Speners bei der Bevölkerung und insbesondere bei Kindern sehr erfolgreicher Katechismus-Unterricht trug ihm seitens seiner Neider den Ruf ein, dass »der Kurfürst [mit ihm] statt eines Oberhofpredigers einen Schulmeister bekommen [habe]« (Brecht, GdP 1, 331). Die pädagogische und sozialpädagogische Ausrichtung von Franckes Theologie ist hinreichend bekannt.

78 Pfister / van Spankeren (2014), 75.

In ihrer Analyse der Rambach'schen Religionsdidaktik heben Pfister und van Spankeren hervor, dass in ihr die »Ich-Form« eine besondere Rolle spielt.[79] Das heißt, schon die Konfrontation der Glaubensinhalte, etwa im Glaubensbekenntnis, richtet sich bei Rambach und auch bei Lösecken unmittelbar an das Du und Ich des einzelnen Schülers. Die schon in Luthers *Kleinem Katechismus*, den die beide Autoren »kindgerecht« katechisieren, verwendeten Formulierungen: »Ich glaube an Gott [usw.]« vertiefen Lösecken und Rambach, indem sie die Kinder explizit nach dem personalen Bezug, nach dem Ich des Glaubens und darüber hinaus nach der Qualität dessen befragen, was ›glauben‹ heißt. So wird bei Rambach die Frage nach der Bedeutung des Schöpfertums Gottes als des Gott-Vaters dahingehend individualisiert, dass der Schüler gefragt wird: »Was hat der Vater insonderheit an dir getan?« Worauf die Antwort lautet: »Er hat mich erschaffen.« Ebenso wird nach dem persönlichen Bezug des Sohnes und des Heiligen Geistes zum Heil des Kindes gefragt: »Was hat der Sohn an dir getan?« »Er hat mich erlöset.« »Was hat der Heilige Geist an dir getan?« »Er hat mich geheiliget.«[80]

Noch schärfer als Rambach insistiert Löseckens Katechismus, der an drei Vormittagen ausdrücklicher Unterrichtsgegenstand der zweiten Klasse war, auf dieser Personalisierung. Seine Katechese des Glaubensbekenntnisses fragt zunächst nicht nach dem Was, dem Inhalt des Glaubens, dem »Woran glaubst du?«. Sondern sie fragt nach dem Wer und nach der Qualität des Glaubensaktes der Vergewisserung. Nachdem der erste Artikel des Glaubens benannt wurde: »Ich glaube [an Gott den Vater usw.] [...] Erden«, heißt es dann: »Wer gläubet an [Gott den Vater usw.] [...] Erden?« Die Antwort lautet: »Ich gläube.«[81] Hierin wird der Schüler aufgefordert, den ersten Satz des Glaubensbekenntnisses auf sich ganz persönlich zu beziehen. Er als dieser spezielle Schüler oder sie als diese Schülerin ist hier in den Blick genommen und aufgefordert, die Frage nach dem Ad-

79 Vgl. ebd., 29, 36, 75–77.
80 Rambach (2014), 84.
81 Lösecken (1758), 24.

ressaten des Glaubensbekenntnisses zu beantworten. Ich bin es, der glaubt. Die sich daran anschließende Frage thematisiert dann den Modus dieses Wissens als performativen Akt:»Was thust du?« Antwort:»Ich gläube.«[82] Das heißt, unabhängig von der Unterweisung in den konkreten Glaubensinhalten, vergewissern sich der Katechet und die Schüler über das individuelle Subjekt des Glaubens und das intellektuelle Spezifikum des Glaubensaktes. Viel näher können Katechese und Unterricht nicht an ihren Adressaten herankommen, als dass sie ihn als ihn selbst, als Ich, und als Akteur des Glaubenshandelns in den Akt der Vermittlung hineinholen, beziehungsweise ihn darin sich selbst zu Bewusstsein bringen.

Um den Akt der ich-haften Glaubensvermittlung im Bewusstsein der Schüler zu festigen, wiederholt Löseckens Katechismus dieses Frageritual bei jedem Artikel aufs Neue.»Was thust du, wenn du dies alles hörest und weißt?«»Ich gläube.«[83]

Das spezifisch Pietistische dieser auf personalisierte Glaubensvergewisserung in der »Ich-Form« ausgerichteten Fragetechnik wird durch einen vergleichenden Blick in Luthers *Kleinen Katechismus* deutlich. Bei Luther heißt es nach der Präsentation der Glaubensartikel schlicht:»Was ist das?« Und dann folgt die Erläuterung.[84]

Löseckens Katechismus verfügt über noch eine weitere didaktische Finesse. Um den Katecheten, Lehrer oder Hausvater, für die sein Katechismus in erster Linie geschrieben wurde, in den Stand zu setzen, gegebenenfalls Nachfragen zu einzelnen Begriffen oder Inhalten des Glaubensbekenntnisses beantworten oder vertiefen zu können, enthält jede Seite ein ausführliches Glossar. Es sei nach Lösecken damit zu rechnen, und dies sei ausdrücklich zugestanden, dass die Kinder die »Freyheit haben, ihre *Dubia*, Zweifel, vorzubringen, und

---

82 Ebd.
83 Ebd. 24, 25, 31, 34, 35.
84 Vgl. M. Luther: *Der kleine Katechismus*, in: *Evangelischer Erwachsenen Katechismus. Glauben Erkennen Leben.* Hrsg. von M. Kiesling u. a. Gütersloh 2000,»Kirchliche Bekenntnisse«, nach Seite 433.

der Schulmeister muss sie mit Geduld anhören und mit Sanftmuth unterweisen«.[85] Damit er dies sachgemäß tue und überdies sein Fragerepertoire erweitere, kann und soll er sich des Glossars bedienen.[86] Für den vorliegenden Fall, die Erklärung von »Ich« und »glaube«, lauten die im Glossar angegebenen Erklärungen: »Ich«: »Ein jeder wahre Christ«, und »glaube«: »Mit Herz und Mund bekennen«.[87] Die Personalisierung, die die Katechese bei Lösecken hier vornimmt, thematisiert somit zweierlei. Sie vergewissert dem Schüler und der Schülerin zunächst sich selbst als (empirische) Subjekte des Glaubens. Darüber hinaus aber versetzt sie sie zugleich in die Glaubensgemeinschaft »wahrer Christen« und verlangt als Zeugnis des Glaubens das Bekenntnis »mit Herz und Mund«. Das Ich der Unterwiesenen ist somit ein Zweifaches oder eines in einer doppelten Hinsicht: nämlich einerseits das empirisch-individuelle Ich und anderseits das sich in die Gemeinschaft »wahrer Christen« vergesellschaftende »intelligible Ich«. Dabei beruht dessen Identität auf dem Bekenntnis des Glaubens »mit Herz und Mund«.

Theologisch haben wir es an dieser Stelle des Katechismus Löseckens mit einer didaktisierten Gestalt von Luthers sogenannter ›Zwei-Reiche-Lehre‹ zu tun, der gemäß der (protestantische) Christ »Bürger zweier Regimenter«, des weltlichen und des göttlichen, ist, wobei deren Vermittlung eindeutig unter dem Primat des letzteren steht.[88] Dass es sich bei Löseckens und Rambachs Katechese um eine

---

85 Lösecken (1758), 132.

86 Vgl. ebd., die Erläuterungen im Fußnotenapparat.

87 Ebd., 24.

88 Auch die Einführung in dieses Element protestantischer Theologie, Philipp Melanchthons *Augsburger Bekenntnis* von 1530, war Bestandteil des katechetischen Unterrichts in Rammenau. Montags von 9 bis 10 Uhr wurde in der Ersten Classe, das heißt in den ersten beiden Schuljahren, »ein Stück aus der Augspurgischen Confession vorgelesen, und alsdann catechetisch durchgefragt« (GKR: »*Schultabelle der Ersten Klasse*«). Ein zentraler Bestandteil der *Confessio Augustana* ist die in den *Artikeln* 7, 8 und 16 ausgeführte Unterscheidung zwischen dem »weltlichen Regiment« (Staatsordnung / Polizei) und der »Versammlung aller Gläubigen« oder der »Einheit der christlichen Kirche« (Luther [2000], 432 f.). Das bedeutet: Fichtes spä-

pietistisch intensivierte Variante dieses Kernstücks protestantischer Theologie handelt, zeigt sich vor allem in der möglichst innigen Vermittlung der Glaubensinhalte an die Kinder, in dem Versuch, eine starke Identifikation und Personalisierung zu bewirken.

Ein Blick in die Forschungsliteratur zu diesem Aspekt der Bildungsbiographie Fichtes vermittelt ein uneinheitliches Bild. Armin Wildfeuer und Reiner Preul verankern Fichtes Konzeption der ›Selbstbeobachtung‹ und ›selbstständigen Erkenntnis‹ recht spät, nämlich in seiner Valediktionsrede von 1780.[89] Dass es sich bei dieser ›spezifisch‹ Fichte'schen Untersuchungsmethode um die Weiterverarbeitung und Anwendung des religionsdidaktischen Verfahrens der ›Selbsterforschung‹ aus der Tradition des reformierten Protestantismus, speziell des Pietismus, handeln könnte, bleibt bei ihnen unbedacht. Dagegen weist Martin Oesch zu Recht darauf hin, dass hier ein von der Forschung »gemeinhin übersehenes [...] psychologisches Denken« bei Fichte nachzuweisen ist.[90] Auch wenn der Pietismus als solcher von Oesch nicht thematisiert wird, so ist doch der geistesgeschichtliche Kontext dieses Denkens von ihm zutreffend über die dem Pietismus nahestehenden Autoren Christian Thomasius und Christian August Crusius hergestellt.[91]

---

tere Lehren von der ›Synthesis der Geisterwelt‹ sowie der heilsnotwendigen Verbundenheit und moralisch-praktischen Vermittlung von empirisch-politischer und intelligibler Welt lassen sich als philosophische Ausgestaltungen eines Bekenntnisses verstehen, dessen Ursprünge in der katechetischen Unterweisung während seiner Schulzeit liegen dürften.

89 Vgl. Wildfeuer (1999), 134–140 und Preul (1969), 14–19.

90 M. Oesch: *Das Handlungsproblem, ein systemgeschichtlicher Beitrag zur ersten Wissenschaftslehre Fichtes.* Amsterdam 1981, 43.

91 Vgl. zur psychologischen und existenziellen Dimension in Fichtes Ich-Philosophie H. Traub: »Fichtes Lehre vom Sein. Ein existenzphilosophischer Deutungsversuch«, in: *System und Kontext.* Hrsg. von R. Ahlers. New York / Queenston 2004b, 287–327 und ders.: »›Ein schlaffer Charakter wird sich nie zum Idealismus erheben‹. Fichte und die Idee starker Subjektivität«, in: *Figuren starker Subjektivität.* Hrsg. von R. Breuning / P. L. Oesterreich. Würzburg 2017, 61–64.

Fichte gilt ideen- und philosophiegeschichtlich zu Recht als *der* Philosoph des Ich schlechthin. Die philosophische Revolution, die er damit begründet und eingeleitet, sowie das ›unsterbliche Verdienst‹, das er sich damit um die Philosophie als Wissenschaft erworben hat, wurde selbst von seinen Kritikern Schelling und Hegel unumwunden zugestanden. Eine moderne Philosophie des Selbstbewusstseins wäre ohne Fichte wohl kaum denkbar.

Fichtes Philosophie des Ich erfährt nach Ansicht der Fichte-Forschung in den Jahren nach 1795 eine grundlegende methodologische Akzentverschiebung. Die Betonung der existenziellen Relevanz der vordem transzendental erörterten *Philosophie des Ich* gilt als Übergang von der *Grundlage der gesammten Wissenschaftslehre* von 1794 zu Fichtes *Versuch einer neuen Darstellung der Wissenschaftslehre* ab 1797. Der Wandel zur »nova Methodo« vollzieht sich vor allem auf der Ebene der Performanz des Denkvollzugs. Während Fichte in der *Grundlage* die Philosophie des Ich – gemäß ihrem Titel – als Wissenschaft *lehrt*, versucht er im *Versuch einer neuen Darstellung* weniger den Lehrer als vielmehr den Adressaten als Subjekt und Autor des Denkprozesses zu aktivieren und einzusetzen. Fichtes Einführungsformel in die Kunst des Philosophieren, ihr erstes Postulat, lautet nun: »Merke auf dich selbst […] denke dich, construire den Begriff deiner selbst, und bemerke wie du dies machst« (GA I/4, 186 u. 213). Die Erzeugung des ›lichten Evidenzpunktes‹ in der Konstruktion des Begriffs des Ich – als Erfahrung einer in sich zurückgehenden geistigen Tätigkeit – gilt als unabdingbare Voraussetzung und Grundlage jeder weiteren gedanklichen Entwicklung. Ohne den selbstbewusst vollzogenen und damit existenziell implementierten Gewissheitsgrund im »Ich denke«, so Fichtes Überzeugung, bleibt jedwede philosophische Unterweisung leblos und im Resultat bloß historisches, ›totes Wissen‹. Es handelt sich hierbei um den Sachgrund, über den er lange mit Schelling im Hinblick auf das Vermittlungsproblem von Natur- und Transzendentalphilosophie gestritten hat und über den letztlich auch ihr Verhältnis auseinander ging.[92]

---

92 Vgl. H. Traub (Hrsg.): *Schelling–Fichte Briefwechsel.* Neuried 2001, 54–68.

Reflektieren wir auf Rambachs und Löseckens Versuche, die historischen Glaubensinhalte des Katechismus durch die ausdrückliche Thematisierung des individuellen Ichs des Glaubens unauflöslich mit dem empirischen Ich der Schüler zu verbinden und dadurch den gelehrten Inhalt in persönliche Gewissheit zu verwandeln, dann ist hier durchaus eine methodologische und didaktische Strukturähnlichkeit mit Fichtes »nova Methodo« erkennbar.

Rambachs *Didaktik des Aufbaus einer Kultur der Selbstreflexion* ist auch gegenwärtig noch eine diskutable religionspädagogische Position, wie die kommentierte Neuausgabe seines *erbaulichen Handbüchleins* im Jahre 2014 zeigt. Der dabei erörterte Kern wurde nicht zuletzt von Max Weber in seiner religionssoziologischen und allgemein ideengeschichtlichen Bedeutung für die Ausbildung des ›Geists des Kapitalismus‹ herausgearbeitet. Webers Analysen zur Religionssoziologie lehren, dass im Protestantismus, insbesondere im ›Ethos‹ seiner reformierten Spielarten, diejenige Gesinnung zu suchen ist, die Aufschluss über die Entstehungsgeschichte und den ›Geist des Kapitalismus‹ gibt.[93] Webers zentrale These lautet: Das »moderne Wirtschaftsethos« des »rationalen Betriebskapitalismus« mit seinen Prinzipien der »rationalen Buchführung« und »exakten Kalkulation« ist in »der rationalen Ethik des asketischen Protestantismus« begründet.[94] Die entscheidende Rolle für dessen Hervorbringung und Ausprägung spielen dabei der Rationalismus einer »systematischen Selbstkontrolle« sowie die daraus resultierende »aktive Selbstbeherrschung«. Ziel der »Systematisierung der ethischen Lebensführung« ist die Selbstvergewisserung und Kontrolle über den eigenen »Gnadenstand«. Als Instrument der systematisch-rationalen Selbstkontrolle diente dem reformierten Protestanten unter anderem das »religiöse Tagebuch«. Mit seiner Hilfe wurde minutiös tabellarisch über Soll und Haben, über Rückschritte und Fortschritte der eigenen

---

93 Vgl. M. Weber: *Die Protestantische Ethik. Eine Aufsatzsammlung.* Hrsg. von J. Winckelmann. Gütersloh 1979, 39–66.
94 Ebd., 16–25.

moralischen Entwicklung Buch geführt und Bilanz gezogen. Mit ihm
»›fühlte‹ sich der reformierte Christ *selbst* ›den Puls‹«.[95]

   Was für Max Weber Ursprung und Fundament für die Entstehung
einer rationalen Wirtschaftsgesinnung ist, ist für den reformierten
Protestanten Motiv und Methode zum systematischen Aufbau einer
Kultur selbstkritischen moralisch-religiösen Bewusstseins und zur
Entwicklung einer reflektierten Welt des (eigenen) Geistes.

   Religionspädagogisch bedarf dieses Projekt einer möglichst frühen Einführung, vor allem aber einer geschulten Ausbildung und regelmäßigen Übung. – Was Fichte bekanntlich als Lehrer der Kinder
Ott, ganz zum Leidwesen der Eltern, engagiert praktizierte (GA II/1,
141–203).

   Fichte selbst erfuhr den protestantischen ›Geist kritischer Selbstreflexion‹ und den Anstoß zum Aufbau einer Kultur reflektierenden
(moralischen) Selbst-Bewusstseins aus dem pietistisch geprägten
Umfeld seiner frühen Sozialisation, und speziell wohl auch aus den
pietistisch inspirierten Schulbüchern.

   Dass Rambachs und Löseckens Katechese besonderen Wert auf die
Personalisierung der Glaubensinhalte und ein Maximum an Identifikation legten, dass sie das Ich als Ort der systematischen Implementierung der Glaubensgewissheit zu kultivieren versuchten, haben wir
im Vorherigen erörtert. Der ›Aufbau einer Kultur kritischer Selbstreflexion‹ markiert nun den didaktischen Übergang von der fremd-
gesteuerten zur selbstgesteuerten moralisch-geistigen Entwicklung.[96]

---

95 Ebd., 130–139.

96 Aus dem Folgenden, dem Aufbau der (inneren) Kultur einer kritisch moralisch-re-
    ligiösen Selbstprüfung, lassen sich bei Fichte von Anbeginn prinzipielle Vorbehalte
    gegen jedwede »Gesetzes-Religion« und vor allem gegen jedwede autoritäre Reli-
    gion der Macht erkennen. Den sogenannten Gesetzes-Religionen, zu denen nach
    Fichte auch Kants Lehre vom kategorischen Imperativ zu zählen ist, fehlt das inten-
    sive und existenziell am eigenen Geist geprüfte, erprobte und bewährte Selbst-Be-
    kenntnis zu den tradierten Postulaten, Maximen, Axiomen und Imperativen. Diese
    Religionen sind nicht durch das eigene Tal und Feuer »vollendeter Sündhaftigkeit«
    (GA I/8, 201) und die verzweifelte Leere der substanzlosen Bilderwelt des bloßen
    Wissens (vgl. GA I/6, 252) gegangen. Ihnen fehlt folglich die pietistisch zentrale

Hierzu leistet vor allem Rambachs *Erbauliches Handbüchlein für Kinder* einen beinahe überschwänglichen und für Fichte auch nachhaltig wirksamen Beitrag.

3.4.2 Rambachs Didaktik der Selbstprüfung

Nicht zu Unrecht gilt Rambachs Ansatz noch in der Gegenwart als eine diskutable religionspädagogische Position, und dies insbesondere wegen ihres differenzierten und zugleich pragmatisch-didaktischen Instrumentariums. Dass, was die Pädagogik des 20. Jahrhunderts als didaktische Prinzipen der Handlungs-, Anwendungs- und Problemorientierung, der selbstständigen Urteilsbildung usw. als *reformpädagogische* Grundlagen entwickelte und postulierte, liegt in der pietistischen Erziehungslehre des 18. Jahrhunderts, auch bei Rambach, in Theorie und Praxis bereits vor.

Was Rambach für unsere Fragestellung nach Fichtes religiöser Sozialisation an dieser Stelle interessant macht, ist das ausgefeilte Instrumentarium, das er in seinem *Handbüchlein* für eine selbstgesteuerte Entwicklung, Reflexion und Kontrolle des religiös-moralischen Bewusstseins bei Kindern und Jugendlichen bereitstellt. Im Hinblick auf die Schaffung und Entfaltung einer Kultur der Selbstreflexion sind bei Rambach vier prinzipielle Ansatzpunkte hervorzuheben, und zwar deshalb, weil wir diese später sowohl in Fichtes allgemeiner philosophischer Methodik als auch in seiner spezifisch moralisch-religiösen Bildungs- und Erziehungslehre wiederfinden.

Rambachs »Hundert christliche Lebens-Regeln für Kinder« beginnen mit zwanzig Verhaltensregeln »gegen GOTT«. Im Bewusstsein der Allgegenwart Gottes wird es zur vornehmsten »Regel« des Aufbaus einer geistigen Innenwelt des Kindes, zu *bedenken*, »mit genugsamer« Zeit und in der Stille vor dem Angesicht Gottes sich *zu prüfen*, sich *zu erkennen*, beständig Gedanken und Begierden *zu*

Erfahrung der »geistigen Wiedergeburt« und damit die fundamentale Freiheitserfahrung von allen »Gehäusen der Hörigkeit« (Weber [1979], 188).

bewachen, mithilfe von Gottes gutem Geist sich *in guten Vorsätzen zu stärken* und das Gute tief ins Herz *einzuprägen*.[97] Und die erste Regel »von dem Verhalten des Kindes gegen sich selbst«, abgesehen davon, dass diese Formel für sich schon einen Akt der Selbstreflexion beschreibt, lautet: »Liebes Kind / lerne dich *selbst* recht *erkennen*.« Ziel und Ergebnis der intellektuellen Selbstprüfungspraxis ist die »Rettung der Seele und ihres Adels« oder der den Pietismus kennzeichnende Versuch subjektiver Heilsvergewisserung[98] – ein Versuch, der letztlich auch in Kants Lehre vom höchsten Gut, der Vermittlung von moralischer Glückswürdigkeit und realer Glückseligkeit, Eingang gefunden hat.

Die Übungen zur Selbstprüfung leben von der Regelmäßigkeit, was nach Rambachs Regelbüchlein eine Prüfung während des ganzen Tages bedeutet. In den »Hundert Sitten-Regeln« für Kinder heißt es: »Wenn du das Bett verlassen hast, [...] lass deine ersten Gedanken zu GOtt gerichtet sein«.[99] Und die »christlichen Regeln« beschließen den Tag: »Lege dich keinen Abend zu Bette / bis du dein *Gewissen geprüfet* / und [...] dich mit GOtt ausgesöhnet«.[100] In diesen Rahmen eingespannt sind zahlreiche Anregungen und Ermahnungen zur Selbstprüfung für die unterschiedlichsten Lebensräume, in denen sich das Kind tagsüber aufhält: Elternhaus, Geschwister, Schule, auf der Gasse, im Spiel mit anderen Kindern, in der Kirche usw.

Selbstprüfung und Achtsamkeit auf sich und das, was sich darin intellektuell ereignet, sind die ersten und vornehmsten moralisch-religiösen Pflichten des Kindes gegenüber Gott und sich selbst. Was Rambach hier den Kindern im Hinblick auf ihre Selbstanalyse zumutet, ist ein hohes Maß an Selbstachtsamkeit, Binnen-Differenzierung und seelischer Selbstorganisation. Licht in das diffuse Innenleben zu bringen, Ordnung zu schaffen in den unklaren Erlebnisräumen des eigenen Seelenlebens, um schließlich mithilfe des Heiligen Geistes

---

97 Vgl. Rambach (2014), 219–231.
98 Ebd., 227.
99 Ebd., 231.
100 Ebd., 220.

»Herr im eigenen Hause« zu sein und diesen Zustand als eine Form »inneren Glücks« zu erleben, ist das erklärte Ziel. Den »heiligen Geist laß in deinem Herzen frei und ungehindert wircken / so wird er deinen Verstand erleuchten / deinen Willen zu GOtt lencken / und dein Gewissen mit Friede und Freude erfüllen«.[101] Im Rahmen der geist- und verstandesgeleiteten Ordnungsmaßnahmen lernt das Kind nach Rambachs *Handbüchlein* nicht nur die »Kräfte seines Gemüths« – Verstand, Gedächtnis, Wille, Einbildungskraft, Affekte und Neigungen – kennen,[102] sondern insbesondere die im Willen, der Einbildungskraft, den Affekten und Neigungen drohenden Gefahren für das eigene Seelenheil zu meiden und sie als Kräfte der ›Versklavung‹ des eigenen Ich zu fürchten.[103]

Nach Rambachs *Handbüchlein* und den daraus gewonnenen Einsichten ist das Selbst- und Gottesverhältnis des Kindes kein unmittelbares. Sie sind beide bereits im Ansatz reflektorisch gebrochen. Das, woran sich der Aufbau einer Kultur der Selbstreflexion bricht, ist das Bewusstsein der eigenen Fehlbarkeit. Es ist die »abgründige Bosheit des eigenen Herzens«,[104] die es zur Rettung der Seele und zur Aufrechterhaltung oder »Wiedererrichtung« ihres göttlichen Adels mithilfe des göttlichen Geistes zu erkennen, durch eigenen Mund und eigene Tat, insbesondere durch die Befolgung der Regeln, niederzuhalten und zu bannen gilt.

Rambachs Kritik an und Warnung vor den Gefahren einer ungezügelten Einbildung, den Affekten und Neigungen läuft allerdings nicht auf eine Fundamentalkritik an insbesondere Affekte und Neigungen, sondern wiederum auf eine Differenzierung auch und gerade im Bereich der unmittelbaren Triebkräfte und ästhetischen Genussquellen und Genussqualitäten des Geistes hinaus. Über Friede und Freude, die ein vom heiligen Geist erfülltes Gewissen empfindet, und über das ›erbauliche‹ Gefühl der (Wieder-)Errichtung des ›Seelen-

---

101 Ebd., 227 f.
102 Ebd., 228.
103 Vgl. ebd.
104 Ebd., 227.

adels‹ wurde schon gesprochen. An späterer Stelle, den »Exempeln frommer Kinder«, wird Rambach die affektive Dimension des Aufbaus einer Kultur der Selbstreflexion noch stärker herausstellen.

Es ist ein Streitpunkt in der Fichte-Forschung, ob Rousseau oder Gellert zu Recht als Referenzautoren für die Gemütstheorie des jungen Fichte, wie sie in der *Valediktionsrede* entwickelt wird, herangezogen werden können. Gegen Gellerts *Betrachtung über die Religion* wird von Wildfeuer vorgebracht, dass in dessen Aufbau der Gemütsstruktur »das für Fichte tragende Moment der spontanen ›propria deliberatio‹« fehle.[105] Gegen den allzu großen Einfluss von Rousseaus *Émile* wendet Preul ein, dass Fichte im Hinblick auf Rousseaus religionspädagogische Vorbehalte andere als ausgerechnet religionspädagogische Beispiele »zum Beleg seiner Methode« hätte wählen müssen.[106] Die vorgebrachten Bedenken bestehen zu Recht. Die Schwierigkeiten, die die Forschung damit hat, diesen Einfluss auf den jungen Fichte präzise nachzuweisen, weil schon der junge Fichte die bei Gellert und Rousseau zu findenden Theoreme nur in modifizierter Gestalt verwendet, rühren daher, dass die hier diskutierten Fragen in der populären Religionspädagogik des Reformprotestantismus weitläufig im Schwange waren. Fichte ist ihnen nicht erst durch die Lektüre der genannten Autoren, sondern bereits vor seiner Zeit in Schulpforta, während seiner früheren religiösen Sozialisation, begegnet. Unter Berücksichtigung der pietistischen sowohl religionspädagogischen wie anthropologischen Vorprägung Fichtes lassen sich beide aufgeworfenen Probleme plausibel lösen. So ist in der Selbstprüfungslehre Rambachs die ›deliberatio‹ als zentrales Instrument der Selbstprüfung von ebenso entscheidender Bedeutung wie die eindeutige – auch für den späteren Fichte relevante – religionsdidaktische und heilsbedeutsame Funktion einer personalisierten, gleichwohl rational-kritisch assistierten Glaubensunterweisung.

Am 27. Dezember 1790 schreibt Fichte an seine Braut Johanne Rahn anlässlich eines versäumten Gottesdienstbesuchs, dass er den

---

105 Wildfeuer (1999), 148.
106 Preul (1969), 19.

Sonntag stattdessen »der Selbstprüfung und Andacht« widme, was ihm eine »heilige Pflicht« sei, die er »nie unterlasse« (GA III/1, 204). Was Fichte darunter genau verstand, darüber gibt er in seinen *Regeln der Selbstprüfung* (1790) Auskunft (GA II/1, 375–380). Dort heißt es in der ersten Regel: »Die Stimme der Pflicht sei Dir über alles ehrwürdig. Damit sie lauter in dir werde, so sei es jeden Abend eine Deiner Hauptprüfungen, ob du dich wohl den Tag über gegen dieselbe vergangen habest« (ebd., 379). Und über die selbsterziehende Funktion der Regeln heißt es zum Schluss:

> Der Plan der Selbstprüfung, und des Tagebuchs, welches das Resultat derselben enthalte, sind obige Regeln. Diese Prüfung sei unpartheiisch strenge. Du bist versichert, daß die erste Unterlaßung derselben Dich dahin bringt es auf immer zu unterlaßen; Dich in Dein ganzes vorheriges Verderben zurükstürzt und Dich dann auf immer unverbeßerlich macht (ebd., 380).

Fichte hat bekanntlich – wenn auch mit Unterbrechungen – bis zum Tod Tagebuch, Diarien, geführt. Wir hörten von Max Weber, dass das »religiöse Tagebuch« das Instrument war, mit dessen Hilfe sich der reformierte Protestant in systematisch-rationaler Selbstkontrolle über Rückschritte und Fortschritte der eigenen moralischen Entwicklung Rechenschaft ablegte. Offenbar ist Fichte mit diesem Instrumentarium und seinem Zweck vertraut gewesen und hat es als Mittel der Kontrolle für seine eigene moralische Entwicklung verwandt.

Neben den *Regeln* und den in ihrem Sinne geführten Tagebüchern gibt es noch ein weiteres bemerkenswertes Dokument, das die Nähe der religiös-moralischen Grundsätze Fichtes zur intensiv personenbezogenen Selbstreflexion und Selbstkritik im Geist des Pietismus wahrscheinlich macht.

Rambachs religionspädagogische Grundeinsicht ist es – in Übereinstimmung mit dem Pietismus überhaupt –, dass sittliche Regeln und religiöse Überzeugungen nur dann kein – wie Fichte sagen würde – »todter Hausrath« (GA I/4, 195) bleiben, sondern ihrer Intention nach lebendig wirksam werden, wenn sie mit dem Innersten des Menschen, der sie vertritt, mit seinem Ich, unauflöslich verbunden sind. Damit das gelingt, bedarf es einer gleichermaßen regel- wie

ichorientierten Unterweisung. Didaktisch bedarf es also einer moral-
und religionsphilosophischen ›Mesoebene‹, die die Makrostruktur
der rein philosophischen Theorie und Argumentation mit der Mi-
krostruktur persönlicher Überzeugungen, Werthaltungen und Interessen zu vermitteln imstande ist.

Genau dazu verfasste Fichte im Anschluss an seine *Sittenlehre* von
1798 eine sogenannte *Ascetik* und weist in der *Sittenlehre* von 1812
noch einmal auf diese »pragmatische Kunstlehre der Sittlichkeit« hin
(GA II/13, 336). Aufgabe der *Ascetik* ist die vermittelnde Anwendung »der reinen Moral auf den empirischen Charakter« (GA II/5,
60) oder, wie es 1812 heißt: das »bloß scheinbare Ich zu einem wahrhaftigen« zu machen (GA II/13, 336). Es ist sicher kein Zufall, sondern Indiz für die Pietismus-Nähe dieser Überlegungen, dass Fichte
die »pragmatische *Kunstlehre* der Sittlichkeit« pädagogisch, als »Erziehungslehre des Menschengeschlechts« im Allgemeinen und als
pädagogisches Projekt für eine »Erziehungslehre der Kinder« im engeren Sinne, verstanden wissen will. In gut reformprotestantischem
Sprachgebrauch nennt er den Erfolg einer solchen Wandlung dann
eine »Wiedergeburt« (ebd.).

3.4.3   *»Nebst solchem täglichen Gebet«*

Das Bewusstsein und die Bereitschaft zur Befolgung der Regeln der
Selbstprüfung versteht Rambach – und mit ihm sein pietistischer Hintergrund – nicht als statisches Ergebnis oder mechanisches Geschehen. Vielmehr ist beides im inneren Dialog mit sich selbst und Gott
stets zu aktualisieren und zu vergegenwärtigen. Das dazu vor allem
im Reformprotestantismus entwickelte und angewandte Instrument
ist das *freie Gebet*. Dabei handelt es sich um eine Gebetsform, die
sich vom tradierten Vaterunser oder dem Ave Maria oder anderen
ritualisierten und vorformulierten Formen des Gebets (den Psalmen
etwa oder auch klassischen Morgen- und Abendgebeten, Tisch- und
Dankgebeten) dadurch unterscheidet, dass sie einerseits einen konkreten Situationsbezug und andererseits einen unverwechselbar indi-

viduellen Bezug zum Beter aufweist. Das schließt nicht aus, dass freie Gebete auch in Gemeinschaft für eine spezielle Gruppe und deren konkrete Gebetsanlässe gesprochen werden können. Im Zentrum des freien Gebets als Instrument von Aufbau und Entwicklung einer Kultur der Selbstreflexion steht der Beter selbst, seine Situation und sein Bezug zu Gott. Die Schulung im freien Gebet bedeutet: Einführung und beständige Praxis einer inneren Gesprächskultur, die Einübung einer reflektierten und kommunikativen Auseinander- und In-Beziehung-Setzung von Ich, Gott und Welt, es bedeutet: geistliches Selbstgespräch.

Der Pietismus war sich darüber im Klaren, dass der Aufbau und die Kultur eines solchermaßen differenzierten Instrumentariums der versprachlichten Selbstanalyse bei Kindern früh eingeführt und eingeübt werden muss (vgl. Brecht, GdP 1, 491). Und so verwundert es nicht, dass Rambachs *Handbüchlein* diesem Element der Katechese besondere Aufmerksamkeit widmet. Gebete und Gedichte (Lieder) helfen, den kindlichen Alltag im geistlichen Selbstgespräch theologisch-existenziell, vor allem reflektierend zu begleiten. Sie sind das Instrumentarium, mittels dessen das Kind in Zukunft selbstständig die Form einer inneren Auseinandersetzung zu führen lernt, die es ihm gestattet, sich selbst, den normativen und spirituellen Rahmen der Religion sowie die Erlebnisse seines Alltags im Sinne der Einordnung und Förderung der ›Göttlichen Heilsordnung‹ reflektierend zu vermitteln. Oder, um es mit Kants *Tugendlehre* der *Metaphysik der Sitten* zu sagen, den »inneren Gerichtshof« einer wertgeleiteten Gewissensprüfung und Urteilsfindung aufzuschlagen (vgl. AA VI, 438–440).

Rambachs etwa 30 Gebete, auch seine Fürbitten und Liedertexte dürfen dazu gerechnet werden, haben das Besondere, dass sie eigentlich keine Gebete im Sinne einer kurzen Zwiesprache sind. Vielmehr enthalten sie zum Teil sehr ausführliche Erinnerungen an substanzielle Inhalte des Glaubensbekenntnisses, theologische Reflexionen zum Gebetsanlass, zum Beispiel zum Wochenbeginn in der Schule, sowie umfangreiche Fürbitten und Segenswünsche für die Anwesenden, die Eltern und Geschwister, die Gemeinde, das Land, die Regierung und die ganze Christenheit – urbi et orbi, sozusagen. Den Abschluss dieser theologischen Gegenwartsmeditationen bilden vorformulierte Gebete, zum Beispiel das Vaterunser, ein Psalm, ein Gedicht, ein liturgischer Segensspruch oder ein Kirchenlied. Da Rambach mehr oder weniger vollständig den Alltag des Kindes und seine besonderen Lebenslagen, Krankheit, Verlust eines Elternteils und ähnliches, im Blick hat, bieten seine Gebete den Kindern durchgängig die Möglichkeit einer religiösen Deutung und Durchdringung ihrer Erfahrungswelt. Das bewusste Leben und Erleben des Kindes erhält durch diese Form des Gebets als spirituelles Selbstgespräch insgesamt einen meditativen Charakter.

Vor dem Hintergrund von Webers Bestimmung des (reformierten) Protestantismus als »innerweltliche Askese« wird mit Rambachs religionspädagogischer Aufwertung und Intensivierung der kindlichen Gebetspraxis jede Besinnung, jeder Angang einer Aufgabe, auch jeder Spaziergang zu einem ›Kreuzgang‹.

Immanuel Hermann Fichtes Biographie seines Vaters und auch die des Enkels Eduard legen großen Wert auf die Feststellung, dass der Philosoph es als Kind liebte,

allein seinem stillen Treiben nachzuhängen, […] einsam auf dem Felde [zu] verweilen, den Blick unverwandt in die *Ferne* richtend, [sodass er dort] nicht selten stundenlang, wohl bis nach Untergang der Sonne [stand], wo dann der Schäfer, der den seltsamen, einsam wandelnden Knaben kannte und liebte, ihn aus seinem Halbtraume aufweckte und nach Hause geleitete. (LLB I, 7)[107]

Und beide weisen darauf hin: »[J]ene Stunden, die in seine frühe Kindheit fielen, deren man sonst sich nur undeutlich erinnert, waren noch dem Manne die hellste und liebste Erinnerung: in ihnen scheint sein Geist, am stärksten sich entwickelt und am kräftigsten gelebt zu haben« (LLB I, 7).

Angesichts der Analyse zu den religionspädagogischen Anstrengungen des Unterrichts zum Aufbau einer *Kultur der Selbstreflexion*

---

107 Vgl. auch E. Fichte (1863), 5.

durch Ich-Achtsamkeit, Selbst-Gott-Welt-Bezug, durch die Einübung einer Gebetspraxis, die als spirituelles Selbstgespräch dem Leben des Kindes insgesamt einen meditativen Charakter verleihen soll,
scheint es nur bedingt überzeugend, wenn I. H. Fichte diesen Wesenszug seines Vaters allein »auf den Blick in die unbestimmte Ferne« zu-
rückführt. Wenig überzeugend ist auch die daran anknüpfende Diagnose und Prognose, dass der Blick des Kindes »in die weite Welt« ein
Blick in die »Leere« war, die die »Phantasie« aufforderte, ausgefüllt
und gestaltet zu werden (ebd., 8). Vielmehr waren die Koordinaten
und inhaltlichen Orientierungspunkte für Fichtes Blick auf sich und
die Welt durch die bisher genossene vor allem katechetische Bildung
und Erziehung bereits im Wesentlichen ausgerichtet und festgelegt.
Seine einsamen Spaziergänge sind somit eher als Versuche einer Verinnerlichung und Festigung des angestoßenen Aufbaus einer Kultur
der Selbstreflexion, das heißt des Denkens, denn als Orientierungs-
suche in der Leere einer »unbekannten Welt« und »unbestimmten
Ferne« zu verstehen.

Denn wie wir später in Fichtes eigener Erziehungspraxis als Hauslehrer sehen, sind es gerade die pietistisch inspirierten Ansätze zum
Aufbau einer Kultur der Innerlichkeit, die zu Konflikten mit den
religionspädagogischen Ansichten seiner Herrschaft führten. Mit
der Züricher Familie Ott ist etwa die Befolgung von Rambachs didaktischen Prinzipien der »Verinnerlichung« zentraler Streitpunkt.
In den Fragmenten (*Otteschen Sachen*) zu seiner Erziehungsarbeit
im Hause Ott beklagt Fichte insbesondere die durch den vorherigen
Hauslehrer, Georg Martin Hurter, praktizierte »Unart« des Auswendiglernens, die die Teilnahmslosigkeit der Kinder bei der Rezitation
von katechetischen Inhalten, Gebeten und Liedern bewirke (GA
II/1, 159). Fichte, so heißt es dort, versuche dagegen die Gebetspraxis
der Kinder zu reformieren. »Weil das Herz der Kinder ebenso, wie
das Herz der Erwachsenen, gegen das alltägliche kalt wird; habe [ich]
auch besonders herzlich gewünscht, sie an das *Beten aus dem Herzen*
– das wahreste Gebet […] zu gewöhnen« (ebd.). Insbesondere an der
Tochter des Hauses, Susett, kritisiert Fichte, dass sie die katechetischen Texte oder Kirchenlieder »kalt, monoton, rein mechanisch und

gedankenlos« hersage. Sie wusste »von all den heiligen Wahrheiten nichts […] als den Schall [der Worte]« (GA II/1, 147, Herv. H. T.). Gegen die Monotonie des »Auswendiglernens« setzt Fichte dann »Aufmerksamkeit und Nachdenklichkeit«, um die Kinder zu »guten und vernünftigen Xten [Christen]« zu erziehen (ebd., 147 f.) und sie darüber auch zu glücklichen, das heißt denkenden Menschen zu bilden. Denn »das Vorrecht des Menschen, als Mensch […] und die höchste Quelle seines Glük's [ist das] Selbstdenken [und] selbsurtheilen« (ebd., 181).[108] Es ist diese personalisierte, religiös-moralische Kultur der Achtsamkeit und Selbstreflexion, die den Begriff und das Modell des Denkens auch beim späteren Fichte prägt und auszeichnet. Dafür steht exemplarisch das »Merke auf dich selbst« (GA I/4, 186) als unabdingbare Forderung der Wissenschaftslehre an den Lehrling der Philosophie.[109]

3.4.4 »Nachahmung durch Exempel«

Das Postulat des freien Bekenntnisses fordert religionspädagogisch nicht nur, dass Einführung und Einübung einer Kultur moralisch-religiöser Selbstreflexion weder zwanghaft noch mechanisch erfolgen, sondern dass – trotz des hohen Anspruchs – vom Kind damit auch nichts Unmögliches verlangt wird. Zur Vermittlung dieser Einsicht sowie zur Anbahnung und Festigung der inneren Haltung morali-

---

108 Zu den Anfängen von Fichtes praxisorientierter Erziehungsphilosophie vgl. H. Traub: »Biographische Wurzeln und systematische Reflexionen. Grundlegung einer Philosophie ganzheitlicher Bildung und Erziehung in Fichtes Wanderjahren«. In: *Bildung als Kunst. Fichte, Schiller, Humboldt, Nietzsche.* Hrsg. von J. Stolzenberg u. a. Berlin / New York 2010, 35–58.

109 Vgl. J. Römelt: »›Merke auf dich selbst‹. Das Verhältnis des Philosophen zu seinem Gegenstand nach dem ›Versuch einer neuen Darstellung der Wissenschaftslehre‹ (1797/98) von Johann Gottlieb Fichte«, in: *Fichte-Studien Bd. 1.* Hrsg. von K. Hammacher u. a. Amsterdam / Atlanta 1990, 73–98.

scher Selbsterkenntnis und Selbstentfaltung dienen Rambachs »zur
Erweckung einer heiligen Nachfolge, zusammen getragenen Exempel frommer Kinder«.[110] Mithilfe des dem Anschein nach so modernen didaktischen Prinzips der *Exemplarität* bieten die Beispiele
frommer Kinder den Schülerinnen und Schülern anschauliche Vorbilder zur Prüfung und Ausrichtung ihres Verhaltens für die unterschiedlichsten Lebenssituationen, versichern sie zugleich der Möglichkeit und Wirklichkeit des von ihnen Verlangten und schaffen so
die Voraussetzung für eine erfolgreiche Applikation und Identifikation. Was ›Selbstreflexion‹, regelgeleitete Gewissensprüfung und der
Aufbau eines spirituellen Bewusstseinsraumes an innerer Kultur des
kindlichen Geistes aufgebaut haben, das drängen die Exempel und
die Identifikation mit ihnen zu einer auf die eigene Lebenswelt ausgerichteten, aber im Innersten des Kindes verwurzelten Anwendung
und Verwirklichung.

Nach der Rammenauer Schultabelle standen für die zweite Klasse,
also für das dritte und vierte Schuljahr, der Montag und Donnerstag
ganz oder doch wesentlich im Zeichen des ›exemplarischen Lernens‹.
Auch für die Schülerinnen und Schüler der ersten beiden Schuljahre
wurde zumindest freitags am Vormittag gelegentlich aus »Rambachs
Exempel-Buch erzehlet, und die Kinder zum Nachahmen erwecket«
(GKR, »Schultabelle«).

Was die Exempel über das Exemplarische hinaus religionspädagogisch interessant macht, ist, dass sie die bereits in der kritischen
Selbstprüfung aufscheinende Dimension des ›geistlichen Genusses‹
noch einmal, und jetzt am konkreten Beispiel, veranschaulichen,
nachempfinden lassen und vertiefen. Durch die Exempel frommer
Kinder wird das eigene Gefühl der inneren Freude über das reine
Gewissen und über die Würde des eigenen Seelenadels zur Fähigkeit
spiritueller Empathie überhaupt und damit auf das weite Feld »geistlicher Freuden« ausgeweitet.

Löseckens Personalisierung, die das Ich des Kindes als persönliches und in der christlichen Glaubensgemeinschaft zugleich spiritu-

---

110 Rambach (2014), 194–219.

ell-kollektives zu vermitteln sucht, erfährt mit Rambachs Eröffnung
des Feldes geistlicher Freuden und der damit erschlossenen Dimension nichtsinnlicher oder übersinnlicher Genüsse eine wesentliche,
gleichermaßen existenzielle wie transzendentale Vertiefung und Intensivierung. Die Bildung des »Geschmacks der göttlichen Freuden«
zielt bei den Kindern auf die »Versicherung der Seligkeit in [...] der
eigenen Seele«.[111] Franckes Postulat, in Kindern »mit aller Geschick-
lichkeit und Freundlichkeit [...] Lust und Liebe« (Brecht, GdP 1,
491) zum Christentum zu erwecken, erfährt in Rambachs Eröffnung
geistlicher Freuden frommer Kinder eine kongeniale religionspädagogische Anwendung und Durchführung.

Es ist durchaus bemerkenswert, dass wir in Fichtes eigenen reli-
gions- und moralpädagogischen Analysen und Experimenten Rambachs Didaktik des Exemplarischen bis in die Tiefe der Provokation
sogenannter geistlicher Gefühle wiederfinden. Berühmtestes Beispiel
dafür ist Fichtes moralphilosophisches Experiment aus den *Grundzügen des gegenwärtigen Zeitalters*. Mit dessen Hilfe versucht er zu
beweisen, dass mittels eines äußerlichen Beispiels moralischen Handelns die vernünftige Naturanlage des Menschen in seinem Inneren
angesprochen, über die Ansprache dem Betrachter »Achtung« eingeflößt werden kann und sich damit bei dem »Besseren« die »geheime
Sehnsucht, auch also zu werden«, verbinden und »allmählig das höhere Leben sich entwickeln« kann (GA I/8, 224).[112] Nicht über das
Wissen, sondern über Gefühl und Wille erhalten die Wahrheiten von
Religion und Philosophie auf diesem Wege existenziell sinnstiftende
Bedeutung. Nicht über die bildhafte, sondern allein über die selbst
erfahrene Übereinstimmung eigener Absichten und Handlungen mit

---

111 Rambach (2014), 213.

112 In der Fichte-Forschung wird die »Übertragung der in der Physik erprobten
     neuzeitlichen Experimentalmethode auf das Gebiet des menschlichen Selbstbe-
     wusstseins« (DgF, 91) unter dem Begriff der *indirekten rhetorischen Induktion*
     diskutiert. »Diese kommunikative Strategie [...] eröffnet einen Weg zu einer vom
     Lehrer zwar angeregten, aber dennoch vom Schüler selbst vollzogenen authen-
     tischen und evidenten Einsicht« (ebd.).

den moralischen Geboten vermittelt sich nach Fichte das »vernunft-
mäßige Leben« in der Empfindung »von einem unaussprechlichen
Genuße, vor dessen Bilde der Egoist in Neid vergehen würde« (ebd.).
Systematisch ausgebaut finden wir diesen religions- und philoso-
phiedidaktischen Gedanken dann in Fichtes *Anweisung zum seligen
Leben*. Im Standpunkt der moralisch-religiösen Weltanschauung und
Lebenspraxis erreicht Fichtes Religionslehre dort über eine ›unmittelbar am Lebensgefühl‹ des Adressaten anknüpfende Approximati-
onstheorie die Vereinigung mit dem göttlichen Leben in einem verständigen Gefühl der Seligkeit. Dabei ist hier das Exempel sowohl
zur originären Begegnung mit dem Göttlichen selbst als auch zum
Auslöser eigener Gottverbundenheit und Seligkeit gesteigert.

> *Was* ist Gott[?]: er *ist* dasjenige, was der ihm ergebene, und von ihm begeis-
> terte thut. Willst du Gott schauen, wie er in sich selber ist, von Angesicht
> zu Angesicht? [...] Schaue an das Leben seiner Ergebenen und du schaust
> Ihn an; ergieb dich selber ihm, und du findest ihn in deiner Brust (GA I/9,
> 111 f.).

Bemerkenswert ist, dass Fichte auch und gerade den eigenen Berufs-
stand in diese Seligkeitsdidaktik des Exemplarischen einbezieht. Unter dem Stichwort »der Gelehrte als *Erzieher* der Menschheit« hält
die *Bestimmung des Gelehrten* (1794) fest, dass Bildungshandeln in
erster Linie »eindringender durch unser Beispiel« und erst in zweiter
Linie »durch Worte« zum Erfolg führt, wobei »die Kraft des Beispiels« durch »unser Leben in der Gesellschaft«, das heißt im unmittelbaren moralischen Beziehungshandeln, entsteht (GA I/3, 57).
Den zweiten, religionspädagogisch bedeutenderen Schritt der
Verankerung des Exempels auf der Ebene des ›Selbstgefühls‹ und die
damit verbundene Seligkeitserfahrung hat Fichtes *Religionslehre* von
1806 in ihrem zweiten Hauptteil systematisch ausgebaut. Die Implementierung des Exemplarischen als Prinzip lebendiger Erziehungs-
und Bildungsphilosophie wird hier durch die von Rambach bekannte
Eröffnung der Dimension des »Geschmacks geistlicher Freuden«
sowie die damit verknüpfte Möglichkeit der Versicherung eigener
Seligkeit vertieft. »Der aufgestellten Theorie lebendiger Besitz nun,

keineswegs aber ihr trockenes und todtes, lediglich historisches Wissen, ist, nach unserer Behauptung, die höchste, und einzig mögliche Seligkeit« (GA I/9, 129). Und zwar nur und insofern »die aufgestellten Grundsätze [...] auch auf die Liebe und das Leben unserer Zuhörer einfließen möchten; und daß wir erst in dem Falle, daß dies wirklich geschehen, unsern Zweck für vollkommen erreicht halten« (ebd., 176).

Exemplarität, Eröffnung des Seelengebiets ›geistlicher Freuden‹ und die innere Verankerung dieser Erfahrungsdimension in Gefühl und Wille – Fichtes existenzielles, nicht nur religionsphilosophisches und ethisches Programm – haben tiefe ideengeschichtliche Wurzeln, die biographisch, wie es scheint, in die pietistische Lehr- und Erziehungspraxis seiner Rammenauer Zeit zurückreichen.

4. Bezüge von Fichte zu Rambach

Wir haben bisher die Beziehungen zwischen Fichtes religiöser Sozialisation und den katechetischen Angeboten untersucht, die sich mit der *Stundentabelle* der Schule in Rammenau zu seiner Zeit belegen lassen. Dabei spielten die beiden dort erwähnten pietistischen Autoren Lösecken und Rambach eine zentrale Rolle. Die Frage, der wir im Folgenden nachgehen möchten, bezieht sich auf die in der *Stundentabelle* ausgewiesene, erweiterte, allerdings nicht spezifizierte Lektüre »anderer Stücke des Schul=Buchs« sowie auf die Möglichkeit, dass das Schulbuch von den Kindern auch außerhalb des Unterrichts, sei es zuhause oder unterwegs, gelesen wurde. Dafür, dass dazu die Möglichkeit auch für Fichte bestand, sprechen im Allgemeinen die ›kindgerechten‹ Abmessungen des Schulbuchs von etwa 9 mal 11 Zentimetern. Rambachs *Handbüchlein für Kinder* – ein echtes Taschenbuch also – ließ sich bequem in Rock- oder Hosentasche unterbringen, sodass die Kinder es gut mit sich haben umhertragen und lesen können. Im Besonderen bestätigt dann die biographisch bekannte Episode über das Kinderbuch vom ›gehörnten Siegfried‹, dass Fichte als Kind auch außerhalb von elterlicher, kirchlicher oder schulischer Aufsicht Bücher gelesen und sich somit selbst ›weitergebildet‹ hat. Fichte war, so berichtet die Biographie seines Sohnes, ein fleißiger Schüler. Im Alter von sieben Jahren schenkte ihm der Vater zur Belohnung seines Fleißes die *Volkshistorie vom gehörnten Siegfried*. Diese Geschichte fesselte ihn derart, dass er darüber seine schulischen Pflichten vernachlässigte, wofür ihn der Vater bestrafte. Um weiterer Bestrafung zu entgehen, warf Fichte das Buch in den nahen Bach und behauptete, es verloren zu haben. Was eine zweite Bestrafung zur Folge hatte. Allerdings schenkte der Vater dem Sohn, nachdem sich die Wogen wieder geglättet hatten, ein »anderes ähnliches Buch« (LLB I, 9f.).

Was den jungen Fichte am ›gehörnten Siegfried‹ so fasziniert haben könnte, dass er darüber seine Pflichten vergaß, werden wir an anderer Stelle etwas näher untersuchen. Hier reicht uns der Hinweis, dass Fichte auch in seiner Freizeit – vielleicht auf den langen Spaziergängen in Rammenaus Umgebung – Bücher gelesen hat. Eines dieser Bücher war womöglich auch das in Rammenau kursierende *Handbüchlein für Kinder* von Johann Jacob Rambach.

Neben den bereits erörterten Regeln, Exempeln, Gedichten und Liedern enthält Fichtes Schulbuch zwei fundamentaltheologische Abhandlungen:»Die Ordnung des Heyls« und»Die Schätze des Heyls«. Beide erörtern in pietistischer Auslegung und kindgerechter Sprache die zentralen Inhalte des christlichen Glaubens sowie die mit ihm verbundene Heilsgeschichte der Menschheit und des einzelnen Christen.

Ohne aus Fichtes Lektüre Rambachs ableiten zu wollen, dass er aus ihr einige seiner eigenen, spezifischen Orientierungen und Kategorien entnommen hat, so ist doch manches von seinen allgemeinen und späteren philosophischen Auffassungen und Themen so überraschend nahe am theologischen Verständnis und Ausdruck seines frühen religionspädagogischen Milieus, dass ihnen ein prägender Einfluss nicht ganz abgesprochen werden kann. Zumindest aber ist festzustellen, dass er schon sehr viel früher als bisher angenommen Bekanntschaft mit dem gemacht hat, was für ihn später als theologisch-philosophische Grundüberzeugungen maßgeblich wurde. Das soll an den folgenden Stichpunkten etwas näher beleuchtet werden.

4.1 Transzendenz

Fichtes Verständnis der Transzendenz, so sehr es sich auch – als Transzendentalphilosophie – kantisch auszuweisen versucht, hat einen über Kant hinausgehenden substanziellen Kern. Verkürzt gesprochen ist Kants *Kritik der reinen Vernunft* eine auf begrifflichen Kategorien (Urteilen) und Formen der sinnlichen Anschauung begründete und beide synthetisierende Konstitutionstheorie der Erfahrung und Erkenntnis. Ihr ›Material‹ entnimmt sie der sinnlichen Anschauung und den ihr zugrundeliegenden Sphären sinnlicher Empfindung und

Wahrnehmung. Das Prinzip ihrer Einheit ist die Vorstellung eines transzendentalen Ichs, das alle Konstitutionsakte in *einem* Bewusstsein integriert. Fichtes Begriff der Transzendenz erschließt nun über die nähere Analyse des Einheitsgrundes des Bewusstseins einerseits die darin liegenden materialen Elemente der Kraft, des Gefühls und der (intellektuellen) Selbstanschauung. Andererseits thematisiert seine Wissenschaftslehre diese Elemente – wenn auch stets unter dem idealistischen Vorbehalt des Kontrafaktischen – in ihrem »nicht ichbezogenen«, aber gleichwohl sich stets darin artikulierenden Wesensgehalt. Das heißt, so sehr Fichtes Transzendentalphilosophie, was die Konstitutionslehre der empirischen Erfahrungs- und Erkenntniswelt betrifft, auch über die theoretische Philosophie Kants vermittelt ist, ist aber ebenso deutlich, dass sie weder allein aus ihr begründet noch in ihrer Zielsetzung durch sie hinreichend verstanden werden kann. In einer Fichtes Philosophie entnommenen Kurzform dieses Sachverhalts ausgedrückt, muss man einerseits sagen, dass der »Begriff zwar Weltschöpfer« (im Sinne der Transzendentalphilosophie) ist, dass er aber in sich über sich hinaus auf Bedingungen der Möglichkeit seines »Weltschöpfertums« verweist, die nicht rein begrifflicher Natur sind (GA I/9, 97 f.). Theologisch formuliert: Fichte operiert in seiner Konstitutionstheorie der Erfahrung mit der Annahme von weder begrifflichen noch sinnlich-anschaulichen, gleichwohl aber substanziellen Konstitutionsbedingungen, das heißt mit der Annahme »einer Welt« (der Aktualität eines lebendigen Seins) *vor* der (begrifflichen) Schöpfung der Welt. Andererseits enthält seine Philosophie über das Epistemisch-Ethische hinaus ein starkes eudaimonologisches sowie soteriologisches Motiv, das sowohl gattungs- wie individualgeschichtlich bedeutsam ist. »Wir fingen an zu philosophiren aus Übermuth, und brachten uns dadurch um unsre Unschuld; wir erblickten unsere Nacktheit, und philosophiren seitdem aus Noth für unsere Erlösung« (GA III/2, 392 f.).

Beide Sphären – die begriffsübersteigende und Glückseligkeit erschließende Transzendenz einerseits sowie die Immanenz begrifflich-empirischer Erfahrungswelt andererseits – sind durch die Immanenz-Transzendenz vermittelnde Dimensionen der Erfahrung und des

Verstehens verbunden. Als solche etabliert Fichtes späte Wissen-schaftslehre den *Glauben* und die *Begeisterung* als theoretische und praktische Dimensionen sowie die *Liebe* als die universale Dimen-sion ideal-realer Vermittlung von Immanenz und Transzendenz.[113]

Das, was in Fichtes Philosophie in systematisch-stringenter Aus-führlichkeit und in den unterschiedlichen philosophischen Diszipli-nen der theoretischen, praktischen und populären Philosophie erör-tert und bewiesen wird, hat sein ›Ur-Bild‹ in Grundideen des christ-lichen Glaubens. Diese hat Fichte in frühen Jahren wohlmöglich in Rambachs kindgerecht formulierter Darstellung der »Ordnung« und »Schätze des Heils« kennen gelernt und auf diesem Wege in sich aufgenommen. Auf zwei Seiten zusammengedrängt, gleichwohl sehr übersichtlich gestaltet, findet sich im *Handbüchlein* der soeben skizzierte Grundriss des philosophischen Denkens Fichtes. Nämlich: zum einen die Annahme eines göttlichen Seins vor der (begrifflichen) Erschaffung der Welt, zum zweiten der in der ewigen Liebe Got-tes und im Glauben gestiftete und begründete Zugang zur Seligkeit sowie drittens der Hinweis darauf, dass es zur ›Befähigung‹ dieses soteriologischen wie eudaimonologischen Heils unabdingbar des Heiligen Geistes bedarf.

Selbstverständlich soll damit nicht behauptet werden, Fichte habe diese Grundannahmen christlichen Glaubens ausschließlich seinem Schulbuch entnommen. Sie werden ihm, als zum Pfarramt bestimm-tem jungen Menschen, in unterschiedlichen Kontexten seiner Bil-dungsbiographie begegnet sein. Rambachs Schulbuch ist aber die erste gesicherte Quelle, über die wir verfügen, in der Fichte diesen theologischen Zusammenhängen auf eine besondere Weise begegnete: verständlich und zugleich systematisch dargestellt, von pädagogisch-katechetischer Unterstützung begleitet und somit auf Nachhaltigkeit angelegt.

---

113 H. Traub: »›Lasst uns Menschen machen‹. Fichtes Lehre vom Bild: Zwischen Got-tesebenbildlichkeit und Bilderverbot«, in: *Bild, Selbstbewusstsein, Einbildung.* Hrsg. von A. Schnell/J. Kuneš. Leiden/Boston 2016a (*Fichte-Studien 42*), 166–171.

Diese didaktischen Bedingungen gelten auch für die folgenden Lehrstücke des *Handbüchleins* und deren Affinität zu Fichte'schen Philosophemen.

4.2 Heilsgeschichte

Fichtes Philosophie der Geschichte, wie sie in den *Grundzügen des gegenwärtigen Zeitalters* dargestellt ist, beruht auf der Idee einer universalen Heilsgeschichte, innerhalb derer sich die historische, das heißt die das ›Erdenleben‹ und die ›irdische Zeit‹ der Menschheit betreffende Geschichte als eine »Epoche der Einen Zeit, und des Einen ewigen Lebens« ereignet (GA I/8, 197f.).[114] Die im Vorherigen skizzierte Transzendenz-Immanenz-Dialektik erhält mit der Akzentuierung des Lebendigen darin den Charakter eines dynamischen Entwicklungsprozesses, der, theologisch gedacht, kein blindes, sondern planvolles Geschehen, also universale, das heißt Transzendenz und Immanenz umgreifende und vermittelnde Heilsgeschichte ist. Im Rahmen der universalen Heilsgeschichte, der einen Zeit und des einen ewigen Lebens, verläuft auch die irdische Menschheitsgeschichte – als historische Epoche und Erscheinung des ›ewigen Lebens‹ – planvoll, das heißt in erkennbaren, ja notwendigen Entwicklungsschritten. Fichtes sogenannter ›Weltplan‹ folgt dem Gesetz und dem Ziel der Befreiung, nämlich: dass die Menschheit in ihrem Erdenleben »alle ihre Verhältnisse mit Freiheit nach der Vernunft einrichte« (ebd., 198). Ihrer Bestimmung nach ist Weltgeschichte Freiheitsgeschichte. Ihre Erfüllung zielt auf die Verwirklichung einer Kultur schöpferischen und freien Vernunfthandelns, das heißt auf die Verwirklichung

---

114 Zu den unterschiedlichen Dimensionen der Zeit bei Fichte, der biographischen, historischen, eschatologischen, leeren und erfüllten Zeit, vgl. H. Traub: »Fichte und seine Zeit: Versuch einer transzendentallogischen Erörterung der ›Zeitigung‹ nebst näherer Bestimmung eines personalen Zeitbegriffs«, in: *Fichte und seine Zeit. Kontext, Konfrontationen, Rezeptionen.* Hrsg. von M. d'Alfonso u.a. Leiden/Boston 2016b (*Fichte-Studien 43*), 3–18.

der Ebenbildlichkeit Gottes im Individuellen wie die des ›Himmel-
reichs‹ im Kollektiven.[115]

Geschichtsphilosophie in diesen heilsgeschichtlichen Zusammenhängen zu denken, hat schon etwas Besonderes und wir haben gesehen, dass sich darin eine christliche Glaubensüberzeugung niederschlägt, der Fichte in systematischer und verständlicher Darlegung
erstmals in Rambachs *erbaulichem Handbüchlein* begegnet sein
könnte. Dieser Eindruck wird dadurch verstärkt, dass Fichtes Konkretisierung der fünf Epochen der Menschheitsgeschichte fundamental theologisch, genauer soteriologisch konzipiert ist. Die Idee einer
zur Freiheit und Vernunft drängenden Menschheit setzt im »*Stand
der Unschuld des Menschengeschlechts*« – dem paradiesischen Ausgangspunkt – an, verläuft über den »*Stand der anhebenden Sünde*«
– der ›gottlosen‹ Autorität dogmatischer Ideologien –, kulminiert
im »*Stand der vollendeten Sündhaftigkeit*« – dem Zustand weltanschaulicher Beliebigkeit und Gleichgültigkeit –, um von dort, geleitet
durch Freiheit, Vernunft und Kunst, »im Stand der anhebenden« und
»vollendeten Rechtfertigung« ihre historische Bestimmung zu erfüllen (GA I/8, 201).

Allein der Umstand, geschichtliche Epochen derart dezidiert theologisch zu konnotieren, macht deutlich, wie sehr sich Fichtes Denken
aus den starken Wurzeln und Quellen seiner religiösen Herkunft und
Prägung speist. Das wird noch deutlicher durch einen Blick in Rambachs »Ordnung des Heyls« und die darin niedergelegte Geschichte
des menschlichen Heils und Unheils. Der in der ganzen katechetischen Literatur verbreitete Grundriss der Heilsgeschichte wird hier
differenziert auseinandergelegt, erörtert und erklärt. Was Löseckens
Katechismus auf knapp vier Seiten als Quintessenz der christlichen
Lehre zusammendrängt, entfaltet Rambach in sieben Kapiteln auf
über dreißig Seiten ausführlich und ›kindgerecht‹. Bemerkenswert
an seiner »Ordnung des Heyls« ist der auch bei Fichte betonte Zusammenschluss von metaphysischem und irdischem Heilsgeschehen.
Auch bei Rambach finden wir einen Plan oder »Rathschluß GOt-

---

115 Vgl. Traub (2016a), 153–173.

tes, den er von Ewigkeit her gefasst«.[116] Menschliche Geschichte und göttliches Wirken werden auch hier zusammengedacht, das heißt Erstere im Kontext des Letzteren verstanden. Wie später auch Fichte, spricht Rambach im Kontext von Menschheitsepochen ausdrücklich von »Ständen«, dem »Stand der Unschuld«, »Stand der Freyheit« oder dem »Stande der Erhöhung«. Besonders interessant ist, dass Fichte wie Rambach den Sündenfall nicht mit dem Verstoß gegen das Gebot Gottes, sondern mit dem vom Versucher ausgelösten »Verlangen nach Allwissenheit und Freyheit«[117] begründet. Der Verstoß gegen das göttliche Gebot ist für beide erst die Folge dessen. Der ›Abfall von Gott‹ besteht für beide primär im Verlust der göttlichen Weisheit und Erkenntnis aus dem Verstande sowie der Liebe und Heiligkeit aus dem Willen. Gespeist durch die Hybris der Allwissenheit und die Freiheit von der Autorität göttlicher Weisheit, bildet sich der Geisteszustand aus, den Fichte den »Stand der anhebenden Sündhaftigkeit«, das heißt die Herrschaft der ihrer göttlichen Quellen beraubten »Lehrsysteme«, nennt und den Rambach als Zustand geistiger Finsternis, Blindheit und Torheit bezeichnet. Auch bei der Verschärfung dieses Zustandes in der Wendung vom Abfall von Gott zur Gottesflucht und Gottesfeindschaft, dem »Stand vollendeter Sündhaftigkeit«, sind sich beide Autoren einig. In ihr vollendet sich die negative oder leere Freiheit als »Trennung der Seele von der seligen Gemeinschaft Gottes«, als »Mangel aller geistlichen Kräfte und wahren Trostes«, als »geistlicher Tod«, als Zustand »knechtischer Furcht«, »Angst« und »Unruhe eines bösen Gewissens« und »Flucht vor Gott«.[118] Kehrseite dieses Zustandes ist der aufgeblähte Glaube an die Heilsversprechen des individuellen, irdischen Daseins sowie eine sich allein auf dessen Förderung reduzierende Verwendung von Verstand und Vernunft. Fichtes systematische Analysen zu den *Grundzügen des gegenwärtigen Zeitalters*, das er das »Zeitalter vollendeter Sündhaftigkeit« nennt, lesen sich wie zeitgenössische, weni-

---

116 Rambach (2014), 95.
117 Ebd., 90.
118 Ebd., 92.

ger theologische als vielmehr philosophisch-politische Auslegungen zu Rambachs Kapitel über den Sündenfall und dessen Auswirkung. Und noch ein Letztes zum Thema Heilsgeschichte. Was ist es, das den unseligen Zustand der gegenwärtigen Menschheitsgeschichte zu überwinden erlaubt? Kein Krieg, keine Revolution, kein Wunder. Für beide Autoren, Rambach wie Fichte, ist es die geistig-moralische Wende, die der lebendigen Kraft des (heiligen) Geistes, der göttlichen Weisheit und Erkenntnis – gegen Dogmatismus und Gleichgültigkeit – wieder einen Zugang zu Verstand und Vernunft eröffnet.

4.3   Freiheit und Determinismus, Herz und Verstand

Fichtes philosophisches System, so heißt es in einem Brief vom 8. Januar 1800 an K. L. Reinhold, sei »von Anfang bis zu Ende nur eine Analyse des Begriffs der Freiheit« (GA III/4, 182). Im ursprünglichen Akt der Selbstsetzung des Ich begründet, verfolgt Fichte die konstitutive Bedeutung dieses Aktes auf allen Feldern theoretischer, praktischer und angewandter Philosophie und rechtfertigt damit den Anspruch der Wissenschaftslehre, »das erste System der Freiheit« zu sein (GA III/2, 298). Die Forschung begründet Fichtes Freiheitsenthusiasmus in aller Regel durch dessen Begegnung mit der Philosophie Kants. Ihr wird die Initialzündung zugeschrieben, die Fichte von der »Zwangsvorstellung« seines bis dahin vertretenen »deterministischen Idealismus« befreit habe.[119] Dass eine derart scharfe Trennung zwischen dem prä- und postkantischen, dem deterministischen und freiheitlichen Fichte nicht aufrecht zu halten ist, war schon den Fichte-Exegeten des 19. Jahrhunderts klar. So hält etwa Friedrich Zimmers Studie zur Entwicklungsgeschichte der Religionsphilosophie Fichtes fest, dass sich schon die noch vorkantisch geprägten *Aphorismen über Religion und Deismus* (1790) aus der unbehaglichen Dialektik zwischen einem intellektuellen Konsequentialismus

---

119 F. Zimmer: *Johann Gottlieb Fichte's Religionsphilosophie nach den Grundzügen ihrer Entwicklung.* Berlin 1878, 7–20.

und Determinismus sowie einem empfindungsbegründeten Anthropomorphismus speisen, wobei letzterer die Dimensionen der Zurechnung von Verantwortung, von Schuld und Strafe, von Wille und Freiheit beinhaltet.[120]

Der Fichte'schen Dialektik von ›Verstand und Herz‹, als grundlegendem Schema seines späteren philosophischen Denkens, sind auch gegenwärtige Fichte-Forscher, etwa Reiner Preul (1969) und Petra Lohmann (2004), zu Recht gefolgt. Denn es ist Fichte selbst, der an zentralen Stellen seines philosophischen Schaffens diesen Unterschied, vor allem die notwendige Verwiesenheit beider aufeinander, für den Aufbau seines Systems für konstitutiv erklärt und darin auch die gravierende Differenz zwischen der Wissenschaftslehre und der Philosophie Kants sieht. Und zwar von Anfang an.[121] So heißt es in der *Wissenschaftslehre* 1805 im Hinblick auf den Realitätsgehalt von Fichtes Wissenschaftslehre und Kants Philosophie:

> Kant aber und alle seine Nachfolger [...] haben das Gefühl aus der Spekulation verwiesen. [...] Drum sind diese Spekulationen insgesamt leer. Die WL [wurde dafür] vor 12. Jahren. Ausgelacht. [Sie ist aber damit] Ruhig fortgefahren. [...] So dürfte sie ausser der Vollendung der Form, auch noch einen ganz neuen Charakter tragen, in Absicht der Ansicht der Realität (GA II/9, 300 f.).[122]

---

120 Ebd., 12–20.

121 P. L. Oesterreich spricht in diesem Zusammenhang pointiert von »antikantischen Facetten« im Denken des ›frühen‹ Fichte. Vgl. P. L. Oesterreich »›Der Hahn über die Kohlen‹. Fichtes antikantische Ästhetik des Vergnügens«, in: *Fichte im Streit – Festschrift für Wolfgang Janke*. Hrsg. von H. Traub u. a. Würzburg 2018b, 137–146, hier: 137 f. An Oesterreichs These, dass es sich bei den 1794 formulierten Ideen Fichtes zur Theorie des Gefühls um ›antikantische Passagen‹ handelt, die »im späteren Werk Fichtes keine weitere Fortsetzung finden« (ebd., 137), sind allerdings, wie sich im Folgenden zeigt, Zweifel angebracht.

122 Es ist kein Geringerer als Reinhard Lauth, *spiritus rector* der Fichte-Forschung nach 1945, Begründer und Herausgeber der Fichte-Gesamtausgabe, der den Zusammenhang von Gefühl und Verstand bei Fichte so verstanden wissen wollte, dass die Aufgabe der wissenschaftlichen »Philosophie lediglich in der methodischen Systematisierung derjenigen vorwissenschaftlichen Überzeugungen besteht,

Unter diesen gut begründeten Voraussetzungen stellt sich für uns die Frage, ob sich womöglich in Fichtes früher religiöser Sozialisation Spuren einer ›Bestimmung‹ seines Denkens zur Freiheit und zur konstitutiven Differenz von Herz und Verstand finden lassen.

Nach den bisher ermittelten geistes- und religionsgeschichtlichen Zusammenhängen, innerhalb derer sich die allgemeine und insbesondere die religiöse Bildungs- und Erziehungsarbeit im Umfeld von Fichtes Kindheit in Rammenau vollzog, liegen diese Bezüge beinahe offen auf der Hand.

Was Fichte von Martin Luthers 1520 verfassten *Freiheit eines Christenmenschen* kannte, wissen wir nicht. Allerdings wurde ihm die darin vertretene Wende auf die aus dem Glauben und nicht aus den Werken abzuleitende Rechtfertigung eines Christenmenschen und dessen Freiheit gegenüber äußerlichen – weltlichen wie geistlichen – Autoritäten von anderer, pietistischer Seite nahegebracht.

Rambachs *Handbüchlein für Kinder* erörtert ausführlich den komplexen theologischen Zusammenhang zwischen geistiger bzw. geistlicher Knechtschaft, die im Glauben an die Menschwerdung Gottes, an Kreuz und Auferstehung begründete »Erlösung« und Befreiung aus »Dienstbarkeit«, »Elend« und »Gefangenschaft« sowie die damit verbundene Versetzung in den »Stand der Freyheit« und den daraus folgenden individual- wie menschheitsgeschichtlich bedeutsamen Erwerb von »Versöhnung«, »Gnade« und »Heyl«.[123] Die Mittel, die Zusammenhänge von Knechtschaft, Freiheit, Heil und Unheil zu durchschauen und im Stand der Freiheit Versöhnung mit Gott zu erlangen, sind nicht Akzeptanz oder gar Unterwerfung unter die Lehrautorität weltlicher oder geistlicher Mächte. Diese kennzeichnen vielmehr, so hören wir später auch von Fichte, den »Stand der anhebenden Sünde«. Auch sind es nicht die ›guten Werke‹ als solche. Es ist

---

die wir aufgrund des natürlichen ›Wahrheitssinnes‹ schon besitzen« (DgF, 23). Vgl. hierzu auch den Verweisungszusammenhang von Fichtes populärer und wissenschaftlicher Philosophie im Hinblick auf die konstitutive Bedeutung des Gefühls für die theoretische und praktische Philosophie sowie für die Ästhetik, in: DgF, 183–188.

123 Rambach (2014), 111–156.

die aus dem »Königlichen Amt« des Gottes-Sohnes fließende »Kraft seines Geistes/der die Herzen verändert und beherrscht«.[124] Aus der Gemeinschaft mit ihm »fließen [...] drei Wohlthaten und Schätze des Heyls[:] I. Die Gerechtigkeit Jesu Christi. II. Die Geistliche Freyheit. III. Die geistliche Stärcke«.[125] Wenn wir davon ausgehen, dass der junge Fichte auch dieses Kapitel des Schulbuchs gelesen oder zur Kenntnis bekommen hat, dann sind ihm dabei eine Reihe von Freiheitsbestimmungen begegnet, deren Nähe zu seinen späteren, insbesondere religionsphilosophischen Überlegungen nicht zu übersehen ist. (Christen-)Freiheit bei Rambach ist zunächst: *Freiheit vom Gesetz.* Und das meint sowohl das »Jüdische Kirchen- und Polizey-Gesetz« als auch das »Zucht- und Sittengesetz, das in den zehn Geboten verfasst ist«.[126] Rambachs Begründung für diese umfassende Form »legalistischer« Freiheit ähnelt sehr derjenigen, die Fichte in seiner transzendentalphilosophisch abgeleiteten Religionslehre gegenüber dem »Standpunkt der Legalität« – speziell auch gegenüber Kants Sittengesetz und kategorischem Imperativ – vorträgt. Denn wenn es richtig ist, dass derjenige »gerecht ist«, dem im Glauben an Jesus Christus dessen »Gehorsam« gegen Gott »zu eigen geschencket« wird, dann bedarf er keines Gesetzes und keiner Pflicht, um gerechtfertigt zu sein. Weil er das, was diese fordern, »freywillig verrichtet«.[127]

Dagegen setzt der kategorische Imperativ ein Ich voraus, das sich vor allem von seinen individuellen (sinnlichen) Neigungen bestimmen lässt, gegen die er die Forderungen des allgemeinen Sittengesetzes als Pflichten aufstellt. Das heißt, das Nicht-Wollen ist die Voraussetzung seines Sollens. Fichte zieht daraus den Schluss: »Wenn du es wolltest, so brauchte es nicht zu sollen, und das Soll käme zu spät, und würde entlassen« (GA I/9, 136).

124 Ebd., 116.
125 Ebd., 128.
126 Ebd., 131.
127 Ebd.

Aber nicht allein über die Freiheit gegenüber Gesetz und Sittlichkeit konnte Fichte in Rambachs *Handbüchlein* lesen. Auch über
die im Glauben geschenkte Freiheit vom »bösen Gewissen« und der
mit ihm verbundenen »knechtischen Furcht« vor dem Zorn Gottes
handelt das Schulbuch ausführlich. Ja selbst über die im Glauben
gründende Freiheit »von der Obrigkeit der Finsterniß […] vom zeitlichen / geistlichen und ewigen Tod« konnte Fichte erste Eindrücke in
der Lektüre Rambachs sammeln.[128]

Das bedeutet, schon früh hat der junge Fichte mit seinem späteren philosophischen und existenziellen Lebenselixier, der Freiheit,
Bekanntschaft gemacht, und zwar in differenzierter, systematischer
und tiefsinniger Weise. Dass ihn das nicht davon abhielt, für einige
Zeit deterministischen Ideen anzuhängen, den Determinismus als Bestandteil und Denkfigur in seine Wissenschaftslehre zu integrieren,
ist kein Widerspruch. Denn die intellektuellen Orte, an denen sich
diese beiden Welten für ihn auftun und in denen sie ihre Wirkung
entfalten, sind verschieden.

Dass im Ganzen des »menschlichen Gemüths« unterschiedliche
Kräfte – Verstand, Wille, Einbildung, Affekt usw. – wirksam sind,
hatten die Schüler und Schülerinnen in den Unterrichtsstunden zu
Rambachs Lebensregeln schon gelernt. Gelernt hatten sie auch, dass
nur aus einer bestimmten Konstellation der Gemütskräfte und ihrer Inhalte zueinander das zu erreichen und aufrecht zu erhalten ist,
worauf es der katechetischen Unterweisung ankommt: »die Seele immer mehr zum Bilde Gottes zu erneuern, […] den Adel der Seele
[aufrecht zu erhalten], um durch Glaube und Liebe sich mit Gott zu
vereinen und selig zu werden«.[129] Und das hieß vor allem: »[Lass] den
Heiligen Geist in deinem Hertzen frey und ungehindert wircken / so
wird er deinen Verstand erleuchten«.[130]

Das Freiheitsbewusstsein ist in seiner tiefsten metaphysischen
Wurzel, wie es in Rambachs »Schätzen des Heyls« heißt, »Wohlthat

---

128 Ebd., 92.
129 Rambach (2014), 227–229.
130 Ebd., 227.

des Glaubens« und »Werck des Heiligen Geistes«. Dass dieser »Schatz des Heyls« nicht a priori die Erkenntnisse des Verstandes ›erleuchtet‹, sondern nur durch eine Freiheitstat des Christenmenschen zu heben und in seiner Wirkung auf das ganze Gemüt zur Entfaltung zu bringen ist, macht es möglich, dass Herz und Verstand vor diesem Schritt der ›geistigen Wiedergeburt‹ in ganz unterschiedlichen, ja sich widersprechenden und einander widerstreitenden Welten beheimatet sind.

Es ist gewagt, aber dennoch scheint es, als könne man Fichtes Schwanken zwischen Verstand und Herz, seine voluntative und gefühlsbegründete Skepsis gegenüber dem rationalen Konsequenzialismus, seine Lehre von der »Sehnsucht nach dem Ewigen«, der »göttlichen Ökonomie« des Geistes und der Seele, wie sie aus den *Aphorismen*, der Wissenschaftslehre, der *Bestimmung des Menschen* oder der *Religionslehre* bekannt sind, aus dieser »Systemstelle« in Rambachs pietistischem Katechismus hervorgehen sehen. Auch sein Urteil über das Verhältnis zwischen Verstand und Herz, zwischen seinem rational anscheinend unwiderlegbaren, gleichwohl täuschenden Denksystem des Determinismus (GA III/1, 171) und der Freiheitssehnsucht des Herzens und des Willens, scheint in Rambachs pietistischem Freiheits-Postulat über die »Erleuchtung des Verstandes« durch den befreienden Heiligen Geist bereits vorformuliert. So schreibt Fichte 1790, dem Jahr der *Aphorismen über Religion und Deismus*, an seinen Schulfreund aus Schulpforta, Friedrich August Weißhuhn:

> Ich erinnere mich Niemanden gefunden zu haben, der gegen mein System [des Determinismus] etwas Gründliches eingewendet hätte. Ehrliche Leute habe ich genug gefunden, die anders, nicht *dachten*, – das konnten sie überhaupt nicht, – sondern *fühlten*. So täuschte es mich durch die scheinbare Konsequenz, und so täuscht es vielleicht noch tausend (GA III/1, 167).

Mit der Grundgewissheit über die ›exterritoriale‹ Führungsbedürftigkeit des Verstandes geht der frisch berufene Professor in Jena an die Entwicklung seines Systems der Wissenschaftslehre und behauptet: Es sei die Korrektur durch das (Wahrheits)Gefühl, die die »Verirrungen« des bloß denkenden Philosophen berichtige. Würde es ihn nicht

hin und wieder korrigieren, so würde er durch bloß richtiges Folgern
nie auf die »gerade Bahn des Räsonnements« zurückfinden (GA I/2,
147). Und in seiner *Religionslehre* von 1806 heißt es dann nicht nur,
dass zur »Erkenntnis der Wahrheit« der »natürliche Wahrheitssinn
hinlänglich sey«, sondern, dass auch der Philosoph »durch kein anderes Mittel, außer diesem zu dieser Erkenntnis [nicht aber zu ihrem
Beweis] gekommen« sei (GA I/9, 72). Und schließlich radikalisiert
Fichtes Rede von der »Vernichtung des Begriffs« und der »unüberwindlichen Unverständlichkeit der Philosophie« den Unterschied
zwischen unmittelbarer und mittelbarer Wahrheitsgewissheit, von
Herz und Verstand, derart, dass er den substanziellen Gehalt wissen-
schaftlich-philosophischer Rationalität für »transrational«, das heißt
für »unverständlich«, und als »intelligierende Stimmung« für den
Verstand allein nicht erschließbar und begreifbar erklärt. Gleichwohl
aber kommt der »unverständliche« Gehalt gerade in der »Negation
des Begriffs« im Verstand zur Erscheinung, wodurch er – wie Rambach formulierte – denselben erleuchtet und dadurch das Leben des
Menschen orientieren und gelingen lassen kann (vgl. DgF, 134–140).

Das, was in Fichtes Philosophie grundlegend als dialektisch ver-
mitteltes Spannungsverhältnis zwischen Herz und Verstand, Gefühl
und Begriff, Realismus und Idealismus, populärer und wissenschaftlicher Philosophie angelegt ist und dessen Quelle möglicherweise
seine Schullektüre war, tritt ideengeschichtlich und auch realpolitisch
wohl nirgends in der jüngeren Religionsgeschichte so deutlich zu
Tage wie im Streit des protestantischen Pietismus mit der orthodoxen
Theologie. Und dies insbesondere in Sachsen und Brandenburg, in
Leipzig und Halle.

August Hermann Franckes Reform des Theologiestudiums zielte
darauf ab, wissenschaftliche Theologie durch ein persönliches Über-
zeugungs- oder Glaubensfundament abzusichern. »An einem Stu-
dioso Theologiae suchet man zuerst und vor allen Dingen, daß sein
Herz rechtschaffen sey vor Gott« (Brecht, GdP 1, 471). Der eigentliche ›Lehrer‹ und Leiter des Theologiestudenten sollte demnach nicht
das theologische Können und Wissen, sondern »der Heilige Geist
im Herzen« sein. Damit war klar: »Die Frömmigkeit ist der Wis-

senschaft vorgeordnet« (ebd.). Unter dieser Voraussetzung wurde die nichtakademische, nicht institutionalisierte und nicht orthodox-kirchliche Glaubensunterweisung massiv aufgewertet. Das Natürliche, Populäre, oder Laienhafte und Private unterstand nicht länger dem wissenschaftlich Gebildeten, dem Exklusiven, Professionellen und Institutionellen, es war ihm auch nicht nur gleichwertig, sondern genoss den Vorrang des Echten, Wesentlichen und Eigentlichen. Das bedeutete nicht, dass das wissenschaftliche Studium dadurch obsolet geworden wäre, was den Unterschied zwischen Pietismus und Mystik markiert. Philologie, textkritisches Studium, Beherrschung der alten Sprachen, Hermeneutik, Rhetorik und Homiletik blieben bedeutsame und unverzichtbare fachliche Voraussetzungen für eine qualifizierte theologische Ausbildung. Sie haben aber dienende Funktion, um den theologischen Glaubenskern verstehen, darstellen und vermitteln zu können. Wirklich lebendig und überzeugend angewandt sind sie jedoch nicht als Wissen oder angeeignete Fähigkeit – als ›toter Hausrat‹ –, sondern als geistinspirierte und inspirierende, persönlich und gesellschaftspolitisch bedeutsame ›Erbauungs-Kunst‹.

4.4 Resümee

Das grundlegende Problem der Herkunft des Fichte'schen Gedankenguts, seine spezifische Differenz als Philosoph insbesondere auch gegenüber Kant, mit dem er sich am nächsten verwandt fühlte, lässt sich nur unzureichend – ja letztlich nicht durch Rekurse auf seine explizite Auseinandersetzung mit den Autoren lösen, die er uns aus seiner Zeit als Schüler in Schulpforta bekannt gemacht hat. Wenn etwa Preuls, Lohmanns und Wildfeuers Analysen zum Ursprung der Fichte'schen Anthropologie und der darin verankerten konstitutiven Unterscheidung von Verstand und Gefühl darauf verweisen, dass Fichte sie aus seiner Auseinandersetzung mit Gellert oder Rousseau während seiner Zeit in Schulpforta gewonnen habe, dann sind – neben den bereits genannten widerstreitenden Auslegungen – zwei wichtige Fragen außer Acht gelassen. Nämlich zum einen die nach dem geistigen und ideengeschichtlichen Umfeld, dem die Referenzautoren selbst entstammen, und was sie für Fichte damit geeignet machte, seine eigenen Ideen an ihnen zu veranschaulichen oder zu entwickeln. Zum anderen bleibt Fichtes eigene geistes- und bildungsgeschichtliche Herkunft und deren Basis, auf der sich diese Auseinandersetzung vollzieht, ungeklärt.

Unsere erste Analyse zu *Fichte und der Pietismus* hat versucht, diesen frühen bildungsbiographischen Hintergrund in den Blick zu nehmen. Daraus lässt sich nun ersehen, dass etwa Preuls apodiktisches Urteil, ein »Vergleich mit Gedanken, die im Pietismus lebendig waren«, scheide bei Fichte deshalb aus, »weil [er] in Schulpforta (aber auch später) kaum mit pietistischen Kreisen in Berührung gekommen ist«,[131] nicht haltbar ist. Man konnte, wie gezeigt, im 17. und 18. Jahrhundert, insbesondere als Kandidat für ein Pfarramt in Sachsen, dem Pietismus gar nicht ausweichen. Dessen Auseinandersetzung mit der theologischen Orthodoxie war seinerzeit das religionspolitische Thema schlechthin. Seine Ausstrahlung bis in den katechetischen Unterricht in die Provinz haben wir am Beispiel Rammenau nachgewiesen und werden das in der Analyse der theologischen Prägung der zur Zeit Fichtes dort tätigen Pfarrer noch weiter vertiefen.

Für Gellert, den von Preul genannten Bezugspunkt für die Ausbildung einer Religion der Innerlichkeit, ist festzuhalten, dass dessen eigene Bildungs-Biographie ähnlich wie die Fichtes verlief und von denselben Einflussgrößen bestimmt war. Wie Fichte wächst er, 1715 geboren, in der sächsischen Provinz unter denselben bildungspolitischen Rahmenbedingungen auf, besucht wie Fichte die Staatsschule in Meißen und studiert dann ab 1734 Theologie in Leipzig: an der Universität, von der aus sich in der Theologie durch August Hermann Franckes und Johann Jacob Rambachs Lehrtätigkeit zu Ende des 17. Jahrhunderts der Pietismus weit über das universitäre Leben hinaus verbreitet hatte. Es ist eine Verkennung dieser geistesgeschichtlichen Umstände, wenn Preul und andere dann vage behaupten, »Fichtes Drängen auf Verinnerlichung der religiösen Erkenntnis« sei auf eine

---

131   Preul (1969), 22.

»bestimmte Tradition der deutschen Aufklärung« zu beziehen, der es eigentümlich war, »Glaube an einen gewissen Kanon ethischer und religiöser Grundwahrheiten mit der Wärme und Lauterkeit des empfindsamen Herzens« zu verbinden. Und es sei für Fichte dann Gellert gewesen, der ihn in diese geistige Atmosphäre eingetaucht habe, wobei dies alles mit Pietismus nichts zu tun haben soll.[132] Ähnliches gilt für die von den genannten Autoren gegebenen Hinweise auf Rousseau. Denn auch diesem ist – als ›reformierter Protestant‹ im ›Calvinistischen Genf‹ – eine gewisse Nähe zum Pietismus nicht abzusprechen.

Gänzlich unhaltbar ist, wie sich noch zeigen wird, die Behauptung, Fichte sei auch nach Schulpforta mit pietistischen Kreisen kaum in Berührung gekommen. Während seiner Aufenthalte in Zürich pflegte er bekanntlich den Umgang mit dem dem Pietismus nahestehenden Lavater-Kreis. Inwiefern die »tiefe Religiosität«[133] seiner Gattin Marie Johanne auch pietistische Züge trug, wird näher zu untersuchen sein. Sicher dagegen ist, dass ihn mit dem bekennenden Pietisten Friedrich Heinrich Jacobi und dessen Thesen bis an sein Lebensende eine intensive, wenn auch ambivalente Diskussions-Beziehung verband. Deren Höhepunkt bildet die Nennung Jacobis als desjenigen, der Fichtes wissenschaftstheoretisch begründetem Standpunkt der Religion am nächsten kommt (GA I/9, 110).

---

132 Ebd., 21.
133 E. Fichte (1863), 24.

5. Drei Pfarrer von Rammenau

In den Biographien zu Fichtes Kindheit in Rammenau wird durchgängig – wenn auch mehr oder weniger stark – auf die Bedeutung der Pfarrer für den Bildungs- und Lebensweg des Jungen hingewiesen (LLB I, 10). Für Fichtes Lebensweg sind dies: Johann Gottfried Dinndorf, Carl Christoph Nestler und Adam Gottlob Wagner.

5.1 Johann Gottfried Dinndorf (1684–1764)

Der in Siebenleben bei Freiberg (Sachsen) am 26. September 1684 geborene Sohn des dortigen Bürgermeisters kam im März 1711 nach Rammenau, wurde dort am 22. März vociert und versah dort bis zu seinem Tod, am 19. März 1764, 53 Jahre lang das Amt des Dorfpfarrers. Während seiner Amtszeit betreute er die Gemeinde durch den Siebenjährigen Krieg und unter ihm wurde die im Krieg zerstörte Kirche wieder aufgebaut. Dinndorf war, wie den Kirchenbüchern zu entnehmen ist, ein unermüdlicher Prediger und Seelsorger. Etwa 8000-mal soll er während seiner Amtszeit gepredigt haben.

> Durch seine gute Gelehrsamkeit, und strengen gottesfürchtigen Wandel; insbesondere durch sein liebevolles Verhalten gegen seine Gemeinde, erwarb er sich nicht nur das Vertrauen seiner Collatoren [Herrschaft], sondern auch die Liebe und einen recht kindlichen Gehorsam seiner Zuhörer, die ihn nicht nur ihren Papa nannten, sondern auch als einen Vater verehrten (GKR, 26).

Am 19. Mai 1762 taufte Dinndorf Johann Gottlieb Fichte.

Für unsere Frage nach der frühen weltanschaulichen Prägung Fichtes ist an Pfarrer Dinndorf einiges bemerkenswert. Wer 53 Jahre lang Hirte einer Gemeinde ist und wie Dinndorf hohes Ansehen bei der Herrschaft wie bei der Bevölkerung genießt, der prägt durch Autorität und Einfluss die Gemeinde in ihrem Denken, in ihren religiösen und moralischen Ansichten und womöglich auch in ihrem

Handeln. Auch bestätigen die Kirchenbücher, dass Dinndorf auf dem Feld der religiösen Unterweisung und Erziehung nicht weniger erfolgreich war als auf der Kanzel. »Sonderlich hatte er eine ungemeine Gabe im Katechetisieren« (ebd.). Das, was Fichte durch die Erziehung und Bildung im Elternhaus erfuhr, wird, so darf man vermuten, stark durch das ›geistliche Oberhaupt‹ der Gemeinde geprägt gewesen sein. Das Gleiche gilt auch für die schulische Bildung und Katechese. Denn Dinndorf hat sich auch »der Schule [...] treulich angenommen und dort ganze Tage darinnen unterrichtet« (ebd.). Was nun die spezielle theologische Tendenz der Dinndorf'schen Predigten, seiner Katechese und seiner theologisch-moralischen Weltanschauung betrifft, so ist hier vor allem auf das Moment seiner pietistischen Prägung hinzuweisen. Dinndorf war, wie später auch Fichte, Schüler der Landesschule zu Meißen und – was bedeutender ist – von 1704 bis 1709 Student der Theologie in Leipzig.

Während dieser Zeit hatte er Gelegenheit, zu Halle die berühmten Theologen Francke, Breithaupt und Anton kennen zu lernen und ihren collegiis asceticis[134] beizuwohnen und manches in seinem Herzen zu bewahren, welches ihm, seinem eigenen Geständnis nach, in seinem Amte und an seiner Seele zum Segen gereichte (ebd., 18).

5.2 Carl Christoph Nestler (1740–1804)

Nachfolger Dinndorfs war der am 13. Juni 1740 in Weinböla (bei Meißen) geborene Pfarrerssohn Carl Christoph Nestler, der am 23. September 1764 sein Amt in Rammenau antrat (GKR, 26). Nestler besuchte zuvor die Fürstenschule zu Meißen und studierte von 1759 bis 1762 Theologie und Philosophie in Leipzig, letztere vor al-

---

134 *Collegiis asceticis*: Nach Fichtes eigener *Ascetik* handelt es sich dabei um denjenigen Teil der Religions- und Sittenlehre, der darauf ausgerichtet ist, die philosophisch begründete Sittenlehre auf der Ebene der Personalisierung zu verinnerlichen und im individuellen Handeln zu konkretisieren, sie »in's Leben ein[zu]führen« (GA II/5, 60).

lem bei Crusius. Nestler wurde, wie Gellert und nach ihnen Fichte, vom Hause derer von Miltitz gefördert und unterstützt.[135] Vor seiner Rammenauer Zeit war Nestler Prediger an der Universitätskirche zu Leipzig und Mitglied der *Oberlausitzschen Gesellschaft der Wissenschaften.*

Der neue, 1764 eingeführte Pfarrer ist für Fichtes intellektuelle und religiöse und womöglich auch für seine charakterliche Bildung eine interessante Persönlichkeit. Zum einen verfügte Nestler, wie schon sein Vorgänger Dinndorf und vielleicht noch mehr als dieser, über ein besonderes Maß an homiletischen, theologischen, aber auch didaktischen Fähigkeiten.[136] Seine Predigten wurden für ihre überzeugende Verständlichkeit und herzergreifende Eindringlichkeit gelobt. Anwendungsorientiert und »populär zu predigen« war Nestlers »unablässiges Bestreben«, wozu »deutliche Begriffe, Präcision und rhetorische Consequenz«, »Gründlichkeit in seinem Wissen und Festigkeit in seinen Ueberzeugungen« gehörten.[137] »Durch seine Predigten konnte er auch die leichtsinnigsten Menschen ernst gesinnen. Rührung, Teilnahme, Emotion brachte er durch das Einbauen von Überraschung, unerwarteten Wendungen, bekannten Liederversen, guten Beispielen und aktuellen Ereignissen in seine Predigten«.[138] Viele seiner Predigten sind im Druck erschienen.

Nestlers besonderem pädagogisch-katechetischen Interesse an der Jugend[139] ist es wohl zu verdanken, dass er auf den jungen Fichte aufmerksam wurde, den er dann durch privaten Unterricht förderte (LLB I, 10).[140]

Neben seinem theologischen und religiösen Selbstverständnis sowie seinem besonderen sowohl auf Wissenschaftlichkeit wie Popula-

135 H. Doering: *Die gelehrten Theologen Deutschlands im achtzehnten und neunzehnten Jahrhundert, nach ihrem Leben und Wirken dargestellt von Dr. Heinrich Doering.* Neustadt an der Orla 1830, Bd. 3, 32.
136 Ebd., 33.
137 Ebd., 35–37.
138 Ebd., 37.
139 Ebd., 36.
140 Vgl. E. Fichte 1863, 4.

rität ausgerichteten Berufsethos ist es auch die Persönlichkeit dieses Lehrers, der man einen gewissen Einfluss auf Fichtes eigene Persönlichkeitsentwicklung nicht absprechen kann.

Nestler hatte als Halbwaise – trotz Unterstützung durch das Haus derer von Miltitz – keinen leichten Lebens- und Bildungsweg bis zu seiner Anstellung in Rammenau durchlaufen. Diese Erfahrungen und das

> Bewußtseyn, viel durch sich selbst, durch seinen unermüdlichen Fleiß geworden zu seyn, ungeachtet der Hindernisse, welche ihm Bedürftigkeit während seines Universitätslebens entgegenstellte, mußten ihn zu einem gewissen Selbstgefühl führen, das aber nie in Ueberschätzung seines Werthes ausartete.[141]

Es mögen die Ausstrahlung von Nestlers Selbstwertgefühl, sein Vertrauen in die Möglichkeiten einer disziplinierten Selbstbildung, die Festigkeit seiner Überzeugungen und die Fasslichkeit seiner lebendigen Unterweisung gewesen sein, die auch bei seinem Schüler Fichte den Grund für die Ausbildung eines starken Selbstbewusstseins legten. Dass Fichte das selbst so gesehen hat, belegt der Briefentwurf an Nestler aus dem Jahre 1787. Darin bittet er seinen ehemaligen Katecheten und Lehrer um eine Empfehlung für eine Hauslehrer-Stelle in der Nähe von Bautzen. Fichte schreibt: »ich wage es, mich an E[hr] w[ürden] zu wenden, in der süßen Ueberzeugung, daß die Schicksale eines Menschen, der Ihnen alles verdankt, Ihnen nicht ganz gleichgültig sein können« (GA III/1, 13 f.).

Womöglich ›verdankte‹ Fichte dem inzwischen zum Katecheten an der Hauptkirche St. Peter zu Bautzen aufgestiegenen Pfarrer Nestler neben der Förderung seiner intellektuellen und geistlichen Bildung auch die Entwicklung und Ausprägung einer anderen, weniger sympathischen Seite seiner Persönlichkeit.

Manfred Kühn hat versucht, Fichtes »Hypochondrie«, seine »Streitsucht« und auch seine Neigung zu depressiven Verstimmun-

141 Doering (1833), 3. Bd., 35.

gen vor allem als ein mütterliches Erbteil plausibel zu machen. [142] Wir
haben schon festgehalten, dass sich das nur bedingt mit den Quellen belegen lässt, die etwas über das eher stille und zurückgezogene,
vielleicht auch mürrische Wesen von Fichtes frommer, gleichwohl
kluger Mutter aussagen.

Dagegen erscheint uns in Fichtes Lehrer
und Katecheten Nestler eine Person, bei der die von Kühn an Fichtes Charakter diagnostizierten Wesenszüge viel klarer zu Tage treten
als bei seiner Mutter. Wenn davon auszugehen ist, dass Fichte schon
sehr früh für das Pfarramt bestimmt war, dann ist natürlich weniger
die Mutter, sondern viel mehr der Pfarrer des Ortes das Vorbild, an
dem sich die Persönlichkeitsentwicklung des Jungen ausgerichtet haben wird, insbesondere dann, wenn es sich bei diesem um einen von
der Gemeinde hochgeschätzten Geistlichen und Lehrer handelte. Bei
allen seinen hervorragenden theologischen, homiletischen und katechetischen Fähigkeiten war Nestler wohl auch ›Choleriker‹. Die
»leichte Erregbarkeit seiner Gefühle [machte ihn] mitunter empfindlich gegen diejenigen, von denen er sich durch Gleichgültigkeit oder
auf andere Weise gekränkt fühlte. [...] Sein cholerisches Tempera-
ment ward ihm ein Antrieb zu rastloser Thätigkeit.« Aber auch Trau-
rigkeit, Sorge und Misstrauen gegenüber Anmaßung und Eitelkeit
waren ihm nicht fremd. [143]

Neben dem klugen, einfühlsamen und überzeugenden Religionslehrer hatte Fichte in Carl Christoph Nestler also zugleich einen zur
Hypochondrie neigenden, reizbaren und in dieser Hinsicht weniger
besonnenen als vielmehr impulsiven Pädagogen als Mentor. Beide
Seiten des Lehrers finden wir auch beim Schüler. [144] Womöglich war
es also Pfarrer Nestler, der an der Ausbildung von Fichtes Persönlichkeit, seiner theologischen und auch philosophischen Welt- und
Lebensanschauung, aber auch an seiner Charakterbildung einen größeren Anteil hatte, als das bisher gesehen wurde. Lehrer prägen! Und

---

142 Vgl. Kühn (2012), 26–29.
143 Doering (1833), Bd. 3, 35 f.
144 Zum Thema Hypochondie vgl. Kühn (2012), 27 und Fichtes ›Selbstanalysen‹ zu
seinem »Ungeheuer der Hypochondrie« (GA III/1, 412 u. 219).

auch in dieser Hinsicht gilt wohl Fichtes Analyse zur kulturellen, vor
allem aber auch biographischen Entwicklung: »Wir haben die Begebenheiten unsrer ersten Kindheitsjahre völlig vergessen. Sind sie darum für uns verloren – gründet sich darum, weil wir sie nicht wissen,
weniger die ganze individuelle Richtung unsers Geistes auf sie?« (GA
I/1, 225) Sich von ihnen zu emanzipieren, sie angemessen einzuschät-
zen, ist für Fichte nicht nur für die eigene Biographie eine Herausforderung geblieben.

Durch das von Nestler 1764 begonnene Kirchenbuch wissen wir,
dass ihm bei Amtsantritt von der Herrschaft in Rammenau, dem
»Herrn Johann Alberticus von Hoffmann«, aufgetragen wurde, »das
ganze Jahr hindurch alle Sonntage Betstunde u. Examen [zu halten].
Solches ist auch [...] bis daher unausgesetzt gehalten worden« (GKR,
31). Das Examinieren der Kinder und Jugendlichen setzt die Katechese und einen entsprechenden Unterricht voraus. Nestler galt, wie
Dinndorf vor ihm, als engagierter Katechet und wurde wohl auch
deswegen 1770 von Rammenau nach Bautzen abberufen, um dort als
Katechet und Garnisonsprediger sein Amt zu versehen (ebd.).

Wie die Verhältnisse der Bildungs- und Erziehungsarbeit zur Zeit
Fichtes in Rammenau *rechtlich* und *pädagogisch* gestaltet waren, erfahren wir näher aus der Amtszeit des auf Nestler folgenden Pfarrers,
desjenigen, der wahrscheinlich für die Empfehlung Fichtes bei der
Herrschaft auf Schloss Rammenau – und wohl nicht nur dafür – ver-
antwortlich war.

Allerdings ist schon aus dem Vorherigen deutlich, dass öffentliche
Bildungs- und Erziehungsarbeit zu Fichtes Zeiten schon vor Einführung der Schulpflicht auch auf dem Lande zentrales Anliegen von
weltlicher und kirchlicher Herrschaft war. Schulmeister und Pfarrer
arbeiteten Hand in Hand und mit der Autorität der Herrschaft auf
dem Schloss wird die protestantische Absicht, »Kinder zur Schule zu
halten«, weitgehend umgesetzt und praktiziert worden sein. Es ist
somit mehr als wahrscheinlich, dass auch die Bildung und Erziehung
des jungen Fichte durch öffentlichen Schul- und Katechismus-Unterricht und die darin tätigen Pädagogen und Katecheten geprägt wurde.

5.3   Adam Gottlob Wagner (1739–1810)

Der am 25. Dezember 1739 in Oberlichenau, bei Pulsnitz, in Sachsen geborene Pfarrerssohn besuchte ab 1754 die Fürstenschule in Meißen und studierte von 1760 bis 1765 Theologie in Leipzig. 1766 übernahm er in Dresden eine Hauslehrerstelle, im Rahmen derer er die Tochter des Johann Alberticus von Hoffmann, des Collators von Rammenau, »informirte«.[145] Mit den Verhältnissen Rammenaus gut bekannt, trat Wagner dort sein Amt am 5. August 1770 an. Unter ihm, so heißt es in Reeses Chronik,

wuchs Rammenau's größter Sohn […] Johann Gottlieb Fichte heran. Gewiss war schon Pfarrer Nestler auf den Knaben aufmerksam geworden, mehr aber beschäftigte sich Pfarrer Wagner mit ihm. Er machte auch die Gutsherrschaft auf den befähigten Knaben aufmerksam und leitete es in die Wege, daß sich der menschenfreundliche Freiherr von Miltitz […] des begabten Knaben annahm (GKR, 32).[146]

In Wagners Amtszeit wurde 1770 die Schulordnung und 1773 die Schulpflicht in Sachsen eingeführt. Unter seiner Leitung »entstand

---

145 J. F. Fickelscherer: *Lausitzsches Magazin, Sammlung verschiedener Abhandlungen und Nachrichten zum Behuf der Natur- Kunst- Welt- und Vaterlands-Geschichte, der Sitten, und der schönen Wissenschaften.* St. 18 vom 28.9.1770. Görlitz, 289.

146 Dass es Adam Jacob Wagner und nicht Carl Christoph Nestler (Kühn [2012], 30) war, der die Herrschaften zu Rammenau auf Fichte aufmerksam gemacht hatte, mag zutreffen. Die Behauptung Reeses, dass Fichte unter der pädagogischen Obhut Wagners »heranwuchs« und dieser sich mehr als sein Vorgänger Nestler mit dem talentierten Knaben befasst habe, ist dagegen zweifelhaft. Denn Wagner hielt seine Antrittspredigt in Rammenau erst im August 1770 (GKR, 32). Für die Abreise Fichtes aus Rammenau und den Beginn seines Aufenthalts in Meißen bzw. Oberau werden in der Forschung die Jahre 1771/72 angenommen (FiG 5, 202; Kühn [2012], 33). Das heißt: Für die Förderung des zur Antrittszeit Wagners achtjährigen Fichte in Rammenau durch den neuen Pfarrer ist etwa ein Jahr anzunehmen. Gemessen an den Jahren seiner Betreuung durch Pfarrer Nestler ist das ein eher kurzer Zeitraum. Ob dieser Zeitraum ausreicht, um von ihm als die Zeit des »Heranreifens« zu sprechen, ist doch sehr fraglich.

1774 ein neuer Schulbau gegenüber der alten Schule am Kirchberg« (ebd., 33). Die 1770 eingeführte Schulordnung regelt zum einen die Aufgaben zwischen kirchlicher und schulischer Bildungs- und Erziehungsarbeit.

> Die Prediger [haben] die besondere Aufsicht über die Schulen ihres Kirchspiels, [sie müssen] die Schulen fleißig besuchen, monatl. Unterredung mit dem Schulmeister über die Umstände der Schule pflegen und ihm gewisse Pensa aufgeben, im gleichen jährlich 2 Schulpredigten, nachmittägl. Examina in der Kirche, auch 2 Hauptexamina in der Schule halten [...] und alle Quartale den Herrschaften von dem Zustand der Schule schriftlich Nachrichten ad acta [...] ertheilen.[147]

Zum anderen regelt die Schulordnung die Schulpflicht. Dass diese Regelungen auch ohne deren Einführung durch die formelle Schulpflicht bereits Rechtscharakter und Verbindlichkeit hatten, ergibt sich allein aus der Tatsache, dass 1770 noch die bis 1835 bestehende ›Erbuntertänigkeit‹ galt.

> Aeltern, Vormünder, Anverwandten und Dienstherren, welche für die Kinder, wegen der Schulbesuchung Sorge tragen, sollen die Kinder von 5 bis 13 Jahren zur Schule halten; [...] kein Kind soll ohne Vorwißen des Inspectors [Pfarrers] aus der Schule genommen werden. Alle Kinder von 5 bis zum 13. Jahre sollen in die Schule gehen; Kindern von 8 Jahren, welche die Aeltern im Hause brauchen, ist erlaubt, täglich nur einmal zu gehen.[148]

Fichte war bei Einführung der Schulordnung knapp acht Jahre alt. Das heißt, er wäre noch für weitere fünf Jahre, wenn auch vielleicht nur eingeschränkt, schulpflichtig gewesen. Aus der Bildungs- und Erziehungsarbeit in Rammenau zur Zeit Dinndorfs und Nestlers ist ersichtlich, dass diese Regelung auch für die Jahre davor galt. Fichte war demnach sowohl nach der Schulordnung von 1770 als auch nach den davor geltenden öffentlichen Bildungs- und Erziehungssatzun-

---

147 *Fortsetzung Codicis* (1770), 16.
148 Fickelscherer (1770), 280 f. Vgl. *Fortsetzung Codicis* (1770), 20.

gen und Regularien ein Schulkind. Und insofern hat der Hinweis der Dorf-Chronik, dass Christian Grützner Fichtes erster Schulmeister war, ein gewisses Maß an Glaubwürdigkeit.

Mit dem Thema ›öffentliche Bildung und Erziehung in Rammenau‹ konnte gezeigt werden, dass in Fichtes Kindheit und auch schon lange davor in seinem Heimatdorf ein beachtliches Niveau in der allgemeinen, insbesondere aber der katechetischen Bildung bestand, ein Standard, der sich nicht zuletzt aus dem protestantischen Bildungsanspruch herleitete und der hier vor allem auch pietistisch geprägt war. Selbst wenn man der These von Fichtes Schulbesuch in Rammenau nicht folgt, ist zu konstatieren, dass der junge Fichte durch die enge auch personelle Zusammenarbeit von Kirche und Schule, Pfarrer und Lehrer einem religiösen Milieu ausgesetzt war, in dem die pietistisch inspirierte Frömmigkeit eine dominante Rolle spielte. Neben der Erziehung von Immanuel Kant, Gotthold Ephraim Lessing und anderen Geistesgrößen des 18. Jahrhunderts erweist sich somit auch Fichtes Erziehung nicht nur durch die schulische und kirchliche Didaktik, sondern auch in ihren katechetischen Inhalten als maßgeblich von pietistischem Gedankengut beeinflusst und geprägt.

Diese pietistische Akzentuierung in der religiösen und weltanschaulichen Sozialisation Fichtes wird auch durch den theologisch-religiösen Frömmigkeitshintergrund der in dieser Hinsicht ebenfalls maßgeblichen und bestimmenden Autorität seiner Herrschaft, des Hauses derer von Miltitz, bestätigt und weiter vertieft.

Zweiter Teil:
Fichte auf Siebeneichen, in Oberau,
Niederau und in Meißen

1. Siebeneichen

Für die Zuordnung von Fichtes Aufenthalt auf einem der Miltitz'schen Anwesen bei Meißen besteht eine Unsicherheit. Als Aufenthaltsort seines Vaters bestimmt Immanuel Hermann Fichte das am Hang des Westufers der Elbe gelegene Schloss Siebeneichen. Die Beschreibung der Umgebung des 1747 umfangreich und aufwändig restaurierten und erweiterten Ritterguts am Elbufer passt zu den damaligen örtlichen Gegebenheiten. An Fichtes Aufenthalt dort soll noch im Jahr 1861 eine in der weitläufigen Parkanlage des Anwesens gepflanzte Fichte erinnert haben.[1]

Wenn der Fichte-Sohn davon spricht, dass sein Vater nach einiger Zeit dem Pfarrer Krebel nach Niederau zur Erziehung übergeben wurde und er Niederau in der Nachbarschaft des Schlosses lokalisiert, dann ist damit entweder der Begriff Nachbarschaft in einem weiten Sinne gebraucht oder es liegt hier der Hinweis auf einen anderen Aufenthaltsort Fichtes vor. Das Dorf Niederau liegt etwa fünf Kilometer von Siebeneichen entfernt, östlich von Meißen und östlich der Elbe. Allerdings besaß und bewohnte die Familie von Miltitz zu Fichtes Zeiten im unmittelbar benachbarten Oberau ein im Renaissancestil umgebautes Wasserschloss. In ihm wurden Ernst Haubold und wahrscheinlich auch sein Sohn Dietrich von Miltitz geboren. Schloss Oberau hat eine lange, ruhmreiche Tradition. Es diente mehrfach dem schwedischen König Karl XII. als Aufenthaltsort bei seinen Reisen in Sachsen. Und auf ihm wohnte die Familie von Miltitz zur Zeit Fichtes hauptsächlich. »Ernst Haubold wohnte [...] zunächst in Oberau und hat sich nur vorübergehend in Siebeneichen aufgehalten«.[2] Schloss Oberau liegt nun tatsächlich in unmittelbarer Nachbarschaft zum Dorf Niederau.[3]

---

1 Peters (1863), 29.
2 M. von Miltitz: *Das Schloss Siebeneichen*. Dresden 1927, 26.
3 Der Name von Miltitz spielt auch in der Geschichte des lutherischen Protestantismus eine Rolle. Ein Vorfahre des Ernst Habold von Miltitz, Karl von Miltitz

Sowohl das Stadtarchiv Meißen als auch die 1966 entstandene Broschüre *Schloß und Schule Siebeneichen* gehen daher von Schloss Oberau als dem Aufenthaltsort des jungen Fichte aus.[4] Aus dem Umstand aber, dass die Familie ihren Aufenthalt gelegentlich zwischen beiden Anwesen wechselte, sind die unterschiedlichen Angaben zu den Ortschaften erklärlich.

Fichtes eigene intensivere Beziehung zu Siebeneichen rührt möglicherweise daher, dass Dietrich von Miltitz und seine Familie später vor allem dort lebten. Zu ihnen pflegte Fichte auch in späteren Jahren noch Kontakt. So könnte es sein, dass sich in Fichtes Erinnerung die Eindrücke beider Orte überlagerten.

Zu Siebeneichen besteht biographisch und werkgeschichtlich eine sehr interessante konkrete Beziehung des späteren Fichte. Auf Siebeneichen und dem benachbarten Scharfenberger Schloss – einem weiteren Anwesen derer von Miltitz – traf sich zu Beginn des 19. Jahrhunderts ein Teil des romantisch-patriotischen Widerstands gegen Napoleon. Zu den Sympathisanten oder gar Mitgliedern dieses nach Schloss Scharfenberg benannten *Scharfenberger Kreises* gehörte auch Fichte. Nach Auskunft des Miltitz-Biographen Adolf Peters soll sich Dietrichs Sohn Georg der späteren Besuche Fichtes »mit seinem gerötheten Angesichte und seiner untersetzten, martialischen Figur« lebhaft erinnert haben.[5] Peters geht des Weiteren davon aus, dass Fichtes politische Philosophie, insbesondere die während der französischen Besatzungszeit entstandene kulturphilosophische Idee der deutschen Nation, einen nicht »unbedeutenden Einfluss« auf

---

(1490–1529), verhandelte 1519 als päpstlicher Nuntius im thüringischen Altenburg an zwei Tagen mit Martin Luther über dessen Kritik am Ablasshandel. Dem Reformator »durchaus gewogen«, soll es das Ziel der Verhandlungen gewesen sein, »Luther mit dem Papst zu versöhnen« (H. Boehmer: *Der junge Luther*. Hrsg. von H. Bornkamm. Stuttgart 1971, 209).

4   Vgl. W. Lippmann: *Schloß und Schule Siebeneichen*. Dresden / Siebeneichen 1966, 32.

5   Peters (1863), 3.

Dietrich von Miltitz und den Scharfenberger Kreis gehabt habe.[6] Auf dieses Thema werden wir später zurückkommen.

Fichte war etwa neun Jahre alt, als Ernst Haubold von Miltitz (1739–1774) ihn mit zu sich nach *Siebeneichen* respektive *Oberau* aufs Schloss nahm. Das heißt, wir befinden uns wahrscheinlich im Jahr 1771. Von Miltitz, seit 1765 verheiratet mit Henriette Luise von Schönberg, hatte zu diesem Zeitpunkt selbst zwei Kinder, einen Jungen und ein Mädchen. Letzteres starb 1774 im Alter von fünf Jahren.[7] Über seinen Sohn Dietrich, sieben Jahre jünger als Fichte und lange mit ihm befreundet, wissen wir einiges. Durch ihn sind wir auch über sein Elternhaus einigermaßen im Bilde.[8]

Der Kaiserliche Kammerherr und Oberstleutnant der Kurfürstlich Sächsischen Garde Ernst Haubold von Miltitz förderte, wie später auch sein Sohn Dietrich, nach Kräften das sächsische Schul- und Bildungswesen und dies nicht nur politisch, sondern auch persönlich. Neben dem jungen Fichte gehörte der bereits erwähnte Frühaufklärer Christian Fürchtegott Gellert (1715–1769) zu seinen Schützlingen. Gellert war vor Fichtes Zeit gelegentlich Gast auf den Anwesen und pflegte auch später noch brieflichen Kontakt zu Ernst Haubold von Miltitz. Noch heute erinnern die Namen *Gellert-Brunnen* und *Gellert-Eiche* an seinen Aufenthalt in Oberau und Siebeneichen.[9] Neben Gellert pflegten die von Miltitz mit der Familie von Hardenberg, insbesondere mit dem Vetter Ernst Haubolds, Heinrich Ulrich Erasmus von Hardenberg, dem Vater des Dichters Novalis, freundschaftliche Beziehungen.

Über den Eindruck, den das Schloss *Siebeneichen* auf den jungen Fichte machte, hat er später seinem Sohn berichtet. Dieser beschreibt

6 Ebd.
7 Weinhold (1862), 11.
8 Adolf Peters, in den 60er Jahren des 19. Jahrhunderts Mathematikprofessor an der Fürstenschule St. Afra zu Meißen, hat Dietrich von Miltitz mit seinem Buch *General Dietrich von Miltitz – sein Leben und sein Wohnsitz*, Meißen 1863, ein ehrendes Andenken verschafft.
9 W. Loose:»Beziehungen deutscher Dichter zu Meißen«, in: *Mitteilungen des Vereins für Geschichte der Stadt Meissen* 5,1 (1900), 335.

den »gewaltigen Eindruck« und die Gefühle, die sich bei seinem Vater in der Anfahrt auf Schloss Siebeneichen einstellten: »die Parkanlagen und gebirgigen Eichenforste um dasselbe, das Gebäude selbst, das in seinem damaligen Zustand die ehemalige Ritterburg nicht verleugnen konnte – alles gab dem unerfahrenen Kinde den Eindruck des Düstererhabenen, fast Schreckenden« (LLB I, 13).

Vielleicht wären die mit seinem Umzug ins Haus Miltitz verbundenen Veränderungen in den äußeren Lebensumständen für Fichte mit der Zeit verkraftbar gewesen. Der neue Umgang mit den Menschen auf dem Schloss, insbesondere die militärischen Prinzipien, nach denen hier die Erziehung der Kinder erfolgte, waren allerdings gewöhnungsbedürftig. Vom eigenen Vater, Christian Fichte, liebevoll und nachsichtig behandelt, vom Pfarrer in Rammenau mit besonderer Aufmerksamkeit gefördert, erfuhr Fichte im Miltitz'schen Hause, was es bedeutete, dem allem, auch seinem ländlichen Leben und »seinen Kühen entrissen«[10] und im Einschluss von starken Schlossmauern und Wassergräben den Prinzipien und der Aufsicht eines Oberstleutnants und dessen Hofmeisters unterstellt zu sein. Dass, was Ernst Haubold von Miltitz seinem Hofmeister für die Erziehung des vierjährigen Dietrich auftrug, wird wohl einige Zeit davor auch für sein ›Adoptivkind‹ Johann Gottlieb gegolten haben. Das Erziehungskonzept des kaiserlichen Kammerherrn zielte vor allem auf soldatische Tugenden: Schmerzfreiheit, Härte gegen jedes Wetter und Furchtlosigkeit gegenüber Gefahren. Mit einem gewissen Unterton des Stolzes konstatierte der Vater über seinen vierjährigen Sohn, dass dieser bereits »dahin gelangt [sei], um ein Merkliches weniger empfindlich und zärtlich zu sein, als die meisten Kinder izt zu sein pflegen«.[11]

Fichte, der als Kind zur Introvertiertheit neigte, sich mehr mit sich selbst als mit anderen beschäftigte, dem die Kultur der Innerlichkeit durch Erziehung und Schule zu eigen war, musste diesen auf körperliche Zucht und Disziplin ausgerichteten Drill als einen ziemlichen Kontrast erlebt haben. Die Folgen der Umstellung blieben nicht aus.

---

10 Peters (1863), 2.
11 Ebd., 4.

Und Fichtes Mutter sollte Recht behalten mit ihrer beim Abschied in Rammenau geäußerten Sorge um das Wohlergehen des Sohnes.

Die Entfernung des Jungen aus dem gewohnten dörflichen Milieu, die Entfremdung von Elternhaus, Familie, Nachbarschaft, Freundes- und Bekanntenkreis, der Entzug des Beistands und der Förderung durch Schule und Pfarrer, das Ende seines freien Umherschweifens in der ländlichen Umgebung, dazu das gänzlich neue, unbekannte soziale und gesellschaftliche Umfeld auf einem stattlichen Schloss ließen das eintreten, was sie befürchtet hatte. Ihr »bisher so fromm erzogenes Kind«, das sie »fremden Menschen […] eines üppigen Edelhofes […] überlassen« hatte, gewöhnte sich nicht, wie erhofft, an die neuen Verhältnisse. Fichte wurde krank. Es musste gehandelt werden. Man entschied, ihn in die Obhut des kinderlosen Pfarrerehepaars Krebel im benachbarten Niederau zu geben und seine weitere Bildung und Erziehung diesem und später auch der Stadtschule von Meißen zu übertragen.

Obwohl Fichte 1772/73 nun dem unmittelbaren Einfluss seines Entdeckers und Gönners entzogen war, hielt dieser sich an sein Versprechen, die Zukunft des begabten Knaben zu fördern. Das Lungenleiden Ernst Haubold von Miltitz' wuchs 1773 so stark, dass er sich einer Kur in Italien unterzog. Vor seiner Abreise verfügte er am 25. Juli 1773 in Ergänzung seines Testaments:

Den kleinen Gottlieb Fichten empfehle ich bestens meiner Frauen, und meinem lieben Vetter Hardenberg als Vermögens Vormunde meines Sohnes. So lange er [Fichte] noch zur Schule zubereitet werden muß, könnte er als Bedienter bey meinem Sohne seyn und von seinem HofMeister instruiert werden. Ist zur Schule geschickt, so würde ihm mein ältester Bruder eine unsrer FamilienStellen auf der FürstenSchule zu Meißen wohl nicht abschlagen. Wäre er endlich soweit gekommen, daß er solche verlassen könnte, soll ihn mein Sohn notdürftig in Standt setzen, eine universitäet zu beziehen und ihm zu seinem Fortkommen auf selbiger drey Jahre hintereinander Funfzig Thaler geben. Gott segne alle die lieben Meinigen.[12]

12 Oberlausitzsche Gerichtsakte (RS Nr. 420, Blatt 21–22). Nachtrag zum Testament Ernst Haubold von Miltitz. Zitiert nach Lippmann (1966), 32.

Ernst Haubold von Miltitz starb am 5. März 1774 in Italien. Von nun an leitete seine Gattin Henriette Luise, unterstützt von den zu Vormündern bestimmten Erasmus von Hardenberg und Johann Georg Friedrich von Einsiedel, die Erziehungsgeschäfte. Aus Fichtes Briefwechsel ist bekannt, dass das testamentarisch von Ernst Haubold von Miltitz für ihn Verfügte bis in seine Studienzeit in Leipzig durch Henriette Luise bzw. Dietrich von Miltitz mehr oder weniger eingehalten wurde (FiG 1.5, 204 u. 215).

Über seine Zeit auf Siebeneichen bzw. Oberau und über die Ergebnisse der dort genossenen Erziehung hat Fichte sich 1794 im Brief an seinen Bruder Gotthelf (vom 24. Juni) geäußert. Er schreibt:»[D]ie Eindrüke der ersten Erziehung sind unaustilgbar. Mir sieht man die meinige jetzt vielleicht nicht mehr an; aber das macht mein sehr frühes Leben im Miltizschen Hause, mein Leben in der Schulpforta, unter meist beßer erzognen Kindern, mein frühes Tanzenlernen usw.« (GA III/2, 151).

1.1   Der Pietismus im Hause derer von Miltitz

Was neben den im Miltitz'schen Hause erlernten höfischen und militärischen Umgangsformen von noch größerer Bedeutung für Fichtes weltanschauliche Prägung war, ist der pietistische Einfluss, den Henriette Luise von Miltitz sowie die beiden Vormünder Hardenberg und Einsiedel in der Erziehung der Kinder, wahrscheinlich schon zu Lebzeiten des Kammerherrn, ausgeübt haben dürften. Von Einsiedel, seit 1763 Kabinettsminister und Staatssekretär für innere Angelegenheiten in Sachsen, sowie von Hardenberg gehörten zur Herrnhuter Brüdergemeine des Grafen von Zinzendorf. Von Hardenberg, Vater des Dichters Novalis, galt als strenger Pietist. An von Einsiedel zeigt sich exemplarisch, bis in welche politischen Einflusssphären hinauf der Pietismus in Sachsen – und nicht nur dort – seine Wirksamkeit hat entfalten können. Neben den militärischen Tugenden des Ernst Haubold von Miltitz dürften die Kinder auch im Sinne der religiös-weltanschaulichen Orientierung der Vormünder, im Geist des Pietis-

mus, erzogen worden sein. Auch Henriette Luise von Miltitz stand
dem Herrnhuter Pietismus nicht fern. Die Nähe ihrer Familie zur
Zinzendorf'schen Gemeinschaft belegt unter anderem der Umstand,
dass ihre beiden unverheirateten Schwestern, Friederike Sibylla und
Sophie Henriette, bis zu ihrem Tod bei den Herrnhutern lebten.[13]
Auch für Fichtes Ziehmutter war diese religiöse Ausrichtung entscheidend. Denn kurz nach dem Tod ihres Mannes übergab sie ihren
Sohn Dietrich dem pietistischen Grafen von Einsiedel zur Erziehung.
Bis zu seinem zehnten Lebensjahr, das heißt, etwa sechs Jahre, unter-
stand der Junge dem erzieherischen Einfluss des Herrnhuter Grafen
auf dessen Schloss. Nach dieser Zeit wurde entschieden, den jungen
von Miltitz dem Herrnhuter Pädagogikum zu Niesky zur weiteren
Bildung und Erziehung anzuvertrauen.

> Dort ward er, unter dem Rector Zempsch, mit Erfolg in die lateinischen
> Klassiker [...] sowie die übrigen Gymnasial=Disziplinen eingeweiht. Aber
> ebenso nachhaltig wie die lateinische Sprache und Litteratur mit ihren gro-
> ßen römischen Vorbildern wirkte der Ernst der Herrnhutischen Erziehung
> auf ihn.[14]

Der junge Fichte, den man diesem Milieu um 1771 zur Erziehung
und Bildung übergeben hatte, wird vom pietistischen Geist im Hause
von Miltitz nicht unbeeinflusst geblieben sein. Ja, wahrscheinlicher
ist es sogar, dass insbesondere durch den Einfluss der Hausherrin an
ihm das fortgesetzt wurde, was in Rammenau durch Schule, Elternhaus und Kirche schon grundgelegt worden war.

Es ist bemerkenswert, dass diese dominante weltanschaulich-reli-
giöse Atmosphäre des Pietismus, der Fichte auch nach seiner Rammenauer Zeit in Siebeneichen und Niederau ausgesetzt war, keiner-
lei Erwähnung findet bei denjenigen, die sich mit dieser Phase seiner Bildung und Erziehung beschäftigt haben. Zwar schildert etwa
Kühn sehr anschaulich und detailreich diese Phase der Fichte'schen

---

13 Loose (1900), 341, Fn. 37.
14 Peters (1863), 6.

Biographie,[15] aber der für die weltanschauliche Prägung des jungen Fichte bedeutsame und offenkundige Einfluss seines pietistischen Umfelds wird mit keinem Wort erwähnt.

1.2 Die »frommen, starken Frauen« im Pietismus und in Fichtes Leben

Bei der Verbreitung des Pietismus im Adel ist bemerkenswert, »daß es nicht der Hochadel war, der hier angesprochen wurde, sondern [...] [die] kleinen deutschen Duodezfürstentümer« (Albrecht, GdP 4, 526f.). In ihrem Buch *Das Schloss Siebeneichen* bestätigt Monica von Miltitz (1885–1972) diesen Wesenszug und Geist auch für das Haus von Miltitz zur Zeit Fichtes. Ernst Haubold von Miltitz »gehörte zu dem einfachen und schlichten Theil des Adels, der sich im bewußten Gegensatz befand zum Hofleben und seiner pomphaften, ausschweifenden Geselligkeit, wie sie August der Starke in Sachsen eingeführt hatte«.[16] Und über den Geist des Hauses heißt es:

> Pfingsten 1769 war Gellert Gast in Oberau. Gerade der Gellertsche Geist, die ein wenig doktrinäre Religiosität, verbunden mit deutscher Gemüthlichkeit, die Pflege der Bildung, nicht auf einer klassischen, sondern einer volkstümlichen Grundlage, schuf eine Atmosphäre in der sowohl Geschmack wie Moral entwickelt werden konnten.[17]

Und ein weiterer, für die Verbreitung des Pietismus bedeutsamer Umstand ist erwähnenswert. Es sind und waren nämlich vor allem

> adlige Frauen, [...] die pietistische Impulse aufgriffen und im Rahmen ihrer Interessen umsetzten. [Dies] wird zu einem Kennzeichen des Pietismus. Die weiblichen Mitglieder der führenden gesellschaftlichen Schicht nutzten den Spielraum, der ihnen aufgrund ihres Standes zukam. Finanzielle

---

15 Vgl. Kühn (2012), 29–32.
16 Von Miltitz (1927), 26.
17 Ebd., 27.

Absicherung und begrenzte Herrschaftsbefugnisse ermöglichten es ihnen, ihre Anliegen z. T. nachdrücklich zu verfolgen. [...] [Sie konnten] Wohnraum für pietistische Konventikel zur Verfügung stellen, Prediger und Hauslehrer anstellen, die die pietistische Linie vertraten, [...] Reisen, um die Kontakte zu Weggefährtinnen [...] zu pflegen, [...] pietistische Literatur [...] rezipieren oder selbst [...] verfassen, [...] pietistische Männer und Frauen auf vielfältige Weise unterstützen und fördern (Albrecht, GdP 4, 526).

Der starke Einfluss, den Frauen im Pietismus auf die weltanschauliche Prägung, Erziehung und Bildung der Kinder – und zwar nicht nur im Adel – ausübten, ist in der Pietismus-Forschung bekannt (vgl. Albrecht, GdP 4, 522–555). So hat es einige Plausibilität, auch in Henriette Luise von Miltitz und ihrer »ein wenig doktrinären Religiosität« – assistiert von den Herrnhutern von Hardenberg und von Einsiedel – den pietistischen Typus der ›frommen starken Frau‹ zu sehen.

Wie stark der religiös-pietistische Geist im Miltitz'schen Hause gerade unter dem Einfluss seiner Herrin war, lässt sich unter anderem auch daran erkennen, dass Henriette Luise von Schönberg nicht nur im Evangelischen Fräuleinstift Joachimstein zu Radmeritz erzogen worden war, sondern nach dem Tod ihres Mannes dort gegen Ende der 1780er Jahre die Position der Stiftshofmeisterin inne hatte.[18]

Wenn Fichte dem Hause Miltitz einen korrigierenden Einfluss auf sein bäuerliches Auftreten zuspricht, dann wird sich das nicht von heute auf morgen vollzogen haben. Etwa 1771 übernahm Ernst Haubold von Miltitz die Fürsorge für ihn. Im Oktober 1774 wird er, nach bestandener Aufnahmeprüfung, Schüler der Fürstenschule Schulpforta. Das heißt, Fichte hat etwa vier Jahre in der Gegend von Meißen zugebracht. Auf den Aufenthalt im Haus von Pfarrer Krebel kommen wir noch zurück. Es war also Zeit genug, um im Hause Miltitz durch die höfisch-militärischen Umgangsformen seine bäuerliche Ungeschliffenheit zu glätten und auch in schulischen Dingen – höchstwahrscheinlich durch den Hofmeister des Hauses – wei-

---

18 Peters (1863), 5.

tergebildet zu werden. Wenn Fichte in seiner Valediktionsrede über seine ›Privatlehrer‹ spricht, dann könnte damit – neben den schon erwähnten Pädagogen und Erziehern seiner Rammenauer Zeit, Grützner, Nestler und Wagner – auch der Hofmeister des Hauses Miltitz gemeint sein. Vor allem aber wurde durch den pietistisch-herrnhuterischen Einfluss, insbesondere durch den der Henriette von Miltitz, seine religiös-moralische Weltanschauung gefestigt und vertieft. Dass Fichte selbst dankbar auf seine frühe religiöse Prägung durch seine fromme Mutter zurückblickte, wurde schon erwähnt. Auf zwei weitere starke Frauen, die in Fichtes Leben, insbesondere auch für seine religiöse Bildung, eine bedeutende Rolle spielten, sei an dieser Stelle hingewiesen. Zum einen ist es *Johanna Maria Krebel*, geb. Montag, die Gattin des Pfarrers von Niederau, in dessen Haus Fichte für kurze Zeit, vor seinem Einzug in Schulpforta, erzogen wurde. Der Pfarrersfrau, ihrem fürsorglichen Umgang und ihren »frommen Lehren und Ermahnungen« (LLB I, 14) verdankt Fichte, wie wir noch sehen werden, auch nach eigenem Bekunden die Linderung vielleicht gar die Überwindung seines Trennungstraumas von Rammenau.

Wichtiger noch als Johanna Maria Krebel ist die zweite ›Maria Johanna‹ in Fichtes Leben: *Marie Johanne Rahn*, seine spätere Gattin, die Tochter des Züricher Waagemeisters Johann Hartmann Rahn und dessen Frau Johanna, geb. Klopstock, Schwester des Dichters Friedrich Gottlieb Klopstock. Klopstock genoss das Privileg des dänischen Königs, Friedrichs V., in der Nähe Kopenhagens, im Örtchen Lingbye, bei einem »Ehrengehalt von 400 Talern« in aller Ruhe seine *Messiade* zum Abschluss bringen zu können. Die Beziehung Klopstocks zum dänischen Königshaus ist für Fichte im Hinblick auf unsere Fragestellung nach dem Einfluss des Pietismus auf ihn aus drei Gründen von Bedeutung. Zum einen gab es zu Beginn und in der Mitte des 18. Jahrhunderts

> neben Württemberg und Brandenburg-Preußen – kein Land [...] in dem der Pietismus zu solch großem Einfluss gelangte wie im Königreich Dänemark. [...] Friedrichs Vater, Christan VI., der seit seiner Jugendzeit ein eifriger Anhänger des Pietismus war, versuchte [ab 1730] den ganzen Staat

nach den Grundsätzen des Pietismus zu leiten, wozu er einflussreiche Ämter in Kirche und Staat mit Pietisten besetzte (Jakubowski-Tiessen, GdP 2, 450–455).

Der Einladung des Königs, Klopstock seine im Geiste des Pietismus angelegte *Messiade* im pietistischen Dänemark vollenden zu lassen, liegt also ein überaus starkes konfessionelles Motiv zugrunde. Dass auch Fichtes zukünftige Schwiegereltern zur selben Zeit, in den 50er Jahren des 18. Jahrhunderts, in derselben Gegend ebenfalls mit Unterstützung des Königs begannen, Pläne für den Aufbau einer Seidenfabrik umzusetzen,[19] steht in demselben Kontext der konfessionellen, pietistischen Übereinstimmung zwischen der Familie Klopstock-Rahn und dem dänischen Königshaus.[20] Fichtes zukünftige Gattin kam 1758 in Lingbye zur Welt. Während sich die Eltern im pietistischen Dänemark mit dem Existenzaufbau beschäftigten, wurde Marie Johanne, genannt Hannchen, bei Verwandten in Hamburg erzogen. In dieser Zeit, nicht ohne Entbehrungen und mit »vielem Schweren, das sie durchzukämpfen hatte, bildete sich ihr Charakter aufs schönste; eine tiefe Frömmigkeit und eine seltene Gewalt treuer Liebe traten als Grundzüge ihres Wesens hervor«.[21] Johanne lebte und dachte aus dem geistigen Umfeld reformiert-pietistischer Frömmigkeit und war schon als Fichtes Braut in spe, also um das Jahr

---

19 Vgl. J. Ninck: *Sieghafte Liebe. Die Liebe der Züricherin Johanna Rahn zu dem Philosophen Fichte.* Zürich / Leipzig 1939, 17.

20 Interessant ist hier ein Hinweis aus Fichtes eigener Berufsbiographie. In der Zeit der großen Unsicherheit über seine Zukunft, Anfang der 90er Jahre, schreibt er am 5. März 1791 aus Leipzig an seinen Bruder Samuel Gotthelf nach Rammenau: »Ich war von Zürich aus dringend an den Premier Ministre in Dänemark, Graf von Bernsdorf, an den großen Klopstok, usw. empfohlen. Ich erwarte nichts weniger, als eine Minister Stelle in Copenhagen« (GA III/1, 222). Wie realistisch oder unrealistisch diese Pläne auch immer gewesen sein mögen, offenbar richteten sich auch Fichtes eigene Gedanken gelegentlich ins pietistische Dänemark. Dass er 1807 auf seiner Rückreise von Memel über die Ostsee nach Berlin einen Monat – vom 9. Juli bis zum 11. August – in Kopenhagen gelebt hat, ist bekannt (FiG 5, 340–343).

21 Ninck (1939), 17f.

1790, wie Erich Fuchs konstatiert,»von erheblichem Einfluss auf den werdenden Philosophen«.[22] Ihr religiöser und weltanschaulicher Einfluss begrenzte sich nicht auf diesen Zeitraum. Vielmehr bleibt »Johannas Gläubigkeit und Frömmigkeit […] für Fichtes ganzes Leben bestimmend«.[23] Worin dieser Einfluss bestand, lässt sich aus den erwähnten Hinweisen zu ihrer Biographie entnehmen, zu der dann in der Züricher Zeit die Freundschaft der Familie mit Johann Caspar Lavater und dem um ihn versammelten, auch pietistisch inspirierten Kreis von Theologen und Predigern gehörte. Auch ihre Briefe und insbesondere die Zeugnisse des Sohnes Immanuel Hermann über das religiöse Leben im Hause seiner Eltern geben aufschlussreichen Einblick in die Frömmigkeit von Fichtes Frau. Lavaters Beziehungen zum Pietismus sind bekannt. Im reformiert-protestantischen Zürich gab es im 18. Jahrhundert eine »herrnhutische Sozietät, zu der schon [Lavaters] Elternhaus lose Beziehungen hatte«. Und Lavater selbst fühlte sich in seiner Züricher Zeit, trotz des Einflusses der »frommen Aufklärung […] von Sturm und Drang […] immer wieder zu seinen pietistischen Zeitgenossen hingezogen« (Weigelt, GdP 2, 722). Das bedeutet, dass sich auch die Frömmigkeit von Johanne Fichte nicht ohne Einflüsse aus und Begegnungen mit dem Pietismus entwickelt haben dürfte.

Wie sehr sie aus dieser tiefen inneren Frömmigkeit lebte, kommt auch in ihren frühen Briefen an ihren Bräutigam in spe zum Ausdruck. So verknüpft sie ihr sich anbahnendes Liebesglück mit Johann Gottlieb im Brief vom 8. Mai 1793 ganz unmittelbar mit einem innigen Gebet:

> Gnädiger Gott, laß mich mein ganzes Leben hindurch Dir dankbar sein. Laß mich, lass uns täglich dir wohlgefälligere Geschöpfe werden. Würdige auch uns Deiner gnädigen Leitung, deines gnädigen Erbarmens! Und

---

22 E. Fuchs:»Zum Ineinander von Denken und Wirken in Fichtes Leben«, in: *Fichte und seine Zeit. Kontext, Konfrontationen, Reflexionen.* Hrsg. von M. d'Alfonso u. a. Leiden / Boston 2016 (*Fichte-Studien 43*), 401.
23 Ebd.

segne uns. O Gott! Meine Seele ist aufs innigste gerührt, ich möchte nur immer Lob und Danklieder singen.[24]

Unter den Arbeiten ihres Mannes war Johanne dessen religionsphilosophische *Anweisung zum seligen Leben* die liebste.[25] In ihrem Brief zum Tod ihres Mannes vom 24. März 1814 schreibt sie an Charlotte von Schiller, mit ihr »seit Jena in warmer Freundschaft verbunden«, ein langes religiöses Bekenntnis. Es gipfelt in dem Satz: »Ich glaube, der ganze Zweck unseres Daseins ist, Gott zu erkennen und ganz in reiner Liebe zu ihm, in innigstem Vertrauen zu ihm, gleichsam aufzugehen«.[26] Dementsprechend sah sie auch die tiefere Bedeutung und den »Hauptzweck der Philosophie [ihres] seligen Mannes« darin, »die Menschen, welche durch das fortrückende Zeitalter allen kindlichen Glauben verloren haben, durch seine Philosophie zur hellen Einsicht und wahren Überzeugung des Christentums zu bringen«.[27]

Woraus sich diese grundreligiöse Welt- und Lebensanschauung speiste und wie sie sich auch im Alltäglichen im Hause Fichte ausdrückte, darüber berichtet der Sohn, Immanuel Hermann. In seiner Arbeit *Zur Seelenfrage* aus dem Jahre 1859 schreibt er:

Schon in sehr frühen Jahren, an der Schwelle des Jünglingsalters, ward mir das hohe Glück zuteil, an den Gegenständen meiner höchsten Verehrung, meinen Eltern, dem Vater sowohl als der Mutter, eine Erfahrung vor Augen zu haben, welche für meine ganze Folgezeit von entscheidender Bedeutung wurde. Die Tatsache eines Lebens in der übersinnlichen Welt, mit höheren die Welt überwindenden Kräften von dorther, die im irdischen Wirken unbesiegbaren Mut, im Abscheiden aus ihm höchste Freudigkeit verliehen, trat mir in ihnen höchst imponierend entgegen, begeisternd zugleich und mein weiteres Nachsinnen unablässig anregend. Jenes Bild eines Lebens in Gott, an welchem von ferne teilzunehmen ich gewürdigt wurde, hat mich nie verlassen; es war mir der Gipfel und die befreiende Höhe des Daseins [...]; aber noch mehr wurde es mir der Schlüssel zum Verständnis der Phi-

---

24 J. Rahn, zitiert nach Ninck (1939), 135.
25 Ebd., 175.
26 Ebd., 181.
27 Ebd., 182.

losophie. [...] In des eigenen Vaters *Wissenschaftslehre* [...] trat mir mit höchster Kraft die wissenschaftliche Verwertung jener großen Tatsache entgegen. Auch Kants Lehre vom *homo noumenon* (geistigen Menschen) wirkte darum so unvergesslich auf mich, weil selbst der nüchternste aller Denker dadurch bezeugte, der Macht jener geistigen Tatsache sich nicht entziehen zu können, durch welche, wie er selbst ausdrücklich es bezeichnet, der Mensch einer überempirischen Welt eingereiht wird.[28]

Was nun die weltanschauliche Prägung durch die Mutter, Johanne Fichte, betrifft, heißt es:

Meine frühen halbphilosophischen Studien PLOTINS und des Neuplatonismus nach seinem Ursprunge und spätern Verlaufe brachten mich mit der Theosophie in Verbindung; die Beschäftigung meiner Mutter mit den christlichen Mystikern ließ mich in diese reiche Welt von Erfahrungen hineinschauen.[29]

Zu dieser reichen Welt spiritueller Erfahrungen gehörte im Hause Fichte eine ausgeprägte Kultur der Hausandacht. Die religiöse Alltagspraxis, die wir in Johann Gottlieb Fichtes eigener Kindheit in Rammenau kennen gelernt haben, setzte sich in der eigenen Familie wie selbstverständlich fort, wobei die Musik offenbar eine beutende Rolle spielte. Wir wissen von Liedern Fichtes, die er seiner Braut widmete und von denen er sich durch deren Vertonung durch Johanne eine besondere Wirkung versprach (GA III/1, 62). Johanne sang und spielte Klavier (ebd., 51), und nicht nur das. Ihre musikalische Begleitung der Choräle während der Hausandachten weitete sich über die Jahre zu einer tiefergehenden musikalischen Erziehung des hierzu offenbar talentierten Sohnes aus. Immanuel Hermann erhielt durch Carl Friedrich Zelter, den Freund Goethes, Musikunterricht. Zelter gedachte, den Philosophensohn zum Komponisten auszubilden. Immanuel Hermann war ein guter Pianist und Sänger und in seinen

---

28 Zitiert nach H. Ehret: *Immanuel Hermann Fichte. Ein Denker gegen seine Zeit.* Stuttgart 1986, 31 f.
29 Ebd., 33 f.

Düsseldorfer Jahren Mitbegründer der dortigen ›Liedertafel‹.[30] Noch im hohen Alter bekennt der Sohn:»daß ich Ihr [meiner unvergesslichen Mutter] [...] alles verdanke, was ich geworden bin zum Segen für mich selbst und auch für so manche Andere«.[31]

Was wir hier aus den Erinnerungen Immanuel Hermanns erfahren, ist etwas von der insbesondere durch Johanne Fichte geprägten geistig-künstlerischen Atmosphäre im Haus des Philosophen. Sein spekulatives Talent als Wissenschaftslehrer hatte im spirituell-musischen Talent seiner Frau offenbar nicht nur ein künstlerisches und mystikaffines Gegengewicht, sondern seine eigene pietistisch geprägte Religiosität wurde durch Johannes Weltanschauung musisch und geistig gestärkt und vertieft. Und es ist durchaus zutreffend, wie Erich Fuchs bemerkt, dass dieser Einfluss für »Fichtes ganzes Leben bestimmend war«.[32]

Die biographische Prägung Fichtes durch die starken frommen Frauen hat ihren literarischen Ausdruck in der etwa um 1790 entstandenen romantischen Novelle *Das Thal der Liebenden* gefunden. »Das ewig Weibliche zieht uns hinan«, diese späte religiöse Weltweisheit des pietistisch erzogenen Goethe vorwegnehmend, huldigt Fichte hier dem ›schwachen Geschlecht‹, seiner Unschuld, Frömmigkeit und Tugend, seiner Rührung und seinem Mitleid. Vier Frauen sind es, Maria, Laura, Marie und die Mohammedanerin Alzire, die Leben und Schicksal der beiden Ritter Alfonso und Rinaldo durch ihre Tugenden beeinflussen, ja Letzteren gar humanisieren und, über das Grab hinaus, vom Fluch der schändlichen Untat befreien, nämlich Maria einst in Paris gegen ihren Willen geschwängert und dann mit dem Kind im Stich gelassen zu haben.

Die Frage nach Wechselwirkungen zwischen Fichtes biographischer und religiöser Prägung durch die frommen starken Frauen einerseits und der Entstehung und Ausgestaltung der Novelle andererseits gibt Anlass zu interessanten Spekulationen. So klingt in der

30 Ebd., 250.
31 Ebd., 34.
32 Fuchs (2016), 401.

mittelalterlichen Szenerie der Novelle vielleicht stilistisch und vom Genre her noch der starke Eindruck bei Fichte nach, den die Heldengeschichte des gehörnten Siegfried bei ihm hinterlassen hat. Bemerkenswert sind auch einige biographische Parallelen, in erster Linie die zum Thema Frauen und Frömmigkeit, aber auch etwa die zwischen der singenden Marie Johanne Rahn (GA III/1, 78) und dem Gesang von Marie im Serail des Emirs, ein Gesang, der Alfonso rührt und zu Taten drängt. Pikant ist schließlich auch die Parallele der Novelle zu der von Leopold Schefler kolportierten Geschichte, dass Fichte während seiner Hauslehrerzeit in Wolfshain ein Mädchen, eine gewisse C. Augustin, unglücklich gemacht und ebenfalls mit einem Kind zurückgelassen haben soll (FiG 6.1, 6).[33]

Das eigentliche Thema der Novelle verweist allerdings auf einen anderen, theologisch-systematischen Kontext, nämlich auf Fichtes ›Religion des Herzens‹. Diesem Komplex werden wir uns im Zusammenhang mit der Analyse zur *Theologia dogmatica* und den in ihrem unmittelbaren Umfeld der späten 80er Jahre des 18. Jahrhunderts verfassten Arbeiten Fichtes zuwenden. Zunächst jedoch bietet die höchst frühromantische Stimmung, in der Fichte *Das Thal der Liebenden* verfasste, einen Anlass, dem romantikaffinen Zug seines Denkens in seiner Entstehung und weiteren Entwicklung, insbesondere im pietistischen Hause der Familie von Miltitz, etwas genauer nachzugehen.

---

33 Im Brief vom 5. März 1791 berichtet Fichte seinem Bruder Samuel Gotthelf über den Beginn seiner Beziehung zu Johanne Rahn. In diesem Zusammenhang erwähnt Fichte eine vormalige Freundin, Charlotte Schlieben (GA III/1, 223). Vermutlich ist sie es, über die er an Johanne Rahn im Februar 1790 schreibt, dass »ich sie verließ, […] weil ich sie nicht recht brauchte« (ebd., 60).

2. Fichte und die politische Romantik

Der Biograph des Dietrich von Miltitz, Adolf Peters, geht davon aus, dass Fichte dem sieben Jahre jüngeren Dietrich nicht nur aus der Kinderzeit in guter Erinnerung blieb, sondern dass Fichte ihn auch später auf Siebeneichen gelegentlich besuchte.[34] Dass Dietrich von Miltitz die von seinem Vater Fichte zugesagte Ausbildungsunterstützung mitorganisierte und mit Fichte auch zu dessen Studienzeit in Leipzig Umgang pflegte, unterstreicht die von Peters hervorgehobene nähere und dauerhafte, wenn auch nicht immer konfliktfreie Beziehung zwischen Fichte und dem Hause von Miltitz. Alle diese Umstände sprechen dafür, dass Fichtes Zeit dort nicht nur eine Kurzvisite, sondern ein längerer, und das heißt auch prägender und nachhaltiger Aufenthalt war.

Dass Fichte einen starken Einfluss auf die sogenannte deutsche Romantik ausgeübt hat, ist weitgehend bekannt. Einige bedeutende Vertreter dieser Kulturepoche waren seine Schüler, etwa Novalis, Tieck, La Motte-Fouqué, oder auch – zumindest zeitweise – Kollegen und Mitstreiter, etwa die Gebrüder Schlegel. Seine Theorie vom Selbstsetzungsakt des Ich übte auf die geistige Welt des ausgehenden 18. Jahrhunderts eine unwiderstehliche Faszination aus. Peter Oesterreich hat in seiner Arbeit *Spielarten der Selbsterfindung* zuletzt plausibel die These vertreten, dass Fichtes Anliegen und seine Wirkungsgeschichte angemessener zur Geltung kämen, wenn er weniger als transzendentaler Idealist, sondern vielmehr, mit Schelling und den Schlegel-Brüdern, als Frühromantiker verstanden würde.[35]

In der Diskussion *Fichte und die Romantik* konzentriert sich die Aufmerksamkeit hauptsächlich auf die Motive der individuellen Selbstfindung und Selbstsetzung, auf die Wiederentdeckung von Gefühl, Trieb und Streben als konstitutive Elemente eines ganzheitlichen

---

34 Peters (1863), 3.
35 P. L. Oesterreich: *Spielarten der Selbsterfindung. Die Kunst des romantischen Philosophierens bei Fichte, F. Schlegel und Schelling.* Berlin / New York 2011, 2.

Existenzvollzugs. Darüber hinaus rekurriert die romantische Fichte-Rezeption auf dessen Aufwertung der Einbildungskraft, der Fantasie und Ironie als unabdingbare, weil schöpferische Prinzipien des menschlichen Geistes und nicht zuletzt auf das Motiv eines vertieften, religiös konnotierten Welt- und Seinsverständnisses überhaupt. Auf allen diesen Feldern hat sich die Romantik an Fichte orientiert. Ein Aspekt, der uns in dieser an sich schon beeindruckenden Liste thematischer Quellen und Anregungen für die Epoche der Romantik besonders interessiert, sind die mit Fichtes Biographie, insbesondere mit seiner persönlichen Beziehung zum Hause von Miltitz verbundenen Ideen der *politischen Romantik*.

2.1 *»Der sonderbar romantische Geist dieser Nation«*

Als ein politisches Leitmotiv zieht sich durch Fichtes Denken und Werk von Anfang bis Ende das Thema *Fürstentum*, beginnend mit seinen Plänen zur *Fürstenerziehung* aus dem Jahre 1790 bis hin zu den Analysen der eher unrühmlichen politischen und historischen Rolle der Fürstentümer in den Krisenzeiten der napoleonischen Besatzung und der späteren Befreiungskriege. Fichtes Sympathien für die Bauernaufstände gegen die Fürsten in seiner sächsischen Heimat sind ebenso bekannt wie seine naturrechtlich begründete Kritik an den Privilegien des Adels in der *Naturrechtslehre* von 1796. Die *Zurückforderung der Denkfreiheit von den Fürsten Europens* (1793) sowie seine Arbeit *Ueber Machiavelli* (1807) sind weitere wirkungsvolle Standardtexte zu diesem Thema.

Seine erste, unmittelbare Erfahrung mit einem Fürstenhaus machte Fichte auf den Schlössern der Familie von Miltitz. Mittelbar hat er das System des Feudalismus natürlich schon in Rammenau in der Gestalt der Erbuntertänigkeit und der damit verbundenen Dienstbarkeit der Bevölkerung für die Herrschaft – nicht zuletzt an der Verfügung seines Herrn über seinen eigenen Lebensweg – erlebt. Der Besuch der Fürstenschule von Schulpforta wäre eine weitere fürstlich verfügte biographische Station. Was Fichte in den Begegnungen im Hause von

Miltitz erfuhr, ist etwas Ambivalentes. Zum einen ist noch einmal an die bereits erwähnte ›Kultivierung‹ seiner bäuerlichen Umgangsformen, an den Bruch mit seinem sozialen Herkunftsmilieu zu erinnern. Zum andern – was bedeutender ist – erlebte er hier die Empfänglichkeit eines Teils des Adels für die eigene präformierte, reformprotestantische Weltanschauung, deren konfessionelles Zentrum die Gewissensfreiheit und die verinnerlichte Glaubensgewissheit sowie ein daraus folgender moralischer Lebenswandel war. Fichtes Kulturschock im Hause derer von Miltitz war somit nur ein halber.

Durch die denkerische Vertiefung, die philosophische wie auch politische Systematisierung seines universalpädagogischen Ansatzes gelang es Fichte nicht nur, eine kritisch aufgeklärte Haltung gegenüber dem politischen System, in dem er lebte – dem aufgeklärten Absolutismus –, zu entwickeln. Sondern auf diesem Wege verschafften sich seine Reflexionen auch Einfluss auf die weltanschaulichen Grundlagen des Adels selbst. Zumindest bei denjenigen, die bereit waren, sich diesem intellektuellen Durchdringungsdiskurs ihrer Weltanschauung zu stellen. Und das war in seiner unmittelbaren Nähe offenbar und zunächst das Haus derer von Miltitz, dem er um 1771 anvertraut wurde.

So war die Trennung von Rammenau durch die kurze, jedoch unmittelbare und nachhaltige persönliche Bekanntschaft mit dem Haus von Miltitz zwar ein schmerzlicher biographischer Bruch für Fichte. Sie verschaffte ihm aber zugleich den Zutritt in das gesellschaftlich einflussreiche Milieu, das ihm nicht nur zu einer akademischen Kariere verhalf, sondern für das seine politische Philosophie in Teilen auch zur Folie einer Selbstreflexion der eigenen politischen Rolle wurde.

1799 war Fichte unter anderem durch Jacobis *Sendschreiben* in den Ruf eines nihilistischen Atheisten geraten (DgF, 123–153). Die Fürstentümer bangten um den Ruf ihrer Universitäten. Zensur und Verleumdung grassierten in der intellektuellen Welt Deutschlands. Zu diesem Zeitpunkt macht sich der damals 26-jährige Fichte-Schüler Novalis bei Dietrich von Miltitz für seinen diskreditierten

Lehrer stark. Aber nicht für dessen philosophisches Werk, die Wissenschaftslehre und deren Lehre vom *Sich-selbst-setzenden Ich*, der Lieblingsidee der Romantik, sondern für Fichtes politische Analyse und Kritik zum Atheismus-Streit sowie der damit einhergehenden Zensur. Am 6. Februar 1799 schreibt Novalis an seinen »Freund und Vetter« Dietrich von Miltitz:

> Fichtes Appellation an's Publicum bitt‹ ich Dich aufmerksam zu lesen. Es ist ein vortreffliches Schriftchen und macht Dich mit einem so sonderbaren *Geiste* und *Plane* unserer *Regierungen* und Pfaffen bekannt, mit einem zum Theil in der Ausführung begriffenen Unterdrückungsplane der öffentlichen Meinung – daß es die Achtsamkeit jedes vernünftigen Menschen erfordert, diese Schritte zu verfolgen und einen bedeutenden Schluß aus diesen Prämissen zu ziehen.[36]

Fichte, einst im Miltitz'schen Hause und unter der Leitung von Novalis' Vater Erasmus von Hardenberg erzogen, wird nun seinerseits zum Lehrer seiner adeligen Förderer und Gönner. Insbesondere bei Dietrich von Miltitz verfestigt sich dieser Einfluss zu einer politischen Grundorientierung, denn »der Einfluss seiner [Fichtes] deutschen Gesinnung auf das offene Gemüth des späteren Generals mag daher nicht unbedeutend gewesen sein«.[37]

Noch einmal, gut zehn Jahre später, Dietrich stand nun in leitenden militärischen Diensten,[38] spielte Fichte mit seinen politischen Ideen zur Verfassung einer deutschen Nation, wie er sie 1808 in seinen *Reden* entfaltet hatte, wieder eine wichtige Rolle im Hause von Miltitz und dessen adligem Umfeld. Dieses Mal ging es um die konspirative Konstituierung realpolitischer Pläne zur Neuorganisation Deutschlands. Es ging um die subversive Organisation von Widerstand gegen die französische Besatzung sowie gegen das mit ihr kollaborierende Fürstentum Sachsen. Es ging um die Ideen für einen politischen und ideellen Wiederaufbau Deutschlands nach dem Ende der französisch-

---

36 Peters (1863), 32.
37 Ebd., 3.
38 Ebd., 21.

sächsischen Allianz. Über Fichtes Selbstverständnis in dieser Phase
der politischen Entwicklung in Deutschland berichtet sein Enkel:

> Der Ernst der Zeit, die steigende Gefahr des Vaterlands hatte seine Auf-
> merksamkeit wieder auf die politischen Angelegenheiten und besonders
> die Lage Deutschlands gelenkt, und von da an bis an sein Lebensende ist
> ihm die Rettung des Vaterlandes vor der Vernichtung – einer Gefahr, die
> niemand so tief ergründete als er – zur ersten Lebenspflicht geworden.[39]

In ihrem 1927 erschienenen Buch *Das Schloss Siebeneichen* beschreibt Monica von Miltitz die Stimmung, die 1809 auf dem Schloss
herrschte, bzw. geherrscht haben soll.

> Die Jahre 1795–1813 sind es, in denen Siebeneichen die Ausprägung eines
> Eigenstils empfangen hat […]. In diesen Jahren versammelte sich hier ein
> Kreis von Menschen, die gerade den Typus verkörperten, der sich damals
> ausbildete, den romantischen Menschen. Den Menschen, der nicht tradi-
> tionell, aber historisch, nicht konfessionell, aber gläubig war, der in einem
> ausgesprochen deutschen Sinn universal empfand. […] Der Mensch also,
> der in allem Tatsächlichen die höhere Einheit erlebte, einen lebendig wir-
> kenden Organismus geistiger Ordnung, und nur in den Tiefen der eige-
> nen Persönlichkeit das Eingefügtsein in die große Verbindung, Volk und
> Menschheit, fand. […] Auch Novalis empfand die ›vaterländische Luft
> der Wiege‹ in Siebeneichen, die lebendige tragende Luft des geistigen Ein-
> verständnisses, aber das Herz dieses Kreises bildeten die Männer der Tat:
> Dietrich Miltitz und der Geheimrat Körner. Diese beiden Freunde waren
> der Mittelpunkt, um den sich die in Sachsen lebenden Patrioten scharten,
> die im Land nicht nur isoliert, sondern verdächtig waren. Pfuel, Kleist,
> Thielemann, Carlowitz, Schönberg, Oppel. Es war jene Zeit der inne-
> ren Zerrissenheit. Die Regierung stand für sich, der Adel entweder zum
> Hof und seiner französischen Lebensführung gehörend oder als Landadel
> trotz weitgehender Privilegien bedeutungslos. Das Bürgertum in betonter
> Zurückhaltung seinen Interessen, Wissenschaft und Wirtschaft lebend, die
> Künstler für sich, das Volk für sich. Sachsen hatte sich dem Rheinbund
> anschließen müssen. […] [Napoleon] bestimmte nicht nur die höheren

---

39 E. Fichte (1863), 91. Vgl. zu diesem Thema auch die Passagen 90–100 u. 290–294.

Beamten und ließ sächsische Truppen für sich kämpfen, er wurde auch bei seinem Aufenthalte in Dresden und Leipzig wie ein römischer Imperator gefeiert. Im August 1809 wird er vom ganzen Hof nach Meißen begleitet. Wieder wie in seinem Gründungsjahr schaut Siebeneichen herab auf den Kaiserlichen Zug. Das erste Mal war es [der katholische] Karl V auf der Höhe seiner Macht;[40] nun ist es der fremde Usurpator, dem der sächsische Fürst seinen Ehrendienst leistet. Welch ein Bild deutscher Geschichte! Kein Wunder, dass die Regierung nur dem Augenblick und der Gelegenheit lebte, gab es doch weder einen Staatsgedanken noch ein Staatsgefühl. Es fehlte an jeder übergeordneten, zusammenfassenden Idee. Und doch gab es eine solche Idee, sie hieß Deutschland! Deutschland war ein Ideal, keine Wirklichkeit. Man musste Romantiker sein, um daran zu glauben. Ja Deutschland war eine echt romantische Idee. [...] Es war der Inbegriff dessen, was Heimat bedeutete, Idealstaat, Verwirklichung des Ewigen Friedens, das Tausendjährige Reich. Deutschland musste geschaffen werden [...]. Es war kein politischer Begriff, kein Machtfaktor, sondern eine menschliche Notwendigkeit, im Volk verwurzelt und vorgedeutet im deutschen Mittelalter.[41]

Fichte hatte mit seinen *Grundzügen des gegenwärtigen Zeitalters* (1806) und den *Reden an die deutsche Nation* (1808) eine geschichtsphilosophische Konzeption vorgelegt und ein mögliches politisches Szenario entworfen, wie die ›romantische Idee Deutschland‹ jenseits eines nationalistischen oder territorialen Patriotismus zu verstehen und umzusetzen sei. Und es ist ziemlich sicher, dass der Kreis derer, die sich im Schutz der Miltitz'schen Schlösser von Siebeneichen

---

40 »1547 warf Karl V die Opposition der protestantischen Fürsten und Städte nieder [...]. Der August dieses Jahres sah den Kaiser mit seinem Heerführer, dem Herzog von Alba, [...] in dem von den Truppen des Ernestiners verheerten Meißen« (Von Miltitz [1927], 12).

41 Von Miltitz (1927), 43 f. Bei aller Vorsicht gegenüber der weltanschaulich gefilterten Retrospektive der Novalis-Forscherin und Anthroposophin Monica von Miltitz wird sie doch mit dem, was die Familiengeschichte ihr überlieferte, nicht ganz falsch liegen, bestätigt sie uns doch das, was wir heute, sensibilisiert durch die Erfahrung mit dem Nationalsozialismus, an kritischen Vorbehalten gegenüber den politischen Ideen der Romantik entwickelt haben.

und Scharfenberg zu ihren konspirativen Treffen versammelten, sich auf diese und andere Schriften Fichtes bezog. Denn bemerkenswerterweise zählt der Miltitz-Biograph Peters nicht nur Fichte selbst, sondern auch »Vater und Sohn Delamotte=Fouqué«, des Weiteren »Kleist, Kielmannseck und Graf Geßler u. a.«, zum sogenannten Scharfenberger Kreis.[42] Friedrich Heinrich Karl de La Motte-Fouqué war mit den Fichtes befreundet. Er nannte den Philosophen gelegentlich »Vater Fichte«. Für seine *Die Jahreszeiten. Eine Vierteljahrschrift für romantische Dichtungen* bat er auch Fichte um Beiträge. Zuletzt, 1812, verhandelte man über die Abhandlung *Der Patriotismus und sein Gegenteil* (1807), die Fichte Fouqué im Winter 1811 persönlich vorgetragen hatte (FiG 5, 361 und 373). In ihr wird jede Form eines regional begründeten preußischen, bayerischen oder sächsischen Lokal- und Volkspatriotismus als »Particularpatriotismus«[43] zurückgewiesen. Ihm wird, im Sinne des romantischen Deutschland-Ideals, ein Patriotismus philosophischer Vernunft, der Freiheit und Selbststimmung entgegengesetzt, der sich, wie es in den *Reden* heißt, an »Deutsche schlechtweg« wendet (GA I/10, 105), worunter nach Fichte die aus dem lateinischen *Tabula* abgeleitete Tisch-Gemeinschaft der Freien, Gleichen und Brüderlichen zu verstehen ist. In dieser ›romantischen Idee‹ des ›Deutschen schlechtweg‹ ist dreierlei verbunden:

Zum Ersten die durch Napoleon verratenen Ideale der Französischen Revolution, der Freiheit, Gleichheit und Brüderlichkeit, und zwar zunächst in ihrer säkularen politisch-gesellschaftlichen Bedeutung.

Zum Zweiten das den politischen Prinzipien zugrundeliegende christliche Ideal der neutestamentlichen Abendmahlsgemeinschaft. Fichte spricht im Hinblick auf diesen religionsgeschichtlich-politischen Zusammenhang daher auch von der durch das Christentum gestifteten Lehre der »christlichen Freiheit, Gleichheit, Brüderschaft« als dem Prinzip des neuen Staates (GA II/15, 363 f.). Damit versucht

---

42 Peters (1863), 26.
43 E. Fichte (1863), 290.

er den Beweis anzutreten, dass das Christentum mit dem Gedanken einer Reichsgründung vereinbar sei (ebd., 366).

Und schließlich postuliert er zum Dritten den absolutismuskritischen Föderalismusgedanken der germanischen Stammeskultur als das »politische Band« der nationalen Einheit »der Deutschen schlechthin«[44] – dies allerdings unter den Ausführungsbedingungen, dass nur durch weitere Vereinigung, »Handelsverbindungen, Gleichheit der Gesetze u. s. f.,« aus »der Unmöglichkeit, daß mein Wohl sein Weh sey, u. umgekehrt, [allmählich das *innere* Band entstehen könne]: Dies nun wäre ein Deutsches Reich, u. so wären sie Eins« (ebd., 245; vgl. SW VII, 569f.). Hierin denkt Fichte ganz im Geist der politischen Romantik. Denn insbesondere seine Vermittlung von Christentum und Germanentum bildet auch in der politischen Romantik, etwa in Novalis' *Die Christenheit oder Europa*,[45] einen zentralen Themenbereich.

Ein weiteres, starkes Indiz für Fichtes substanziellen Einfluss auf die politischen Ideen der Romantik, insbesondere auf den Miltitz'schen Kreis, lässt sich aus seiner Mitgliedschaft in der 1811 in Berlin gegründeten *Christlich-Deutschen Tischgesellschaft* ableiten.[46]

44 Vgl. zur Idee ›des Deutschen‹ im Kontext von Fichtes Idee einer europäischen Kulturidentität Traub (2012), 23–28.
45 Vgl. Novalis (Friedrich von Hardenberg): *Die Christenheit oder Europa*. Hrsg. von C. Paschek. Stuttgart 1996, 65–89.
46 Auf die vielfach erörterte, oftmals launige, im Grunde aber auch ernsthaft antisemitische und gegen das ›Philistertum‹ eingestellte Ausrichtung von Teilen dieses Kreises sei hier hingewiesen. Die Annahme, dass Fichte diese insbesondere antisemitische Einstellung teilte (M. Brumlik: *Deutscher Geist und Judenhass. Das Verhältnis des philosophischen Iealismus zum Judentum*. München 2000, 129f.), ist strittig und darf inzwischen unter Hinweis auf fundierte Untersuchungen zu diesem Thema, etwa H. J. Beckers *Fichte und das Judentum* (Berlin 2000, 215–223), mit guten Gründen bezweifelt und zurückgewiesen werden. Vgl. auch die Anwürfe Jacobis gegen Fichte als den »König der Juden spekulativer Vernunft« (H. Traub: »J. G. Fichte, der König der Juden spekulativer Vernunft – Überlegungen zum spekulativen Anti-Judaismus«. In: *Fichte und seine Zeit. Beiträge zum vierten Kongress der Internationalen J. G.-Fichte-Gesellschaft*. Hrsg. von dems. Amsterdam / New York 2003 (*Fichte-Studien 21*), 131–150.

Zu diesem sich aus allen gesellschaftlichen Kreisen – Adel, Militär, Künstler-, Gelehrten- und Beamtentum – rekrutierenden »Debattierclub« gehörte Fichte als Gründungsmitglied. Er hat die vierzehntäglich angesetzten Treffen – wie regelmäßig, ist ungewiss – nachweislich auch besucht, dort aber wohl nur einmal, und zwar kritisch, das Wort ergriffen (FiG 5, 361/370).[47] Was uns an dieser Beziehung interessiert, ist zweierlei. Zum einen fallen schon allein in der Namensgebung dieser Gruppierung zwei bereits im Vorherigen angesprochene Leitmotive des Fichte'schen ›Patriotismus‹ auf, die er in den *Reden* und anderen in diesen Zusammenhang gehörenden Schriften um 1810 ausführlich ideen- und kulturgeschichtlich erörtert hatte. Dabei sind die Assoziationen zu historischen oder mythologischen Tafelrunden, zu deren Konstituierung, Ritualen und Berufungen, bis hin zur Abendmahlsgesellschaft am ›Tisch des Herrn‹, sicher nicht ungewollt. Auch fällt die dominante deutsch-nationale Konnotation dieser Tradition auf, die Fichte etymologisch über *tabula, desco, Tisch, deutsch* abzuleiten versucht hatte. Inwieweit Fichtes Schriften und Reden in diesem Kreis ein Rolle gespielt oder gar zu seinem Selbstverständnis beigetragen haben, sei dahingestellt. Dass allerdings eine nicht unerhebliche Anzahl der Mitglieder der *Tischgesellschaft* auch interessierte Hörer seiner Vorlesungen, insbesondere der *Reden an die deutsche Nation,* und überdies mit ihm freundschaftlich verbunden waren, steht außer Zweifel.

Was die ganz allgemeine, auch über die *Tischgesellschaft* hinausreichende Wirkung der *Reden* betrifft, mag hier, pars pro toto, das knappe Urteil des damaligen preußischen Staatsministers, des Freiherrn vom und zum Stein, gelten: »Fichtes Reden an die Deutschen, während der französischen Besetzung von Berlin und unter der Zensur des Intendanten Bignon gedruckt, wirkten sehr auf die Gemüther der Gebildeten« (FiG 4, 95f.).

---

47 Vgl. Becker (2000), 216–219.

Die politische Ausrichtung, die die *Christlich-Deutsche Tischgesellschaft* in Berlin vertrat, wurde auch in anderen patriotischen Zirkeln – etwa denen in Sachsen – diskutiert, womöglich noch radikaler. Fichtes Beziehungen zum anti-napoleonischen *Scharfenberger Kreis* des Hauses von Miltitz und sein politisch-philosophischer Einfluss auf den Hausherrn Dietrich von Miltitz wurden schon erwähnt. Darüber hinaus sind weitere mit Fichte verbundene personelle Schnittmengen bemerkenswert, die die These vom Einfluss Fichtes auf die politische Romantik und ihre Ideen zur Gründung eines postnapoleonischen deutschen Kulturstaats erhärten, ja, ihn selbst als einen ihrer Hauptvertreter erscheinen lassen. Neben Fichte waren unter anderen Ernst von Pfuel, Heinrich von Kleist und Friedrich de La Motte-Fouqué Gründungsmitglieder der *Tischgesellschaft* in Berlin. Alle drei – Pfuel, der junge Offizier von Jena und Auerstedt, nach Napoleons Niederlage Stadtkommandant von Paris, Kleist, der von den Franzosen 1806 als Spion inhaftierte Dichter der *Hermannsschlacht*, sowie La Motte-Fouqué, der Herausgeber der *Vierteljahrschrift für romantische Dichtungen* – tauchen in den Namenslisten des konspirativen Zirkels des anti-napoleonischen Widerstandes auf Schloss Siebeneichen ebenfalls auf. Sie werden dort zum Kreis frühromantisch inspirierter Politiker und Denker gezählt. Darüber hinaus wird Christian Gottfried Körner, Vater des gefeierten patriotischen Dichter-Helden und Fichte-Schülers Carl Theodor Körner, als einer der Mittelpunkte genannt, um den sich im Hause Miltitz »die in Sachsen lebenden Patrioten scharten«.

Wie bei der *Tischgesellschaft* in Berlin wird wohl auch auf Siebeneichen Einigkeit bestanden haben, dass neben dem Militanten, Intellektuellen und Patriotischen das Christliche, das heißt Religion und Metaphysik eine Rolle für die Begründung des eigenen Selbstverständnisses spielen sollte.

In diesem Licht betrachtet, erweist sich die lange Zeit in der Fichte-Forschung vertretene, vor allem über die Philosophie des Ich abgeleitete wirkungsgeschichtliche Bedeutung Fichtes für die Romantik als sehr verkürzt.

2.2   Fichte und der politische Pietismus

Fichtes eigene Position in dieser Debatte um die Neugestaltung der politischen und gesellschaftlichen Verhältnisse in Deutschland charakterisiert eine tendenziell apokalyptische und chiliastische Bewertung der gegenwärtigen Zustände im Zeitalter der »vollendeten Sündhaftigkeit« (GA I/8, 201). Diese apokalyptische Haltung steht im Zusammenhang eines zur Vollendung drängenden »Weltplans«. Schon die frühen *Revolutionsschriften* atmen den Geist der Apokalypse, konstatieren Verfall und predigen Gericht im »letzten Jahr der alten Finsternis«, wie es in der epochalen Einordnung von Fichtes *Zurückforderung der Denkfreiheit* aus dem Jahre 1793 heißt (GA I/1, 167–192). Diese und andere, vor allem populäre Schriften sind ermutigende Aufrufe des ›Priesters der Wahrheit‹ zur Bewährung, Umkehr und Besserung. Sie reden vom »Untergang der Welten« und den »Trümmern des Weltalls«. 1808 steht der ›Priester der Wahrheit‹ in seinen *Reden an die deutsche Nation* dann als Seher auf dem Trümmerfeld der gescheiterten kulturpolitischen Hoffnungen. Aber er resigniert nicht, sondern weist im Selbstverständnis alttestamentlicher Prophetie den Heilsweg, der das bleiche Totengebein zu neuem Leben erwecken soll. Denn »der belebende Odem der Geisterwelt hat noch nicht aufgehört zu wehen. Er wird auch unseres Nationalkörpers erstorbene Gebeine ergreifen und sie aneinanderfügen, dass sie herrlich dastehen in neuem und verklärtem Leben« (GA I/10, 141 f.).[48]

---

48 Die Literatur zur politischen Romantik weist darauf hin, dass es zu deren zentralen Beständen gehört, Staat und Gesellschaft als einen Organismus zu begreifen. Wir sehen hier, dass diese Idee schon in Fichtes Konzeption der *Reden an die deutsche Nation* – alttestamentlich adaptiert – eine Rolle spielt, womit der Zusammenhang zwischen Fichte und der Romantik noch einmal unterstrichen wird. Auch im paulinischen Kirchenverständnis, das Christus als den Leib und die Christenheit als dessen Glieder versteht, klingt dieses Organismus-Modell an. Inwieweit aus dem organischen Modell des »Nationalkörpers« eine eindeutige Beziehung zwischen der völkischen, rassistisch-biologischen Ideologie des Nationalsozialismus und der politischen Romantik – und damit eben auch zu Fichte – herstellbar ist, hat zuletzt Rü-

Es gehört zum charakteristischen Wesenszug des pietistischen Protestantismus, die Gegenwart genau unter diesem auch von Fichte vertretenen Blickwinkel des Apokalyptischen und Eschatologischen, das heißt unter dem Blickwinkel der Endzeit, zu begreifen und sich angesichts der Krise auf das zu besinnen, was einen zukunftsfähigen Ausweg bietet.

Die »eschatologische Interpretation der Gegenwart« sowie die »Sicht der Geschichte als Heilsgeschichte« kennzeichnen, speziell zur Zeit Fichtes, das heißt in der »allgemeinen Krise zwischen 1789 und 1815«, das Verhältnis des Pietismus zur Politik (Gestrich, GdP 4, 567–569). Dabei spielt, und auch darin besteht eine bemerkenswerte Parallele im Fichte'schen und pietistischen Denken, für das Engagement des Pietismus auf dem Feld des Politischen das offensive und praktisch-moralisch gelebte Bekenntnis der jeweiligen Herrschaft zum Christentum – so wie es der Reformprotestantismus verstand – die entscheidende Rolle. Aus der Diagnose des Zeitalters, dass der Adel zum Teil ursächlicher Bestandteil der gesellschaftspolitischen Misere war, resultiert eine aktiv-kritische Haltung des Pietismus gegenüber der politischen (Un-)Ordnung.

In der allgemeinen Krise zwischen 1789 und 1815 war die einsetzende pietistische Erweckungsbewegung daher keine besonders staatstragende oder gar konservative Kraft. Kritik am Leben des Hofes und am System des Spätabsolutismus wurde allenthalben geäußert. [...] Die Kritik ging so weit, dass auch die Staatsform einer Republik selbst für lutherische Pietisten in jener Zeit kein wirkliches Feindbild darstellte. [...] [L]etztlich musste es den Pietisten vor allem auf den christlichen Charakter einer Regierung ankommen (ebd., 567).[49]

---

diger Safranski in seiner Arbeit *Romantik. Eine deutsche Affäre* kritisch untersucht und infrage gestellt (München 2007, 348–369).

49 Vgl. Fichtes für das 22. Jahrhundert prospektierte Schrift *Die Republik der Deutschen*, die ebenfalls diesen Gedanken einer auf religiöser Weltanschauung beruhenden politischen Ordnung beinhaltet (GA II/10, 409–426.).

Das ist nun nur noch bedingt, wenn überhaupt, mit der Orthodoxie von Luthers ›reiner Lehre‹ von den zwei Regimentern vereinbar. Aber selbst da, wo der Pietismus späterhin, etwa nach der gescheiterten Revolution von 1848, die Monarchie doch wieder als ›gottgewollte Ordnung‹ anerkannte, galt dies nicht unbedingt. Sondern auch unter diesen Umständen war dieses Zugeständnis nicht mehr als ein »symbolischer Ausdruck des pietistischen Versuchs, zum Reich Gottes durch die Errichtung eines ›Gottesstaates‹ beizutragen« (ebd.). Dieses bis hin zur Idee einer zu errichtenden »Theokratie« (GA II/15, 383) auch aus Fichtes Werken bekannte Gedankengut, das insbesondere an dieser Stelle seine weniger orthodox-lutherische als vielmehr reformprotestantische Einstellung zum Ausdruck bringt, bildet die Grundlage für die politisch-ökonomischen Initiativen zur Gründung ›gottesstaatlich‹ organisierter pietistischer Gemeinschaften und Sozialeinrichtungen, etwa die der Hallenser Anstalten Franckes oder die Herrnhuter Brüdergemeine Zinzendorfs (vgl. ebd., 366).

Fichte selbst hat mit seinen Gründungsversuchen der ›kleinen unsichtbaren Kirche‹, wenn auch in bedeutend bescheidenerem Maßstab, mit diesen gemeinschaftsbildenden Ideen und Ansätzen des Pietismus sympathisiert. Im Kontext einer christlich inspirierten ›Reichsgründung‹ dachte er ausdrücklich an die Vorbilder pietistischer ›Staatsgründungen‹. Denn grundsätzlich, so das Argument, impliziere das Christentum mit der Idee vom Reich Gottes »die Aufgabe der Reichsstiftung« und stehe derselben nicht so fremd gegenüber, »wie einige Christianer meinen« (ebd., 608). Dieser kritisch gegen Luthers Lehre von den ›zwei Regimentern‹ gewendete Gedanke wird durch die »nach allen Bedingungen« zu erfüllende sittliche Bestimmung des Menschen dahingehend ausgeführt, dass diese alle »Gestalten der Gemeinschaft durchdringe, d.h. staatsbildend« werde (ebd.). Dabei verweist Fichte als Beispiel für eine historisch-empirische Gründung einer christlich inspirierten staatenbildenden Gemeinschaft auf die 1727 von Graf Zinzendorf in der Oberlausitz gegründete Gutsgemeinde Herrnhut. »Die Herrenhuter, welche alles in der Kirche umschließen wollten, waren genöthigt, eine Handelsgesellschaft zu gründen, was an sich in der Kirche nicht liegt«

(ebd.).[50] Unter diesem Gesichtspunkt ist Fichtes *geschlossener Handelsstaat* (1800) weniger als orthodox-lutherische, sondern vielmehr als pietistische, das heißt als politisch-ökonomische Konzeption eines »zukunftsbezogenen Handelns in der Gegenwart« zu verstehen (Kriedte, GdP 4, 585 f.).

Die Idee einer Reichsgründung durch das Christentum sowie die damit verbundene Aufnahme »der Kirche [...] in den Staat« (GA II/15, 367) verbindet Fichte mit einer bemerkenswerten Kritik am Katholizismus. Denn während sich nach Fichte das *Katholos*, das umfassende Ganzsein des Glaubens in der katholischen Kirche, auf das einheitsstiftende Prinzip des Papismus gründet, hat der Protestantismus dieses Prinzip in die innere Form des Verstandes überführt, woraus für Fichte einerseits folgt: »*Verstand in Anwendung* auf das Xstenthum, u. *Protestantismus* [sind] ganz einerlei« (ebd.). Anderseits bedeutet das für die wissenschaftlichen Vertreter dieses Prinzips, dass »der moderne Philosoph und Gelehrte nothwendig ein Protestant ist«. Und somit seien die »Protestanten [...] die rechten Katholischen« (ebd.). Dass mit den Protestanten keineswegs die lutherische Orthodoxie gemeint sein kann, versteht sich von selbst.

Festzuhalten bleibt, dass Fichte in einer sehr engen Beziehung zur politischen Romantik, ja vielleicht als deren Mitglied und Mitinitiator zu sehen ist. Dabei handelt es sich um gesellschaftspolitische Kräfte seiner Zeit, die insbesondere vom pietistischen Reform-Protestantismus aus auf eine grundlegende Neuordnung Deutschlands hindachten und hinarbeiteten und für die republikanisch-föderative Strukturen kein Tabu waren. Vielmehr ließen sich diese, wie es schien, plausibel aus einer völkisch-demokratischen Rückbesinnung auf germanisch-deutsche Traditionen herleiten und begründen. Fichtes Mitgliedschaft in der *Christlich-Deutschen Tischgesellschaft* sowie seine in frühester Jugend gestiftete und über viele Jahre gepflegte Beziehung zum Haus von Miltitz zeigen, dass er auf diesem Feld nicht

---

50 Zum Thema der Gründung pietistischer Gutsgemeinden und deren Wirtschaftsform, insbesondere in Herrnhut und Halle, vgl. Meyer, GdP 2, 5–25 und Brecht, ebd., 319–328 sowie Kriedte, GdP 4, 585–616.

nur theoretisch-philosophisch, sondern auch gesellschaftspolitisch-praktisch engagiert war.

2.3 *Katholiken, Lutheraner, Reformierte und Christen – Die* Republik der Deutschen *und ihr pietistischer Hintergrund*

Wie intensiv sich Fichte in der Krisenzeit zu Beginn des 19. Jahrhunderts insbesondere mit der *religiösen* Dimension der gesellschaftlichen und politischen Neuordnung Deutschlands befasste, zeigt exemplarisch seine Skizze zu einer zukünftigen deutschen Republik unter dem Titel *Die Republik der Deutschen, zu Anfang des zwei und zwanzigsten Jahrhunderts unter ihrem fünften Reichsvogte.* Aus der Perspektive eines zukünftigen Gesetzgebers prognostiziert diese Schrift unter den verfassungsmäßigen Axiomen einer allseitigen und fortgesetzten Bildung der Menschheit »in der Nation, die wir zu berathen bekamen«, bei den Deutschen also, wie sich in deren Verfassung das Religionsbekenntnis nach den bis dahin zu erwartenden kulturgeschichtlichen Wandlungsprozessen darstellen wird. So irreal und absonderlich diese Konzeption im Einzelnen, insbesondere im Hinblick auf ihre kirchlichen Riten auch anmutet, so deutlich wird hier doch, wie und wo Fichte die Schwerpunkte seines konfessionellen Urteils im Hinblick auf Katholizismus sowie orthodoxen und reformierten Protestantismus setzt. Vor allem aber, welchen Religionsbegriff er – gemäß seiner bis zur Abfassung dieses Textes bereits vorgelegten Philosophie – vertritt. Und dieser, so wird sich zeigen, steht in seiner kritischen Begründung, wie an Herrnhuts christlich-ökonomischer ›Staatsbildung‹ nachgewiesen, auch ideologisch in der Nähe zu Zinzendorfs Religions- und Pietismusverständnis.

Fichte geht in der *Republik der Deutschen* von drei empirisch-historisch vorfindlichen religiösen Bekenntnissen aus, die es in seinem Utopia des 22. Jahrhunderts in Deutschland noch gibt: dem Katholizismus und den »beiden Protestantische[n] Konfeßionen«, Lutheraner und Reformierte (GA II/10, 415). Um sich mit den Verständigen des Landes zu verbünden und aus der Notwendigkeit, Religion weiterhin aufrechtzuerhalten, hielten es die Gesetzgeber für zwingend erforderlich,»ein viertes Bekenntniß [...] zur allgemeinen bürgerlichen [...] Religion zu erheben« (ebd., 412). Dieses Bekenntnis beschreibt den bis dahin entwickelten Religionsbegriff Fichtes, von dem er behauptet,»dass alle frei Gebildete, die über diesen Gegenstand je nachgedacht, ihm zugethan seyen« (ebd.). Dieser Religionsbegriff enthält eine formale und einige inhaltliche Bestimmungen. Die *formale Bestimmung* besteht in der Selbstständigkeit der Einsicht. Das heißt, die religiösen Lehren sind, von wem auch immer, nicht für wahr zu halten, weil eine Autorität wie »Jesus sie gelehrt [habe], sondern nur, weil und inwiefern er [der an Religion interessierte Rezipient] selbst sie für wahr anzuerkennen innerlich sich gedrungen fühlen werde« (ebd., 413). Daraus wird gefolgert, dass diejenigen, die diese unmittelbare Gewissheit religiöser Wahrheiten in sich erzeugen, sie aus demselben Quell wie Jesus selbst schöpfen und damit zwar »nicht nach den Verhältnißen der Zeit, [...] aber im Wesen, der Anlage nach Christuße zu seyn gleich fest glauben« (ebd.).

Inhaltlich beruht das Religionsverständnis der ›vierten Konfession‹ auf vier Prinzipien. Zum einen auf der

Erkenntniß unseres Seyns allein in Gott, und unsrer ewigen Fortdauer in demselben, und [der] Gewißheit, daß er sich am unmittelbarsten in uns offenbare, wie seine durchsichtige Klarheit, seine unerschütterliche Festigkeit, seine strenge Ordnung, und seine allumfassende Güte, ohne Unterlaß, und rund um uns herum durch uns hindurch ausströme, auf die anderen (ebd., 416, Herv. H. T.).

Dies ist die religiöse, auch transzendentalphilosophisch begründete Idee,[51] die Fichte schon im dritten Buch der *Bestimmung des Menschen* entwickelt hatte.

---

51 Transzendentalphilosophisch ist diese Idee, trotz ihrer gelegentlich blumigen Überschwänglichkeit, deshalb zu nennen, weil sie nicht von einem theologischen Realismus der Gottesgeschöpflichkeit allen Seins ausgeht, sondern über eine Analyse und Ableitung bestimmter Strukturmomente des Wissens sowie einer mit ihnen verknüpften Theorie der Affekte und Gefühle zu dem kommt, was religiöses Bewusstsein und eine religiöse Weltanschauung genannt werden kann. Und erst hierüber vermittelt sich auch der ›religiöse Charakter‹ empirischer Phänomene.

Als zweites Prinzip enthält dieses Religionsverständnis einen *Gleichheitsgrundsatz*, der bestimmt, dass zwar jeder »für sich selbst auf ein anderes seeliges Leben hoffe, jeden seinen Mitbürger, welches besondern Glaubens dieser auch seyn möge, [aber] für fähig anerkennen müße, derselben Seligkeit, und daß keine gegen diesen Satz streitende Lehre vom Staate geduldet werden könne« (ebd., 414).

Daraus folgt drittens ein *Diskriminierungsverbot*, das vor allem den betrifft, der einen exklusiven Prädestinationsanspruch behauptet, weil er zu wissen glaube, »daß ihm und seinen Glaubensgenoßen ein seeliges Leben bevorstehe, wovon er andere, die doch auch seine Mitbürger [sind], ausschließt, [...] der sich und die seinigen [somit] offenbar für besser [hält], denn die letzteren« (ebd.).

Als viertes Element des neu gestifteten Bekenntnisses wird die *Autorität der Überlieferung*, insbesondere die der Bibel, klar bestimmt. Die Bibel, und hier vor allem das Neue Testament, ist ein *historisch überliefertes* Buch, dem »kein anderes Buch der Vorwelt, oder der Nachwelt zu vergleichen sey« (ebd., 416). Als solches dient es zur Stütze des religionsgeschichtlichen Gedächtnisses des Volkes sowie für eine »sinnliche Belebung desselben« (ebd.). Eine autoritative Beweisfunktion im Hinblick auf Glaubenswahrheiten hat die Bibel zufolge der ersten Bedingung des neuen Glaubensbekenntnisses, der »unumschränkten Selbstständigkeit menschlicher Bildung«, nicht.

Soweit Fichtes Vision einer vernunftbegründeten, jederzeit individuell zu vergewissernden und überlieferungskritischen Religionsidee, wie sie nach den Ideen der *Republik der Deutschen* im 22. Jahrhundert zu stiften wäre.[52]

Was Fichtes persönliches Bekenntnis im ausgehenden 18. Jahrhundert betrifft, so distanzierte er sich schon 1790 insbesondere vom lutherischen Protestantismus und dessen Verhältnis zum reformierten Protestantismus. Zwar schreibt er im Brief vom 8. Juni an Johanne Rahn:

---

52 Hierin ist ein Punkt angesprochen, der im Folgenden noch einmal wichtig wird, wenn es um die forschungsgeschichtliche Frage nach der offenbarungskritischen Literarkritik in Schulpforta und um das sogenannte Bollwerk lutherischer Orthodoxie gegen *den* Pietismus und dabei auch um die Rolle Ernestis geht.

[I]ch bin weder Lutheraner noch Reformirter, sondern Christ; und wenn ich zu wählen habe; so ist mir, da doch einmal eine Christen=Gemeine nirgends existirt, diejenige Gemeine die liebste, wo man am freisten denkt, und am tolerantesten lebt, und das ist die lutherische nicht, wie mir's scheint (GA III/1, 131).

Schon damals prägte Fichte, wie man sieht, die Idee einer freien und toleranten Christen-Gemeinde, die er in der *Republik der Deutschen* näher ausführt. Was aber das gegenwärtige Verhältnis der beiden protestantischen Bekenntnisse betrifft, ist Fichte ziemlich entschieden. Am 1. August schreibt er mit Bezug auf eine Pfarrstelle, die ihm in Offenbach in Aussicht gestellt worden war (ebd., 158): Es sei »zu befürchten, daß das Beispiel der Intoleranz, welches die Lutheraner in diesen Gegenden geben, auch die Reformirten überhaupt anstecke« (ebd.). Um dann zu bekennen: »Ich für meine Person bin mit Leib und Seel für die reformirte Partei, weil sie [...] in ihrer gegenwärtigen Gestalt, der wahren christlichen Religion am nächsten kommt« (ebd.).

Auf das, was hier für unser von Religionskrisen, von religiösem Fundamentalismus und Fanatismus geschütteltes 21. Jahrhundert zur Befriedung der Religionen vorgedacht ist, wollen wir, so reizvoll es auch wäre, an dieser Stelle nicht näher eingehen. Was uns wichtig ist, ist zweierlei. Zum einen der Hinweis auf die konfessionelle Landschaft, wie sie Fichte zu seiner Zeit wahrgenommen und wie er deren Zukunft beurteilt hat. Und zweitens der Religionsbegriff, der hier im Hintergrund steht.[53]

---

53 Diese und andere Stellen in Fichtes differenziertem Urteil über das »Wesen des Christentums« machen seinen »Konfessionalismus« überaus deutlich. Von ihnen her ist die These zu bestreiten, dass Fichtes Verständnis des Christentums »als wirksames Prinzip der irdischen Geschichte« kein Konfessionalismus sei. Vgl. M. Ivaldo: »Politik und Religion in der Staatslehre von 1813«, in: *Materiale Disziplinen der Wissenschaftslehre*. Hrsg. von W.H. Schrader. Amsterdam/Atlanta 1997 (*Fichte-Studien 11*), 227.

2.4 Populärphilosophie und die pietistische Laienbewegung

Fichtes Auffassung über die Konfessionslandschaft seiner Zeit und deren Zukunft prägt ein reformprotestantischer, dem gemäßigten Pietismus nahestehender Ansatz. Von ihm her erweisen sich sowohl ein auf päpstlichen Autoritätsglauben gestützter Katholizismus, ein auf der Orthodoxie fußendes Luthertum als auch ein radikaler Pietismus mit einem exklusiven Prädestinations-, Heils- und Offenbarungsverständnis aus den genannten Gründen als religionsgeschichtliche und weltanschauliche Auslaufmodelle. So werden nach Durchsetzung der neuen, auf Freiheit und Vernunft beruhenden Religionserziehung zwar »noch in einigen altkatholischen Provinzen einige wenige zerstreute katholische Gemeinden übrig« bleiben (GA II/10, 416), denen ihr Ritus belassen wird, die aber durch den »Primat des Papstes« und das daraus ableitbare »Princip [...] der reinen Unvft [Unvernunft]« (GA II/15, 218) als Vertreter einer ernstzunehmenden Konfession ausscheiden. Dagegen werden die Mitglieder der beiden protestantischen Konfessionen »insgesamt dem allgemeinen Christenthume beigetreten« (GA II/10, 416) sein, wobei insbesondere in der Orthodoxie weniger die Einsicht des Klerus als vielmehr der Einfluss des »durch ein edles Gefühl getriebene[n] [...] bessere[n] Theil[s] der Laien« den entscheidenden Ausschlag für dieses Bekenntnis, auch und gerade »gegen ihre Lehrer« (ebd.), gegeben haben wird.

Insbesondere dieses letztgenannte Motiv, die *Aufwertung der Laien* in den christlichen Gemeinden im Dienst der Erneuerung des Christentums, charakterisiert den pietistischen Reform-Protestantismus in einem seiner Alleinstellungsmerkmale. Zwar lässt sich das aus Fichtes Fragmenten zur politischen Philosophie entnommene Urteil über das Verhältnis von Laien und Klerikern zunächst ganz allgemein in Luthers Lehre vom ›allgemeinen Priestertum‹ begründen. Allerdings ist die von Fichte dem Kreis der Laien zugestandene Kritik am orthodox verhafteten Lehramt der Pfarrer, Kleriker und

Theologen dann doch eher typisch für den Pietismus, wie etwa den eines Spener.

Jeder Christ ist auch Priester. Als solcher ist er dem Mitmenschen Ermahnung und Tröstung schuldig. Würde das wieder praktiziert und nicht allein den Pfarrern überlassen, würde sich die gegenseitige Erbauung multiplizieren. Den Laien wird dabei auch das Recht der Kritik an den Pfarrern zugestanden. Auf diese Weise habe die Urkirche ihre Reinheit bewahrt. Hier begegnet erstmals [im Pietismus Speners] die bedeutsame Orientierung am urchristlichen Ideal. Der Verfall der Kirche trat mit der Klerikalisierung der römischen Kirche ein. Von der Wiederherstellung des allgemeinen geistlichen Priestertums erwartet Spener daher nichts weniger als die Erneuerung der Kirche (Brecht, GdP 1, 297 f.).

Es gibt im Umfeld des deutschen Idealismus keinen Philosophen, der dem philosophieinteressierten Laien mit seinen Schriften zur Populärphilosophie einen derart konstitutiven wie systematisch durchdachten Stellenwert zumisst wie Fichte. Seine Annahme des natürlichen Wahrheitssinns, der auch und gerade die wissenschaftliche Philosophie zu orientieren und zu korrigieren in der Lage ist, ist das Prinzip, mit dem im Pietismus – religionsdidaktisch modifiziert – die Aufwertung des Laienstandes begründet werden kann. Wenn die Gewissheit religiöser Wahrheit, so sie denn Lebensbedeutsamkeit haben soll, vom religiösen Subjekt mit Einsicht vollzogen werden muss, dazu aber keine wissenschaftlich-theologische Bildung vorausgesetzt wird, so muss, wenn dieses Projekt nicht in Beliebigkeit, indifferenter Pluralität und Willkür auslaufen soll, ein allgemeines, nicht wissenschaftliches oder begriffliches Kriterium unterstellt werden, das diese Orientierung und Vergewisserung zu leisten vermag. Das dafür zu veranschlagende Vermögen ist ein mit der menschlichen Natur – als Vernunftanlage – gegebener Wahrheitsinstinkt, der zwar verbildet, abgelenkt, korrumpiert oder unterdrückt, nicht aber völlig ausgelöscht werden kann. Es ist »ein Sinn, dessen Anlage«, wie noch der späte Fichte in seinen *Einleitungsvorlesungen in die Wissenschaftslehre* von 1813 behauptet, »schlechterdings in allem ist, was Mensch heißt, und vom Wesen desselben unabtrennlich« (GA II/17, 233; vgl. DgF, 179–188).[54]

2.5 Fichte und der Pietismus Zinzendorf'scher Prägung

Neben dem Primat eines natürlichen Wahrheitssinnes, der das religiöse Laientum gerade auch gegen eine formalistisch erstarrte Theologie systematisch aufwertet, enthält Fichtes Religionsbegriff deutliche Züge des Reformprotestantismus, insbesondere eines solchen Zinzendorf'scher Prägung.

Fichtes Auseinandersetzung mit dem exklusiven mystisch-spiritualistischen Separatismus einerseits und dem religiös-indifferenten Säkularismus oder Empirismus anderseits hat ein Vorbild im Religionsverständnis dessen, dem seine frühen geistigen Ziehväter und ›Adoptiveltern‹ sehr nahe standen: Nikolaus Ludwig Graf von Zinzendorf.

Die nun folgenden Überlegungen zum Religionsverständnis Zinzendorfs werden uns nicht nur Auskunft über die Herkunft von Fichtes eigenem Religionsbegriff geben, sondern vor allem etwas Klarheit über jenen Begriff des Pietismus bringen, der auf Fichte angewendet werden kann.

Um eine grundsätzliche Unterscheidung in das weite Feld dessen einzuziehen, was sich unter dem Namen Pietismus seit nunmehr gut 400 Jahren im geistes- und ideengeschichtlichen Raum des Protestantismus in nahezu unübersehbarer Fülle von Richtungen und Strömungen entwickelt hat, verwendet Hans Schneider in seinem Beitrag zum ersten Band der *Geschichte des Pietismus*, »Der radikale Pietismus im 17. Jahrhundert«, das Bild von den zwei Flügeln des Pietismus. Das Bild von den Flügeln geht auf eine Unterscheidung Zinzendorfs zurück, die dieser 1746 zur grundlegenden Charakterisierung der beiden Hauptrichtungen oder Strömungen des Pietismus einge-

---

54 Vgl. zum Begriff »Vernunft-Natur« H. Traub: »Fichtes Begriff der Natur. Rezeptionsgeschichte im Wandel – Ein Forschungsbericht«, in: ›*Natur*‹ *in der Transzendentalphilosophie*. Hrsg. von H. Girndt. Berlin 2015, 99–133.

führt hatte. Zinzendorf spricht nicht von Flügeln oder Richtungen, sondern von den »2 Branchen«, in die »der sogenannte Pietismus sich bald anfangs [...] getheilet« hat (zitiert nach Schneider, GdP 1, 391). Der Vorteil der Zinzendorf'schen Unterscheidung liegt darin, dass sie sowohl die grundsätzliche Differenz der spirituellen Ausrichtung des Pietismus intern als auch seine gesellschaftliche Außenwahrnehmung und Bewertung extern charakterisiert. Die Unterscheidung fand und findet somit innerhalb als auch außerhalb des Pietismus – also auch bei seinen Gegnern – Anwendung. »Es ist bekannt«, schreibt Zinzendorf,

daß der so genannte Pietismus sich bald anfangs in 2 Branchen getheilet, in diejenigen Mysticos, die gemeiniglich ihre Ämter aufgegeben, und weil sie nichts mehr zu risciren hatten, sehr wohl leiden konnten, daß man sie mit dem Namen der Pietisten von anderen unterschiede, und in diejenigen eifrigen und christlichen Lehrer, die ihr Amt und Beruf beizubehalten vor Gott befanden und deshalb diese notam [die Bezeichnung Pietist] gänzlich ablehnten (zitiert nach Schneider, GdP 1, 391 f.).

Pietist genannt zu werden war nach Zinzendorfs Urteil zunächst ein Makel, ein Stigma (vgl. ebd., 4), das die einen – weil sie von ihrer bürgerlichen Existenz abgesondert waren und von daher an Ansehen nichts mehr zu verlieren hatten – duldeten. Die anderen aber, die in ihren Ämtern und Berufen blieben, versuchten dieses Stigma in Sorge um ihren Ruf abzuwehren. Gleichwohl werden beide wegen ihres religiösen Eifers Pietisten genannt. Allerdings, so Schneider, unterschieden schon ihre zeitgenössischen Gegner beide Gruppen sehr deutlich, nämlich als die »gemäßigten oder ›subtilen‹« Pietisten einerseits und die »groben oder ›Hyper-Pietisten‹« andererseits. Für die Letzteren hat sich »in der neueren Forschung [...] der Begriff radikaler Pietismus durchgesetzt«. In ihm ist auch das bis zu Luther und zur Reformationszeit hinab reichende Pejorativ der »Schwärmerei« aufbewahrt (ebd., 391).

Die Frage, ob es sich bei den beiden Richtungen des Pietismus um zwei »voneinander scharf abgehobene Formationen mit verschiedenen Stammbäumen (hier: Reformation, Orthodoxie, dort: Täufertum,

Spiritualismus) oder um eine zusammengehörige Bewegung mit zwei verschiedenen Flügeln, die aber doch zusammengehörige Wurzeln besitzen,« handelt, wird nach Schneider in der »neueren Forschung« dahingehend beantwortet,»daß sich der Pietismus in seinen Erscheinungsformen gewiß recht vielgestaltig darstellt, daß seine Flügel jedoch nur als Teile einer engverflochtenen und zusammengehörigen Bewegung adäquat zu verstehen sind« (ebd., 392).

Schon Zinzendorf betonte daher sowohl die Gefahren der Vereinseitigung und Absonderung beider Flügel des Pietismus als auch den Segen und die Fruchtbarkeit ihres Zusammenwirkens. Denn einerseits besteht die Gefahr, dass bei den Pietisten unter der Beibehaltung der weltlichen Ämter »der erste Eifer in etwas« nachlasse. Hier droht die Säkularisierung. Während bei den der Mystik zuneigenden Pietisten »nicht nur die Lehre von Zeit zu Zeit alteriret, sondern bei einer Gemeinschaft ohne Aufsicht viel Anstößiges und Unordentliches [sich] mit eingemenget«. Hier droht die Gefahr des weltflüchtigen Separatismus und der Häresie. »Wo sich aber diese beiderseits Arten von ernsthaften Christen sich zu rechter Zeit [zusammen]geschlossen, hat sich in Lehre und Leben reeller Segen gefunden« (ebd., 391).

Diesem segensreichen, ›integrativ vermittelnden‹ Konzept des Pietismus zufolge sind somit das Leben einer profanen, weltverbundenen Berufsarbeit – auch in einem wissenschaftlichen Beruf – und eine lebendige, existenzbezogene, weltabgewandt-kritische Spiritualität nicht als kontradiktorische, sondern als komplementäre Gegensätze zu verstehen. Sie schließen einander nur durch vereinseitigende ›Radikalität‹ und einseitig behauptete Geltungsansprüche aus, was dann auf religiösen Indifferentismus einerseits und weltflüchtigen Fundamentalismus andererseits hinausliefe. Historisch gesehen hatte die Extrembildung des gemäßigten und radikalen Flügels des Pietismus Konkurrenz und Streit um den rechten Glauben und das rechte Verständnis pietistischer Frömmigkeit zur Folge.

Sieht man sich Fichtes Einlassungen zu der von Zinzendorf aufgeworfenen Frage nach dem Wesen eines produktiven Pietismus an, dann wird sehr bald klar, dass sein Begriff »wahrhafter Religiosität« (GA I/9, 50) die religionsphänomenologische Spannung zum Gegenstand hat, die schon bei Zinzendorf im Zentrum der Pietismus-Diskussion stand, nämlich die zwischen schwärmerischer Mystik (Herz / Gefühl) einerseits und lebensweltbezogener Praxis (Verstand) andererseits. Beides ist verbunden durch die Frage nach der wechselseitigen Durchdringung im Dienst einer segensreichen Synergie.

Ob sich Fichte in der Konstruktion seines Religionsbegriffs an der Gründungsfigur des Pietismus orientiert hat oder nicht, ist hier nicht entscheidend. Denn die von Zinzendorf vertretene Position ließe sich wohl auch bei anderen ›reflektierten Pietisten‹ nachweisen. Wichtig ist, dass Fichte, vielleicht nicht zuletzt durch seinen Aufenthalt im Hause von Miltitz und durch den Einfluss von Hardenbergs, mit diesem Gedankengut vertraut war und es konstruktiv in sein eigenes Denken zu integrieren wusste.

Dass Fichte das Herrnhuter Modell der autonomen ›Reichsgründung‹ kannte, haben wir schon gezeigt. Er war darüber hinaus auch im Bilde über die politische und akademische Situation der weltanschaulichen Auseinandersetzungen um das Thema Orthodoxie und Häresie, die zu Beginn und Mitte des 18. Jahrhunderts nicht nur in Sachsen heftig geführt wurde und in der sich unter anderem radikale und gemäßigte Pietisten untereinander sowie mit orthodoxen Lutheranern oder ›früh-aufgeklärten‹ Denkern mittels Polemik, Zensur oder Amtsenthebung bekämpften.[55] In der Verteidigung seiner eigenen Position gegen den Vorwurf des Mystizismus verweist Fichte 1806 darauf, dass es einigen Kritikern offenbar reicht, einen religionsphilosophischen Standpunkt Mystizismus zu nennen, um ihn zu diskreditieren, weil »schon vorlängst, wohl seit anderthalb Menschenleben, [...] der Mysticismus, durch die einmüthigen Beschlüsse aller unserer Recensions=Koncilien, als Ketzerei dekretirt, und mit Banne belegt [ist]« (ebd., 75).

---

55 Als einen der Höhepunkte dieses ›Kirchenkampfes‹ darf man wohl die Affäre um Christian Wolffs Stellung an der Universität Halle ansehen. Dieser Hinweis unterstreicht auch noch einmal, dass Fichtes Utopie der *Republik der Deutschen* einen realpolitischen Hintergrund in seiner Gegenwart hatte.

Inhaltlich vertritt Fichte hier eine dem Zinzendorfer Pietismus-Begriff sehr nahestehende Religiositätsauffassung. Wie dieser betont er ein ›aufgeklärtes‹, reflektiertes, nicht-exklusives Mystik-Verständnis und lehnt die Absonderung des Spirituellen vom ›gewöhnlichen‹ Leben ab. An der Mystik überhaupt hält er dagegen, wie Zinzendorf auch, fest. In ihr konserviert sich für beide das geistes- und religionsgeschichtliche Erbe einer unmittelbaren Gotteserfahrung. Auf dieser bestehen sie, um in ihr einerseits eine Quelle lebendiger Religiosität gegen die sterile Verschulung und Ritualisierung der Religion in Theologie und Orthodoxie zu sichern, andererseits um in ihr ein die Individualität transzendierendes und begründendes Verständnis von Religiosität sowie die Erfahrungsdimension des ›seligen Lebens‹ zu begründen. Das bedeutet aber für beide zugleich, dass sich die lebendige Erfahrung eines ›höheren Lebens‹ notwendigerweise als moralische Praxis in weitestem Sinne, das heißt als Prinzip einer Lebensführung, in welchem Beruf und Amt auch immer, verwirklichen muss.

Mit zwei Textstellen aus Fichtes populären Schriften – die als Schriftgattung, wie schon erwähnt, mit der Missions- und Unterweisungspraxis des Pietismus zusammenhängen – soll diese Kongruenz von Zinzendorfs Pietismus und Fichtes Religiositätsverständnis unterstrichen werden. So schreibt Fichte in der *Anweisung zum seligen Leben*:

> Wirkliche und wahre Religion ist nicht lediglich betrachtend [das ist sie auch] […] sondern sie ist nothwendig thätig. Sie besteht [nicht nur im Gefühl / Empfindung – contra Klopstock und Schleiermacher –, sondern] im innigen Bewußtseyn, dass Gott in uns thätig sey. […] Ist nun in uns kein wirkliches Leben, und geht keine Thätigkeit, und kein erscheinendes Werk, von uns aus, so ist auch Gott nicht in uns thätig. Unser Bewußtsein von der Vereinigung mit Gott ist sodann täuschend, und nichtig. […] Das letztere ist Schwärmerei, und Träumerei, […] das Gebrechen des Mysticismus. […] Religion ist kein abgesondertes, für sich bestehendes Geschäft, das man abgesondert von anderen Geschäften […] treiben könnte, sondern der innere Geist, der alles unser […] Denken und Handeln, durchdringt, belebt, und in sich eintaucht (GA I/9, 113).

Religion ist Betrachtung, aber nicht nur. Sie ist auch nicht nur Gefühl oder Empfindung, sondern inniges Bewusstsein und vor allem, und zwar notwendig, Praxis und dies nicht als separierte Religionsausübung, sondern als der innere Geist des Lebens. Sie ist, könnte man mit Spener sagen, ein *habitus practicus*.

Und in einer weiteren Verteidigung gegen den Vorwurf des Mystizismus heißt es in Fichtes *Grundzügen des gegenwärtigen Zeitalters*:

> [D]ie Lehre von einem durchaus nicht willkührlich handelnden Gotte, in dessen höherer Kraft wir alle leben, und in diesem Leben zu jeder Stunde seelig seyn können, und sollen; welche unverständige Menschen sattsam geschlagen zu haben glauben, wenn sie sie Mysticismus nennen: – Diese Lehre ist keinesweges Schwärmerei; denn sie gehet auf das Handeln, und zwar auf den innigsten Geist, welcher alles unser Handeln beleben und treiben soll. Schwärmerei würde sie werden nur dadurch, wenn das Vorgeben hinzugefügt würde, daß diese Einsicht aus einem gewissen innern geheimnißvollen Lichte quelle, welches nicht allen Menschen zugänglich, sondern nur wenigen Auserwählten [radikalen Pietisten] ertheilt sey, – in welchem Vorgeben der eigentliche Mysticismus besteht (GA I/8, 288).

Auch hier finden sich wieder die von Zinzendorf bekannte Zurückweisung einer subjektiven Absonderung und individuellen oder auch kollektiven, sektiererischen Exklusivität hinsichtlich des Zugangs zu den Quellen der Religion und des seligen Lebens sowie der Verweis auf die Praxis, eine Zurückweisung, die auch Fichtes Utopie der *Republik der Deutschen* vehement vertritt.

2.6 Fichtes Religionsbegriff – ein Supra-Pietismus?

Trotz der großen Übereinstimmung von Fichtes Religiositätsauffassung mit dem integrierenden Frömmigkeitsbegriff des Pietismus bei einer der beiden Führungsgestalten des lutherischen Reformprotestantismus seiner Heimat enthält sie zugleich einen fundamentalen Unterschied. Denn während es Zinzendorf um die konstruktive

Vermittlung der beiden Flügel des Pietismus zum Zweck der Harmonisierung zweier Strömungen im Reformprotestantismus geht, überhöht Fichte die Vermittlung spiritueller und ethischer Religiosität zur Synthese ›wahrer Religiosität‹ überhaupt – zur Synthese eines Hyper- oder Supra-Pietismus.

Das kann er, weil die Vermittlung zwischen beiden Welten (der Erfahrung des inneren göttlichen Lebens und der Konfrontation und Gestaltung des historischen Lebens) bei ihm, anders als bei Zinzendorf, durch eine Philosophie begriffen wird, die dem Anspruch nach davon überzeugt ist, alle Gestalten und Prinzipien möglichen, auch religiösen Wissens systematisch durchmessen und vollständig dargestellt zu haben.

Eine Auseinandersetzung unterschiedlicher religionsphilosophischer Positionen findet bei Fichte somit nicht im *historischen* Streit unterschiedlicher Konfessionen und deren sektiererischer Untergruppierungen, sondern grundsätzlich und systemimmanent im Rahmen einer Theorie der Weltanschauungen statt. Und hier glaubt er, auch für den historischen Streit um den rechten Glauben – zumindest prinzipiell, das heißt unter Berücksichtigung verschiedener transzendental begründeter Religionsbegriffe[56] – mit dem hyper-pietistischen Begriff ›wahrer Religiosität‹ einen Orientierungsansatz gefunden zu haben. Das bedeutet aber nicht das Ende der *politischen* Auseinandersetzung mit dieser Frage. Denn mit der Vollendung des philosophischen Konzepts ›wahrer Religiosität‹ beginnt für Fichte, im Sinne des zweiten Flügels des Pietismus, die Planung und Umsetzung seiner lebensweltlichen Implementierung.

Für die Einlösung der Praxisforderung steht nicht nur Fichtes umfangreiches Oeuvre zur angewandten und populären Philoso-

---

56 Fichtes Theorie der Weltanschauungen enthält neben den fünf Grundformen des sinnlichen, rechtlichen, moralischen, religiösen und wissenschaftlichen Bewusstseins jeweils den einzelnen Modellen zugeordnete Gottes- und Religionsbegriffe. Seiner Geschichtsphilosophie lassen sich darüber hinaus fünf weitere Formen des religiösen Bewusstseins – von der natürlichen über die dogmatische Religion, den Atheismus, die Verstandes- bis hin zur Vernunftreligion – entnehmen. Vgl. H. Traub: *Johann Gottlieb Fichtes Populärphilosophie 1804–1806*. Stuttgart-Bad Cannstatt 1992 (*Spekulation und Erfahrung II/25*), 31–46 u. 209.

phie, sondern gelten auch seine praktischen Versuche, etwa durch die Sammlung Gleichgesinnter und die Gründung eines kulturpolitisch wirksamen »Instituts« der »Verwilderung des Zeitgeistes« entgegenzuwirken.[57] Bemerkenswert an dieser um 1800 ergriffenen Initiative ist, dass Fichte das wissenschaftlich-künstlerische Projekt seinem Geist nach auch theologisch oder religiös verstanden wissen wollte. So nennt er die mit Schleiermacher, den Brüdern Schlegel, Schelling und anderen zur Gründung eines gemeinsamen literarischen Großprojekts versuchte Vereinigung unsere »kleine unsichtbare Kirche« (GA III/4, 302). Wie ernsthaft diese Formulierung auch gemeint sein mag, in ihr schwingt ein gerade auch für den Pietismus charakteristisches Motiv mit, nämlich die Trennung, Distanzierung, Separierung vom ›orthodoxen‹ Mainstream sowie die Bildung einer ›heiligen Verbindung‹ als weltanschauliche Gegenkultur angesichts der Kultur- und Glaubenskrise der Gegenwart.[58]

Biblisch begründet ist die Distanz gegenüber der institutionellen ›Glaubens- und Wissens-Verwaltung‹ in der Idee einer ›präsentischen Eschatologie‹, die sich einerseits auf das Jesuswort »Wo zwei oder drei in meinem Namen versammelt sind, da bin ich mitten unter ihnen« (Mt 18, 20) berufen und die sich andererseits auf die ebenfalls neutestamentlich begründete Kritik Jesu am Tempelkult stützen kann. Gewissermaßen ist es das Leben Jesu selbst, das für diese institutionskritische Haltung des Pietismus Pate gestanden hat. Sein eigentlicher Wirkungskreis ist nach biblischer Überlieferung das Wanderprediger- und Heilerleben auf dem Lande. Von Haus zu Haus, von Familie zu Familie zieht er mit einer Gruppe Berufener und verbreitet auf diese Weise sein Evangelium. Die Stadt-Kultur ist nicht sein Milieu, schon gar nicht der Tempel-Kult Jerusalems. Im orthodoxiekritischen Pietismus findet diese biblisch begründete Haltung und Kultur des Glaubenslebens in der häuslichen Pflege der Frömmigkeit ihren Niederschlag. Dementsprechend bildet sich hier auch eine andere Form der Gottesvorstellung aus, weniger kirchlich,

---

57 Vgl. Traub (2001), 38–43.
58 Ebd., 43.

2. Fichte und die politische Romantik

sondern vielmehr privat geprägt und letztlich in einer Kultur der Innerlichkeit mündend. Wenn Fichte von der »kleinen unsichtbaren Kirche« spricht, die er zu Beginn des 19. Jahrhunderts mit Schelling, den Schlegels, Schleiermacher und anderen in Berlin zu gründen gedachte, dann steht in dieser Idee die pietistisch geprägte Konzeption einer Überzeugungsgemeinschaft der Gleichgesinnten als Hausgemeinschaft im Hintergrund. Dabei ist festzuhalten, dass die auf Luther zurückgehende und von ihm gegen Rom gerichtete Bezeichnung ›unsichtbare Kirche‹[59] von Fichte – ebenso wie vom Pietismus – als Kampfbegriff verwendet wird. Es ist ein *terminus technicus*, der sich sowohl gegen die in Ritual und Orthodoxie erstarrte Kirche als auch gegen den als ebenso geistlos beurteilten akademischen Betrieb und die darin sich vollziehende Entäußerung und Entfremdung lebendiger Glaubens- und Erkenntnispraxis wendet. Gerade auch in diesem Moment, einer am Urchristentum orientierten, lebendigen spirituellen und künstlerischen Gemeinschaftserfahrung, zeigt sich die Nähe Fichtes zur *communio pietatis* und ihrem *habitus practicus* auf eine besondere Weise.

---

59 In *Von dem Papsttum zu Rom* (1520) spricht Luther von der Kirche als einer *Versammlung im Geist.* »Also sagt Sankt Paul Col. Iij. [Kol. 2], dass unser Leben sei nicht auf Erden, sondern mit Christo in Gott verborgen. Denn so die Christenheit wäre eine leibliche Versammlung, so könnte man einem jeglichen an seinem Leib ansehen, ob er ein Christ, Türk oder Jude wäre, gleich als ich kann an seinem Leib ansehen, ob er ein Mann, Weib oder Kind, schwarz oder weiß sei. [...] Darum hab das fest, wer nicht irren will, dass die Christenheit sei eine geistliche Versammlung der Seelen in einem Glauben, und dass niemand seines Leibes halben werd für einen Christen geachtet, auf dass er wisse, die natürliche, eigentlich rechte, wesentliche Christenheit steht im Geiste und in keinem äußerlichen Ding, wie es auch mag genennet werden. [...] Auf diese Weise redet die heilige Schrift von der heiligen Kirche und Christenheit und hat keine andere Weise darüber zu reden.« (M. Luther: »Vom Papsttum zu Rom wider den hochberühmten Romanisten zu Leipzig« (1520), in: *Luthers Werke. Kritische Gesamtausgabe.* Hrsg. von J. K. F. Knaake. Weimar 1887 ff., Bd. 6, 295 f. Übertragung in heutiges Deutsch H. T.). In diesem Sinne hatte auch Lösseckens Katechismus eingeschärft: Kirche sei nicht »das steinerne Haus, sondern die gemeine Versammlung der Gläubigen« (Lösecken [1785], 34).

2.7   Exkurs: Fichte und ›die‹ Mystik

In ihrem Buch *Fichte und Meister Eckhart* behauptet Katharina Ceming, Fichtes Mystik-Kritik gehe »von einem völlig falschen Verständnis von Mystik aus«.[60] Das Problem dieser Fichte-Kritik besteht
darin, dass Fichte nirgends behauptet hat, ein ›authentisches‹ oder
›echtes‹ – soll heißen katholisch-mittelalterliches? – Mystikverständ-
nis vertreten oder kritisiert zu haben. Wenn Fichte, so er sich mit
diesem Thema befasst, ein anderes Verständnis von Mystik voraussetzt als das, was Ceming als ›echtes‹ unterstellt, dann muss das nicht
heißen, dass es ein falsches ist. Es wäre möglich, dass sich Fichtes
Mystik-Verständnis aus anderen als den von Ceming präferierten
Quellen speist. Im Übrigen ist es weder zutreffend, wie Ceming behauptet, dass Fichte an der Mystik vor allem deren Reflexionsfeind-
lichkeit kritisiert.[61] Das tut er auch, aber nicht nur – vor allem gegen
Jacobi und Schelling. Noch trifft es zu, dass es für Fichte keine »bild-
lose« Vereinigung des Menschen mit Gott gebe.[62] Wie an der siebten
Vorlesung der *Grundzüge* gezeigt, kritisiert Fichte am Mystizismus,
nicht an Mystik und Schwärmerei überhaupt, dessen tendenzielle
Praxisferne sowie seinen behaupteten ›privilegierten Zugang‹ zu den
Quellen von Weisheit und Seligkeit. Dagegen ist bekanntlich Fichtes
bereits erwähnte Ausgangsthese die, dass wir alle in Gottes »höherer
Kraft leben, und in diesem Leben zu jeder Stunde seelig seyn können, und sollen« (GA I/8, 288). Daher ist es zu weit hergeholt, die
in Fichtes Schriften auffindbaren Elemente ›mystischer‹ Traditionen
oder seine Auseinandersetzung mit *der* (?) Mystik in einen unmittelbaren Zusammenhang mit mittelalterlichen Lehren insbesondere
katholischer Mystiker, mit Meister Eckhart etwa, zu stellen oder sie
gar mit fernöstlicher Meditationsspiritualität in Beziehung zu setzen.
Sicher handelt es sich bei der Mystik um ein kulturumspannendes
spirituelles Phänomen, und von daher sind solche Affinitäten zu

---

60 Ceming (1999), 42.
61 Ebd.
62 Ebd., 250.

Fichte vielleicht auch nicht per se auszuschließen. Über einen solchen abstrakten Vergleich ist aber zu keinem wohlbegründeten Urteil darüber zu kommen, ob Fichtes Verständnis der Mystik ein der ›echten‹ Mystik‹ angemessenes oder unangemessenes ist. Was das Verständnis seiner Philosophie in dieser Hinsicht betrifft, sind Referenzen auf allgemeine Mystik-Affinität eher sekundär. Primär müssten solche Positionen mystischer Tradition in Betracht gezogen werden, die Fichte aus seinem unmittelbaren geistesgeschichtlichen Umfeld und seiner religiösen Sozialisation bekannt waren. Und da wäre wohl in erster Linie und zunächst an Gestalten *protestantischer Mystik* ›von Luther bis Schleiermacher‹, etwa an Jacob Böhme, einen der frühen kirchen- und orthodoxiekritischen Gewährsmänner des Pietismus, oder an Philipp Jakob Spener, den »Begründer des Pietismus«, zu denken.[63] Unabhängig von ihrer konfessionellen Herkunft ist darüber hinaus zu beachten, dass die Autoren der Mystik-Tradition in der Regel im Licht ihrer zeitgenössisch modifizierten, das heißt für die Bildungsbiographie Fichtes vorwiegend, wenn nicht überhaupt im Licht der jeweils rezipierenden Spiritualitätsauffassung, in diesem Falle insbesondere der des Pietismus, auf ihn gekommen sind.

Im Kapitel 10 des dritten Teils unserer Untersuchung werden wir uns diesem Thema noch einmal vertieft zuwenden. Wichtig war es uns, an dieser Stelle darauf hinzuweisen, dass, wenn es um das Thema ›Fichte und die Mystik‹ geht, darauf zu achten ist, welche Traditionen dieses Stroms der Geistesgeschichte für Fichte plausiblerweise infrage kommen und welche Orientierungen weniger nahe liegen. Bei ›Fichte und der Pietismus‹ sind das vor allem Vertreter der protestantischen Mystik.

63 K. Ebert (Hrsg.): *Protestantische Mystik. Von Martin Luther bis Friedrich D. Schleiermacher. Eine Textsammlung.* Weinheim 1996, 198.

3. Fichte in Niederau, im Haus von Pfarrer Krebel

Auch wenn Fichte der Familie von Miltitz in »unauslöschlicher Dankbarkeit« verbunden blieb,[64] so muss seine bessere Zeit zwischen Rammenau und Schulpforta die im Haus des Pfarrers Krebel in Niederau gewesen sein. Denn wie sich Fichtes Gattin Marie Johanne erinnert, »konnte Er [Fichte] im reifen MannesAlter, nicht ohne innige Liebe gegen den seligen Mann, und freudigen Erinnern an die damals so unschuldig froh verlebten Tage sprechen« (FiG 1, 9f.). Von dieser schönen Kindheitserinnerung des Vaters berichtet auch der Sohn Fichtes: »[I]m Dorf Niederau bei Meißen, verlebte Fichte seine schönsten Jugendjahre. [...] [Wir] erinnern [...] uns, daß Fichte noch in seinen späteren Jahren mit Rührung und herzlichem Danke des frommen Predigerpaares gedachte« (LLB I, 13). Von Fichte selbst ist der Plan überliefert, im Sommer 1814, in aller Ruhe, fernab vom Berliner Universitätsbetrieb, eine letzte Version der Wissenschaftslehre zu verfassen. Als Ort für die Ausführung dieses Plans soll er an »die herrliche Gegend zwischen Dresden und Meißen, an welche sich seine liebsten Jugenderinnerungen knüpften«, gedacht haben (ebd., 574).

Was war es, das die Erinnerung des alten Fichte so lebendig an diese Zeit in Niederau wach hielt? Hält man seine dörfliche Herkunft und das kulturelle Kontrastprogramm im Hause derer von Miltitz nebeneinander, dann fällt die Antwort auf diese Frage nicht schwer. Bei den Krebels tauchte er wieder in die Welt ein, der er sich auf dem Schloss zu entfremden drohte. Die auch bis ins Erwachsenenalter wache Erinnerung an den »zärtlichen Vater«, zu dem der auf militärischen Drill ausgelegte Ernst Haubold von Miltitz in denkbar schärfstem Kontrast stand, wurde im fürsorglichen Prediger Krebel wiederbelebt. Auch das Bildungsmilieu des Pfarrhauses setzte jenes Bemü-

---

64 Peters (1863), 2.

hen um ihn fort, das er von den Pfarrern Rammenaus gewohnt war. Mit einem Wort, Fichte war bei Krebels wieder zuhause. Und mehr noch: Mit der Frau des Pfarrers, Johanna Maria Krebel, hatte Fichte – anders als mit seiner eher kühlen Mutter – sozusagen das große Los gezogen. Wenn man den Ausführungen des Fichte-Sohnes Glauben schenken darf, dann war es gerade sie, seine Pflegemutter, »an die sich der Knabe unauflöslich« anschloss. Und es waren – auch das kennen wir schon von Fichtes Mutter und in gewissem Sinne auch von Henriette von Miltitz – »ihre frommen Lehren und Ermahnungen, [die] auf ihn einen Eindruck [machten], der ihn weit in sein künftiges Leben wohlthätig begleitete« (ebd., 14). So erfuhr der etwa zehnjährige Fichte von den Pfarrersleuten in Niederau »eine Liebe, wie sie nur wahre Eltern zu erweisen pflegen, und noch später erzählte er, wie sie auch die kleinsten häuslichen Genüsse mit ihm getheilt hätten und in Leid und Freude ihn als den Ihrigen angesehen« (ebd., 13 f.).

Gotthold Lebrecht Krebel war etwa 45 Jahre alt, als man ihm etwa 1772 den jungen Fichte zur Erziehung und Ausbildung anvertraute. Zu diesem Zeitpunkt betreuten Krebel und seine Frau die Gemeinde zu Niederau bereits seit acht Jahren – und dies unter großer Zustimmung der Gemeinde, wie dem Eintrag des Kirchenbuchs der Kirchengemeinde Niederau zum Todestag des Pfarrers zu entnehmen ist. Unter dem Datum vom 28. Februar 1795 heißt es dort:

[N]achmittags um 4 Uhr entschlief an Entkräftung [...] der hochwohl und ehrwürdige, großachtbare Herr Gotthold Lebrecht Krebel [...] 31 Jahre bestverdienter Pastor der Gemeinde zu Niederau. [...] Sein entseelter Leichnam wurde am 4. März [...] unter einem ansehnlichen Geleite seiner ihn liebenden Kirchenkinder dem Schoß der Mutter Erde anvertraut. Gott verleihe ihm in seiner Schlafkammer eine sanfte Ruhe und dereinst eine frohe Auferstehung zum ewigen Leben. Er richte das gebeugte Herz seiner gebeugten Frau Witwe mit den Tröstungen seiner Religion wieder auf und sei ihr Stab und Stütze in ihrem betrübten Witwenstand![65]

---

65 *Kirchenbuch der Evangelisch-Lutherischen Gemeinde in Niederau.* Amtshandlungs- und Kirchenstuhlregister des Kirchenbezirks Meißen. 1765, lfd. Nr. 5, 628 f.

Krebel ist demnach etwa am 14. Dezember 1727 geboren. Allerdings weist das *Sächsische Pfarrerbuch* (1939/40) das Jahr 1729 als sein Geburtsjahr aus. Ihm zufolge ist Krebels Geburtsort Wolmirstedt bei Magdeburg, wo sein Vater auch Pfarrer war. Studiert hat Krebel in den 50er Jahren des 18. Jahrhunderts in Jena und Leipzig. Krebel war sechs Jahre Lehrer im Haus der Frau von Miltitz und mit Gellert bekannt, der ihn 1759 der Gräfin Brühl als Erzieher ihres Sohnes empfahl. 1764 wurde Krebel Substitut und 1770 Pfarrer in Niederau. »Die ganze Miltitz'sche Familie ist ihm so gewogen, daß sie auf alle Art sein Glück zu machen sucht«.[66] Krebel war laut Kirchenbuch Niederau seit dem 4. Juli 1765 mit Johanna Maria Montag verheiratet. Ihre Ehe blieb kinderlos. So wird es für ihn und seine Frau vielleicht ein Glück gewesen sein, den jungen Fichte bei sich aufnehmen und für ihn als ihr Pflegekind sorgen zu dürfen. Auch dem einzelgängerischen Fichte wird der neue Status gefallen haben, hatte er doch zuhause mit vielen Geschwistern teilen müssen und auf dem Schloss – wenn überhaupt – nur die zweite oder dritte Geige gespielt. Gefallen haben wird ihm wohl auch, dass er nun wieder draußen in der Natur seine geliebten Spaziergänge und Wanderungen unternehmen konnte.

Dass er womöglich zur Erinnerung an diese glückliche Zeit vier Lindenbäume im Garten des Pfarrhauses pflanzte, wie dies von Weinhold und anderen berichtet wird,[67] ist nicht unwahrscheinlich. Denn Naturverbundenheit prägte Fichtes Lebensgefühl doch stärker, als dies über lange Zeit angenommen wurde. Und dies auch in einem intellektuell-reflektierten, ja spirituellen Sinne, der gerade die Religion und ihren Zusammenhang mit der Erfahrung eines alles Sein durchfließenden göttlichen Lebens charakterisiert.[68] So finden wir im Kontext mit dem bereits erwähnten »sonderbaren romantischen

---

66 Loose (1900), 336. Vgl. auch *Sächsisches Pfarrerbuch. Die Parochien und Pfarrer der Ev.-Luth. Landeskirche Sachsens (1539–1939)*. Hrsg. von R. Grünberg. Freiberg 1939/40, 469.

67 Peters (1863), 3.

68 Vgl. Traub (2015), 97–133.

Geist« der deutschen Nation einen nicht weniger sonderbaren Satz
über eine nicht so ohne Weiteres vermutete berufliche Qualifikation
des Pfarrers, nämlich über »den Prediger, der immer auch ein guter
Botaniker ist« (GA II/10, 418). Neben der Seelsorge gehört auch die
Pflanzenpflege im Kirchgarten, der zugleich Grabstätte sein soll,
zu den Aufgaben des Ortsgeistlichen und dies aus einem durchaus
reflektierten Grund. Denn auf diese Weise »entsteht […] in diesen
Landbewohnern eine zarte Pflanzenliebe, und ein scharfes Auge für
ihre Beobachtung, in dem das, was in der vernünftigen Natur, ihnen
das Geliebteste und Verehrteste ist, daran sich knüpft« (ebd.). Das ist
Fichtes aus der *Bestimmung des Menschen* und der *Anweisung zum
seligen Leben* bekannte Idee einer Vergeistigung der Natur im Standpunkt von moralisch-religiöser, das heißt Lebensformen gestaltender
Kunst und Religion (GA I/9, 156 f.).

Es mag sein, dass diese für Fichtes Idealismus ungewöhnlichen Be-
merkungen über Gartenpflege und Naturmeditation, und überdies
im Zusammenhang mit den Aufgaben eines Pfarrers, als Reminiszen-
zen an seine Zeit im Pfarrgarten des Hauses Krebel zu verstehen sind.

Dass Fichte gerne an diese Zeit zurückdachte, dass er sich noch
Jahre später mit der im Pfarrhaus von Niederau erlebten Welt emotional verbunden fühlte, ist durch die Biographie seines Sohnes ja hinreichend belegt. Auch ist es gut möglich, dass Fichte, bei aller Kantig-
keit seines *öffentlichen* Charakters, privat als Vater die Rolle spielte,
die ihm sein eigener Vater vorgelebt und die er bei seinen Pflegeeltern
in Niederau in der Person des Pfarrers Krebel erfahren hatte. Denn
Immanuel Hermann Fichte beschreibt den unbequemen Philosophen
als eher sanften und liebevollen Vater, und weniger als starrköpfig
und wild, wie wir das aus den üblichen Charakterbildern gewohnt
sind (LLB I, 578).

Neben der sehr angenehmen Kindheitserfahrung im Haus des
Pfarrers wird sich bei Fichte wohl ebenso der schon vom Elternhaus
an ihn herangetragene Berufswunsch gefestigt haben, einst selbst
Pfarrer zu werden und der Gemeinde von der Kanzel herab den Segen zu spenden. Für die Vorbereitung auf diesen Bildungsgang zu
sorgen, war nun die Aufgabe von Pfarrer Krebel. Das bedeutete, Kre-

bel musste seinen Pflegesohn zunächst für die Aufnahmeprüfung in
die Fürstenschule präparieren und ihn vor allem in Latein, biblischer
Exegese und im Katechismus unterweisen.[69] Dazu war er sicherlich
tauglich und bereit. Bibelexegese und Katechese waren sein Alltags-
geschäft und die Anfänge des Lateinischen wird er vermittelt haben
können.
      Nach den Berichten I. H. Fichtes soll der Pfarrer aber den Kam-
merherrn nach einiger Zeit gebeten haben, die Bildung des Jungen
doch besser »in einer gelehrten Anstalt fortsetzen zu lassen« (LLB
I, 14). Ob sich dieses Ansinnen der Einsicht des Geistlichen in die
Unzulänglichkeit seiner Erziehungs- und Bildungsarbeit, wie I. H.
Fichte schreibt (ebd.), oder der Tatsache verdankt, dass der für die
Aufnahme in Schulpforta noch zu junge Fichte eigentlich noch bis
zum dreizehnten Lebensjahr der Schulpflicht unterstand, sei dahingestellt. Sicher ist allerdings, dass er für einige Zeit, jedoch »nicht
über ein Jahr«, die Stadtschule in Meißen zur Vorbereitung auf die
Aufnahmeprüfung für Schulpforta besuchte. Für eine Weile lebte
Fichte dann »in Pension« beim Konrektor der Schule, Christian
Friedrich Weiße.[70]
      Dieser Hinweis auf Fichtes Aufenthalt in Meißen hat einige Glaub-
würdigkeit für sich. Fichte war der Stadtschule und insbesondere ihrer Leitung auch in späteren Zeiten noch verbunden. Das bestätigt
das erfolgreiche Bemühen, seinen Bruder Gotthelf im Jahre 1794 »als
Kostgänger bei dem Konrektor an der Stadtschule M[agister] Thieme
[zum Unterricht] im Lateinischen, Französischen und in Geschichte
[...] besonders aber [zum Erwerb der] Feinheit der Sitten« unterzu-
bringen.[71]
      Was Fichte in der Lateinschule zu Meißen begegnete, darein gibt
Manfred Kühns Recherche zu dieser Phase der Fichte'schen Bildung
einen Einblick.[72] Die Stadtschule von Meißen wurde im Zuge der Re-

---

69 Bacin (2007), 325.
70 Loose (1900), 404.
71 Ebd., 404.
72 Kühn (2012), 33.

formation 1539 in den Gebäuden eines aufgegebenen Franziskaner-
klosters gegründet. Als höhere (Latein-)Schule hatte sie die Aufgabe,
ihre Schüler auf das (Theologie-)Studium oder weiterführende Aus-
bildungen für höhere Berufe vor allem im Staatswesen vorzubereiten.
Zentrale Unterrichtsfächer zur Zeit Fichtes waren die alten Sprachen
(Latein und Griechisch), Mathematik (Arithmetik und Geometrie)
sowie religiöse und moralische Unterweisung.

In welcher Intensität Fichte die Stadtschule Meißen besuchte, ist
allerdings ungewiss. Die Nachforschungen zu seiner dortigen Schulzeit, die Adolf Peters, ab 1851 Mathematikprofessor an der Fürstenschule St. Afra in Meißen, angestellt hat, sind negativ, ebenso wie ak-
tuelle Auskünfte des Stadtarchivs von Meißen in dieser Sache. Für
seine Biographie über Dietrich von Miltitz bat Peters den damaligen
Direktor der Stadtschule, C. G. Radestock, darum, »die ›sehr genau‹
geführten‹ Schülerverzeichnisse aus den Jahren 1771–1774 genau
durchzusehen. Aber Fichte's Name findet sich darin nicht«.[73] Zu
demselben Ergebnis kommt auch die Recherche im Stadtarchiv Meißen. Es gibt offenbar keine archivarischen Nachweise zum Schulbesuch von Fichte in der damaligen Stadtschule. Allerdings steht außer
Zweifel, dass Fichte die Schule besuchte. Denn es liegt für den Zeitpunkt seines Abgangs nach Schulpforta im Oktober 1774 eine Quit-
tung über »Sieben Thaler monatliches Kostgeld für Gottlieb Fichte«
mit Datum vom 6. September 1774 vor, die von der »Cammerherrin
von Miltitz auf den Monat August richtig und bar« beglichen wurde
(GA III/1, 47, Fn. 3 und FiG 6, 1).

Die bisher vorliegenden Zeugnisse und Quellen, die über Fichtes
Erziehung und weitere Ausbildung in Niederau und Meißen sowie
seinen Abgang nach Schulpforta berichten, sind nicht ohne Unklar-
heiten und Widersprüche. Einiges davon lässt sich angesichts der
geleisteten Forschungsarbeit nun ein wenig aufklären, manches be-
richtigen, anderes bleibt für zukünftige Nachforschungen offen oder
auch für immer verschlossen. So schreibt Immanuel Hermann Fichte
in der Biographie über seinen Vater, dass Pfarrer Krebel bei ihm »den

73 Peters (1863), 3.

ersten Grund in den alten Sprachen« legte. Allerdings sei Fichte dabei
nicht »durch regelmäßigen Unterricht angeleitet worden, wodurch
[…] eine gewisse Unsicherheit in den grammatischen Anfangsgründen in ihm zurückblieb, welche sein rasches Fortkommen in Schulpforta anfangs verzögerte« (LLB I, 14). Auf diese Schilderung der
Lebensumstände in Fichtes Zeit in Niederau und Pforta beziehen
sich noch bis in die Gegenwart andere Fichte-Biographien.[74]

Im Widerspruch zu den vom Fichte-Sohn attestierten »Unsicher-
heiten in den grammatischen Anfangsgründen« der alten Sprachen,
deren Folge die Verhinderung eines raschen Fortkommens in Schulpforta gewesen sein soll, stehen sowohl die bestandene lateinische
Probeübersetzung zur Aufnahme in die Fürstenschule Schulpforta
als auch Fichtes eigenes Urteil über seine damaligen, insbesondere
lateinischen Sprachkenntnisse. Fichtes Probeübersetzung, die die
Fichte-Gesamtausgabe nicht enthält,[75] liegt folgender vom Schüler zu
übersetzender Text zugrunde:

Das Wort Gottes enthält Gesetz und Evangelium. Das Gesetz gebietet uns,
was wir thun und lassen sollen, und die Liebe Gottes und des Nächsten,
ist der Zweck aller Göttlichen Gebote. Das Evangelium lehrt uns, was wir
gläuben sollen, und daß Christus der Grund unseres Glaubens ist, und wer
an diesen gläubet, der wird gerecht. Niemand aber wird an denselben gehö-

---

74 Kühn (2012), 32.
75 Es soll das Verdienst der Herausgeber der *J. G. Fichte Gesamtausgabe* nicht schmä-
   lern, aber man darf doch am Sinn ihrer Entscheidung zweifeln, keine Übersetzungen
   von Fichte in die Gesamtausgabe aufzunehmen (GA II/1, VI). Denn dadurch ist der
   Fichte-Forschung bis heute weitgehend verborgen geblieben, in welchem Umfang
   und mit welcher Intensität sich Fichte mit klassischer wie moderner nicht deutschsprachiger Literatur auseinandergesetzt hat. Auch aus diesem Umstand erklärt sich,
   dass die Fichte-Forschung gelegentlich den Eindruck vermittelt, als sei Fichte in
   einem besonderen Maße ein selbstschöpferischer Geist, was er sicherlich und ohne
   Zweifel auch war. Aber manch Eigenständiges hat doch auch Ursprünge und Wurzeln in der klassischen und modernen Bildung und Selbstbildung. Einen Überblick
   über den Umfang und die Diversität Fichte'scher Übersetzungen aus dem Griechischen, Lateinischen, Französischen, Portugiesischen bietet M. Runze: *Neue Fichte-
   Funde aus der Heimat und der Schweiz*. Gotha 1919, 7–9.

rig gläuben, welcher nicht weiß, daß er wahrer Gott und wahrer Mensch sey. Dieses wußten und gläubten die Pharisäer nicht. Daher konnten sie auch nicht erklären, warum David den Messiam sowohl seinen Sohn, als seinen Herrn, nennen konnte.[76]

Fichte übersetzt und unterschreibt:

Verbum Dei continet Legem et Evangelium. Lex jubet, qoud nos facere et intermittere debemus. Omniumque praeceptorum divinorum est finis amor erga Deum et proximum. Evangelium vero nos docet credere Christum esse fundamentum fidei nostrae et qui in illum credit, iustificatur. Nullus autem in illum decenter credit, qui nescit, quod ille Deus verus verusque homo sit. Hoc nescriverunt nec crediderunt Pharisaei. Igitur nec potuerunt explicare, cur Davides Messiam tam filium suum quam dominum suum nominare potuerit.

Joannes Theophilus Fichtius. Anno decimo tertio aetatis.[77]

Über sein Examen in Schulpforta am Ende des ersten Ausbildungshalbjahres, das heißt des Zeitraums, den I. H. Fichte als kritisch beschrieben hat, schreibt der Schüler Fichte in einem Brief vom 1. April 1775 an seinen Vater:

da ich nun gewiß weiß daß ich ein sehr gutes ja fast das beste Lob bekommen werde, so kostet mich doch auch dieses entsetzlich Geld. Denn es ist hier die fatale Gewohnheit daß wer eine gute Censur bekommt den 6. Obersten in seiner Classe und 5. Obersten am Tisch ein ganz Stück Kuchen kauffen muß (GA III/1, 6).

Von Anfangsschwierigkeiten, seine schulischen Leistungen betreffend, hören wir hier nichts. Und in einer späteren Reflexion auf seine Ausbildung, speziell im Lateinischen, behauptet Fichte, bereits im Alter von zehn Jahren ganz ordentlich aus dem Lateinischen übersetzt zu haben (vgl. GA III/6, 141). Wenn an dieser Feststellung neben dem Urteil über seine Lateinkenntnisse auch die Angabe des Alters einigermaßen verlässlich ist, dann kann der Unterricht des Pfar-

---

76 Runze (1919), 23.
77 Ebd., 23 f.

rers Krebel nicht Fichtes Erstbegegnung mit der lateinischen Sprache gewesen sein. Denn ›ordentlich übersetzen‹ setzt Grundlagen bereits voraus. Fichte war aber bereits über zehn Jahre alt, als er Zögling des Pfarrers wurde. Und so ist es durchaus möglich, sogar wahrscheinlich, dass der öffentliche Schulunterricht in Rammenau, die private Förderung durch die damaligen Ortspfarrer oder auch das Haus Miltitz dem jungen Fichte einige Kenntnisse des Lateinischen vermittelt hatten, bevor man ihn der Fürsorge der Krebels und dann der Stadtschule von Meißen anvertraute. Dass diese Anfänge im Haus des Pfarrers weiterentwickelt wurden, darf man annehmen. Ob hier aber ihr »erster Grund gelegt« wurde, wie Immanuel Hermann behauptet, ist doch sehr fraglich, es sei denn, man versteht unter der ersten Grundlegung einen systematischen Anfang. Diese Annahme aber verträgt sich wiederum nicht mit Immanuel Hermanns Behauptung, der Junge sei, was seine Sprachförderung in Latein und Griechisch angeht, bei Pfarrer Krebel im Wesentlichen auf sich selbst gestellt gewesen.

Auch an der anderen Feststellung sind Bedenken angebracht, dass es des Pfarrers Einsicht in seine Unzulänglichkeit als Sprachlehrer gewesen sei, die ihn dazu veranlasst habe, »in den Freiherrn zu dringen«, um Fichte seine Ausbildung an einer gelehrten Anstalt fortsetzen zu lassen. Denn zum einen bestand bis zum 13. Lebensjahr Schulpflicht in Sachsen. Und da Fichte nicht mehr durch einen Hofmeister oder Hauslehrer auf den Miltitz'schen Schlössern unterwiesen wurde, galt das auch für ihn. Zum anderen ist fraglich, ob es Haubold von Miltitz selbst war, der diese Entscheidung traf. Denn aus der erwähnten Testamentsänderung aus dem Jahre 1773 geht hervor, dass zu diesem Zeitpunkt weder an eine Erziehung und Ausbildung im Hause des Pfarrers Krebel noch an einen Besuch der Stadtschule in Meißen oder gar an Schulpforta als Fürstenschule gedacht war. Im Testament ist vielmehr von der Kammerdienerschaft Fichtes beim jungen Dietrich von Miltitz und der Fürstenschule St. Afra in Meißen als Vorbereitungsstätte für Fichtes späteres Studium die Rede. Kurze Zeit nach der Abfassung dieser Verfügung ist von Miltitz zur Kur nach Italien abgereist, wo er am 5. März 1774 in Pisa verstarb. Viel Zeit für die

Neuorganisation des Bildungsweges seines Schützlings blieb da nicht
– zumal der Kammerherr zu diesem Zeitpunkt bereits sehr krank war.
Plausibel erscheint es dagegen, dass seine Gattin Henriette Luise
von Miltitz, die starke fromme Frau im Haus, gemeinsam mit den
pietistischen Vormündern Hardenberg und Einsiedel nach Abreise
des Gatten die Erziehungsgeschäfte neu regelte. Dietrich kam in die
Obhut des Grafen von Einsiedel, Fichte in das Pfarrhaus Krebel. Die
zum damaligen Zeitpunkt etwa vierjährige Tochter blieb in der Obhut der Mutter. Demnach hat Fichte die Stadtschule von Meißen etwa
ein Jahr lang, ab Herbst 1773 bis zu seiner Aufnahme in Schulpforta
am 5. Oktober 1774, besucht. Für dieses Arrangement, das sich mit
allen gegenwärtig bekannten Quellen deckt, spricht noch ein weiterer
Umstand. Haubold von Miltitz schreibt in seiner Testamentsergänzung, dass er für den weiteren Bildungsweg Fichtes an »eine unserer
Familienstellen auf der Fürstenschule zu Meißen« dachte. Es kam
anders. Fichte wurde nicht Schüler in St. Afra in Meißen, sondern
in Schulpforta bei Naumburg. Dass Fichte, anders als Haubold von
Miltitz verfügt hatte, Schüler in Schulpforta wurde, hat sehr wahrscheinlich seinen Grund in von Hardenbergs Einfluss, der zum einen
von 1752 bis 1756 selbst als Schüler Schulpforta besucht und zum
anderen nach Abreise und Tod des Kammerherrn die Vormundschaft
Fichtes übernommen hatte.

Dass sowohl Hardenberg als auch Einsiedel einen starken auch
pietistischen Einfluss auf die Erziehung der Kinder im Miltitz'schen
Hause ausübten, erwähnten wir schon im Zusammenhang des Bildungsweges von Dietrich von Miltitz. Der Einfluss Hardenbergs auf
die Wahl Schulpforta statt St. Afra im Falle Fichte hat daher Plausibilität.[78] Im Übrigen ersparte diese Entscheidung den Vormündern

---

78 Dass es, wie Xavier Leon annimmt, Pfarrer Krebel war, auf den diese nicht ganz
    unbedeutende Entscheidung zurückzuführen sei, ist daher eher unwahrscheinlich.
    Vielleicht hat man ihn dazu gehört. Entschieden aber haben andere (vgl. Bacin
    [2007], 25). Auch Gellerts Beziehungen zu Schulpforta, sein Ruf sowie seine lang-
    jährige Freundschaft und Verbundenheit mit dem Hause von Miltitz könnten in
    dieser Vermittlung eine Rolle gespielt haben.

eine Verhandlung mit dem ältesten Bruder des verstorbenen Kammerherrn, der nach Auskunft der Testamentsergänzung in der Sache ›Familienstelle auf der Fürstenschule zu Meißen‹ wohl ein Wort mitzureden gehabt hätte. Denn ob der Bruder des Verstorbenen bereit gewesen wäre, Fichte eine Familienstelle in St. Afra einzuräumen, ist nicht sicher. Aber die Formulierung des Testaments, dass er es »wohl nicht abschlagen würde«, lässt vermuten, dass es unter den Geschwistern noch nicht ausgemacht war, Fichte diesen Ausbildungsplatz zuzubilligen. Die Entscheidung, ihn nach Schulpforta zu schicken, befreite die Vormünder von der Aufgabe, darüber mit dem Bruder des Verstorbenen in Verhandlung treten zu müssen.

Blickt man auf Fichtes Aufenthalt im Pfarrhaus von Niederau, so ist für seine weitere geistige und seelische Entwicklung festzuhalten, dass er hier zunächst wieder in ein soziales Milieu eintauchte, das ihm aus seiner Zeit in Rammenau vertraut war und in dem er sich wohlfühlte. Die Vorbereitung auf seine Laufbahn als Pfarrer wurde hier realitätsnah durch die Teilhabe am familiären und beruflichen Leben des Seelsorgers sowie durch weitere Bildungsangebote, wie etwa die Bibliothek des Pfarrers und seinen Unterricht, weiter gefördert. Vor allem war es dessen Frau Marie Johanne, die großen Anteil an einer nachhaltigen Vertiefung seiner religiös-moralischen Entwicklung hatte. Die wiedergewonnene Freiheit im Pfarrhaus verschaffte ihm den Raum, auch seine einsamen Spaziergänge wieder aufzunehmen, und zwar jetzt in der »herrlichen Gegend zwischen Meißen und Dresden«, eine Gegend, an die sich noch bis ins Jahr 1813 seine »liebsten Jugenderinnerungen knüpften« (LLB I, 574).

Wir haben darauf aufmerksam gemacht, dass Fichtes religiös-weltanschauliche Prägung unter einem bisher in der Forschung nicht beachteten, beziehungsweise abgewiesenen reformprotestantisch-pietistischen Einfluss stand. Von der womöglich pietistisch geprägten Frömmigkeit seiner Mutter über die mit Lehrmitteln pietistischer Prägung arbeitende Dorfschule Rammenaus, die im Umfeld von Francke ausgebildeten und praktizierenden Dorfpfarrer, bis zu seinen als Herrnhuter ausgewiesenen Vormündern im Hause der Familie von Miltitz begegneten dem jungen Fichte die Glaubensinhalte des lutherischen Protestantismus vor allem in einer durch den Pietismus geprägten Interpretation.

Auch wenn wir zu wenig über den protestantischen Geist im Haus des Pfarrers Krebel wissen, um Verlässliches über Fichtes religiöse Weiterbildung sagen zu können, so lässt sich wohl so viel behaupten, dass die Entscheidung der Vormünder, Fichte dort weiter erziehen und ausbilden zu lassen, auch unter dem Gesichtspunkt der Kontinuität seiner religiös-weltanschaulichen Prägung getroffen wurde. Mit ziemlicher Gewissheit ist davon auszugehen, dass vor allem durch den Einfluss von Hardenbergs und Frau von Miltitz' sichergestellt wurde, dass Fichtes Pflegeeltern keine dem Pietismus widersprechenden religiösen Tendenzen vertraten, sondern den eingeschlagenen Weg seiner religiösen Bildung weiter unterstützten.

Auf diese Weise schulisch wie weltanschaulich, religiös und moralisch gerüstet, trat Fichte, nach erfolgreicher Übersetzungsprüfung, seine weiterführende Schullaufbahn am 5. Oktober 1774 an; nicht, wie durch seinen Gönner geplant, in St. Afra in Meißen, sondern in Schulpforta bei Naumburg.

Dritter Teil:
Fichte in Schulpforta

1. »Die pietistischen Lehrer [...] erhielten den unstreitigen Sieg.«

Schulpforta war für Fichte keine leichte Schule, weniger wegen des Lehrstoffs, sondern vielmehr wegen der Schulorganisation, wegen der sozialen Beziehungen und Umgangsformen. Aus dem behüteten Umfeld seiner Pflegefamilie in Niederau entfernt, findet er sich wieder einmal hinter Mauern: interniert in den feucht-düsteren Räumlichkeiten und Zellen eines 1540 aufgelösten Zisterzienserklosters, im rauen Alltag einer Lern- und Erziehungsanstalt mit etwa 100 Mitschülern. Der liebevollen Umsicht seiner Pflegeeltern entzogen und der höchst zweifelhaften Willkür und Hierarchie einer ›Schüler-erziehen-Schüler-Pädagogik‹, dem Modell von Untergesellen und Obergesellen, ausgeliefert, findet er sich hier an einem seiner zentralen Bedürfnisse, an seiner Freiheit, beschnitten.

Manfred Kühn konstatiert zutreffend: »Der Druck der neuen Umgebung auf Johann Gottlieb muss in der Tat sehr groß gewesen sein. Gemäß der Einrichtung der Schule musste er sich auf eine Art und Weise unterordnen wie noch nie vorher«.[1] Nur verständlich daher, dass er Fluchtpläne schmiedete und versuchte, sich dem Druck zu entziehen. Dass ihm dabei Daniel Defoes *Robinson Crusoe*, das Bild der einsamen, aber nicht menschenfeindlichen Insel, in Gesellschaft eines unverdorbenen Naturburschen, als Ideal vorschwebte, ist vielsagend. Denn es bestätigt rückblickend noch einmal, was wir als Charakterzug bei Fichte schon aus seinen Rammenauer und Miltitz'schen Zeiten kennen: seinen Hang zum Einzelgängerischen, das Bedürfnis nach Rückzug, den Auslauf in die Natur, die Natur als Fluchtort, den Widerwillen gegen unnatürliche Stilisierung, Förmlichkeit und daraus abgeleitete Ordnungen. Das mit seinem Bruder erörterte Thema der Spannung zwischen rustikaler Herkunft und höfisch-höflichem Schliff bedrängt ihn in Schulpforta von Neuem.

---

1 Kühn (2012), 42.

Was Fichtes Bildungsweg in Schulpforta sowie die von Weißhuhn und anderen dokumentierten Verhältnisse des Internats zu
dieser Zeit betrifft, etwa die Machtspiele, die Unterdrückungs- und
Demütigungspraktiken der Schüler untereinander, ihre nächtlichen
Ausflüge ins nahegelegene Naumburg, das ›Laster der Knabenschän-
derei‹, ihr verbotenes nächtliches Kartenspiel usw., darüber vermittelten uns Manfred Kühns oder Stefano Bacins Kapitel über Fichte
in Schulpforta ein hinreichend anschauliches Bild. Hierher gehört
auch die Feststellung, dass sich Fichte den Gepflogenheiten des Hauses schließlich anpasste. Als Obergeselle, nun selbst mit Macht und
Privilegien gegenüber Jüngeren ausgestattet, war er bei diesen nicht
sonderlich beliebt, eher gefürchtet. Besuche in Schulpforta nach seinem Abgang veranlassten ehemalige Mitschüler zu wenig sympathischen Attacken. Bei seinem Erscheinen im Speisesaal soll »ein großes
Getöse« unter den Schülern angehoben haben, »es flogen sogar ab-
genagte Knochen nach dem Fremdlinge, um ihn aus dem Saale zu
treiben. [...] [D]er Lehrer begleitete ihn bis vor die Thüre um ihn nur
vor dem Knochenbombardement zu schützen«.[2]

Ansonsten sind uns die Erzählungen über die Vorkommnisse des
Internatsbetriebs im Großen und Ganzen auch aus Berichten über
andere Einrichtungen dieser Art, und zwar bis in die Gegenwart hinein, bekannt.

Was uns an Fichte in Schulpforta interessiert, ist aber etwas anderes, nämlich die Frage nach dem Verhältnis der Einrichtung zum
Reformprotestantismus, zum Pietismus insbesondere. Lässt sich das,
was wir dazu inzwischen aus Fichtes Bildungsbiographie in Rammenau und im Hause Miltitz ermittelt haben, in seinen sechs Jahren
von Schulpforta weiter verfolgen? Oder gibt es Anlass zur Annahme,
dass es hier Brüche oder Neuorientierungen in der religiösen Weltanschauung des jungen Fichte gab? Auf die Urteile derjenigen, die sich
in der Fichte-Forschung mit dieser Frage befasst haben, insbesondere
Reiner Preul und Stefano Bacin, sind wir im Allgemeinen schon ein-

---

2 Urceus [=W. T. Krug]: *Meine Lebensreise in 6 Stationen.* Leipzig 1825, 29, zitiert
nach Bacin (2007), 131.

gegangen. Im Folgenden wollen wir die damals vorgebrachte Kritik
an ihrer These von der Pietismus-Abstinenz in Fichtes Bildung und
Erziehung an einzelnen Punkten, die speziell seine Ausbildung in
Schulpforta betreffen, weiter vertiefen.

Mit Blick auf das Ergebnis unserer bisherigen Analyse ist bereits
jetzt hinreichend deutlich und gut belegt, dass sich die Behauptung,
Fichte sei in Erziehung und Bildung von den Ideen des Pietismus unberührt geblieben, nicht aufrechterhalten lässt. Schon vor seiner Zeit
in Schulpforta stand die Bildung seiner religiös-moralischen Weltanschauung unter dem Einfluss pietistischer Lehrer und Lehren, und
zwar von Anfang an, zuletzt unter dem Einfluss bekennender Herrnhuter Pietisten im Miltitz'schen Hause. Die biographischen Kontinu-
itäten und Einflüsse, die ideengeschichtlichen Affinitäten und positiven Rezeptionen pietistischen Gedankenguts konnten durch Hinweise auf einzelne, zentrale Ideen in Fichtes philosophischem Werk
plausibel gemacht und erhärtet werden. Es gilt jetzt zu zeigen, ob und
inwieweit sich diese Entwicklung in Schulpforta fortsetzte.

Wir werden uns in unserer Analyse auf die stärkste Gegenthese zu
unserer Untersuchung, auf die These Stefano Bacins konzentrieren.
Preuls Behauptung, dass die pietismusaffinen Ideen Fichtes, wie die
Betonung der Innerlichkeit, auch durch den Frühaufklärer Gellert
auf ihn gekommen sein könnten, konnte mit den Hinweisen auf Gellerts eigene Pietismusnähe sowie mit Rücksicht auf die Säkularisierung pietistischen Gedankengutes in der Frühaufklärung entkräftet
werden. Stefano Bacin behauptet nun darüber hinaus, dass es Fichte
in Schulpforta mit einem ›Bollwerk‹ lutherischer Orthodoxie gegen
den Pietismus zu tun hatte. Die personale und inhaltliche Dominanz der pietismuskritschen Haltung der Schule sei vor allem durch
Johann August Ernesti und dessen Einfluss auf die Lehre und den
Lehrkörper im Hause zu begründen.[3] Fichte sei deswegen in Schulpforta vor pietistischem Gedankengut abgeschirmt gewesen.

---

3 Vgl. Bacin (2007), 39.

Unter Hinweis auf die Berichte über Schulpforta von Fichtes Mitschüler und Freund Friedrich August Weißhuhn sowie aufgrund Fichtes eigenen Urteils über Ernestis ›neologische Theologie‹ und die lutherische Orthodoxie werden wir im Folgenden zweierlei nachweisen: nämlich erstens, dass Schulpforta zur Zeit Fichtes kein Bollwerk orthodoxer lutherischer Theologie war. Der Geist Schulpfortas war vielmehr im Umbruch und von unterschiedlichen weltanschaulichen Strömungen des Zeitgeistes beeinflusst. Nach Auskunft Weißhuhns lehrten dort zur Zeit Fichtes auch Professoren, die dem Pietismus nahe standen. Und gerade zu diesen pflegte Fichte ein besonderes Verhältnis.

Des Weiteren wird sich das Argument, auf das sich Bacin vornehmlich für seine These von der ›pietismusfreien Zone‹ Schulpforta stützt, nämlich dass Ernesti und ›die lutherische Orthodoxie starken Einfluss auf die weltanschauliche und theologische Bildung der Schüler hatten, als problematisch, ja letztlich kontraproduktiv für seine These erweisen. Ernestis Bibel-Hermeneutik und Hutters lutherische Orthodoxie wurden von den Schülern nicht oder nur bedingt positiv rezipiert. Bei Fichte lösten sie Widerspruch und später eine theologische Fundamentalkritik aus, die darin gipfelt, dass er die »sogenannten pietistischen Lehrer« zu den ›Siegern‹ im theologischen Streit mit der lutherischen Orthodoxie und der von Ernesti vertretenen »analytischen« Neologie um wahrhafte Religiosität erklärt (GA I/8, 383).

Von dieser Kontroverse zum Thema Pietismus in Schulpforta abgesehen, möchten wir das von Kühn angesprochene, aber nicht weiter ausgeführte Thema des frühen Fichte'schen Heroismus[4] etwas genauer in den Blick nehmen, weil sich aus diesem Motiv nicht nur ein starkes Indiz für die Bestimmung der Persönlichkeit des Philosophen, sondern, wie wir später zeigen werden, ein interessantes Argument für eine Begründungstheorie seiner Wissenschaftslehre ableiten lässt, die der bisher in der Forschung vertretenen widerspricht.

---

4 Vgl. Kühn (2012, 45 f.).

2. Die ›Lehre‹ des Ortes – das Kloster, die Mystik und der Pietismus

Unsere Untersuchung zum Thema Schulpforta und der Pietismus möchten wir mit einem vielleicht eher nebensächlichen Aspekt beginnen, der in Bacins Analyse zu Fichte in Schulpforta keine Rolle spielt, der aber für das Verständnis des ›Geistes von Pforta‹ nicht ganz unbedeutend ist.

Wenn es richtig ist, wie Fichte sagt, dass Architektur darauf angelegt ist oder angelegt sein sollte, im Menschen Ideen anzuregen (vgl. GA III/8, 8 f.), dann sind es die Anlage des ehemaligen Zisterzienserklosters »Sankt Marien zur Pforte« und der darin »verbaute« Geist wert, sich auf diesen Gedanken einmal kurz einzulassen.[5] Schulpforta lehrt nicht allein durch das Lehrpersonal und die verwendeten Lehrmittel. Die Anlage lehrt, erzieht und ist geistanregend und bildend auch, und zwar elementar und fundamental, durch sich selbst. Schulpforta ist ›Theologie in Stein‹.

Mit Blick auf unser Thema bedeutet das, die Frage nach dem Zusammenhang zwischen dem Geist des monastischen Lebens im Katholizismus, speziell an diesem Ort, und der pietistischen Frömmigkeitsbewegung zu stellen. Und diese Frage muss nicht lange nach einer Antwort suchen. Was generell gilt, nämlich dass die theologische Mystik die spirituelle Schnittmenge von Katholizismus und Pietismus bildet, gilt auch in diesem speziellen Fall. Denn dem Gründungsgedanken des Klosters im Saaletal liegt *der* religiöse Impuls zugrunde, der auch den geistesgeschichtlichen Ursprung und das Wesen der pietistischen Frömmigkeitsbewegung prägt: die kritische, dem religiösen Mainstream abgewandte Rückbesinnung auf den Kern des Evangeliums und eine sich darauf ausrichtende neue Lebensführung.

---

5   Vgl. H. Traub: »Ästhetik und Kunst in der Philosophie J. G. Fichtes. Eine Bestandsaufnahme«, in: *Fichte und die Kunst.* Hrsg. von I. Radrizzani / F. Oncina Coves. Amsterdam / New York 2014 (*Fichte-Studien 41*), 377–391.

›Sankt Marien zur Pforte‹ – so eine der Benennungen in den frühen Urkunden – war eine Niederlassung des 1098 in Cîteaux (Cistertium) in Burgund
gegründeten Reformordens der Zisterzienser. Dieser Orden verstand sich
als eine Korrektur des damaligen benediktinischen klösterlichen Lebens.
Er forderte eine strenge Betonung der Askese und suchte die Rückkehr zur
Einfachheit des ursprünglichen Mönchtums. Dies fand seine Ausprägung
vor allem auch in dem Verständnis des Arbeitsgebots der Benediktregel
›ora et labora‹ als Handarbeit. Die besondere Spiritualität der Zisterzienser, die sie von den Benediktinern unterscheidet, zeigt sich in ihren mystischen Zügen, der liebenden Verehrung des Mensch gewordenen Gottes,
der Brautmystik, der Passionsmystik, vor allem in der ausgeprägten Marienverehrung. Bis auf wenige Ausnahmen sind die Kirchen des Ordens
der Mutter Gottes geweiht. Aus diesem ›Feminismus affinen‹, nach innen
gewandten, geistlichen Leben der Zisterzienser ergaben sich wiederum
Bedingungen für die Wahl des Ortes einer klösterlichen Niederlassung,
die in Pforta noch heute zu erkennen sind. So wurde darauf geachtet, dass
das Kloster abseits menschlicher Behausung in der Einsamkeit liegt, aber
doch nicht zu weit entfernt von Handelsstraßen; und, dass es im Tal liegt,
wegen des im Klosterbereich benötigten fließenden Wassers. Schatten war
erwünscht. Auch vergewisserte man sich der nicht zu großen Entfernung
von Steinbrüchen und der Verfügbarkeit von Bauholz. Innerhalb der
gewählten Stätte hatte die Kirche auf dem höchsten Punkt zu liegen, was in
Pforta die Nähe zum Knabenberg zur Folge hatte, weshalb hier die Klau-
sur, gegen die Norm, auf der Nordseite der Kirche liegt.[6]

Die Abkehr von einer ›verweltlichten‹ Religiosität, die Betonung unterschiedlicher Formen der Mystik, ein nach innen gewandtes und
nach außen asketisch, auf Distanz zur Welt geführtes geistliches Leben, die darauf abgestimmte Wahl und Gestaltung eines Ortes der
Einsamkeit, dies alles kennzeichnet eine Lebensform, der sich – wie
wir sahen – auch die Gemeinschaftsbildung beim radikalen Flügel des
Pietismus – die sich bezeichnenderweise wie das klösterliche Leben
auch ›Convent‹ nannte – sehr verbunden fühlte.

---

6   K. Büchsenschütz / E. Kißling (Hrsg.): *Pforta. Das Zisterzienserkloster – Die Lan-
    desschule.* Regensburg 2001, 7 f.

Das ist »der Geist[, der] in diesen Mauern gelebt hat und heute lebt«.[7] Das ist der Geist, der konstanter als jeder Unterricht auch auf Fichte tagtäglich, sechs Jahre lang, einwirkte. Das ist der Geist, den die Architektur des Ortes in ihm anzuregen, zu fördern und zu unterstützen trachtete. Dabei soll ein Detail dieser Katholizismus und Pietismus verbindenden Spiritualität nicht unbeachtet bleiben, nämlich die hervorgehobene Marienverehrung der Zisterzienser und die Ausprägung der Gestalt der ›starken frommen Frau‹ im Pietismus, eine bemerkenswerte Nähe zwischen beiden Konfessionen in der Bestimmung der Rolle der Frauen und ihrer Verantwortung für die innerfamiliäre Pflege und Vermittlung von Religiosität, ein Umstand, der, wie wir sahen, schon für Fichtes frühe religiöse Sozialisation nicht ganz unbedeutend war.[8]

---

7 Ebd., 7.

8 Wie weit diese geistesgeschichtlichen Verbindungslininien zwischen Marienverehrung, Mystik und pietistischer Frömmigkeit in Fichtes philosophisches Denken eingedrungen sind, soll hier nicht entschieden werden. Hingewiesen sei in diesem Zusammenhang allerdings auf die von Fichte 1805/06 verfassten *Marien-Hymnen* (GA II/9, 455–476). An diesen sind zum einen bemerkenswert der Zeitpunkt ihrer Entstehung parallel zu Fichtes Religionslehre der *Anweisung zum seligen Leben* (1806) und zum anderen die inhaltlichen Bezüge zur Licht-, Lebens- und Liebesthematik, die Fichtes Denken in diesem Zeitraum besonders prägten. Maria: »Mutter der Lebenden«, »leitende Fackel zum Himmelslicht«, die »an der Liebe Dank Sterbende« (ebd., 460 u. 476).

3. Der »Schulgeist – ein seltsam gemischter Charakter«

Auch wenn die theologisch-spirituelle Ausstrahlung der Architektur bis in die Gegenwart reicht, 1543 wechselte das konfessionelle Regiment. Herzog Heinrich der Fromme war auf Drängen seiner Frau Katharina zur lutherischen Lehre konvertiert. 1540 löste er das Kloster auf und konfiszierte seine Güter. Drei Jahre später wurde es, im inzwischen protestantisch gewordenen Sachsen, durch Moritz von Sachsen zur Fürstenschule. In der »Landesherrlichen Anordnung« vom 21. Mai 1543 heißt es:

> Nachdeme zu Christlicher Lehre und Wandel, auch zu allen guten Ordnungen und Polizey vonnöthen, daß die Jugend zu Gottes Lobe und Gehorsam erzogen, in den Sprachen und Künsten und dann vornehmlich in der Heiligen Schrift gelehrt und unterweiset werde, damit mit der Zeit an Kirchendienern und anderen gelahrten Leuten in unsern Landen nicht Mangel gewinne, sind wir bedacht, von den verledigten klöster- und Stifftsgütern drey Schulen aufzurichten: [...] die dritte, zu der Pforten, darinnen [...] einhundert Knaben seyn und [...] mit Lehre, Kost und anderer Nothdurfft [...] umsonst versehen [...] werden. [...] Es sollen auch jährlich jedem Knaben zehen Ellen Tuch zur Kleidung, etliche par Schue, eine Anzahl Papier, auch etliche Bücher gegeben werden. Es soll kein Knabe in diese Schule aufgenommen werden, der seines Alters unter eilff, oder über funfzehn Jahr ist. Wenn sie aber in die Schule angenommen werden, so sollen sie sechs Jahre darinn umsonst unterhalten und gelehret werden.[9]

Als Ort der Askese und katholischer Frömmigkeit gegründet, als protestantische Fürstenschule im Dienst der Landeskirche und des Staates weitergeführt, zeigte Schulpforta zur Zeit Fichtes ein anderes Gesicht. Ohne programmatisches Profil glich es einem didaktischen

---

9   Zitiert nach Büchsenschütz / Kiesling (2001), 10.

Sammelsurium »mannichfaltiger Composition«.[10] Nach den zeitgenössischen Schilderungen Weißhuhns präsentierte sich Schulpforta
seinen Schülern damals als eine durch den »seltsam gemischten Charakter« seiner Lehrenden geprägte Einrichtung, als eine Lehranstalt,
die ziemlich konzeptlos die geistigen, gesellschaftlichen und politischen Umbrüche der Epoche widerspiegelte, als eine Schule, die neben ihrem »seltsam gemischten Charakter« auch »von dieser oder
jener Seite [...] das Gepräge des Neumodischen« trug.[11] Es schien
sich in Schulpforta, so heißt es bei Immanuel Hermann Fichte, »im
Kleinsten der Kampf zu wiederholen, der in Deutschland damals im
Großen zwischen der alten Generation und der jungen, fast gewalt-
sam aufstrebenden Zeit, obwaltete« (LLB I, 22).

Schon allein diese allgemeine zeitgenössische Einschätzung über
den eher uneinheitlichen, bunten, ja modernen ›Geist des Hauses‹
begründet Skepsis gegenüber Bacins generalisierender These, Schulpforta sei in den 70er Jahren des 18. Jahrhunderts ein ›Bollwerk lutherischer Orthodoxie‹ gewesen. Zutreffender charakterisiert wohl
Weißhuhn die damalige Situation: »Der Schulgeist war nicht mehr so
einförmig«.[12]

Sieht man sich Weißhuhns Schilderungen über die Wirkung des
uneinheitlichen Unterrichtsklimas auf die Schülerschaft etwas näher an, so wird die Skepsis gegen Bacins These noch weiter genährt.
Denn die Schüler reagierten auf die Situation entsprechend, das heißt
lernstrategisch plausibel, übrigens damals wie heute. Wenn die Schule
kein einheitliches vom Kollegium vertretenes pädagogisches Konzept
vertritt, dann richten sich die Schüler nach den Bedürfnissen eigener
Prägung und wenden sich vertrauensvoll an die, die ihnen – abgesehen vom Pflichtprogramm – das bieten, was sie benötigen; und in
einer Situation der Unsicherheit heißt das vor allem: Verlässlichkeit,

---

10 F. A. Weißhuhn: »Über die Schulpforte«, in: *Fichte in Schulpforta (1774–1780)*. Hrsg.
    von S. Bacin. Stuttgart-Bad Cannstatt 2007 (*Spekulation und Erfahrung II/42*), 372.
11 Weißhuhn zitiert nach Bacin (2007), 372.
12 Ebd., 383.

Sicherheit, Bestätigung – Individualisierung. Über die Wirkung der ›seltsam vermischten Erziehung‹ auf den ›vermischten Haufen‹ der Schülerschaft von Schulpforta zur Zeit Fichtes schreibt Weißhuhn:

> Muster von so mannigfaltiger Composition sind nicht eben sehr geschickt, den Zögling zu bilden, […] er kopirt nur davon nach eigenem Befinden; es wird ihm das Beispiel nicht sowohl gegeben, er nimmt es vielmehr, und er nimmt es nach dem Grade der Ausbildung, den er mitbringt. […] Ein jeder wählte sich ein Muster, das ihm anstund; ein jeder kopirte davon, was in seinen Kram taugte. So wurde der Charakter der Alumnen in kurzem ebenso vermischt und buntschäckig, als der Charakter der Collegen.[13]

Unterstützt wurde der Mangel an konzeptioneller Struktur durch die Öffnung der Schule für bis dahin weniger gepflegte Lehrinhalte, die den Schülern eine gewisse fachliche Wahlfreiheit ermöglichte. So ließen sich Mängel in den alten Sprachen offenbar durch die Wahl neuer Sprachen, Englisch und Französisch, wie auch immer, kompensieren.[14] Fichte konnte, wie wir wissen, leidlich Französisch (vgl. GA II/1, 220), was nicht heißen soll, dass er ein schlechter Lateiner oder Gräzist war. Seine Schwächen und »Versäumnisse […] in der hebr.[äischen] Sprache« bekannte er an späterer Stelle in einem Briefentwurf an Christian Friedrich Pezold selbst (GA III/1, 18).

Nach Immanuel Hermann Fichtes Bericht über die Schulzeit seines Vaters soll die Heterogenität in Charakter und Lehre von Schulpfortas Lehrerschaft insbesondere bei den älteren Schülern dazu geführt haben,

> in Urteil und Wissen so viel als möglich von ihren Lehrern sich unabhängig zu machen, vorzüglich von den bejahrteren, die das Hergebrachte in jeder Art wohl besonders aufrecht erhalten mochten; ja der Zufriedenheit oder des Tadels solcher Lehrer achtete man wenig, wenn man nur der eigenen gegenseitigen Achtung gewiss war (LLB I, 22).

---

13 Ebd., 372 f.
14 Vgl. ebd., 375.

Diese nicht nur mit Weißhuhns Bericht übereinstimmende Charakterisierung der Unterrichtsatmosphäre in Schulpforta unterstreicht
die Zweifel an Bacins These von Schulpforta als einem ›Bollwerk der
lutherischen Orthodoxie‹, jetzt aber vonseiten der Schülerschaft. Die
weltanschauliche Heterogenität des Lehrkörpers setzte sich innerhalb der Schülerschaft weiter fort.

Die Offenheit, mit der sowohl Weißhuhn als auch Fichte über den
Umgang mit Schriftstellern deutscher Sprache (Klopstock, Wieland,
Kleist, Lessing, Mendelssohn u.a.)[15] berichten, steht in einem deutlichen Widerspruch zu dem von Fichtes Sohn behaupteten Lektü-
reverbot dieser Autoren in Schulpforta (LLB I, 22). Diese These ist
nach dem, was wir dazu aus anderen Quellen, ja von Johann Gottlieb
selbst vernommen haben, unhaltbar. Hätte es dieses Verbot gegeben,
Fichte wäre nicht so unvorsichtig gewesen, die verbotenen ›Modernen‹ in seiner *Valediktionsrede* ausführlich und ausdrücklich als Referenzautoren zu erörtern, was durch die Zensur dann hätte geahndet
werden müssen. Zutreffend ist allerdings, dass es die Schulordnung,
nach Kapitel X, § 4, nicht gestattete, in den »Cellen und Kammern
[…] brennendes Licht darinnen [zu] haben«.[16] Das heißt, es war verboten, mit brennendem Licht im Zimmer zu lesen – aber weniger
wegen der Gefahr geistiger Brandstiftung als vielmehr aus Gründen
des materialen Feuerschutzes.

---

15 Vgl. Weißhuhn zitiert nach Bacin (2007), 374-378.
16 Weißhuhn zitiert nach Bacin (2007), 313.

4. Fichte, der moralisierende junge Philosoph

In Weißhuhns Klassifizierung der Schülerschaft nach literarischen ›Fan-Gruppen‹ ist Fichte nicht eindeutig zuzuordnen. Vermutlich gehörte er zur Gruppe der »drolligen Seelen junger Philosophen«, die »ein Langes und Breites über das Unheil der Schuldisciplin […] moralisirten«.[17] Fichte war im Jahr 1780 Mitunterzeichner einer *Zuschrift an den Rektor* (GA II/1, 437–439). Die Zuschrift ersuchte die Schulleitung, gegen die »Gewaltthätigkeit einiger Obern« und die »Ungezogenheiten der Untern« einzuschreiten und sie durch geeignete Maßnahmen zu unterbinden. Dieses, wie Weißhuhn das nennt, ›Moralisiren‹, zu dem eine Gruppe von Schülern, darunter auch Fichte, neigte, unterstreicht eine andere Nachricht, die uns – gemeinsam mit dem Moralisieren – auf einen offenbar schon früh bei Fichte ausgeprägten Charakterzug aufmerksam macht.

Schulpforta hatte nach Fichtes eigenem Urteil gemeinsam mit dem Aufenthalt im Miltitz'schen Haus den erzieherischen Einfluss, dass sich auch hier seine bäuerlichen Umgangsformen weiter abschliffen. In Schulpforta bestand aber die Kehrseite dieses ›heilsamen‹ Einflusses darin, dass sich Fichte, »um nur *gleichen Schritt* mit den Anderen halten zu können« (LLB I, 18), an Sitten und Umgangsformen anpassen musste, »welche vorher in seiner einfachen ländlichen Erziehung […] völlig ferne geblieben« waren (ebd.), nämlich sich unter seinesgleichen mit List und anderen zweifelhaften »Künsten«, mit »absichtlichen Unwahrheiten« und der »Kunst, Ohrfeigen auszutheilen« (ebd., 17 f.), durchzuschlagen. Dass Fichte diese ›Überlebensstrategien‹ in seiner kasernierten Umgebung zwar ein- und ausübte, dass sie sich ihm aber nicht zu Selbstverständlichkeiten in seinem moralischen Bewusstsein verfestigten, sondern ihm zuwider waren, dafür spricht eben jener Brief der »drolligen Seelen junger Philosophen« an den Schulleiter.

---

17 Weißhuhn zitiert nach Bacin (2007), 382.

Wie wir aus Fichtes weiterem Leben wissen, war das nicht sein letzter Auftritt gegen Unsitten in öffentlichen Bildungseinrichtungen. Manfred Kühns Fichte-Biographie widmet sich sehr ausführlich den Hintergründen, Motiven und Versuchen Fichtes, als Professor in Jena gegen die ›Rohheiten und Zügellosigkeiten‹ des studentischen Lebens, insbesondere gegen die schädlichen Einflüsse der Studentenorden auf das akademische Leben einzuschreiten. Dazu zählte seinerzeit unter anderem auch das Duellieren. Die heftigen Konsequenzen, die diese Auseinandersetzung speziell für Fichte zeitigte, die mehrfachen ›Fensterkanonaden‹, die vorübergehende Flucht der Familie vor den gewalttätigen studentischen Ausschreitungen nach Oßmannstedt, sind bekannt.[18]

Ebenso bekannt sind die in diesem Zusammenhang zu erwähnenden späteren Episoden seiner beruflichen Laufbahn an der 1809 gegründeten Berliner Universität. Als deren Rektor, am 24. Juli 1811 gewählt, »nahm [er] den Kampf gegen ›landsmannschaftliche Verbindungen‹ und ›Zweikampf unter den Studierenden‹ nahezu sofort auf«.[19] Seine Arbeit an der ›Entpöbelung‹ des universitären Lebens nahm ihn ziemlich in Beschlag – so sehr, dass er anlässlich der antisemitisch eingefärbten *Brogy-Melzer-Klaatsch-Affäre*, bei der er sich mit seinen Vorstellungen über die Ahndung der Schuldigen (Melzer und Klaatsch) im Kollegium nicht hatte durchsetzen können, seinen Rücktritt als Rektor einreichte.[20]

Manfred Kühn fragt in diesen Zusammenhängen nach Fichtes Motiven, sich so heftig gegen die Unsitten des universitären Studentenlebens einzusetzen. Seine Antwort, dass Fichte aus »irgendeinem Grund [...] eine tiefe Abneigung gegen das Ordenswesen entwickelt [hatte], die noch auf seine Studentenzeit zurückgehen könnte«,[21] überzeugt nicht wirklich. Denn wie wir sahen, reicht diese Abneigung gegen die Pflege moralisch anstößiger, jenseits der allgemeinen

---

18 Vgl. Kühn (2012), 273–307.
19 Ebd., 532.
20 Vgl. Fuchs (1990), 170–177 und Becker (2000), 225–231.
21 Kühn (2012), 275

Rechtsordnungen oder des natürlich-sittlichen Empfindens selbst-
herrlich aufgestellter und exekutierter Gruppennormen weit tiefer:
bis in seine Kindheit und exemplarisch bis zu seinem Auftritt als
›drollige Seele‹ eines moralisierenden Jungphilosophen in Schulpforta.

Diese aus seiner religiös-moralischen Erziehung heraus eher na-
turwüchsig entstandene Haltung findet ihren werkgeschichtlich-sys-
tematisch ausgefeilten Ausdruck dann zunächst in seiner *rechtsphilo-
sophischen Kritik* an jedweder Konstellation von »Staaten im Staat«,
dem Militär, dem Adel oder anderen auf eigenen Rechtsordnungen
bestehenden Organisationen, wie etwa auch den studentischen oder
landsmannschaftlichen Orden und Verbindungen. Sie zeigt sich aber
eben auch in der Kritik gegenüber Religionsgemeinschaften, wie etwa
der an der jüdischen Kultusgemeinschaft an der oftmals als antisemitisch monierten Stelle in Fichtes *Beitrag zur Berichtigung der Urteile
des Publikums über die französische Revolution* (GA I/1, 292–294).[22]

Wissenschaftstheoretisch begründet wird die Abweisung eines *absoluten* moralischen oder rechtlichen Geltungsanspruchs ›weltanschaulicher Subsysteme‹ oder Parallelgesellschaften durch Fichtes
systematischen Nachweis ihrer – wenn überhaupt – nur *relativen*
Bedeutung innerhalb eines Systems vernünftiger Weltanschauungen.
Hier werden derartige Ansprüche entweder als prinzipiell unbegründet oder als nur in den Grenzen eines beschränkten Geltungsrahmens
legitimiert ausgewiesen (vgl. DgF, 54–58).

---

22 Vgl. hierzu die ausführlichen Kommentierungen dieses Passus in Becker (2000),
34–38.

5. Die Entdeckung der deutschen Sprache

Die zu Fichtes Zeiten von einigen Lehrern eingeführte deutschsprachige Literatur in Schulpforta und die von Weißhuhn und anderen konstatierte Aufwertung der deutschen Sprache überhaupt rückt Motive Fichte'scher Erziehung und Bildung ins Blickfeld, die sowohl seine pietistische Prägung als auch den Charakter seines späteren Philosophierens kennzeichnen. Dass Fichte sich selbst schon sehr früh als Dichter und Literat, als Verfasser von Novellen und Gedichten in deutscher Sprache versuchte (vgl. GA II/1, 267–281) und seinem Interesse auf diesem Gebiet zu Beginn seines Studiums (vgl. FiG 5, 203) und auch später weiter nachging, ist dabei das Wenigste, das hier zu bemerken wäre.

Bedeutsamer ist einerseits die fundamentale sprachphilosophische Entdeckung semantischer, etymologischer und sachlicher Bedeutungen von Begriffen und Wörtern durch ein sinnerschließendes Eindringen in die sprachgeschichtliche Tiefenstruktur der deutschen Sprache. Fichtes angewandte und populäre Philosophie, ja mehr noch, auch seine wissenschaftliche Philosophie kommt weitgehend ohne die philosophische, insbesondere die lateinische Gelehrtensprachen aus. Feststehende fachwissenschaftliche Termini, wie Dialektik, Genesis, Imperativ, Repräsentation, Phänomen, Idee usw., werden bei ihm auf originelle Weise als *Durch, Von, Soll, Als, Gesicht* usw. eingedeutscht. Intention der ›Germanisierung‹ des Denkens und Sprechens ist es, dem oberflächlichen oder gar sinnentleerten Gebrauch philosophischer Begriffe und Operationen entgegenzuwirken, ihren ursprünglichen Sinn intellektuell wieder erfahrbar zu machen und sie damit wirklich verständlich werden, sie aus ihrem Ursprung sprechen zu lassen.

Lange vor seinen kulturphilosophisch provokanten sprachphilosophischen Thesen zur Ursprünglichkeit der deutschen Sprache, wie er sie in den *Reden an die deutsche Nation* (1808) behauptet, sprach Fichte schon 1790 in seinem Gedicht *Alkäos Rythmen* vom »Germanischen Urlaut« (GA II/1, 253).

Die in Schulpforta gepflegte vertiefte Auseinandersetzung mit der deutschen Sprache und Literatur brachte nach Weißhuhns Urteil auch dem Unterricht in den alten Sprachen einen erheblichen Vorteil und Auftrieb. Denn die Schüler begannen nun,

> nach dem Beyspiele und der Anleitung besserer Lehrer, die Alten mit mehr Geschmack zu lesen; auch trug selbst die deutsche Lectüre zu dieser glücklichen Veränderung nicht wenig bey. [...] Denn blos der Worte und Redensarten wegen Deutsch zu lesen, fiel zur Zeit wenigstens noch keinem Schüler ein; und wer einmal deutsche Schriftsteller der Sache wegen las, konnte unmöglich griechische und lateinische hinfort bloß der Worte halber lesen.[23]

Diesen Befund und Zusammenhang bestätigen die *Alkäos Rythmen*, in denen es über die Reime des griechischen Dichters und die deutsche Sprache heißt: »Alkäos Rythmen schmiegen sich Romanischen/Reims Nachhall liebend an im Germanischen/Urlaut, so dass des Wohlklangs Welle/Tiefer sich wühlend und (voller) schwelle« (GA II/1, 253).

Was hier in Fichtes Schulausbildung als kulturpolitisches oder weltanschauliches Motiv in der auf Urteilsfähigkeit und vertiefte Bildung angelegten semantischen Intensivierung des deutschen Sprachverständnisses noch nachwirkt, ist die durch Luthers Bibelübersetzung initiierte Ermächtigung des (lesenden) Volkes vor allem in Sachen Religion und Moral. Ihr Ziel: sich selbst ein Urteil zu verschaffen über die in der Heiligen Schrift überlieferten Grundlagen des Glaubens. Denn, so urteilt Fichte später, war die Bibel erst ins Deutsche übersetzt, so konnte man

> ohne lesen zu können [...] nicht länger füglich ein Christ seyn, noch in einem christlich=protestantischen Staate geduldet werden. Daher nun die herrschenden Begriffe über Vol[ks]=Erziehung; daher die Allgemeinheit des Lesens, und Schreibens. Daß späterhin der eigentliche Zweck, das Christenthum vergessen; und das, was erst nur Mittel war, selbst Zweck wurde, darf uns nicht wundern: es ist dies das allgemeine Schicksal aller

---

23 Weißhuhn zitiert nach Bacin (2007), 380

menschlichen Einrichtungen, nachdem sie einige Zeit gedauert haben (GA I/8, 273 f.).

150 Jahre nach der Reformation griff der Pietismus den Impuls der Wiederbelebung einer christlich-spirituell ausgerichteten deutschen Lesekultur wieder auf und verstärkte ihn erfolgreich unter anderem durch die Aufwertung des Laienstandes. Das ist der geistesgeschichtliche Kontext und auch das ›Missionsmodell‹, innerhalb derer auch Fichtes ›Populärphilosophie‹ sowie seine Rolle als ›Redner‹ und ›Volkslehrer‹ der ›Deutschen Nation‹ zu verstehen sind.

6. Fichte als Famulus beim Mathematicus Schmidt

Der evangelische Theologe Friedrich Heinrich Ranke (1798–1876), Schüler in Schulpforta von 1811 bis 1815, berichtet in seinen *Jugenderinnerungen* über einen Lehrer der Anstalt, der in den 70er Jahren des 18. Jahrhunderts Fichte selbst unterrichtet hatte. Ranke schreibt: »Auch Fichte war in Pforta gewesen und hatte die Würde eines Famulus bei Mathematicus Schmidt bekleidet« (FiG 6, 1 f.). Neben dem selbstzugeschriebenen Verdienst, Fichte durch Nachahmung der mathematischen Methode für die Konzeption seiner Wissenschaftslehre inspiriert (vgl. ebd.) und ihn auch für die Poesie interessiert zu haben, ist Johann Gottlieb Schmidt (1742–1820) für uns aus einem anderen Grund von Bedeutung.

Weißhuhns Galerie gemischter Charaktere im Kollegium von Schulpforta beschreibt Schmidt wie folgt:

> Denken Sie sich [...] einen Mann, der aus einer gewissen natürlichen Furchtsamkeit, wie es oft zu geschehen pflegt, gerade die gewagteste Partey in der Religion ergriffen hat, mit Einem Worte einen Bengelianisch-Crusianischen Theologen; aber denken Sie sich diesen Theologen zugleich als einen schönen Geist, als einen deutschen Dichter, der den Klopstock verehrt und den Wieland liest,[24] und dabey ein guter Mathematiker ist; denken Sie sich diesen Mann als einen Mann von feinem Gefühl, voll Empfindung, ohne Welt- und Menschenkenntniß, als einen sehr rechtschaffenen, aber auch höchst seltsam gewissenhaften Mann, als einen guten geistlichen Redner[25].

Dass es sich bei dem von Weißhuhn beschriebenen, aber nicht namentlich bezeichneten Lehrer tatsächlich um den Mathematicus Jo-

---

24 Karl Ferdinand Ranke, der jüngere Bruder des oben genannten Friedrich Heinrich Ranke, erwähnt in seinen *Rückerinnerungen an Schulpforte*, dass Schmidt auch Deutsch unterrichtete und diesen Unterricht dazu benutzte, »die Schüler zu poetischen Versuchen in der Muttersprache anzuregen« (zitiert nach Bacin [2007], 365).

25 Weißhuhn zitiert nach Bacin (2007), 364 f.

hann Gottlieb Schmidt handelt, geht aus der Lebensbeschreibung seines Sohnes Carl Christian Gottlieb Schmidt hervor. Dieser schreibt:
»In den *Briefen über Pforte* von Weißhuhn findet sich eine kurze
Charakteristik, [...] die so viele wahre Züge enthält, daß mein Vater
selbst gestand, sich deutlich darin zu erkennen.«[26]

Nach dem Weißhuhn'schen Modell:»kopieren, was in seinen Kram
taugt«, lässt sich gut verstehen, dass der junge Fichte, nach seiner
Wohlfühlkur im Haus der Krebels und angesichts der rauen Welt des
Internats, nun Nähe und Beistand bei einem empfindsamen Jungleh-
rer ›von schönem Geist und feinem Gefühl‹ suchte und fand. Schmidt
passte offenbar nicht nur im Hinblick auf sein empfindsames Wesen
auf Fichtes Bedürfnisse, sondern vor allem auch wegen der bengelianisch-crusianischen Theologie, die der Schöngeist Schmidt, ›mit der
ernsten, zum Himmel gewandten Richtung seines Gemüths‹ wohl
auch als begeisterter Erbauungsredner vertrat. Zwar war Schmidt ein
erfolgreicher Mathematiklehrer, sein ›Herz‹ aber hing mehr an der
Poesie der deutschen Sprache, nach dem Vorbild Gellerts,[27] vor allem
aber an der Predigt, der biblischen Exegese und erbaulichen Reden.
So war es ihm gestattet, »jeden Sonn- und Feiertag zu predigen, [...]
an heiliger Stätte zur Gemeinde zu sprechen, was er nicht selten und
mit vielem Beifall that; ja, er hatte selbst, als Wocheninspector, die
heilige Schrift öffentlich zu erklären, was ihm jedesmal das Ange-
nehmste dabei war«.[28] Bei seiner Exegese konzentrierte sich Schmidt
vor allem auf das »*Schöne* und *Anmuthige der heiligen Schriften*«.[29]

Auf Schmidts Betreiben richtete die Schule Ende der 80er Jahre
des 18. Jahrhunderts einen zweistündigen Unterricht in der Muttersprache ein, den er unter großem Zulauf seitens der Schülerschaft selber abhielt,[30] und seine unentgeltlich angebotene

---

26 C.C.G. Schmidt: *Kurze Nachricht von dem Leben und Wirken des am 6ten Julius
   1820 verstorbenen Professors [...] Johann Gottlieb Schmidt.* Leipzig 1821, 32f.
27 Vgl. ebd., 39.
28 Ebd., 14.
29 Ebd., 24.
30 Vgl. ebd., 19.

Erbauungsstunde [...] [war] ihm vor allem anderen wichtig. [...] Da diese
Vorträge ganz besonders an das Herz der Jünglinge gerichtet waren, und
der Lehrer selbst wohl nie mit größerer Wärme und Begeisterung sprach,
als eben in diesen Stunden; so konnte es wohl nicht anders kommen – sie
mußten die Herzen rühren; und gewiß haben sie sehr wohlthätig auf Viele
gewirkt, die lange nachher noch dieser Vorträge sich dankbar mit Freudigkeit erinnerten.[31]

Spätestens mit diesen Auskünften von Weißhuhn und Schmidt Junior
wird evident, dass die These vom »Bollwerk lutherischer Orthodoxie« in Schulpforta nicht haltbar und die Verneinung von »jegliche[m]
Einfluss pietistischer Strömungen«[32] auf den Bildungsgang Fichtes
zu dieser Zeit gegenstandslos ist. Zwar hat Bacin sicherlich Recht,
wenn er seine eigene These vom ›Bollwerk der Orthodoxie‹ mit dem
Hinweis auf den zum Ende des 18. Jahrhunderts einsetzenden Einfluss der Aufklärung und deren »rationalistische[r] Theologie« relativiert.[33] Wie wir aber jetzt an Johann Gottlieb Schmidt und Fichtes
besonderem Verhältnis zu ihm sehen, ist es nicht allein der aufklärerische Rationalismus, sondern der der Aufklärung ja nur bedingt
widersprechende Pietismus sowie die von ihm gepflegte Tradition
der Erbauungsreden, die in Schulpforta präsent und auch für Fichte
nicht ohne Einfluss waren. Die von Schmidt vertretene pietistisch geprägte religionsdidaktische Tradition förderte nicht nur Fichtes Berufswunsch, Pfarrer zu werden, sondern durch sie erhielt vor allem
seine bis dahin bereits spezifisch geprägte religiöse Vorbildung weiteren Auftrieb: einen Auftrieb, der nicht in Richtung Ernesti'sche Aufklärung, sondern stärker in Richtung pietistische Erbauung tendierte.
Nicht allein an Fichtes späteren Predigten, sondern vor allem an der
zweiten Säule seiner philosophischen Lehrtätigkeit, der Populärphilosophie, begegnet uns dieser geistesgeschichtliche Hintergrund, die
Schmidt'sche Quelle seines Denkens und Wirkens in systematisch reflektierter und rhetorisch ausgefeilter Gestalt wieder.

31 Ebd., 23.
32 Bacin (2007), 39.
33 Ebd., 23.

Bevor wir uns auf Schmidts Pietismus näher einlassen, sei an einem
Vertreter der lutherischen Orthodoxie in Schulpforta kurz gezeigt,
welchen Stand das vermeintliche ›Bollwerk lutherischer Orthodoxie‹
sowohl gegenüber dem Reformprotestantismus als auch gegenüber
dem Einfluss der Aufklärung hatte und in welchem Ruf es insbesondere bei der Schülerschaft stand. Weißhuhn beschreibt einen namentlich nicht genannten Kollegen der orthodoxen Fraktion wie folgt:

> Ein Anderer war so orthodox, als man nur will, er warnte so sorgfältig vor
> den [pietistischen] Hallischen und Berliner Theologen [der Aufklärung],
> Götze selbst, der fromme [lutherisch-orthodoxe] Götze[34] kann nicht
> besorglicher und ängstlicher seyn; indessen war er ein ehrlicher Mann und
> seine Warnungen kamen von Herzen. [...] Seine theologischen Lectionen
> waren unerträglich, er ließ Theses, die bereits der Länge nach in Hutters
> [lutherisch orthodoxem] Kompendium [der Theologie][35] standen, mit
> allem Zubehör von *Atqui's* und *Ergo's* nochmals aufschreiben und damit
> gut! [...] Wie er docirte, so predigte er auch wortreich und kraftlos! [...]
> Noch mehr: Herr Pastor war auch ein mittelmäßiger Scribent, und dafür
> unter den Schülern bekannt. Aller dieser Mängel und Schwachheiten unge-
> achtet hatte er sich doch die Liebe der Schüler in einem hohen Grade zu
> erwerben gewußt.[36]

Was in Weißhuhns Bericht über die lutherische Orthodoxie in Schulpforta sehr anschaulich wird, ist zum einen die Tatsache, dass sie an
der Schule offenbar in einer theologischen Konkurrenz zum Pietismus einerseits und zur Berliner Aufklärung anderseits stand. Dass
zu der starken theologischen Konkurrenz auch noch die didaktische
Schwäche seitens ihrer Vertreter hinzukam, gibt der inzwischen sehr

---

34 Johann Melchior Götze (Goeze) (1717–1786), Pfarrer in Hamburg und Vertreter
   lutherischer Orthodoxie. Berühmt durch seine Auseinandersetzung mit Lessing, der
   ihm in seiner theologischen Streitschrift *Anti-Goeze* 1778 ein literarisches Denkmal
   setzte.
35 Zu Leonhard Hutters *Compendium locorum theologicum* (Wittenberg 1610) vgl.
   Bacin (2007), 262, Fn. 15.
36 Weißhuhn zitiert nach Bacin (2007), 365 f.

ausgedünnten These von Schulpforta als Bollwerk lutherischer Orthodoxie schließlich den Rest.

Und noch etwas wird allein aus dieser Passage der Weißhuhn'schen
Beschreibung deutlich. Selbst wenn wir mit Preul kontrafaktisch
unterstellten, dass Fichte kaum Berührung mit pietistischen Kreisen hatte, er seine pietistisch anmutenden Theoreme – wie das der
Innerlichkeit – auch vom Frühaufklärer Gellert hätte adaptieren
können,[37] so sehen wir jetzt, dass die Aufklärung nur *eine* Stimme im
drei- und mehrstimmigen Chor weltanschaulicher Orientierungen
in Schulpforta zur Zeit Fichtes war. Daraus folgt, dass Fichte auch
hier mit dem Pietismus hätte in Berührung kommen können, dass
die Gellert'sche Frühaufklärung, insbesondere in seiner Poesie, selbst
Züge des säkularisierten Pietismus aufweist – und damit selbst ein pietistischer Einfluss genannt werden kann –, haben wir im Vorherigen
schon hinreichend geklärt.

---

37 Preul (1969), 21 f.

7. Schmidt, der »Bengelianisch-Crusianische« Theologe

Abgesehen von seinem literarischen, poetischen und rhetorischen Talent, seiner Liebe zur deutschen Sprache, beschreibt Weißhuhn den Mathematicus Johann Gottlieb Schmidt als einen »Mann von feinem Gefühl« und »voll Empfindung«, der theologisch dem Pietismus Johann Albrecht Bengels und Christian August Crusius' zuzuordnen sei.[38]

Crusius (1715–1775), der als Vertreter der thomasischen Schule »im weitesten Sinne der pietistischen Bewegung«[39] angehörte, lehrte wie Ernesti und Gellert zu Schmidts Schulzeiten an der Thomasschule in Leipzig. Wir haben seine Philosophie bereits als interessante Position und Schnittmenge von Pietismus und Freiheitsphilosophie mit Blick auf Kant und Fichte kennengelernt. Für die Prägung von Fichtes Mathematiklehrer Schmidt ist der pietismusnahe Crusius nun von besonderer Bedeutung und mit ihm müssen wir ein weiteres Missverständnis in Bacins theologischer Positionsbestimmung der Lehrenden in Schulpforta aufklären.

Wenn Bacin über den besonderen Einfluss des pietismuskritischen Ernesti behauptet, dass alle Lehrer in Pforta durch ihr Theologiestudium »seine [Ernestis] Studenten gewesen« seien,[40] so ist das sehr missverständlich. Richtig ist mit Bezug auf Schmidt, dass auch er in Leipzig Theologie studierte und ehedem als Schüler der Leipziger Thomasschule unter der damaligen Leitung Ernestis stand. Bacins Vermutung und These, dass Ernesti deshalb über seine Rolle als Philologe und Schulleiter auch Einfluss auf die theologische und philosophische Prägung des Mathematicus Schmidt gehabt habe, trifft aber nicht zu. Denn aus der Lebensbeschreibung des Sohnes, C. C. G. Schmidt, über seinen Vater geht hervor, dass in der Theologie und

---

38 Weißhuhn zitiert nach Bacin (2007), 365.
39 Wildfeuer (1999), 256 f.
40 Bacin (2007), 39.

Philosophie nicht Ernesti, sondern vielmehr Crusius dessen Lehrer war. »In der *Theologie* und *Philosophie* war *Crusius* sein Führer, dem er mit vorzüglicher Liebe und Hochachtung zugethan war«.[41] Darüber hinaus war Schmidt nach den Ausführungen seines Sohnes in theologischen und philosophischen Dingen ein eigener Kopf, dessen Grundsatz lautete: »selbst auf das sorgfältigste zu prüfen, und dann, nach seiner besten Ueberzeugung, sich für diejenige Lehre zu erklären, welche er für die mit der göttlichen Wahrheit übereinstimmende würde erkannt haben«.[42] Und in dieser Prüfung »schien ihm das theologische und philosophische System, wie es Crusius vortrug, im Ganzen am meisten damit übereinzustimmen; daher er dies allen anderen vorzog, und auch in der Folge daran festhielt«.[43] Die Formulierung »in der Folge« muss wohl als ›während seines Studiums und darüber hinaus‹ interpretiert werden. Denn ohne die Unterstellung der Nachhaltigkeit des Crusianischen Einflusses auf ihn ergäbe Weißhuhns Charakterisierung der Schmidt'schen Theologie als ›Crusianisch‹ keinen Sinn.

Für Fichtes Bildungsgang in Schulpforta bedeutet das, dass er in Schmidt einen Mentor fand, der ihm in seiner religiösen Prägung nahestand. Und es ist nicht unwahrscheinlich, dass durch diese Vertrautheit, gepaart mit den anderen pädagogischen Vorzügen Schmidts, nicht nur Fichtes vorgeprägter Bildungsweg, was seine professionellen theologischen Überzeugungen betrifft, entscheidend beeinflusst wurde, sondern dass sich durch diese Beziehung auch sein Gemütszustand und seine Haltung gegenüber dem Internat verbesserte. Denn, wie I. H. Fichte berichtet, soll sein Vater sich in der Schule, nach anfänglicher Krise, »bald [...] vollkommen glücklich« gefühlt haben, »da er sich geistig genährt und beschäftigt fand« (LLB I, 21). Zwar bezieht I. H. Fichte den Sinneswandel seines Vaters zunächst auf die bereinigende Aussprache mit dem Schulleiter Christian Gottfried Grabener, Schmidts Schwiegervater, über Fichtes Motive seiner

---

41 Schmidt (1821), 6.
42 Ebd.
43 Ebd.

Flucht aus dem Internat sowie auf die Zuweisung eines neuen, Fichte wohlgesonnenen Obergesellen (ebd.). Des Weiteren aber – und hier kommen nun die Lehrangebote Schmidts ins Spiel – ist es dann doch die ›geistige Nahrung‹ und eine lernförderliche Beschäftigung, womit womöglich auch seine Arbeit als Famulus bei Professor Schmidt gemeint sein könnte, die den Stimmungsumschwung beim Schüler Fichte herbeiführten. So viel zur Fortsetzung der weltanschaulichen Sozialisation Fichtes durch seinen crusianisch-pietistischen Lehrer Johann Gottlieb Schmidt.

Wie steht es nun mit dem zweiten von Weißhuhn genannten Einfluss auf Schmidt, dem von Johann Albrecht Bengel? Bengel (1687–1752) war der bedeutendste Vertreter des *württembergischen Pietismus*, der sich neben dem Pietismus Franckes und Zinzendorfs im ausgehenden 17. Jahrhundert zu einer selbstständigen theologischen wie institutionellen Gestalt des Pietismus, insbesondere *innerhalb* der Kirche, entwickelte. »Keine deutsche Landeskirche gilt bis heute so stark vom Pietismus geprägt wie die württembergische. Unbestreitbar ist er die größte ihrer kirchlichen Gruppierungen« (Brecht, GdP 2, 225).

Mit Bengel verbindet Crusius vor allem seine Opposition gegen die »aufklärerische Bibelphilologie seines Leipziger Kollegen J. A. Ernesti« (Sparn, GdP 4, 251). Stattdessen »schloss er [Crusius] sich der Exegese J. A. Bengels an« (ebd.).

Mit Johann Gottlieb Schmidt, dem *bengeliansch-crusianischen* Theologen und Lehrer Fichtes, verfügte der Pietismus in Schulpforta offenbar, um mit Stefano Bacin zu reden, über ein veritables Bollwerk gegen die ›unerträgliche Langeweile‹ lutherischer Orthodoxie einerseits und gegen den flachen Geist der aufklärerischen Bibelexegese Ernestis andererseits. Und dieses Bollwerk zeigte bei Fichte Wirkung.

Bevor wir uns dieser Wirkungsgeschichte zuwenden, seien einige Anmerkung zu den theologischen Positionen Bengels angeführt. Denn aus ihnen fällt ein bemerkenswertes Licht auf spezielle Themen der Philosophie Fichtes.

Der auf Bengel zurückgehende Württemberger Pietismus unterscheidet sich zunächst von dem Zinzendorfs und Franckes dadurch, dass er sich vor allem als eine Reformbewegung *innerhalb* der Evangelischen Kirche verstand und damit die Position des radikalen Pietismus, dessen Orientierung an der Mystik sowie seine separatistischen Tendenzen ablehnte. Bengels Pietismus ist wissenschaftlich ausgerichtete theologische Forschung im Dienst eines verständigen Umgangs mit den Quellen und Inhalten des christlichen Glaubens. Seine textkritische Ausgabe des griechischen Neuen Testaments machte »Bengel zum international anerkannten, freilich nicht ganz unumstrittenen Bibelwissenschaftler« (Brecht, GdP 2, 252). Anders als die rationalistisch sprachwissenschaftliche Exegese Ernestis entwickelte er die *philologia sacra*, ein hermeneutisches Verfahren, mit dessen Hilfe »aus der ursprünglichen Kraft der Worte die Einfachheit, Tiefe, Verbindung und Heilsamkeit der himmlischen Meinung angezeigt wird« (ebd.). Sein *Gnomon Novi Testamenti* gilt als »Spitzenleistung pietistischer Exegese, die mehrere Auflagen erlebte, ins Deutsche, Englische (mehrfach) und Schwedische übersetzt wurde und auf die bis heute zurückgegriffen wird« (ebd.).

Über den ›tiefenetymologischen‹ und weniger grammatikalischen Zugang zu den biblischen Quellen hinaus sind vor allem drei inhaltliche Themen von Bengels pietistischer Theologie mit Blick auf Fichte interessant, und zwar deswegen, weil sie uns Aufschluss über einige in ihrer geistesgeschichtlichen Herkunft ungeklärte Themen in dessen Denken geben.

Das erste charakteristische Thema Bengel'scher Theologie ist deren biblisch begründete *Epochenlehre,* seine Theorie der *Welt-Alter.* Nach Bengel besteht nicht nur ein konstitutiver Zusammenhang der Entsprechung zwischen den Phasen der historischen Verfasstheit der Kirche und ihrer exegetischen Praxis. Sondern dieser Zusammenhang ereignet sich im Ganzen im Rahmen eines biblisch begründbaren »Ordo temporum«. Dieser beschreibt als »chronologus textualis«, dem Prinzip der »göttlichen Ökonomie« folgend, eine »Heilsordnung [...], durch die der Mensch zum ewigen Leben kommt« (ebd.,

255). Perspektive und Deutungshintergrund der Heilsgeschichte ›göttlicher Ökonomie‹ sind – wie im Pietismus durchgängig – die Apokalyptik johanneischer Prägung.

Was Bengels Pietismus von dem separatistischen Pietismus, insbesondere dem Zinzendorfs, unterscheidet, ist der kritische Hinweis darauf, dass sich mit Blick auf die krisenhafte Gegenwart von den pietistischen Kommunen nicht behaupten lässt, sie seien exklusiv diejenigen biblischen Orte, auf denen das gnädige Auge des Erlösers mit besonderer Zuwendung ruhe. Insbesondere der Herrnhuter Anspruch, »die philadelphische Gemeinde aus allen Konfessionen und Sekten zu sein,[44] und ihr daraus resultierendes Erwählungsbewusstsein wird als überzogen und heilsgeschichtlich verfrüht qualifiziert« (ebd., 258f.).

Neben der später von Fichte selbst vertretenen heilsgeschichtlichen Epochenlehre und dem auch von ihm verwendeten Topos der ›göttlichen Ökonomie‹ ist auch seine Kritik am Exklusivitätsanspruch des radikalen Pietismus, etwa aus der *Republik der Deutschen*, bekannt.

Bengels zweites theologisches Schwergewicht ist seine Lehre von der »objektiven Vergegenwärtigung der Versöhnung« mit Gott durch das »himmlische Blut Jesu Christi« (ebd., 256). Dabei steht nicht der Kreuzestod Jesu als historisches Ereignis, sondern als gegenwärtiges Heilsgeschehen der Versöhnung im Vordergrund. Diesen Standpunkt – der Relativierung des historischen Jesus gegenüber dem metaphysischen Christus – wird auch Fichte sowohl in seinem christologischen Entwurf der *Absichten des Todes Jesu* (GA II/1, 75–98) von 1786 als auch später, 1806, in der sechsten Vorlesung seiner *Anweisung zum seligen Leben* mit Nachdruck vertreten (GA I/9, 122).

44 Der Anspruch Herrnhuts, *die* philadelphische Gemeinde aus allen Konfessionen und Sekten zu sein, basiert auf der Auserwählung der frühchristlichen Gemeinde in Philadelphia (Kleinasien), die nach der Apokalypse des Johannes diejenige unter den sieben Gemeinden ist, die sich in den Augen des wiederkehrenden Christus als einzige treu erwiesen und sich dadurch dessen Liebe erworben habe. »Ich weiß deine Werke. […] Dieweil du hast bewahrt das Wort meiner Geduld, will ich auch dich bewahren vor der Stunde der Versuchung, die da kommen wird über den ganzen Weltkreis« (Offb 3, 8–10).

In diesem Zusammenhang sei auf ein interessantes Detail hingewiesen. Bengels kommentierte Übersetzung des Neuen Testaments
weist darauf hin, dass die später auch für Fichte wichtige Stelle des
Hebräerbriefs, nach der »Jesus nach der Ordnung Melchisedeks ein
Hoherpriester in Ewigkeit geworden« sei (Hebr 6,20), keinesfalls historisch zu verstehen sei. »Der Sohn Gottes ist nicht dem Melchisedek
vergleichet, sondern der Melchisedek ihm. Er ist vor dem Melchisedek: gleich wie die himmlischen Dinge vor den Levitischen [priester-
lich / gesetzlichen] sind«.[45] Was die Rangfolge zwischen Melchisedek
und Jesus betrifft, argumentiert Fichte in seiner *Religionslehre* dann
ganz ähnlich, nämlich nicht geistesgeschichtlich, sondern metaphysisch. Jesus als historisches Individuum in der Zeit »war die zu einem
unmittelbaren Selbstbewusstsein gewordene, absolute Vernunft, oder
was dasselbe bedeutet [!], Religion«, deren Wahrheit sich für uns auf
dem Weg mittelbarer Erkenntnis, durch »Inspiration«, vergegenwärtigen lässt (GA I/9, 191).[46]

Als drittes, auch für Fichte bedeutsames Element des Bengel'schen
Pietismus ist auf dessen besonderes Interesse am »›Affect‹, der Ge-
fühlsintention der Texte und Schreiber« (Brecht, GdP 2, 254), mit
denen sich seine Exegese befasst, hinzuweisen. Dass Fichtes Lehr-
didaktik, seine Populärphilosophie sowie seine Theorie der Weltanschauungen in besonderer Weise auf diese Dimension der Interaktion und Kommunikation abstellt, dass er die Entwicklung und
Darstellung des *Systems der Gefühle* zu einem Kernanliegen seiner
Wissenschaftslehre erhebt, ja behauptet, dass ohne die Verankerung

---

45 J. A. Bengel: *Das Neue Testament zum Wachsthum in der Gnade und der Erkännt-
    niß des Herrn Jesu Christi nach dem revidierten Grundtext übersetzt und mit dien-
    lichen Anmerkungen begleitet von D. Johann Albrecht Bengel.* Stuttgart 1753, 809.
    (Vgl. auch Hebr 7–9.)

46 Dass Fichte in den *Grundzügen des gegenwärtigen Zeitalters* den Zusammenhang
    zwischen der präabrahamitischen Tradition Melchisedeks und dem Christentum an-
    ders, nämlich ideen*geschichtlich* anordnet (»Was das historische anbelangt«) und Je-
    sus den »Wiederhersteller der Melchisedecks Religion« nennt (GA I/8, 270), ist kein
    Widerspruch, sondern markiert den Unterschied zwischen dem metaphysischen
    und dem ideen-*geschichtlichen* Interpretationsansatz in dieser Sache (ebd., 269).

der theoretischen Erkenntnis darin alles Wissen »Chimäre u. Hirngespinst« sei (GA II/5, 137f.), unterstreicht den Einfluss des im Pietismus betonten Gefühlsmoments auch auf Fichtes Konzeption von Wissen und Leben.

Dass ein anderer, mit Fichte gut bekannter, nicht weniger bedeutsamer theologischer und von Herrnhut geprägter Denker – Friedrich Daniel Ernst Schleiermacher – das Gefühl zum schlechthinnigen Grund der Religion erklärt, sei hier nur am Rande und als Hinweis auf die fundamentale Bedeutung des Pietismus für den Protestantismus überhaupt und für die aus seinem Geiste philosophierenden Denker insbesondere erwähnt.

Neben diesen drei inhaltlichen Aspekten der Bengel'schen Position ist ein kirchengeschichtlicher Zusammenhang nicht ganz unwichtig. Dieser Zusammenhang betrifft die Verbindung zwischen sächsischem und württembergischem Pietismus, eine Verbindung, die insbesondere über Bengel verlief. Zum einen unternahm Bengel nach Abschluss seines Studiums 1713 eine Studienreise nach Halle, wo es zu wenn auch nur »sporadischen Kontakten« mit Francke kam. Die Theologieausbildung an der Universität durch die »Pietismusprofessoren« erschien ihm vorbildlich (Brecht, GdP 2, 251f.). Mit Herrnhut verband ihn ein engerer Kontakt durch die Besuche Zinzendorfs in Württemberg. Zinzendorfs »Separatismus« bemühte sich dort erfolgreich, »die Übereinstimmung der Brüdergemeinde mit der Evangelischen Kirche bestätigen [und] […] sich theologisch durch Württemberg abschirmen zu lassen« (ebd., 257). In dieser nicht ganz spannungsfreien Beziehung erhielt Bengel den Auftrag, durch ein Gutachten das Verhältnis zwischen Württembergischem und Oberlausitz'schem Pietismus zu klären. Das Urteil im 1751 erschienenen Buch *Abriß der sogenannten Brüdergemeine, in welchem die Lehre und die ganze Sache geprüfet, das Gute und Böse dabei […] unterschieden wird* fiel differenziert und kritisch aus. 1806 kam es zu ersten Gründungen von Dependancen der Herrnhuter in Württemberg.

Und ein letztes Detail, das für die Einschätzung von Johann Gottlieb Schmidts Interesse an deutschsprachiger Poesie bemerkenswert ist. Bengel hat, wie viele Württemberger Pietisten, Gedichte und Kirchlieder verfasst. Sein Schüler Philipp Friedrich Hiller ist »der bedeutendste Liederdichter des württembergischen Pietismus und einer der größten [Liederdichter] des 18. Jahrhunderts überhaupt« (ebd., 261). Auch von Schmidt wissen wir, dass er sich der geistlichen Poesie eng verbunden fühlte. Auch von ihm sind etliche erbauliche Gedichte christlich-moralischen Inhalts überliefert.

Wenn Fichte einst Famulus von Johann Gottlieb Schmidt war, dieser aber als ›bengelianisch-crusianischer Theologe‹ und ›Schöngeist‹ dem Württemberger Pietismus nahestand, dann ist es wahrscheinlich und zumindest nicht auszuschließen, dass der junge Fichte über Schmidt explizit oder implizit auch mit der Theologie Bengels in Berührung gekommen ist und von ihm indirekt beeinflusst wurde. Die wichtigsten thematischen Berührungspunkte seien noch einmal genannt: Fichtes Sprachverständnis, das eher Bengels *philologia sacra* als der rationalistischen Textkritik der Aufklärung zuneigt, seine insgesamt aufklärungskritische Grundhaltung, seine heilsgeschichtliche und nach theologischen Kategorien geordnete Epochenlehre der Geschichte, die wie bei Bengel als »göttliche Oekonomie« (GA I/9, 158) gedeutet, weit über eine empirisch-historische Geschichtsauffassung hinausreicht, seine apokalyptisch und präsentisch grundierte Eschatologie, seine systematische Grundlegung einer Theorie des Affekts und deren konstitutive Funktion für eine Tiefenhermeneutik des geistigen und seligen Lebens sowie Fichtes nicht zu unterschätzende Neigung zu Kunst und Ästhetik: Alles das sind nicht nur Hinweise darauf, dass der Pietismus Bengels über seinen Repräsentanten in Schulpforta womöglich auch auf Fichte gekommen ist. Sondern hier zeigt sich, dass bislang zum Teil als ›typisch‹ oder ›originär fichtisch‹ verstandene Theoreme seiner Philosophie einem bisher in der Fichte-Forschung unbeachtet gelassenen ideengeschichtlichen Hintergrund zugeordnet und aus ihm plausibel erklärt werden können.

Aus der behaupteten ›Pietismusabstinenz‹ folgt dagegen schlüssig der Mythos von der Einzigartigkeit und Originalität bestimmter Fichte'scher Philosopheme – soweit sie nicht auf Kant oder andere bekannte Gesprächspartner zurückzuführen sind. Allerdings wurde auch bei diesen Referenzen, etwa bei Schelling, Jacobi, Schleiermacher usw., deren oftmals gleichfalls dominant pietistischer Hintergrund ebenso ausgeblendet wie bei Fichte.

8. Johanneisch oder paulinisch? – Fichtes Analysen zur Konfessionsgeschichte

Wir wenden uns nun der sechsten, siebten und sechzehnten Vorlesung aus Fichtes *Grundzügen des gegenwärtigen Zeitalters* zu. Sie sind insofern von Bedeutung, weil Fichte in ihnen eschatologische Aspekte einer Theorie der Geschichte behandelt, die sich schon im Kontext seines Bildungsweges in Schulpforta andeuteten, insbesondere auch seine Haltung zum orthodoxen und ›modernen‹ Protestantismus.

Die siebte Vorlesung befasst sich in der Form einer Typisierung mit dem Wesen und der Wirkungsgeschichte der beiden Gestalten des Christentums, der johanneischen und der paulinischen. Die beiden Typen des Christentums unterscheiden sich nach Fichte darin, dass das johanneische Christentum auf einem unmittelbar zu verifizierenden, praxologischen Gottesverständnis beruht, das im Wesentlichen einem traditionslosen und ungeschichtlichen Typus natürlicher Religiosität entspricht.

> Der Johanneische Jesus kennt keinen andern Gott, als den wahren, in welchem wir alle sind, und leben, und seelig seyn können, und außer welchem nur Tod ist, und Nichtseyn; und wendet [...] mit dieser Wahrheit sich nicht an das Räsonnement, sondern an den innern, praktisch zu entwickelnden Wahrheitssinn der Menschen [...]. ›So jemand will den Willen thun, des, der mich gesandt hat, der wird inne werden, ob diese Lehre von Gott sey‹ (GA I/8, 269; vgl. Joh 7, 17).

Das paulinische Christentum prägt dagegen eine eher dialektisch-rationale Struktur. Seinem Konversionserlebnis vom jüdischen Saulus zum christlichen Paulus entsprechend, habe der Apostel versucht, die beiden Traditionsstränge seiner religiösen Prägung zu harmonisieren, das heißt, den jüdischen Bund des Alten Testaments und dessen Gottesverständnis mit dem durch Jesus Christus gestifteten Neuen Bund und dem darin veränderten Gottesverständnis (auch) historisch zu vermitteln.

Paulus, ein Christ geworden, wollte dennoch nicht Unrecht haben, ein
Jude gewesen zu seyn: beide Systeme mußten daher vereinigt werden, und
sich ineinander fügen. [...] Die erste Folge dieses Paulinischen Systems [...]
war [...]: daß dieses System sich an das vernünftelnde Räsonnement wenden, und dasselbe zum Richter machen mußte. [...] Ihm [Paulus] daher
schon war der Begriff höchster Richter (ebd., 270–272).

Dadurch wurde nach Fichte nicht nur von Anfang an das johanneische Christentum verdrängt, sondern auch der Jahrhunderte dau-
ernde kirchengeschichtliche Streit um die rechte Lehre des Christentums von Paulus angestoßen und damit »der Grund zur Auflösung
des Christenthumes schon gelegt [war]« (ebd., 272). Fichte nennt
»einmal für immer« das auf Paulus zurückgehende Verfahren, mittels des vernünftelnden Räsonnements respektive *durch den Begriff*
die Wahrheit des Christentums ermitteln und erkennen zu wollen,
»Gnosticismus« (ebd.).

Um den Zerfall der Kirche zu verhindern und den Streit um die
rechte Lehre zu beenden, bediente sich die junge Kirche eines »heroischen Mittels«, nämlich:

alles weitere Begreifen zu untersagen; und festzusetzen, daß in dem ge-
schriebnen Worte, so wie in der vorhandenen mündlichen Tradition, [...]
die Wahrheit niedergelegt sey, und eben geglaubt werden müsse, ob man
sie nun begreifen könne, oder nicht; für weiterhin nöthige Fortbestim-
mung aber, dieselbe Unfehlbarkeit, auf der versammelten Kirche, und der
Stimmen=Mehrheit derselben, ruhe, und an ihre Satzungen eben so unbedingt geglaubt werden müsse, als an das erstere. Von nun an war es, von
Seiten des Christenthums, mit der Aufforderung zum Selbstdenken und
Selbstbegreifen, zu Ende (ebd.).

Selbstdenken ›auf diesem Gebiete‹ wurde untersagt und inquisito-
risch unter Strafe gestellt.

Bevor wir uns nun Fichtes Beurteilung der anstehenden Reformation und des Protestantismus zuwenden, seien einige Hinweise auf
sein hier präsentiertes Verständnis des Christentums gegeben.

Ungeachtet der Tatsache, dass Fichte sowohl der paulinischen
Theologie zubilligt, das »ächte Christenthum« zu beinhalten, als auch

dem Judentum, »einmal wahre Religion gewesen« zu sein (ebd., 271), hält er die religionsgeschichtlich entwickelte Typisierung grundsätzlich geschiedener – jedoch aufeinander bezogener – christologischer Modelle sowie ihre erkenntnistheoretischen und anthropologischen Implikationen in seinen religionsphilosophischen Analysen zu diesem Thema durch. In diesem Sinne ist es schlüssig, wenngleich paradox, dass Fichte sein Verständnis des johanneischen Christentums mit einem nahezu wörtlichen Paulus-Zitat aus der Apostelgeschichte belegt. Denn wenn er behauptet, dass der johanneische Jesus keinen anderen Gott kenne »als den wahren, in welchem wir alle sind, und leben und seelig seyn können« (ebd., 269), dann ist damit eben genau der Gott gemeint, von dem auch Paulus in Athen spricht und den er als denjenigen nennt, »der nicht ferne von einem jeglichen unter uns [ist]. Denn in ihm leben, weben und sind wir«.[47] Insofern gesteht Fichte Paulus durchaus zu, dass er »den wahren Gott Jesu so innig [kenne], daß man einen ganz anderen Mann zu hören glaubt. Allenthalben aber, wo er auf sein Lieblingsthema [die Vereinigung von Judentum und Christentum] kommt, fällt die Sache so aus, wie wir es oben vorgestellt« (ebd., 271). Das von Paulus »verdrängte« johanneische Christentum ist und bleibt für Fichte der Schlüssel zum wahren Verständnis des Christentums und damit auch der Schlüssel zur menschlichen Heilsgeschichte (vgl. GA I/9, 117–128). Diese konkurrenzlose Wertschätzung des Johannes unter Einbezug »seiner« *Offenbarung* teilt Fichte zweifellos mit dem Pietismus.

Dagegen ist der begriffliche Diskurs (das paulinische Moment) oder die Wissenschaft in Sachen Moral und Religion ein notwendiges, keineswegs aber ein hinreichendes Mittel, Instrument oder Remedium auf dem Weg der Heilsgeschichte. Er dient der Herstellung eines kritischen und begründeten Wissens über das System, die Grenzen und Funktion der Erkenntnis hinsichtlich eines nicht nur wissenden, sondern praktisch vollzogenen spirituellen, seligen Lebens. In diesem Sinne vertritt Fichte ein auch und gerade im Pietismus

---

47 Apg 17, 27 f.

ausgeprägtes, wissenschaftlich abgesichertes »That-Christentum«.[48]
Das zeigt sich etwa an seinen ›praxologischen Gottesbeweisen‹ der
Religionslehre, wo es heißt:

> [I]n dem, was der heilige Mensch thut, lebet, und liebet, erscheint Gott [...]
> in seinem eigenen, unmittelbaren, und kräftigen Leben; und die aus dem
> leeren Schattenbegriffe von Gott unbeantwortliche Frage: *Was* ist Gott,
> wird hier so beantwortet: er *ist* dasjenige, was der ihm ergebene, und von
> ihm begeisterte *thut* (GA I/9, 111).[49]

---

48 Verwiesen sei hier auf die Ende des 17. Jahrhunderts in Berlin einflussreiche pietistische Strömung des Christian Barthut. Barthuts toleranter Pietismus vertrat »auf der
mystischen Linie Böhmes als neue Kirche das ›That-Christentum‹« und mit diesem
eine Theorie der Wiedergeburt (Brecht, GdP 1, 233). Ob hier ein wie auch immer
gelagerter Zusammenhang zu Fichte besteht, ist vielleicht nicht so entscheidend. Bemerkenswert ist, dass dieser Gedanke der ›Wiedergeburt durch die inspirierte Tat‹
für beide, Fichte und den Pietismus, eine zentrale, heilsgeschichtliche Rolle spielt.
49 Vgl. auch Traub (2016a), 160–171.

9. »Dies ist meine Ansicht der Sache« – Fichtes Kritik am Protestantismus

Von einem im Geist des lutherischen Protestantismus erzogenen und für das Pfarramt vorgesehenen Denker sollte man vermuten, dass er dem Gründungsakt seiner Konfession – der Reformation – uneingeschränkt positiv gegenüber steht. Das ist aber bei Fichte nicht der Fall – im Gegenteil. Denn er attestiert der Reformation, dass sie weder die paulinisch gnostische Ausartung des Christentums und den mit ihr verbundenen dogmatischen Streit der »Koncilien« noch den Irrtum in der Forderung nach einem Glauben ohne Einsicht erkannt, geschweige denn überwunden habe. Vielmehr bleibe die Reformation und der ihr folgende Protestantismus in diesen beiden für das Verständnis des wahren Christentums entscheidenden Punkten »mit dieser [katholischen] Kirche einig« (GA I/8, 272 f.).

Das, was der Protestantismus an Neuem in der Kirchengeschichte geleistet hat, war, dass von nun an »ein geschribnes Buch, als höchster Entscheidungsgrund aller Wahrheit, und als der einzige Lehrer des Weges zur Seeligkeit, aufgestellt« war (ebd., 273). Es ist dem Protestantismus zu verdanken – und dieser Dank hat bei Fichte einen bitteren Beigeschmack –, dass nun

> der Buchstabe den hohen, und allgemeinen Werth erhalten, den er seitdem hat; er wurde das fast unentbehrliche Mittel zur Seeligkeit, und ohne lesen zu können, konnte man nicht länger füglich ein Christ seyn, noch in einem christlich=protestantischen Staate geduldet werden. Daher nun die herrschenden Begriffe über Vol[ks]=Erziehung; daher die Allgemeinheit des Lesens, und Schreibens. Daß späterhin der eigentliche Zweck, das Christenthum, vergessen; und das, was erst nur Mittel war, selbst Zweck wurde, darf uns nicht wundern (ebd., 273 f.).

Luthers *sola scriptura*, so sehr es die Volkserziehung zum Lesen- und Schreibenlernen auch beförderte, leistet nach Fichte vor allem dem Vorschub, was er *protestantischen Gnostizismus* nennt, das heißt, dem Bedürfnis nach einer vernünftigen Erklärung der Bibel. Was

Fichte zur protestantischen Bibelexegese urteilt, ist an Spott kaum zu überbieten. Reduziert auf eine schwache Kritik an der paulinischen Christologie, ließ sie »den Haupt=Irrthum, von einem willkürlich handelnden, und Verträge machenden, und dieselbe, nach Zeit und Umständen, abändernden, Gotte« ruhig stehen (ebd., 274). Als theologischer Denkansatz sei diese protestantische Gnostik »gerade so vernünftig, als das allerschlechteste philosophische System, das Lockische« (ebd.). Konfessionsgeschichtlich konnte sich der herrschende Katholizismus mit diesem ›Christentum‹ des Protestantismus, dem »fast alle Gestalt einer positiven Religion« abgeht, gut arrangieren. Unter dem Namen des »freien Philosophirens« (ebd.) ließen die katholischen Staaten diesen ›Glauben‹ innerhalb ihrer Grenzen sich ausbreiten und gewähren. Von dieser Konfession stand in Sachen Religion nichts zu befürchten, aber auch nichts zu hoffen.

Fichtes Fazit zu Katholizismus und Protestantismus lautet daher: Was den absoluten Wert der christlichen Religion betrifft, ist es so, »daß ich in der Hauptsache beiden Unrecht gebe« (ebd., 274). Und dies deshalb, weil beide im Wesentlichen auf der Grundlage der paulinischen Theologie stehen und damit einerseits ein philosophisch (das heißt johanneisch) unhaltbares Gottesverständnis vertreten und – was den Protestantismus insbesondere betrifft – auf dem Schriftprinzip nicht als bloßem »Entwickelungsmittel«, sondern als Beweis religiöser Wahrheiten bestehen. »Dies ist meine Ansicht der Sache« (ebd., 275).

Zu unserer Frage nach der Prägung des religiösen Selbstverständnisses Fichtes, insofern es sich auf seine Zeit in Schulpforta bezieht, muss man sagen, dass die Wirkung des dort vermeintlich installierten ›Bollwerks lutherischer Orthodoxie‹ wohl nur schwach, wenn überhaupt, und schon gar nicht nachhaltig war. Dass die Orthodoxie keinen Stand hatte, hat uns Weißhuhns Schilderung des entsprechenden Lehrkörpers gezeigt. Aber auch mit dem ›modernen‹ Protestantismus steht es nach Fichtes Urteil nicht besser. Seine harsche Kritik an der Unvernunft protestantischer Exegese ist sehr deutlich. Dies wird noch durch die Zurechtweisung der in der Exegese angewandten analytischen Mittel verstärkt. Und das trifft nun vor allem den

Aufklärungsimpetus ›moderner‹ rationalistisch-wissenschaftlicher
Theologie überhaupt und damit insbesondere Ernesti. Unter Hinweis auf seine eigene theologische Bildung und akademische Erfahrung spricht Fichte der historisch-sprachwissenschaftlich-kritischen
Theologie ab, mit ihren Mitteln zum Kern der Sache des Christentums vordringen zu können. Denn das, was an ihren »Untersuchungen Werth hat, [gehört] in das Gebiet der historischen, und Sprach-
gelehrsamkeit, ohne allen Einfluß auf Religiosität und Seeligkeit«
(ebd.). Denn, so fragt Fichte dann an späterer Stelle,

> was ist denn die ganze moderne, die Bibel zu ihrer flachen Vernunft bekeh-
> rende Theologie, anders, als die Ausartung der […] Ansicht [der begeis-
> terten Reformatoren], beibehaltend die Geringschätzung des orthodoxen
> Lehrbegriffs, und aufgebend die Heiligkeit des Sinnes, durch welche jene
> geleitet wurden? (ebd., 383)

Sein eigener, auf die johanneischen Quellen gestützter und vom natürlichen Wahrheitssinn her konzipierter Religionsbegriff steht dem
hier kritisierten aufgeklärten Protestantismus ablehnend gegenüber.
Könnte sich seine eigene Theologie durchsetzen, die sich durchaus innerhalb »der Grenzen der, unter Protestanten hergebrachten,
Freiheit, über religiöse Gegenstände zu philosophiren«, versteht, sie
würde »die ganze Theologie mit ihren dermaligen Ansprüchen rein
aufhebe[n]« (ebd., 275).

10. »Vernunftwissenschaft und Schwärmerei vollkommen einig« – Fichtes kritische Rehabilitierung eines geächteten Denkens

Orthodoxes Luthertum hat zur Schwärmerei ein klares Urteil. »In der Kirche haben wir Gottes Wort; dabei will der Teufel uns nicht bleiben lassen, führt allerlei Schwärmer herein, die von der Taufe und vom Abendmahl Christi, ja von Christus selbst etwas Neues bringen«.[50] Schwärmerei ist nach diesem Wort Martin Luthers teuflische Häresie. Auch Zinzendorf hatte, als gemäßigter Pietist, vor der Gefahr der Schwärmerei gewarnt, weil sie in »Gemeinschaft ohne Aufsicht viel Anstößiges und Unordentliches [in den Glauben] mit eingemenget« (zitiert nach Schneider, GdP 1, 391). Ebenso könnte man Fichte selbst, insbesondere in seiner kritischen Auseinandersetzung mit Jacobis ›Unphilosophie‹ der Ahnung und des reflexionskritischen Glaubens, womöglich in die Reihe der lutherischen Skeptiker gegenüber dem Schwärmertum einreihen (vgl. DgF, 123–134). Das aber hieße, das dialektische Grundprinzip seines Denkens zu missachten, wonach jeder profilierten Gestalt des Geistes ihr Ort im System des Wissens ›genetisch‹ zugewiesen werden muss, um die in ihr erhobenen Geltungsansprüche im Einzelnen prüfen und im Ganzen beurteilen zu können. Das haben wir beim Thema Mystik schon erörtert und Ähnliches gilt auch für das Thema ›Schwärmerei‹.

Zur Genesis der Schwärmerei gehört zunächst der geistesgeschichtliche Umstand, dass sie sich in einem dialektischen Spannungsverhältnis zu derjenigen Geisteshaltung bildet, die Fichte als die wissenschaftliche »Maxime des gegenwärtigen Zeitalters« herausgearbeitet hat, nämlich: »*durchaus nichts als seyend, und bindend gelten zu lassen, als dasjenige, was man verstehe, und klärlich begreife*« (GA I/8, 209). Dieses Verstehen und ›klärliche Begreifen‹ reduziert sich im gegenwärtigen Zeitalter auf das Prinzip des *individuellen Begreifens*,

---

50 M. Luther: *Lutherlexikon*. Hrsg. von K. Aland. Göttingen 1989, 295.

das selbst »natürlich und nothwendig« (ebd., 214) erfahrungsorientiert ist. Wobei Erfahrung hier, gemäß dem Prinzip des Individualismus, empirisch-sensualistische Erfahrung meint (vgl. ebd.). Schwärmerei als Phänomen des Zeitgeistes entsteht danach als intellektuelle Gegenbewegung aus »der Einsicht in die Leerheit des vorhandenen Systems« (ebd., 283). Und das, was hier postuliert wird, ist die Negation des Universalitätsanspruchs des Begreifens samt der sensualistischen Erfahrung als sein Gegenstandsbereich oder seine ›Datenbasis‹. Schwärmerei dagegen ist das »Hervorbringen eines Unbegriffenen, und Unbegreiflichen, durch freies Dichten« (ebd.).

Wichtig für Fichte ist es, dass er diese ›moderne‹ Gestalt der Rationalismuskritik aus der Geschichte des Rationalismus selbst, das heißt als ein »Räsonnement […] auf dem Wege des freien Denkens, welches aber hier ein Erdenken und Dichten [des Unbegreiflichen] wird« (ebd.), erklärt. Das heißt, geistesgeschichtlich sind demnach auch andere Konstitutionsakte für die Annahme eines Unbegreiflichen denkbar und wahrscheinlich. Traditionalismus, Dogmatismus und Offenbarung wären zum Beispiel Kandidaten, innerhalb derer sich der begriffstranszendierende Glaube an das Unbegreifliche ebenfalls konstituieren könnte.

Gemäß der Typologie der Fichte'schen Bewusstseinsformen, wie sie in den *Grundzügen* präsentiert werden, sind Schwärmerei und Mystik, insofern sie theologisch konnotiert werden, die Antagonisten zum *Gnostizismus*, der »im System des Christenthums« als »forträsonnirend[e]« Denkfigur bestimmt wurde und gemäß derer »der Begriff Richter sey« in Fragen des Glaubens und der Religion (ebd., 272).

Es sind diese beiden Charaktereigenschaften der Schwärmerei, nämlich die durch freies Denken hervorgebrachte Annahme eines begriffstranszendenten Seins sowie die damit verbundene Absage an die ›Dogmatik‹ des rationalistischen Empirismus, die auch nach Fichte eine »ächte Vernunftwissenschaft« kennzeichnen und worin sich »beide, die Vernunftwissenschaft, und die Schwärmerei, vollkommen einig« sind (ebd., 283.). Das, was Schwärmerei von der Vernunftwissenschaft dann doch auch trennt, ist, dass sie zu ihrem »Unbegreiflichen« nicht auf dem Weg einer systematischen »Erschöpfung« des Begriffs im ›klaren Denken‹, durch Philosophie, sondern auf dem Weg produktiver Einbildungskraft, durch die »blinde Kraft des Denkens« (ebd., 284), durch Phantasie, gelangt.[51] Die Folge dieser nicht auf das Denken, sondern das individuelle »Erdenken« gegründeten Gestalt des Geistes ist es, dass sich ihre »Phantasieprodukte« weder geisteswissenschaftlich, also philosophisch, noch populärwissenschaftlich »durch den natürlichen Wahrheitssinn […] bewähren« lassen (ebd., 286).

Unabhängig davon, ob Fichte mit dieser Kritik und Analyse recht hat, für unsere Frage nach Fichtes Stellung zum orthodoxen Luthertum bleibt festzuhalten, dass für ihn die vom lutherischen Protestantismus als ›Teufelswerk‹ abgelehnte Denkfigur der Schwärmerei durchaus einer kritischen Rehabilitierung nicht nur fähig, sondern ihrer auch würdig ist. Fichtes Rehabilitierung der Schwärmerei rechtfertigt sich aus der wohlbegründeten Ablehnung eines spirituell sinnentleerten Rationalismus und Empirismus überhaupt, insbesondere aber aus der theologischen Behauptung der durch beide nicht einholbaren geistig-geistlichen Substanz, die für die Führung eines sinnerfüllten oder gar seligen Lebens unabdingbar ist. Gerade weil auch im lutherischen Protestantismus sowohl in seiner Orthodoxie als auch in seiner ›modernen‹ und ›aufgeklärten‹ Gestalt diese Quelle

---

51 Im zweiten Vortrag seiner *Wissenschaftslehre* aus dem Jahre 1804 hat sich Fichte mit diesem Thema intensiv auseinandergesetzt. »Urphantasie« ist das Vermögen, durch Einbildungskraft erzeugte Vorstellungen „per hiatum irrationalem" zu verlebendigen und dadurch den in ihnen repräsentierten Sachverhalten den Anschein selbständigen Seins und Lebens zu vermitteln. Fichte glaubte, in diesem Akt, insofern er als solcher nicht erkannt wird, das Prinzip der »Naturphilosophie« (Schellings) entdeckt zu haben. Und insofern ist es konsequent, dass er in den *Grundzügen* die Naturphilosophie als eine Spielart der Schwärmerei bezeichnet (GA I/8, 285–294). Zum Thema »Urphantasie« vgl. H. Traub: »Urphantasie, wahre Creation und absolute Beschreibung – Transzendentale Strukturelemente für die Grundlegung einer Philosophie der Kunst im zweiten Vortrag der Wissenschaftslehre von 1804«, in: *L'Être et le Phénomène – Sein und Erscheinung*. Hrsg. von J.C. Goddard und A. Schnell. Paris 2009c (*Bibliotèque d'Histoire de la Philosophie*), 285–303.

›wahrer‹ Religiosität offenbar versiegt ist oder verstopft wurde, ist
es nur verständlich, dass sich Fichte eine Erneuerung des religiösen
Lebens nicht von diesen beiden Ausprägungen des Protestantismus
versprechen konnte. Seinem Unbehagen an der dogmatischen Erstarrung oder der akademischen Verflachung des Glaubens setzte
er, auch aus eigener biographischer Erfahrung begründet, die Kultur der begeisterten Spiritualität des Pietismus entgegen. Und so mag
denn sein Urteil in dieser konfessionellen Entscheidungsfrage für die
Fichte-Exegeten, die ihn in der Nähe des orthodoxen oder aufgeklärten Protestantismus verorten, überraschen. Jedoch ist sein Urteil in
dieser Sache, nach dem, was wir bisher an pietistischem Hintergrund
in Fichtes Biographie ausgeleuchtet haben, konsequent.

11. Fichte in der Tradition der begeisterten pietistischen Lehrer?

Die sechzehnte Vorlesung der *Grundzüge* befasst sich mit dem Problem: »Wie soll denn also ein Antrieb auf die Menschen, zur Anerkennung und Verbreitung wahrer Religion, geschehen?« (GA I/8, 383) Dass dies nach allem bisher Gesagten weder auf dem Weg der Vermittlung der Orthodoxie noch durch literar- und textkritische Bibelexegese zu erwarten ist, lässt sich schon vermuten. Der Schlüssel für »Antrieb und Verbreitung wahrer Religion« liegt für Fichte in einem »Zentral Heiligtum« der pietistischen Reformbewegung, in der »Inspiration«, oder wie Fichte eingedeutscht sagt, in einem »Gott begeisterten Leben« (GA I/9, 111f.).

Es ist für den Pietismus kennzeichnend, dass er über die Analogie zur Leiblichkeit den Begriff der ›geistigen Wiedergeburt‹ auf die individuelle vor allem moralisch-ethische Lebensführung zuspitzt. Geistige Wiedergeburt ist im Pietismus die entscheidende »Voraussetzung wahrer Gottesbeziehung« (Matthias, GdP 4, 49). Die Personalisierung des Glaubens »drängt aufs Leben«, will die »Lehre ins Leben verwandeln« (ebd.). Und indem das, was im allgemeinen als Glaubensbekenntnis bekannt ist, als entschiedene, personal bedeutsame Wiedergeburt vollzogen und in religiöser Praxis gelebt wird, realisiert sich dieser »Zentralterminus der pietistischen Psychagogik« (ebd.).

Begeisterung (wahres Denken) ist bei Fichte neben *Glaube* und *Liebe* das dritte systematisch verortete Medium, durch das eine unmittelbare Begegnung des Menschen mit Gott, von »Angesicht zu Angesicht«, das heißt »eine wahre Gottesbeziehung« (GA I/9, 111f.) unabhängig von begrifflicher Analyse in einem Akt »bildlosen Bildens«, möglich ist.[52] Auf Begeisterung bezogen und unter ihrer Vor-

---

52 Vgl. Traub (2016a), 160–171. Theologisch rückt die Begeisterung in der Bedeutung eines gottbegeisterten Lebens in die Nähe der dritten christlichen Tugend, der Hoffnung. Unterstellt man Fichtes Philosophie der Geschichte, wie sie die *Grundzüge*

aussetzung, erhalten Wort und Lehre Geist, das heißt spirituelle Lebenskraft. Durch sie ›wird das Wort Fleisch‹. Durch sie vollzieht sich ›Transsubstantiation‹. Durch sie wird Lebensführung zu moralischer, das heißt kulturschöpferischer, sozialer, gesellschaftlicher und politischer Praxis.[53] Die Nähe dieser religionsphilosophischen und auch wissenschaftstheoretischen Überlegungen Fichtes zu denen des Pietismus ist eigentlich unübersehbar.

Fichtes Kritik am Protestantismus, sowohl in seiner orthodoxen wie in seiner aufgeklärten Variante, beruht auf dem Attest des Mangels an ursprünglicher Gott-Begeisterung. Was nach Fichtes religionsgeschichtlichem Urteil bei den Reformatoren noch vorhanden war, erstarrte im Laufe der konfessionellen Institutionalisierung zur Orthodoxie und verflachte zur sprachwissenschaftlichen Bibelexegese. Aus diesen Richtungen war und ist für Fichte daher kein »Antrieb zur Anerkennung und Verbreitung wahrer Religion« mehr zu erwarten. Und »so standen nach ihnen [den Reformatoren], als fast die ganze Religion in die Aufrechterhaltung des orthodoxen Lehrbegriffs gesetzt, und die innere Herzens=Religion vernachläßiget wurde, die sogenannten pietistischen Lehrer auf, und erhielten den unstreitigen Sieg« (GA I/8, 383).

---

des gegenwärtigen Zeitalters (1804) und die *Staatslehre* (1813) entwickeln, so ist deren Grundtenor eine Philosophie der Hoffnung, die in beiden Schriften hochgradig theologisch und religionsgeschichtlich aufgeladen ist. Dasselbe kann auch über Fichtes Philosophie der Erziehung und sein kulturpolitisches Engagement überhaupt gesagt werden. Insofern lässt sich Fichtes philosophisches Gesamtkonzept auch als reflektierte Auslegung der drei christlichen Kardinaltugenden Glaube, Liebe und Hoffnung interpretieren.

53 Vgl. H. Traub: »Von der Wissenschaft zur Weisheit. Systematische und biographische Aspekte zu Fichtes Erlanger Vorlesung ›Über das Wesen des Gelehrten‹«, in: *Fichte in Erlangen*. Hrsg von M. Gerten. Amsterdam / New York 2009b (*Fichte-Studien 34*), 393–416. Vgl. auch: ders.: »Biographische Wurzeln und systematische Reflexionen. Grundlegung einer Philosophie ganzheitlicher Bildung und Erziehung in Fichtes Wanderjahren«, in: *Bildung als Kunst. Fichte, Schiller, Humboldt, Nietzsche*. Hrsg. von J. Stolzenberg u. a. Berlin / New York 2010, 29–58.

Damit steht für Fichte fest: Im Protestantismus des 17. und 18. Jahrhunderts hat sich lebendige Religiosität weder in der Orthodoxie noch im aufgeklärten Protestantismus, sondern im Pietismus erhalten und wurde dort gelebt. Aus dieser und nur aus dieser Tradition der begeisterten pietistischen Lehrer erwartete Fichte auch für sein Jahrhundert eine Wiederbelebung ›wahrer Religion‹ und damit die ›Wiedergeburt‹ der Herzensreligion sowie die Wiedererweckung »der Heiligkeit des Sinnes, durch welche jene geleitet wurden« (ebd.). Es ist diese Tradition, in der sich Fichte wohl auch selbst als Wissenschafts- und Volkslehrer, als ›Priester der Wahrheit‹, ›prophetischer Seher‹ und ›begeisterter Prediger‹ verortet hat. Denn, so seine Prognose: »auch in unserm Zeitalter, wenn es sich von den mancherlei Verirrungen, unter denen es herumgetrieben worden, ein wenig erholt und gesetzt haben wird, [werden] begeisterte Männer aufstehen, welche demselben geben werden, was ihm Noth thut« (ebd., 383 f.).[54]

---

54 Hans-Joachim Becker weist darauf hin, dass an Fichtes Selbstverständnis als »prophetischer Seher und Redner« ein spezifischer Bezug zu der insbesondere im Pietismus gepflegten Tradition alttestamentlicher Prophetie festzustellen sei (Becker [2000], 387). Der darüber herzustellende grundlegende Zusammenhang zwischen Fichte und dem Pietismus (ebd., 46) bleibt bei Becker leider nur Andeutung (ebd., 125 f.). Ähnlich verhält es sich mit José L. Villacañas Analyse zum ›Charisma‹ bei Fichte. Mit den Mitteln von Max Webers Legitimationstypus des Charisma und dessen theologischer Erweiterung interpretiert der Autor Fichtes Selbstverständnis als das eines charismatischen Redners (vgl. J. L. Villacañas: »Fichte und die charismatische Verklärung der Vernunft«, in: *Theoretische Vernunft*. Hrsg. von K. Hammacher u. a. Amsterdam / Atlanta 1993 [*Fichte-Studien 5*], 136 f.). Allerdings bleibt auch in dieser Darstellung der gerade von Weber her sich anbietende Zusammenhang zwischen pietistischem Begeisterungsmotiv und Fichtes diesem Geist entspringendem charismatischen Sendungsbewusstsein unbedacht (vgl. zu dieser Thematik Traub (2018), 94–108).

12. Exkurs: Siegfried, Robinson, Aeneas – Fichtes Helden der Kindheit

Manfred Kühns Fichte-Biographie behandelt eine Kindheitsepisode des Philosophen mit besonderer Aufmerksamkeit, weil er glaubt, an ihr die »Achillesferse« Fichtes, seine »besondere Verwundbarkeit [...]: seine Impulsivität, seine Eigenwilligkeit und seinen Trotz« offenlegen zu können.[55] Es ist die allseits bekannte Geschichte um die *Volkshistorie vom gehörnten Siegfried*, die uns der Fichte-Sohn in seiner Biographie über den Vater überliefert und als bedeutungsträchtiges »Vorspiel« für dessen späteres Schicksal – nämlich in seinen wahren Motiven häufig verkannt worden zu sein – kommentiert hat (LLB I, 9f.).

Wie bereits oben berichtet, erzählt die Episode Folgendes. Für seinen Fleiß schenkt Christian Fichte seinem Sohn das Buch vom gehörnten Siegfried. Erwartungsgemäß beginnt der Junge darin zu lesen – und kommt davon nicht mehr los. Es fesselt ihn so sehr, dass er darüber seine Pflichten vernachlässigt und dafür vom heiß geliebten Vater bestraft wird. Jetzt hat Fichte ein Problem. Er steckt in einer klassischen ›Double-Bind-Situation‹, die er dadurch löst, dass er den Auslöser des Konflikts, das Buch, beseitigt. Schon aber hat er das nächste Problem. ›Wie kannst du das kostbare Geschenk deines dich liebenden Vaters verlieren?‹ Eine weitere Strafe folgt.

Man kann sich nun auf den geschilderten Handlungsverlauf sowie dessen widersprüchliche Deutung bei Kühn und Immanuel Hermann Fichte einlassen und versuchen, das eine oder andere daran aufzuhängen. Ist die ›Bestrafung des Buches‹ durch den Jungen, weil es das gute Vater-Sohn-Verhältnis beeinträchtigt, aus der Sicht des Kindes rational? Dokumentiert diese Handlung eine Trotzreaktion, die exemplarisch für Fichtes Charakter steht? Oder ist des Vaters Unvermögen, die Angelegenheit mit seinem Sohn konfliktfrei ins Reine

---

55 Kühn (2012), 29.

zu bringen, symptomatisch für Fichtes spätere Erfahrung, von anderen häufig missverstanden zu werden, weil sie sich für seine ›wahren‹ Motive nicht interessieren? Vielleicht ist an alledem etwas Wahres dran. Dass Fichte selbst die Episode wohl in dem Sinne verstanden wissen wollte, wie der Sohn sie schildert, als Beispiel für das Missverstehen seiner Motive durch andere, liegt nahe. Und womöglich hat er sie auch aus diesem Grunde erzählt.

Was aber bei aller Psychologie dieser Überlieferung nicht in Betracht gezogen wird, ist die Frage nach dem Faszinosum der Geschichte selbst, das die Aufmerksamkeit des Jungen derart fesselte, dass er darüber »für nichts Anderes mehr Lust behielt; und auch im Lernen […] unachtsam und fahrlässig« wurde (ebd.). Diesem Phänomen wollen wir unter der Annahme nachgehen, dass das, was den jungen Fichte an der Geschichte so stark fesselte, für ihn wichtig und nachhaltig wirksam war, und zwar derart, dass er sich noch als Erwachsener daran erinnerte. Und in der Tat, es ist überraschend zu lesen, welche für Fichtes Leben bedeutsame Themen dem Jungen in der Lektüre des gehörnten Siegfried begegneten.

Wir wissen nicht, welche Ausgabe des *gehörnten Siegfried* Fichte gelesen hat. Auf dem Markt war zu seiner Zeit die 1726 in Braunschweig und Leipzig erstmals aufgelegte, aus dem »Französischen ins Teutsche« übersetzte und mit Holzschnitten bebilderte Ausgabe, deren voller Titel lautete: *Eine wunderschöne Historie von dem gehörnten Siegfried, was wunderliche Ebentheur dieser theure Ritter ausgestanden, sehr denkwürdig und mit Lust zu lesen.*[56] Im Groben handelt es sich bei der *Historie* um die auch aus der deutschen Literatur bekannte Sage um den in Xanten am Rhein geborenen Siegfried. Allerdings ist der Anfang der Geschichte, der ›Eingang dieser denkwürdigen Historia‹, bemerkenswert anders als die deutsche Version komponiert. Denn er stellt die Siegfried-Sage in den Kontext der keltischen Artus-Sage und führt sie als Analogie zu dieser ein. Das heißt, Fichte trifft im ›Eingang der Historia‹ zum ersten Mal auf die Form

---

56 Wir zitieren diese Ausgabe nach dem Neudruck: W. Galter (Hrsg.): *Das Volksbuch vom gehörnten Siegfried nach der ältesten Ausgabe von 1726.* Halle 1911, 61–99.

einer Gemeinschaft, der wir an späterer, prominenter Stelle in seinem politischen Denken wieder begegnen: die Tafelrunde.

»Es wird« – so beginnt die Geschichte – »in vielen Historien gelesen, daß König Artus aus Britannien, zu seiner Zeit, so eine herrliche Hoffhaltung, mit den allerwerthesten Rittern, so zu der Zeit gelebt, gehalten habe, den der Taffel-Runde«.[57] Fichtes späteres zentrales Thema: ›Was heißt deutsch?‹, das er von der Tischgemeinschaft der Freien, Gleichen und Brüderlichen ableitet und mit der Abendmahlsgemeinschaft ›am Tisch des HERRN‹ zur politisch-christlichen Idee einer republikanisch-föderativen Staatsverfassung vereint, hat, wie es scheint, sehr tiefe Wurzeln in seiner Biographie. An seine Gründungsmitgliedschaft in der *Christlichen Tischgesellschaft* sowie an seine Rolle als kleiner Katechet bei den Andachten bei Tisch im Elternhaus in Rammenau sei auch noch einmal erinnert. Das Motiv des Tisches als Ort religiöser und politischer Sammlung überhaupt und als Ort der Vergemeinschaftung der Edlen insbesondere – hier, in der Historie vom gehörnten Siegfried, begegnet es Fichte zum ersten Mal in literarischer Gestalt.

Aber nicht nur das, auch das nicht weniger lebensbedeutsame Bild des heldenhaften Ritters, der im schließlich erfolgreichen Kampf feindselige, menschenverachtende, übermächtige Ungeheuer besiegt, tritt dem Jungen hier entgegen und ebenso dessen Verantwortung, darüber der Tafelrunde zu berichten. Von der Tafelrunde zum Ritter geschlagen, hat

> der noch junge Herr Wigoleiß vom Rade [...] kurz darauf, in seinen noch blühenden Jahren, die allervortrefflichsten Abentheuer ausgestanden, das kaum zu glauben ist, indem er nicht allein Riesen und andere Ritter [...] [sowie] den ungeheueren Drachen Pyton [...] getödtet [...] und selbsten die Zeitung nach der Tafelrunde [hat] bringen müssen [...]. Fast dergleichen ist folgende Historia, zu welcher wir uns ohne fernere Weitläuffigkeit wenden wollen.[58]

---

57 Ebd., 63.
58 Ebd.

Und nach dem Vorbild des Ritters der Tafelrunde folgt nun die daran angelehnte Erzählung über Herkunft, Wesen und Abenteuer des gehörnten Siegfried, der nicht aus Britannien, sondern aus einem Königshaus in den Niederlanden stammt.

Wenn es stimmt, und es spricht nichts dagegen, dass der *gehörnte Siegfried* Fichtes Erstbegegnung mit nichtkatechetischer Literatur war (LLB I, 9), dann wird diese reichlich bebilderte Sage über den unglaublich starken, durch Drachenblut gehärteten und nahezu unverwundbaren, edlen und mutigen Ritter seinen Eindruck auf das fantasiebegabte Kind nicht verfehlt haben. Eine Identifikation mit Siegfried und der ›heimliche Wunsch‹, ebenso stark und edel für die gute Sache gegen die Ungeheuer dieser Welt zu kämpfen und die von ihnen Unterjochten, Bedrohten und Gefangengehaltenen zu befreien, könnte hier reichlich Nahrung erhalten haben.

Selbstverständlich enthalten auch die dem jungen Fichte wohlbekannten biblischen Geschichten ähnliche Heldensagen, David und Goliath, Michael der Drachentöter usw. Was bei Siegfried jedoch anders ist, ist der dezidiert säkulare Charakter der Geschichte. Zwar erbittet auch er im Kampf gegen Riesen und Drachen den Segen Gottes und fasst aus seinem Glauben den Mut, seine Abenteuer mit Gottes Hilfe erfolgreich zu überstehen. Die Geschichte dient aber nicht ausdrücklich der Veranschaulichung der Macht Gottes und seiner himmlischen Herrlichkeit, wie das bei den biblischen Geschichten der Fall ist. Sondern sie lobt vor allem den mutigen Helden selbst in seinem erfolgreichen Kampf gegen die Ungeheuer dieser Welt. Wenn man beide Motive, das religiöse und das säkulare, geltend machen wollte – was sicher möglich und sinnvoll ist –, so ist es deren Gewichtung innerhalb der Geschichte, an der sich die Frage nach ihrer Wirkung und Bedeutung entscheidet. Und diese ist im *gehörnten Siegfried* eine vor allem säkulare und individualitätsbezogene. Religionspädagogisch bedeutet das, dass Fichte im *gehörnten Siegfried* ein nicht religiöses, sondern innerweltliches, man kann sagen ein rein moralisch-politisches Motiv ethischen Handelns begegnete, das den Einzelnen nicht aus seinem Glauben, sondern aus dem Bewusstsein eigener Stärke in die Pflicht nimmt: Dem ›Fürsten dieser Welt‹ wird die Welt nicht kampflos überlassen.

Danach ist es nicht ganz falsch, wenn Kühn unterstellt, Fichte habe »sich schon in diesen Tagen als kleiner Held, welcher der Welt zu trotzen hatte«, verstanden.[59] Und es ist, wie wir sahen, zutreffend, dieses Urteil unter anderem mit Fichtes Lektüre des *Siegfried* in Verbindung zu bringen. Problematisch, ja sachlich unzutreffend ist es allerdings, den durch die Lektüre für das innerweltliche Heldentum geweckten Enthusiasmus zu einem unerkannten pathologischen Verhängnis des Philosophen zu stilisieren.

> Fichte blieb, sowohl in seinen eigenen Augen als auch der individuellen Richtung seines Geistes entsprechend, immer ein Held. Was er nicht sah, war, dass er wie Siegfried oder Achilles, ein Held mit einer verwundbaren Stelle war, die letztlich zu seinem Verhängnis wurde. Bei Fichte war diese Stelle etwas, was man Impulsivität, Willensstärke und Streitsucht nennen kann. Sie war nicht äußerlich, sondern innerlich. Sie bezeichnet sein Leben im *Gegensatz* zu seiner Philosophie. Leider war aber sein Denken nicht so unabhängig von seinem Leben, wie er glaubte. Insofern von Tragik gesprochen werden kann, hängt diese von jenem Mangel an Selbsterkenntnis ab.[60]

Was an dieser Darstellung zutrifft, ist die Kennzeichnung von Fichtes Charakter als impulsiv, willensstark, vielleicht sogar streitsüchtig – wobei Willensstärke allerdings nur bedingt als tragisch gelten kann. Was jedoch nicht zutrifft, ist die Behauptung, Fichte sei sich der Achillesferse seines Charakters nicht bewusst gewesen. Das Gegenteil ist der Fall. Denn im klaren Bewusstsein seiner Schwäche arbeitete er daran, sie abzulegen oder gar ganz zu überwinden. In zahlreichen Briefen an seine Frau ist dieser innere Kampf dokumentiert, unter anderem da, wo er über seine »stolze Denkungsart« (GA III/1, 82), die »verwahrloste« oder die »bessere Seite« seines Herzens redet (ebd.). Das »Ungeheuer« seiner »Hypochondrie« ist ihm bestens bekannt (ebd., 412). Und klar ist ihm auch, dass er an seiner »Herzens-

---

59 Kühn (2012), 29.
60 Ebd.

und Charakterbildung« zu arbeiten hat. Im März 1790 berichtet er Marie Johanne Rahn über seine ersten Erfolge in dieser Sache, nämlich darüber, dass er sich inzwischen »viele« der ihm »mangelnden Eigenschaften« angeeignet habe, »unter andern die, mich zuweilen nach andern zu accommodiren« (ebd., 71).

Eindrucksvoller Beleg für seine Bemühungen sind auch die überlieferten »Therapiepläne« gegen seine Charakterschwächen, die im Selbstgespräch aufgestellten *Regeln der Selbstprüfung* aus dem Jahre 1791.

> Dein Stolz ist ein sichres Merkmal von irgend einer verwahrlosten Seite deines Herzens. Du liebst Dich zu sehr, weil Du nur Deine Vorzüge, nicht andrer ihre, kennst. Von nun an sei es also unverbrüchliche Pflicht für Dich, die Vorzüge aller, die Du wirst kennen lernen, besonders diejenigen aufzusuchen, die Dir selbst fehlen. […] Rotte den Stolz aus. […] Auch die Unbiegsamkeit und Härte gründet sich auf Stolz (GA II/1, 379).

Auch später sehen wir Fichte mit der Aufgabe seiner ›Charakterbildung‹ ringen.

> Schon einige Mal hat das Ungeheuer [!], Hypochondrie mir auf den Füßen gefolgt. […] Ich habe es glüklich verjagt, u. weiß nun aus Erfahrung, wovor es flieht. – Keine Langeweile, keine schaale Gesellschaft, keine Beschäftigung, die meinen Geist nicht ausfüllt! Das alles ist mir Gift. Dagegen strenge, mich angreifende Arbeit u. nach der Arbeit wieder lebhafte Zerstreuung, starke Fußreisen, u. dergl. – Dies hilft sicher. Nichts hat mir auch in dieser Rüksicht mehr genüzt als meine Schriftstellerei (GA III/1, 412 f.).

Fichtes später verfasste *Ascetik* als Anhang der Moral ist dann die systematisierte und verallgemeinerte Fassung für eine Konzeption einer angewandten, lebensweltlich-pragmatischen Sittenlehre (GA II/5, 59–77). Von einem Mangel an Selbsterkenntnis über die ›verwundbaren Stellen‹ seines Charakters kann bei Fichte also keine Rede sein. Und noch etwas kann an Kühns Fichte-Bild nicht überzeugen. Impulsivität, Willensstärke, Streitsucht sind nicht Wesenszüge *der Person* Fichte, die »im *Gegensatz* zu seiner Philosophie«

stehen, wie Kühn behauptet.[61] Denn in positiver Konnotation, als Spontaneität, Energie und Auseinandersetzungsbereitschaft, sind sie vielmehr auch grundlegende methodologische Kennzeichen des Fichte'schen Philosophierens selbst. Unbedingtes, freies Sich-selbst-Setzen und Auf-sich-Merken, energisches und ausdauerndes Denken sowie Willensstärke bei der Umsetzung des Erkannten, ebenso die Bereitschaft, sich an Gegenpositionen, etwa Spinoza, Schelling oder Jacobi, abzuarbeiten, markieren keinen Gegensatz, sondern ein Stück Kohärenz von Person und Lehre.

Dass die *Historie vom edlen Ritter Siegfried*, sein Kampf gegen die riesenhaften Ungeheuer einer bedrohlichen Welt des Bösen, Einfluss auf Fichtes Selbstbild als äußerlich wie auch innerlich kämpfender ›Held‹ für das Gute hatte, darf man annehmen. Dass sich Fichte der inneren Gefahren und eigenen Ungeheuer nicht bewusst gewesen sei und sich ihnen nicht im Kampf gestellt hätte – vielleicht mit weniger Erfolg als sein Vorbild aus Kindertagen –, das muss man aber wohl zurückweisen.

Der zweite Held aus Fichtes Jugend ist *Robinson Crusoe*. Ihm begegnete er in Schulpforta in misslicher Lage. Und wie vordem *Siegfried*, macht auch Robinson einen tiefen Eindruck auf den Jungen.

> Das Studieren in der Schulpforte drükte ihn, den unschuldigen Knaben, welcher einige Jahre vorher bey einem ehrlichen Prediger auf dem Lande gelebt, und von ihm sehr geliebt war, so sehr, daß er sich entschloß fortzulaufen, und wie Robinson, auf einer Insel zu leben. Der Plan dazu ward gemacht, wie man sich in Hamburg einschiffen und dann seine einsame Insel suchen wolle (FiG 1, 15).

Dass Fichte sich anfangs schlecht an die Verhältnisse in Schulpforta ›akkommodierte‹ sowie einige Gründe dafür, haben wir, insbesondere mit Rücksicht auf seine Vorgeschichte im Hause von Pfarrer Krebel, hinreichend erörtert. Entsprechend war es für ihn nicht unwahrscheinlich, sondern naheliegend, sich mit Gedanken über mög-

---

61 Kühn (2012), 29.

liche Auswege aus seiner Misere zu beschäftigen und Pläne für eine
Flucht zu schmieden. Die von Johanne Fichte berichtete und auch
von Immanuel Hermann Fichte (LLB I, 20) sowie dessen Sohn Eduard[62] in ihre Biographien aufgenommene Robinson-Episode enthält
in den verschiedenen Varianten einige Unstimmigkeiten, auf die wir
im Folgenden kurz eingehen wollen.

Außer den Berichten der Familie liegt noch eine Quelle vor, die
Fichtes Fluchtpläne aus Schulpforta erwähnt und auf die schon Fritz
Medicus in seiner Fichte-Biographie von 1914 verweist:[63] Anlässlich
von Fichtes Tod druckte die *Augsburger Allgemeine Zeitung* vom 14.
März 1814 eine Lebensbeschreibung des Philosophen (FiG 5, 112–
119).[64] Dem Redakteur – möglicherweise ein ehemaliger Mitschüler
Fichtes – war es offenbar wichtig, folgendes Detail aus Fichtes Zeit
in Schulpforta zu erwähnen. Er schreibt über Fichte: »Einst ent-
sprang er von dort, des lästigen Schulzwangs müde, und wurde, als
man ihn einholte, an der Saale mit einer Landkarte sitzend gefunden,
wo er den Weg nach Amerika studierte« (ebd., 114). Der Plan einer
Schiffsreise nach Amerika als Ausweg aus den misslichen Verhältnissen innerhalb der Schulmauern verbindet sich schlüssig mit den
Vorstellungen von einem autarken, ungebundenen Leben außerhalb
der lästigen Zwänge des Internats, in und mit der Natur, irgendwo
auf einer einsamen Insel. Für diese Idee bot der seinerzeit bereits
in mehreren deutschen Übersetzungen vorliegende, sehr populäre,
1719 erstmals erschienene Roman Daniel Defoes über die Abenteuer
des Robinson Crusoe eine phantasieanregende Folie. Dass der junge
Fichte diese Geschichte kannte, ist also nicht unwahrscheinlich und
der Hinweis der Biographen auf diesen Umstand durchaus plausibel.
Denn aus welchem Grund sollten sie den Zusammenhang zwischen
Fichtes Fluchtplänen aus Schulpforta und der literarischen Gestalt
des Robinson auch hergestellt haben, wenn es dafür keinen Anhalts-
punkt gab?

---

62 E. Fichte (1863), 8.
63 F. Medicus: *Fichtes Leben*. Leipzig 1914, 8.
64 Vgl. Kühn (2012), 588, Kommentar zu Fn. 34.

Immanuel Hermann Fichtes Biographie versucht allerdings, diesen
Zusammenhang durch eine sehr zweifelhafte Quellenangabe zu stützen. Denn er schreibt, dass das Robinson-Motiv seines Vaters nicht
auf dessen Kenntnis der Romanvorlage Defoes, sondern auf die von
dieser Vorlage inspirierte, für Kinder und Jugendliche nacherzählte
Version *Robinson der Jüngere* zurückzuführen sei. Autor dieses Buches ist Joachim Heinrich Campe (1746–1818), ein mit Klopstock,
Claudius, Lessing und anderen Berühmtheiten der Zeit bekannter
Schriftsteller und Pädagoge, zwischen 1768 und 1775 auch Erzieher
und Hauslehrer von Alexander und Wilhelm von Humboldt. Der
Fichte-Sohn schreibt über seinen Vater:

> Er beschloß zu fliehen, und [...] ihm kam der Gedanke, überhaupt nur das
> Weite zu suchen und auf irgendeiner fernen Insel, von Menschen abge-
> schieden, herrliche Tage der Freiheit zu verleben. *Campe's* Robinson, der
> auf irgend eine Art in seine Hände gekommen seyn mochte, hatte ihm den
> seltsamen Gedanken eingegeben (LLB I, 19 f.).

Campes *Robinson der Jüngere* ist die in 30 »Gutenachtgeschichten«
in pädagogischer Absicht aufbereitete, in mancherlei Hinsicht ab-
gewandelte, von einem Vater seinen Kindern Johannes, Fritzchen,
Lotte und Gottlieb nacherzählte Geschichte der Defoe-Vorlage. Die
Kinder fragen nach, der Vater erklärt, die ganze Szene spielt in einem
Kinderzimmer zur Schlafenszeit.

Zwei Dinge lassen die vom Fichte-Sohn erwähnte Quellenangabe zweifelhaft erscheinen. Campes *Robinson der Jüngere* erschien
1779/80 in Hamburg. Fichte war zu diesem Zeitpunkt 17 Jahre alt,
bereits über fünf Jahre Schüler in Schulpforta und stand kurz vor
seinem Schulabschluss. Vermutlich beschäftigte ihn damals die Abfassung seiner Valediktionsrede mehr als die Lektüre des neu erschienenen Kinderbuchs. Diesem Alter war er wohl entwachsen.
Der zweite Umstand, der gegen Campes Robinson spricht, ist die
vom Fichte-Sohn selbst ausführlich beschriebene, nach anfänglichen
Anpassungsschwierigkeiten und versuchter Flucht schließlich doch
gelungene Eingliederung und Anpassung seines Vaters an das schulische Leben im Internat. Denn nachdem die Motive der Flucht mit

der Schulleitung besprochen und ein neuer Obergeselle gefunden war, »wurde der neue Aufenthalt dem heranwachsenden Knaben allmählich lieber, [...] ja bald fühlte er sich vollkommen glücklich in der neuen Lage« (LLB I, 21). Das heißt, Fichtes Robinson-Episode von Schulpforta kann sich nicht auf Campes Robinson bezogen haben. Das Buch gab es zu Beginn der Ausbildung Fichtes noch nicht. Und den 17-Jährigen einen ›heranwachsenden Knaben‹ zu nennen und ihm, dem inzwischen in der klassischen Literatur Bewanderten, die Lektüre eines Kinderbuchs als Fluchtmotiv zu unterstellen, klingt wenig glaubwürdig. Campes *Robinson der Jüngere* scheidet daher als Motiv für Fichtes Fluchtgedanken wohl eher aus.

Zu diesem Ergebnis kommt auch Kühns Fichte-Biographie. Auch ist seinem Urteil zuzustimmen, dass es die Absicht des Fichte-Sohns war, diese Episode im Sinne seines Interesses an der Zeichnung eines speziellen moralischen Persönlichkeitsprofils seines Vaters auszugestalten.[65] Immanuel Hermann geht es in seinem Bericht weniger um Robinson, sondern insbesondere darum, das hohe moralische Verantwortungsbewusstsein seines Vaters zu betonen. Fritz Medicus attestiert diesem Bericht, wenngleich er der Charakterisierung von Fichtes Wesen durch den Sohn folgt, daher »den Eindruck einer sentimentalen Übermalung«.[66]

Als Inspiration für Fichtes Wunsch und Sehnsucht nach einem anderen Leben wäre dann wohl das ›Original‹, Defoes Erfolgsroman *Leben und wunderbare Abenteuer des Robinson Crusoe Seemanns aus York* heranzuziehen. Und in der Tat: Dieser Roman ist im Hinblick auf zahlreiche Facetten von Fichtes – auch philosophischer – Weltanschauung und Überzeugung bemerkenswert. Das betrifft insbesondere die im Roman verarbeiteten theologischen und katechetischen Motive, aber auch das religiöse Bekenntnis des Autors selbst. Denn in Daniel Defoe und der Geschichte seines *Robinson Crusoe* begegnen uns zahlreiche, lange schon bekannte religiöse Grundzüge eines pietismusnahen Reformprotestantismus und darüber hinaus

---

65 Vgl. Kühn (2012), 588, Kommentar zu Fn. 34.
66 Medicus (1914), 8.

bemerkenswerte Themen, die auch für Fichtes Denken, etwa für seine gefühlsbasierte Evidenztheorie, von zentraler Bedeutung sind. Daher wollen wir uns mit Robinson, dem zweiten literarischen Helden von Fichtes Kindheit und Jugend, sowie mit dessen Autor etwas eingehender befassen.

Daniel Defoe (1660–1731) wuchs als Sohn eines ›Lichtziehers‹ und Metzgermeisters in London auf. Konfessionell waren die Defoes Mitglieder der Sekte der Dissenter, die im Geist des protestantischen Nonkonformismus in dezidierter Opposition zur anglikanischen Kirche Englands standen und zeitweise auch verfolgt wurden.[67] Wesenszüge des Glaubensbekenntnisses der Dissenter sind die uns aus dem Pietismus bekannte Ablehnung der kirchlichen Hierarchie, der Orthodoxie und autoritativen Lehrmeinung. Defoe wird als ›Abweichler‹ der Schule der Presbyterianer, einer an der urchristlichen Gemeinde der Apostelgeschichte ausgerichteten Gruppierung, zugeordnet. Theologisches und religiöses Anliegen der protestantischen Nonkonformisten Englands ist die Suche nach einer unmittelbaren Gottesbeziehung mit mystisch-spiritualistischem Charakter. Ein Ansatz, der uns bereits aus dem ›links-lutherischen Spektrum‹ des Pietismus bekannt ist. Als weiteres theologisches Kennzeichen der Dissenter gilt die Annahme einer inspirierten Bibelexegese (v. d. Berg, GdP 1, 64–67). Repräsentanten dieser Tradition haben wir mit der in Schulpforta vertretenen Bengel-Crusius-Schmidt-Schule ebenfalls schon kennen gelernt. Besonders ausgeprägt bei Defoe ist überdies der religiöse Toleranzgedanke, der bei ihm, anders als in der deutschen oder auch französischen Aufklärung, etwa bei Lessing oder Voltaire, weniger aus ›reiner Vernunft‹ als vielmehr ethisch begründet ist. Dabei wird die im Wesentlichen *pragmatische* Ethik durch den spirituellen Gemeinschaftsgedanken eines unmittelbaren Gottesbezugs der in dieser Lebensform Vereinten – als Schicksalsgemeinschaft – begründet. Dass die englischen Dissenter organisatorische und

---

67 H. Reisiger: »Nachwort«, in: D. Defoe: *Leben und wunderbare Abenteuer des Robinson Crusoe.* Aus dem Englischen übersetzt von H. Reisiger. Zürich/Stuttgart 1957, 544.

persönliche Beziehungen zum deutschen Pietismus hatten, ja, dass in den 20er Jahren des 18. Jahrhunderts – also zu Defoes Lebzeiten – Verhandlungen über eine Kooperation geführt wurden, ist bekannt. 1737 ist Zinzendorf selbst in der Absicht nach London gereist, um dort mit puritanischen Calvinisten eine Brüdergemeinde zu gründen (vgl. Meyer, GdP 2, 40–45). Auch die Beziehungen des niederländischen und niederrheinischen Pietismus zu unterschiedlichen Gruppierungen britischer ›Nonkonformisten‹ sind nachgewiesen (ebd., 575–582).

Blicken wir unter diesem theologischen und konfessionsgeschichtlichen Gesichtspunkt auf den Roman *Robinson Crusoe*, dann begegnen wir darin – und das wird Fichte wohl nicht viel anders gegangen sein – dem Lebensweg eines Abenteurers, in dessen Zentrum ein Bekehrungserlebnis zum wahren Glauben steht. Erzählt wird die Geschichte eines jungen Engländers, der sich nach einigen bewegten Stationen seines Lebens als erfolgreicher Plantagenbesitzer in Südamerika ansiedelt, von dort zur Erweiterung seines Geschäfts zu einer Seereise aufbricht, in einen verheerenden Sturm gerät und sich nach Schiffbruch als einziger Überlebender auf eine Insel retten kann. Durch ein Bekehrungserlebnis wandelt sich Robinson hier zunächst vom ›ruchlosen Seemann‹ zum reuig und tiefreligiösen Eremiten und schließlich zum Missionar des wahren Glaubens an einem wilden Kannibalen und zum Leiter einer kleinen Kirche der Toleranz. Durch glückliche Umstände gelingt ihm und seinen Freunden die Rückkehr nach Europa und die Geschichte findet dort ihr glückliches Ende. Robinson heiratet, hat Kinder und reist nach dem Tod seiner Frau noch einmal zurück auf ›seine Insel‹, teilt sie unter der inzwischen gewachsenen Bevölkerung auf, versorgt sie mit allerlei Werkzeug und Nutztieren und endet seine Erzählung mit dem Ausblick auf die abenteuerlichen Geschichten, die sich dann dort zugetragen haben.[68]

---

68 Rousseau, dessen Einfluss auf Fichtes Bildung in Schulpforta wohl nicht nachzuweisen ist (vgl. Bacin [2007], 110–123), hat Defoes Robinson vor der gesamten Weltliteratur, vor Aristoteles, Plinius, Buffon, als *die* Bildungslektüre für Kinder und Jugendliche zur Bildung von Geschmack, Urteilskraft und wissenschaftlichem

Die Erzählung über Robinson nimmt ihren Anfang in einer interessanten Parallele zu Fichtes und *Siegfrieds* Leben. Alle drei verbindet eine frühe, mehr oder weniger freiwillige Entfernung aus dem Elternhaus und der damit verbundene Aufbruch in eine Welt unbekannter Gefahren und glücklicher Fügungen. Die Begebenheiten des Romans und alles Nachdenken Robinsons über sein Leben kreisen um ein theologisches Leitmotiv: Vorsehung und Prädestination. Es ist das beherrschende Thema, im Schlechten wie im Guten. Mit ihm setzt sich Robinson auseinander und mit ihm auch der Leser, in unserem Fall der junge Fichte. Dabei ist allerdings auffällig, dass Defoe das Motiv der Vorsehung keineswegs als fatalistischen Determinismus, sondern vielmehr als Akzeptanz eines evidenzbasierten, an Selbsterkenntnis und verantwortlicher Lebensführung ausgerichteten ›Heilsplans‹ versteht. Zu seiner Verwirklichung bedarf es einer radikalen Lebenswende, das heißt einer Bekehrung und ›Wiedergeburt‹. Deswegen ist Robinsons Rettung auf die Insel nicht nur das Geschenk eines neuen physischen Lebens. Sie versinnbildlicht vielmehr vor allem die Chance zur Rettung seiner Seele und markiert den Anfang eines neuen, sich langsam zur Selbsterkenntnis läuternden spirituellen Lebens.

> Nun war ich heil gelandet, sah mich um und dankte Gott, daß er mein Leben, das wenige Minuten zuvor verloren schien, gerettet. Ich glaube, es ist unmöglich, den Lebenden das Entzücken und den Jubel der Seele

---

Verstand geschätzt und empfohlen. Es ist eines der Verdienste Campes, kritisch auf diesen auch für Fichte nicht uninteressanten Zusammenhang hingewiesen zu haben (J. H. Campe: *Robinson der Jüngere zur angenehmen und nützlichen Unterhaltung für Kinder.* Hrsg. von A. Binder / H. Richartz. Stuttgart 2012, 8 f.). Unter dieser Voraussetzung böte eine Untersuchung der Dreiecksbeziehung Defoe–Rousseau–Fichte den fruchbaren Ansatz für eine bisher kaum beachtete ideengeschichtliche Genese zu einigen seiner grundlegenden Denkmuster: etwa zu Fichtes späterer Natur- und Kulturgeschichte aus der Vorlesung über die *Bestimmung des Gelehrten* und der dort vertretenen Rousseau-Kritik und zu anderen in diesem Zusammenhang stehenden Themen seiner Philosophie, etwa dem des ›Urvolks‹ oder des ›Wilden‹, sowie zu seiner Theorie von Bildung und Erziehung usw.

zu schildern, wenn sie so, ich darf wohl sagen, aus dem leiblichen Grabe errettet ist.[69]

Und dann heißt es:

> An dem gleichen Jahrestag, an dem ich geboren wurde, dem 30. September, wurde mir sechsundzwanzig Jahre später auf so wunderbare Weise das Leben gerettet, als ich an den Strand dieser Insel geworfen wurde, so daß mein gottloses Leben und mein einsames Leben am gleichen Tag begannen.[70]

War der Dank für die Rettung aus Seenot noch der unmittelbare Reflex auf ein glückliches Entrinnen aus der Todesgefahr, so eröffnet dem Gestrandeten das ›einsame Leben‹ und die darin praktizierte regelmäßige Lektüre der Heiligen Schrift Schritt für Schritt den Weg zum Verständnis seiner ganzen bisher ›verruchten‹ Lebensgeschichte. Und schließlich, nach längerem Studium der Bibel und gewachsener Demut, verscheucht die Läuterung seine Selbstzweifel und den Dämon eines Albtraums, der einst seines unsittlichen Lebenswandels wegen das Todesurteil über ihn gefällt hatte.

> Nicht lange, nachdem ich mich ernstlich an dieses fromme Werk gemacht hatte, fühlt ich mein Herz tief und ernstlich erschüttert von der Schlechtigkeit meines vergangenen Lebens. Mein Traum stand mir wieder vor Augen, und die Worte ›Alle diese Dinge haben dich nicht zur Reue gebracht‹ brannten mir auf der Seele. Ich flehte Gott inbrünstig an, mir Reue zu geben, und die Vorsehung fügte es, daß ich noch am selbigen Tage, als ich in der Heiligen Schrift las, auf die Worte stieß: ›Den hat Gott durch seine rechte Hand erhöht, zu seinem Fürsten und Heiland, zu geben Israel Buße und Vergebung der Sünden‹. Ich warf das Buch hin, hob Herz und Hände gen Himmel und rief laut in freudiger Verzückung: ›Jesus, du Sohn Davids, du erhöhter Fürst und Heiland, gib du mir Buße!‹ Dies war das erstemal in meinem Leben, daß ich im wahren Sinne des Wortes sagen konnte, ich betete; denn jetzt betete ich mit dem Bewusstsein meiner Lage, mit der bibelsicheren Aussicht auf Hoffnung, gegründet auf die Verheißung des

---

69 Defoe (1957), 83.
70 Ebd., 240.

Wortes Gottes; und seit dieser Zeit darf ich sagen, begann ich zu hoffen, daß Gott mich erhören würde.[71]

Robinsons Flehen wird erhört. Denn im Laufe seiner weiteren spirituellen Vertiefung in Arbeit und Gebet stößt er schließlich auf die für seine Lage tröstliche Botschaft: »›Ich will dich nicht niemals, niemals verlassen, noch mich von die abwenden‹. Sogleich hatte ich das Gefühl, daß diese Worte zu mir gesprochen seien«. Tiefe Dankbarkeit steigt in Robinson auf, dass er auf die Insel verschlagen worden war, denn hier erfuhr er, »daß es für mich möglich sei, mich in meiner verlassenen Lage glücklicher zu fühlen, als es vermutlich in irgendeinem anderen Zustand auf Erden jemals der Fall gewesen wäre«.[72]

Durch die ›Tiefenerfahrung‹ der Gottesnähe und seine täglichen Bibellektionen wandelt sich Robinsons Ansicht über sich und sein Verhältnis zur Welt radikal:

Ich [hatte] eine vollkommen neue Erkenntnis bekommen. Ich hatte nun ganz neue Begriffe; ich betrachtete die Welt als etwas ganz Fernes, was mich nichts mehr anging und wovon ich nichts mehr erwartete noch wünschte. Mit einem Wort: ich wollte weder jetzt noch in Zukunft etwas mit ihr zu tun haben. [...] ›Es ist zwischen uns eine tiefe Kluft befestigt‹. Erstlich war ich hier fern von aller Verführung der Welt. Ich kannte hier weder Fleischeslust noch Augenlust noch hoffärtiges Leben; ich kannte keine Begierde, denn ich hatte alles, was ich hier genießen konnte. Ich war Herr über die ganze Insel oder wenn es mir gefiel, konnte ich mich König oder Kaiser nennen über das ganze Land, das ich besaß. Ich hatte keinen Rivalen oder Nebenbuhler, der von mir Dienst oder Gehorsam verlangte.[73]

Der ruchlose Seemann ist zum frommen Einsiedler bekehrt. »Gott hatte sich gütig gegen mich erwiesen und mich nicht nur milder gestraft [...], als meine Sünden verdienten, sondern auch mich so reichlich versorgt [...], so gab mir das große Hoffnung, daß meine Reue

---

71 Ebd., 174–176.
72 Ebd., 205.
73 Ebd., 231 f.

angenommen worden war und Gott noch Gnade für mich hatte«.[74] Und so lebt Robinson »vergnügt, mich ganz in den Willen Gottes und in die Macht der Vorsehung fügend, besser als wenn ich unter Menschen gewesen wäre«.[75]

Und doch kommt es, wie es kommen muss. Denn nachdem Robinson sein eigenes Leben und sein Verhältnis zu Gott und der Welt ins Reine gebracht hat, steht die Klärung seiner Beziehung zu anderen an. Fußspuren eines Menschen auf ›seiner‹ Insel rufen in ihm die gegensätzlichsten Gefühle wach. »Was für ein Spielzeug der Vorsehung ist doch das Menschenleben! Heute lieben wir, was wir morgen hassen, heute suchen wir, was wir morgen fliehen, heute wünschen wir, was wir morgen fürchten«.[76] Was ihm als die »größte Gnade« hätte erscheinen müssen, »ein Wesen meiner Art zu erblicken«, lässt ihn zittern und bei der Vorstellung allein vor Angst »in die Erde sinken«. Aber auch für diese Situation des Zweifels bietet ihm die Heilige Schrift die Rettung. »Rufe mich an in der Not, und ich will dich erretten, und du sollst mich preisen«.[77] Mit dieser himmlischen Stärkung im Rücken geht Robinson in die Begegnung mit dem Kannibalen, den er wegen des Tages seiner Begegnung mit ihm Freitag nennt. Nach Ablegung seiner ›Menschenfurcht‹, der gegenseitigen Gewöhnung aneinander, der Entwicklung von Wegen der Verständigung beginnt nun der zweite Teil von Robinsons Bekehrungsgeschichte. Der ›wiedergeborene‹ Seemann wird zum Religionslehrer und Missionar. »Von da an begann ich, ihn in der Erkenntnis des wahren Gottes zu unterweisen. Ich sagte zu ihm, daß der große Schöpfer aller Dinge dort oben lebe, und deutete dabei zum Himmel, daß er die Welt mit eben der Macht und Weisheit regiere, mit der er sie erschaffen habe«.[78]

In diese religionspädagogische Konversation zwischen Robinson und Freitag arbeitet Defoe seine eigenen Anschauungen über die

---

74 Ebd., 237.
75 Ebd., 245.
76 Ebd., 280.
77 Ebd., 280–282.
78 Ebd., 384.

Verfassung der Kirche und des Glaubens ein. Und dieses Bekenntnis zu seiner Konfession als Dissenter ist vor allem Kritik: Kritik an der ›Pfaffenlist‹, an der hervorgehobenen Rolle des Priestertums, am exklusiven Heilswissen, am Ausschluss des Volkes vom unmittelbaren Zugang zum religiösen Heil, an der Aufrechterhaltung falscher Ehrfurcht vor Klerus und Priestern, an den »schlaue[n] Kniffe[n], einen Geheimkult zu schaffen«,[79] um damit das Volk zu kontrollieren usw. In alledem präsentiert sich Defoe als reformprotestantischer Denker, der Positionen vertritt, wie wir sie auch aus der Kirchenkritik des Pietismus kennen. Bemerkenswert an Defoes Abrechnung mit der in Machtstrukturen und Orthodoxie erstarrten Kirche ist, dass er sie an den Erzählungen des Wilden über dessen religiösen Kult entwickelt. Was Robinson respektive Defoe zu dem Urteil führt, dass »Pfaffenlist selbst bei den blindesten, unwissendsten Heiden der Welt im Schwange ist, [und] sich nicht nur in der römischen, sondern vielleicht in allen Religionen der Welt findet, selbst bei den rohesten und barbarischsten Wilden«.[80]

Der theologische Kern von Robinsons Missionsarbeit besteht in dem Versuch der Vermittlung des Offenbarungswesens des christlichen Glaubens. Während sich der zivilisierte Lehrer und der kannibalische Wilde über Gott als Weltschöpfer und Allerhalter im Rahmen einer natürlichen Religion gut verständigen können, scheitert der Missionar damit, Freitag die Botschaft »von Jesus Christus als unserem Erlöser, als einem Mittler des neuen Bundes und Fürsprecher an Gottes Thron«[81] nahezubringen. Offenbar ist für die Vermittlung dieser Glaubensgrundsätze ein anderer als der natürliche Erkenntnisweg erforderlich. Den aber kennt Robinson (noch) nicht.

In der Erörterung dieses Themas führt Defoe seine Leser in das theologische Zentrum seines Bekehrungs-Romans und über diesen hinaus auf das hermeneutische Prinzip seiner biblischen Exegese überhaupt. Das heißt, wir berühren hier bei Defoe noch einmal den

---

79 Ebd., 385.
80 Ebd.
81 Ebd., 388.

strittigen Punkt zwischen Crusius und Ernesti im Hinblick auf den sprachwissenschaftlichen Umgang mit der Bibel. Robinson begreift in seinem religionspädagogischen Scheitern die Unentbehrlichkeit der »Lehrer der Menschenseelen, die sie allein in der Erkenntnis Gottes und in den Heilmitteln zu überweisen [unterweisen?] vermögen.« Diese sind: »das Wort Gottes und der Geist Gottes, der seinem Volk als Führer und Heiligmacher verheißen ist«. Nichts vermag das vertiefte Verständnis des Christentums und der Heiligen Schrift »in der Seele zu erwecken« als eine Offenbarung vom Himmel her.[82]

Für den Katecheten Robinson bedeutet das zunächst das Eingeständnis, dass er mit seinen eigenen Unterweisungskünsten nicht mehr weiter kommt. Aber das heißt nicht, dass er aufgibt. Im Wissen um die Notwendigkeit eines höheren Beistandes bittet er Gott im Gebet:

> er möge mich doch tüchtig machen, diesen armen Wilden zu unterweisen und zu erretten, und durch seinen Heiligen Geist dem Herzen des armen, unwissenden Geschöpfes beistehen, das Licht der Erkenntnis Gottes in Christo zu empfangen, und möge mich leiten, so zu ihm von Gottes Wort zu reden, daß sein Gewissen davon gerührt, seine Augen geöffnet und sein Seele gerettet würde.[83]

Sein Gebet wird erhört. Zunächst wird ihm, während er Freitag zu unterweisen versucht, klar, dass er selbst vieles vom christlichen Glauben nicht recht versteht. Durch eigenes Nachdenken über die Texte der Bibel und insbesondere im Dialog mit Freitags ernsthaften Fragen gelingt es Robinson, das Wort Gottes verständiger auszulegen. So wird er in der gemeinsamen Verstehensarbeit an der Biblischen Botschaft »zu einem viel besseren Bibelforscher, als [er] je geworden wäre, wenn er allein für sich gelesen hätte«.[84] Hatte Robinson selbst schon durch sein fleißiges Lesen der Bibel

---

82 Ebd., 389.
83 Ebd.
84 Ebd., 391 f.

eine völlige Bekehrung in all seinem Tun und zum Gehorsam gegen die
Gebote Gottes erlangt; und dies ohne jeden Lehrer oder Unterweiser –
ohne jeden menschlichen, meine ich. Und so genügte auch jetzt wieder
dieselbe schlichte Unterweisung [mit himmlischem Beistand], um diesen
armen Wilden zu erleuchten und ihn zu einem guten Christen zu machen,
wie ich wenige in meinem Leben gekannt habe.[85]

Robinsons und wohl auch Defoes theologisches und religionspäda-
gogisches Fazit dieser Episode lautet:

> Wir haben einen sicheren Führer zum Himmelreich, nämlich das Wort
> Gottes, und hatten [im Bibelstudium] die tröstliche Gewissheit, daß der
> Geist Gottes uns durch sein Wort lehrte und unterwies und zur einzigen
> Wahrheit führte und uns beide gehorsam und willig machte, sein Wort auf-
> zunehmen.[86]

In der Erfüllung seiner eigenen Bestimmung, seiner Bekehrung zum
Christentum, wie auch in seiner Aufgabe an Freitag, ›zum Werkzeug
erkoren worden‹ zu sein, das Leben und »die Seele eines Wilden zu
erretten und ihn zu wahrer Erkenntnis der christlichen Religion« zu
führen, erfährt Robinson in den folgenden Jahren eine die ganze Seele
durchströmende Freude und vollkommenes Glück, wenn solches
denn »hienieden auf Erden möglich ist«.[87]

Allerdings sind beide als Duo noch keine Gemeinde, nicht einmal
eine Gruppe. Im Schritt über die Zweier-Beziehung hinaus präsentiert Defoe sein drittes theologisches Credo: die *Kirche der Toleranz*.
Robinson und Freitag überwältigen eine Gruppe von Kannibalen, die
sich zu einem ›Festessen‹ von Gefangenen am Strand der Insel eingefunden hatten. Es gelingt ihnen, zwei der Geiseln zu befreien, eine
große Anzahl von Kannibalen mit Schusswaffen zu töten und den
Rest in die Flucht zu schlagen. Die Geretteten sind ein Spanier und
Freitags Vater. Von nun an war Robinsons Insel »bevölkert« und er

---

85 Ebd., 392.
86 Ebd., 393.
87 Ebd., 390 f.

»fühlte [sich] als Herr über viele Untertanen. [Er] war absoluter Herr und Gebieter. Sie alle verdankten [ihm] ihr Leben«.[88]

Was bedeutet die politische Untertänigkeit des Volkes gegenüber seinem Herrn im Hinblick auf die im Volk repräsentierten Weltanschauungen? Als hätte Defoe Lessings Ringparabel vorwegnehmen wollen, so »gewährt« Robinson »im gesamten Gebiet [seines] Reiches Gewissensfreiheit«.[89] Und so werden toleriert: Freitag, der Protestant, sein Vater, ein Heide und Menschenfresser, sowie der Spanier, ein Papist. Es ist weniger der Kannibale als vielmehr der katholische Spanier, der Robinsons besondere Toleranz forderte. Denn über Spanier – als Christen – denkt Robinson weit kritischer, ja verächtlicher als über die Kannibalen. Wegen ihrer »blutigen und widernatürlichen Grausamkeit«, mit der die Spanier Millionen unschuldige Eingeborene in Südamerika ausgerottet hätten, sei »der bloße Name ›Spanier‹ für alle Völker, bei denen Menschlichkeit und christliches Mitgefühl etwas gilt, zu einem Schrecken und Greul geworden«.[90] Einen Angehörigen dieser »Menschenrasse ohne alle Grundsätze der Nächstenliebe und ohne das einfachste Mitgefühl mit den Leidenden«[91] in seinem Reich zu dulden, auch ihm Gewissensfreiheit einzuräumen, ja mit ihm erfolgreich zusammen zu arbeiten, das beweist Großmut und die edle Gesinnung der Robinsonschen Herrschaft. Und, wie sich im Folgenden zeigt, es ist die Toleranz in Gewissensfragen sowie der vordem schon als nutzlos und verwirrend abgewiesene ›Streit und Hader um die Religion‹, die die Zusammenarbeit der Andersgläubigen in Robinsons kleinem Inselstaat gedeihlich, friedfertig, ja glücklich verlaufen lassen.

Bevor wir die Stichworte des Romans noch einmal unterstreichen, die für die religiöse Sozialisation des jungen Fichte als Leser interessant sind, wollen wir noch auf ein Thema hinweisen, das zwar nicht im Zentrum der Geschichte steht, das jedoch gleichwohl insbeson-

---

88 Ebd., 425.
89 Ebd., 426.
90 Ebd., 307.
91 Ebd.

dere für die Frage nach der Empfänglichkeit des Menschen für die
Wahrheit von entscheidender Bedeutung ist. Es markiert auch ein
Scheidekriterium Fichte'schen Denkens im Hinblick auf den Unterschied zwischen wissenschaftlicher und populärer Philosophie und
damit ein *Prinzip seiner Philosophie-Didaktik.*

Emanuel Hirsch verweist in *Christentum und Geschichte in der
Philosophie Fichtes* auf das spezifische Verhältnis, in dem Fichte Religion und Philosophie einander zuordnet. »Die Religion ist unmittelbar, vor aller Philosophie und ohne alle Philosophie, als ursprüngliche
Gewißheit in jedem Sittlichen lebendig«.[92] Ursprüngliche Gewissheit
›vor aller Philosophie und ohne alle Philosophie‹ deutet auf eine Anlage im geistigen Leben des Menschen, die Fichte den unmittelbaren oder auch *natürlichen Wahrheitssinn* nennt. Dieser Sinn hat die
Qualität eines gerichteten (Evidenz-)Gefühls, das sich in konkreten
Lebenssituationen sinnlich, ästhetisch, moralisch, religiös oder auch
intellektuell-wissenschaftlich unmittelbar als Korrektiv zustimmend
oder ablehnend artikuliert. Fichte spricht vom natürlichen Wahrheitssinn auch als natürliche und ursprüngliche Verfasstheit der Vernunft, als Vernunft-Natur.[93] Es ist die Annahme dieses präreflexiven
Wahrheitsbewusstseins, das nach Fichte auch die heilsbedeutsamen
religiösen Wahrheiten betrifft, auf die sich auch seine systemtheoretisch grundlegende Unterscheidung zwischen wissenschaftlicher und
populärer Philosophie stützt. Zur Vermittlung der Wahrheit über die
grundlegenden Themen oder Gegenstände der Philosophie oder der
ästhetischen, politischen, moralischen, religiösen oder wissenschaftlichen Weltanschauung bedarf es danach im populärphilosophischen
Vortrag keiner fachwissenschaftlichen Vorbildung. Es geht diesem
Vortrag, im Unterschied zur wissenschaftlichen Darstellung, nicht
um eine *beweisende* Wahrheitsfindung in der Auseinandersetzung
mit kontroversen Standpunkten, sondern er setzt lediglich die »Un-
befangenheit, und eine an sich gesunde, nur nicht hinlänglich ausge-

---

92 E. Hirsch: *Christentum und Geschichte in Fichtes Philosophie.* Tübingen 1920, 13.
93 Vgl. Traub (2015), 99–104.

bildete, geistige Natur voraus« (GA I/9, 72). Diese seien hinreichend, um das, worum es in der Populärphilosophie gehe, zu *verstehen*.

Es gehört zu den Besonderheiten der Philosophie Fichtes, dass er nicht nur den Adressaten religiöser oder philosophischer Themen, sondern auch deren Lehrern diesen ›natürlichen Wahrheitssinn‹ unterstellt. »Es erhellt daraus, daß der Philosoph der dunklen Gefühle des Richtigen oder des Genies in keinem geringeren Grade bedürfe, als etwa der Dichter oder der Künstler. Der letzte bedarf des Schönheits- jener des Wahrheitssinnes, dergleichen es allerdings gibt« (GA I/9, 143). Oder: »Wie könnte der [wissenschaftliche] Philosoph zweifeln, daß der natürliche Wahrheitssinn hinlänglich sey, um zur Erkenntnis der Wahrheit zu leiten, da er selbst zuerst durch kein anderes Mittel, außer diesem, zu dieser Erkenntniß gekommen ist?« (ebd., 72)

Was Fichte als Scheidekriterium zwischen wissenschaftlicher und populärer Philosophie scheinbar als erkenntnistheoretisches und wissenschaftsdidaktisches Problem abhandelt, ist theologisch höchst brisant. Denn mit der systematischen Unterscheidung von Wissenschaft und Popularität wird die Theologie als wissenschaftliche Disziplin und mit ihr die theologische Professionalität der Priester, Pfarrer und Professoren *inhaltlich* abgewertet und die Erfassung und das Verständnis der religiösen Wahrheiten durch ›die gesunde, nur nicht hinlänglich ausgebildete, geistige Natur‹ oder das theologische Laientum aufgewertet. Die Schule und das wissenschaftliche Studium der Theologie und Philosophie sind Einrichtungen, die auf künstlichem und systematischem Wege entwickeln und darstellen – nicht aber hervorbringen und erzeugen –, was sich dem durch den natürlichen Wahrheitssinn geleiteten ›reinen Denken‹ auch ohne systematisches Studium erschließt (vgl. ebd., 68 f.). Kirchengeschichtlich haben wir diesen Reibungspunkt zwischen bevormundender Orthodoxie und evidenzbasiertem Reformprotestantismus schon angesprochen und brauchen ihn hier nicht weiter zu vertiefen.

Bemerkenswert ist nun, dass sich Defoes Roman an mehreren Stellen ebenfalls mit dem Thema ›natürlicher Wahrheitssinn‹ befasst, und zwar sowohl im Hinblick auf Freitag, den Adressaten der christlichen Lehre, insbesondere aber auch im Hinblick auf seinen Lehrer Robinson. Dass Defoe die wissenschaftliche Streitkultur in Sachen Religion für das Tiefen-Verständnis der religiösen Wahrheiten – mehr noch als Fichte – für nutzlos, ja schädlich hält, haben wir schon in der Darlegung der Bekehrung des Wilden zum Christentum gesehen. »Was all den Streit und Hader betrifft, der in der Welt um der Religion willen sich erhoben hat, all die Spitzfindigkeiten [...] waren [...] völlig nutzlos für uns, wie sie ja auch [...] für die übrige Welt nutzlos gewesen sind«.[94] Was nun den ›natürlichen Wahrheitssinn‹ betrifft, spricht Defoe von »einer seltsamen Einwirkung auf unser Gemüt«, von der wir nicht wissen, »woher sie kommt, noch welche Macht sie ausübt«. Ihre Wirkung ist, dass

> uns oft, wenn wir zweifeln oder zögern, ob wir diesen oder jenen Weg gehen sollen, ein heimlicher Wink innerlich auf diesen Weg weist [...]. Verstand, Neigung oder geschäftliches Interesse mögen uns zu dem anderen Weg raten, aber eine seltsame Einwirkung auf unser Gemüt, wir wissen nicht, woher sie kommt, noch welche Macht sie ausübt, bestimmt uns trotzdem, jenen Weg zu gehen.[95]

Und Robinson macht es sich nun zur Regel, »wann immer ich einen solchen heimlichen Wink oder Drang, etwas zu tun oder zu lassen, [...] in mir verspürte, [...] diesem heimlichen Gebot zu folgen«.[96] Und an späterer Stelle schreibt Defoe über diese Winke, sie seien

> Zeichen aus einer unsichtbaren Welt und Kundgebungen von Geistern [...]; und wenn sie [...] uns vor Gefahr warnen, warum sollen wir da nicht annehmen, dass sie von einer uns freundlichen Wesenheit – ob höchster oder niedrigerer Ordnung, steht hier nicht in Frage – herkommen und daß sie uns zu unserem Besten gegeben werden.[97]

---

94 Defoe (1957), 392 f.
95 Ebd., 312 f.
96 Ebd., 313.
97 Ebd., 441.

Wir gehen davon aus, dass Fichte Defoes Roman in früher Jugend gelesen hat, in einer Zeit, in der die Grundlagen seiner moralischen und religiösen oder, ganz allgemein, weltanschaulichen Bildung gelegt wurden. Dass ein Roman wie dieser an einer fantasievollen Seele wie der des jungen Fichte nicht spurlos vorüber gehen konnte, belegt allein die Tatsache, dass die ›Robinsonade‹ als Episode aus Schulpforta als Erinnerung in die Familienchroniken einging. Für unser Gesamtbild ist entscheidend, dass die theologisch interessanten Passagen des Romans und die auch zuletzt erörterte Thematik des ›natürlichen Wahrheitssinns‹ mit dem, was wir aus der bisherigen, reformprotestantisch-pietistisch beeinflussten Bildungs- und Erziehungsgeschichte Fichtes kennen gelernt haben, kohärent sind. Ob die herausgearbeiteten Themen des Romans tatsächlich prägende Wirkung auf Fichte hatten, ist natürlich kaum zu beweisen – die Vermutung liegt aber nahe. Deutlich ist zumindest, dass sie in keinem Widerspruch zum Bisherigen stehen, ja im Gegenteil: Sie unterstützen und bestätigen das über Fichtes Religionssozialisation und Erziehung gezeichnete Bild seiner weltanschaulichen, religiösen und philosophischen Prägung, insbesondere:

- den nicht deterministischen, sondern in kritischer Selbstreflexion sich entwickelnden Vorsehungsgedanken der (Selbst-)Bestimmung des Menschen,
- die persönliche Erfahrung unmittelbarer Gottesnähe als theologische, aber auch philosophische Voraussetzung und Grundlage eines Evidenz- und Wahrheitsbewusstseins sowie
- das damit verbundene Postulat einer mehr inspirierten als sprachanalytischen Lektüre, Auslegung und Verkündigung der Heiligen Schrift.

Auch wenn die Erklärungen zu den historischen und geistesgeschichtlichen Ursprüngen des Pietismus variieren, so lässt sich der ideengeschichtliche Inhalt des namensgebenden Begriffs der *Pietas* (Eusebia, bei Luther: Gottesfurcht, auch: Gottseligkeit) über die Frömmigkeitsbewegungen des Mittelalters hinaus bis in die Literatur der antiken Klassiker zurückverfolgen. Wie die Fichte-Forschung zunehmend deutlicher erkennt, spielen gerade letztere, Cicero, Vergil und andere, für Fichtes Bildungsbiographie eine wichtige Rolle. Und auch aus dieser Tradition lassen sich mehr oder weniger direkte thematische Bezüge zu den beiden bisher behandelten Helden aus Fichtes Kindheit herstellen. Unabhängig vom aktuellen konfessionsgeschichtlichen, frömmigkeitsbewegten Hintergrund des 18. Jahrhunderts steht das Thema ›Frömmigkeit‹ auch bei den Klassikern hoch im Kurs. Auch durch sie wird die für den Pietismus gleichermaßen brennende Frage nach dem Wesen rechter Frömmigkeit im Bewusstsein des Lesers, womöglich auch beim jungen Fichte, befeuert.

So ist etwa für den Fichte gut bekannten Cicero die Frömmigkeit, das heißt das »gebührende Verhalten gegenüber den Göttern«, zentrales Thema. Ohne sie gehen, so Cicero, Ehrfurcht und Religiosität verloren. Was eine massive Störung und Orientierungslosigkeit des Lebens, mit der Gefahr des Untergangs von Ehrlichkeit, Treue, Gerechtigkeit und dem Gefühl der Zusammengehörigkeit der Menschen, zur Folge hat.[98] Vergils *Aeneis,* mit der sich Fichtes Abschieds- oder Valediktionsrede befasst und die nach § 3 der Schulordnung, wie auch Cicero und Homer, als Pflichtlektüre vorgeschrieben war,[99] stellt ihren Helden mit den Worten vor: »Ich bin Aeneas, der Fromme«. Mein Auftrag: dass ich »gründe die Stadt und die Götter bringe nach Latium«.[100]

Was den dreizehn-, vierzehnjährigen Schüler, neben dem kanonischen Bildungsgehalt dieser Literatur, auch fasziniert haben dürfte, ist wie bei Siegfried und Robinson der Geist des Abenteuers, der kämpferische Charakter, der Pionier- und Eroberungsgeist, der ›Missionsauftrag‹ der klassischen Helden. Auch mag ihn die hohe Dramatik, das Bedrohungsszenario, die Krise als die prägende Atmosphäre, in der sich die Helden oft am Rand des Untergangs und Scheiterns bewähren, beeindruckt haben – Szenarien, mit denen sich auch die

---

98 Cicero: *De natura deorum – Über das Wesen der Götter.* Lateinisch/Deutsch. Übersetzt und hrsg. von U. Blank-Sangmeister. Stuttgart 2011, 9.

99 Vgl. Bacin (2007), 266

100 Vergil: *Aeneis.* Übersetzt von J. Götte. Zürich/München 1990, 38 u. 27.

beiden anderen Helden, Siegfried und Robinson, wenn auch auf andere Weise, konfrontiert sahen.

Zunächst sei auf die bemerkenswerte Parallele zwischen Aeneas und Robinson verwiesen, eine Parallele, die auch auf die *Odyssee* Homers ausgedehnt werden könnte. Wenn wir davon ausgehen, dass Fichte Defoes Roman entweder vor seiner Zeit in Schulpforta oder zu deren Beginn gelesen hat, dann begegnete ihm im Aeneas, der für die erste Klasse vorgeschriebenen Pflichtlektüre, ein klassischer Vorfahre des Robinson. Denn wie dieser ist Aeneas auf See unterwegs, gerät mit seiner Mannschaft in einen furchtbaren Sturm, dessen Dramatik Vergil wie Defoe ausführlich schildern. Und schließlich retten sich beide Helden, der eine ohne, der andere nur noch mit Teilen der Mannschaft, an das Ufer einer ihnen unbekannten Insel, die sie zu ihrer Sicherheit und für die Besorgung ihres Unterhalts erkunden. Über beiden Helden lassen die Autoren eine göttliche Vorsehung walten. Während Robinson seine Insel Schritt für Schritt entdeckt, ist Aeneas sich der seinen im festen Glauben an seine Sendung gewiss. In der Gewissheit über die über ihm waltende göttliche Vorsehung kann er, trotz der erlittenen Verluste und der Trauer darüber, die Gefährten trösten.

> Liebe Gefährten – wir wissen doch wohl um unser früheres Unheil – / Truget schon schwereres Leid; ein Gott wird auch dieses beenden / […] Durch viel Ungemach, durch so viel der schlimmsten Gefahren / Streben wir Latium zu; dort zeigt uns ruhigen Wohnsitz / Unser Geschick, neu darf dort entstehen die Herrschermacht Trojas.[101]

Der einstigen Verwirklichung dieser Hoffnung gibt Vergil dann den göttlichen Segen im Versprechen des Jupiter. »Er [Aeneas] wird – jetzt will ich künden […] weiter entrollen das Buch geheimer Verheißung – / Schweren Krieg wird er in Italien führen und wilde / Völker zermalmen, den Männern begründen die Sitten und Mauern«, aus denen dann, dreihundert Jahre später, Romulus »die Mauern der Marsstadt« aufbauen wird und nennen »nach seinem Namen die Römer«.[102]

---

101 Ebd., 32 f.
102 Ebd., 34 f.

Und die Zeilen eines anderen Heldendichters der klassischen Literatur, Horaz, der ebenfalls zur Pflichtlektüre des Erstklässlers in Schulpforta gehörte, wählt sich der junge Fichte, wie wir bereits erwähnten, gar zum Motto für seine Schulbücher und Hefte: »si fractus illabatur orbis, impavidium ferient ruinae« – ja stürzt der Weltenbau in Trümmern, wird er im Sturz einen Helden treffen.[103]

Schauen wir vor diesem Hintergrund – dem Schicksal der literarischen Helden seiner Kindheit und frühen Jugend – auf die Biographie des jungen Fichte, so erscheint es nicht abwegig, dass sie auf ihn prägend und identitätsstiftend gewirkt haben. Die realgeschichtliche Krisenzeit des 18. Jahrhunderts, die Umstände seines früh dem El-

---

103 E. Fichte (1863), 8. M. Kühn weist in seiner Fichte-Biographie ebenfalls auf das
    biographisch prägende Helden-Motiv aus Fichtes Kindheit und Jugend hin. Kin-
    der haben nicht nur »die Fähigkeit und die Gelegenheit, sich mit wirklichen oder
    erfundenen Charakteren zu identifizieren. Manchmal müssen sie das auch« (Kühn
    [2012], 45). Und vielleicht hatte gerade der jungen Fichte, mit seinem spezifischen
    biographischen Hintergrund, ein besonders starkes Identifikationsmotiv mit den
    Helden seiner Kindheit. Allerdings ist bei Kühn auch an dieser Stelle festzustellen,
    dass er das Helden-Motiv bei Fichte über das Horaz-Motto auf den tragischen
    Helden fokussiert. Es sei »deshalb von nicht zu unterschätzender Bedeutung, dass
    Fichte sich mit dem Helden identifiziert, der im Sturz des Weltenbaus von den
    Trümmern erschlagen wird« (ebd.). Hier, so Kühn weiter, scheint es, »dass die
    Oden des Horaz nun die Volkssage vom ›gehörnten Siegfried‹ überlagerten« (ebd.).
    Wir halten die Zuspitzung der Fichte'schen Persönlichkeit auf den tragischen, unter
    den Trümmern des Weltenbaus erschlagenen Helden für überzogen. Es mag sein,
    ja es ist nach dem Stundenplan Schulpfortas sogar wahrscheinlich, dass die Wahl
    der Zeile aus den *Oden* des Horaz mit Fichtes früher Krise im Internat zusam-
    menfällt. Und es ist durchaus zutreffend, dass Fichte auch später unter hypochon-
    drischer Zerknirschtheit litt. Aber das ist, wenn überhaupt, nur die eine Seite der
    Medaille. Die andere zeigt uns den Charakterzug des aufgeräumten, hoffnungsfro-
    hen, ja siegreichen Helden. Man wird bei der Persönlichkeitszuschreibung wohl
    von einem *ambivalenten Motiv des Heldentums* sprechen müssen, das sich über
    die Identifikation mit den Helden seiner Kindheit und Jugend als Selbstverständnis
    und Selbstgefühl beim jungen Fichte – mit nachhaltiger Wirkung – herausgebildet
    hat.

ternhaus entwurzelten und vereinsamten Lebensweges sowie seine persönliche Neigung zum fantasievollen Nachdenken werden das Ihrige zur Erzeugung eines ›heldenhaften‹ Selbstbildes beigetragen haben. Und auch das Selbstverständnis seines pietistischen Erziehungsmilieus steht nicht quer zu dieser Deutung, im Gegenteil. Denn was beide Strömungen im Kopf Fichtes womöglich verband, ist der ›kulturkämpferische Auftrag im Bewusstsein einer höheren Mission‹, einer Mission, die vom Einzelnen eine klare Positionierung und das Wagnis entschiedenen Handelns fordert.

In diesem Zusammenhang der Persönlichkeitsprägungen durch identitätstiftende literarische und weltanschauliche Vorbilder ist ein Hinweis interessant, der Fichtes Selbsteinschätzung betrifft und der den Charakterzug seiner heroischen Vereinzelung noch einmal unterstreicht. Wie wir hörten, ist Fichte den Charakterzügen seiner Persönlichkeit in selbstkritischer Reflexion nachgegangen. Vielleicht war es der Versuch, seine bäuerlichen Umgangsformen abzuschleifen, vielleicht resultierte die Selbstprüfung aus dem Bedürfnis, das ›Ungeheuer Hypochondrie‹ zu bändigen, oder vielleicht war es auch Ansporn zu Fleiß und Ausbau seiner Willensstärke. In jedem Fall aber hat Fichte in seinen systematisch angelegten Ausarbeitungen an einer »Kultur der Selbstprüfung« gearbeitet und – gut pietistisch – Rechenschaft über sich selbst abgelegt (GA II/1, 379f.). Die Quellen, die dazu vorliegen, können – wenn auch kritisch – für eine seriöse Profilierung seiner Persönlichkeit herangezogen werden. So hält etwa ein Tagebucheintrag aus dem Jahr 1789, der uns später noch einmal beschäftigen wird unter dem Stichwort: religiöses, heldenhaftes Sendungsbewusstsein als Brücke zwischen klassischem Heroismus und pietistischem Missionsauftrag, eine interessante Selbstanalyse bereit. Fichte war zu der Zeit in Zürich im Hause der Familie Ott angestellt und kämpfte Mitte September wieder einmal mit seiner Hypochondrie. Vermutlich wegen erzieherischer Meinungsverschiedenheiten befürchtete er, im Hause seiner Herrschaft »wieder in den Harnisch gejagt« zu werden (ebd., 219). Am Tag darauf waren es dann nicht die Eltern seiner beiden Schützlinge, sondern sein zukünftiger Schwiegervater, mit dem er in Streit geriet, und dies über ein uns bereits gut bekanntes theologisches Problem: »die Wirkung der Orthodoxie in Klopstocks Meßiade«. Fichte durchlebte eine Woche unter Hypochondrie und »mannigfaltiger Verdrießlichkeit« (ebd., 220). Wohl auch »wegen des schlechten regnichten, u. kalten Wetters« (ebd.). Es ist das bekannte Fichte-Bild. Auch der folgende Vermerk im Tagebuch passt zu unserer Lesart seiner kritisch-therapeutischen Selbstreflexionen. Denn was half schon früher gegen die Verdrießlichkeit des Alltags? »Starke Fußreisen« (ebd., 413) zum Beispiel, der freie Auslauf in die Natur. Und das verordnete er sich auch jetzt, am Samstag, dem 19. September 1789. Fichte wandert aus Zürich hinunter zum See und beschreibt seine Ankunft dort in einer »Frühlingsempfindung im Herbst«, die nun den ganz anderen Charakterzug seiner Persönlichkeit zum Ausdruck bringt. Denn in Verbindung mit der Besserung und Erwärmung des Wetters und der »*Erwärmung u. Ausdehnung des Bluts*«, dem Auftauen der Empfindung, sowie dem freien Blick über den Züricher See, zeigt sich dem eben noch in Kälte Erstarrten und Verdrossenen nun seine »Ausbreitungs[-] und Aventürensucht in ihrer ganzen Stärke«. Und »diesen Gedanken« des Zusammenspiels zwischen äußerer und innerer »Natur« ergriff er »mit […] großer Wärme, und als ein Schaz« (ebd., 220). Die Suche nach Abenteuer, das Eingehen von Wagnissen, darin sich selbst und seine Kräfte entdecken, erproben und entwickeln, sich in Gefahr begeben, sich darin behaupten, das Ich stärken, Selbstentdeckung und Selbsterfindung, Ermutigung und Ausdehnung der Persönlichkeit: In der herzerwärmenden »Ausbreitungs- und Aventürensucht« spricht sich ein anderer als der hypochondrisch-verdrießliche Charakterzug aus. Es ist ein Charakterzug, den Fichte an anderer Stelle auch seinen »ungestümen Ausbreitungs Geist« nennt (GA III/1, 222).

Es sind diese Motive der Ausdehnung, Eroberung, Abenteuerlust, in der festen Überzeugung von der eigenen Mission, die mit Blick auf den ›ganzen Fichte‹ die Verbindung herstellen zwischen den unterschiedlichen Versionen eines klassischen, literarischen und pietistischen Heroismus. Diese Verbindung, als Selbstbewusstsein eines einzelnen Menschen erlebt und empfunden, prägt eine ›psycho-somatische‹ Konstellation, die sich sehr gut eignet, um manch anderes biographische und auch intellektuelle Abenteuer in Fichtes Leben zu verstehen.

Sehen wir auf Fichtes Schulzeit in Pforta im Ganzen, so zeigt sich, dass einige der bisher vertretenen Auffassungen zu dieser Episode seiner Bildungsbiographie nicht mehr haltbar sind und der Korrektur bedürfen. Das Kernproblem besteht in der bisher in Zweifel gezogenen Bedeutung des Pietismus für Fichtes theologisch-religiöse Weltanschauung, was deren Prägung und Entwicklung insbesondere auch während seines Aufenthalts in Schulpforta betrifft.

Die in der Fichte-Forschung vertretene These vom pietismusfeindlichen, orthodox-lutherischen Bollwerk Schulpforta sowie dem dominanten Einfluss Ernestis auf die religiöse Weltanschauung der Lehrer und Schüler ist nicht aufrecht zu erhalten. Zur Zeit Fichtes lassen sich mindestens drei größere zeitgeschichtliche Strömungen an Lehrpersonen und Inhalten ausmachen: die lutherische Orthodoxie, die sprachwissenschaftliche und literarische Frühaufklärung und der reformprotestantische Pietismus. Mit Johann Gottlieb Schmidt, dem Schwiegersohn des damaligen Schulleiters, lehrte in Schulpforta sehr erfolgreich ein überzeugter Anti-Ernestianer und Orthodoxiekritiker der Pietismus-Schule von Crusius und Bengel. Schmidts Einfluss und der seiner Weltanschauung auf Fichte sind mehr als nur wahrscheinlich. Denn es konnte gezeigt werden, dass Fichtes eigene, später verfasste Konfessionskritik – insbesondere gegenüber dem Protestantismus – deutliche Züge einer pietismusaffinen Religiosität aufweist. Dies betrifft etwa Fichtes kritische Rehabilitierung von Mystik und Schwärmerei, seine Zurückweisung eines rationalistischen Gnostizismus sowie sein Bekenntnis zum Sieg der pietistischen Lehrer in der konfessionellen Auseinandersetzung um die Frage nach dem lebendigen Glauben.

Als unwahrscheinlich erwies sich auch die lange Zeit vertretene Auffassung, die Lektüre moderner deutschsprachiger Literatur in Schulpforta sei rigoros unterdrückt worden. Diesem insbesondere vom Fichte-Sohn überlieferten Bild widersprechen die Berichte der Zeitzeugen. Dass es im Kollegium über die Bildungsbedeutung der zeitgenössischen Literatur kontroverse Auffassungen gab, spricht weniger gegen als vielmehr für ihren Einfluss. Auch auf diesem Feld der systematischen Beschäftigung mit der deutschen Sprache hat Schmidt in Schulpforta erfolgreich gewirkt und damit womöglich einen spezifischen Zug der philosophischen Didaktik und Darstellungskunst bei Fichte angeregt und geprägt.

Als jugendpsychologisch interessantes Element konnte mit Fichtes ›Helden der Kindheit‹ auf die Prägung des heroischen Selbstverständnisses des Philosophen verwiesen werden, wobei auch hier – insbesondere bei Defoes *Robinson* – religionsphilosophische Prägungen und die Bestätigung eines pietismusaffinen Glaubens festzustellen sind.

13. Die Valediktionsrede – forschungsgeschichtliche Kontroversen zu ihrer werkgeschichtlichen Bedeutung

Wichtiger als die Öffnung des Lehrangebots für die neuen Sprachen war es, vor allem mit Blick auf Fichte, dass es »immer mehr das Ansehen [gewann], als ob das Deutsche zu einer gelehrten Erziehung für nothwendig erachtet werden wollte, so sehr auch einige lateinische Patrioten über diese unselige Neuerung ihre ängstlichen Köpfe schüttelten«.[104] Man begann »deutsche Schriften zu lesen, deutsche Verse zu reimen, denn es gab [...] auch deutsche Dichter unter den Lehrern«,[105] etwa den Mathematiker Johann Gottlieb Schmidt,[106] ein Lehrer, der für Fichte, wie wir sahen, von Bedeutung war. Weißhuhn zufolge bildete sich durch den Einzug deutscher Literatur und Sprache unter den Schülern eine ›autorenorientierte Parteienlandschaft‹ von Klopstockianern, Wielandianern, Siegwartianern, Lessingianern usw. »Sogar Mendelsohns philosophische Schriften wurden gekauft und – auf das Bücherbrett gestellt«.[107] Aus I.H. Fichtes Biographie sowie der Valediktionsrede des Vaters und anderen Hinweisen ist bekannt, dass die Schüler unter anderen Lessing, Klopstock und Wieland lasen. Übereinstimmung besteht in den Quellen auch darüber, dass das Kollegium von Schulpforta – insbesondere zwischen den

104 Weißhuhn zitiert nach Bacin (2007), 374.
105 Ebd.
106 Schmidts Sohn, C.C.G. Schmidt, brachte 1821 die *Kurze Nachricht von dem Leben und Wirken des [...] Johann Gottlieb Schmidt nebst einigen Gedichten des Verstorbenen [...]* heraus. Die kurze Lebensbeschreibung, die sich vor allem auf Schmidts langjähriges und einflussreiches Wirken in Schulpforta konzentriert, aktiv 46 Jahre, von 1773 bis 1819, und passiv als Pensionär bis zu seinem Tod am 6. Juli 1820, enthält eine ansehnliche Zahl von Gedichten. »Man erkennt leicht in ihnen den Schüler Gellerts, der auch in dieser Hinsicht ihm zum Muster diente« (Schmidt [1821], 39).
107 Weißhuhn zitiert nach Bacin (2007), 378.

älteren und jüngeren Kollegen – über diesen Zug von Modernismus gespalten war.

Dazu vertritt Fichte in seiner Valediktionsrede (*Über den rechten Gebrauch der Regeln der Dichtkunst und Rhetorik*) eine klare Position. Denn er »wagt [dort] zu behaupten, daß auch unsere Landsleute bisweilen durch Geist glänzen, auch wenn manche anderer Ansicht sind«.[108] Eine Parteinahme Fichtes für einen der genannten deutschsprachigen Dichter geht aus dieser Stellungnahme jedoch nicht hervor. Vielmehr lässt sein Urteil über die »Wielandianer«, »Klopstockianer« und »Gottschedianer«[109] erkennen, dass er einer generalisierenden Parteinahme für einen speziellen Dichter kritisch bis ablehnend gegenüberstand.[110] Was ihn in seiner Rede interessierte, waren nicht die Dichter, sondern der Ursprung und die Absicht ihrer Dichtung sowie die danach zu befolgenden Regeln. In dieser Hinsicht haben nach Fichtes Urteil nicht nur zahlreiche antike und zeitgenössische Dichter selbst literarisch ›gesündigt‹, sondern auch diejenigen, die sich als Lehrer der Dicht- und Redekunst *nach Regeln* verstehen.[111]

Was Fichte über die Grundlagen und Zielsetzungen der Dicht- und Redekunst in eigener Sache zu sagen hat, betrifft nun weder spezielle antike oder gegenwärtige Autoren, sondern insbesondere das Ethos zukünftiger Redner und Dichter. Deren einzige legitimierbare Absicht sei es,

> die Vernunft der Menschen zu erleuchten oder das Gemüt zu gewissen edleren Affekten zu bewegen oder [...] die Einbildungskraft mit herrlichen und großartigen Bildern zu erfüllen. Darauf also wird ein künftiger Redner oder Dichter schauen müssen, daß er den Geist des Menschen kennenlernt, und zwar nicht allein so, wie wir ihn in der Metaphysik erkennen, sondern so, daß er die sogenannten geheimsten Winkel der menschlichen Seele

---

108 Fichtes Valediktionsrede (GA II/1, 5–29) wird hier nach der Übersetzung in Bacin (2007), 134–240 zitiert; hier: 185.

109 Ebd., 185 f.

110 Ebd.

111 Ebd., 183.

erforscht und nichts seinen Augen entgeht, was im tiefsten Herzen anderer verborgen ist.[112]

Der zukünftige Dichter und Redekünstler ist kein regelkonformer Poet oder Rhetor, der zu allerlei Unterhaltung der Menschen fachgerecht seine Kunst ausübt, sondern zuallererst Seelenforscher und Psychagoge. Noch bemerkenswerter als diese an sich schon erstaunliche Kompetenzzuschreibung ist die dazu von Fichte formulierte Voraussetzung. Der Erwerb der psychagogischen Kenntnisse im Hinblick auf ›die Seelen und Herzen anderer‹ erfordert nämlich die umfassende »Selbsterkenntnis« des seelenforschenden Dichters und Redners. Seine primäre Aufgabe ist es, »wie ein aufmerksamer Späher alles, was er fühlt, begehrt, im Innersten denkt, alles wodurch sein Gemüt bewegt, wodurch seine Phantasie erfreut wird, sorgfältig zu beobachten und sich nichts entgehen zu lassen«.[113]

Mit Blick auf unseren religionspädagogischen Untersuchungsansatz zu Fichtes Biographie und den Einfluss spezifisch pietistischer Akzente lässt sich das hier vorgelegte Scheidekriterium zwischen echter und bloß regelkonformer Dichtung und Rhetorik als Anwendungsfall der im Reformprotestantismus geforderten und kultivierten Selbstprüfungsregeln verstehen. Dass Fichte dieses Instrument der Selbsterziehung seit früher Jugend und auch später, etwa in den *Regeln der Selbstprüfung* von 1791 (GA II/1, 379f.), anwandte, ist bekannt und wurde auch schon erörtert. Wie grundlegend auch im wissenschaftstheoretischen Sinne dieses Prinzip für ihn war und ist, zeigt die Fortführung des Gedankens in der Valediktionsrede. Nicht nur als partikulares Axiom der Dicht- und Redekunst, sondern als universalen wissenschaftstheoretischen Anspruch will Fichte die Selbstprüfungsmaxime verstanden wissen. Denn Selbstprüfung ist nicht allein die Voraussetzung für eine erfolgreiche Erkundung der Herzen anderer im Dienst der Dicht- und Redekunst, sondern sie ist darüber hinaus »die Lehrerin der guten Sitten [und] jeglicher Wissenschaft«.[114]

---

112 Ebd., 187.
113 Ebd., 188f.
114 Ebd., 189.

Bacin hat Recht, wenn er feststellt, dass es sich bei dieser Passage der Valediktionsrede »um eine wichtige, bislang nicht weiter beachtete Aussage Fichtes« handelt.[115] Wie bedeutend sie ist, werden wir im Zusammenhang einer späteren Selbstreflexion Fichtes auf dieses Thema noch weiter erörtern. Aber Bacins Behauptung, »daß Fichte nicht beabsichtigt, eine Theorie der Vernunft oder des menschlichen Gemüts zur Grundlage der Ästhetik oder der Künste zu machen«,[116] können wir nicht zustimmen. Hier trifft wohl eher das von Bacin zurückgewiesene Urteil Wildfeuers zu, der von der Valediktionsrede als »frühestem Versuch [...], eine einheitliche Theorie des menschlichen Gemütes zu entwerfen«, spricht.[117] Diese These unterstützt nicht nur die schon erwähnte Ausdehnung der Selbstprüfungsregel über ihre ästhetiktheoretische Funktion hinaus ›als Lehrerin der guten Sitten und jeglicher Wissenschaft‹. Sondern der weitere Verlauf der Argumentation der Rede zeigt, dass es Fichte im Ganzen um die Grundlegung und Herstellung einer evidenzbasierten ›Ausgewogenheit‹, eines ›Gleichgewichts‹, einer ›freundschaftlichen Harmonie‹ der ›Seelenvermögen‹ – der Einbildungskraft, der Affekte und Vernunft – als wissenschaftstheoretisches Fundament überhaupt und speziell auch als Fundament für die Ausübung fachgerechter Dicht- und Redekunst geht.[118] Es ist gerade der Mangel an Klarheit, an Geist, hinsichtlich der Funktion und Bedeutung der Seelenkräfte und -vermögen, der nicht nur in der Dicht- und Redekunst die Autoren die größten Sünden begehen lässt, sondern auch diejenigen, die in diesen Künsten unterrichten, zu untauglichen Lehrern macht.

Dieses Argument Fichtes – wir haben es an anderer Stelle das *principium temperamentum* genannt (DgF, 68) – findet sich vierzehn Jahre später in der *Grundlage der gesammten Wissenschaftslehre*, und auch hier an zentraler Stelle, wieder. Denn nicht nur für die Grundlegung einer Theorie der Ästhetik, sondern für die Wissenschaftslehre insgesamt gilt, sie

---

115 Bacin (2007), 233.
116 Ebd.
117 Wildfeuer (1999), 118 f.
118 Vgl. J. G. Fichte, in Bacin (2007), 191 f.

soll den ganzen Menschen erschöpfen; sie lässt daher sich nur mit der Totalität seines ganzen Vermögens auffassen. Sie kann nicht allgemein geltende Philosophie werden, solange in so vielen Menschen die Bildung eine Gemüthskraft zum Vortheil der anderen, die Einbildungskraft zum Vortheil des Verstands, der Verstand zum Vortheil der Einbildungskraft, oder wohl beide zum Vortheile des Gedächtnisses tödtet (GA I/2, 415).

Was Fichte 1780 an der traditionellen Dicht- und Redekunst kritisiert, gilt 1794 für die Philosophie überhaupt. Und für beide trifft vermutlich auch zu, was Fichte aus diesem Bildungszustand für die Wissenschaftslehre explizit folgert. Solange das monierte geistlose Durch- und Nebeneinander der Seelenvermögen anhält, wird es weder fachgerechte Dichtkunst noch Philosophie geben. Beide werden sich deshalb »in einen engen Kreis einschließen müssen – eine Wahrheit, gleich unangenehm zu sagen, und zu hören, die aber doch Wahrheit ist« (ebd.). Als weitere zentrale Stelle in Fichtes systemtheoretischer Reflexion zum Thema Ordnung und Funktion der Seelenkräfte sei auf die theoretische und praktische Philosophie vermittelnde Lehre vom ästhetischen Trieb, wie sie in *Über Geist und Buchstab in der Philosophie* (1795) entwickelt wird, hingewiesen (GA I/6, 340–361). Auch daran sei noch einmal erinnert, dass diese ganzheitliche, die ›Kräfte des Gemüths‹ in ihrer Funktionalität differenzierende, gleichwohl systematisierende Betrachtung schon Gegenstand der Katechese nach Johann Jacob Rambachs erbaulichem *Handbüchlein für Kinder* war.[119]

Bacins informativer Verweis auf Gottscheds Regeln der Rede- und Dichtkunst[120] ist in diesem Zusammenhang insofern erhellend, als auch von Gottscheds Seite aus die Psychologie als wichtige Hilfswissenschaft der Poesie betont wird. Gottscheds Anliegen, die Kenntnis der Gemütsregungen als Orientierung für die Dichtkunst zu nutzen, ist Fichte aber, wie wir sahen, nicht genug. Vielmehr ist er an der Herstellung der Harmonie, das heißt am *System der Seelenkräfte* interessiert.

---

119 Vgl. Rambach (2014), 227 f.
120 Vgl. Bacin (2007), 233 f.

Als Voraussetzung einer gut begründeten Theorie über die Regeln der Dicht- und Redekunst führt Fichte in der Valediktionsrede das Prinzip der Selbstprüfung ein. Bacins These, Fichte spreche in diesem Zusammenhang »lediglich von Erkenntnissen der Anthropologie (im damaligen Sinne des Wortes)«,[121] greift hier zu kurz. Denn Fichtes »Erkenntnis des menschlichen Geistes« zielt eben gerade nicht auf ein Wissen über die Geisteskräfte *des Menschen* ab, »wie wir ihn in der Metaphysik erkennen«.[122] Eine Metaphysik des Geistes liefert allgemeine ›Erkenntnisse der Anthropologie‹. Bei Fichtes Prinzip und Verfahren der Selbstprüfung handelt es sich dagegen um die persönliche Introspektion, um Selbstbeobachtung und Selbsterforschung. Es soll demjenigen, der sich der Selbstprüfung unterzieht, darum gehen, »wie ein aufmerksamer Späher alles, was er fühlt, begehrt, im Innersten denkt, alles, wodurch sein Gemüt bewegt, wodurch seine Phantasie erfreut wird, sorgfältig zu beobachten und sich nichts entgehen zu lassen«.[123] Das ist kein anthropologischer Ansatz im wissenschaftlichen Sinne, sondern erfahrungsbasierte Selbstbeobachtung. Vermittelt die anthropologische Metaphysik einen *Begriff* des Geistes, so rekurriert das Prinzip der Selbstprüfung auf die *Erfahrungswirklichkeit* des eigenen Geisteslebens. Und auf diese Wirklichkeit kommt es Fichte an dieser Stelle primär an.[124]

Werfen wir von hier aus einen Blick ins Jahr 1794, so lässt sich konstatieren: Es lag nicht allein an der *Analyse der transzendentalen Struktur* des Ich, dass das *Ich=Ich* philosophiegeschichtlich so wirkmächtig geworden ist. Sondern die philosophische Attraktivität

---

121 Ebd., 233.

122 Fichte, zitiert nach Bacin (2007), 187.

123 Ebd., 187 f.

124 Hier haben wir es mit einem Ansatz zu einer Philosophie des Geistes zu tun, der zunächst 1806 philosophisch in Hegels *Phänomenologie des Geistes* als »Geschichte der Erfahrung des Bewusstseins« und zum Beginn des 20. Jahrhunderts in der von J. G. Fichte sowie I. H. Fichte inspirierten Theosophie und Anthroposophie Rudolf Steiners als *erfahrungsorientierte Geisteswissenschaft* weiterentwickelt wurde (vgl. H. Traub: *Philosophie und Anthroposophie. Die philosophische Weltanschauung Rudolf Steiners, Grundlegung und Kritik*. Stuttgart 2011b, 900–995).

des Grundsatzes ist auch, dass er im Akt der Selbstsetzung das an seiner freien Selbst-Reflexion arbeitende *personale Ich*, das *Ich bin Ich*, thematisiert und damit das personale mit dem transzendentalen und umgekehrt, das transzendentale mit dem personalen Ich im Konstitutionsakt der Wissenschaftslehre zu vermitteln vermag.[125] In den Jahren nach 1794 wird bekanntlich das ›Merke auf dich selbst‹ zum Türöffner für Fichtes Wissenschaftslehre überhaupt.

Nimmt man beide Aspekte zusammen, nämlich Fichtes Versuch, in der Valediktionsrede eine kritisch geprüfte, systematische Balance der Gemütskräfte für die Begründung der Dicht- und Redekunst in Anschlag zu bringen, und dabei vor allem auf das Prinzip der Selbstprüfung zu setzen, dann wird man wohl eher Wildfeuers Deutung der Rede als Aufschein der Idee der Wissenschaftslehre beim frühen Fichte zustimmen müssen. Dagegen kann Bacins These, »in der ganzen Valediktionsrede geht es um empirisch gewonnenes Wissen«,[126] unseres Erachtens deshalb nicht überzeugen, weil die beiden genannten zentralen Ansätze von Fichtes konstruktiver Ästhetik-Kritik nicht hinreichend berücksichtigt werden.

Aber auch an Wildfeuers Analyse richtet sich eine, wenn auch anders gelagerte Frage. Sie betrifft den Evidenz-Grund, von dem aus Fichte sein Prinzip der Selbstprüfung denkt und konzipiert. Hier behauptet Wildfeuer gegen Preul,[127] man könne »dem Wahrheits-, Evidenz- und Überzeugungsgefühl wohl kaum eine für die WL systembegründende oder argumentationslogisch fundierende Bedeutung zusprechen«.[128] Warum? Weil das »Überzeugungsgefühl […] in Fichtes Schriften lediglich insofern eine Rolle [spielt], als vor allem in seinen populär gehaltenen Reden und öffentlichen Vorlesungen an den Wahrheitssinn oder das Wahrheitsgefühl des Hörers bzw. Lesers appelliert wird«.[129] Es trifft zu, dass Fichte in seinen populären

---

125 Vgl. Traub (2017), 61–64.
126 Bacin (2007), 233.
127 Preul (1969), 14–19.
128 Wildfeuer (1999), 118.
129 Ebd.

Arbeiten das Thema Wahrheitssinn oder Wahrheitsgefühl behandelt.
Es trifft jedoch nicht zu, dass das in seiner wissenschaftlichen Philosophie, dem Wortlaut und der Sache nach, nicht der Fall wäre. Es ist
auch nicht, wie Wildfeuer behauptet, vor allem der Leser oder Zuhörer, an dessen Wahrheitssinn Fichte appelliert. Vor allem ist es der
Philosoph selbst, der auf dieses Vermögen, und zwar als ein Korrektiv seiner intellektuellen Arbeit, angewiesen ist.

Auf das Wahrheitsgefühl oder den Wahrheitssinn als prärationale
Grundlage sowohl des ästhetischen wie des philosophischen Wissens
oder Urteils rekurriert etwa Fichtes *Begriffsschrift* von 1794. Dort
heißt es über das ästhetische und philosophische ›Genie‹ und ›die
dunklen Gefühle des Richtigen‹: Der »Philosoph [bedarf ihrer] in
keinem geringeren Grade [...], als etwa der Dichter oder der Künstler, nur in einer anderen Art. Der letztere bedarf des Schönheits- jener des Wahrheitssinnes, dergleichen es allerdings gibt« (GA I/2,
143). Dieser Sinn, das Wahrheitsgefühl des Philosophen, hat für sein
»Räsonnement« eine konstitutiv-korrigierende Funktion (ebd., 147).
Für dieses Argument bringt Fichte die Voraussetzung in Anschlag,
die wir soeben in der Valediktionsrede als *principium temperamentum* diskutiert haben. Ein rein argumentatives Räsonnement über
den Verstand ist in der Philosophie als spekulatives Unternehmen
zwar möglich. Allerdings ist es nach Fichte mit dem Risiko behaftet,

> daß eine haarkleine Abweichung von der geraden Linie nothwendig zu ei-
> ner sich in's unendliche vergrößernden Abweichung führen müsse; und so
> würde es allerdings seyn, wenn der Mensch bloß ein denkendes, und nicht
> auch ein fühlendes Wesen wäre; und wenn nicht oft das Gefühl durch Ver-
> ursachung einer neuen Verirrung [...] die alte Verirrung berichtigte, und
> ihn nicht wieder dahin zurückleitete, wohin er durch richtige Folgerung
> nie wieder zurück gekommen wäre (ebd.).

Ein Argument, daran sei erinnert, das gerade für Fichtes Täuschung
beim Thema Determinismus von entscheidender Bedeutung ist.
Fichtes These ist in der *Begriffsschrift* also die, die er schon in der
Valediktionsrede über die Verwirrung der Seelenkräfte in Anschlag
gebracht hatte. Evidenz ist nicht allein Sache des Verstandes. Dieser

kann die formalen Bedingungen einer Einsicht herstellen, die Materialität der Gewissheit aber hat einen anderen Ursprung und gehört offenbar einem anderen Vermögen an.

Es ließe sich eine Fülle an weiteren Hinweisen zu diesem Kernpunkt der Fichte'schen Wahrheitstheorie anführen. So etwa die Unterscheidung zwischen Vorstellungen, die ›mit dem Gefühl der Notwendigkeit‹ verbunden sind, und solchen, die von unserer Freiheit abhängen, oder Fichtes Theorie des ›Einleuchtens mit einem Schlag‹, wie dieses Theorem etwa in der *Wissenschaftslehre* von 1804 knapp formuliert, dort aber als Evidenz-Theorie des *Wahrheitsrealismus* ausführlich behandelt wird.

Womit wir es schon in der Valediktionsrede offenbar zu tun haben, und da hat Preul eben doch richtig gesehen, ist ein oder das Markenzeichen Fichte'schen Philosophierens, sein ›Grundpunkt‹, der nicht zuletzt die Stelle markiert, an der Fichtes philosophische und menschliche Beziehung zu Schelling auseinander ging. Im Zusammenhang ihrer Diskussion um Transzendental- und Naturphilosophie schreibt er im Mai 1801 an Schelling: »Fassen Sie auf z.B. ihr Bewußtseyn, daß zwischen zwei Punkten nur Eine gerade ist. Zuvörderst haben Sie da eben Ihr sich *Erfassen* und *Durchdringen*, den Akt der Evidenz, und dieses [ist] mein *Grundpunkt*« (GA III/5, 46).[130] Und nun behauptet Fichte gegenüber Schelling, »erweisen zu können, daß Ihr System in sich selbst (ohne stillschweigende Erläuterungen aus der Wissenschaftslehre) keine Evidenz hat, und durchaus keine erhalten kann« (GA III/5, 45).[131] Dass Schelling das nicht akzeptieren konnte, leuchtet ein, und so brach das so hoffnungsvoll begonnene Projekt des ›Transzendentalen Idealismus‹ nach wenigen Jahren des gemeinsamen Weges der beiden Philosophen auseinander.

Diese Hinweise mögen genügen, um Wildfeuers These zurückzuweisen, man könne »dem Wahrheits-, Evidenz- und Überzeugungsgefühl wohl kaum eine für die WL systembegründende oder argumentationslogisch fundierende Bedeutung zusprechen«. Die Frage

---

130 Vgl. Traub (2001), 76 u. 196.
131 Ebd., 195 f.

ist nicht, ob, sondern inwieweit dieses Prinzip – wie Preul annimmt – für die Valediktionsrede unterstellt werden kann. Es sind vor allem zwei theoretische Zusammenhänge der Rede, die dafür sprechen, dass Fichte gedanklich zumindest auf dem Weg zu seiner später vertretenen Evidenztheorie war. Und beide Überlegungen haben etwas mit dem Schwerpunkt unserer Untersuchung zu tun.

Das erste Argument leitet sich aus dem bereits hinreichend erörterten Theorem der *Selbstprüfung* und der damit verbundenen Unterscheidung zwischen formaler Kenntnis anthropologischen Wissens und erfahrungsbasierter Selbstbeobachtung seelischer Prozesse ab. Die Begründung eines adäquaten Regelvollzugs für die Dicht- und Redekunst setzt die Kenntnis der eigenen Gemütskräfte voraus. Und diese können nicht anders als über die faktische Evidenz ihrer introspektiven Erfahrung vermittelt werden. Da Fichte dieses Verfahren und die darin vermittelte Selbstbeobachtungsevidenz über das Künstlerisch-Ästhetische hinaus auch zum methodologischen Prinzip der Begründung ›der guten Sitten‹ (bonum morum) und ›jeglicher Wissenschaft‹ (omnis doctrinae magistra) erhebt, darf man hier zu Recht den systematisierenden Denkansatz unterstellen, der im Weiteren für die Architektur der Wissenschaftslehre grundlegend ist und der einen elementaren Wesenszug seines Philosophierens überhaupt ausmacht.

Diese These vertritt auch Wildfeuer mit dem von ihm sehr überzeugend herausgearbeiteten Theorem der »propria deliberatio«, des »freien Nachdenkens« und der »eigen[ständigen] Überlegung« als Charakteristikum des Fichte'schen Modells der Regelbegründung.[132] Das Problem in Wildfeuers Analyse besteht da, wo er das ›freie Nachdenken‹ und dessen erkenntniskonstitutive Funktion zu einem »typisch aufklärerischen Moment« im Denken Fichtes erklärt. »Nur das typisch aufklärerische Moment der Selbsttätigkeit [...] ermöglicht überhaupt erst einen adäquaten Erkenntnisakt, an dessen Ende Überzeugung und Einsicht stehen«.[133] Die Selbsttätigkeit des freien Nach-

---

132 Wildfeuer (1999), 144–146.
133 Ebd., 144.

denkens mag man als »typisch aufklärerisches Moment« bezeichnen. Aber dass Fichte diesen Akt im Sinne der Aufklärung verstanden wissen wollte, darf man mit guten Gründen bezweifeln. Denn nicht allein seine allgemeine, spätere Aufklärungskritik, die sich gegen die inhaltsleere Perpetuierung des Reflexionsmodells wendet, sondern auch seine spezifische Kritik an der aufklärerischen Sprachanalytik zu seinen Schulpforta-Zeiten signalisieren sein eher distanziertes als affirmatives Verhältnis zur Aufklärung. Diesem Thema kommen wir an einer anderen, für den zweiten Teil der Konzeption der Rede und für deren Gesamtbewertung zentralen Stelle noch etwas näher. Zur Bestimmung des konzeptionellen Ansatzes der Rede, insbesondere zur Spezifizierung der ›Substanz‹ der Evidenzerfahrung im Vollzug des ›freien Nachdenkens‹, wird man, über Wildfeuer hinaus, nicht umhin können, bei Fichte ein weiterreichendes, religiöses Grundmotiv anzunehmen. Dieses Motiv, das wir schon aus seiner religiösen Sozialisation als Verfahren der (moralischen) Selbstprüfung kennengelernt haben, bietet die Valediktionsrede mit ihrem religionspädagogischen Exkurs über die zwei Wege der Gottes-Erkenntnis an. Mit ihm entwickelt sie paradigmatisch das Modell, anhand dessen das von ihr präferierte Verfahren der ästhetiktheoretischen Selbstvergewisserung veranschaulicht und dieses vom ›falschen Weg‹ der bloßen Regelkunde der Dicht- und Redekunst abgegrenzt werden kann.

Über die zentrale Bedeutung des religionspädagogischen Exkurses für Fichtes Valediktionsrede besteht in der Forschungsliteratur Konsens. Fraglich sind bei den Autoren einerseits die Quellen, die Fichte für diese methodologische Konstruktion verwendet haben könnte und anhand welcher dieser Quellen (Gellert, Herder, Klopstock und andere) die Originalität des Fichte'schen Ansatzes herausgearbeitet werden kann.[134] Anderseits besteht Uneinigkeit darüber, welcher Geltungsanspruch mit dem hier von Fichte vorgestellten Modell des Erkenntnisgewinns begründet werden kann. Während sich Bacin in seiner Interpretation im Wesentlichen in dem durch das

134 Vgl. Preul (1969), 10–24, Wildfeuer (1999), 146–158 und Bacin (2007), 86–123 u. 229f., Fn. 101.

Thema der Rede gesteckten Rahmen *Rede- und Dichtkunst* bewegt,
über Anmerkungen den geistesgeschichtlichen Kontext ausleuchtet
und einer weiterreichenden systematischen Deutung eher skeptisch
gegenübersteht,[135] gehen Preul und Wildfeuer weit darüber hinaus.
Beide betonen – Wildfeuer mehr noch als Preul – den konstitutiven
Charakter der Rede für zentrale Theoreme von Fichtes Denken überhaupt. Während Preul stärker am Thema Evidenz, unmittelbare Gewissheit, Herzens- und Gefühlsbildung arbeitet,[136] enthält die Rede
nach Wildfeuer bereits Ansätze einer transzendental-philosophischen Analyse. Ihr zufolge müssen zur Erzeugung und Begründung
einer adäquaten Erkenntnis der spontane, subjektive Erkenntnisakt
(propria deliberatio) mit der objektiven Vernunftstruktur a priori
(semina innata / notitia animi humani) derart vermittelt werden, dass
deren Fakultäten (ratio, affectus, phantasia) in einem angemessenen
oder harmonischen Verhältnis an dieser Erkenntnis teilhaben, bzw.
in ihr funktional repräsentiert sind (aequalitas inter omnes nostras
facultates).[137]

Nach Wildfeuer dokumentiert der religionspädagogische Exkurs
zur Erzeugung eines adäquaten Gottesverständnisses im Gemüt eines Kindes das im Hintergrund der Rede stehende Modell einer fundierten und nachhaltigen, das heißt den Willen steuernden Erkenntnis, wie sie beim jungen Fichte offenbar angelegt zu sein scheint.[138]

Alle drei Autoren sind in ihren Erklärungsansätzen zu dieser Theorie mit einer Schwierigkeit konfrontiert, die sie auf unterschiedliche, in ihrer Tendenz jedoch ganz ähnliche Weise zu lösen versuchen.
Das Problem besteht darin, dass sie die Herkunft und Referenz von
Fichtes Modell der Begründung adäquater Erkenntnis auf literarische
Quellen beziehen, die sich aus dem unmittelbaren geistigen Umfeld seiner Ausbildung in Schulpforta anbieten. Das gelingt ihnen,
wenn man die wechselseitigen Beurteilungen miteinander vergleicht,

135 Vgl. Bacin (2007), 118.
136 Vgl. Preul (1969), 29.
137 Vgl. Wildfeuer (1999), 146–154.
138 Vgl. ebd., 135.

aber nur bedingt. Gegen Gellert spricht das Fehlen der »propria deliberatio«,[139] die »schwachen Anklänge« Rousseaus reichen nicht aus, »um die Hypothese eines Einflusses [...] auf den jungen Fichte zu stützen«.[140] Ob Herder oder Ernesti als Quellen infrage kommen, ist ebenfalls zweifelhaft.

Wendet man Fichtes pädagogisches Modell auf den Weg seiner eigenen Erkenntnisgewinnung an, dann zeigt sich, dass das Verfahren der Herleitung von Erkenntnissen aus den Quellen und Einflüssen anderer Denker diesem Modell widerspricht. Denn eine externe Belehrung über das Wesen einer Sache – und sei es Gott selbst – führt beim Belehrten weder dazu, dass er »in seinem Verstand irgendeinen Begriff von Gott [oder anderem] bilden könnte, noch wird [er] durch [die] Ausführungen so bewegt werden, daß [er] dieses Wesen verehrt und liebt«.[141] An der Erfolglosigkeit dieses Lernvorgangs ändert sich auch dann nichts Wesentliches, wenn der Belehrung weitere Erklärungen und Beweise hinzugefügt würden. Es bleibt bei einem oberflächlichen Verstehen und einem eher zufälligen, mentalitätsbedingten Einfluss dieses Verständnisses auf die tieferliegenden Gemütsschichten des Menschen, auf seine »Liebe und Verehrung gegenüber diesem höchsten Wesen«[142] oder einem anderen Gegenstand des Erkennens und Lernens. Es ist das ›Robinson-Problem‹, seinem Schützling Freitag das Thema ›Offenbarung‹ näher zu bringen. Das heißt, eine Tiefenwirkung externer Belehrung ist demnach nur dann möglich, wenn das, worum es im Lern- und Erkenntnisprozess gehen soll, einen Anker im weltanschaulichen Horizont desjenigen vorfindet oder setzen kann, an den das zu Vermittelnde anknüpfen kann. Dieser Halt kann nach Fichtes religionspädagogischem Exkurs kein Begriff des Verstandes, sondern muss (beim Kind, aber nicht nur bei ihm) eine unmittelbar anschauliche Erfahrung sein: »Dinge, die im Moment unseres Gesprächs vor seinen [des Kindes] Augen liegen,

---

139 Ebd., 148.
140 Bacin (2007), 113.
141 Fichte, zitiert nach Bacin (2007), 178.
142 Ebd., 343.

[...] die es selber sieht«.[143] Ausgehend von dieser anschaulichen Erfahrung kann das Kind dann induktiv, über abstrahierende Beispiele,
einen für seinen geistigen Horizont adäquaten, »so vollkommenen
Begriff vom unendlichen Gott bilden, wie das die Vernunft eines kleinen Kindes vermag«.[144] Mithilfe eines solchen anschauungsfundierten
Begriffs lassen sich durch die erfahrungsbezogene Einbindung des
Kindes in den Schöpfungszusammenhang, »der Betrachtung all der
Güter, die ihm vom höchsten Wesen zuteil geworden sind«,[145] nachhaltig Verehrung, Frömmigkeit und die Liebe zu Gott hervorrufen.

Dass dieses Verfahren einer rein kognitiven Instruktion »bei wei-
tem überlegen ist«, weil es zu einer adäquaten Erkenntnis führt, ließe
sich zwar, so behauptet Fichte – ganz im Sinne dieser Argumentation
– weiter, »aus der Natur des menschlichen Geistes ableiten«.[146] Jedoch
habe ihn »die Erfahrung häufig gelehrt«, dass es sich mit Sicherheit so
verhält. Und jeder, »der noch zweifeln sollte«, wird darüber ebenso
belehrt, »wenn er seinen eigenen Geist beobachtet«.[147] Es ist die anschauliche, aus eigener, auch ganz unwillkürlich initiierter Erfahrung
erwachsende Einsicht, die die Gegenstände des Nachdenkens tiefer
in das Gemüt eindringen lässt, es bewegt und so den Willen zu lenken
im Stande ist.[148]

Wenn wir danach fragen, welche externen Einflüsse hinter Fichtes
Konzept vertieften Lernens und Erkennens stehen oder darin Ein-
gang gefunden haben, dann greifen die Hinweise auf die literarischen
Quellen aus seiner Zeit in Schulpforta zu kurz. Die Erfahrungsbasis,
von der her Fichte seine Theorie des Gemüts, der Seelenkräfte, ihrer
Harmonie und ihrer erkenntnis und willensleitenden Erkenntnisse
gewonnen hat, ist hier nicht zu finden – oder wenn, dann nur in dem
Sinne, dass die genannten Autoren seinem Vorverständnis die intel-

---

143 Ebd.
144 Ebd., 181.
145 Ebd.
146 Ebd.
147 Ebd.
148 Ebd.

lektuellen Mittel an die Hand gegeben haben, es zu strukturieren und zu artikulieren.

Gehen wir auf Fichtes religionspädagogische und allgemein weltanschauliche Prägung vor seiner Zeit in Schulpforta zurück, dann ist für das Thema ›seelenkundliche Voraussetzungen einer anschauungsorientierten Theorie der Erkenntnis‹ an die insbesondere durch den Pietismus geprägten Lehren und Erfahrungen zu erinnern. Schon die katechetischen Unterweisungs- und Lehrbücher Rambachs und Löseckens, die für die allgemeine und religionspädagogische Bildung und Erziehung nach der Schulordnung in der Oberlausitz eingeführt waren, enthalten Strukturmodelle des menschlichen Gemüts. Diese waren – und das ist für Fichte bedeutsam – als Landkarten für die moralisch-katechetische Selbstprüfung und Vervollkommnung der Schüler und nicht als seelenkundliche Lehrstücke gedacht.

Zwar ist die Frage nach dem Einfluss und der Bedeutung des Pietismus für die Entstehungs- und Entwicklungsgeschichte der Psychologie als Wissenschaft umstritten und nach dem kritischen Urteil des Psychologie-Historikers Horst Gundlach ein noch tiefergehend zu erforschendes Feld der Wissenschaftsgeschichte (vgl. Gundlach, GdP 4, 309–331). Aber selbst wenn das, worum es hier geht, nur bedingt dem wissenschaftlichen Selbstverständnis moderner Psychologie entspricht, so sind, was Fichtes Verständnis der Seelenforschung betrifft – wie es auch in der Valediktionsrede zum Ausdruck kommt –, doch einige seiner Grundanschauungen bemerkenswert.

Das erste Theorem, auf das es hinzuweisen gilt, ist die maßgebliche Differenz zwischen rationaler und empirischer Psychologie, die bereits in den 50er Jahren des 18. Jahrhunderts diskutiert wurde. Bei Fichtes Konzept der Seelenharmonie handelt es sich im Grunde um eine ›Erfahrungsseelenkunde‹, die ihre Gegenstände und Themen im Unterschied zur rationalen Psychologie nicht »aus dem Begriff der Seele deduziert«, sondern auf dem Weg der (Selbst-)Erfahrung, als »*methodo empirica*«, hervorbringt (ebd., 316). Denn wie wir sahen, trennt Fichtes Valediktionsrede die »Metaphysik« der Seele von der »Übung« seelischer Selbsterforschung und erklärt Letztere zur »Lehrerin [...] der guten Sitten [...] [und] jeglicher Wissenschaft«.[149] Das Scheidekriterium zwischen bloßer ›Seelenkunde‹, die als Thema seit Platon, über Aristoteles, Descartes, Locke, Wolff und andere, in der Philosophie hinreichend etabliert, erörtert und diskutiert ist, und einer eher pietistischen ›Seelenprüfung‹ lässt sich an der Funktion dieser Forschung festmachen (Gundlach, GdP 4, 317). Geht es um objektiven Erkenntnisgewinn, um Wissenserweiterung, also um Wissenschaft im engeren Sinne, oder geht es um Selbsterkenntnis, Selbstprüfung und Selbstvervollkommnung, also um Persönlichkeitsentwicklung? Dass beides in der Geschichte der Philosophie nicht rigoros voneinander getrennt wird, ja beides auch auf einander verweist und bezogen werden kann oder – nach Fichte – auch auf einander bezogen werden sollte, ändert nichts an der prinzipiell unterschiedlichen Zielsetzung beider Forschungsrichtungen. Für Fichte wird man konstatieren müssen, dass seine Seelenkunde nicht unter einem rein wissenschaftlichen, sondern auch und vielleicht vor allem unter dem religionsdidaktischen Primat der Seelenerforschung steht. Seine ›empirische Psychologie‹ dient dem vorrangigen Zweck der moralischen Selbstkontrolle und Läuterung. Das sehen wir an der Zielsetzung der Valediktionsrede, das haben wir aus dem Bericht Weißhuhns über die philosophischen Moralisten von Schulpforta gehört und das sehen wir auch im weiteren Verlauf von Fichtes Entwicklung als philosophischer Lehrer und Schriftsteller. Unter diesem Gesichtspunkt lässt sich – wofür es sehr gute Gründe gibt – auch seine Wissenschaftslehre als großangelegtes moralisch-religiöses Läuterungsprogramm und Therapeutikum, als eine »medicinam mentis« (GA II/11, 261), verstehen. Insofern treffen auf Fichte eher zentrale Kategorien einer religiös-pietistischen als einer rational-aufklärerischen Seelenlehre zu[150] – was unter Berücksichtigung seiner weltanschaulichen Vor-

---

149 Fichte, zitiert nach Bacin (2007), 187 f.

150 Wie etwa die *Wissenschaftslehre* von 1805 deutlich macht, liegt Fichtes kritisches Verständnis von ›Aufklärung‹ in seiner positiven Bedeutung der englischen oder französischen Bezeichnung dieser Epoche als age of *enlightenment* oder siècle des

bildung und religiösen Erziehung nicht wirklich überraschen kann. Ausgang seines philosophischen Projekts ist die Anregung einer geistigen Selbsterfahrung, ein Akt ›geistiger Wiedergeburt‹, der sich als Prozess wachsender Erleuchtung in einer Erkenntnis und einem Gefühl der umfassenden Vollendung der menschlichen Existenz in einem gottseligen Leben vollendet.

Fichtes Plädoyer für eine weniger begrifflich-rationale als vielmehr empirisch-existenzielle, zum Pietismus neigende Seelenkunde wird durch ein weiteres, biographisches Indiz gestützt. In seinem Kapitel »Die Brüdergemeine zwischen Aufklärung und Erweckung« (GdP 2, 80f.) weist Dietrich Meyer auf den tiefen Eindruck hin, den Mitglieder der Gemeinde auf ihre philosophisch-theologisch interessierten, aufgeklärten Zeitgenossen – unter ihnen auch der pietistisch erzogene Goethe – gemacht haben, wie »anziehend die Brüdergemeinde […] auf die Aufklärer« wirkte (ebd.). Neben der »Schlichtheit in der Lebensführung«, der »Würde ihrer Gottesdienste«, der »selbstlosen Erziehungsarbeit«, dem Zusammenhang der »religiösen und bürgerlichen Verfassung« und ihren erfolgreichen »Wirtschaftsbetrieben« (ebd., 82f.) war es vor allem *das seelische Gleichgewicht* ihrer führenden Vertreter, was die Aufklärer, und nicht nur sie, beeindruckte. »Es war das ›Empfinden einer vollendeten harmonischen Seelenstimmung‹, die diese Männer [etwa] zu Spangenberg[151] zog‹ […] ›die Entdeckung einer Vollkommenheit‹, nichts als Gesundheit und Seelenruhe« (ebd., 80f.). Es ist gut möglich, dass auch der junge Fichte dieses Klima seelischen Gleichgewichts und vollendeter harmonischer Seelenstimmung zumindest ansatzweise auch bei denen erfahren hat, die an seiner Erziehung aus dem Geist des pietistischen Reformprotestantismus mitgewirkt haben, etwa seinen katechetischen Ziehvätern und -müttern in Rammenau oder Henriette von

---

lumières semantisch näher als der deutschen Konnotation der Aufklärung als einer verstandesorientierten Idee der Mündigkeit (vgl. Traub [2009b], 187–201).

151 August Gottlieb Spangenberg (1704–1792) war nach Zinzendorfs Tod 1760 theologisch einflussreicher Organisator der Brudergemeinden Zinzendorf'scher Prägung, ihr »spiritus rector« (vgl. Meyer, GdP 2, 60–65).

Miltitz und nicht zuletzt seinem Herrnhuter Vormund von Hardenberg.

Dass Fichte selbst der Zustand der ›Seelenharmonie‹ nicht nur ein theoretisches, sondern vor allem ein starkes existenzielles, ja therapeutisches Anliegen war, lässt sich einerseits aus seinem ungestümen Charakter, von dem wir des Öfteren hörten, erklären und andererseits durch die intensiven ›Übungen‹, sich selbst in Richtung ›Seelenharmonie‹ weiterzubilden, belegen.

> Wie groß ist der Einfluß der Erziehung, des Unterrichts, der Gefährten und unzähliger anderer derartiger Dinge auf das Gemüt des Menschen! Wer wüßte nicht, durch welch kleine, dem Auge des Betrachters entgehende Dinge und Vorkommnisse bisweilen die Gemüter zarter Kinder wie durch eine stumme Kraft zu bestimmten Affekten und Meinungen hingelenkt werden?[152]

Mit dieser allgemeinen pädagogischen Bemerkung leitet Fichtes Valediktionsrede ihre Überlegungen zu den tieferliegenden Voraussetzungen der Rede- und Dichtkunst ein. Es sind demnach auch und vor allem soziale, epochale und kulturspezifische Prägungen, die jenseits der technischen Auffassung der Kunstregeln deren Anwendung die notwendige Kraft verleihen, um auf das Publikum nicht »trocken und kraftlos«, sondern ergreifend und bewegend zu wirken.[153] Wenn Fichtes Postulat der empirischen Seelenerforschung Voraussetzung für eine existenzielle Begründung der Regeln von Dicht- und Redekunst ist und zu dieser Erkundung des eigenen Gemüts womöglich auch die im Zitat angesprochenen Einflüsse und Lenkungen der Erziehung auf seine eigene weltanschauliche Biographie gehören, dann verdient es der religionspädagogische Exkurs der Valediktionsrede, einmal unter diesem Gesichtspunkt erörtert zu werden. Das heißt, diese Passage soll weder, wie bei Wildfeuer, nur als Beispiel zur Veranschaulichung des Theorems einer frühen Erkenntnistheorie Fichtes

---

152 Fichte, zitiert nach Bacin (2007), 149 f.
153 Ebd., 151.

behandelt[154] noch soll wie bei Bacin darauf verwiesen werden, dass es
sich bei diesem Beispiel womöglich um die Adaption einer Textpassage aus »Feders *Neuem Emil*« oder Ernestis philosophischem Lehrbuch handelt.[155] Sondern es wird nach den biographischen Erfahrungen gefragt, die Fichte zu diesem religionspädagogischen Ausgangspunkt für seine ›erkenntnistheoretische Methodenlehre‹ veranlasst
haben könnten – Erfahrungen, deren Bedeutung ihm durch seine
Studien in Schulpforta womöglich klarer und artikulierbar wurde,
die – nach seinem Modell der ›Tiefenerkenntnis‹ – als eigenes anschauliches Erleben vorausgesetzt werden müssen, sich jedoch weder
durch begriffliche Erörterung vermitteln noch durch Beschreibungen
anderer ersetzen lassen. Weil auf die letzten beiden Formen des Lernens nach Fichtes eigener Erfahrung zutrifft,

> daß […], wenn ich die höchst scharfsinnige und genauestens an den phi-
> losophischen Verfahrensweisen ausgerichtete Darlegung einer mir bislang
> neuen und unbekannten Sache hörte, oder von ihr las, [ich] ihr, von der
> Kraft der Wahrheit bezwungen, zustimmte, das heißt ihr nichts entgegen-
> zusetzen hatte. Gleichwohl sah ich, daß sie noch nicht derart tief in meinen
> Geist eingedrungen war, daß ich von ihr so fest überzeugt gewesen wäre,
> wie ich zum Beispiel von den mathematischen Axiomen überzeugt bin,
> und fühlte mich nicht von ihr bewegt und meinen Willen nicht von ihr
> gelenkt.[156]

---

154 Vgl. Wildfeuer (1999), 135.

155 Bacin (2007), 229.

156 Fichte, zitiert nach Bacin (2007), 181. Die Frage, ob der Hinweis auf die mathematische Evidenz als Indiz für eine frühe Orientierung Fichtes an der Mathematik
gelten kann, soll hier nicht eingehender erörtert werden (vgl. hierzu die Kontroverse G. Duso und S. Bacin, in: Bacin [2007], 229). Allerdings spricht inzwischen
einiges für eine solche Annahme. Denn zum einen haben wir gezeigt, dass Fichte
unter dem Einfluss des Mathematikers Johann Gottlieb Schmidt schon sehr früh
ein intensiveres Verhältnis zur Mathematik entwickelt haben könnte, was Schmidt
zu dem Urteil führte, dass sein Famulus später »in seiner Wissenschaftslehre die
mathematische Methode nachgeahmt [habe]« (FiG 6, 1 f.). Zum anderen liegt mit
David Woods *Mathesis of mind* inzwischen eine systematische Analyse zur Bedeutung der Mathematik für die Konzeption der *Wissenschaftslehre* vor, die ihre These

Unser Zugriff auf den religionspädagogischen Exkurs der Valediktionsrede möchte im Unterschied zu Wildfeuer darauf hinweisen, dass
das, was Fichte hier scheinbar nur als Beispiel für die Veranschaulichung seiner *Methode* eines nachhaltigen, das Gemüt bewegenden
und den Willen lenkenden Lernens einführt, vom *Inhalt* her der Er-
fahrungs- und Erkenntnisgrund seiner bis dahin entwickelten Weltanschauung ist. Es ist die substanzielle wie existenzielle Gewissheit,
die die Methode des allgemeinen Erkenntnisgewinns – und nach ihr
die der Regeln der Dicht- und Redekunst – nicht nur illustriert,[157]
sondern auch und vor allem begründet und für sie maßgeblich ist.
Es geht um nichts weniger als um den Realitätskern des Fichte'schen
Denkens. Es geht – wenn man diese Vorwegnahme gestattet – um die
wissenschaftstheoretische Dialektik von Realismus und Idealismus,
wie wir sie in ausgefeilter Form aus Fichtes späterer Wissenschaftslehre kennen, sowie um die in der Dialektik implizierten erkenntnistheoretischen und existenziellen Konsequenzen.

Wenn wir die beiden Schwerpunktsetzungen mit einander vergleichen, dann kann man sagen, dass die beiden hier diskutierten Prob-
lemfelder, nämlich die inhaltliche und die methodische Dimension, in
einem wechselseitigen Bezug zueinander stehen. Während Wildfeuer
die *Methode* der Erzeugung einer adäquaten Erkenntnis für das Wesentliche, den Gottesbegriff für das Beiläufige dieses Exkurses hält,
betonen wir auch die inhaltliche Dimension des Beispiels. Und zwar
in dem Sinne, dass Fichte anhand des Verfahrens zeigt, wie die jedem
Menschen ›eingepflanzte‹ kosmologische Grundidee ›jeder Weisheit
und Wissenschaft‹, das heißt der Gottesbegriff, über die anschau-
ungsverankerten, begriffsbildenden und affektlenkenden Methoden
im Gemüt des Kindes selbstständig hervorgebracht oder, wie Fichte
pietismusaffin sagt, ›erweckt‹ werden kann.

---

zwar nicht bis auf Schulpforta und die Valediktionsrede zurückverfolgt, jedoch
den mathematischen Grundzug in Fichtes Denken bereits für seine Züricher Zeit
nachweist (vgl. D. Wood: *Mathesis of mind. A Study of Fichte's Wissenschaftslehre
and Geometrie*. Amsterdam / New York [*Fichte-Studien Supplementa 29*] 2012).
157 Wildfeuer (1999), 136.

Ausgangspunkt des religionsdidaktischen Exkurses ist die Beantwortung zweier Fragen. Die erste richtet sich auf die substanziellen
Anlagen des menschlichen Gemüts, von denen Fichte behauptet, dass
»die Samen jeglicher Wissenschaft und Weisheit [und aller Affekte]
dem Gemüt des Menschen eingepflanzt und angeboren sind und es
lediglich ihrer Erweckung bedarf«.[158] Weil diese ›Samen‹ im Gemüt
aller Menschen dieselben sind,[159] können sie im didaktischen Kontext
bei Kenntnis derselben auch bei anderen angesprochen, erweckt und
gefördert werden.[160]

Die zweite Frage richtet sich dann auf das *Wie* dieses Lehrens
und Lernens, zunächst im Hinblick auf die Regeln der Dicht- und
Redekunst, dann aber auch grundsätzlich mit Blick auf das Lernen
überhaupt. »Es bleibt uns noch zu untersuchen, auf welche Weise sie
[die Regeln] erlernt werden müssen, damit wir danach ihre freundschaftliche Verbindung mit dem Genie [der Naturanlage][161] [...] und
die großen Vorteile, die sich aus ihnen ergeben, erkennen können«.

---

158 Fichte, zitiert nach Bacin (2007), 177 f.

159 Ebd., 177.

160 Auf die anthropologische Kontroverse über die ›eingeborenen Ideen‹ oder die
     ›Tabula rasa‹ wollen wir hier nicht näher eingehen. Wir weisen an dieser Stelle nur
     darauf hin, auf welcher Seite dieses Streits Fichte schon früh (hier in seiner Vale-
     diktionsrede) Position bezogen hat. Später wird er die Locke'sche Position eines
     konsequenten Empirismus als das »allerschlechteste philosophische System« kriti-
     sieren (GA I/8, 274).

161 Interessant an dieser Passage ist Fichtes Überlegung zum großen Goethe-Thema
     ›Natur und Kunst‹. »Natur und Kunst, sie scheinen sich zu fliehen / Und haben
     sich, eh' man es denkt, gefunden / Der Widerwille ist auch mir verschwunden / Und
     beide scheinen gleich mich anzuziehen« (J. W. v. Goethe: »Das Sonnett«, in: *Goethe
     Werke*. Hrsg. v. F. Apel u. a. Frankfurt / Leipzig 1998, Bd. 1, 289). Denn in der Ein-
     fügung in dem Zitat aus der Valediktionsrede heißt es: »obwohl man doch allge-
     mein glaubt, Genie und Regeln lägen mit einander im Streit« (zitiert nach Bacin
     [2007], 177). Wie Goethe geht es auch dem jungen Fichte um die ›freundschaftliche
     Verbindung‹ beider und die ›großen Vorteile‹, die sich aus dieser Verbindung für
     die Kunst ziehen lassen, und das meint bei Fichte und Goethe nicht nur die ästhe-
     tische Kunst, sondern auch die politische, die wissenschaftliche und andere Künste.

Und nun folgt die didaktische Generalisierung: »Alle uns zuvor unbekannten Dinge, die wir mit dem Verstand erfassen und begreifen,
können m.E. hauptsächlich auf zweierlei Art erlernt werden«. Diese
zwei Arten sind:

> Sie können uns nämlich auf die Weise vermittelt werden, daß sie sozusagen
> von außen in unseren Geist hineingetragen scheinen […], oder aber […],
> daß wir von selbst die Sache mit unserer Vernunft durchschaut und heraus-
> gefunden zu haben scheinen, wobei der Lehrer uns lediglich auf den Weg
> bringt, auf dem wir dies finden können.[162]

Wie das nun geht, das veranschaulicht Fichte im folgenden religionsdidaktischen Exkurs, wobei der Gegenstand desselben, nämlich die
kindgerechte Vermittlung eines adäquaten Gottesverständnisses, wie
gesagt, kein beiläufiges oder »vordergründiges«,[163] sondern ein für
die Weltanschauung Fichtes elementares und fundamentales Thema
ist. Das wird durch die diesen Exkurs abschließende allgemeine Kritik an einem vielfach nur oberflächlich vorhandenen christlichen Bekenntnis bei den Gläubigen unterstrichen.

Das Verfahren selbst setzt bei der anschaulichen, vom Kind beob-
achteten Erfahrung an, etwa der, wie ein Gärtner gerade einen Garten
anlegt, und soll schließlich über eine Analogie dahin führen, »daß
es selbst einsieht, daß es jemanden gibt, der all das erschaffen hat«,
um dann danach zu fragen, ob dieser Schöpfer »Gott sei«.[164] Die abstrahierende Analogiebildung ist, so Fichte, der Anstoß zur Bildung
eines dem kindlichen Verstand vollkommen angemessenen Begriffs
vom unendlichen Gott. Der nächste Schritt ist der der »Personalisierung« dieses Begriffs, das heißt dessen Verknüpfung mit dem eigenen Leben. Das erfolgt durch die Lenkung der Aufmerksamkeit des
Kindes auf »all die Güter, die ihm von diesem höchsten Wesen zuteil
geworden sind«,[165] was dann, so Fichte, bei entsprechend anregender

---

162 Fichte, zitiert nach Bacin (2007), 177 f.
163 Wildfeuer (1999), 136.
164 Fichte, zitiert nach Bacin (2007), 179.
165 Ebd.

Erörterung dazu führt, dass das Kind Gott »mit größter Frömmigkeit und Ehrfurcht lieben und verehren« wird.[166]

Mit diesem Resultat, einer durch eigene *Anschauung*, eigene *Denkbewegung* und *Personalisierung* hervorgebrachten affektiven Verankerung eines adäquaten, erfahrungsgesättigten Gottesbegriffs beim Kind ist das erreicht, was dem Anspruch nach für jede Erkenntnis im eigentlichen Sinne zu fordern ist, nämlich dass sie geeignet ist, den Menschen zu bewegen und seinen Willen zu lenken.[167] Was den Inhalt dieser Erkenntnis angeht, kommt es vor allem darauf an, dass nicht allein das Kind, sondern auch der Erwachsene ein auf diese Weise durchdachtes, persönliches, affektives und den Willen steuerndes Verhältnis gewinnt und nicht in einem allein durch äußere Belehrung vermittelten und mit dem eigenen Leben unverbundenen Verständnis verharrt. Es geht um die existenziell zentrale Frage nach der Beziehung des Menschen zum Grund des Seins und Lebens – eine Frage, die von Fichte unmittelbar mit der personalisierten Frage nach dem Grund des eigenen Daseins und der Stellung zu diesem Grund verknüpft wird. Die am Kind veranschaulichte Versammlung der verschiedenen Fakultäten des Gemüts zur Hervorbringung einer ganzheitlichen Erkenntnis über den Grund des Seins und eigenen Daseins ist in der Sache keine bloß beispielhafte, sondern eine essenzielle Gewissheit. Sie ist die existenzielle Evidenzerfahrung des Seins- und Daseinsgrundes schlechthin, aus der andere Erkenntnisse ihre Gewissheiten, in abgeleiteter Gestalt und spezifischer Intensität, beziehen. Damit wird die so begründete und gestaltete Gotteserkenntnis zur subjektiven und objektiven Voraussetzung jeder weiteren Evidenzerfahrung, sei es die der moralischen Intuition oder wissenschaftlich theoretischen Evidenz.

Eine nicht unerhebliche Bedingung für das Gelingen dieses Experiments eigenständiger Begriffs- und Affektbildung scheint für Fichte die affektiv äquivalente Stimmung auf Seiten des Lehrers zu sein. Es geht Fichte um eine Art Affektübertragung, oder genauer um

---

166 Ebd., 181.
167 Ebd.

die Einstimmung des Lehrers in die Haltung, die er in seinem Gegenüber hervorrufen möchte (vgl. DgF, 150). Dafür unterstellt Fichte die Möglichkeit einer kommunikativen Interaktion, die auf der Annahme einer gemeinsamen Beschaffenheit der Grundlagen des menschlichen Gemüts beruht.[168] Daraus folgert er: Da beim Lehrer dessen eigene Gemütsstimmung in dieser Sache durch Selbstbeobachtung als bekannt vorauszusetzen ist, wird ihm sein »durch Erfahrung belehrter Verstand […] leicht etliche Wege aufzeigen […], auf welchen er dazu gelangen kann, im Gemüt anderer dieselben Regungen zu erwecken, die einst in seiner eigenen Seele erweckt wurden«.[169]

Bezogen auf die ›Erweckung‹ des kindgerechten Gottesbegriffs sowie insbesondere für die Personalisierung dieses Begriffs im Hinblick auf das Kind, das heißt seine Einbindung in das ›Schöpfungsgeschehen‹, verwendet Fichte einen sehr bemerkenswerten Operator. Er schreibt: Nachdem das Gemüt des Kindes »von mir […] entflammt wurde«.[170] Gemüter zu entflammen ist offenbar etwas anders als Wissen zu vermitteln. Das, was Fichtes Belehrung über den Gottesbegriff beabsichtigt, wie sie sich selbst verstehen und ausrichten sollte, ist demnach keine bloße Vermittlung von Kenntnissen, sondern vor allem die Übertragung einer affektiv geladenen Überzeugung – ein ›Brennen für die Sache‹. Fichte wird das später *Begeisterung* nennen, oder davon sprechen, Herzen »zu entflammen« (GA II/1, 423).[171] Dass es für den jungen Fichte in seiner Valediktionsrede zu den Regeln der Dicht- und Redekunst auch auf diese *erweckungstheologische* Dimension seiner ganzheitlichen Lehrmethode ankam, macht der Schluss des Exkurses noch einmal deutlich.[172] Denn hier

---

168 Vgl. Fichte in Bacin (2007), 179.

169 Ebd., 177.

170 Ebd., 181.

171 Vgl. Traub (2016a), 164 f.

172 Bacin hat sicherlich Recht, dass Fichte den Exklusivitätsanspruch auf diese Lehrmethode zu Unrecht erhebt. Die Hinweise auf entsprechende, Fichte möglicherweise damals schon bekannte Quellen (Bacin [2007], 229 f.) lassen sich um die zu dessen Schulzeit in den Land- und Stadtschulen vorgeschriebenen religionspädagogischen Lehrwerke, etwa Rambachs oder Löseckens Katechismus, erweitern,

erörtert Fichte das Problem, dass es zwar viele Menschen gebe, die
»die christliche Religion für die einzige wahre halten und vielleicht
durch keine Marter gezwungen werden könnten, sie aufzugeben,
[die] dennoch durch ihr Leben zeigen, daß die heilige Religion ihr
Gemüt nicht bewegt und ihre Sitten nicht verbessert hat«.[173] Fichte
verweist dieses äußerliche Religionsverständnis nun an die Notwendigkeit der im Vorherigen erörterten verinnerlichten, ›entflammen-
den‹ Auseinandersetzung mit den Inhalten des Christentums. Dabei
würde sich auch bei Erwachsenen das zeigen, und darauf »möchte
[Fichte] jede Wette eingehen«, was vorher am Kind schon erwiesen
wurde, nämlich dass eine »aus eigener Erwägung heraus« vollzogene
»Erfüllung [der] Vernunft mit der Erkenntnis unserer Religion« dahin leitet, »ein der Religion, die sie bekennen, würdiges Leben [zu]
führen«.[174]

Fassen wir die Ergebnisse unserer Untersuchung zu Fichtes Valediktionsrede und deren unterschiedlichen Deutungsansätzen unter dem
uns interessierenden Gesichtspunkt der Fortsetzung und Vertiefung
von Fichtes weltanschaulicher Bildung zusammen, dann zeigen sich
als deren erste Grundlagen vor allem vier zentrale Themenschwerpunkte.

Der erste, eng mit dem Thema der Rede verknüpft, kritisiert die
Fehler schlecht ausgeübter Dicht- und Redekunst mit einem den
jeweiligen Autoren nicht zur Verfügung stehenden oder von ihnen
missachteten *Harmonie-Modell der Seelenkräfte*. Dieses anthropologische oder psychologische Modell und dessen adäquate Anwendung
sind erforderlich, um die beabsichtigten Wirkungen von Dichtung
und Rede bewusst und zielgerichtet zu erreichen. Als solche Ziele
gelten nicht so sehr Gefälligkeit und Unterhaltung, sondern vor allem »die Vernunft des Menschen zu erleuchten, das Gemüt zu gewis-

---

die, ähnlich wie die von Bacin genannten Quellen, jedwede Mechanik und Aus-
wendigkeit gerade im Lehren und Lernen von Glaubensdingen ablehnen.

173 Fichte, zitiert nach Bacin (2007), 181 f.
174 Ebd., 183.

sen, edlen Affekten zu bewegen [...] und die Einbildungskraft mit herrlichen Bildern zu erfüllen«.[175]

Dicht- und Redekunst haben, zweitens, *einen moralischen Auftrag*. Ihn zu erfüllen, bedarf es notwendigerweise der Selbstprüfung, um die Gesetzmäßigkeiten der menschlichen Seele kennen und kunstgerecht anwenden zu lernen. *Selbstprüfung* gilt Fichte als Lehrerin der guten Sitten und jeglicher Wissenschaft.[176]

Hier liegt der dritte, moralisch aufgeladene Themenschwerpunkt des »sapere aude!«

Gute Sitten und Selbstgewissheit setzen, viertens, ein eigenständig vergewissertes und durchdrungenes existenziell relevantes *theologisches Bewusstsein* voraus. Ohne dieses bleiben sowohl die Sittlichkeit der eigenen Religion als auch das Selbst- und Weltverständnis überhaupt grundlos.

Nehmen wir diese vier Themenschwerpunkte der Valediktionsrede näher in den Blick, so können wir darin zumindest drei zentrale Anliegen des pietistischen Reformprotestantismus wiedererkennen: zum ersten das Postulat und die fundamentale Bedeutung der Selbstprüfung mit dem Ziel moralischer Selbstvervollkommnung; zum zweiten die damit verbundene Entdeckung und ›Kultivierung‹ der Seelenlandschaft; und schließlich, drittens, die Unerlässlichkeit der ›Erweckung‹ einer ›entflammten‹, das heißt engagierten, entschiedenen, persönlichen und existenziellen Beziehung zu den ethischen und theologischen Kerninhalten des Christentums, insbesondere zu Gott.

Mit der hier vorgenommenen Perspektivverlagerung auf die religionspädagogischen und theologischen Implikationen der Valediktionsrede soll nicht behauptet werden, dass die Schwerpunktsetzungen der behandelten Interpreten, Wildfeuer, Preul und Bacin, irrelevant wären. Unsere Absicht war es, auch für dieses Dokument der Biographie Fichtes die Aspekte herauszuheben, die im Zusammenhang und in der Kontinuität mit den bereits ermittelten Elementen seiner religiösen und weltanschaulichen Prägung stehen.

---

175 Ebd., 187.
176 Ebd., 189.

Vierter Teil:
Fichte in Jena, Leipzig und Wittenberg

1. Forschungskritische Vorbemerkungen

Im Oktober 1780 verlässt Fichte die Landesschule Schulpforta und schreibt sich an der Universität Jena im Fach Theologie ein. Die seit seiner Kindheit im Elternhaus für ihn vorgesehene und durch die Familie von Miltitz unterstützte Planung einer beruflichen Laufbahn als Pfarrer erreicht damit ihr wichtigstes Etappenziel. Wir zitieren noch einmal aus dem testamentarischen Zusatz Ernst Haubold von Miltitz' aus dem Jahr 1773: »Wäre er [der kleine Gottlieb] endlich so weit gekommen, [...] soll ihn mein Sohn nothdürftig in den Standt setzen, eine universitäet zu beziehen und ihn zu seinem Fortkommen auf selbiger drey Jahre hintereinander Funfzig Thaler geben«.[1] Damit war, zumindest auf dem Papier, das Studium bis zum Ende des Jahres 1783 »nothdüftig« gesichert. Immanuel Hermann Fichte bestätigt, dass die Familie von Miltitz ihre Zusage, Fichtes Studium zu unterstützen, auch nach dem Tod des Kammerherrn einhielt – allerdings wohl nicht mit der Regelmäßigkeit und in der Höhe, die nötig gewesen wäre, um von materiellen Sorgen ungestört zielstrebig studieren zu können (vgl. LLB I, 30). Dass der Berufsplan nur bedingt aufging, Fichte nicht, wie einige seiner Mitschüler aus Schulpforta, etwa Weißhuhn, zügig sein Studium absolvierte, um in absehbarer Zeit eine Stelle als Pfarrer oder Schulleiter zu bekleiden, lag wohl nicht allein an der knapp bemessenen, ›notdürftigen‹ Unterstützung aus dem Haus von Miltitz. Es war vielleicht auch Fichte selbst, der durch sein »leichtes Blut« und »schädliches Uebermaß« an Eigenwilligkeit (ebd.) einen Anteil daran hatte – und mittelbar dann auch daran, dass das ›fromme Haus‹ derer von Miltitz seinen Bildungsweg nicht über das Jahr 1783 hinaus regelmäßig zu unterstützen bereit war. Dass Dietrich ihm dennoch später finanziell noch gelegentlich aushalf (vgl. GA III/1, 144 f.), spricht für dessen honorigen Umgang mit dem nicht ganz einfachen Ziehsohn seines Vaters.

---

1 Oberlausitzsche Gerichtsakte (RS Nr. 420, Blatt 21–22). Nachtrag zum Testament Ernst Haubold von Miltitz. Zitiert nach Lippmann (1966), 32.

Wie umtriebig und einem regelmäßigen Studium abträglich das studentische Leben an der ›wohlfeilen‹ Universität in Jena verlief, beschreibt Manfred Kühns Fichte-Biographie sehr anschaulich und ausführlich. Auch wenn Eduard Fichte annimmt, dass Fichte am »lärmenden Muthwillen und dem anmaßenden Terrorismus« und den Freuden des studentischen Lebens dort »nicht den geringsten Antheil gehabt« habe,[2] ist es doch durchaus möglich, dass Fichte sich diesem Leben nicht ganz hat entziehen können oder auch nicht hat entziehen wollen. Vielleicht liegt in diesen Umständen auch sein Wechsel im Jahre 1781 in das »Klein-Paris«[3] von Leipzig und an die dortige, eher vornehme Universität begründet.[4]

Fichtes eigenes Urteil bewertet die gesamte Studienzeit sehr kritisch, ja zerknirscht. So bittet er 1787, nachdem er sein Studium drei Jahre zuvor aus materieller Not unterbrochen und Hauslehrerstellen angenommen hatte, den Vizepräsidenten des Oberkonsistoriums in Dresden, Peter von Hohendahl, um Unterstützung für den Abschluss seines Studium und bekennt: »Ich bereue meine fast unnüz verlebten Studienjahre« (GA III/1, 15). Als Grund dafür nennt Fichte einen persönlichen Mangel an »*Weltkenntniß* deßen was uns *gefällig*, oder *misfällig*, eigentlich *brauchbar*, oder unnütze macht« (ebd.). Sein ›leichtes Blut‹, sein ›schädliches Übermaß‹ an Eigenwilligkeit, geschweige denn die Anfechtungen des ›feucht-fröhlichen Studentenlebens‹ kommen hier verständlicherweise nicht zur Sprache. Gleichwohl ist bekannt, dass der Kandidat – als Hauslehrer bei Otts in Zürich – gelegentlich mit seinem Alkoholkonsum, aus welchen Gründen auch immer, über die Stränge schlug, was ihm 1789 bei seinem Dienstherrn eine Abmahnung eintrug (FiG 1, 22f.). Fichtes Verdruss über seine »fast unnüz verlebten Studienjahre« bedeutet nun aber nicht, dass er in dieser Zeit nichts studiert oder nur wenig gelernt habe.[5] Vielleicht hat er die gegenüber Hohendahl geäußerte

---

2   E. Fichte (1863), 10.
3   Ebd.
4   Vgl. Kühn (2012), 71 f.
5   Ebd., 68; vgl. auch 80.

Selbstbezichtigung und Reue über sein wenig zielstrebiges Studieren auch etwas übertrieben, um beim Adressaten den Eindruck der Ernsthaftigkeit seines Entschlusses zu verstärken, binnen Kurzem das Studium abschließen zu können. Auch sein Bekenntnis über die Lücken im Hebräischen sagt nur wenig über seine tatsächlich erworbenen theologischen Qualifikationen. Vielmehr deutet seine Bestandsaufnahme über seine fachlichen Fähigkeiten und seine Prognose, innerhalb eines halben Jahres »fleißigen Studierens« die »Lücken in [seinen] Kenntnißen« schließen und »das Examen nicht ganz unschimpflich paßiren zu können« (GA III/1, 15 f.), darauf hin, dass er die Studienzeit nicht ganz vergeudet zu haben scheint. In späteren Jahren behauptet Fichte über seine wissenschaftlich-theologische und auch philosophische Bildung, dass er »selber in den Schulen derselben [der Theologen] gebildet, – mit ihren Waffen zu gut bekannt« (GA I/8, 275) sei, um nicht deren Grenzen und den Widerspruch zu seiner eigenen Theologie zu erkennen und um diese gegen jene behaupten zu können. So theologisch unbedarft, wie es im Brief an Hohendahl scheint und wie Kühn behauptet, hat Fichte die Universitäten offenbar doch nicht verlassen.[6]

Wie dem auch sei, die vorliegenden Dokumente reichen aus, um zumindest im Groben, hin und wieder aber auch im Einzelnen, einiges Gesichertes über die Umstände und Ergebnisse von Fichtes Studium festzustellen. Manfred Kühns Biographie ist es gelungen, diese Einzelheiten zu einem ziemlich klaren, wenn auch nicht ganz widerspruchsfreien Bild über Fichtes Studienzeit in Jena, Leipzig und Wittenberg zusammenzufassen. So behauptet er einerseits, dass Fichte »erweislich auf der Universität nicht viel [Theologie] gelernt

---

6 Wie schon an anderer Stelle bemerkt, richtet sich Kühns Blick auf Fichtes Lebensumstände vor allem auf deren Mängel. So auch hier. Dass Fichte in den Briefen, auf die sich Kühns Urteil stützt, nicht nur seine fachlichen Lücken bekennt, sondern auch bescheiden über seine Talente, seine Sprachkompetenz und sein erfolgreiches Predigen spricht, bleibt bei Kühn unerwähnt. Auch Fichtes Urteil, dass er seine Vorbereitung auf einen theologischen Beruf zwar als lückenhaft, aber insgesamt nicht als gänzlich ungenügend, sondern als eher mittelmäßig einschätzt (GA III/1, 14–16), findet in Kühns Portrait vom Sauf- und Raufbold Fichte keinen Platz.

habe«.[7] Andererseits aber stellt er an unterschiedlichen Universitätslehrern Fichtes (Ulrich, Platner, Hommel) fest, dass sie nicht ohne
Einfluss auf sein Denken waren.[8] Worauf seine an sich informative, in
manchem etwas einseitige Darstellung allerdings nur am Rande eingeht, ist der uns interessierende Gesichtspunkt der Fortentwicklung
von Fichtes religiöser, insbesondere seiner pietistischen Glaubens-
prägung. Kühn hatte diesen Zusammenhang schon für Fichtes Bildungsbiographie von Schulpforta gänzlich ausgeblendet – und zwar
selbst dort, wo er mehr oder weniger offensichtlich ist, wie etwa bei
seinen Hinweisen auf die Prädestinationslehre Calvins oder auf die
Freiheitslehre von Crusius. Zwar, so muss man zugestehen und anerkennen, fällt Kühns Analyse zu Fichtes Weltanschauung in den 80er
Jahren des 18. Jahrhunderts bedeutend differenzierter aus als das von
der Forschung lange Zeit gepflegte, jedoch sehr grobe und ungenaue
Bild vom vorkantischen Determinismus Fichtes. Aber Kühns im Wesentlichen auf den unmittelbaren zeitlichen Rahmen des Studiums
begrenzte und von dort aus in die Zukunft projizierende Darstellung
verleitet ihn zu einigen zweifelhaften Urteilen sowohl über Fichtes
theologische Schwerpunktsetzungen als auch über seine Beziehungen zu Autoren und Personen, die in diesem Zusammenhang eine
Rolle spielen.

So behauptet Kühn etwa, Fichte sei in seiner Leipziger Zeit »be-
wusster Anti-Crusianer« gewesen und es sei »etwas befremdlich«,
dass er sich als solcher an Pezold, Leipzigs »strengsten Crusianer
wandte, um eine neue Stelle als Hofmeister zu bekommen«.[9] Woher diese dezidierte theologische Position bei Fichte? Sollte er doch
Theologisches in Leipzig studiert und verinnerlicht haben? Hier
stimmt etwas an Kühns Urteil über Fichtes erfolglose Studienzeit
nicht. Ohne diese These vom Anti-Crusianer Fichte, die Kühn in
unterschiedlichen Variationen präsentiert, an dieser Stelle eingehender zu erörtern, wäre zu prüfen, ob und in welchem Sinne die von

---

7   Kühn (2012), 80.
8   Ebd., 70–84.
9   Ebd., 88.

Fichte seinerzeit thematisierte »Prädeterminationslehre«[10] mit der Freiheitslehre von Crusius unvereinbar ist. Außerdem haben wir gegen Kühns These vom Anti-Crusianer gesehen, dass es eine positiv gefärbte Vorgeschichte Fichtes mit Crusianern gibt, die Zweifel an Kühns radikaler These begründet. Johann Gottlieb Schmidt, Fichtes Mathematiklehrer in Schulpforta, ist uns als ein Pädagoge und Lehrer bekannt, der, wie wir hörten, nicht nur als Mathematiker Vorbild für den jungen Fichte war. Weißhuhn charakterisiert ihn als bengelianisch-crusianischen Theologen. Aus dieser weltanschaulichen Vorgeschichte und dem noch zu klärenden Spannungsverhältnis von Freiheit und Determinismus lässt sich ein so apodiktisches Urteil, wie das von Kühn vorgebrachte, nicht halten.

Wir wenden uns im Folgenden nun den durch die Forschung ermittelten Professoren in Jena, Leipzig und Wittenberg zu, bei denen Fichte vermutlich oder bekanntlich studierte. Wir tun dies vor allem unter dem Gesichtspunkt ihrer theologischen Orientierung, um unsere These vom Einfluss und der Prägung Fichtes durch pietistische Strömungen weiter zu festigen, beziehungsweise gegebenenfalls zu modifizieren.

Wir stützen uns dabei auf die bisher von der Fichte-Forschung, von I. H. Fichte, Wildfeuer, Oesch, Preul und Kühn ermittelten Ergebnisse, ohne darüber hinaus nach möglichen weiteren Universitätslehrern Ausschau zu halten, die hier ein Rolle hätten spielen können.

---

10 Ebd., 82.

2. Fichtes Studienzeit in Jena und seine Lehrer

Für Fichtes Studienzeit in Jena (1780–1781) nennen die vorliegenden Quellen die Theologen Johann Jacob Griesbach und Ernst Jacob Danovius, den Philosophen Johann Heinrich August von Ulrich sowie den Rhetoriker und Sprachwissenschaftler Christian Gottfried Schütz als seine Lehrer.

2.1 Johann Jacob Griesbach (1745–1812)

Mit Johann Jacob Griesbach, 1780 Rektor der Universität Jena, haben wir es mit einem Theologen zu tun, der für Fichte in dreifacher Hinsicht von Bedeutung ist. Zum einen nennt Immanuel Hermann Fichte ihn als denjenigen Professor, der nicht nur »zunächst« seines Vaters Lehrer, sondern auch dessen »vorzüglichster Gönner« war, den er »noch später mit Dankbarkeit zu erwähnen pflegte« (LLB I, 25). In Griesbach hatte Fichte offenbar nach Johann Gottlieb Schmidt wieder jemanden gefunden, zu dem eine über das rein institutionelle Lehrverhältnis hinausgehende, wie auch immer geprägte persönliche Beziehung bestand.

Als Zweites ist die fachliche Nähe zu nennen. Als Theologe ist Griesbach, wie inzwischen allgemein bekannt, kein Leichtgewicht. Er gilt als einer der Gründungsväter der auch heute noch in der Theologie praktizierten historisch-kritischen Exegese und synoptischen Quellenanalyse. Die Besonderheit dieses Verfahrens beruht auf einer minutiösen Textanalyse der neutestamentlichen (griechischen) Quellen und deren Verwendung in (auch lateinischen) Kommentaren und Abhandlungen früher Kirchenschriftsteller und setzt deren genaue Kenntnis voraus. Zwar ist eine solche Kenntnis für einen angehenden Pfarrer mehr oder weniger selbstverständlich. Es ist jedoch nicht selbstverständlich, dass der spätere Philosoph Johann Gottlieb Fichte an zentralen Stellen seiner Wissenschaftslehre, insbesondere in deren Religions- und Geschichtsphilosophie, philosophische These aus biblischen Quellen extrapoliert. Als bedeutsame Dokumente für dieses hermeneutische Verfahren sei auf die fünfte Vorlesung der *Anweisung zum seligen Leben* oder auf die späte Schrift zur angewandten Philosophie, auf die *Staatslehre*, verwiesen. In diesen Schriften unternimmt Fichte den Versuch, Resultate seiner philosophisch argumentativen Überlegungen zu grundlegenden erkenntnistheoretischen, metaphysischen oder staats- und geschichtsphilosophischen Themen durch höchst quellenreiche und bibelfeste Parallelkonstruktionen abzusichern, um damit den Beweis anzutreten, dass seine Philosophie nicht nur mit den Grundtexten der christlichen Ideengeschichte übereinstimmt, sondern, mehr noch, deren denkerische Vollendung darstellt.

Neben den persönlichen und fachwissenschaftlichen Beziehungsaspekten zu Griesbach, die beide in der Fichte-Forschung mehr oder weniger bekannt sind,[11] ist es ein dritter Aspekt, der das Verhältnis von Fichte zu seinem Theologieprofessor zu einem besonderen macht. Kühn weist darauf hin, dass Griesbach in seiner exegetischen Praxis »in vieler Hinsicht [...] an die textkritische Arbeit Johann Albrecht Bengels« angeknüpft habe.[12] Diesem Umstand wird aber leider nicht weiter nachgegangen. Tut man das aber, dann eröffnet bereits eine oberflächliche Recherche bei Griesbach ein Feld pietistischer Prägung, und zwar in einem für Fichte sehr speziellen Sinne. Mit Fichtes Beziehung zu Griesbach lässt sich ein weiteres Mal die These von der religiös-weltanschaulichen Prägung Fichtes durch den Pietismus bestätigen.

Die Beziehung des sächsischen Pietismus zu Bengel, dem führenden Vertreter des Württemberger Pietismus, haben wir an Fichtes Lehrer Schmidt schon im Kapitel über Schulpforta hinreichend deutlich gemacht. Der Hinweis auf Bengel mit Bezug auf Griesbach legt die Vermutung nahe, dass dieser Theologe für Fichte auch und insbesondere aus diesem Grund, nämlich seiner zumindest pietismusaffi-

---

11 Vgl. Kühn (2012), 68.
12 Ebd.

nen Einstellung wegen, besonders attraktiv war. Griesbach übernahm
für Fichte womöglich die Rolle, die der crusianisch-bengelianische
Schmidt in Schulpforta inne hatte.

Sieht man noch ein wenig tiefer in die Biographie Griesbachs, dann
gewinnt diese These noch einiges Mehr an Evidenz. Wir haben für die
Schulzeit Fichtes in Rammenau nachweisen können, dass in der Oberlausitz mit dem *Handbüchlein für Kinder* ein Lehr- und Arbeitsbuch
eingeführt war, dessen Autor, Johann Jacob Rambach, ein namhafter
pietistischer Theologe, ist. Nun besteht zwischen Griesbach, Fichtes
theologischem Ziehvater und ›Gönner‹ in Jena, und Rambach, dem
Verfasser seines ersten katechetischen Schulbuchs, eine Verbindung,
die enger kaum sein kann: Johann Jacob Griesbach ist der, womöglich nach seinem Großvater benannte, Enkelsohn Johann Jacob Rambachs. Griesbachs Vater, Conrad Caspar, war mit Rambachs Tochter,
Johanna Dorothea, verheiratet. Die familiäre Nähe zwischen den beiden Lehrern Fichtes legt es – bei Kenntnis pietistischer Gepflogenheiten, was insbesondere Eheschließungen betrifft – nahe, dass bei
beiden auch eine homogene religiöse Weltanschauung vorlag. Diese
Vermutung wird durch einen weiteren Pietismusbezug im familiären
Umfeld Griesbachs noch gestützt, nämlich durch die freundschaftlichen Beziehungen zu der ebenfalls dem Pietismus nahestehenden
Familie Goethe. Johann Wolfgang besuchte mit Johann Jacob Griesbach dieselbe Schule und ihre Mütter, Catharina Elisabeth Goethe
und Johanna Dorothea Rambach, waren eng miteinander befreundet.

Was Fichte also in Professor Griesbachs Lehrveranstaltungen
anwehte, war nicht allein der historisch-kritische Geist moderner
Theologie, sondern die vertraute und Vertrauen erweckende Atmosphäre gebildeter, akademisch entfalteter pietistischer Frömmigkeit.

2.2   Ernst Jacob Danovius (1741–1782)

Mit Danovius traf Fichte in Jena auf einen Theologen, der theolo-
giegeschichtlich weniger wegen seiner bibelwissenschaftlichen, sondern vor allem seiner systematischen und dogmatischen Forschungs-

schwerpunkte bekannt ist. Mit seiner luther-kritischen Rechtfertigungslehre löste Danovius Mitte der 70er Jahre des 18. Jahrhunderts
einen veritablen Streit unter den protestantischen Gelehrten über den
Zusammenhang von Rechtfertigungs- und Prädeterminationslehre
aus. Dokumentiert ist diese Kontroverse in der 1777 erschienenen
»Nachricht von einer zwischen der theologischen Fakultät zu Erlangen und dem Herrn Kirchenrath und ordentl. Professor der Theologie zu Jena, D. Ernst Jacob Danovius, entstandenen theologischen
Streitfrage über die Lehre von der Rechtfertigung«.[13]

Was Kühn an Danovius heraushebt und was für Fichte *philosophisch* durchaus von Bedeutung gewesen sein könnte, ist, dass Danovius zu »den Ersten [gehörte], die Kant in Jena verteidigen«.[14] Womit
die forschungsgeschichtliche These von der zufälligen Bekanntschaft
Fichtes mit dem Werk Kants im Jahre 1790, das sogenannte »Kant-
Erlebnis«,[15] noch von einer anderen Seite her relativiert wird.

Im Hinblick auf Fichtes Verständnis des Protestantismus ist
Kühns Hinweis auf die weniger lutherische als vielmehr reformierte,
calvinistische Tendenz in der Theologie Danovius' bedeutsam. Denn
darin setzt sich in Fichtes religiöser Sozialisation und Orientierung
die seit seiner pietistischen Kindheits- und Jugendprägung erkennbare Tendenz im Hinblick auf ein distanziertes Verhältnis zur lutherischen Orthodoxie fort.

Auf Danovius' zentrale *theologische* Thesen geht Kühn nicht ein.
Was gerade für Kühn deswegen bemerkenswert ist, weil sich in der
Theologie des »ersten Professors für Theologie« in Jena[16] eben solche,
auch psychologisch wirksame Lehren finden, die Kühns These vom

---

13 E.J. Danovius: »Nachricht von einer zwischen der theologischen Facultät zu Erlangen und dem Herrn [...] Kirchrath Danovius entstandenen theologischen Streitigkeit über die Lehre von der Rechtfertigung«, in: *Acta historica ecclesiastica nostri
temporis oder gesammelte Nachrichten und Urkunden zu der Kirchengeschichte unserer Zeit* 4/30 (1777), 711–832.
14 Kühn (2012), 69.
15 Ebd., 116.
16 Ebd., 68f.

›heldenhaften, starrsinnigen Charakter Fichtes und seinem Glauben
an die eigene, durch Vorsehung bestimmte Sendung‹[17] theologisch
hätten stützen können – vorausgesetzt, Fichte hat bei Danovius studiert, was nicht eben unwahrscheinlich ist. Denn wie wir im Folgenden sehen, vertritt dessen *Theologische Dogmatik* Positionen, die interessante Parallelen zu Fichtes eigenem Denken, und zwar nicht nur
zu seiner Religionsphilosophie, aufweisen.

Danovius' Rechtfertigungs- und Prädestinationslehre umkreist
und vermittelt die Theologeme: Vorherbestimmung des Menschen
(Vorsehung / Prädestination / Gnadenwahl), den nachhaltigen und
unerschütterlichen Glauben (an das durch Jesus Christus gestiftete
Heil bzw. die gestiftete Rechtfertigung), den göttlichen Willen und
die den (gläubigen) Menschen von Gott her zugedachte oder präde-
stinierte Seligkeit.[18] Ohne auf die argumentativen Zusammenhänge
dieser Dogmatik eingehen zu müssen, ist auf den ersten Blick erkennbar, dass es sich bei diesem theologischen Komplex um Themen
handelt, die auch in Fichtes Denken tief verwurzelt sind und die ihn
– wenn auch in ganz unterschiedlichen systematischen Kontexten –
zeitlebens beschäftigt haben.

So ist die *Vorsehung* das zentrale Thema seines frühen Briefwech-
sels (GA III/1) und auch späterhin der Reflexionspunkt, von dem
aus Fichte die Etappen und Entscheidungssituationen seines Lebens bedacht und beurteilt hat. Mit der *Bestimmung des Menschen*,
des Gelehrten und anderer Berufsstände, befassen sich einschlägige
Schriften seines philosophischen Œuvres. In ihnen spielt auch der
Zusammenhang zwischen göttlichem und menschlichem Willen eine
bedeutende Rolle, etwa im dritten Buch »Glaube« in der *Bestimmung
des Menschen*. *Seligkeit* ist wiederum der Kernbegriff der Religionslehre Fichtes und hat nicht nur die im engeren Sinne theologisch-
christlich geprägte Bedeutung einer glücklichen, in Gott ruhenden
und aus seinem Heilszuspruch heraus geführte Existenz, sondern
auch die der Transsubstantiation göttlichen Lebens in das ›wahrhafte

17 Vgl. ebd., 29.
18 Vgl. Danovius (1777), 741–832.

Denken‹ im Rahmen des transzendentalphilosophischen Systems der Wissenschaftslehre.[19]

Ein evidenztheoretisch bemerkenswerter Gedanke bei Danovius ist der Unterschied zwischen »Zeitglaube« und einem »bis ans Ende ausdauernden Glauben«.[20] Danovius behauptet, dass nur letzterer den Menschen vor Gott rechtfertige. Die in oder aus diesem Glauben erfahrene oder zuteilgewordene »Wohlthat der Rechtfertigung« ist »ewig und unveränderlich«. Sie ereignet sich aus dem ewigen Ratschluss göttlicher Gnade. Und sie gilt auch unter der Einschränkung, dass der im Glauben Gerechtfertigte sich »in diesem Leben« seiner Rechtfertigung nur bedingt gewiss sein kann.[21]

Fichtes Theorie der Wahrheitsgewissheit und des ›Wahrheitsglaubens‹ arbeitet, wie es scheint, mit einem ähnlich strukturierten Modell, einem Modell, das einerseits behauptet, dass eine von der Sache her adäquate Erkenntnis eine Evidenz erzeugt, deren Gehalt ›einmal und für immer‹ gewiss ist. Hier geht es um das klassische heuristische Evidenzerlebnis des ›Heureka!‹, um Fichtes ›Blitz der Erkenntnis‹, der sich im religionsphilosophischen Kontext als der ›unerschütterliche Glauben‹ an den lebendigen Zusammenhang alles Mannigfaltigen mit dem einen, absoluten Sein und Leben äußert (vgl. GA I/9, 112). Diese Erkenntnisqualität der unmittelbaren und unerschütterlichen Gewissheit gilt bei Fichte exemplarisch und im *theoretischen* Kontext zunächst für mathematische, grundlegend aber auch und vor allem für philosophische Sachverhalte. So hat für den Philosophen der *Grundlage der gesammten Wissenschaftslehre* die transzendentale, ontologische und existenzielle Wahrheit der anschaulichen Konstitu-

---

19 Vgl. Traub (2009c), 298–302.

20 Danovius (1777), 749.

21 Ebd. Ob sich Danovius mit dieser empirisch-existenziell nur bedingt möglichen Vergewisserung von Prädestination und Rechtfertigung schon zweifelsfrei auf dem dogmatischen Boden calvinistischer Gnadenwahl bewegt, wie Kühn nahelegt (vgl. Kühn [2012], 69), wäre eingehender zu prüfen. Der von Danovius geäußerte skeptische Vorbehalt gegenüber einer gesicherten empirischen Verifikation von Prädestination und Rechtfertigung, etwa durch ein gesegnetes diesseitiges Leben, könnte Anlass sein, dieser Frage weiter nachzugehen.

tion des Ich im Konstitutionsakt seiner Selbsterzeugung und Selbstvergewisserung sowie in der sich daran und daraus anschließenden
Entfaltung des Systems des Wissens, wie es im *sonnenklaren Bericht*
heißt, die Qualität einer »für alle Fälle schlechthin ohne alle Ausnahme« gültigen Erkenntnis (GA I/7, 226). Diese Erkenntnisqualität
gilt auch für theologische Sachverhalte. Dies wird etwa in der beinahe pantheistischen Lebens- und Willenslehre im dritten Buch der
Bestimmung des Menschen entwickelt. Hier vollzieht sich bei Fichte
die durch Danovius inspirierte »ewige und unveränderliche Wohl-
tat der Rechtfertigung«[22] in und aus der Wahrheitsoffenbarung des
schöpferischen Willens des lebendigen, göttlichen Seins (vgl. GA I/6,
306–309).

Neben dieser evidenzbasierten ›ewigen und unveränderlichen‹
Rechtfertigung des Wissens steht bei Fichte und Danovius der ›Zeitglaube‹, das heißt die stets nur ›bedingte Gewissheit‹ im Hinblick
auf deren variable Darstellung und Mitteilung unter wechselhaften,
zeitbedingten Verhältnissen und Bedingungen. Exemplarisch stehen
dafür Fichtes ständige Rede über die Zeitbedingtheit der jeweiligen
Gestalt seiner Wissenschaftslehre sowie deren vielfach durchgeführte
und für die Zukunft prognostizierte Variationen. Wie Danovius betont auch Fichte stets, dass ein auf die zeitbedingte, historisch wan-
delbare Gestalt der Lehre ausgerichteter Glaube weder die Quellen
der Glaubensgewissheit und Wahrheit erschließen noch das darin begründete oder daraus fließende Heil erfahren könne.

Dass Fichte seine Philosophie auch, vielleicht sogar vor allem unter einem theologisch-soteriologischen Gesichtspunkt als erlösende
und rechtfertigende *medicinam mentis* verstanden wissen wollte, ist
in der Fichte-Forschung unstrittig.[23] Und so mag es sein, dass diese
theologisch-dogmatische Tiefendimension seines Denkens systematisch, das heißt: in ihren dogmatischen Konstitutionselementen ar-

---

22 Danovius (1777), 749.
23 Vgl. H. Traub: »Mut zum Übermuth. Der Ursprung des Philosophierens bei J. G.
    Fichte«, in: *Fichte und die Aufklärung.* Hrsg. von C. de Pascale u. a. Hildesheim / Zü-
    rich / New York 2004a, 264–283 und ders. (2018), 104–106.

gumentativ durchdrungen und vermittelt, durch den von Danovius entfachten Theologen-Streit über den Zusammenhang von Prädetermination, Rechtfertigung, Glauben und Seligkeit in dessen Vorlesungen in Jena nicht nur angeregt, sondern auch nachhaltig beeinflusst worden ist.

In diesem Zusammenhang gewinnt der Hinweis Immanuel Hermann Fichtes auf das Motiv, das seinen Vater von der Theologie näher an die Philosophie hat heranrücken lassen, einen realgeschichtlichen Hintergrund. Denn wenn Fichte »später bestimmt äußerte, daß alle seine philosophischen Untersuchungen ursprünglich davon ausgegangen seyen, sich eine haltbare Dogmatik zu verschaffen, überhaupt durch diesen Umweg über die höheren Fragen der Theologie sich vollkommen aufzuklären« (LLB I, 26), dann könnte der von Danovius ausgelöste Theologen-Streit ein Anlass gewesen sein, sich über den Umweg der denkerischen Auseinandersetzung, also durch Philosophie, intensiver mit den Grundfragen der Theologie zu befassen.

2.3 Johann Heinrich August von Ulrich (1746–1813)

Für die Prägung von Fichtes theologisch-religiöser Weltanschauung werden für die Jenaer Zeit, über die Theologen Griesbach und Danovius hinaus, der Philosoph Johann Heinrich August von Ulrich und der Professor der ›Poesie und Beredsamkeit‹ Christian Gottfried Schütz als (mögliche) Lehrer Fichtes genannt.

Während sich der *Studiosus Theologiae* von Schütz höchstwahrscheinlich eine Fortführung und Vertiefung seines in Schulpforta geweckten Interesses für die Redekunst versprach, ist der Philosoph Ulrich für ihn unter dem thematischen Gesichtspunkt von Freiheit und Determinismus interessant, handelt es sich bei diesem Thema doch um ein Problem, das von Danovius' Prädeterminationstheologie nicht weit entfernt liegt. Möglicherweise sind der theologische und der ontologische Zugang zu diesem Thema gemeinsam in Fichtes theologische Frühschrift der *Aphorismen über Religion und Deismus* eingeflossen.

Was an von Ulrichs Philosophie für Fichte interessant gewesen sein dürfte – dass er ihn gehört hat, gilt als sicher (FiG 1, 99)[24] –, ist dessen *Kompatibilismus*, das heißt die Lehre von der Vereinbarkeit von Freiheit und Determinismus. Dabei leitet sich bei Ulrich der Freiheitsbegriff nicht nur formal aus der Möglichkeit her, den Willen und das Handeln, im Sinne Kants, nach Vernunftideen kausal bestimmen zu können. Für Ulrich enthält auch der »gegenwärtige Zusammenhang der Dinge« spezifisch moralische Motive »zu einer freyen Entschließung« und demzufolge zu einer freien ethischen Bestimmung des Handelns.[25] Auch wenn Fichte später Moral und Ethik, im Sinne Kants, vor allem über deren metaphysisch-apriorische Grundlagen absichert, so enthält seine Moralphilosophie doch ein kant-untypisches Motiv moralischen Handelns – einen ›quasi-transzendentalen‹ Bestimmungsgrund, der dem von Ulrich postulierten sehr ähnlich ist.

Auf der Grundlage der kantischen Aufklärungs- und Freiheitslehre fordert die politische und pädagogische Philosophie Fichtes einerseits die empirisch-historische Verwirklichung der Idee einer ›Vernunftkultur‹ durch Politik, Wirtschaft und Gesellschaft. Systemtheoretisch verläuft diese Argumentation nach dem von Lauth und anderen entwickelten ›Applikationsmodell‹. Demzufolge lassen sich aus den transzendentalen Grundlagen der Fichte'schen Wissenschaftslehre nicht nur die Prinzipien der theoretischen und praktischen Philosophie, sondern auch die Grundsätze und Postulate der angewandten und populären Philosophie *deduktiv* ableiten (vgl. DgF, 174–178). Andererseits gilt für den kulturellen Entwicklungstand einer Gesellschaft und ihrer Institutionen nicht nur, dass in deren moralischer Defizienz – *ex negativo* – der ›Anstoß‹ zu einer moralischen Freiheitsaufforderung liegt, die Mängel zu beheben. Sondern in diesem Zusammenhang sind auch – *ex positivo* – historisch und kulturell bereits gewachsene und faktisch nachweisbare Entwicklungsgestalten der ›Vernunftkultur‹ enthalten. Von empirischer Seite

---

24 Vgl. Kühn (2012), 70.
25 J. A. Ulrich: *Erster Umriß einer Anleitung zu den philosophischen Wissenschaften.* Jena 1772. Zitiert nach Kühn (2012), 71.

aus, das heißt *induktiv*, motivieren sie dazu, den durch Bildung, Erziehung, Kunst, Kultur, Sozial- und Wirtschaftspolitik betriebenen Prozess der Humanisierung und Versittlichung der Menschheit aufrechtzuerhalten und weiterzuführen. Die faktischen Entwicklungsgestalten sind somit empirische Anknüpfungspunkte für die *Realisierung* transzendentaler und moralischer Freiheit. Ohne diese unabdingbaren kulturellen und gesellschaftlichen Voraussetzungen geistiger Selbstständigkeit und die durch sie gebotenen Chancen zu ihrer sozialen, politischen und kulturellen Verwirklichung und Gestaltung wären »Freiheit und Moralität«, wie Fichte sich ausdrückt, »unbrauchbare Geschenke« (GA I/1, 177). Die Brauchbarkeit von Freiheit und Moralität steht somit nicht nur unter den Bedingungen transzendentaler und moralischer Freiheit apriori, sondern auch unter den aposteriorischen Bedingungen der Möglichkeit ihrer realen Verwirklichung in gesellschaftlichen, ökonomischen, kulturellen und politischen Kontexten. Erst deren transzendentalphilosophische Kritik liefert neben der *notwendigen* Begründung vernünftigen Daseins – durch den Setzungsakt geistigen und moralischen Ich-Seins – die *hinreichenden* Bedingungen vernünftiger Existenz und Wirklichkeit. Im *Diarium I* aus dem Jahre 1813 spricht Fichte dann auch von einem die »WeltFakten« organisierenden »Gesez«, von einem »tiefen, absoluten, u. göttlichen Verstand« (GA II/15, 301), der in diesen empirischen Gestalten entwickelter Vernunftkultur wirksam sei und an die anzuknüpfen gegenwärtiges Freiheitshandeln aufgerufen ist (vgl. DgF, 175 f.).[26]

---

26 Die von Fichte nachhaltig geprägte Philosophie Rudolf Steiners wird die insbesondere kulturgeschichtlich gewachsene moralische Dimension einer empirisch und situativ gegebenen Konstellation von Sach- oder Handlungszusammenhängen bildhaft als die den Dingen und ihren Verhältnissen »umgehängte« moralische Bedeutung oder »sittliche Etikette« bezeichnen und für die Erkenntnis dieser Dimension der Welt die Sensibilität für spezifische moralische Intuition postulieren. R. Steiner: *Die Philosophie der Freiheit*, in: Schriften. Kritische Ausgabe. Hrsg. von C. Clement. Bd. 2: Philosophische Schriften. Stuttgart-Bad Cannstatt 2016, 182. Vgl. Traub (2011b), 658–667.

Der Besuch von Ulrichs Vorlesungen über die pragmatische Kompatibilität von Freiheit und Determinismus könnte der *empirische* Ursprung von Fichtes Idee eines transzendental-empirischen Impulses faktischer Initiierung von Freiheitsbewusstsein und Freiheitshandeln gewesen sein. Durch ihn erhielt der bereits in Fichtes lernbiographischer Vorgeschichte angelegte, auch in Schulpforta erkennbare pragmatische ›Moralismus‹ weitere Unterstützung – ein Moralismus, der sich im weiteren Leben und Werk des Philosophen als überaus starkes pädagogisches, kultur- und sozialpolitisches Engagement artikuliert.

Fassen wir unsere Überlegungen zu Fichtes Studienzeit in Jena zusammen, so können wir feststellen, dass er sich durch die Theologen Griesbach und Danovius einerseits auf die Höhe des zeitgenössischen methodologischen und theologisch-philosophischen Forschungsstands in seinem Studienfach hat bringen können. Darin liegt womöglich eine der Quellen seiner späteren Kritik an einem naiven, unreflektierten Religionsverständnis – etwa gegenüber dem Herrnhuter (GA III/1, 162) oder dem niederrheinischen (Jacobischen) Pietismus. Darüber hinaus stärkten beide Professoren einerseits die Distanz gegenüber der lutherischen Orthodoxie wie andererseits den Einfluss eines wissenschaftlich fundierten Reformprotestantismus pietistischer Provenienz.

Von Ulrichs Philosophie her lässt sich eine philosophische Schärfung des Fichtes'chen Denkens in Richtung der ja ebenfalls im Pietismus stark vertretenen *vita practica* herleiten, in der das Spannungsverhältnis zwischen Determination oder, theologisch gedacht, von Prädestination und Freiheit eine zentrale Rolle spielt. Durch Ulrichs Auseinandersetzung mit Kant kommt hier auch möglicherweise eine erste Begegnung mit dessen Moralphilosophie in Betracht. Dabei ist die Idee der moralischen Freiheit in dieser Diskussion auch deutlich bildungs- und kulturpolitisch akzentuiert.

Als Konkretisierung und pragmatische Annäherung an diese Ideen ist dann Fichtes weiterhin starkes Interesse am Auf- und Ausbau seiner rhetorisch-homiletischen Fähigkeiten festzuhalten, deren Förderung er sich womöglich durch den Besuch der Vorlesungen von Schütz erhoffte.

3. Fichtes Studienzeit in Leipzig und seine Lehrer

Über die Gründe und Motive, die Fichte dazu veranlasst haben oder haben könnten, Jena zu verlassen und an die Universität Leipzig zu gehen, wissen wir nichts Genaues. Seine finanzielle Lage hätte es ihm eigentlich verboten, das »wohlfeile« Jena gegen das »teure, aber höfischere« Leipzig einzutauschen.[27] Es mag aber sein, dass er sich, wie Fritz Medicus vermutet, von diesem Wechsel die Chance erhoffte, »an der Landesuniversität Leipzig leichter ein akademisches Benefizium erhalten zu können«.[28] Versuche dazu hat er dort mehrfach unternommen (vgl. FiG 5, 204). Ein anderes Motiv könnte der gute Ruf der Universität für das Fach Theologie gewesen sein. Über ein Drittel der Studentenschaft von Leipzig war für Theologie eingeschrieben.[29] Fast alle Lehrer Fichtes, von den Pfarrern in Rammenau bis zu den Lehrern in Schulpforta, hatten vornehmlich in Leipzig studiert. Womöglich lag ein Motiv für Fichte auch auf dem Feld, das ihn besonders interessierte, dem der Homiletik und Rhetorik (vgl. GA III/1, 130). Ein weiterer, vielleicht nicht unbedeutender Beweggrund könnte die weniger umtriebige Begleitkultur des außeruniversitären Studentenlebens gewesen sein.

Was lag also näher, als in Leipzig das Theologiestudium qualifiziert fortzusetzen und, gegebenenfalls durch ein Stipendium unterstützt, in absehbarer Zeit abzuschließen? Auch drängte die Zeit. Denn das erste Jahr der auf drei Jahre zugesagten ›notdürftigen‹ Unterstützung durch die Familie von Miltitz war bereits verstrichen. Der Plan schlug fehl. Die Bewerbungen um ein Stipendium blieben erfolglos. Die Unterstützung der Gönner reichte nicht aus. Leipzig war teuer. Fichte musste Nachhilfe geben, er unterbrach notgedrungen das Studium und beendete es schließlich ohne einen formellen Abschluss.

---

27 Kühn (2012), 71.
28 Medicus (1914), 9.
29 Vgl. Kühn (2012), 72.

Ob zu diesem Misserfolg, wie Kühn vermutet, Fichtes auch in Leipzig fortgesetztes »›vergnügtes‹ Leben« beigetragen hat,[30] darf man bezweifeln. Auch die von Kühn insgesamt inszenierte Fichte'sche Lebensform der »Burschenherrlichkeit des Saufens und Raufens« ist weniger Realität als literarisch übertriebene Projektion.[31] Mit Blick auf die finanziellen Verhältnisse des ständig mittellosen Studenten im teuren Leipzig wäre ein solches Leben zu führen doch sehr unwahrscheinlich. Wie schon für Jena nachgewiesen, bedeuteten die Schwierigkeiten, mit denen Fichte für die Bestreitung seines Lebensunterhalts zu kämpfen hatte, nicht, dass er nicht doch auch in Leipzig ordentlich studiert hätte.

Als akademische Lehrer, die Fichte in Leipzig hörte, gehört haben könnte oder soll, nennt die Forschungsliteratur: Samuel Friedrich Nathanael Morus (1736–1792), Professor für Philosophie (ab 1768) und Theologie (ab 1782), Christian Friedrich Pezold (1743–1788), Professor für Philosophie / Logik (ab 1774) und Doktor der Theologie (ab 1787), Ernst Platner (1744–1818), Professor für Medizin (ab 1770) und Philosophie (ab 1801), sowie Friedrich August Wilhelm Wenck (1741–1810), Professor für Philosophie (ab 1771) und Geschichte (ab 1780) (vgl. FiG 5, 204).[32]

Armin Wildfeuer und andere haben die These stark gemacht, dass Fichtes vorkantischer Determinismus, sein vermeintlicher »Götze Nothwendigkeit« (GA III/1, 9f.), den er vor der Begegnung mit Kants praktischer Philosophie als Prinzip seiner philosophisch-theologischen Weltanschauung vertreten haben soll, durch das Vorbild des Leipziger Staatsrechtlers und monistischen Deterministen Karl Ferdinand Hommel geprägt wurde.[33] Hommel war ab 1750 Professor an der juristischen Fakultät. Er verstarb am 16. Mai 1781. Somit ist auszuschließen, dass Fichte ihn in Leipzig noch gehört hat. Gleich-

---

30 Ebd.
31 Ebd.
32 Vgl. auch Kühn (2012), 73–79.
33 Vgl. Wildfeuer (1999), 203–217.

wohl kann Hommels Denken durchaus noch den Geist des Hauses und damit auch Fichte geprägt haben.

Als weitere Einflussgröße, die Fichte selbst namentlich erwähnt, ist auf den Sprachwissenschaftler Christian Gotthold Schocher hinzuweisen. Bei ihm nahm er nachweislich von Juni bis September 1790 privat ›Declamationsunterricht‹ (vgl. GA III/1, 130 u. 172) und beabsichtigte, »nach ihm der Erste in dieser Kunst« zu werden (ebd., 130). Schocher übernahm für Fichte damit gewissermaßen das Erbe von Christian Gottfried Schütz, bei dem sich Fichte in Jena auf dem Gebiet der Redekunst weitergebildet hatte.

Auch ist es belegt, dass Fichte in diesem Zusammenhang während seiner Studentenzeit in Leipzig sowohl die Predigten des calvinistisch reformierten Georg Joachim Zollikofer (1730–1788) als auch die von dessen Nachfolger, dem in den Franckeschen Anstalten erzogenen, pietistisch geprägten Friedrich Wilhelm Wedag (1758–1799), besuchte. Zollikofer predigte seit 1758 in Leipzig und dies mit großem Anklang gerade bei der theologischen Studentenschaft. Über Carl Christian Palmer (1759–1838), den Fichte aus den Anfängen seines Studiums in Leipzig kannte und den er im Mai 1790 seinen einzigen, wenn auch nicht sehr nahestehenden Freund in Leipzig nennt (vgl. GA III/1, 115), berichtet die *Allgemeine Kirchenzeitung*, dass er begeisterter Zuhörer Zollikofers war (vgl. AKZ 16/160 [1837], 1318f.). Und auch Fichtes Deklamtionslehrer Schocher weist in seinen Anleitungen zur Deklamationskunst auf Zollikofer hin.[34] Fichte selbst erwähnt den reformierten Schweizer Prediger zwar, allerdings nicht ganz so begeistert wie Palmer: »Ich habe immer gedacht, daß es noch eine stärkere, ergreifendere, wirksamere Manier zu predigen gebe als diese« (GA III/1, 162). Ganz anders urteilt er dann über Zollikofers Nachfolger, den »trefflichen Kanzelredner« Wedag.[35] Aus Leipzig schreibt er am 27. Dezember 1790 an Johanne Rahn: »Es giebt keinen Prediger hier – außer einem, dem Reformirten, […] den ich gern hören könnte« (GA III/1, 204). Das heißt, Fichte hat in Leipzig wei-

---

34 C. G. Schocher: *Rechtfertigung der Schreibart, Teutsch*. Leipzig 1793, XXVI.
35 Doering (1830), 564.

terhin am Ausbau seiner Fähigkeiten als Redner gearbeitet, zu diesem
Zweck insbesondere in der reformierten Gemeinde die Predigten der
damals besonders fähigen und überzeugenden Theologen besucht
und sich dabei im Fach Homiletik weitergebildet.

In diesem Komplex der homiletisch-rhetorischen Ausbildung
muss auch auf Fichtes Studienzeit in Wittenberg, und hier insbesondere auf Franz Volkmar Reinhard (1753–1812), einen seinerzeit
bekannten Theologen, hingewiesen werden. Nicht nur dessen christologischer *Versuch über den Plan, welchen der Stifter der christlichen Religion zum Besten der Menschheit entwarf* (1781), sondern
vor allem Reinhards Predigten und deren methodologische Analysen
erfreuten sich schon zu seinen Lebzeiten eines großen Interesses bei
angehenden Pfarrern. Sie wurden ab 1812 in 42 Bänden veröffentlicht.

Sehen wir uns nun die Professoren im Einzelnen näher an und achten dabei auf die uns interessierenden theologisch-weltanschaulichen
Hintergründe.

3.1   Friedrich August Wilhelm Wenck (1741–1810)

Für Fichte könnte der Historiker und Lateiner insofern von Bedeutung gewesen sein, als er nicht nur Fichtes Kenntnisse über die ›alte
und neue Welt‹ – mit der sich seine spätere Geschichtsphilosophie
des Öfteren befasst – vertiefte, sondern möglicherweise auch seine
gelegentlich geäußerten juristischen Ambitionen gefördert hat. Denn
Wencks wichtigste Arbeit befasste sich mit den Rechtsverträgen der
Nationen neuerer Zeit, dem *codex juris gentium recentissimi*.[36] Ob
für den möglichen Hörer Fichte dabei religionsphilosophische oder
theologische Inhalte eine Rolle spielten, ist nicht zu sagen.

---

36 Vgl. Kühn (2012), 74.

3.2 Ernst Platner (1744–1818)

Anders verhält es sich bei Ernst Platner, nach dessen *philosophischen Aphorismen* Fichte später in Jena seine eigene Philosophie entwickelte. Der in der Fichte-Forschung dominierende Blick auf Platners philosophische Bedeutung für die Ursprünge der Fichte'schen Erkenntnistheorie und Ich-Philosophie lässt andere, nämlich die theologischen und anthropologischen Aspekte seiner Lehre etwas in den Hintergrund treten. Hier wäre zum einen Platners moderne ganzheitliche *Anthropologie für Aerzte und Weltweise* zu erwähnen, die Philosophie und Medizin, das heißt die seelische und körperliche Dimension des Menschen unter einem therapeutischen Primat integriert.[37] Diesem Ansatz steht Fichtes Auslegung der Philosophie als eine den ganzen Menschen erschöpfende ›medicina mentis‹ durchaus nahe. Philosophisch ist Platner einerseits dem Skeptizismus Humes und anderseits dem Rationalismus Leibniz' zuzuordnen. Er hatte Humes *Dialoge über die natürliche Religion* übersetzt und daran im Anschluss das *Gespräch über den Atheismus* verfasst, das nach damaliger Auffassung als »kräftiges ›Gegengift gegen den Atheismus‹ galt«.[38] Interessant für Fichte könnte dabei gewesen sein, dass Platner darin, in Übereinstimmung mit seinen umfangreicheren *Aphorismen* einen Ansatz für eine produktive Unterscheidung zwischen Theologie und Moral entwickelt. Denn für Platner spielen die unklaren und einander widersprechenden Vorstellungen über die Natur eines höchsten Wesens[39] keine entscheidende Rolle für die Selbsterkenntnis des Menschen und die über sie vermittelte Tugend sowie die in diesem Kontext zu erörternde Frage nach der Glückseligkeit. Religion und Moral sind voneinander zu trennen, und insofern dies geschieht, ist der Atheismus keine Gefahr für ein sittliches Leben. »Es ist mir sehr klar, wie aus [dem] philosophischen Enthusiasmus des Theisten,

---

37 E. Platner: *Anthropologie für Aerzte und Weltweise. Erster Theil.* Leipzig 1772.
38 Ebd., 76 f.
39 E. Platner: »Gespräch über den Atheismus«, in: Ders.: *Gespräche über die natürliche Religion von David Hume.* Leipzig 1781, 272–283.

die alleredelste und vollkommenste Tugend entstehen könne. Aber daraus folgt nicht, daß ohne den Theismus gar keine Bewegsgründe zur Tugend erdenklich sind«.[40] Die schlüssige Konsequenz aus der Trennung von Moral und Theologie ist die Position einer theologischen Skepsis, in der göttliche Vorsehung und die moralische Bestimmung des Menschen in einem produktiven Zusammenhang stehen. »Was in Beziehung auf den Schöpfer Endzweck ist, das ist in Beziehung auf die Geschöpfe Bestimmung. Nun aber ist die Glückseligkeit der Endzweck des Schöpfers, […] folglich ist die Glückseligkeit die Bestimmung der lebendigen Geschöpfe.«[41]

Mit der Unterscheidung zwischen einer rein spekulativen Gottesidee, dem Deismus des Verstandes und einer unmittelbaren Artikulation des Göttlichen als »Theismus des Herzens« (GA II/1, 290 f.) werden sich 1790 bekanntlich Fichtes *Aphorismen über Religion und Deismus* auseinandersetzen, wobei der Aphorismus 16 in etwa die Platner'sche Idee einer grundlegenden Differenz von Moral und Theologie enthält. »Dieses rein deistische System widerspricht der christlichen Religion nicht, sondern läßt ihr ihre ganz subjective Gültigkeit; […] es hat keinen schädlichen, sondern bei dem, der es ganz übersieht, einen überaus nützlichen Einfluss auf Moralität« (GA II/1, 290). Auch Fichtes spätere in der Wissenschafts- und Religionslehre vertretene prinzipielle Trennung von sittlich-legalistischer und moralisch-religiöser Weltanschauung kann man noch als Spätfolge dieser Diskussion deuten.

Unter Berücksichtigung von Platners philosophisch-anthropologischem sowie religions- und moralphilosophischem Ansatz ist

---

40 Ebd., 391.
41 E. Platner: *Philosophische Aphorismen. Zweiter Theil.* Leipzig 1782, 3. Zur Bedeutung von Platners Aphorismen für Fichte vgl. Kühn (2012), 75–78. Kühn ist darin zuzustimmen, dass »eine ausführliche Diskussion des Verhältnisses von Fichte zu Platner […] ein Desideratum der Fichte-Forschung« bleibt (ebd., 596). Dabei gälte es insbesondere dem erwähnten, von Fichte wie Platner vertretenen ›therapeutischen‹ Anliegen der Philosophie als »medicina mentis« (GA II/11, 261) nachzugehen.

Kühns Urteil durchaus zuzustimmen: Platner war »von beträchtlicher Wichtigkeit für Fichtes frühe philosophische Entwicklung«.[42]

3.3   Freiheit und Determinismus – Der lange Atem von Christian August Crusius und Karl Ferdinand Hommel

Grundlage der von Platner diskutierten problematischen Spannung zwischen Moral und Theologie ist der zu Fichtes Zeiten in Leipzig geführte Streit zwischen Determinismus und Freiheit. Schon Max Wundt hat 1927 darauf hingewiesen, dass Fichte die

> stärkste Anregung nach der Seite der Weltanschauung [...] von der Bewegung empfangen [habe], die in Leipzig so entschieden hervorgetreten war. Sie war von Crusius ausgegangen, der im Namen der Religion und Moral gegen die unbedingte Geltung des Satzes vom Grunde in der herrschenden Schulphilosophie Christian Wolffs Einspruch erhoben und, um die Freiheit des Willens zu retten, die Grenzen der Gültigkeit dieses Satzes bestimmt hatte.[43]

Wundt zufolge blieb diese Streitfrage »in gewisser Weise dauernd die Grundfrage seiner [Fichtes] Philosophie«. Hier sei es »wichtig für seine Entwicklung gewesen, daß er zuerst die Luft dieser kräftigen [crusianischen] Philosophie geatmet hat. Auch der Voluntarismus, den Crusius bereits Wolffs Intellektualismus entgegensetzte, ist hier bedeutsam«.[44]

Die Studienzeit in Leipzig ist es also, in der sich das konkret anbahnte, was allgemein ideengeschichtlich schon erwähnt wurde, nämlich dass Fichte sich über die ›kräftige Philosophie‹ des Christian August Crusius für die Freiheitslehre Kants sensibilisierte und sich dann in der Begegnung mit ihr »Hals über Kopf« in sie »hinein warf« (GA

---

42 Ebd., 78.
43 M. Wundt: *Johann Gottlieb Fichte*. Stuttgart 1927, 9.
44 Ebd., 9f.

III/1, 166). Kant selbst hatte sich, was die Streitfrage um Determinismus und Freiheit beziehungsweise um die uneingeschränkte Geltung des Satzes vom zureichenden Grund betrifft, schon in seinen vorkritischen Schriften zustimmend zu den Thesen des »berühmten« und »scharfsinnigen Crusius« bekannt.[45] In diesem Punkt bestand also Konsens unter den drei, durch ihre religiöse, nicht zuletzt pietistische Orientierung geprägten Denkern, wobei, wie bei Wildfeuer deutlich wird, es allen dreien – insbesondere dem Voluntarismus des späteren Fichte – um die Aufrechterhaltung einer nicht nur juristischen, sondern theologischen Legitimation sittlich-moralischen Wollens und Handelns ging.[46] Das Sittengesetz, bei Kant als Ausdruck göttlichen Willes *gedacht*, wird in Fichtes Verknüpfung von endlichem und göttlichem Willen im religionsphilosophischen III. Teil seiner *Bestimmung des Menschen* zum essenziellen Lebensinhalt einer religiös-moralischen Existenz. Es ist, so betont Wildfeuer, der Einfluss der crusianischen Freiheits- und Willensphilosophie, der Fichtes bis dahin spekulativ vertretenen Determinismus Hommel'scher Provenienz »in seinen Fundamenten ernsthaft in Frage stellte«.[47] Allerdings sei es Fichte zu diesem Zeitpunkt, das heißt vor seinem Studium der Philosophie Kants, noch nicht möglich gewesen, diesen Widerstreit von Determinismus und Freiheit auch *spekulativ* lösen zu können.[48] Deshalb finden wir ihn 1790 in den *Aphorismen über Religion und Deismus* genau mit diesem Problem beschäftigt.

Die Diskussion über Fichtes Determinismus ist so alt wie die Fichte-Forschung selbst. Unter dem Stichwort »entschiedenes Bekenntnis zum Determinismus« zur damaligen Zeit (LLB I, 27–30) diskutierte schon Immanuel Hermann Fichte dieses Thema in der Biographie über seinen Vater. Nach seiner Ansicht stand dabei die

---

45 I. Kant: »Eine neue Beleuchtung der ersten Prinzipien der metaphysischen Erkenntnis«, in: *Immanuel Kant's kleinere Schriften zur Logik und Metaphysik*. Hrsg. von K. Vorländer. Leipzig 1905, 34 u. 45.

46 Vgl. Wildfeuer (1999), 259.

47 Ebd., 265.

48 Vgl. ebd., 265–269.

Lehre des Spinoza im Hintergrund (ebd.), was inzwischen vielfach begründet in Zweifel gezogen wurde.[49] Dass die von I. H. Fichte geistesgeschichtlich und biographisch präsentierte Konstellation – gewollt oder ungewollt, das ist hier nicht entscheidend – eine dramaturgische Inszenierung ist, die auf Fichtes *Damaskus-Erlebnis* mit Kant und die darin vollzogene Wandlung vom deterministischen Saulus zum liberalistischen Paulus hinauslaufen soll, ist ebenfalls, wenn auch nicht durchgängig, Stand der kritischen Fichte-Forschung. Dass Fichte zu dieser Inszenierung mit seinen emphatischen Bekenntnisbriefen zu Kant und seinem »Ich lebe in einer neuen Welt« (GA III/1, 167) selbst beigetragen hat, ist Teil der Dramaturgie.

Selbstverständlich hat die Auseinandersetzung mit Kant, der ihm zumindest namentlich schon seit Schulpforta bekannt war, entschieden dazu beigetragen, Fichtes philosophisches Selbst- und Weltbild maßgeblich auszurichten, ja zu revolutionieren (vgl. ebd., 163 u. 222), und zwar sowohl im engeren Sinne transzendentalphilosophisch als auch und vor allem auf dem Gebiet der praktischen Philosophie.[50] Das heißt aber eben nicht, dass vor diesem Zeitpunkt, im Jahre 1790, *alles* anders war. Kants Philosophie passte mit ihren Antworten und vor allem mit ihrer Methode besonders gut auf die Fragen und Probleme, mit denen sich Fichte zur damaligen Zeit befasste und unter deren bis dahin unbefriedigenden Lösungen er, wie Hermann Nohl behauptet, sehr gelitten hat.[51] Die theologisch-ethische Konzeption der Freiheit des Willens eines Crusius und der durchgängige Determinismus Hommels waren die Paradigmen, an denen sich Fichte in den frühen 1780er Jahren in Leipzig abarbeitete, ja aufrieb. Und in diesem Spannungsverhältnis lässt sich weder I. H. Fichtes These

---

49 Vgl. H. Nohl: »Miscellen zu Fichtes Entwicklungsgeschichte und Biographie«, in: *Kant-Studien* 16 (1911), 273.

50 Über die genauen Umstände des Beginns von Fichtes Kant-Studien vgl. K. Lindner: »›Vom Begriff der Freiheit‹ Fichtes Leipziger Kant-Studien (1790)«, in: *Anfänge und Ursprünge. Zur Vorgeschichte der Jenaer Wissenschaftslehre.* Hrsg. von W. H. Schrader. Amsterdam / Atlanta 1997 (*Fichte-Studien* 9), 19–26.

51 Nohl (1911), 373.

vom ›entschiedenen‹ Determinismus noch lassen sich die *Aphorismen über Religion und Deismus* einseitig als zweifelsfreie Belege für eine deterministische Grundhaltung Fichtes anführen. Sie sind Ausdruck einer Unentschiedenheit, die zwischen den Eingebungen des Herzens und den Spekulationen des Verstands nach einem philosophisch überzeugenden Ausgleich sucht.[52] Dass beide Positionen auf der Ebene subjektiver Überzeugungen nicht mit einander in »Collision« (GA II/1, 290) geraten können oder müssen, hatten die *Aphorismen* schon festgestellt. Fichte war in dieser Zeit eher ein Suchender als ein Entschiedener. Und das wird ihm von Pfarrer Karl Gottlob Fiedler, Magister der Philosophie in Leipzig und ehemaligem Vesperprediger an der Universitätskirche (vgl. ALZ 1820/2, 672), mit dem Fichte 1785 in brieflichem und wohlmöglich auch in persönlichem Kontakt stand, zeitnah attestiert. Fiedler kritisiert im Brief vom 28. Januar 1785 Fichtes Determinismus als einen im »Verborgenen« (GA III/1, 9f.) provozierenden Skeptizismus, ohne feste Überzeugung und Glauben, als eine eben nicht offen vertretene Position.

Dass Fichtes Überzeugung und Glaube *in der Sache* eher Crusius und dessen Freiheits- und Willenslehre als dem Determinismus Hommels zuneigte, zeigt sich nicht nur in seinen frühen Predigten. Darin spricht er zwar über die Vorsehung, aber einerseits bedeutet das eben doch etwas anderes als die Idee des Determinismus und andererseits liegt ein stärkerer Fokus darauf, die Gemeinde zur frei entschiedenen, bußfertigen Reue sowie zu entschlossenem christlich-moralischen Handeln aufzurufen.

Auch ist Fichtes Hochstimmung, in die ihn die nähere Bekanntschaft mit der praktischen Philosophie Kants versetzte, ein starkes Indiz für das *eigentliche* Anliegen des jungen Philosophen. Wäre für ihn als überzeugten Deterministen das Studium der Freiheits- und Pflichtenlehre Kants nicht eher Anlass zu Bestürzung, Enttäuschung, Resignation oder auch zu Widerwille und Gegenwehr gewesen? Stattdessen hören wir:

---

52 Vgl. P. Lohmann: *Der Begriff des Gefühls in der Philosophie Johann Gottlieb Fichtes.* Amsterdam / New York 2004 (*Fichte-Studien Supplementa 18*), 33.

Dinge, von denen ich glaubte, sie könnten mir nie bewiesen werden, z. B. der Begriff einer absoluten Freiheit, der Pflicht u. s. w. sind mir bewiesen und ich fühlte mich darum nur umso froher. [...] Welch ein Segen für ein Zeitalter, in welchem die Moral von ihren Grundfesten aus zerstört, und der Begriff *Pflicht* in allen Wörterbüchern durchstrichen war (GA III/1, 167).

Fichte hatte sich vom Determinismus täuschen lassen und ist nun froh darüber, sich geirrt zu haben (vgl. ebd., 167 u. 171). Überzeugter Determinismus klingt anders. Und wenn Fichte später, etwa in der *Bestimmung des Menschen*, sowohl die durchgängige Bestimmtheit der Natur (Wissen) als auch den rigorosen Idealismus (Zweifel) für ungeeignet hält, eine philosophisch und existenziell überzeugende Anthropologie, Religions- und Gotteslehre zu begründen, dann muss man den dort erörterten Determinismus als einen zwar ernstzunehmenden, aber letztlich unzureichenden Gegenentwurf zu seinem eigentlichen philosophischen Anliegen beurteilen. Dass das so zu verstehen und der Determinismus nur auf diese Weise in Fichtes sich entwickelndes (philosophisches) Weltbild einzuordnen ist, darüber besteht und bestand in der Forschungsliteratur, die sich eingehender mit Fichtes vorkantischer Philosophie und Weltanschauung befasst hat, weitgehend Konsens.[53]

Dieses Urteil über den ›frühen Fichte‹ und seinen eben ›nicht-entschiedenen‹ Determinismus lässt sich auch durch die Berücksichtigung seiner bis 1780 insgesamt abgelaufenen weltanschaulichen Prägung weiter erhärten, wie sie diese Arbeit herausgestellt hat. Sein auf Gewissensprüfung und religiös begründete Moralität ausgerichteter Protestantismus pietistischer Provenienz, seine immer noch am Pfarramt orientierte Berufsperspektive weisen der Philosophie zu diesem Zeitpunkt – vielleicht auch darüber hinaus – eine funktionale, nicht aber substanzielle Bedeutung zu. Es geht Fichte (noch) nicht um Philosophie und Spekulation als solche, sondern um eine *auch* philosophisch, das heißt rational nachvollziehbare und möglichst stichfeste Begründung und Absicherung theologischer und religiö-

---

53 Vgl. Nohl (1911), 376–378 und Wildfeuer (1999), 254–282.

ser Gewissheiten, die als solche verstanden werden müssen, wenn sie denn überzeugend und wirkungsvoll vermittelt, das heißt vor allem gepredigt werden sollen. Das scheint in Fichtes Studienzeit der 80er Jahre des 18. Jahrhunderts vor allem den Predigten der calvinistisch-reformierten Protestanten Zollikofen und Wedag sowie dem Wittenberger Theologen Franz Volkmar Reinhard gelungen zu sein.

Fichtes Bedürfnis nach einer nicht nur das Herz, sondern auch den Verstand überzeugenden theologischen Dogmatik hat Immanuel Hermann Fichte richtig erkannt. Und wohlmöglich ist es eine authentische Aussage, wenn der Sohn schreibt, Fichte habe

> später bestimmt [geäußert], daß alle seine philosophischen Untersuchungen ursprünglich davon ausgegangen seyen, sich eine haltbare Dogmatik zu verschaffen, überhaupt durch diesen Umweg [der Philosophie] über die höheren Fragen der Theologie sich vollkommen aufzuklären (LLB I, 26).

In diesem Zusammenhang kommen wir nun zu zwei weiteren Lehrern in Fichtes Studienzeit, bei denen er vor seiner Hauslehrerzeit in Sachsen und der ersten Reise in die Schweiz studierte: Samuel Friedrich Nathanael Morus in Leipzig und Franz Volkmar Reinhard in Wittenberg.

3.4   Samuel Friedrich Nathanael Morus (1736–1792)

Für Fichte hat Morus ein interessantes Lehrangebot. Er deckt gewissermaßen sein gesamtes Interessenspektrum ab. 1760 habilitierte sich Morus in Leipzig zum Professor der Philosophie mit einer Arbeit *De cognatione historiae et eloquentiae cum poesi* (*Über die Verwandtschaft der Geschichte und der Beredsamkeit mit der Poesie*) – ein Thema, das schon dem jungen Fichte am Herzen lag, hatte er sich selbst damit doch in seiner Valediktionsrede intensiv auseinandergesetzt. Auch der moraltheologische, homiletische und religionspädagogische Schwerpunkt des Morus'schen Lehrangebots fällt in Fichtes Interessengebiet. Morus las über *Theologische Moral*, publizierte *Predigten* (Leipzig 1786) und verfasste eine *Anleitung* (1785) sowie eine *Dogmatik* [...] *der christlichen Gottesgelahr[t]heit für künftige Religionslehrer* (1789). Morus erhielt 1768 eine Professur für Latein und Griechisch und behandelte hier die Literaten der lateinischen und griechischen Klassik, die für Fichte ein Stück geistige Heimat bedeuteten. 1778 wurde Morus dann Professor für Theologie und arbeitete als Schüler Ernestis und exegetischer Neutestamentler vor allem an der paulinischen Theologie. Posthum sind von Morus Abhandlungen über das Johannes-Evangelium sowie über die drei Johannes-Briefe des Neuen Testaments erschienen.[54] Es ist gut möglich, dass sich Fichte bei Morus neben der Festigung und Vertiefung seiner bisherigen Studienschwerpunkte auch einen Teil des theologischen Rüstzeugs verschaffte, aus dem er seine eigene, im Vorherigen schon erörterte christologisch-theologische Position in der Auseinandersetzung mit Paulus und Johannes entwickelte.

Ein Hinweis darauf, dass Fichte bei Morus studiert hat, ist sein durchgängig starkes Interesse an der Kunst der Beredsamkeit als solcher. Als Vorbilder gelten dabei die klassischen lateinischen Redner. Selbstverständlich darf man bei einem angehenden Kanzelredner ein Interesse an der Rhetorik voraussetzen. Das, was Fichte in dieser Sache umtreibt, geht aber doch über das zu erwartende professionelle Engagement im Fach Homiletik hinaus. Und Morus bediente mit seinem Lehrangebot diesen Grundzug von Fichtes eigenem Bildungsinteresse, das bei ihm auch dann nicht abreißt, als er sein Studium um das Jahr 1784 unterbricht. So entwirft er während seines Aufenthalts in der Schweiz 1789, der eine Alternative zu seiner bis dahin eher enttäuschenden Hauslehrertätigkeit war, den Plan zur Gründung einer kleinen privaten Rednerschule (vgl. GA II/1, 210.). Vieles von dem, was wir bisher auf diesem Feld von Fichte kennengelernt haben, und manches Neue fließt in das Konzept ein. Schwerpunkte des Curriculums sind die Themen: Denken und Reden, die Verankerung der rhetorischen Regeln in den ›Gesetzen der menschlichen Seele‹, der Zusammenhang von Wahrheit, Moral und Ästhetik und

---

54 Vgl. J. G. Meusel: *Lexikon der vom Jahre 1750 bis 1800 verstorbenen teutschen Schriftsteller.* Bd. 9. Leipzig 1809, 276–281.

damit verbunden die Ablehnung der ›unedlen Kunst zu sophistisi-
ren‹, das Vorbild der klassischen Redner und lateinischen Schriftsteller, z. B. Cicero; aber auch rein Formales, wie Stilübungen und
die Praxis des mündlichen Vortrags. Besonderes Augenmerk richtet
Fichte interessanterweise auf die »Bestimmtheit und Deutlichkeit so
wie die Reinheit der deutschen Sprache« (ebd., 132), mit dem Ziel:
einerseits »verlorne Schönheiten im Deutschen« (ebd., 133) zu entdecken. Andererseits aber auch, um über diese Sprachpflege die politische Bildung, die »Erweckung und Nährung des vaterländischen
und republikanischen Geistes« (ebd., 132), zu fördern. Die Wurzeln
dieser Mischung aus Philosophischem, Moralischem sowie Rhetorischem und Patriotisch-Politischem reichen bei Fichte bis in seine
Schulzeit in Schulpforta und das Patriotische wohl bis in das Haus
derer von Miltitz, vielleicht sogar bis in die Nachwehen des Dreißigjährigen Krieges und die in seiner Folge immer wieder in Fichtes
Heimat aufbrechenden kriegerischen Auseinandersetzungen zurück.
Fichte wird sich von diesem Grundzug seines Denkens und Fühlens
nie mehr distanzieren. Im Gegenteil, er wird ihn im Studium weiter
vertiefen und ihm, wie etwa in den *Reden an die deutsche Nation*
oder in der *Republik der Deutschen*, einen prominenten Platz in seinem philosophischen Werk einräumen. Ja noch auf dem Sterbebett ist
es ihm eine Freude, Napoleon – das personalisierte Übel der Epoche
– endlich durch die Truppen seines geistigen und politischen Vater-
landes besiegt zu sehen.

4. Fichtes Studienzeit in Wittenberg und seine Lehrer

Über Fichtes Studienaufenthalt in Wittenberg weiß die Forschung wenig. Fichte selbst schrieb im Jahr 1787 an Christian Friedrich Pezold in Leipzig: »Ich habe schon in Jena, in Leipzig eher ich unter Ew. Aufsicht kam, und in Wittenberg juristische Collegia gehört [und] mit zum Theil geschickten Juristen Umgang gehabt« (GA III/1, 18). Was Fichte konkret dazu veranlasst haben könnte, während seiner frühen Studienzeit auch in Wittenberg zu studieren, ist uns nicht bekannt. Plausibilität haben allerdings einige Vermutungen.

Die erste bezieht sich darauf, dass diese Entscheidung mit einer alten Bekanntschaft aus Schulpforta zusammenhängt, die auch über die Studienzeit hinaus für Fichte bedeutsam blieb. Gottlob Ernst (Aenesidemus) Schulze war wie Fichte von 1774 bis 1780 Schüler in Pforta und begann 1780 ebenfalls mit dem Studium der Theologie und Philosophie – nur eben nicht in Jena, sondern in Wittenberg. Dass wir dann von einem Studium der beiden in Wittenberg um 1782/83 (vgl. FiG 5, 114) und im Folgenden von weiteren Beziehungen zwischen Fichte und Schulze hören, mag diesen gemeinsamen biographischen Hintergrund haben. Es mag auch sein, dass Schopenhauers Besuche von Fichtes Vorlesungen im Jahre 1812 durch Empfehlung seines Göttinger Lehrers Schulze motiviert und vermittelt waren. Das könnte auch von Schulzes Seite aus ein Hinweis darauf sein, dass auch er zumindest locker an der alten Schul- und Studienfreundschaft zu Fichte festgehalten hat.[55]

---

55 Die Herausgeber der J. G. Fichte-Gesamtausgabe gehen davon aus, dass es Fichte bekannt war, dass der Verfasser des *Aenesidemus* »sein Mitschüler Gottlob Ernst Schulze, seit 1788 Professor der Philosophie in Helmstedt«, war (GA I/2, 34). Deshalb nahm er sich vor, dessen kritische Arbeit »sanft und schonend [zu] behandeln« (ebd.). Erich Fuchs weist in seiner »Fichte-Chronik« (FiG 5, 201–385) zum Datum des 23. Oktober 1806 auf ein »Zusammentreffen« Fichtes »mit [...] Prof. Schulze« hin (ebd., 332). Die Anm. zu Gottlob Ernst Schulze (ebd., 429) verweist darauf, dass

Die zweite Vermutung ist inhaltlicher Art. Fichtes Studienzeit war auf die Laufbahn eines Pfarrers ausgerichtet und hierbei spielt die Homiletik eine zentrale Rolle. Predigen ist Fichtes tiefere Berufung. Für seine Leipziger Studienzeit sind, wie gezeigt, Besuche der seinerzeit sehr erfolgreichen Prediger Zollikofer und Wedag bekannt. Wittenberg war nun dagegen der Studienort, den der »glanzvollste Predigername des ausgehenden 18. und ersten Drittels des 19. Jahrhunderts« zierte: Franz Volkmar Reinhard.

> Die Aufklärung hat eine ganze Reihe von bedeutenden Kanzelrednern hervorgebracht. [...] Derjenige von ihnen allen aber, der den größten Erfolg und die weitreichendste Wirkung als Prediger hatte, war Franz Volkmar Reinhard. [...] Kein Prediger zwischen 1795 und der Mitte der dreißiger Jahre ist über seinen eigentlichen Wirkungsbereich hinaus in ganz Deutschland so vielfältig kopiert und nachgepredigt worden wie er.[56]

Und diese homiletische Erfolgsgeschichte begann Reinhard als Professor der Philosophie und Theologie in den frühen 80er Jahren an der Schloss- und Universitätskirche zu Wittenberg. Schon vor seiner offiziellen Berufung zum Probst der Schloss- und Universitätskirche im Jahre 1784 hatte Reinhard einen Ruf als faszinierender theologischer Redner. Und so mag es neben der persönlichen Beziehung zu Aenesidemus Schulze auch das sachliche Motiv gewesen sein, sich vom besten unter den bekannten Predigern ausbilden zu lassen, das Fichte nach Wittenberg zog. Ja, beide Motive können durchaus auch zusammengewirkt haben. Denn in dem vermutlich vom Schulpforta-Mitschüler Karl August Böttiger verfassten und in der Beilage Nr.

---

es sich bei Prof. Schulze um Fichtes ehemaligen Mitschüler handelt. Diese These lässt sich mit guten Gründen unter Hinweis auf spätere Äußerungen Fichtes, sowie mit der Korrektur, dass es sich bei dem von Fuchs genannten Prof. Schulze nicht um Gottlob Ernst Schulze handelt, bestreiten (vgl. C. Asmuth: »Salomon Maimon und die Transzendentalphilosophie ganz grundsätzlich«, in: *Salomon Maimon: alle origini dell'idealismo tedesco*. Hrsg. von L. Azzariti-Fumaroli und L. Gasperoni. Bologna 2019, 37, Fn 6.

56 C. E. Schott: *Möglichkeiten und Grenzen der Aufklärungspredigt. Dargestellt am Beispiel Volkmar Reinhards*. Göttingen 1978, 15.

24 der *Allgemeinen Zeitung* vom 4. März 1814 anlässlich des Todes des Philosophen veröffentlichten Lebenslauf heißt es: »In Wittenberg schätzte er vor allem Reinhards Vorlesungen, die er zugleich mit dem Aenesidemus-Schulz besuchte« (FiG 5, 114).

Als drittes Motiv, das mit Reinhard zusammenhängt, ist dessen Großzügigkeit gegenüber mittellosen Studenten zu nennen. Reinhard nahm kein Geld für seine Vorlesung und war dafür bekannt, armen Studenten gegenüber hilfsbereit zu sein.[57] Für den notorisch klammen Fichte könnte das ein starker Anreiz gewesen sein.

Dass Fichte in Wittenberg, wie wir wissen, neben der Theologie auch juristische Vorlesungen hörte, weist schließlich nicht nur auf die Kontinuität eines frühen, auch für Leipzig schon dokumentierten rechtswissenschaftlichen Interesses hin, das heißt, auf sein Interesse am *Standpunkt der Legalität*, wie es später im Systemkontext der Wissenschaftslehre heißt. Sondern dieses Interesse wurde womöglich auch durch seine Beziehung zum Hause von Miltitz unterstützt. Dietrich von Miltitz hatte 1786 das ihm von seinem Vormund von Hardenberg diktierte Jurastudium in Wittenberg aufgenommen.[58] Und um das Jahr 1786/87 besuchte Fichte mit Dietrich in Wittenberg juristische Vorlesungen (vgl. FiG 5, 205), der ihn wohl auch noch sporadisch finanziell unterstützte (ebd., 215), nachdem die durch dessen Vater auf drei Jahre festgesetzte Förderung 1784 ausgelaufen und durch Henriette von Miltitz nicht verlängert worden war.

Dass Wittenberg für Fichte als Studienort interessant war, hat demnach offenbar ganz unterschiedliche Gründe, persönliche, sachliche und ökonomische. Insbesondere zu den letzteren ein kleiner Exkurs.

4.1   Exkurs: Unbesonnenheiten der frühsten Jugend

In der Fichte-Forschung gibt es keine klaren Auskünfte über die Gründe, die Fichtes Gönnerin dazu veranlasst haben könnten, den

---

57 Vgl. Kühn (2012), 79.
58 Vgl. Peters (1863), 10.

talentierten Fichte nicht weiter zu unterstützen. »Aus nicht näher bekannten Gründen«, heißt es, habe Henriette von Miltitz »ihre Unterstützung während [Fichtes] Studienzeit eingestellt« (GA III/1, 47). Fichte selbst spricht von »Unbesonnenheiten« seiner »frühsten Jugend«, für die er 1789, über Dietrich vermittelt, seine einstige Gönnerin mit dem Ziel um Verzeihung bittet, ihn womöglich noch einmal zu unterstützen, um sein Studium erfolgreich beenden zu können (ebd.). Das erfolgte nicht. Stattdessen half ihm Dietrich von Miltitz noch einmal aus, nachdem sich Fichte erfolglos um eine Förderung in Dresden beworben hatte (vgl. FiG 5, 215). Trotz der Verstimmung des Verhältnisses blieb Fichte dem Hause von Miltitz, wie wir im Zusammenhang mit der politischen Romantik sahen, weiter verbunden.

Zwei Dinge zu diesen Ereignissen in Fichtes Wittenberger Zeit kann man mit ziemlicher Sicherheit sagen. Zum einen hat Henriette von Miltitz die durch ihren Mann testamentarisch verfügte Unterstützung Fichtes über drei Jahre Studienzeit eingehalten. Von einem Abbruch aus unbekannten Gründen lässt sich daher nicht sprechen. Die vereinbarte Zeit war 1784 schlicht abgelaufen. Zum anderen lässt sich aus Fichtes Brief vom 27. Dezember 1789 kein Eingeständnis aktueller Verfehlungen entnehmen, die zum Abbruch seiner Unterstützung geführt haben könnten. Fichte spricht von ›Unbesonnenheiten seiner frühsten Jugend‹, für die er bei Henriette von Miltitz Abbitte leistet. Hier kommen eher Überlegungen zu seiner schwierigen Zeit im Hause derer von Miltitz oder auch seine Zeit in Schulpforta, etwa seine Flucht von dort, in Betracht. Aber insbesondere könnte in seinem Lebenswandel während der frühen 80er Jahre die Ursache für Henriette von Miltitz' Zurückhaltung gelegen haben, ihren Zögling weiter zu unterstützen. Von diesem versucht sich Fichte im Brief aus dem Jahre 1789 – also knapp zehn Jahre später – zu distanzieren und dessen Anstößigkeiten als ›Unbesonnenheiten seiner frühsten Jugend‹ abzuschwächen. Dass die strenge Pietistin Henriette von Miltitz gleichwohl nicht bereit war, Fichtes Studienzeiten weiterhin zu alimentieren, mag letztlich genau damit zu tun haben. Denn ihr war nicht verborgen geblieben, wie sich das studentische Leben seinerzeit bisweilen gestaltete. So schreibt sie voller Sorge ihrem Sohn Dietrich nach Wittenberg:

> Du kannst nicht glauben, was ich leide, wenn ich denken muß, Du lernst nichts, Du bist in critischer Gesellschaft oder Du preparirst Dich gar, ein Spieler zu werden. Aber Hardenberg hat mein Herz von der Folter erlöst, er sagt, Du hättest Deine Fähigkeiten genutzt und wenn Du in Deinem Privatunterricht und Deinen Ausarbeitungen mehr Application Dir schenken wolltest, so könnte etwas Ganzes aus Dir werden.[59]

Dass die mütterliche Sorge um den Sohn nicht unbegründet war, belegt eine zeitnahe Episode aus dem Frühjahr 1786. Der 17-jährige Dietrich hatte offenbar Schulden gemacht und die Mutter gebeten, die Sache für ihn in Ordnung zu bringen. Das tat sie, allerdings mit der Ermahnung versehen, die sie in ihrem späteren Schreiben nach Wittenberg zum Thema ›critische Gesellschaft‹ noch einmal wiederholen musste, nämlich: sich »nicht durch unverständige Leute auf den Gedanken bringen [zu lassen], einer Mutter brauche man nicht alles zu sagen, das heiße schwach sein – und was des albernen Zeugs mehr ist [...] was Du hören wirst, wenn Du noch etliche Schritte in die Welt thust«.[60] Ob Henriette von Miltitz auch an ihren einstigen Ziehsohn Johann Gottlieb dachte, als sie ihre Vermutung über die ›critische Gesellschaft‹ äußerte, in der sie ihren Sohn wähnte, wissen wir nicht. Angesichts dessen, was wir aus Jena und Leipzig zumindest in Ansätzen kennengelernt haben, wäre Fichte seinerzeit den illustren Seiten des Studentenlebens in Gesellschaft von Dietrich aber wohl nicht abgeneigt gewesen. Insofern hatte er in der Krisenzeit der späten 80er Jahre Anlass genug, in reuiger Demut vor seine einstige Gönnerin zu treten.

---

59 H. von Miltitz, zitiert nach Peters (1863), 10.
60 Ebd., 6.

4.2 Franz Volkmar Reinhard (1753–1812)

Als theologisch, philosophisch und rhetorisch bedeutsamen Lehrer
Fichtes in seiner Wittenberger Zeit nennt die Forschungsliteratur vor
allem Franz Volkmar Reinhard. Fichte war Reinhard persönlich bekannt. 1793 widmet Fichte ihm die zweite Auflage seines *Versuchs
einer Kritik aller Offenbarung* (GA I/1, 129) und in seiner Verteidi-
gungsschrift gegen die Anklage des Atheismus bezieht er sich ebenfalls auf ihn.[61] Aus den bereits erwähnten theologischen und pekuniä-
ren Gründen ist davon auszugehen, dass Fichte bei Reinhard studiert
hat. Reinhard selbst erinnert sich noch 1811 an Fichte »in der Anerkennung des seltenen Scharfsinns und des sicheren dialektischen
Ausdrucks dieses teutschen Mannes«.[62]

Reinhard wurde am 12. März 1753 in Vohenstrauß in der Pfalz als
Sohn eines Pfarrers geboren. Sein Vater war es auch, der ihn in den
ersten Jahren unterrichtete. Die lateinische und griechische Sprache
und selbstverständlich die biblischen Texte sowie das »damals sehr
elende Gesangbuch« waren Reinhards erste Bildungsgegenstände.[63]
Früh entwickelte sich sein Interesse an deutschsprachigen Autoren,
an der Poesie und Literatur überhaupt, auch der englischsprachigen.
Als Autoren, die er gelesen hat, nennt Reinhards Autobiographie *Geständnisse seine Predigten und seine Bildung zum Prediger betreffend*
Albrecht von Haller, Alexander Pope, später auch Klopstock, Gellert
und Wieland. Nach dem Besuch des Regensburger Gymnasiums, das
ihm die Klassiker lateinischer und griechischer Sprache noch näher
brachte, insbesondere Cicero, auf den er sich auch in späteren Jahren
immer wieder berufen wird, und einem halben Jahr Auditorium zur
Vorbereitung auf das Studium schrieb sich Reinhard 1773 in Wittenberg für Theologie und Philosophie ein. Er studierte, bedrückt durch
seine Armut – Vater und Mutter waren bereits verstorben –, zielstre-

---

61 Vgl. Kühn (2012), 79.
62 Reinhard, zitiert nach Schott (1978), 281.
63 V. Reinhard: *Geständnisse seine Predigten und seine Bildung zum Prediger betreffend*. 2. Aufl. Sulzbach 1811, 15.

big auf das Pfarramt hin. Seine Lehrer ermutigten ihn dann mit der Aussicht auf eine Stelle an der Universität zu promovieren und eine Universitätslaufbahn einzuschlagen. Reinhard ging darauf ein und habilitierte sich 1777 in Wittenberg. Ab 1780 lehrte er dort als außerordentlicher Professor für Philosophie und 1782, nach theologischer Promotion und unter Beibehaltung seiner Lehrtätigkeit in der Philosophie, als ordentlicher Professor für Theologie. 1784 übernahm Reinhard neben seiner akademischen Lehrtätigkeit die »Stelle eines Propstes an der Schloß- und Universitätskirche, und mithin auch ein ordentliches Predigeramt«, das ihn verpflichtete, »Sonn- und Festtage vor Mittags in der Universitätskirche eine Predigt zu halten«.[64] Nach dem Universitäts-Rektorat 1790/91 wechselte er, durch seine besondere Begabung als Prediger empfohlen, in das Amt des Oberhofpredigers nach Dresden. Hier spielte er 1798, in der Zeit des Atheismus-Streits, für Fichte und dessen umstrittene Schrift *Über den Grund unsers Glaubens an eine göttliche Weltregierung* eine in der Forschungsgeschichte kontrovers diskutierte Rolle, auf die wir im weiteren noch zurückkommen werden. 1808 wurde Reinhard Vizepräsident des Dresdener Oberkonsistoriums. In erster Ehe war er mit der Witwe seines Lehrers Christian Friedrich Schmid, Christine Dorothe, und, nach deren Tod 1794, in zweiter Ehe mit Ernestine von Charpentier, der älteren Schwester von Novalis' Verlobter Julie, verheiratet. Reinhard starb am 6. September 1812 in Dresden.

Fichte hatte während seiner ersten Wittenberger Studienphase 1782/83 und insbesondere bei seinem zweiten Aufenthalt in Wittenberg 1786/87 Gelegenheit, Reinhards Lehrveranstaltungen zu besuchen sowie dessen Predigten in der Universitätskirche zu hören (vgl. FiG 5, 204 f.).

Schon Max Wundt hat 1927 auf die »stärkste Anregung« hingewiesen, die Fichte »nach der Seite der Weltanschauung« durch Crusius empfangen habe.[65] Neben seinem Mathematik-Professor Schmidt in Schulpforta, dem Jenaer Theologen Griesbach sowie dem

---

64 Ebd., 66 f.
65 Wundt (1927), 9.

noch zu erwähnenden in Leipzig lehrenden Theologie- und Philosophieprofessor Pezold war auch Franz Volkmar Reinhard in seiner
frühen Lehrzeit in Wittenberg überzeugter, wenngleich zunehmend
kritischer Crusianer. Dabei bezieht sich seine Kritik weniger auf die
Inhalte, sondern mehr auf die wenig ansprechende Darstellung von
Crusius' Lehre.

Dass Reinhard für Fichte eine prägende Lehrerpersönlichkeit
und somit auch eine bedeutsame Einflussgröße auf seine philosophische Weltanschauung und insbesondere seine Crusius-Rezep-
tion war, steht für die Forschung außer Frage. Fichtes dem »Herrn
Ober-Hof-Prediger Reinhard« gewidmete zweiten Auflage seiner
Offenbarungskritik (1793) ist nicht nur die Verneigung des ehemaligen Studiosus der Theologie vor dem Lehrer und ein »reines Opfer der freisten Verehrung« (GA I/1, 129). Sondern mit seinem erfolgreichen Erstlingswerk bietet sich Fichte auch inhaltlich seinem
einstigen Theologie- und Philosophieprofessor auf dessen ureigenem
Forschungsgebiet, dem der Offenbarung, als Gesprächspartner an.
Diese Positivreferenz wird Fichte 1799 in seiner *Appellation an das
Publikum gegen die Anklage des Atheismus* noch einmal wiederholen
und Reinhard dabei als einen Gewährsmann für die eigene Position
bemühen (GA I/5, 447).

Reinhards Rolle in dieser Sache ist in der Forschungsliteratur umstritten. Bernwald Loheide weist auf den »pikanten Umstand«[66] hin,
dass Fichte mit seinem Bezug auf Reinhard gerade die Autorität bemüht, die das Gutachten verfasst habe, aufgrund dessen seine *Appellation* 1799 konfisziert worden sei. Schon Henrik Steffens, damals
Student in Jena, erklärte 1841 in seinen Lebenserinnerungen, es sei
Reinhard gewesen, der »Fichte als Atheisten angeklagt« habe (FiG
2, 133). Dagegen hält Christian-Erdmann Schott Reinhards unmittelbare Beteiligung an diesem Verfahren aus zwei Gründen für unwahrscheinlich. Zum einen führt er an, dass das am 19. November
1798 »ergangene Churfürstl. sächs. Rescript« (GA I/5, 415) nicht
von Reinhard, sondern dem damaligen sächsischen Kirchenratsprä-

---

66 Loheide (2000), 148.

sidenten H. F. von Zedtwitz sowie dem juristischen Rat C. G. Kühn unterzeichnet sei.[67] Auch Erich Fuchs hält in dieser Sache fest: »Reinhard hat nur die Anzeige gegen Forberg unterschrieben« (FiG 2, 138). Zum anderen, so Schott weiter, würde eine ausdrückliche Parteinahme Reinhards gegen Fichte seinem »Grundsatz der Toleranz gegen anders Denkende, den er in seinen Predigten ausgesprochen, dessen strikte Einhaltung ihm von Freund und Feind nachgerühmt wurde, widersprechen«. Es sei vielmehr höchst wahrscheinlich, »daß Reinhard sich aus dem Streit herausgehalten und gegen Fichte nichts direkt unternommen hat«.[68] Von Fichte selbst hören wir – wenn auch nur indirekt über Caroline Schlegel –, dass er seinerzeit von Reinhards »Mitwirkung« in dieser Angelegenheit nicht überzeugt war (FiG 2, 61).[69]

Unabhängig davon, wie sich Reinhard in dieser Sache gegenüber Fichte positioniert hat – er ist eine bemerkenswerte und einflussreiche Quelle im Hinblick auf unsere Forschungsfrage nach der weltanschaulichen, religiösen und immer mehr auch wissenschaftstheoretischen Prägung Fichtes während seiner Studienjahre. Einige dieser Themen werden wir im Folgenden etwas näher erörtern.

4.2.1 »Ich war ein eifriger Crusianer« (Reinhard)

Reinhard sollte, vermittelt durch seinen mit dem damals in Leipzig lehrenden Crusius befreundeten Förderer, den »Legationssekretair Mirus in Regensburg«, ursprünglich nach ein bis zwei Jahren in Wit-

---

67 Vgl. Schott (1978), 193.

68 Ebd., 281.

69 Nach Auskunft des Landeskirchenarchivs Dresden sind die in dieser Sache relevanten Unterlagen beim Bombenangriff auf Dresden im Februar 1945 größtenteils vernichtet worden. Die wenigen Quellen zu Reinhards Zeit, die in Dresden noch verfügbar sind, beziehen sich auf andere Themenfelder, auf Personalfragen etwa, oder sie sind späteren Datums, so ein Brief an Julius Friedrich Winzer aus dem Jahre 1812 und Predigten aus dem Zeitraum von 1805 bis 1812.

tenberg in Leipzig bei Crusius weiter studieren. Wegen Crusius' Tod 1775 wurde dieser Plan aufgegeben, Reinhard blieb in Wittenberg.[70] Gleichwohl bemühte er sich dort unter Aufgebot von allem, »was in [seinen] Kräften stand, mit den Philosophemen des scharfsinnigen Crusius, nach ihrem ganzen Umfange, vertraut zu werden«.[71] Dabei leitete ihn, wenn auch nicht gleich reflektiert, die wissenschaftstheoretische Einsicht: »Ist [...] bey einer zweckmäßigen Vorbereitung zum Predigtamte, [...] irgendetwas unentbehrlich, so ist es das Studium der Philosophie«.[72] Und als geeignete Philosophie galt für Reinhard zum damaligen Zeitpunkt »das System des etwas schwerfälligen Crusius«.[73] Aber nicht nur als philosophische Grundlage zur Vorbereitung auf sein Predigtamt, sondern auch als Gegenstand seiner Lehre räumte er Crusius eine privilegierte Position ein. Als er 1780 zum Professor der Philosophie berufen wurde, war die crusianische Philosophie »einige Jahre lang [s]eine Hauptbeschäftigung«.[74]

Fichte, der um 1782 in Wittenberg mit Schulze bei Reinhard Philosophie studierte, wurde also in dessen Vorlesungen mit großer Wahrscheinlichkeit die crusianische Philosophie systematisch vorgetragen, womit sich unter anderem Wundts Urteil über die prägende Wirkung der Theorie der Freiheit von Crusius auf Fichtes Weltanschauung konkret auch über Reinhard herleiten und noch einmal bestätigen lässt.[75] Das ist umso wahrscheinlicher, da Fichte selbst, nämlich dort, wo er die Philosophie Crusius', etwa in den *Aphorismen* von 1790, erwähnt, die Etikettierung seines Lehrers Reinhard ›der etwas schwerfällige Crusius‹ in leicht abgewandelter Form übernimmt: Fichte spricht dort vom »furchtsamen und weniger Phantasie fähigen Crusius« (GA II/1, 289).

---

70 Vgl. Reinhard (1811), 37.
71 Ebd., 57.
72 Ebd., 58.
73 Ebd., 68.
74 Ebd., 57 u. 68.
75 Vgl. Wildfeuer (1999), 260 f.

4.2.2 Philosophie, Offenbarung, sittliches Gefühl und der Pietismus

Gerade in der Zeit, in der Fichte sich in Wittenberg aufhielt, 1782/83, erfuhr Reinhards ursprünglicher Crusianismus eine neue Tendenz. Dieser Wandel hing mit der Übernahme seiner Professur in Theologie zusammen. Die philosophischen Studien hatten ihm klar gemacht, dass vieles, was die theologische Dogmatik lutherischer Orthodoxie lehrte, sich mit einem an rationalem Verständnis orientierten Denken nicht in Übereinstimmung bringen ließ.[76] Das Grundproblem des jungen Theologen mit philosophischen Wurzeln bestand nun, »da [er 1782] den Beruf erhalten hatte, auch *theologische* Vorlesungen zu halten«, darin, die Frage zu klären, »wie sich die Philosophie zur Offenbarung verhalte, und wie beyde in Uebereinstimmung zu bringen seyen«.[77] Reinhards Vorlesungen waren geprägt von der Unentschiedenheit in dieser Frage, sie kennzeichneten Verlegenheit, Ratlosigkeit und Kampf.[78] Allerdings:

> Bey der gänzlichen Ungewißheit, welche um diese Zeit in meiner ganzen Erkenntniß herrschte, [...] standen jedoch zwey Grundsätze unerschütterlich vest, die Grundsätze, mich in der Philosophie für nichts zu erklären, was meinem sittlichen Gefühl widersprach, und in der Theologie nichts zu behaupten, was mit den klaren Aussprüchen der Bibel stritt.[79]

Mit diesen beiden Prinzipien legte Reinhard die Grundlage für seinen in der Folgezeit entwickelten ›Primat der praktischen Vernunft‹ einerseits sowie für sein rationalismuskritisches, dagegen aber schriftbegründetes, gleichwohl supranaturalistisches – ›höheres‹ Offenbarungsverständnis.[80] So ist es gerade der potenzielle Offenbarungscharakter der Heiligen Schrift, insbesondere die Überlieferung und

---

76 Vgl. Reinhard (1811), 91.
77 Ebd., 70.
78 Vgl. ebd., 70 f.
79 Ebd., 71.
80 Vgl. ebd., 102.

Deutung des Lebens und der Botschaft Jesu als Offenbarung des göttlichen Heilsgeschehens, die für Reinhard unhintergehbares Fundament, Gewissheits- und Wahrheitsquelle sowohl theologischer wie philosophischer und moralischer Erkenntnis bilden. Dabei versteht sich Reinhards orthodoxie- und rationalismuskritischer Supranaturalismus gleichwohl als aufklärerische Position.

In diesem Zusammenhang ist es wohl mehr als ein nur interessantes, auch für Fichte bedeutsames Detail, dass Reinhard in seinem 1781 erschienenen Jesus-Buch, dem intensive Studien über Sokrates vorhergehen, den biblischen Jesus aus einer Nähe zum skeptischen Sokrates deutet. Ja dass, wie Schott annimmt, »hinter [Reinhards] Jesus-Bild das Bild des Sokrates steht«, der für das Selbstverständnis der Aufklärung als das Lehrervorbild schlechthin galt.[81] Diese Engführung von Sokrates und Jesus zeigt sich auch bei Fichte, wenn er einerseits von der Kunst sokratischer Popularität in der Pädagogik und andererseits in der *Staatslehre* von seiner Wissenschaftslehre als einer Vermittlung von sokratischer Philosophie und jesuanischer Ethik spricht (GA II/16, 158).

Schott hat darauf hingewiesen, dass Reinhards »mitteldeutscher« Supranaturalismus in der süddeutschen, durch Gottlob Christian Storr repräsentierten »Spielart« der Tübinger Schule deutliche Parallelen und Einflüsse des Pietismus Bengel'scher Prägung aufweist.[82] In seinem biblizistisch, insbesondere neutestamentlich-spiritualistisch orientierten Offenbarungsverständnis, das heißt einer auch auf den heiligen Geist rekurrierenden, gleichwohl schriftbasierten Auslegungspraxis, kann man auch dem Reinhard'schen Standpunkt eine gewisse Nähe zu aufgeklärten Spielarten dieser Frömmigkeitsbewegung nicht absprechen. Dies zeigt sich unter anderem an Reinhards tieferem, das heißt metaphysischem Aufklärungsverständnis, mit dem auch Fichte später in seiner Auseinandersetzung mit der ›flachen Berliner Auf-, respektive Ausklärung‹ operieren wird.

---

81 Schott (1978), 57 f.
82 Ebd., 37.

Lessings Religionstoleranz richtete sich im *Nathan* im Wesentlichen auf die gesellschaftliche Verträglichkeit der unterschiedlichen, gleichursprünglichen Glaubensrichtungen des Judentums, des Christentums und des Islams und er sicherte darüber den gesellschaftlichen Religionsfrieden. Damit ist aber die Frage nach der möglichen Rechtfertigung der Geltungsansprüche der Religionen nicht beantwortet. Sie lässt sich auch nicht über das gesellschaftliche und pragmatische Rationalitäts- oder Toleranzgebot politischer Vernunft, sondern nur im Kontext metaphysischer Rationalität spekulativer Vernunft und damit allein durch Aufklärung und Beurteilung ihrer metaphysischen Gründe klären. Dieses tiefere Aufklärungsverständnis ist es, an dem sich Reinhard und später auch Fichtes Wissenschaftslehre orientieren und in dem das Thema der ›Offenbarung‹ oder der Supranaturalismus eine besondere Rolle spielen.[83]

Zwei weitere, über Crusius vermittelte Indizien für Reinhards Nähe zum Pietismus sind seine auf einen der Gründungsväter der Frömmigkeitsbewegung, nämlich auf Philipp Jacob Spener, zurückreichende Konzeption des theologischen *Perfektionismus*, der Idee der Vervollkommnung und Heiligung des Menschen durch Gebet, Selbstprüfung und Buße.[84] Daneben ist die ebenfalls über Crusius vermittelte, auf Albrecht Bengel zurückweisende, pietistisch geprägte Theorie der Geschichte als eines zugleich sinnlich-empirischen wie übersinnlich-metaphysischen Heilsgeschehens zu nennen,[85] ein Motiv, das wir schon im Zusammenhang mit dem bengelianisch-crusianischen Johann Gottlieb Schmidt, Fichtes Lehrer aus Schulpforta, erörtert haben.

Beide Themen – ebenso wie das metaphysische Aufklärungsverständnis Reinhards – haben in Fichtes angewandter Sittenlehre, der *Ascetik* ebenso wie in seiner Geschichtsphilosophie und kritischen Gesellschafts- und Bildungstheorie, unter anderem in den *Grundzügen des gegenwärtigen Zeitalters*, ihren festen Platz gefunden. Dabei

---

83 Vgl. Traub (2009a), 187–201.
84 Vgl. Schott (1978), 52 f.
85 Vgl. ebd., 51.

scheint hier insbesondere die Idee des *Perfektionismus*, der Gedanke eines sowohl individual- wie kultur- und menschheitsgeschichtlichen Fortschritts auf dem Feld von Freiheit, Vernunft und Moral, nachhaltig gewirkt zu haben.

In Reinhards Supranaturalismus und Perfektionismus begegnete Fichte also mehr oder weniger explizit die theologisch-religiöse Atmosphäre wieder, die ihm aus Schulpforta-Zeiten als ›Famulus des Mathematicus‹ Johann Gottlieb Schmidt wohl bekannt und in guter Erinnerung war: der Geist von Crusius und Bengel. Allerdings tritt dieses Weltbild bei Reinhard in einer deutlich philosophisch-skeptischen Variante auf. Denn auch wenn Crusius in zentralen Punkten auf Reinhards Denken zeitlebens eine »bleibende Wirkung ausgeübt hat«,[86] so ist es gerade seine ›Krisenzeit‹ zu Beginn der 80er Jahre, in der er sich verstärkt der Philosophie zuwandte und damit für seine Studenten eben auch als Philosoph attraktiv wurde. Und dies insbesondere deshalb, weil Reinhard – trotz seines anfangs durch Leibniz und Wolff geprägten philosophischen Traditionalismus – einen in bestimmten Grenzen freien Geist repräsentierte, dem Fundamentalismus und starrer Dogmatismus eher fremd waren und der eher einem skeptischen Eklektizismus sowie einer produktiven, allerdings wohlbegründeten Eigenständigkeit des Denkens zuneigte.[87]

4.2.3   Höhere und niedere Popularität

Neben der inhaltlichen, theologischen und philosophischen Orientierung, die Reinhard für Fichte bedeutete, muss insbesondere noch auf ein *didaktisches Moment* hingewiesen werden, das für Reinhards Lehrtätigkeit charakteristisch ist und für die Entwicklung des philosophischen Selbstverständnisses Fichtes nicht folgenlos blieb.

Reinhards *Geständnisse* insgesamt sind vor allem eine bemerkenswert kritische Rückschau des berühmtesten protestantischen Predi-

---

86 Ebd., 53.
87 Vgl. ebd., 70–74.

gers des 18. Jahrhunderts auf sein Werk als Kanzelredner. Wenngleich
seine Predigten schon zu Lebzeiten veröffentlicht und als homiletische Vorbilder in der Predigerausbildung gehandelt wurden, steht ihnen ihr Verfasser mit einem differenziert kritischen Urteil gegenüber.
Sein Urteil ruht vor allem auf *didaktischen* Kriterien, denen einige
seiner Predigten oder Passagen nicht genügen. Drei Probleme sind es
im Wesentlichen, anhand derer Reinhard seine Predigten analysiert.

Das erste ist die Reflexion auf das vorauszusetzende Anspruchs-
niveau der Zuhörer. Als Prediger in der Universitätskirche hatte es
Reinhard vor allem mit akademisch gebildeten Zuhörern zu tun, bei
denen er einiges an literarischer, theologischer, philosophischer und
allgemeiner Bildung voraussetzen konnte.[88] Besonderen Wert legte
Reinhard dabei darauf, dass seine Predigten »bis in die kleinsten Ab-
theilungen herab disponirt« waren, um so den Zuhörern die gedanklichen Zusammenhänge so verständlich wie möglich zu machen. Sein
Bemühen um Verständlichkeit wurde dadurch belohnt, dass sich bald
auch »ungelehrte Zuhörer« und »Bürgerfrauen« zu seinen Predigten einfanden. Verständlichkeit bedeutete für Reinhard jedoch nicht
»niedere Popularität«, ein Reden nach des Volkes Geist und Mund.
Da der »christliche Prediger […] mehr *Lehrer* als *Redner*« sei,[89] ging
es ihm vielmehr darum, das Moralisch-Praktische und Religiöse
überall mit dem Theoretischen so zu verbinden, dass Begeisterung
und *Erbauung des religiösen Gefühls* stets mit streng disponierter
Belehrung des Verstandes einhergingen und so Herz und Verstand
gleichermaßen zu ihrem Recht kamen.

> [S]o läßt sich nicht absehen, warum ein strenges Disponiren mit dem
> Zweck, auf Herz und Gefühl zu wirken, nicht vereinbar seyn sollte […];
> ein wirklich weckender, ergreifender und begeisternder Vortrag ist ohne
> Belehrungen, welche die Bewegung des Herzens vorbereiten und veranlas-
> sen, gar nicht denkbar.[90]

---

88 Vgl. Reinhard (1811), 83.
89 Ebd., 84.
90 Ebd., 146.

Auf diese Weise seien nach Reinhard zwei Übel der Predigt zu vermeiden, nämlich die Entzündung eines wilden, regellosen Feuers durch »Schwatzen und Declamiren« (Schwärmerei)[91] einerseits und ein scholastisches, »einförmiges Disponieren« andererseits.[92] Gerade mit dem Letzteren hatte Reinhard selber lange zu kämpfen und kritisiert an vielen seiner Predigten im Nachhinein, dass »sie da zu einförmig sind, wo *mehr Willkür in der Anordnung,* und mithin auch mehr *Abwechselung* beym Gange der Meditation möglich gewesen wäre«.[93]

Diese kritische Sensibilität gegenüber dem eigenen Predigtstil mündet bei Reinhard in die Forderung nach einer *Stärkung des Populären gegenüber dem Wissenschaftlichen* – was nach seinem Urteil vor allem durch eine Distanzierung von der Verwendung der akademischen »Büchersprache« erreicht werden könne. Allerdings sei »jene falsche Popularität« zu missbilligen und zu meiden, »wo man mit Erwachsenen, wie mit Kindern redet, und ins Gemeine und Platte verfällt«.[94] Es geht um die Kunst, einen »*mittlern* Ton zu treffen, der den gebildeten Zuhörern gefallen, und den ungebildeten verständlich seyn« kann.[95]

Ein solches Konzept ›höherer Popularität‹ impliziert schließlich, über die Rührung der Herzen, die Belehrung des Verstandes und die Kunst des mittleren Tons hinaus, den diagnostischen Blick auf die zeitgeschichtlichen Verhältnisse zu schärfen, in die hinein die Predigt spricht. Das heißt: Die Predigt ist Aufklärung der Zuhörer darüber, wie sie als »Christen die Zeit anzusehen haben, in der Gott sie leben läßt«.[96]

Wenn man auf eine gesamtsystematische Charakterisierung der Philosophie Fichtes hinweisen möchte, was sie unabhängig von ih-

91 Ebd., 143.
92 Vgl. ebd., 152–158, hier: 156.
93 Ebd.
94 Ebd., 163.
95 Ebd.
96 Ebd.

ren internen Spezialitäten gegenüber den anderen Idealisten seiner
Zeit auszeichnet, dann ist es wohl der metaphilosophisch begründete
systematische Zusammenhang von populärer und wissenschaftlicher
Philosophie, von kritischer Zeitalterdiagnose und theologisch-päda-
gogischem Aufklärungsethos (vgl. DgF, 15–97). Wenn wir hören, dass
es zeitlebens Fichtes stärkstes Interesse war, in seine Zeit und über sie
hinaus zu wirken, wenn wir den öffentlichen Erfolg bedenken, den er
mit seinen populären und wissenschaftlichen – gelegentlich parallel
gehaltenen – Vorträgen hatte, dann kann man in ihm durchaus einen
Meisterschüler des Franz Volkmar Reinhard erkennen.

In der Zusammenfassung von Reinhards Wirken zu Fichtes Studienzeiten in Wittenberg wird man somit um die Feststellung nicht
herum kommen, dass der junge Studiosus der Theologie in ihm einen Mentor fand, dessen Lehre und akademische Haltung ihn beeindruckt und beeinflusst hat. Reinhards Crusianismus, sein vom Motiv
einer höheren Aufklärung geprägtes Ringen um die Vermittlung von
Philosophie, theologischer Dogmatik, wahrhaftiger Religiosität und
Ethik, sowie die darin brennende Frage nach der Bedeutung und Geltung der Offenbarung und nicht zuletzt sein reflektiertes Bewusstsein zum Thema Popularität und Wissenschaftlichkeit, das bei ihm
über die Dialektik von Herz und Verstand vermittelt ist, all das – und
wohl auch die Zelebrität des berühmten Predigers – dürfte an Fichte
nicht spurlos vorübergegangen sein.[97] Schließlich handelt es sich bei
den genannten Themen um zentrale Anliegen, die auch seinen theo-
logisch-philosophierenden Werdegang als Redner, Schriftsteller und
Mensch durch seine gesamte Werk- und Wirkungsgeschichte hindurch geprägt haben.

Der Einfluss von Reinhard auf den jungen Fichte gilt allerdings
nicht für alle genannten Themen gleichermaßen. Denn während
Reinhards reflektierte Unterscheidung von Popularität und Wissen-

---

97 Der Einfluss Reinhards lässt sich bis in die rhetorischen Grundzüge von Fichtes
    späten öffentlichen Reden nachweisen. So stellt etwa Peter L. Oesterreichs Analyse
    der *Reden an die deutsche Nation* genau die Aspekte als charakteristisch für Fichte
    heraus, die wir hier bei Reinhard bereits vorgeprägt finden (vgl. DgF, 330–351).

schaftlichkeit erst die Frucht einer längeren Beschäftigung mit Stil und Form seiner Predigten war, sind der Crusianismus, das Vermittlungsproblem von Philosophie und Dogmatik sowie die Frage nach der Rechtfertigung des christlichen Offenbarungsglaubens älteren Datums. Letztere sind es, die unmittelbar in die Zeit fallen, in der Fichte Reinhards Vorlesungen besuchte und womöglich auch dessen Predigten hörte. Alle drei Themenkomplexe haben für ihn bildungsbiographisch und werkgeschichtlich inspirierenden und prägenden Charakter.

Nach Auskunft seines Sohnes ist Fichte über das Reinhard'sche Vermittlungsproblem von Philosophie und theologischer Dogmatik immer stärker auf das Feld der Philosophie geraten (vgl. LLB I, 24–30). Und durch das über Reinhard vermittelte und verstärkte crusianische Denken hat seine Ambivalenz in der Frage ›Freiheit versus Determinismus‹ die Bereitschaft befördert, sich in der Folge der Philosophie Kants zu öffnen. Dabei legt das aus dem Einfluss des Pietismus herrührende moralisch-praktische Motiv einen besonderen Akzent auf Fichtes Reinhardrezeption. Schließlich liegt Fichtes *Versuch einer Kritik aller Offenbarung* ganz auf der Fragelinie seines Wittenberger Lehrers. Dass Reinhard bereits vor der expliziten Durchdringung des Themas ›Popularität und Wissenschaftlichkeit‹ für die Frage nach einer Vermittlung von Philosophie und Leben sensibel war, ist nicht nur nicht auszuschließen, sondern hat mit Blick auf Reinhards erfolgreiche Lehrpraxis als Katheder- und Kanzelredner eine hohe Wahrscheinlichkeit, sodass Fichte wohl auch auf diesen für sein eigenes Werk so einzigartigen Charakterzug durch Reinhard aufmerksam gemacht wurde.

4.3   Christian Gotthold Schocher (1736–1810)

Bevor wir uns Fichtes letztem universitären Lehrer, Christian Friedrich Pezold, zuwenden, sei noch auf einen nichtakademischen Lehrer hingewiesen, den Fichte während seines zweiten Studienaufenthalts

in Leipzig konsultiert und in seinen Briefen benannt hat und dessen
Einfluss auf ihn nicht übergangen werden sollte.

Über Schocher schreibt Fichte am 8. Juni 1790 an seine Braut Johanne Rahn:

> Es ist hier [in Leipzig] ein Gelehrter, der die Declamation nach einem hart-
> näckigen Studio von 20 Jahren in die Form einer Wissenschaft gebracht,
> und fast unwandelbar auf die Natur der Sache gegründet, und leicht faßli-
> che Regeln für sie erfunden hat, auch besondere Noten für ein zu declamie-
> rendes Stück gibt; sie selbst mit der höchsten Vollkommenheit ausübt, und
> die trefflichsten Schauspieler gezogen hat. Bei diesem – sage es Deinem
> Vater – werde ich jetzt privatissima nehmen, und habe nichts Geringeres
> im Sinne, als nach ihm der Erste in dieser Kunst zu werden (GA III/1, 130).

Von Schocher, Magister der Philosophie und Privatlehrer zu Leipzig,
mit Gellert und Lessing bekannt,[98] sind vor allem zwei für Fichtes
Bildungsgang, insbesondere als akademischer und öffentlicher Redner, nicht unwichtige Arbeiten erhalten. Beide behandeln Themen,
die Fichte in der zitierten und auch an späteren Briefstellen erwähnt.
Das eine ist die dem auch für Fichte nicht unbedeutenden Präsi-
denten des Oberkonsistoriums und Kirchrates zu Dresden, Christoph Gottlob Burgsdorf, gewidmete *Rechtfertigung der Schreibart,
Teutsch* (1793). Die andere Arbeit ist das Libretto zu dem *Vorspiel
mit Gesängen*, einem musikalischen Theaterstück, das dem Kurfürsten Friedrich August III. gewidmet und zu dessen Geburtstag am 23.
Dezember 1789 ›auf dem Theater am Rannstädter Thore‹ zu Leipzig
aufgeführt wurde.

Schochers *Rechtfertigung* befasst sich mit zumindest drei für Fichte
nachhaltig bedeutsamen Themenfeldern. Das erste ist der bewusste
Umgang mit der Interpunktion im Dienst einer umfassenderen, Denken, Sprechen und Deklamieren verbindenden Sprachtheorie.

Das zweite Themenfeld ist die vordergründig nur sprachgeschichtliche, letztlich jedoch hoch politische Rechtfertigung der Schreibweise ›Teutsch‹ anstatt ›Deutsch‹. Bei Schocher handelt es sich bei

---

98 Vgl. Schocher (1793), VI.

dieser Differenz, T statt D, um eine nationalstaatliche Identitätsfrage, nämlich um die nach dem »harten« und »rauen« oder »weichen« Charakter der »teutschen« Nation:[99] ein Thema, das den Ursprung und die Geschichte der Sprache mit der Frage nach nationaler Identität auf eine Weise in Beziehung setzt, die wir 1808 in Fichtes *Reden an die deutsche Nation* wieder finden.

Das dritte für Fichtes Denken bedeutsame Themenfeld von Schochers *Rechtfertigung* ist deren Betonung des ursprünglich verbalen Charakters von Denken und Sprechen, das heißt die Vorrangigkeit des (geistigen und verbalen) Handelns vor dessen Erzeugnissen und Werken, der Tat vor dem Getanen – das faustische ›am Anfang war die Tat‹. Wo dieser Gedanke Schochers bei Fichte Früchte tragen wird, ist offensichtlich, ist doch die Idee der ›Tathandlung‹ das tragende Motiv seines Denkens und Philosophierens überhaupt.

Diese Themenfelder wollen wir in sechs Unterpunkten erörtern.

4.3.1 Interpunktion und die Kunst der Deklamation

In ihrer Vorrede erörtert Schochers *Rechtfertigung* die Grundsätze der von Fichte erwähnten »neuen Methode, die Declamation (Beredsamkeit) anschaulich zu lehren«. Das heißt, »ungesehene Dinge« sprachlich so zu versinnlichen, »daß der Verstand nun ebenso deutlich durch das Auge empfängt, was er nur durch das Ohr zu vernehmen gewohnt war«.[100] Was Fichte in Schochers Unterricht in begründeter und wissenschaftlich ausgearbeiteter Gestalt antraf, war in Vielem das, was seine eigenen, in der Schweiz skizzierten Pläne zu diesem Thema schon enthielten. Fichte war hier kein Anfänger mehr.

Wie wir wissen, hat Fichte früh in Schulpforta Tanzen gelernt. Tanz sowie andere Formen von Gymnastik und Sport gehören, ebenso wie systematische Sprach- und musikalische Stimmbildung, nach Fichtes Erziehungsplan zu einem ganzheitlichen Bildungskonzept (vgl. GA

99 Ebd., 38–48.
100 Ebd., VII.

II/7, 20).[101] Bei Schocher konnte er alles Drei – Rhetorik, Choreographie, Schauspielkunst und überdies eine an der Musik orientierte Stimmführung und Stimmmodulation – im Verbund und systematisch erlernen, bisher Angeeignetes vertiefen und weiter entwickeln, um, wie er an Johanne schrieb, nach Schocher »der Erste in dieser Kunst zu werden« (GA III/1, 130).

Angeregt durch eine Bemerkung Lessings führt Schocher seine Kunst der Deklamation bemerkenswerterweise tatsächlich über Parallelen und Unterschiede zur Tanzkunst ein. Lessing »meynte [...] (und nicht ganz unrichtig), dass die Declamation ebenfalls ihre Gänge, Schritte und Beugungen habe, und vielleicht eben so, wie die Tanzkunst, zu zeichnen wäre«.[102] Der Mangel an einer pragmatischen Wissenschaft der Deklamationskunst, den Gellert und Lessing nach Auskunft Schochers beklagen, bestehe bei ihnen selbst darin, dass »sie ihren Gefühlen nicht trauen, sich an keine Regel halten, der Rede keinen festen, bestimmten Ton, und überhaupt keinen solchen Gang geben konnten, wo ein jeder Fußtritt bezeichnet, und jeder Gedanke, jedes Glied, jeder Satz, als bestimmter Teil eines Ganzen da war«.[103] Genau das aber, die Kunst einer regelgeleiteten, gleichwohl natürlichen, vor allem aber ganzheitlichen: Gefühl, Gedanke, Sprache, Gestik, Mimik und körperlichen Ausdruck aufeinander abstimmenden Choreographie ist es, zu der Schochers Lehre und praktischer Unterricht anzuleiten beabsichtige. Und dies offenbar mit Erfolg, denn, wie Fichte bemerkt, habe Schocher »die trefflichsten Schauspieler gezogen« (GA III/1, 130).

Die zentralen und zugleich elementaren Themen der *Rechtfertigung* betreffen Grammatik und Etymologie. Exemplarisch kritisiert Schocher an Gellert, dass dessen schriftstellerische Arbeit ohne durchschaute und beherrschte Regeln ablaufe. Neben den drei Ordnungsgesichtspunkten einer Rede, »Stimmung«, »Tempo« und

---

101 Einen schematischen Überblick zu Fichtes komplexem Kunstverständnis bietet: Traub (2014), 370–375.
102 Schocher (1793), VII.
103 Ebd., VIII.

»Accentuation«,[104] ist es die ›Interpunktion‹, auf die Schocher an dieser Stelle sein besonderes Augenmerk richtet. Und diese liege bei Gellert im Argen. Nicht, dass der Dichter syntaktisch an falschen Stellen, sondern dass er an richtigen Stellen das falsche Zeichen setze und damit die Satzteile in eine falsche Über- und Unterordnung bringe, sei das Problem. Schocher demonstriert das an einigen Beispielen, in denen er Gellerts Interpunktion mit einer von ihm vorgeschlagenen vergleicht. Das Ergebnis ist bemerkenswert. Denn Schochers durch Komma, Semikolon, Doppelpunkt und Punkt, später auch durch den Gedankenstrich, konsequent hierarchisierter (›gradierter‹) Aufbau verschafft dem Text, auch auf der semantischen Ebene eine Klarheit, die er bei Gellert, durch dessen Zeichensetzung bedingt, nicht hat.

Bekanntlich zeichnen sich auch Fichtes Texte, die ja vielfach Reden sind, durch eine gelegentlich sehr eigenwillige, für unsere Lesegewohnheit unkonventionelle Zeichensetzung aus. Darauf haben Herausgeber seiner Werke – zum Beispiel Fritz Medicus und Hansjürgen Verweyen – hingewiesen.[105] Auch sind Vorlesungen Fichtes erhalten, die neben einer unkonventionellen Zeichensetzung noch besondere Betonungszeichen über einzelnen Worten aufweisen, wie das am Beispiel aus den *Vorlesungen über die Bestimmung des Gelehrten* von 1811 über den Worten Abbild und Nachbild zu sehen ist: »Man kann das Wissen zuförderst ansehen, als das bloße Abbild und Nachbild des außerhalb des Wissens befindlichen, und vom Wissen ganz u. gar unabhängigen Daseyns« (GA II/12, 313). Es ist nicht ausgeschlossen, ja wahrscheinlich, dass diese Besonderheiten von Fichtes grammatikalischem und rhetorischem Stil ihre Anregungen und formalen Regeln dem Unterricht bei Schocher verdanken.

---

104 Ebd., XIV.
105 Vgl. H. Verweyen: »Vorwort«, in: Johann Gottlieb Fichte: *Die Anweisung zum seligen Leben*. Hamburg 1983, LIV.

4.3.2   *Teutsch oder Deutsch? Eine Frage nationaler Identität*

Manfred Kühns Fichte-Biographie weist darauf hin, dass Fichtes »intellektueller Horizont in dieser Zeit von literarischen und theologisch-rhetorischen Interessen bestimmt [gewesen sei]. [...] Von Philosophie ist in dieser Weltansicht kaum die Rede«.[106] Diese zutreffende Beobachtung lässt sich mit ihren vielen Hinweisen aus Fichtes Briefen dieser Zeit auf eigene literarische Projekte – ein »Trauerspiel«[107], eine »kleine romantische Erzählung« – oder auf Poesie und dramatische Dichtung überhaupt, auf Lessing, Goethe und Schiller usw. (GA III/1, 131 f.), womöglich und gerade auch auf den Einfluss Schochers zurückführen, den Kühn in diesem Zusammenhang allerdings nicht erwähnt.

Dieser Einfluss ist durch eine weitere bemerkenswerte Kongruenz zwischen Schocher und Fichte zu erhärten, nämlich das politisch-patriotische Anliegen, das beide mit ihrem sprachwissenschaftlichen Interesse verbinden: ein Interesse, das durch Schocher mit seinem Plädoyer für die Schreibweise ›Teutsch‹ anstatt ›Deutsch‹ auch in die öffentliche Diskussion kam.

Schon aus Fichtes Zeit in Schulpforta wissen wir, dass er dort, am Ort klassisch lateinischer und griechischer Bildung, über seinen Unterricht bei Johann Gottlieb Schmidt auch an Autoren deutscher Sprache herangeführt wurde. Zwar hat Fichte die Aufnahme des Deutschunterrichts in den schulischen Fächerkanon Schulpfortas nicht mehr selber miterlebt. Aber von den im Lehrkörper sehr umstrittenen Anfängen dazu war seine Schülergeneration unmittelbar

---

106 Kühn (2012), 115.

107 Dass Fichte auf diesem Feld bereits einige Erfahrungen gesammelt hatte, zeigen seine Rezensionen von Theaterstücken, Trauer- und Lustspielen, Novellen und Romanen in der Leipziger *Kritische[n] Übersicht der neusten schönen Litteratur der Deutschen* (vgl. GA III/1, 136, Fn. 23) sowie seine eigenen Versuche auf diesem Gebiet, etwa den *Ideen zu einem Schauspiele. Der Schweizerbund*, aus den Vorjahren (GA II/1, 135–139).

betroffen. Er selbst hat sich in seiner Valediktionsrede mit diesem Thema befasst. Selbstverständlich hatte die ›Germanisierung‹ des Sprachunterrichts schon in Schulpforta, allein durch den Geist der Frühaufklärung bedingt, über das Literarische hinaus auch politisch-patriotische Implikationen, die Fichte durch den Einfluss des Hauses derer von Miltitz nicht fremd gewesen sein dürften. Explizit wird diese nationalsprachliche Dimension seines Denkens dann in dem bereits erwähnten, in der Schweiz verfassten *Plan anzustellender Redeübungen*. Gegenstände und Themen der Redeübungen sind, wie es dort heißt, auch unter dem Gesichtspunkt der Förderung von vaterländischem Geschichtsbewusstsein und einer »reinen, edlen und männlichen Moral« auszuwählen. Von der »Erweckung und Ernährung des vaterländischen und republikanischen Geistes« und der Entdeckung der »verlornen Schönheiten im Deutschen« ist die Rede (GA II/1, 132 f.).

Im zeitlichen Umfeld seines späteren Aufenthalts in Leipzig und unter dem Einfluss seines Deklamationslehrers Schocher erörtert Fichte im Brief vom 11. Juni 1790 an Marie Christiane von Koppenfels seinen aktuellen Stand zu diesem Thema. Die Literatur der deutschen Sprache, heißt es dort, sei auf dem Weg in ihr »goldenes Zeitalter«. Dieses zeige sich »Schritt vor Schritt; und es wird dauerhaft sein, und vielleicht die gländzendsten Epochen aller anderen Völker übertreffen«. Das Mittel dazu »ist eine gründlichere Philosophie, die schon anfängt zu siegen, [durch sie] werden auch unsere Grundsätze über die Kunst berichtigt werden; denn es scheint doch einmal, daß der Deutsche der Theorie bedarf, ehe er Meisterwerke liefert« (GA III/1, 134. Man beachte die Zeichensetzung). Dass Fichte mit der ›gründlicheren Philosophie‹ hier schon die seine meint, ist unwahrscheinlich. Wahrscheinlich ist er hier bereits auf dem Weg in die kantische Philosophie, in die Ästhetiktheorie der *Kritik der Urteilskraft*. Dass sich dieses patriotisch-philosophische Interesse an der Förderung der deutschen Sprache in den *Reden an die deutsche Nation* zu einer sprachphilosophischen und kulturpolitischen Idee europäischen, ja weltumspannenden Ausmaßes weiter entwickelt und Fichte

1808 damit zu dem geworden ist, was er 1790 im Brief an Frau von Koppenfels postulierte, ist bekannt.

Bei diesem Komplex geht es nicht in erster Linie um politischen Chauvinismus – vielleicht auch ein wenig. Vor allem aber geht es Fichte um den vorzüglich über Sprachsensibilität erschließbaren Zugang zu einem originären Welt- und Selbstverständnis, was philosophische oder theologische Begrifflichkeiten, Ideen, Sinnsetzungen, Deutungen und Bedeutungen der geistigen, historisch-empirischen und metaphysischen Welten mit ihren eigentümlichen Phänomenbeständen einschließt.

Auf dem Weg zu dieser sprachphilosophischen Ausrichtung seines Denkens könnte Schocher ihm einige nicht unbedeutende Anstöße gegeben haben. Denn Schocher war nicht nur ein Lehrer der Deklamationskunst in ihrer äußeren Darstellung, sondern auch, wie wir am Thema Zeichensetzung sahen, einerseits ein akribischer Sprachforscher und Etymologe, andererseits aber auch ein Patriot mit klaren Vorstellungen über das anzustrebende Wesen des ›teutschen Charakters‹. Das Hauptthema seines Buches ist ein zutiefst d/teutsches. Über eine ausführliche sprachgeschichtliche Auseinandersetzung mit dem Für und Wider beider Schreibweisen kommt Schocher zu dem Ergebnis, dass sich aus der etymologischen Herleitung des Wortes Deutsch / Teutsch aus dem griechischen θεός oder dem lateinischen Teutones überzeugende Gründe für die Schreibweise Teutsch aufbieten lassen. Darüber hinaus sei die Anrede Gottes mit dem Wort ›Teut‹ statt ›Deut‹ auch phonetisch wahrscheinlich, weil sich das weiche D im Anlaut weniger kräftig und laut aussprechen oder rufen lasse als das schärfere T; »daß [also] unsre Urväter ihren Gott Teut nennen mussten, wenn sie ihn mit Ausdrucke an- und ausrufen wollten«.[108]

Die auch heute gebräuchliche Schreibweise ›Deutsch‹, die sich dagegen durchgesetzt hat, sei nach Schocher einer Tendenz zur »Weichsucht«[109] und dem Sieg der »weichen Parthey«[110] zuzuschrei-

---

108 Schocher (1793), 38.
109 Ebd., 62.
110 Ebd., 58.

ben. Diese habe damit nicht nur einen orthographischen Streit entschieden, sondern vor allem eine Entscheidung über die Frage nach einem charakterlichen Grundzug d/teutscher Identität getroffen und, damit verbunden, für eine rhetorische Haltung in dieser Frage. Denn die Verwendung des weichen, durch leichten Zungendruck auf den vorderen Gaumen erzeugten D statt des mit der Zunge an den oberen Schneidezähnen gebildeten, harten T hat nach Schocher fundamentale Folgen für Sinn und Bedeutung der Worte Deutsch oder Teutsch. Einerseits steht, über die Phonetik vermittelt, die Frage nach der Verwendung des Gottesnamens im Kontext des religiösen Kultus im Raum. Anderseits, und das ist bedeutender, lässt sich das weiche Deutsch nicht mit dem anzunehmenden Wesen der damaligen Sprachgemeinschaft vereinbaren. Das heißt, die Schreibweise Teutsch ist »dem damaligen wahren Charakter der Teutschen näher, die eine harte und rauhe Nation waren, und sich als Männer, ganz gewiß nicht Deutsche, sondern Teutsche nannten«.[111]

Daraus folgt, wer sich in der Deklamationskunst bei Schocher ausbilden und diese Kunst im deutschen Sprachraum ausüben wollte, musste sich Klarheit über das vorfindliche oder verschüttete Wesen seiner Adressaten verschaffen, seine eigene Haltung gegenüber dieser Frage prüfen und seine Reden dementsprechend anlegen. Schochers Ambitionen und sein berufliches Ethos weisen somit weit über das rein Grammatische, Rhetorische und Deklamatorische hinaus. Auch ihm ging es schon, wie später Fichte, um einen nationalen Erziehungsplan. Und der Schlüssel dazu war auch ihm die Sprache – nicht aber in ihrer bloß kommunikativen, sondern insbesondere in ihrer tiefenhermeneutischen, seins- und wesenserschließenden Kraft und Bedeutung. Ein solcher Zugang zur und ein solcher Umgang mit der Sprache impliziert, fördert und sichert für Schocher – das gilt auch für Fichte – das Aufklärungspostulat des eigenen Denkens und schafft damit die Bildungsvoraussetzung für gute Philosophen und Redner gleichermaßen. »Denn kein Weg ist geschickter, sie [unsere Jünglinge] frühzeitig und unvermerkt zu Philosophen und Red-

111 Ebd., 38.

nern zu bilden, und als solche denken und handeln zu lehren, als die Grammatik«.[112]

Schochers (Sprach-)Bildungskonzept und dessen nationale wie aufklärerische Zielrichtung ist uns aus der Fichte-Forschung als Fichtes eigener Ansatz, insbesondere seinen *Reden an die deutsche Nation*, durchaus vertraut. Der Redner Fichte, auch das ist bereits früh erkennbar, war immer schon an mehr als nur der Kanzelpredigt interessiert. Oder umgekehrt, für ihn standen nicht allein in Kirchen Kanzeln. Erbauliche Reden, religiöse, moralische oder politische gleichviel, bedurften nicht des strengen Rahmens einer an ein Gebäude gebundenen Liturgie – auch das ein pietistisches Erbe. Da, wo die Rede ihre Zuhörer im Inneren erreicht, ist sie Predigt. Dass ihr Inhalt stets ein theologisches Fundament und einen sichernden Bezug zu den ›Wahrheiten des Glaubens‹ hat und haben muss, gilt für Fichte als selbstverständlich. Dieses rhetorische Grundverständnis hat Schocher bei Fichte nicht gestiftet. Ansätze dazu finden wir schon vor Fichtes Besuch von Schochers Deklamationsunterricht. Aber dieser Unterricht hat seine sprachphilosophische und methodologische Prägung, vor allem aber seine theologisch-patriotische Sendung bestätigt, unterstützt und gefördert.

4.3.3 Schochers ganzheitliche Lehrmethode und die Prägung eines vorkantischen Systembegriffs bei Fichte

Noch in einem weiteren, *philosophischen* Sinne ist Schocher für Fichte von Einfluss gewesen. Das Jahr 1790 ist das Jahr des philosophischen Umbruchs für Fichte. Es ist das Jahr der tieferen Auseinandersetzung mit der Philosophie Kants und damit Anstoß und Aufbruch auf dem Weg zu seiner eigenen philosophischen Position, der Wissenschaftslehre.

---

112 Ebd., 20.

Am 19. September 1789 berichtet Fichte in seinem *Züricher Tagebuch* über »Eine Frühlingsempfindung im Herbst« am Züricher See. Hier »ergreift« ihn, im Blick über das Wasser, zum ersten Mal eine körperlich-seelische Einheitserfahrung, in der seine *Situation*, sein *Gefühl*, seine *Erkenntnis* und eine aus dieser Identitätserfahrung abgeleitete lebenspraktische Konsequenz, ein *Willens*entschluss, in *einem Bewusstsein* vereint sind. In ihrem Zentrum steht die »Ausbreitungs[-] und Aventürensucht« des Fichte'schen *Ich* (GA II/1, 220), von der auch später, im September 1790, im Brief an seine spätere Frau noch einmal die Rede ist (vgl. GA III/1, 170). 1789 ordnet Fichte die Rundumerfahrung seiner »Frühlingsempfindung im Herbst« und die in ihr analytisch-synthetisch vereinten Anteile leib-seelisch-geistiger Präsenz in einer »Eintheilung der Wahrheiten der menschl. Erkenntniß« (GA II/1, 220).[113] Es handelt sich hier um eine Einteilung, die schon zu diesem Zeitpunkt der Entwicklung eines philosophischen Selbstverständnisses seelisch-geistige Elemente, Zustände und Akte einer Ich-Lehre umfasst und integriert, die zwar Fichtes Grundlage seiner späteren Wissenschaftslehre kennzeichnen, die sich aber nicht aus seinem Kant-Studium ableiten lassen. Im Gegenteil, Kant hätte und hat sich geweigert, Fichtes Analysen zur Grundlage seiner Wissenschaftslehre als Transzendentalphilosophie anzuerkennen. Sie war ihm reine Logik;[114] und »Insichfindung«, »Selbstempfindung« und »intellektuelle Anschauung« galten Kant als die gänzlich unzulässige Überschwänglichkeit eines »neuerdings erhobenen vornehmen Ton[s] in der Philosophie« und eines letztlich nicht mehr kritischen Idealismus (AA VIII, 387–406). Erkenntnisgenetisch wird man wohl

---

113 Wir haben diese Episode an anderer Stelle als »Geburtsstunde der Wissenschaftslehre« ausführlich erörtert (Traub [2015], 123–129). Dass Fichte sie, wie Kühn behauptet, als »Schluss« für seine Auseinandersetzung mit Klopstock vorgesehen hatte (Kühn [2012], 115), lässt sich aus dem Kontext des Tagebuchs nicht ohne Weiteres oder gar zwingend belegen. Die These hat jedoch durchaus Plausibilität. Denn sie unterstreicht noch einmal unsere bereits erörterte Kritik Fichtes an Klopstocks ›schwärmerischer Poesie‹ und seinen Anspruch auf einen ganzheitlichen Bildungsansatz.

114 Vgl. Traub (2001), 32–37.

umgekehrt vorgehen müssen und statt zu versuchen, die Wissenschaftslehre aus Fichtes Begegnung mit Kant zu begründen,[115] die
Früchte des Fichte'schen Kant-Studiums als Bestandteile seines bis
dahin bereits vorgeprägten philosophischen Weltbildes, und darin als
Korrektive, begreifen. Das lässt sich bereits in Fichtes schriftlicher
Auseinandersetzung mit Kants *Kritik der reinen Vernunft* nachweisen.

Im Sommer 1790, aus der Schweiz zurück in Leipzig, versenkt sich
Fichte in Kants *Kritik der reinen Vernunft* und exzerpiert hier, zur
Veröffentlichung bestimmt, einige Paragraphen aus dem zweiten Teil
der »Transzendentalen Elementarlehre« (GA II/1, 299–318). Insbesondere der § 16 der *Kritik*, »Von der ursprünglich=synthetischen
Einheit der Apperzeption«, zieht die Aufmerksamkeit des Kandidaten der Theologie auf sich. Was er an diesem Kant-Text analysiert,
ist mehr als bloß das »wortgetreue Exposé der Darlegungen Kants«,
wie es im Vorwort der Herausgeber zur *Fichte-Gesamtausgabe* heißt
(ebd., 298). Was Fichte hier herausarbeitet, geht auch über »erste Ansätze zu einer Interpretation« (ebd.) hinaus. Denn zum einen setzt er
Schwerpunkte, die aus Kants eigener Darstellung so nicht hervorgehen. Zum anderen führt Fichte eine Begrifflichkeit ein, die weniger
zu Kant, mehr aber zu seiner ›Einheitserfahrung vom Züricher See‹
passt. Diese Erfahrung wird hier noch einmal reflektiert und, vier
Jahre später, für seine eigene Theorie der Tathandlung des Ich relevant.

So betont Fichtes Kommentar des § 16 der *Kritik der reinen Vernunft* zunächst etwas, was bei Kant in der Intensität wohl nicht in-
tendiert ist, nämlich die identitätsstiftende, *persönliche* Zuschreibung
der transzendentalen Apperzeption als Akt *meines* Denkens: »ich bin
es, der da denkt« (GA II/1, 312). Das Moment der Identitätsstiftung,
die »*Identität* des Subjects« als ein Wirkliches, ist nach Fichte das
Ergebnis eines »*Geszthabens*«, und des »*Hinzusezens*« in dem Bewusstsein, »daß eben *der Ich* beides that« (ebd.) – bei Kant ist davon

---

so nicht die Rede. Den Akt bewusst tätiger Identitätsbildung des Ich *durch* ein oder *in* einem »thätigen« Setzen nennt Fichte, ohne Anhalt im Kant-Text, den Akt der »Zueignung«, »*des Mirzueignens*« dieser intellektuellen Handlung (ebd.). Das zweite Moment, das Fichte im Kant-Text besonders herausstellt, ist die schon bei Kant thematisierte Spontaneität, die mit der transzendentalen Apperzeption als ursprüngliche Identitätsstiftung eines wirklichen Ich-denke »gesetzt« ist. Fichte bezeichnet sie hier ausdrücklich als »*ein Thun* […], als eine Handlung des *Verstandes*« (ebd.).

In Kenntnis von Fichtes 1794 vorgelegter *Grundlage der gesammten Wissenschaftslehre*, insbesondere von deren § 1, haben wir in diesem kurzen Kommentar zu Kants § 16 der *Kritik der reinen Vernunft* bereits die wesentlichen Bestimmungsmomente der Tathandlungs- und Ich-Theorie versammelt. Insbesondere ist die Betonung der Zuschreibung, das ›Mirzueignen‹ des Denkens, das heißt die existenzbezogene Dimension des Fichte'schen Philosophierens, schon deutlich erkennbar. Vor allem aber ist der dynamische Grundzug der Ich-Lehre Fichtes in den Begriffen des intellektuellen Tuns und Handelns bereits in einem spezifischen Sinne als *Setzen* benannt.[116]

Gerade dieses Merkmal seiner Wissenschaftslehre, die Spannung zwischen identitätsstiftender intellektueller Produktion, der *Tathandlung*, und den in und durch diese Produktion erzeugten Denkakt-Resultaten, den *Tatsachen*, hat in der Entwicklungsphase, in der wir uns mit unserer Analyse befinden, dem Jahr 1790, möglicherweise, und zwar abseits von Kant, auch durch Schocher eine interessante Unterstützung oder Anregung erfahren.

Schon allein der Umstand, dass Fichtes Interesse an der Deklamationskunst seinen starken Drang zur Performanz dokumentiert und dass diese – auch bei Schocher – als eine die gesamte Bandbreite

---

116 Ausdrücklich wird Fichte in der *Zweiten Einleitung in die Wissenschaftslehre* (1797) auf sein Exzerpt des § 16 der *Kritik der reinen Vernunft* aus dem Jahre 1790 zurückkommen und hier seinen Entwurf von damals etwas ausführlicher – und nun im Kontext seiner eigenen Philosophie des Ich – erörtern (vgl. GA I/4, 227–244).

menschlichen Ausdrucksverhaltens – vom Gefühl über das Denken, die Sprache und darstellerische Gestik und Mimik – umfassende Bildung verstanden wird, ist bemerkenswert. Von hier aus liegt es viel näher, in dieser Schocher'schen Ganzheitsmethode, die ja schon Fichtes *Valediktionsrede* im Blick hatte, als prägendes Motiv der Gefühl, Wille, Denken und Ausdruckshandeln – Herz und Verstand – integrierenden Ich-Lehre Fichtes zu erkennen.

4.3.4   Substantivischer und verbaler Sprachgebrauch – genetisches und faktisches Denken

Insbesondere auf sprachlicher Ebene hat Schocher eine weitere Spezialität zu bieten, die für die Entwicklung von Fichtes performativem Philosophieverständnis von Bedeutung und Einfluss gewesen sein könnte und die die auch von Kant her geförderte Denk-Akt-Theorie des schlechthin sich-setzenden und darin seienden Ich (vgl. GA I/2, 259) von einer grammatikalischen Seite aus stützt.

Grundbegriff und Wesenszug Fichte'schen Philosophierens ist dessen *genetischer* Charakter. Schöpferisches Denken meint die Konstruktion von Begriffen und deren Zusammenhängen im und aus dem sich seiner selbst bewussten Vollzug eines ›mir zugeeigneten‹ Denkakts. Es meint das ›Ich-denke‹ in einem emphatischen und umfassenden Sinne. Sein Gegenteil ist die ›Entgegennahme‹ eines *faktischen* Wissens in den Vorrat eines Bestandes an Kenntnissen. Genetisches und faktisches Wissen kennzeichnen auch den Unterschied zwischen einem rezeptiven und einem spontanen Denken. Kants Akt der Spontaneität, aus und in dem sich die Vorstellung, das Selbstbewusstsein eines wirklichen ›Ich-denke‹ realisiert, ist in dieser Fichte'schen Unterscheidung zwischen faktischem und genetischem Wissen noch nachhaltig wirksam und wird dies auch immer bleiben. Diesen in seinem kantischen Ursprung transzendental gemeinten Denkakt transferiert Fichte, eher unkantisch, bis auf die Ebene des konkreten sprachlichen Ausdrucks. Er unterscheidet so innerhalb des

Begriffs des Seins, der zentralen Kategorie der mittleren und späten Wissenschaftslehre, einen verbalen von einem substantivischen Sinn und Gebrauch des Wortes. Dabei meint »verbaliter« den Modus des *lebendigen* Schöpfungsvollzugs des »Seyens« wohingegen im »Substantivischen« der Modus des vorhandenen, »*toten*«, *gegenständlichen* oder metaphysischen Seins zum Ausdruck kommt (GA II/8, 114f.). Für den Charakterzug lebendigen Denkens und Sprechens, das heißt des genetischen Philosophierens, hat die Wissenschaftslehre nach 1800 das Theorem des ›Von‹ geprägt (vgl. GA II/8, 292–299). ›Von‹ ist Genesis und meint den Akt des ursprünglichen Hervorgehens aus. Das ›Von‹ ist der produktive Blick auf den lebendig gestalteten Weg einer Herkunft. Umgangssprachlich erhalten ist uns dieser Sinn der Präposition im ›Von‹ der Adelsgeschlechter.

Diese zum Teil bei Fichte sehr filigran ausgeführten Überlegungen zu produktivem und gegenständlichem Denken erscheinen uns heute, auch wenn sie in der Sache eine substanzielle Botschaft über das Wesen der Philosophie als Philosophieren enthalten, als eigenwillig. Die Fichte-Forschung erklärt diese Analysen im Wesentlichen als eine Besonderheit des Fichte'schen Denkens. Schon früh konstatierte der französische Fichte-Forscher Xavier Tilliette diesen Grundzug als eine Reaktion Fichtes auf dessen eigenes Unbehagen an der Starrheit der Form seines Systems und damit als Fortschritt der Wissenschaftslehre aus eigener Einsicht (vgl. DgF, 39). Dass es Fichte, assistiert von Kants ›Ich-denke‹, um die Lebendigkeit, Spontaneität und Selbst-Produktivität schöpferischen Denkens ging, steht außer Frage. Aber dass sich dieses Motiv, in seiner Ausgestaltung insbesondere auf der Ebene sprachlich-grammatikalischer Performanz, der Deklamation, ohne äußere Anregungen zum systemprägenden methodologischen Prinzip (vgl. GA I/4, 272f.) verfestigt und weiterentwickelt haben soll, darf man infrage stellen. Und tatsächlich: Die Differenz von verbaler und substantivischer Sprache sowie die aus diesem Unterschied ableitbaren etymologischen und im Weiteren auch erkenntnistheoretischen Implikationen und Konsequenzen sind zentrale Themen von Schochers ›Grammatik- und Deklamationstheorie‹. Seine in dieser Hinsicht für Fichte bedeutsamen Überlegungen und Thesen sind zum einen: Das Verbale der Sprache ist dem Substantivischen vorgelagert. Die zweite These Schochers betrifft – in diesem Zusammenhang – Fichtes zentrales Theorem der intellektuellen Anschau-*ung* als erzeugendes Hinschauen.

4.3.5 »Als denkende Wesen handeln«

Die grammatikalische Streitfrage nach der Ableitung der Wortbedeutungen aus Umformungen von Verben in Substantive oder umgekehrt von Substantiven in Verben, zum Beispiel Zahl aus zehlen, Wahl aus wehlen beziehungsweise zählen aus Zahl und wählen aus Wahl, wird von Schocher entschieden beantwortet. Es sei ein Irrtum, heißt es, die ursprünglich aus der Handlung des Zehlens oder Wehlens abgeleitete Substantivierung Zahl oder Wahl ihrerseits zur Begründung einer modernen Schreibweise des Verbs zählen oder wählen, das heißt der Umformung des Vokals E in den Umlaut Ä, anzuführen. Darin liege nicht nur ein logischer Fehlschluss, sondern es werden damit die sprach- und denkgeschichtlich wahren Verhältnisse auf den Kopf gestellt. Das Ergebnis dieser Umkehrung ist nicht die Kleinigkeit einer Vokalumbildung, sondern eine grundlegende intellektuelle Fehleinstellung im sprachlich induzierten Denken, Verstehen und folglich auch im darauf beruhenden Deklamationsausdruck. Am Beispiel von Härte und Weichheit von T und D hatte Schocher die Konsequenzen der Verkennung des Ursprungs richtiger Schreib-, Sprech-, Denk- und Ausdruckweise im Wandel von Teutsch zu Deutsch demonstriert. Mit dieser Argumentation sieht sich Schocher nicht nur durch die Etymologie der deutschen Sprache, sondern auch durch deren Entsprechungen im Griechischen und Lateinischen bestätigt. *Electio* komme von *eligere* und ἐκλογή von ἐκλέγομαι.[117]

Das grammatikalische Ableitungsproblem und dessen falsche Zurückführung verbaler auf substantivische Worte erweitert Schocher dann zu einem philosophischen Problem rechten Folgerns und Denkens überhaupt:

117 Vgl. Schocher (1793), 19.

denn welcher Philosoph, der doch jeder Grammatiker von Profession seyn muß, wird sich wohl bey gutem Verstande so weit verirren, daß er sich das Gehandelte eher, als das Handeln denken sollte? Denn unmöglich kann die Nath eher seyn, als das Nehen, und muß logisch ebenso natürlich Nath von Nehen kommen, als es grammatisch richtig ist, daß Nath das Derivativ seyn müsse, [...] aber keinesweges Primitiv seyn könne.[118]

Schochers bildungsphilosophische Schlussfolgerung aus diesen Thesen lautet: »Durch solches Studium der Muttersprache werden sich Knaben gewöhnen müssen, als denkende Wesen zu handeln, nicht nach zu beten, sondern immer auf die Grundursachen loszugehen, durch welche die Dinge so und nicht anders da seyn können und müssen«.[119]

In Fichtes *Versuch einer neuen Darstellung der Wissenschaftslehre* (1797) finden wir ebendiese Diskussion an den Beispielen Denkendes und Gedachtes, Setzendes und Gesetztes weiter ausgeführt. Und auch hier ist diese Thematik in dieselbe Sprachkritik eingebettet, in der sie in Schochers Kritik an den irrigen Grammatikern seiner Zeit stand. Fichte schreibt: »Die Sprachzeichen [...] sind durch die Hände der Gedankenlosigkeit gegangen und haben etwas von deren Unbestimmtheit angenommen; man kann durch sie sich nicht sattsam verständigen« (GA I/4, 272). Und was fordert nun auch Fichte? »Nur dadurch, daß man den Act angiebt, durch welchen ein Begriff zu Stande kommt, wird derselbe vollkommen bestimmt [...]. Diese Methode wird auch im Fortgange unsrer Untersuchung ohne Ausnahme beobachtet werden« (ebd.).

4.3.6 Anschauung und Hinschauung

Die Forderung einer methodologisch angelegten und sachgemäß genetisch abgeleiteten Konstruktion von Begriffen und gedanklichen Zusammenhängen aus Handlungen des Geistes wird aber noch

---

118 Ebd., 18.
119 Ebd., 21.

durch eine zweite tiefgreifende grammatikalische, gleichwohl philosophische Einsicht Schochers ergänzt, die auch für Fichte bedeutsam
wurde.

Fichte hat gegen Kants ausdrückliche Kritik die *intellektuelle Anschauung* – neben dem Selbstgefühl – als *den* unmittelbaren Evidenz-
modus der Selbstgewissheit innerhalb der Theorie des Selbstbewusstseins etabliert. Dabei legen die Erörterungen zu diesem zentralen
Theorem des nachkantischen Idealismus die intellektuelle Anschauung, das heißt das Moment der Bewusstheit innerhalb des spontanen
Akts der Selbstkonstruktion des Ich, nicht als passive Selbstwahr-
nehmung, sondern als mit dem Akt verbundene, ja mitgesetzte Aktivität des Sehens aus. Die als spontaner Akt initiierte Entdeckung des
Ich-denke der transzendentalen Apperzeption und das darin impli-
zierte Bewusstsein seiner selbst, als ein jedwedes Wissen mitprägen-
des Selbstbewusstsein erkannt, überführt die Spontaneität des Sehak-
tes zwar in die Gestalt eines Strukturelements der Theorie des Ich
überhaupt, in die Grundform der intellektuellen Anschauung. Aber,
und das wird Fichte niemals aufhören zu betonen, diese Anschauung ist stets, wie der Akt der Selbstsetzung auch, als eine Handlung,
als das Sich-sichtbar-Machen des Ich zu verstehen. Grammatikalisch
bedeutet das, trotz der im Suffix »-ung« der Anschau-ung vollzogenen Substantivierung des Anschauens ist stets selbstkritisch daran zu
erinnern, das Verbale des Sehens als den ursprünglichen Akt mitzu-
denken, ja stets mitzuvollziehen. Fichte hat an diesem Problem des
Umschlags verbalisierter Aktualität in substantivierte Objektivität
sein ganzes philosophisches Leben lang gearbeitet. In den späteren
Fassungen seiner Wissenschaftslehre ist es der *Verstand*, der genau
diesen Umschlag von der Flüssigkeit des Denkens in das *Stehen* seiner Objektivität bewirkt, der das Genetische ins Faktische wandelt.
Und sprachphilosophisch übernimmt die Sprache selbst diese Rolle.
Sie ist der die Sprachgemeinschaft »auf ihrem Gebiete zu einem einzigen gemeinsamen Verstande verknüpf[ende] […] wahre gegenseitige Durchströmungspunkt der Sinnenwelt, und der der Geister
[…], [der] die Enden dieser beiden also in einander verschmilzt, daß
gar nicht zu sagen ist, zu welcher von beiden sie selber gehöre« (GA

1/10, 155). Als dieser »Durchströmungspunkt« der Geister- und der Sinnenwelt hat die Sprache den Charakter der Objektivität oder genauer den der Objektvier*ung*. Denn »die erste GrundWendung *aller Sprache* [ist] die Objektivität« (GA II/8, 229). Mit Blick auf die intellektuelle Anschauung als zentrales Theorem seiner Philosophie hat Fichte in späteren Fassungen seiner Wissenschaftslehre das Problem der Objektivierung und Substantivierung, das heißt die Schwächung des Genetisch-Verbalen, durch die sprachliche Veränderung von Anschauung zu »Hinschauung« zu lösen versucht und die darin intendierte Betonung des Aktiven dadurch verstärkt, die Hinschauung als sehende »Bildeskraft« verständlich zu machen (GA II/15, 110). Bildende Hinschauungskraft weist offenbar deutlicher in den verbalen und produktiven Grund der Sehtätigkeit als das Wort Anschauung, mit dem sich auch ein ruhendes oder gar rezeptiv-passivisches Ansehen semantisch verbinden lässt. [120]

Fichte hat dieses Problem eines genetisierenden und verbalisierenden gegenüber einem faktischen und substantivierenden Sehen, Denken, Wissen und Sprechen zeitlebens beschäftigt, und für diese Auseinandersetzung galt ihm die Sprache als ein ganz besonders ausgezeichneter Ort. Auch das finden wir so bei Kant nicht. Man wird dieses Interesse sicherlich nicht allein auf seinen Besuch der Deklamationskurse bei Schocher zurückführen können. Aber es ist gleichwohl bemerkenswert, dass Schochers grammatikalische Analysen und die damit verbundenen sprachgeschichtlichen wie philosophischen und allgemein bildungstheoretischen Thesen genau diesen genetischen Punkt der Verbalisierung und Substantivierung zum zentralen Thema haben. So betont er in seiner genetischen Ab-

---

120 Es ist überaus bemerkenswert, dass I.H. Fichtes Ausgabe der *Thatsachen des Bewußtseyns* (SW IX, 401–574) den genetisierenden Grundgedanken dieser Textpassage nicht mitvollzogen hat. Mit der Veränderung der Schreibweise von »Bildeskraft« in »Bildungskraft« (ebd., 541) hat der Fichte Sohn den verbalen Sinn der Aussage nicht nur geschwächt, sondern verfälscht. Denn das Suffix »-ung« weist bei Fichte auf die Substantivierung des ursprünglich verbalen oder prozessualen Charakters eines geistigen Handelns. Das heißt auf den Umschlag von der Tat zur Tatsache.

leitungstheorie der Substantive aus Verben: »Wer weis nicht, daß ung
eine Verbalendung ist, oder eine Endung, mit welcher Verba zu Substantiven gebildet werden«.[121] Und über das Grammatikalische hinaus
auf das rechte Denken und Philosophieren angewandt, lautet Schochers kritisches Fazit gegenüber der Position einer substantivischen
Primordialität vor dem Verbalen: »wen die Endung ung nicht ans
Derivativ erinnern kann, wie wird dem der logische Grundsatz: das
Handeln ist eher, als das Gehandelte – bei kritischen Fällen Leitung
und Richtung geben können?«.[122]

Das heißt, und vielleicht ist das einer der kritischen Fälle, dass es
auch in der Philosophie, insbesondere bei ihrer Grundlegung, weniger auf die Tatsachen als vielmehr auf die Tathandlungen des Geistes,
weniger auf das Dass, vielmehr auf das Wie der Hervorbringung unserer Erkenntnis und deren Zusammenhänge ankommt. Neben seiner rhetorischen Leidenschaft, seiner Sprachsensibilität, die Bedeu-
tungsherkunft der Worte und Begriffe betreffend, ist Fichte auch in
diesem, und gerade in diesem Punkt der Betonung des Vorrangs des
Genetischen vor dem Faktischen, des Verbalen vor dem Substantivischen, zeitlebens Schüler und Mitstreiter seines Deklamationslehrers
Schocher geblieben.

Unter Berücksichtigung des sprachphilosophischen Bildungs-
kontextes, in dem sich Fichte unter dem Einfluss Schochers zu dieser Zeit der Grundlegung seines eigenen philosophischen Denkens
bewegt, liegt die Vermutung nahe, dass sich wohlmöglich die Wahl
des Zentralbegriffs der frühen Wissenschaftslehre, die Tathandlung, diesem Einfluss verdankt. Denn der Sinn dieser auf den ersten
Blick tautologischen Dopplung von Tat und Handlung erschließt
sich insbesondere über deren etymologische und semantische Herkunft sowie über die ›Verdeutschung‹ griechischer und lateinischer
Termini.[123] Somit ist zum einen bemerkenswert, dass Fichte mit der

---

121 Schocher (1793), 16.
122 Ebd., 18 f.
123 Duden: *Etymologie. Herkunftswörterbuch der deutschen Sprache.* Der große Du-
      den Bd. 7. Mannheim 1963, 248 u. 724.

Tathandlung ein Kompositum deutscher Sprache zum Grundbegriff seiner Wissenschaftslehre wählt, in dem Tun und Begreifen / Erfassen (Hand / Handlung) semantisch mit einander verknüpft werden. Zum anderen ist es insbesondere der in der ›Tat‹ enthaltene semantische Zusammenhang von θέσις = Setzung, *ponere* = tun / setzen / stellen und *conditio* = Gründung / Schöpfung, durch den die Tathandlung als nunmehr zugleich ursprüngliches, konditionales, setzendes und begreifendes Gründungsgeschehen für alles Bewusstsein (vgl. GA I/2, 255) ihre spezifische Bedeutung im Sinne der Wissenschaftslehre erhält.

5. *Theologia dogmatica secundum Theses D. Pezoldi*

Fichtes Weg in die Philosophie eröffnete sich aus dem Vermittlungsproblem von theologischer Dogmatik und dem Anspruch, diese mit Mitteln der Vernunft zu begreifen. Auf diesem Weg begegnete er in Leipzig dem letzten seinen Bildungsweg begleitenden universitären Lehrer: Christian Friedrich Pezold. Dessen Vorlesung über die Theologische Dogmatik hat er nachweislich gehört. Deren Dokumentation, die in lateinischer Sprache von Fichte verfasste *Theologia dogmatica*, ist uns erhalten (GA II/1, 35–48). Mit der Geschichte dieser Vorlesung, ihrer Übersetzung und Interpretation werden wir uns in diesem Kapitel näher befassen.

5.1 *Zur Entstehung des Vorlesungsmanuskripts*

»Magnificenz verzeihen gütigst, wenn ich der Aufforderung meines Herzen Ew. Magnificenz die Fortdauer meiner Rührung u. innigsten Dankbarkeit über Deroselben bei meinem Schiksale geäußerte außerordentl. Güte u. Großmuth zu versichern, u. Dieselben von meiner gegenwärtigen Lage, an der Sie so warmen Antheil nehmen, zu benachrichtigen, nicht länger widerstehe« (GA III/1, 17). So beginnt der Entwurf zu einem Brief, den Fichte an den im Wintersemester 1787 zum Rektor der Universität Leipzig ernannten Professor für Theologie und Philosophie, Christian Friedrich Pezold, adressierte.

Fichte befand sich im November 1787 in einer misslichen Lage. Im Spätjahr 1783 endete die auf drei Jahre befristete finanzielle Absicherung seines Studiums durch Henriette von Miltitz und damit auch die Hoffnung auf einen existenzsichernden Abschluss seines Theologiestudiums. Auch von den Eltern war keine Unterstützung zu erwarten. Was ihm blieb, ohne Schulden zu machen, war die unbefriedigende, aber zumindest die Subsistenz sichernde Laufbahn des

Hauslehrers. Bis zu seinem Brief an Pezold im Jahre 1787 hatte der Studiosus der Theologie seit 1785 bereits in drei oder vier solcher Anstellungen gearbeitet. Und weitere werden folgen (vgl. FiG 5, 204 f.). Fichtes Lebensweg steht in diesen Jahren vor einer Entscheidung. Nicht allein, dass er die Studien nicht zu einem theologischen Abschluss hat bringen können, sondern auch sein theologisch-pastorales Selbstverständnis ließ ihn inzwischen daran zweifeln, unter den gegebenen Umständen im gewählten Berufsfeld des Pfarramtes Fuß fassen zu können. Denn wie er feststellen musste, sahen die Verantwortlichen der Kirchenverwaltung seine Zukunft nicht auf der Kanzel, sondern eher in einem »Schul= oder academischen Lehrstand« (GA III/1, 156). Ob das, wie Fichte glaubte, an seiner ›ketzerischen Nase‹ lag, mag man dahingestellt sein lassen. Gleichwohl musste es einen Grund für Fichtes Urteil geben: »jeder hält mich auf den ersten Blik [für einen Ketzer]. Für einen Theologen sieht mich kein Mensch an; besonders in diesem Lande [Sachsen] nicht« (ebd., 157). Die konfessionelle Grundlage für den Dissens mit der Evangelischen Kirche lässt sich der Selbsteinschätzung Fichtes über die Frage ›Lutherische Orthodoxie oder reformierter Protestantismus?‹ entnehmen. Denn wenn er im Hinblick auf eine in Aussicht stehende Pfarrstelle in Hessen vom »Beispiel der Intoleranz, welches die Lutheraner in diesen Gegenden geben« spricht und bekennt: »Ich für meine Person bin mit Leib und Seel für die reformierte Partei, weil sie *unter den drei im Römischen Reich* [deutscher Nation] *tolerierten* in ihrer gegenwärtigen Gestalt, der wahren christlichen Religion am nächsten kommt« (ebd., 158), dann wird man ihm diese konfessionskritische Haltung zwar nicht an der Nase abgelesen, wohl aber seinen Reden entnommen haben. Zustimmung zur lutherischen Orthodoxie sieht anders aus. Und gegenüber einem zukünftigen Pfarrer – insbesondere in Sachsen – hegte die Kirchenverwaltung offenbar auch andere Erwartungen als die, die Fichte zufriedenstellen konnte.

In dieser Lage wendet sich der Studiosus der Theologie an Pezold, und zwar mit einer Frage, die seine Entscheidung hinsichtlich seiner Berufslaufbahn grundsätzlich betrifft, nämlich: besser die Laufbahn eines Juristen anstatt die eines Pfarrers einzuschlagen. Nicht allein der Lücken wegen, die sein bisheriges Theologiestudium aufweise, sondern weil »bei der lezteren [Theologie] mein Glük zu machen [...] mir nun beinahe alle Kanäle abgeschnitten« sind (ebd., 18). Diese Aussage lässt sich sowohl als Hinweis auf das Ende seiner Unterstützung durch Henriette von Miltitz als auch auf Fichtes erfolglose Bewerbungen um ein Stipendium beim Oberkonsistorium in Dresden interpretieren (vgl. ebd., 14–16). Die Jurisprudenz hält Fichte in diesem Brief dagegen für einen sichereren Weg, »theils um mich selbst in derselben noch mehr zu perfectionniren, theils um in der Folge mit einiger Zuverlässigkeit einen Emploi hoffen zu dürfen, wenn ich die Führung eines jungen Herrn auf der Universität erhalten könnte« (ebd.). Als fachliche Voraussetzung für diese berufliche Perspektive nennt Fichte seine in Jena, Leipzig und Wittenberg besuchten juristischen Vorlesungen, seinen Umgang mit »zum Theil sehr geschikten Juristen« sowie sein Selbststudium in diesem Fach (ebd., 18). Dass diese Angaben nicht ohne realistischen, allerdings forschungsgeschichtlich umstrittenen Hintergrund sind, wissen wir aus den Angaben zu Fichtes Studienzeiten in Wittenberg, wo er mit Aenesidemus Schulze und später mit Dietrich von Miltitz juristische Vorlesungen besuchte (vgl. FiG 5, 204f.).

Pezolds Antwort oder Reaktion in dieser Angelegenheit ist uns nicht bekannt. Was wir wissen, ist, dass, allerdings nicht wann, Fichte Pezolds Dogmatik-Vorlesungen besuchte und darüber auch Aufzeichnungen, die *Theologia dogmatica secundum Theses D. Pezoldi*, angefertigt hat.

Das Vorwort der Gesamtausgabe von Fichtes Werken zur *Theologia* geht erstens davon aus, dass »sich Professor Pezold um den armen Candidaten der Theologie [...] gekümmert hat« (GA II/1, 33), was aus dessen Dank für Pezolds »Güte u. Grosmuth« geschlossen werden könne, den Fichte im Brief vom 26. November 1787 ausspricht. Aus den Daten zu Pezolds Lehrtätigkeit ist bekannt, dass er theologische Dogmatik in den für Fichtes Studienzeit relevanten Jahren 1781, 1782 und 1783 sowie im Jahre 1788 gelesen hat. Pezold starb mit 45 Jahren, am 29. Dezember 1788. Da Fichte im Juni 1788 aus Leipzig abreiste, um – über Dresden und Rammenau – Ende September die Hauslehrerstelle bei Familie Ott in Zürich anzutreten, kann er, wenn überhaupt, Pezolds Vorlesung nur im Frühjahr 1788 gehört haben. Folglich geht die Gesamtausgabe davon aus, dass Fichte seine *Theologia dogmatica secundum Theses D. Pezoldi* »entweder in den Jahren 1782–84 oder in der ersten Hälfte des Jahres 1788 angefertigt« habe (ebd.).

Fasst man beide Überlegungen zusammen und blickt zudem auf die Entscheidungsfrage, die Fichte an Pezold zur eigenen Berufslaufbahn im Brief vom 26. November 1787 vorgelegt hatte, dann könnte Pezolds Rat an Fichte womöglich gewesen sein, es doch besser weiter mit Theologie anstatt mit der Jurisprudenz zu versuchen. Der erste Schritt in diese Richtung wäre die Wiederaufnahme des Studiums, und das heißt der Besuch von Pezolds Vorlesung über theologische Dogmatik gewesen, die Fichte dann auch fleißig und zielstrebig besuchte und dabei das überlieferte Skriptum verfasst haben könnte – was dann für dessen Entstehung im Jahre 1788 spräche. Gestützt wird diese Annahme durch die im Titel der *Theologia dogmatica* verwendete Formulierung »D Pezoldi«, das heißt des Doktors Pezold. Pezold hat den Doktortitel der Theologie 1787 erworben. Ihn mit seinem Doktorgrad anzusprechen schließt somit aus, dass Fichte Pezolds Vorlesung in früheren Jahren, vor dessen Promovierung, gehört hat. Für diese These spricht des Weiteren die Passage des nämlichen Briefes, in der Fichte von den Zeiten in Jena, Leipzig und Wittenberg als von den Zeiten spricht, »ehe ich unter Ew [Ehrwürdens] Aufsicht kam« (GA III/1, 18). Das heißt wohl so viel, dass Fichte in den Jahren 1781 bis 1783, in denen Pezold Dogmatik las, nicht unter dessen Aufsicht stand, was einen kontinuierlichen Besuch von Pezolds Vorlesung sowie deren gründliche Ausarbeitung dann eher unwahrscheinlich macht.

Allerdings sprechen auch Gründe für eine Datierung der Schrift in den frühen Studienjahren Fichtes. Diese ergeben sich nicht aus biographischen, sondern aus sachlogischen Zusammenhängen zwischen dem Aufbau von Fichtes Skriptum zur *Theologischen Dogmatik* und anderen in diesem Zeitraum entstandenen Schriften, insbesondere dem christologischen Entwurf *Ueber die Absichten des Todes Jesu,* der aufgrund des Schriftvergleichs vor 1788 zu datieren ist (vgl. GA II/1, 71 f.). Auf diese Zusammenhänge werden wir in der Erörterung der *Theologia* noch näher eingehen.

Ob Fichte in seinen frühen oder späteren oder zu beiden Zeiten die Vorlesung Pezolds besuchte, mag dahingestellt bleiben, sicher ist, dass er sich intensiv mit dessen theologischer Dogmatik fachlich auseinandergesetzt hat und darüber hinaus in persönlichem Umgang mit ihm stand. Daraus kann man insgesamt schließen, dass Pezold nicht ohne Einfluss auf den Studiosus theologiae war.

5.2 Christian Friedrich Pezold (auch Petzold) (1743–1788)

Als Sohn des Pfarrers Daniel Friedrich Pezold und seiner Frau Johanna Dorothea, geb. Krausin, wurde Christian Friedrich Pezold am 29. Juli 1743 in Wiedemar, einer Gemeinde im Nordwesten Sachsens, geboren. Seine Eltern verstarben früh. Auf Rat seines Vormunds besuchte er zunächst die Schule in Delitzsch und später die Landesschule Pforta. 1763 nahm Pezold das Studium der Theologie in Leipzig auf, lehrte ab 1767 als Magister der Philosophie in Leipzig. Im selben Jahr wurde er Vesperprediger der Universitätskirche. Ab 1771 lehrte Pezold als Baccalaureus theologiae auch Theologie und wurde 1774 außerordentlicher Professor der Philosophie. Seine Antrittsvorlesung hielt er über *Psychotheologie*, ein theologisch wie philosophisch interessantes Thema, auf das wir im Folgenden noch näher eingehen. 1782 wurde er ordentlicher Professor der Logik. 1787 promovierte er zum Doktor der Theologie und wurde im selben Jahr Rektor der Universität. Am 29. Dezember 1788 starb Pezold im Alter von 45 Jahren.

Für Pezolds Biographie und Lehre hat ein bisher wenig beachteter biographischer Umstand erhebliche Bedeutung, ein Umstand, der auch für Fichtes philosophische, rhetorische und theologische Bildung von nicht zu unterschätzender Relevanz ist. Schon Max Wundt hatte in seinem Fichte-Buch von 1927 das Schüler-Lehrer-Verhältnis zwischen Pezold und Crusius und den Einfluss beider auf Fichte hervorgehoben.[124] Martin Oesch weist in seiner Arbeit *Das Handlungsproblem*, aus dem Jahre 1981, nun darauf hin, dass über die akademische Beziehung hinaus auch eine enge familiäre Verbindung zwischen den beiden Lehrern Fichtes bestand. Pezold war nicht nur Schüler des seinerzeit noch in Leipzig lehrenden Crusius, sondern er war dessen Cousin. Crusius' Mutter, Christina Dorothea, und Pezolds Vater, Daniel Friedrich, waren Geschwister.[125] Aus Beers *Leipziger gelehrtes Tagebuch auf das Jahr 1787* geht hervor, dass während Pezolds Leipziger Studentenzeit »sein Vetter Crusius u. Joh. Aug. Ernesti seine vorzüglichsten Lehrer waren«.[126] Bei Ernesti hörte Pezold vor allem Rhetorik, Kirchengeschichte und Neues Testament. Crusius besuchte er »in allen seinen theologischen und philosophischen Vorlesungen und practischen Uebungen im Disputiren und Predigen, wobey er ihn durch genauen Umgang je mehr und mehr kennen, und seinen bewunderungswürdigen Scharfsinn, je mehr und mehr hochschätzen lernte«.[127] Pezold übersetzte und verteidigte dessen Arbeiten und war überzeugter Vertreter von dessen philosophisch-theologischer Weltanschauung.

Im Hinblick auf die Prägung Fichtes bedeutet das, dass wir es bei Pezold – noch stärker als bei Reinhard – mit einem nunmehr nahezu direkten Einfluss von Crusius auf Fichte zu tun haben. Mit Rücksicht auf die bereits erwähnten Lehrer Fichtes, die mal mehr mal weniger crusianisches Gedankengut, insbesondere dessen Theorie der Freiheit des Willens, vertreten haben, ist es schon erstaunlich, wie wenig diese Wurzel Fichte'schen Denkens bisher forschungsgeschichtlich untersucht worden ist. Wie fruchtbar dieser Ansatz zur nichtkantischen Genese des fundamentalen, subjekttheoretischen Ansatzes bei Fichte – der Lehre vom tathandelnden Ich – sein kann, hat eine der

---

124 Vgl. Wundt (1927), 9.
125 Vgl. Oesch (1981), 57, Fn. 7.
126 G. E. Beer: *Leipziger gelehrtes Tagebuch auf das Jahr 1787*. Leipzig 1787, 78.
127 Ebd.

wenigen Ausnahmen, nämlich Martin Oesch, mit Bezug auf bereits
bei Max Wundt vorliegende Hinweise gezeigt.

5.2.1   Tathandlung, Setzen und der Primat
des Praktischen

Abgesehen vom grundsätzlichen, aber noch nicht näher spezifizierten
Bekenntnis zur Idee der Freiheit und zu deren *näherer* Bestimmung
sind es nach Oesch vor allem drei Grundgedanken von Crusius, die
Fichte nahezu bruchlos in seine Lehre vom Ich oder absoluten Subjekt – so wie sie in der Jenaer *Wissenschaftslehre* von 1794 vorliegt
– eingearbeitet hat: nämlich zum einen Crusius' Idee der Tathandlung als »tätiger Grundkraft, [die] sofern aus sich und im Vollzug der
Handlung nicht determiniert, eine ›Grundthätigkeit der Freyheit‹ zu
nennen« ist.[128] – Ein Gedanke, der als *Actus der Spontaneität* auch in
Kants Lehre von der ursprünglichen, transzendentalen Apperzeption
in der *Kritik der reinen Vernunft* zu finden ist (vgl. AA III, 108 f.).[129]
  Zweitens ist es der diesen Tat-Handlungsvollzug bestimmende
und bisher mehr oder weniger exklusiv für Fichte reklamierte Begriff
des ›Sich-Setzens‹ als Wesenszug des absoluten Subjekts oder des
Ich. Schon Crusius bezeichnet die *Determination* als die »wirckliche
Setzung [...] einer von den möglichen Arten zu existieren, welche
der Sache zukommen könne«.[130] Crusius unterscheidet zwei Arten
der Determination als wirkliche Setzung, nämlich die fremddetermi-
nierte und die selbstdeterminierte, freie Setzung.

---

128   Crusius, zitiert nach Oesch (1981), 47.
129   In der Analyse zu den Ursprüngen dieses Wesenszugs von Fichtes Denken wurde
       im Vorherigen Schochers Postulat von der Vorrangigkeit der Verben gegenüber den
       Substantiven als wichtiger Einfluss erörtert. Dass dieses Thema auch bei Pezold
       und Crusius zentral ist, widerspricht dem Argument Schochers nicht. Es zeigt
       vielmehr, dass dieser Grundzug des Fichte'schen Denkens – unter Einbezug von
       Kants Idee der Spontaneität – auf mehrere, allerdings zeitnahe Quellen verweist.
130   Crusius, zitiert nach Oesch (1981), 50.

Wenn dahero ausser der freyen That etwas anderes vorhanden ist, welches machet, daß derselben ietzo diese und keine andere Determination zukommen muß, so wird die wirckende Substanz dadurch determiniert. Wenn aber dergleichen nicht vorhanden ist, und sie [die wirkende Substanz] hat dennoch die Kraft etwas zu unternehmen, so determiniert sie sich selbst.[131]

Und ein solches, »welches [...] vor [für] sich selbst bestehet, [...] nicht wiederum in einem andern subsistiert«, heißt absolutes Subjekt.[132] Zur Erinnerung: Wie lautet Fichtes Definition des absoluten Subjekts? »Dasjenige, dessen Seyn (Wesen) blos darin besteht, daß es sich selbst als seyend sezt, ist das Ich als absolutes Subjekt« (GA I/2, 259). Liest man den Substanzbegriff, der bei Crusius mitschwingt, kritisch, im Sinne von Fichtes Sein als ›Wesensbestimmung‹, dann ist die Nähe, ja Kongruenz der beiden Ideen des selbstsetzenden und darin realen, wirklichen Wesens des absoluten Subjekts nicht zu übersehen.

Die Nähe zwischen Fichte und Crusius im Hinblick auf den gemeinsamen Tathandlungs-Begriff der Wirklichkeit des absoluten Subjekts wird durch den dritten Gedanken, der nach Oesch den Einfluss des Leipziger Philosophen auf den Studiosus theologiae dokumentiert, noch unterstrichen. Fichtes *Grundlage der gesammten Wissenschaftslehre* charakterisiert eine Dreiteilung, *Erster Theil*: die Grundsätze der gesamten Wissenschaftslehre, *Zweiter Theil*: die Grundlage des theoretischen und *Dritter Theil*, die des praktischen Wissens. Die Teile zwei und drei ergeben sich nach der Konzeption der Wissenschaftslehre als nähere Bestimmungen der im ersten Teil aufgestellten Grundsätze, deren erster, schlechthin unbedingter oder absoluter Grundsatz die Lehre vom Ich als Tathandlung oder absolutes Subjekt ist. Bemerkenswert an dieser Konzeption der Wissenschaftslehre ist, dass sie auf einer Einteilung aufbaut, deren Grundstruktur in der Erkenntnis-, Willens- und Kräftelehre von Crusius angelegt ist. So hält Oesch fest: »[W]as [...] der Philosophie Crusius' entnommen werden kann, ist die Trennung der Kräfte, Taten und Handlungen von

---

131 Ebd.
132 Ebd., 49 f.

der Sphäre des Logischen«, was schon bei Crusius auf die auch für Fichte typische »Subordination des Theoretischen unter das Praktische« hinausläuft.[133] Allerdings ist die Unterscheidung und Subordination der Geistestätigkeiten nicht als ein ›bloßes Nebeneinander der Tätigkeiten oder Kräfte‹ zu verstehen. So ist etwa die Konzeption dessen, was im engeren Sinne eine *Idee* zu nennen ist, eine Ordnung, in der die Antriebs-, Gestaltungs- und Erkenntniskräfte des Geistes zu einer konstruktiven Einheit zusammengeführt sind.[134] Fichte konnte sich in diesen Gedanken Crusius' einerseits an seine eigene, ganzheitliche Temperamentenlehre aus der Valediktionsrede erinnert fühlen, die ihm hier philosophisch aufbereitet präsentiert wurde. Aber er konnte sich durch sie auch für weiterführende Überlegungen, wie etwa der zum spezifisch dynamisch-schöpferischen Wesen des Ideen-Begriffs, inspirieren lassen (vgl. GA I/8, 235). Diesen Gedanken vertritt neben Crusius auch Fichtes Lehrer Pezold in seiner lateinischen Antrittsvorlesung über die *Kennzeichen der Psychotheologie* aus- und nachdrücklich.[135]

Des Weiteren ist auf eine Eigenart der crusianischen Philosophie aufmerksam zu machen, die sowohl für seinen direkten Schüler und Vetter Pezold wie für dessen Eleven Fichte von einiger, ja grundlegender Bedeutung ist, wobei in diesem Wesenszug der soeben angedeutete synthetisch-analytische Charakter der Gemütskräfte nachklingt. Dieser Grundzug hat allerdings speziell in der Fichte-Forschung eine Kontroverse ausgelöst, die bis heute andauert, für deren Lösung jedoch erste Ansätze erkennbar sind – Lösungsansätze, die insbesondere den, wie es scheint, von Crusius inspirierten Grundgedanken der in sich differenzierten und systematisch koordinierten Einheit von Trieb, Willens- und Erkenntniskräften aufgreifen und für die Klärung und Interpretation der Grundlagen Fichte'schen Denkens fruchtbar machen. Nach Oeschs Analysen zu den für Fichte relevan-

---

133 Oesch (1981), 47.
134 Vgl. ebd., 48 f.
135 C. F. Pezold: *Psychotheologiae specimina*. Antrittsrede zur außerordentlichen Philosophieprofessur in Leipzig, 20. April 1774. Leipzig 1774, IX.

ten Theoriemomenten der Philosophie Crusius' wird der Beweis einer notwendigen Unterscheidung bzw. Zuordnung von voluntativen und intellektuellen, zwischen Willens- und Verstandesakten ›psychologisch‹ geführt, das heißt durch die Lenkung der Aufmerksamkeit auf die Besonderheit der jeweiligen ›Seelenkräfte‹ in deren jeweiligem Vollzug. So »könnte [man] nicht etwas wollen und zugleich auf es reflektieren«.[136] Diese methodologische Besonderheit einer philosophischen Beweisführung durch Rekurs auf seelische Akte, die nach Oesch bei Crusius vorliegt, ist in der Sache unter der Überschrift genetische und faktische Evidenz auch zentraler Gegenstand der Fichte-Forschung. Wie sind Beweisführungen zu beurteilen, deren Geltung nicht auf dem begrifflichen Gehalt von Argumenten, sondern auf der Erfahrungsgewissheit eines (subjektiven) Vollzugs geistiger Akte beruht? Dieses Problem sieht Oesch von Crusius auf Fichte übergehen, womöglich über Pezold vermittelt, und er entdeckt damit einerseits einen höchst interessanten, nachhaltig wirksamen ideengeschichtlichen und bildungsbiographischen Zusammenhang zwischen Fichte und dessen geistesgeschichtlichem Umfeld. Und andererseits weist er – wenn auch nur indirekt – auf dieses nicht ganz unproblematische subjektivistisch-psychologische Erbe innerhalb der Fichte-Forschung hin. Denn es sei gerade Max Wundt, einer der wenigen Fichte-Forscher, die den Zusammenhang Crusius–Pezold–Fichte besonders betonen, der Fichte zugleich, wenn auch nicht psychologisch, so doch ›durchgehend subjektivistisch‹ interpretiert. Das mag aus der Nähe des Fichte'schen Denkens zur ›psychologisierenden‹ Argumentation von Crusius schlüssig erscheinen, rückt aber Fichte insgesamt – irrigerweise – in ein falsches, nämlich eben psychologisierendes Licht. Es sei, so Oesch, eben problematisch, wie Wundt zu behaupten, Fichte mache »›den Gehalt seines eigenen Daseins [...] zum Gehalt der Wissenschaftslehre‹«.[137]

Die von Fichte selbst, ebenso durch die Biographie seines Sohnes oder die Urteile späterer Interpreten wie Heinrich Heine oder Xavier

---

136 Oesch (1981), 48.
137 Ebd., 58, Fn. 29.

Tilliette betonte *Einheit von Person und Lehre*, die sozusagen aus dem Charakter Fichtes auf die Ausgestaltung seines Denkens schließt, hat zuletzt auch Manfred Kühns Fichte-Biographie noch einmal thematisiert. Auch wenn er eine biographisch-psychologisierende Deutung von Fichtes Philosophie eher kritisch sieht,[138] sind seine Einzelanalysen doch nicht frei von psychologisierenden Zuschreibungen: so zum Beispiel, wenn er etwa die »individuelle Richtung« von Fichtes Geist mit den frühen und seines Erachtens nachhaltigen Kindheitserlebnissen des Philosophen, etwa mit der Episode über den *gehörnten Siegfried*, in einen konditionalen Zusammenhang bringt.[139] Neben dieser Deutungslinie des Fichte'schen Oeuvres steht die im engeren Sinne wissenschaftlich ausgerichtete transzendentalphilosophische Interpretationstradition, in der die subjektivistischen, psychologistischen oder biographischen Ansätze keine Rolle spielen.

5.2.2   Transzendentallogische, ontologische und existenzielle Auslegung der Tathandlung

Sieht man einmal etwas genauer auf den ersten Grundsatz der *Grundlage der gesammten Wissenschaftslehre*, dann lässt sich zeigen, dass der Streit um Subjektivismus, Psychologismus und Transzendentalismus aus der Parzellierung einzelner Schwerpunkte des Grundsatzes resultiert. Denn dieser enthält in den Modifikationen zur Bestimmung des Ich, dem *Ich = Ich*, dem *Ich ist Ich* und dem *Ich bin Ich*, drei unterschiedliche Theoriedimensionen, die, vermittelt über die Kopulae, eine transzendentallogische, eine ontologische und eine existenzielle Auslegung der *einen* Tathandlung erlauben.

Wenn Fichte im ersten Grundsatz über das Ich = Ich spricht, dann tut er das vor dem Hintergrund der *logischen* Ableitung des identischen Wesens des Ich, auf das er durch die Analyse des Urteils ›A =

---

138 Vgl. Kühn (2012), 10–16.
139 Ebd., 29.

A‹ gekommen ist. Im Ich = Ich steht die Handlung des Urteils exemplarisch für die allem Denken und Wissen zugrundeliegende *Identität* und Einheit des *Ich bin* als Tathandlung im Vordergrund. In der Ableitung der Grundsätze der Logik[140] begründet Fichte demzufolge schlüssig den *Satz der Identität*, das A = A, aus der Identität des setzenden mit dem gesetzten Ich oder der Einheit von Subjekt und Prädikat (vgl. GA I/2, 258). Systemtheoretisch, das heißt im Kontext der Gesamtidee der Philosophie Fichtes, steht der Satz ›Ich = Ich‹ somit im Vermittlungszusammenhang von transzendentaler und formaler Logik.

Spricht Fichte dagegen über »das Ich *ist* Ich«, etwa in den Sätzen: »Das Ich *ist* nur insofern es sich sezt« oder: »*Das Ich ist für das Ich*« (GA I/2, 260), dann tut er das, um über die *formale* Bestimmung der Identität hinaus die *qualitative B*estimmung, das Wesen und Sein des Ich hervorzuheben. Das Sein, das in der Kopula ›ist‹ ausgesagt wird, betont hier weniger die Identität als vielmehr die lebendige Performanz des Setzungsakts, das »Seyn verbaliter« (GA 1/8, 251), wie es später heißt. Aus dieser *qualitativen* Bestimmung des Ich wird im Folgenden die transzendentallogische *Kategorie der Realität* abgeleitet (GA I/2, 261). Auf deren nähere Bestimmung bezieht sich weniger der theoretische als vielmehr der praktische Teil der *Wissenschaftslehre*, das heißt die Strebens-, Trieb-, Kraft- und Gefühlslehre (vgl. GA I/2, 385–451 u. DgF, 194–206). Allerdings ist in den Wendungen, die Fichte hier zur *qualitativen* Bestimmung des Ich gebraucht, vom Ich als von ›*dem* Ich‹ oder von ›*das* Ich‹ die Rede. ›*Das* Ich setzt sich

---

140 Mit der Unterscheidung zwischen Urteilstheorie und Bewusstseinstheorie weist Asmuth darauf hin, dass Fichte gegenüber Kant von Anfang an mit einem anderen Modell philosophischer Theoriebildung arbeitet. Dazu gehört, dass Fichte im Unterschied zu Kant, der die Kategorien transzendentalen Wissens aus der Logik ableitet, umgekehrt, die Logik aus der Wissenschaftslehre entwickelt. Nach Fichtes ›später‹ Wissenschaftslehre sei die »Logik eine bloße Folge der Psychologie, d. h. einer empirischen Erkenntnistheorie. [...] [D]iese Umkehrung gegenüber dem Programm Kants [ist] von erheblicher Bedeutung. [...] [Sie] ist eine direkte Konsequenz der Grundlagenproblematik« (C. Asmuth: *Wissen im Aufbruch*. Würzburg 2018, 52 f.).

selbst‹ oder ›X ist durch *das* Ich gesetzt‹ usw. Der Artikel ›das‹ verortet das Ich auf der allgemeinen und abstrakten Systemebene einer
philosophischen Sachanalyse.

Spricht Fichte schließlich vom »Ich *bin* Ich« und verzichtet dabei auf den distanzierenden Artikel ›das‹, dann ist er auf derjenigen
Betrachtungsebene angekommen, auf der das ›Ich bin‹ substanziell,
existenziell und konkret ›Mich‹ meint. »*Ich bin nur für Mich; aber
für Mich bin ich nothwendig*« (GA I/2, 260). Bemerkenswerterweise
wird ›Mich‹ hier groß geschrieben. Das »*für Mich*«, um das es hier
geht, ist keine bloß formale Reflexivität, sondern meint das Setzen
meines Ich-Seins. Denn »indem ich sage *für Mich*, setze ich schon
mein Seyn«. Und: »Jeder, der mit uns die gegenwärtige Untersuchung anstellt, ist selbst ein Ich« (ebd., 420).

Der Schritt in die existenzielle oder personale Sphäre des ›Ich bin‹
und die seiner frei gesetzten Selbstbezüglichkeit, die je das *Für-mich-
Sein* meint, kann als Ausstieg aus der wissenschaftlich-distanzierten
Sach-Analyse und als Überstieg in eine individualisierende und psy-
chologisierende Betrachtungsweise interpretiert werden, bei der die
Gefahr besteht, den sicheren Boden rational überprüfbaren Wissens
zu verlassen. Deshalb hat sich die Fichte-Forschung, wie erwähnt,
stets kritisch gegen eine ›Psychologisierung‹ des Ich-Begriffs ausgesprochen. Es ist aber das Bemerkenswerte an Fichtes Theorie des
Subjekts, dass der erste, »schlechthin unbedingte Grundsatz« des §
1 der *Grundlage* seiner *gesammten Wissenschaftslehre* (GA I/2, 255)
alle drei Dimensionen, die transzendental- und formal-logische, die
ontologische sowie die existenzielle Dimension des ›je-meinigen‹ Ich,
als elementare Artikulationen der Tathandlung enthält und sie als solche expliziert.

In der Verflechtung der drei Dimensionen ich-haften Seins liegt
zwar die Gefahr, durch Parzellierung Transzendentales von Ontologischem und Psychologischem strikt zu trennen oder aus einer der
Perspektiven die beiden anderen Hinsichten in ihrem Wesen zu verkennen, das heißt in einen Psychologismus oder Transzendentalismus abzuleiten. Aber es liegt darin auch und vor allem die Chance
der wechselseitigen Vermittlung und Stärkung von transzendental-

logischem, ontologischem und psychologischem Ich, das heißt eine Konzeption des Ich, die alle drei Aspekte umfasst und auf sie in wechselseitiger Ergänzung und Begründung zurückzugreifen vermag. Dadurch kann die Gefahr einer strikten Segmentierung oder einseitigen Fragmentierung der Theorie des Ich abgewendet werden.

Hält man diesen mehrdimensionalen Begriff der Theorie des Ich, wie ihn die *Grundlage* anbietet, fest, dann lässt sich gut verstehen, warum es Fichte möglich war, ab 1797 eine *Neue Darstellung der Wissenschaftslehre* zu konzipieren, zu deren Ausgangs- und Evidenzpunkt er das existenzbezogene und individual-egologische ›Merke auf dich selbst‹ wählte. Wäre die Dimension des existenzbezogenen ›Ich bin‹ nicht in der *Grundlage* von 1794 angelegt, hätte es Fichte erheblich mehr Mühe gekostet, seine Transzendentalphilosophie existenzphilosophisch zu modifizieren.

Das didaktische Prinzip einer experimental-philosophischen Seelenführung, einer Psychagogik, wird im Laufe der Entwicklung von Fichtes Wissenschaftslehre, vor allem in den mündlichen sowohl wissenschaftlichen wie populären Vorträgen, zu einem Markenzeichen seines Philosophierens. Die von Fichte in »öffentlicher Lehrsituation« an und in den Köpfen seiner Zuhörer erprobte experimentelle Bewusstseinsanalyse »gehört wohl zu den spektakulärsten und für die Probleme öffentlicher Vernunft aufschlussreichsten Passagen der gesamten philosophischen Literatur« (DgF, 150).

5.2.3 *Psychotheologische Einflüsse und Anklänge in der Philosophie Fichtes*

Der Vorwurf der Psychologisierung, den die transzendental-philosophische Tradition denjenigen Interpreten Fichtes macht, die wie Max Wundt in ihrer Deutung darauf verweisen, dass die Untersuchungsgegenstände der Wissenschaftslehre auch merkliche Charakterzüge einer Selbstanalyse enthalten, hat bisher einen geistesgeschichtlichen Einfluss übersehen, der bei Fichte von Bedeutung ist und der wahrscheinlich über Pezold auf ihn gekommen ist: die Psychotheologie. Auf diesen insbesondere im 17. und 18. Jahrhundert virulenten, Philosophie und Theologie vermittelnden Theorieansatz hinzuweisen, ist vor allem deswegen erforderlich, weil darüber eine kritische Würdigung dessen möglich ist, was zu Fichtes Zeiten Psychologie bedeutete. Dies ist umso wichtiger, weil dieses Verständnis der Psychologie mit unserem gegenwärtigen wenn überhaupt dann nur äußerst bedingt etwas zu tun hat. Das heißt, die Psychologisierung einer Philosophie stand im 18. Jahrhundert in einem von unseren heutigen Vorstellungen sehr verschiedenen Interpretationskontext.

Nach Paul Michel ist die Psychotheologie ein Zweig der physikotheologischen Frömmigkeitsbewegung, die im 17. und 18. Jahrhundert ihre Blütezeit erlebte.[141] Die von ihr ausgelöste literarische ›Flutwelle‹ ist bis in die Gegenwart nicht verebbt.[142] Als Hauptvertreter der Psychotheologie des 18. Jahrhunderts gilt der Pädagoge Paul Eugen Layritz mit seinem vierbändigen Werk der ›Proben‹ zur Psychotheologie. Das von Layritz vertretene Programm markiert bereits der Untertitel des 1741 erschienenen vierten Teils: *Der aus den Wirckungen der menschlichen Seele hervorleuchtenden Weißheit, Macht und*

---

141 Vgl. P. Michel: *Physikotheologie. Ursprünge, Leistung und Niedergang einer Denkform.* Zürich 2008 (*Neujahrsblatt auf das Jahr 2008 der Gelehrten Gesellschaft Zürich*), 4f.

142 Vgl. D. Meyer: »Begründung einer christlichen Psychologie als einer Psychotheologie. Die Schulprogramme des Neustädter Pädagogen Paul Eugen Layritz von Layritz«, in: *Alter Adam und neue Kreatur. Pietismus und Anthropologie.* Hrsg. von U. Sträter u.a. Tübingen 2009 (*Hallesche Forschungen 28/1*), 293–304. Eine aktualisierende Neuauflage des psychotheologischen Ansatzes ist etwa E.L. Santners 2010 erschienene Arbeit *Zur Psychotheologie des Alltags* (Zürich 2010). In ihr wird Franz Rosenzweig für die ›Wiederentdeckung‹ einer Dimension philosophischer Analyse fruchtbar gemacht, die jenseits von wissenschaftlicher Abstraktion und belangloser Alltäglichkeit »das Sein in Mitten des Lebens« als »Quelle der Vitalität und Menschlichkeit« (ebd., 29) neu erschließt. Santners Arbeit geht bedauerlicherweise mit keinem Wort auf die von Michel nachgewiesene ideengeschichtliche Herkunft und Tradition der Psychotheologie ein.

Güte ihres preißwürdigen Schöpfers.[143] Die Psychotheologie versteht sich somit als spezielle Abteilung der Theologie, näherhin als eine ›christliche‹ Psychologie. Ihr geht es um die Analyse der menschlichen Seelenkräfte und deren Wirkungen und insbesondere darum, inwiefern aus ihnen Weisheit, Macht und Güte ihres Schöpfers hervorleuchten. Diese Betrachtung soll allerdings weder durch mystische Versenkung noch *in abstracto*, durch philosophische Analyse geschehen. Vielmehr dominiert die Psychotheologie ein individualisierender, empirischer und vor allem theologisch-therapeutischer Ansatz – ein Grund dafür, dass die Psychotheologie auch in der aktuell boomenden Literatur zur Psychotherapie und Lebensberatung gelegentlich wieder zur Sprache kommt.

> Überhaupt ist ja wol zu mercken, daß die Kräften, die der HErr unsrer Seele gegeben, einmal können betrachtet werden, wie sie an und vor sich sind, ohne darauf zu sehen, wie sie sich bey diesem und jenem Menschen befinden. Das nennen die Weltweisen *in abstracto*. Wiederum kann man die Kräfte der Seele so ansehen, wie sie sich in diesem und jenem Menschen besonders befinden. Denn obgleich alle und jede Menschen, in ihren Seelen, einerley Kräfte, das heist Kräfte von einerley Art haben: so sind doch dieselben in Ansehung der Grade, der Geschwindigkeit zu wircken, fast unendlich unterschieden. Und da man sonsten sagt: *Quot capita, tot sensus*; so könte man auch von den Kräften der Seele sagen: Soviel Menschen sind, soviel Unterschiede in den Kräften ihrer Seele gibt es. [...] Zum dritten ist es einem Menschen, dem es um die Wahrheit zu thun, unumgänglich nöthig, die Kräfte der Seele auch so zu betrachten, wie sie in dem gegenwärtigen armseligen Zustand auf das greulichste verdorben, und zur Verunehrung ihres preißwürdigen Schöpfers beschimpft und befleckt sind.[144]

Der theologisch-*therapeutische* Ansatz der Psychotheologie wird dann vor allem in ihrer Absicht einer religiösen Erneuerung des Menschen deutlich. »Ich dencke auch nicht«, fährt Layritz fort, »daß

---

143 P. E. Layritz: *Vierte Probe einer Psychotheologie Oder: Der aus den Wirckungen der menschlichen Seele hervorleuchtenden Weißheit, Macht und Güte ihres preißwürdigen Schöpfers.* Nürnberg 1741.
144 Layritz (1741), 2 f.

man es einem Christlichen Schüler der Psychologie verargen werde, wenn er sich viertens darum bekümmert, in was vor einen Zustand die Kräften der Seele versetzt werden, wenn ein Mensch, durch die kostbare und blutige Versöhnung JEsu Christi erneuert wird, zum Bilde dessen, der ihn erschaffen hat«.[145]

Therapeutischer Mittelpunkt der Psychotheologie ist somit die Erneuerung des Menschen durch die Therapie einer theologisch-christlichen Seelenheilkunde. Ihr diagnostischer Ausgangspunkt ist der ›armselige Zustand‹ der gegenwärtigen Verfassung des Menschen, das Ziel der Erneuerungsbewegung ist die Restituierung des Menschen als Bild Gottes. Blickt man auf die Philosophie Fichtes in ihrer ersten und zweiten Berliner Phase, die Diagnose der Gegenwart als *Zeitalter der vollendeten Sündhaftigkeit*, die Bestimmung der Philosophie als *medicinam mentis* sowie auf die explizit theologisch konnotierte *Bild-Abbild-Theorie* der späten Wissenschaftslehre, dann ist eine Nähe zum Konzept der Psychotheologie nicht zu verkennen.

Aber noch eine weitere für unsere Untersuchung interessante Nähe gilt es festzuhalten, nämlich die zwischen Psychotheologie und Pietismus. Als Spielart der Physikotheologie verfolgt auch die Psychotheologie die Absicht, aus der intensiven Beschäftigung mit dem Werk des Schöpfers, in diesem Falle den Seelenkräften, diesem selbst näher zu kommen. Diese Idee eines unmittelbaren, das heißt nicht dogmatisch oder institutionell vermittelten Zugangs zu Gott war und ist auch zentrales Anliegen pietistischer Frömmigkeit. So liegt es nahe, zumindest beim gemäßigten Flügel des Pietismus eine Affinität zur Physiko- und Psychotheologie zu vermuten. Und diese Vermutung wird in der theologischen Forschungsliteratur auch bestätigt. Michels Arbeit zur Physikotheologie weist darauf hin, dass die Frömmigkeitsbewegung »allmählich […] die neuen naturwissenschaftlichen Kenntnisse in Dienst [nahm]: je wunderbarer die Natur, desto preisenswerter ist Gott«.[146] Und so war es ein »Anliegen der dem Pietismus nahestehenden Kreise […], die Frömmigkeit über das

---

145 Ebd., 3.
146 Michel (2008), 147.

Kirchlich-Institutionelle hinaus ins Leben zu tragen und die Gläubigen dadurch zu ermutigen, dass Gott die Welt bestens eingerichtet hat und sich ihr stets schenkend zuwendet«.[147] Dass diese Wendung zur unmittelbaren Gotteserfahrung über den Weg der äußeren und inneren wissenschaftlich-reflektierten Naturbetrachtung insbesondere auch in der pietistischen Frömmigkeitsbewegung fruchtbar wurde, verdankt sich dem Umstand, dass gerade der Protestantismus »dankbar für einen Weg [war], der es erlaubte, ohne sakramentale oder priesterliche Vermittlung zu Gott zu finden«,[148] hatte doch Luthers und Zwinglis Lehre vom »Deus absconditus« diesen Weg, wenn nicht verbaut, so doch durch den exklusiven Zugang über die »Torheit des Kreuzes« nicht eben leicht gemacht.[149]

Was nun Fichte betrifft, so ist Max Wundt auch in dieser Sache zuzustimmen, wenn er sagt, dass man Fichtes religiöse Anfänge oder die Grundlegung seines philosophischen Denkens überhaupt, insbesondere auch in seiner Leipziger Zeit, in »diese Zusammenhänge hineinrücken« müsse.[150] Diese Zusammenhänge charakterisiert Wundt, physikotheologisch passend, im Bild des frischen Lebens, das seinerzeit nicht nur im Literarischen, sondern vor allem auch in den religiösen Erörterungen erwachte.

> Einwirkungen des Pietismus verbanden sich mit denen der englischen Gefühlsphilosophen und zum Teil auch Rousseaus, um eine lebendigere Beziehung zwischen den religiösen Wahrheiten und dem inneren Gemütsleben der Menschen herzustellen. Der theoretische Streit über die Wahrheit der Religion wurde bei Seite gesetzt, an dem unmittelbaren Gefühl der Menschen und den inneren Wirkungen wollte man diese Wahrheiten erproben.[151]

---

147 Ebd.
148 Ebd., 149.
149 Ebd.
150 Wundt (1927), 255.
151 Ebd., 254f.

Und es erstaunt nun nicht, dass Wundt als Repräsentanten dieses ›frischen Lebens‹ auf Autoren und Persönlichkeiten verweist, die dem Pietismus nahestehen oder ihm zuzurechnen sind und die wir zum Teil bereits hinreichend als für Fichte relevante Bezugsgrößen der Grundlegung und Entwicklung seiner philosophisch-theologischen Weltanschauung erörtert haben: Zollikofer, Spalding, Reinhard, Crusius, Bastholm, Lavater.[152]

Diese für die allgemeine Grundlegung, Entwicklung und Charakterisierung des Fichte'schen Denkens relevanten Hinweise aus dem geistesgeschichtlichen Kontext des 18. Jahrhunderts lassen sich an Pezold, als sozusagen bildungsbiographischem Kristallisationspunkt der Leipziger Studienjahre Fichtes, exemplarisch vertiefen.

Dass Pezold als überzeugter Crusianer den Voluntarismus seines Cousins und dessen Idee einer Kausalität aus Freiheit vertrat, ein Gedanke, der nicht nur für Fichte fundamental ist, haben wir schon betont, ebenso seine Verteidigung der von Crusius erörterten Unterscheidung zwischen Glauben und Aberglauben. Die von Oesch herausgearbeitete Fichte-affine dynamisch-affektive Handlungs- oder Setzungstheorie des Subjekts, die Lehre über Kraft, Trieb und Streben, hat er ebenfalls vertreten und gelehrt. Aber auch als eigenständiger Denker präsentierte sich Pezold in Leipzig. Und zwar insbesondere mit einem eigenen, synthetischen, das heißt ›psychologische‹ und ›physikalische‹ Phänomene verbindenden psychotheologischen Ansatz, der sich konzeptionell als Theologie, methodologisch aber als Philosophie versteht und in dem der »Philosophie des Geistes« ein erkenntnistheoretischer Vorrang gegenüber der Naturphilosophie eingeräumt wird. Pezolds 1774 lateinisch gehaltene Leipziger Antrittsvorlesung zur *Psychotheologie* enthält alle oben genannten Aspekte crusianischen Denkens als Elemente einer eigenen Erkenntnis- und Handlungstheorie, in der der Philosophie als analytischer Seelenkunde die Aufgabe ›der Erleuchtung der Religion‹ zugewiesen wird.[153]

---

152 Vgl. ebd.
153 Vgl. Pezold (1774), VIII. Schon Wundt hat darauf verwiesen, dass sich an der

Die zentrale These der Psychotheologie Pezolds betrifft die Bedeutung, genauer das Zuordnungsverhältnis von Geist- und Naturerkenntnis, Psycho- und Physikotheologie.

Zwar haben die physikotheologischen Beweise für die göttliche Weisheit,
Güte und Macht einen sehr großen Einfluss auf die Gemüter der Menschen, weil sie im Ausgang von den Dingen, die auf die Sinne des Menschen einwirken, das heißt aus dem, was die Menschen am meisten bewegt,
geführt werden. Aber dieser Vorzug gebührt nicht allein dem physischen
Teil der Philosophie, sondern er ist ihm gemeinsam mit den übrigen Teilen
[der Philosophie], [nämlich:] den menschlichen Geist mit der Erkenntnis
Gottes vertraut zu machen. Wobei dieser [der Geist] nicht einmal die Aufgabe hat, außerhalb von sich nach Gott zu suchen, weil er Ihn durch sein
eigenes Vermögen und seine eigene Naturanlage leichter erkennen kann,
vollständiger sicherlich, als durch den Körper.[154]

Ob in dieser Anordnung von Natur-, Geistes- und Gotteserkenntnis
bereits die Grundlage für Fichtes späteren Streit mit Schelling über
die systematische Zuordnung von Naturphilosophie und Idealismus

Universität Leipzig im 18. Jahrhundert »philosophische und theologische Wissenschaft an sich schon nahe« standen (Wundt [1927], 9). Exemplarisch verkörpert
Pezold mit seiner theologischen und philosophischen Professur diesen auch für
die Grundlegung, Entwicklung und Deutung des Fichte'schen Denkens höchst
relevanten Umstand, wodurch I. H. Fichtes Vermutung, Pezold sei ein Vertreter
der orthodoxen Theologie gewesen und unter anderem deshalb sei sein Vater von
der Theologie weg und zur Philosophie hin ›gedrängt‹ worden (vgl. LLB I, 26),
einiges an Glaubwürdigkeit verliert. Zwar trifft es zu, dass sich Fichte in Leipzig
und auch später noch mit Platners Philosophie auseinandergesetzt hat. Daraus aber
den Schluss einer strikten Trennung zwischen theologischem und philosophischem
Denken bei Fichte zu ziehen, verkennt die fundamentale theologische Dimension,
die Fichtes Philosophie von ihren Anfängen bis zu ihrem Ende orientiert und
trägt. Hier gilt Heimsoeths Wort von der Prägung des Fichte'schen Denkens durch
sein inniges Verhältnis zur Religion, das Wort, das wir zum Motto unserer Arbeit
gewählt haben: »Von seiner ersten Schrift bis zur letzten sind es religiöse Fragen
und Erlebnisse gewesen, die sein Denken zu den letzten Wurzeln seiner Überzeugung führten« (Heimsoeth [1923], 10).

154 Pezold (1774), IV (Übersetzung von C. Reindl).

im System der Transzendentalphilosophie gelegt ist, kann man dahingestellt sein lassen. Bemerkenswert an der von Pezold entwickelten Psychotheologie ist des Weiteren, dass sie den von Crusius vertretenen handlungstheoretischen Gedanken eines (sich) frei setzenden Subjekts mit dem Ansatz zu einer Theorie des »inneren Sinnes« und »Bewusstsein[s] über die Handlungen und Leiden des Geistes« konkretisiert und damit den eigenen primordialen geisteswissenschaftlichen Ansatz verstärkt.[155] Dabei trägt die im Dienst der Gotteserkenntnis stehende Analyse nicht nur den Charakter einer experimentellen und erfahrungsgestützten Phänomenologie des Geistes, sondern glaubt genau dadurch ihren Erkenntnisanspruch einlösen zu können, dass das, was auf diesem Wege erkannt wird, »niemandem, der frei von vorgefassten Meinungen ist, unklar und zweifelhaft sein kann«.[156] *Durchschaubare und zuverlässige Erkenntnis des Wahren durch den Verstand* ist Pezolds erklärtes Erkenntnisziel.[157] Insofern spielen in Pezolds Psychotheologie im formalen Sinne die Logik und pädagogisch, gemäß der individualistisch konnotierten Psychotheologie überhaupt, die freie, geistige Eigenanstrengung des Lesers oder Hörers beim Mit- oder Nachvollzug der denkerischen Akte eine zentrale Rolle. Auch wenn in allen Menschen »dieselbe Natur des Verstandes […], dieselben Gesetze des Wahrnehmens, des Denkens und des Vorstellens« angelegt sind, so können die Menschen die Kräfte des Verstandes »verschiedenartig lenken, sich an verschiedene Arten des Denkens gewöhnen, sie anspannen, entspannen, ebenso schwächen«.[158] Und ob sie die »nur durch höchste denkerische Aufmerksamkeit und Sorgfalt« zu erzeugende Klarheit der Begriffe und Gewissheit der Vorstellungen suchen, ob sie ihre geistigen Kräfte in dieser Richtung anwenden wollen oder nicht, das »ist in die Macht von jedem einzelnen selbst gelegt«.[159] Ein Leben im Irrtum, in Unwis-

---

155 Ebd.
156 Ebd.
157 Vgl. ebd., VI.
158 Ebd., VIII.
159 Ebd.

senheit, falschen Urteilen und falschen Sitten ist demnach keineswegs unvermeidlich, entschuldbar oder erträglich. Dasselbe gilt für den Glauben an die »Erklärungen der Philosophen, die sagen, dass alles notwendigerweise geschieht, und deswegen jede Moralität menschlicher Handlungen leugnen«.[160] Der hier angedeutete Einspruch gegen Determinismus und Fatalismus begründet seine Geltung im Folgenden in einer mehrstufigen Konzeption einer »Moralischen Lehre«, deren Fundament die »Freiheit des Willens« bildet.[161] Kernüberlegungen dieser Morallehre sind zum einen eine dreistufige Trieblehre der Vernunft, in der ein intellektualistischer, ein ästhetischer und, als höchster, ein moralischer Trieb angenommen werden – eine Idee, die der Fichte-Forschung im Besonderen aus Fichtes Schrift *Über Geist und Buchstabe in der Philosophie* (GA I/6, 313–361) bekannt ist, in der Fichte aus einem ästhetischen Grundtrieb einen theoretischen Erkenntnis- und einen praktischen Handlungstrieb ableitet. Ein zweites Element der Morallehre Pezolds ist die aus dem Tiervergleich gewonnene und für den Menschen geltend gemachte Theorie der ›Trieblenkung‹, ›Objektauswahl‹ und Präferenzbildung sowie die Möglichkeit einer Reflexion über die Wahl geeigneter oder weniger geeigneter Mittel zur Zielerreichung, und schließlich die Idee der Offenheit des Menschen für eine Hierarchisierung von Zwecken.[162] Interessant ist dabei, dass Pezolds Morallehre, der Trieblehre folgend, auch ein besonderes Augenmerk auf intellektuelle Gefühle, Antriebe und Affekte hat, das heißt, dass bei ihm im Kontext der moralisch konnotierten ›Seelenlehre‹ respektive ›christlichen‹ Psychologie intellektuelle, voluntative und affektive Rationalität gleichermaßen erörtert und – zumindest ansatzweise – auch systematisch vermittelt werden. Das sind Themen, die auch Fichtes Wissenschaftslehre seit ihren Anfängen umtreiben, die schon bei Schocher thematisierte Ganzheitlichkeit ihres Ansatzes, die insbesondere die *Anweisung zum seligen Leben* dann systematisch ausbaut. Schon Pezold spricht, wie später

160 Ebd.
161 Ebd., XII u. XVI.
162 Vgl. ebd.

Fichte, über die »Bestimmung zur Ewigkeit«, über die »Sehnsucht nach dem Ewigen« und die Vollendung dieser Sehnsucht in der Glückseligkeit der Liebe.[163] Selbstredend geht es Pezolds philosophischer Antrittsvorlesung über die Bedeutung des »Psychologischen für die Erleuchtung der Religion«[164] grundsätzlich um Theologie und Soteriologie, das heißt, um eine umfassende, für Natur und Geist gleichermaßen verständliche wie begrifflich klar durchdringende, frei zu erzeugende und zu vollziehende Gotteserkenntnis, deren Zweck die Erlösung des in Irrtum und Aberglaube befangenen Menschen zu dessen Glückseligkeit ist.

Sieht man vom Standpunkt der frühen, aber auch der späten Wissenschaftslehre auf das philosophisch-theologische Konzept von Crusius und Pezold zurück, so lassen sich darin – sowohl in Grundzügen als auch in einzelnen Aspekten – Ideen und Strukturen erkennen, die wir später bei Fichte – wenn auch unvergleichlich differenzierter und stringenter argumentiert – wiederfinden: eine Handlungstheorie des spontan, aus sich setzenden Subjekts, die deutliche Dominanz des Voluntarismus, die ihm zugrundeliegende Lehre über geistige Kräfte und Triebe sowie die daraus gewonnene anthropologische These einer über den Willen lenkbaren Kausalität der Freiheit im Dienst einer im weiteren Sinne verfolgten Soteriologie und Glückseligkeitslehre. Auch der Ansatz zu einem transzendental-philosophischen Monismus ist hier zu erkennen, der, wenn auch noch nicht reflexiv eingeholt, aus einem die Gesetze der Natur und des Geistes transzendierenden Einheitsprinzip denkt und argumentiert. Dabei wird der theoretischen Erkenntnis, das heißt der Gotteserkenntnis durch eine ›Phänomenologie des Geistes‹, der Vorrang gegenüber der physikotheologischen, das heißt einer über die Naturerkenntnis abgeleiteten Gotteserkenntnis eingeräumt. Achtet man beim Crusius-Pezold-Konzept einer philosophisch fundierten und theologisch ausgerichteten Natur- und Geisterkenntnis überdies auf dessen individualpsychologisch-pädagogischen (psychotheologischen) An-

163 Ebd., XVI.
164 Ebd.

satz des willentlichen Mitdenkens sowie die damit verbundene, nicht zuletzt pietistisch inspirierte therapeutisch-soteriologische Absicht, dann haben wir den philosophisch-theologischen Horizont vor uns, in dem Fichte sich in seiner Studienzeit zu orientieren beginnt und aus dem er offensichtlich mehr als bisher insbesondere von der von Kant her denkenden Fichte-Forschung angenommen in seine Philosophie und Weltanschauung übernommen und eingearbeitet hat.[165]

5.3 Fichtes dogmatische Theologie nach Pezold

Ein Dokument, an dem die Frühprägung von Fichtes theologisch-philosophischer Weltanschauung noch einen Schritt weiter nachgegangen werden soll, ist die unter dem unmittelbaren Einfluss von Pezold in lateinischer Sprache verfasste Arbeit zur dogmatischen Theologie. Sie wird hier zum ersten Mal in einer deutschen Übersetzung vorgelegt, analysiert und interpretiert. Die Übersetzung erstellte Christian Reindl. Unserer Ansicht nach steht sie als *theologische*

---

165 Was für Crusius und Reinhard sowie für einige andere bereits erörterte Lehrer Fichtes gilt, das gilt erst recht für Pezold. Eine nähere Untersuchung dieses Einflusses auf die Ausbildung und Prägung der Philosophie Fichtes im Einzelnen steht in der Forschung noch aus. So wäre etwa bei Pezold, zu dem Fichte, wie es den Anschein hat, in einem näheren Vertrauensverhältnis stand, zu klären, wie dessen Theorie des Willens und der Willensfreiheit zu der für Fichte später, wenn auch nicht uneingeschränkt maßgeblichen praktischen Philosophie Kants steht. Womöglich speisen sich Fichtes Vorbehalte etwa gegen den kategorischen Imperativ als rationale Letztbegründung ethischen Handelns aus den vorkantischen Quellen seiner theologisch-moralischen Bildung. Auch wäre in diesem Zusammenhang die These I. H. Fichtes zu prüfen, inwieweit sich Pezolds 1787 verfasstes kantkritisches *Progr. de argumentis nonnullis, quibus, Deum esse, philosophi probant, observationes adversus Imman. Kantium* anführen lässt, um daraus eine Abkühlung des Verhältnisses Fichtes gegenüber Pezold abzuleiten oder diesen als orthodoxen Protestanten zu etikettieren (vgl. LLB I, 25 f.). Auf einige theologisch-soteriologische Berührungspunkte in den religionspädagogischen Konzepten Fichtes und Pezolds haben wir schon hingewiesen. Aber auch die gälte es noch eingehender zu prüfen.

Arbeit in einem engen fachwissenschaftlichen Kontext mit Fichtes *christologischem* Versuch über die *Absichten des Todes Jesu* sowie mit seiner frühen, noch nicht von Kant beeinflussten Predigt *An Mariä Verkündigung.* Weit über eine fachwissenschaftliche Expertise hinaus lassen die drei Texte in ihrer thematischen Komplexität und ihrem systematischen Zusammenhang diejenigen Grundlagen und Orientierungspunkte sowie die Zielrichtung deutlich erkennen, von denen Fichtes philosophisches Denken ausgeht und woraufhin es zeit seines Lebens ausgerichtet bleibt.

5.3.1   *Zur Übersetzung, Darstellung und Analyse der* Theologia dogmatica

Fichtes in lateinischer Sprache verfasstes Manuskript *Theologia dogmatica secundum Theses D. Pezoldi* befindet sich im Fichte-Nachlass der Deutschen Staatsbibliothek in Berlin. Der aus acht Blättern bestehende Text ist sorgfältig, ohne größere Korrekturen geschrieben und übersichtlich nach Kapiteln gegliedert.

Die vorliegende deutsche Übersetzung basiert auf dem Fichte-Manuskript sowie dessen Transkription im Band 1 der Nachgelassenen Werke der J. G. Fichte Gesamtausgabe (GA II/1, 35–48). Wie die Herausgeber der Gesamtausgabe haben auch wir eine wichtige Entscheidung im Hinblick auf Fichtes Gestaltung seines Textes getroffen. Die erste betrifft die vielen, zum Teil ganze Sätze oder Abschnitte hervorhebenden Unterstreichungen im Text. Wir haben uns entschieden, der Gesamtausgabe folgend, einfache Unterstriche durch Kursivsetzung zu ersetzen. Die Thesen und ihre Nummerierung sind dagegen durchgängig unterstrichen und, der Übersichtlichkeit halber, vom Text abgesetzt. Für die von Fichte doppelt unterstrichenen Kapitelüberschriften wurde die Schriftgröße höher gesetzt. Streichungen im Original werden gestrichen wiedergegeben. Der gesamte Text wurde, wie in der Gesamtausgabe auch, links- und rechtsbündig ausgerichtet. Auf die erläuternden Literaturhinweise der Gesamtausgabe sowie die Anmerkungen zur lateinischen Orthographie in den Fußnoten haben wir verzichtet. Die Übersetzung hält sich so eng wie möglich an den lateinischen Text, was das Verständnis der gelegentlich längeren Satzkonstruktionen nicht immer erleichtert. Sinnergänzende Zusätze des Übersetzers und verdeutlichende Originalbegriffe aus dem lateinischen Text sind durch eckige Klammern kenntlich gemacht. An einigen Stellen werden Übersetzungsalternativen angeboten. Diese sind durch einen Schrägstrich markiert. Herausgebererläuterungen und Fichtes Randbemerkungen im Original sind in römisch gezählte Fußnoten ausgelagert.

Mit den theologischen, religionsgeschichtlichen und auch philosophischen Inhalten der *Theologia dogmatica* und ihrer einzelnen Thesen sowie der gesamtsystematischen Bedeutung dieser Schrift sowohl im engeren Zusammenhang mit den anderen vorkantischen Arbeiten Fichtes als auch im Kontext mit Fichtes Denken überhaupt werden sich die nachfolgenden Analysen und Interpretationen befassen.

5.3.2   Text *(Übersetzung von Christian Reindl)*

Dogmatische Theologie
nach/gemäß den Thesen des D[oktor] Pezold.

Übersicht [Conspectus]

A.) Ursprung/Quelle [Principium] des Erkennens, die Heilige
Schrift: deren Autorität ist zu billigen
B.) Lehren, die in der Heiligen Schrift enthalten sind
I.) *Von Gott, Schöpfung, und Vorsehung*
II. *Vom Menschen* hinsichtlich des Ebenbilds Gottes
Der Fall des Menschen [Lapsus]
des ursprünglichen Sündenfalls und der Tatsünden
des Unvermögens, sich von der Sünde zu befreien,
und von deren Strafen
Von den *Ursachen* und Ursprüngen unseres Heils

die Gnade Gottes
die Vermittlung Christi
Von den *Mitteln* [des Heils]
Nach der Reihenfolge/Ordnung

Vorworte [Prolegomena].

<u>These I.</u>
Die Theologie ist die Wissenschaft von der Religion und der zur Religion gehörigen Dinge, durch die [gemeint ist *scientia* – Wissenschaft]
jemand befähigt wird, Religion zu lehren und zu verteidigen – es
werde *objektiv* betrachtet. Das System der zur Religion gehörenden
Lehren.

Subjektiv. Die gelehrte Kenntnis der religiösen Wahrheiten

<u>These II.</u>
Die wahre Religion ist die rechte Methode *Gott zu verstehen, und ihn zu verehren,* wenn man *objektiv* betrachtet – *die wahre Lehre von Gott und dessen Verehrung* – wenn [man] *subjektiv* [betrachtet,] *gerade diese Kenntnis, und die wahre Verehrung Gottes* – hinsichtlich des Ursprungs des Erkennens ist es die Religion, und deshalb auch die Theologie sei es die *natürliche, die die Vernunft und das Gewissen lehren* – oder die geoffenbarte, *die Gott selbst unmittelbar die Menschen gelehrt hat,* und die in der Heiligen Schrift steht. Die Theologie also als eine geoffenbarte heilige Christliche ist die *Wissenschaft der aus der Heiligen Schrift geoffenbarten Religion, durch deren rechtmäßige Auslegung geschöpft, durch die jemand zu deren gebildeter Erklärung und Verteidigung befähigt wird.*

<u>These III.</u>
Da jede Bildung auf der Kenntnis des derartigen Wahren beruht, die die gemeine [Bildung] teils an Menge oder auch an *Umfang,* teils an *Güte* überragt, gilt das Gleiche in Bezug auf die Theologische Bildung.
Zu dieser gehören.
1. Propädien. Sie gehören hierhin. – warum?
2. Als Instrumente dienende Disziplinen [Hilfswissenschaften], so denn die Kritik und die Hermeneutik - - was? warum?
3. Die die Theologie selbst begründenden Lehrsätze, die *Dogmatik,* und die *moralische Dogmatik,* [oder auch] *Thesenartige,* und der[jenige] *Teil* der Christlichen Theologie, in dem die Dogmen, zum *Glauben* uns in der Heiligen Schrift vorgelegt, so erklärt werden, dass man durchschaut, welches ihre [der Dogmen] Berücksichtigung/Bedeutung und Verbindung ist. Die *Moralische*[,] in der bestimmte Dogmen der Christlichen Religion erklärt werden. Die *praktische* oder auch *allgemeine* gibt es auch, die allen Christen gemeinsame Pflichten darlegt, oder auch *besondere,* die über die *Pflichten* diesem oder *jenem Geschlecht oder* Stand der Men-

schen *vorschreibt,* deren Teile sind die *pastorale, katechetische, kasuistische, homiletische –*
Welche Wissenschaften?
4. *Hilfswissenschaften.* Polemik, *Symbolik,* Kirchengeschichte, Patristik, Wissenschaft der Altertümer, Literaturgeschichte der Theologie

~~These IV.~~[i]
~~Wie durch die Qualität~~
~~a) Die Klarheit der Begriffe~~
~~b) Die Stärke der Argumente~~
~~c) Die genaue Kenntnis der Verknüpfung~~[ii]

These IV.
Damit die gelehrte Kenntnis der Religion an *Güte (Qualität)* vorzüglich ist, werden erforscht
1. eine solche Klarheit der Begriffe, die die Möglichkeit beschafft, genau zu erklären und recht die Begriffe der göttlichen Dinge anzuwenden. Was insbesondere die notwendige Kenntnis der Begriffe betrifft, werden sie in der Religion zu ihr [zur Kenntnis] erforscht, *teils* damit man in einem beliebigen Kapitel der Lehre das Wahre vom Falschen genau unterscheiden, und die biblischen, Theologischen, und philosophischen Begriffe recht zu nutzen weiß, *teils* damit man weiß, was sicher, oder unsicher oder [noch] gerade eben wahrscheinlich ist, damit man die Bedeutung jeder Lehre [Doktrin] ausreichend durchschaut hat. Im Übrigen darf man die *Klarheit [im Sinne von Berühmtheit] der Dinge* nicht mit der *Verständlichkeit der Begriffe* durcheinander bringen, die [Klarheit der Dinge] hat weder immer einen Platz, noch [ist] sie notwendig zur Kenntnis der Wahrheiten und zur Sicherheit.

i   *Im Original senkrecht gestrichen. Der Sinn der Stichpunkte a, b, c sowie der Satz über das Wahre und Falsche ergibt sich aus den Punkten 1, 2 und 3 der folgenden ausformulierten These IV.*

ii *Am Rand rechts:* Das Wahre gibt vom Falschen einen sicheren, unsicheren, wahrscheinlichen Moment.

2. Die Feste [im Sinne von Hieb- und Stichfestigkeit] der Argumente, und die Erfahrung im Argumentieren. Argumente werden gezogen entweder aus der Vernunft oder auch aus der Heiligen Schrift oder auch aus beiden. Welche Kapitel aus beiden geführt werden, nennt man *vermischte* Artikel, welche aus der Heiligen Schrift allein, *reine.* Wenn aus der Schrift irgendetwas bewiesen wird, wird entweder gezeigt, *dass gerade das in ihr mit beredten Worten ausgedrückt worden ist,* oder auch dass das *aus recht verstandenen Worten* der Heiligen Schrift über eine *erlaubte Argumentation gesammelt worden ist.* Weiter wird irgendetwas bewiesen entweder aus *Einzelstellen* oder auch aus einer *Analogie* oder auch aus einer Verknüpfung mehrerer Stellen oder der ganzen S[chrift]. – [Literaturhinweis:] v[gl.] Crusii Vorrede zu Burgks Evangelischer Fingerzeig.

3. Die genaue Kenntnis der Verknüpfung und der wechselseitigen Berücksichtigung, die die Dogmen der christlichen Religion untereinander haben.

These V.

Besonders und sehr notwendig ist die Frage nach dem Gebrauch der Vernunft / einer Methode in der Theologie, wo man freilich an *erster Stelle* bemerken muss, dass der rechte Gebrauch der Vernunft keinesfalls in der Heiligen Schrift missbilligt wird, sondern eher empfohlen wird, *dann muss man* unterscheiden zwischen der für die Möglichkeit des *Verstehens* angewandten *Methode,* die durch göttliche Hilfe zu einem zur heilbringenden Kenntnis der christlichen Lehre geeigneten Mittel von der ganzen Kenntnis gemacht werden muss, und der für *den Umfang einiger Vorstellungen angewandten* Methode:

Das oder auch die sogenannte Methode/Vernunft wird entweder im *Konkreten*, wie sie in diesem oder jenem Menschen ist, oder auch *im Abstrakten* betrachtet. Im Abstrakten betrachtet, ist sie der Komplex von dem, *dessen Wahrheit aus der Betrachtung der Natur durch den rechten Gebrauch der Kräfte unseres Verstands erkannt und gebilligt werden kann.* Schon ist dies die Regel: Die so im Abstrakten betrachtete Methode ist der zweite Ursprung der christlichen Theologie, und ein helfender [Ursprung], aber unter diesem Gesetz und der Bedingung, dass man sich vor einer Vermischung der *im Konkreten betrachteten* Methode mit der im Abstrakten betrachteten Methode, d. h. der menschlichen Meinungen ohne eine geeignete Grundlage, mit den wahren Anzeichen der Natur höchstsorgfältig hüte.

These VI.[iii]
Zu einem wahrhaft Christlichen Theologen macht das Folgende
1.) beständiges *Studium* einmal der ganzen theologischen *Bildung*, dann *zumal der Heiligen Schrift.*
2.) *ernsthaftes* und eindringliches Studium der wahren *Frömmigkeit* gegen Gott, dessen notwendiger Teil und Schutz *das fromme und noch dazu beständige Gebet* ist.
3.) *die spirituelle* oder Christliche *Erfahrung* – der Theologe entsteht durch Gebet/Rede, Nachdenken/Meditieren und Versuchung.

These VII.
Theologie kann auf verschiedene Art und Weise bzw. Methode *gelehrt* [behandelt] werden, und daher wird sie verteilt auf die *äußerliche* [allgemeinverständliche] oder katechetische und für den Zuhörer bestimmte oder auch systematische. Die systematische ist besonders nützlich und notwendig, um gebildete Theologen zu schaffen, obwohl diese Methode weder die heiligen Schriftsteller, noch die alten Lehrmeister [Doktoren] benützt haben. Als Erster in der Ostkirche hat im 7. Jh. Johannes Damascenus in den Büchern über den rechten [orthodoxen] Glauben diese Methode der Behandlung von Theologie beschritten. In der lateinischen Kirche haben, nachdem die aristotelische Philosophie in die Schulen aufgenommen worden war, deren Lehrer, die man Scholastiker nennt, sie zu einer Kunst gemacht, und mit vielen Lastern und Fehlern verunreinigt, von denen sie durch die Verbesserung des Heiligen gereinigt ist.

---

iii *Im Original nicht unterstrichen.*

These VIII.

Die dogmatische Theologie wird nicht zu einem solchen Ziel mit systematischer Methode überliefert/gelehrt, dass unser Glaube von den theologischen Kompendien und Systemen abhängt, oder auch dass wir aus diesen die Heilige Schrift, unter Missachtung der grammatischen und hermeneutischen Regeln und Hilfen, deuten, sondern zu diesem Ziel, dass junge Studenten der Theologie den ganzen Umfang der christlichen Lehren geistig erfassen, deren Verknüpfung umso kundiger durchschauen und das umso genauer erklären, zeigen und verteidigen lernen, gerade welches Ziel auch uns in diesen Lektionen vorgesetzt ist.

Vorkenntnisse [*Präcognitia*]

Kapitel I. Summe der natürlichen Religion

These IX.

Das erste Dogma der Christlichen Religion ist: *Das Sein Gottes* [Esse Deum]. Wenn wir Gott sagen, verstehen wir [darunter] die verständige von der Welt verschiedene, ewige Natur, die die Welt, d.h. die Gesamtheit der endlichen Dinge geschaffen hat.

These X.

Prinzipien, um die Existenz Gottes zu beweisen sind die folgenden

a.) Prinzip des Widerspruchs: nichts kann sein und nicht sein gemäß dem Gleichen/in derselben Hinsicht, aus welchem Prinzip die unendliche Reihe widerlegt werden muss, einerseits im Allgemeinen aller tatsächlich verschiedenen und auf der anderen Seite trennbaren seienden Dinge, andererseits insbesondere der Ursachen und Wirkungen.

b.) Prinzip des zureichenden Grundes

c.) Prinzip der Möglichkeit, weil dies nicht ewig und notwendig und unabhängig sei, sondern eintretend und einmal entstanden, das der unendlichen Vollkommenheit entbehrt.[iv]

<u>These XI.</u>
Aus diesen Prinzipien kann auf viele Weisen bewiesen werden
1.) auf dem Weg des Darlegens oder auch durch apodiktische Beweise, vgl. aus der Kette der Ursachen und Wirkungen, insbesondere aus der Kette der eindeutigen Ursachen, wie (z.B.) der menschlichen Generationen.
2.) auf dem Weg der unendlichen/unbegrenzten Wahrscheinlichkeit, gemäß der Ordnung und Regelhaftigkeit der Welt
3.) auf dem Weg der endlichen/begrenzten Wahrscheinlichkeit: teils aus der Geschichte/Geschichtsschreibung, die lehrt, dass die Welt vor nur wenigen Jahrtausenden entstanden sei, teils aus der Übereinstimmung aller Völker über Gott, teils aus dem Zeugnis des Gewissens. In all diesen Beweisen wird Gott an seinen Werken erkannt, wobei die Heilige Schrift dazukommt, die befiehlt, Gott an seinen Werken zu erkennen vgl. Ps. 19. Rom 1,1. Der kartesische Beweis, über allein das Prinzip des Widerspruchs aus dem Begriff des höchstvollkommenen Seienden angenommen, hat in der Form einen Fehler. Eine *eindeutige/gleichsinnige* Ursache, Ursache die eine homogene Wirkung hervorbringt, wird entgegengestellt einer *mehrdeutigen/bloß ähnlichen*, – aus Fäulniß.[v]

<u>These XII.</u>
Dreifache Methode, die göttlichen Merkmale zu beweisen, und zwar wird unter Berücksichtigung der Beweise unterschieden. So denn kann man die göttlichen Merkmale beweisen
I.) auf dem Weg, der Weg der Kausalität genannt wird, so denn, indem man so argumentiert: was auch immer an Wirklichkeit

---

iv *Am Rand links:* das Rad dreht.
v   Ursache die eine homogene Wirkung hervorbringt *und* aus Fäulniß *auf Deutsch.*

oder Vollkommenheit in den Geschöpfen innewohnt, zu dessen Erschaffung hat Gott ausreichende Kräfte,

II.) *auf dem Weg der Verneinung,* so denn indem man so schlussfolgert: was auch immer an Unvollkommenheit in den Geschöpfen innewohnt, das ist von Gott entfernt

III.) *auf dem Weg der Erhöhung,* wo so gefolgert wird: was auch immer an Vollkommenheit in den Geschöpfen ist, das wohnt in Gott auch, aber in hervorragendster Weise inne

Weiter – unter Berücksichtigung der Gestalt werden Beweise, durch die Merkmale Gottes bewiesen werden, entweder *im Vorhinein* [a priori] aus dem Begriff des höchstvollkommenen Seienden, oder *im Nachhinein* [a posteriori] aus der Verknüpfung und dem Naturell / der Beschaffenheit der Geschöpfe abgeleitet.

These XIII.
Gerade die zum Beweis der natürlichen Religion notwendigen Merkmale/Attribute Gottes sind die folgenden:

zuerst der Verstand (Ps. 94,9), *die Güte, die Heiligkeit und Gerechtigkeit, die Freiheit des Willens.* Dass Gott die *verstehende* Natur, *mit der unendlichen Möglichkeit des Verstehens begabt* [ist], wird bewiesen teils im Nachhinein [a posteriori] aus der in der Natur [dem Wesen] der Dinge überall ersichtlichen Ordnung, dann aus der Schöpfung unseres Verstands, teils im Vorhinein [a priori] aus dem Begriff des höchstvollkommenen Seienden.

These XIV.
Die göttliche Güte, das heißt die unendliche Neigung Gottes zum Wohltun für die Geschöpfe wird verstanden *im Vorhinein* [a priori] aus der unendlichen Vollkommenheit Gottes, *im Nachhinein* [a posteriori] aus dem so großen Überfluss an Gütern in der ganzen Natur [Wesen] der Dinge, durch die unser Leben nicht allein aufrecht erhalten wird, sondern sogar angenehm gemacht wird.

These XV.

Die göttliche Heiligkeit ist die gerade das Wesen des göttlichen Willens betreffende Notwendigkeit/Zwang, das zu wollen und zu tun, was mit den Regeln der Vollkommenheit, der Wahrheit, und der Ordnung in Einklang steht. Gerade diese göttliche Heiligkeit wird auch wesentliche Gerechtigkeit Gottes genannt, wie weit sie betrachtet wird so wie eine Notwendigkeit, den vernunftbegabten Geschöpfen Gesetze, die mit den Regeln der Vollkommenheit, der Wahrheit, und der Ordnung der Dinge im Einklang stehen, zu verordnen und aufzuerlegen und entsprechend diesen Gesetzen die vernunftbegabten Geschöpfe zu behandeln.

Daher folgt weiter die belohnende/vergeltende Gerechtigkeit Gottes, und die strafende. Die belohnende Gerechtigkeit Gottes folgt teils aus der Heiligkeit, teils aus der göttlichen Güte, und es gibt eine Notwendigkeit, zu belohnen/vergelten, oder auch mit Belohnungen den Gehorsam, der den göttlichen Gesetzen erwiesen wurde, zu versehen. Die strafende oder auch rächende Gerechtigkeit folgt aus der Heiligkeit Gottes, und es gibt eine Notwendigkeit, Ungehorsam gegenüber göttlichen Gesetzen zu bestrafen. Gezeigt wird die Heiligkeit und Gerechtigkeit im Vorhinein [a priori] durch den Begriff des höchstvollkommenen Seienden, im Nachhinein [a posteriori], aus dem Gefühl und dem Stachel/(An-)Sporn des Gewissens.

These XVI.

Die göttliche Freiheit ist die Kraft des göttlichen Willens, irgendetwas so zu tun, dass keine Notwendigkeit zum Tun besteht, und deshalb [er/jemand] das Gleiche, was er tut, zum selben Zeitpunkt, zu dem er es tut, unterlassen, oder etwas Anderes tun kann.
Bewiesen wird die Freiheit des göttlichen Willens

1.) teils im Vorhinein [a priori] aufgrund der völligen Vollkommenheit Gottes

2.) im Nachhinein [a posteriori], teils auf dem Weg der Erhöhung aufgrund der Freiheit unseres Willens, teils aufgrund der Schöpfung der Welt, weil Gott aus einem freien Entschluss die Welt erschaf-

fen hat, und vollkommen frei auch den Augenblick/Moment der
Ewigkeit, in dem er die Welt schuf, ausgewählt hat.

<u>These XVII.</u>
So lehrt die gesunde Vernunft, dass Gott existiert, mit höchstem Verständnis und Weisheit, Heiligkeit und Gerechtigkeit und deswegen
mit völliger Vollkommenheit versehen, dass [er] aus freiem Entschluss die Welt erschaffen hat.
Notwendigerweise folgt daher,
1.) dass er will, dass seine moralisch handelnden Geschöpfe sowohl
    ihn selbst, als auch ihre Abhängigkeit von ihm recht erkennen,
    ihn selbst anbeten und lieben, und sie aufgrund von Gehorsam
    und Liebe gegen ihn standhaft / ohne Schwanken das tun, was
    recht, gerecht, gut ist, Gegenteiliges aber meiden.
2.) dass diese Kreaturen verpflichtet sind, diesem göttlichen Willen
    zu gehorchen. So versteht die Vernunft, dass Gott der wahrhaft
    und eigentümlich/ausdrücklich genannte Gesetzgeber ist, und
    zwar der höchste, *teils im Nachhinein* [a posteriori], aufgrund
    des Gefühls und des Stachels/(An-)Sporns des Gewissens, *teils
    im Vorhinein* [a priori], durch Beweise, aufgrund der göttlichen
    Vollkommenheiten. Von hier ist es offenbar, dass es eine Art
    natürliches Gesetz gibt, dass es die höchste Verpflichtung ist, den
    Gehorsam dem gesetzlichen [formalen] Gesetz gegenüber zu
    erfüllen, dass schließlich die Religion natürlich ist.

<u>These XVIII.</u>
Die Unsterblichkeit der menschlichen Seelen versteht die gesunde
Vernunft
1.) aufgrund der göttlichen Beschlüsse beim Erschaffen der Welt.
    Diese zumal schauen auf diese Geschöpfe, deren edlere, so denn
    die moralische Natur ist. Schon wenn diese Geschöpfe einmal
    zu sein oder zu leben aufhören würden, würden die göttlichen
    Beschlüsse unwirksam gemacht, und die Welt wäre vergebens
    erschaffen [worden], weil man über die göttliche Heiligkeit und
    Gerechtigkeit nicht [nach-]denken kann

2.) aufgrund der Natur der moralisch handelnden Geschöpfe selbst, die Gott so geschaffen hat, dass sie zur ewigen Glückseligkeit zu gelangen suchen, und sie begehren

3.) aufgrund der göttlichen Gerechtigkeit. Freilich wenn es in diesem Leben den Guten oft schlecht, und den Schlechten gut geht, folgt, dass, wenn Gott gerecht ist, es nach dem Tod ein anderes Leben geben wird, in dem Gott die Rechtschaffenheiten / rechten Taten belohnen/vergelten wird, die Missetaten höchstgerecht strafen wird. Eccles. 3,16.[vi]

<u>These XIX.</u>
Eingedrückt von Gott ist den menschlichen Seelen das Gefühl der Verpflichtung zur Verehrung Gottes und zum rechten gerechten und guten Handeln, aber die Vermeidung von Gegenteiligem [– dies] wird allenthalben *eingepfropfte* [insita] natürliche Theologie genannt. z. B. Röm. 2,14, 15. Welche Kenntnis Gottes und der natürlichen Religion aber durch Philosophisches Nachdenken und Schlussfolgerung aus der Betrachtung der Natur geschöpft wird, wird *erworbene* [aquisita] natürliche Religion genannt

Kapitel II.
Von der Macht und Notwendigkeit der geoffenbarten Religion.

<u>These XX.</u>
Nachdem die besonderen Kapitel der natürlichen Religion vorgestellt und gezeigt worden sind, folgt, dass wir bald die Macht[,] bald die Notwendigkeit der geoffenbarten Religion zeigen, und zwar ist deren *doppelte* Macht teils die *physische*[,] teils die moralische zu beweisen. Was deren physische Macht betrifft, kann man über sie nicht

---

vi *Am Rand rechts:* des ewigen Lebens.

zweifeln, [nämlich] dass Gott mit Kraft und seiner unmittelbaren Handlung Kräfte zum (Nach-)Denken in den geschaffenen Seelen/ Personen verschiedenartig antreiben kann, lenkt, und zum (Nach-) Denken über dieses oder auch jenes vorsieht/bestimmt, und *zugleich bewirkt, dass die Seelen von dieser Art, in denen Gott so unmittelbar wirkt, zuverlässig wissen können,*[vii] *dass sie nicht von einem nichtigen Bild verspottet werden, sondern dass Gott selbst in ihnen wirkt, und dass diese oder auch jene Gedanken/Überlegungen von Gott selbst in ihnen selbst angetrieben worden sind.*

These XXI.
Doppelt ist der Zweifel derer, die die physische Macht der göttlichen Offenbarungen in Zweifel ziehen: sie fragen nämlich

1.) wie die Propheten und Apostel die von Gott stammenden Gedanken/Überlegungen von menschlichen und natürlichen zuverlässig unterscheiden, und vor demjenigen Trug sich hüten konnten, von dem fanatische Menschen getäuscht worden sind, die unbesonnen geglaubt haben, dass ihre Hirngespinste und ihre Delirien von Gott ihnen eingehaucht worden seien

2.) wie einerseits einst zuverlässig feststehen konnte, andererseits auch jetzt für alle sogar Ungebildeten feststehen kann, dass die Propheten und Apostel von Gott geschickt worden sind, und deren Lehre Gott als Urheber/Autor hat.

Auf die letztgenannte Frage werden wir antworten, wenn wir Beweise vorlegen werden, die den göttlichen Ursprung der Christlichen Religion beweisen, und zwar so zusammengestellt, dass deren Stärke/ Kraft sogar ein x-beliebiger Höchstungebildeter mit seiner Wahrnehmung erfassen kann.

Auf die erstgenannte Frage antworten wir: Gott konnte bewirken, und hat bewirkt, dass die Propheten und Apostel *teils durch ein* inneres *Gefühl selbst* gezwungen wurden, den göttlichen Ursprung der göttlichen Offenbarungen zu erkennen, und über ihn nicht zweifeln

---

vii *Am Rand rechts:* keinesfalls?

konnten, teils wurden sie von demselben durch dieselben Beweise
überzeugt, durch die andere von dem Ursprung der über jene ver-
kündeten göttlichen Orakel überzeugt worden sind und überzeugt
werden. Siehe Exod. 3 Actor 3,10 z. B. Deut. 13,1–15

<u>These XXII.</u>
Dass die geoffenbarte Religion moralisch mächtig d. h. nützlich, und
der Weisheit und der übrigen Tugenden Gottes nicht unwürdig ist,
beweisen die folgenden Argumente.
1.) Die Geschichte und die Erfahrung lehrt, dass die Menschen, wie
    [beschaffen] sie schon sind, ohne göttliche Offenbarung eine
    geeignete Kenntnis nicht einmal der natürlichen Religion errei-
    chen, sondern sich in deren großer Widersprüchlichkeit, und in
    sehr schweren Irrgängen/Fehlern rings um diese aufhalten.
2.) auch wenn man zugestehen würde, was man nicht zugestehen
    kann, [nämlich] dass das gerechte und genaue Wissen um die
    natürliche Religion ohne Hilfe der göttlichen Offenbarung durch
    Philosophieren beschafft werden könne, dennoch, weil dieser
    Weg und [diese] Methode, die natürliche Religion zu erkennen,
    langwierig und schwierig, und für den größten Teil der Menschen
    keinesfalls geeignet wäre, – wohingegen die göttliche Offenba-
    rung der kürzeste und schnellste Weg ist, durch den sogar alle
    Unkundigen und Ungebildeten zur wahren und zuverlässigen
    Kenntnis Gottes und der göttlichen Dinge gelangen können.[viii]
    Diese Beweise allerdings zeigen, dass die göttliche Offenbarung
    nützlich sein wird, auch wenn sie nur eine Art Wiederholung der
    natürlichen wahren Religion wäre.
3.) durch die unmittelbare Offenbarung kann Gott vieles Neues
    und Besonderes von seiner Natur, von seinen Absichten und
    Beschlüssen, und sicherlich auch von demjenigen Teil seiner
    Werke, der nicht in unsere Wahrnehmungen fällt / der nicht bis
    zu unseren Wahrnehmungen kommt, offenbar machen.

---

viii   certam Dei cognitionem et rerum divinarum cognitionem / cognitionem *hinter*
       Dei *in Fichtes Manuskript gestrichen.*

4.) auf viele sehr bedeutende Fragen, z. B. über den Ursprung des
Übels, über den Ursprung der Welt, über den künftigen Zustand
der Menschen nach dem Tod kann allein die göttliche Offenbarung antworten?

<u>These XXIII.</u>
Die geoffenbarte Religion, die den Weg zur erfolgenden/eintreten-
den Vergebung der Sünden und eine Gottes würdige Methode zeigt,
und uns eine zuverlässige Hoffnung auf die ewige Glückseligkeit
nach dem Tode bereitet, ist für uns nicht nur höchstnützlich, sondern
sogar höchstnotwendig teils zur Seelenruhe, teils um den Geist zu
verbessern, um ihn mit Zuversicht und Liebe zu Gott zu erfüllen:
ohne göttliche Offenbarung wird keine zuverlässige Hoffnung den
Sündern hinterlassen.

<u>These XXIV.</u>
Anhand dieser Beweise, mit denen wir einerseits die moralische
Macht, andererseits die Notwendigkeit der geoffenbarten Religion
gezeigt haben, ist es ganz offenkundig, – nicht nur dass gedacht werden kann unter Bewahrung von göttlicher Weisheit und Güte, sondern [dass das Denken] zu beiden auch so viel wie möglich passt,
und dass es deswegen höchstwahrscheinlich ist, dass Gott durch die
unmittelbare Offenbarung den verdorbenen und elenden Menschen
einen Weg und eine Methode, aus ihrem Elend zu entkommen, und
ihre verlorene Glückseligkeit wiederzuerlangen, gezeigt hat.

<u>These XXV.</u>
Aus ebendiesem, was schon gesagt worden ist, werden gewisse charakteristische Züge der geoffenbarten Religion im Vorhinein [a pri-
ori] erkannt, die entweder notwendig sind, oder auch einen Ort wenigstens haben können
1.) die geoffenbarte Religion kann nur mit der wahren natürlichen
    Religion übereinstimmen
2.) die geoffenbarte Religion kann auch Neues und dem Verstand
    Unbekanntes lehren, und notwendigerweise wird sie Derartiges

lehren, wenn sie ein Heilmittel herantragen muss für die Krank-
heiten, an denen die menschliche Natur schon krankt

3.) die geoffenbarte Religion muss sich auf geeignete Beweise stützen: da es derartige Wunder und göttliche Weissagungen gibt;
daher versteht man, dass es durch/an sich [per se] möglich ist,
dass die geoffenbarte Religion durch Wunder und Weissagungen
bestärkt wird

4.) die geoffenbarte Religion kann Mysterien beinhalten. *Mysterium*
ist eine unbestimmte Bezeichnung, und eine für den menschlichen Geist unbestimmbare. Es gibt Mysterien *unbekannten*
Grundes, unbekannter Art, unbekannter Absicht.

5.) es ist notwendig, dass die göttliche Offenbarung zum Glauben
an die göttlichen Worte auffordert, so wie als erste und letzte
Pflicht. Durch den Glauben aber verstehen wir die auf die zwar
geeigneten Beweise gestützte, aber dennoch moralische Zustimmung, die eine Art des Gehorsams gegenüber Gott ist, und den
Gott liebenden und verehrenden Geist hervorbringt/preisgibt.
Merke: Zustimmung entweder *moralisch*, oder *nicht moralisch*.

Kapitel III. Von der Wahrheit der Christlichen Religion

These XXVI.

Um die Wahrheit der geoffenbarten ~~Christlichen Religion~~ Theologie,
die in den Heiligen Schriften steht/die die Heiligen Schriften beinhaltet, genau zu beweisen, ist dreierlei nachzuweisen,

1.) dass die heiligen Bücher echt sind, und dass dieselben unversehrt
und unverdorben auf unser Zeitalter gekommen sind

2.) dass die in ihnen behauptete Geschichte des Glaubens würdig
und völlig gewiss ist

3.) dass die Propheten, Jesus selbst, und die Apostel die Boten/Aus-
gesandten/Abgesandten Gottes gewesen sind, und dass deren
Lehre göttlich ist.

Dann

4.) dass jenes insbesondere gezeigt werden muss, [nämlich] dass jene Bücher selbst durch die Eingebung Gottes (Theopneustie) geschrieben worden sind und eine göttliche Autorität haben. Jene drei ersten [Unterthesen] werden in diesem dritten Kapitel nachgewiesen, die vierte im folgenden Kapitel.[ix]

These XXVII.

Die sei es echte oder auch unechte Herkunft irgendeines alten Buches wird beurteilt und erkannt, teils *aus der Anlage/Eigenschaft des Buches* selbst, teils aus den Urteilen und Zeugnissen anderer antiker Schriftsteller über jenes Buch. Allerdings damit irgendein Buch für recht wahr gehalten wird, forscht man danach,

1.) dass der Inhalt des Buches und die Redegattung zu dem Zeitalter, in dem das Buch geschrieben sein soll, und zu dem Autor, dem es zugewiesen / zugeschrieben wird, passt

2.) dass die echte Herkunft des Buches durch die Urteile und Zeugnisse von denjenigen bestätigt worden ist, die wissen konnten, ob es echt ist, oder nicht. Diese Kriterien der Authentizität/Echtheit werden wir zuerst auf die Bücher des Neuen Testaments, dann auch auf die des Alten Testaments anwenden.

These XXVIII.

Die sorgfältig erwogene Anlage/Beschaffenheit der Bücher des Neuen Testaments beweist deren echte Herkunft durch diese Beweise

1.) wegen der aus diesen Büchern hervorleuchtenden echten und religiösen Redlichkeit der Autoren, und wegen der natürlichen Redegattung selbst, und von jeder Täuschung [eigentlich: Schminke] fremd, und von jeder Wahrscheinlichkeit ist sie abhold / weicht sie ab und keinesfalls kann man glauben, dass diese Bücher von Betrügern verfasst worden sind.

2.) in diesen Büchern erscheinen keine Anzeichen für Betrügerei und Fälschung, da diese Bücher, bald hinsichtlich der Dinge/ Taten, bald hinsichtlich der Worte zu dem Zeitalter, von dem

---

ix   *Literaturhinweis am Rand links:* Hug. Grotius, l'Abbe Die, Nößelt, Addison, Coß.

wir sagen, dass sie in diesem geschrieben worden sind, und dem
Talent der Autoren, denen wir sie zuweisen/zuschreiben, völlig
passen, es ist vollkommen offenbar, dass diese Bücher im ersten
Christlichen Jahrhundert, und hinsichtlich des größten Teils vor
der Zerstörung der Stadt Jerusalem von Juden, und zwar, allein
unter der Ausnahme des Paulus, von Ungelehrten/Ungebilde-
ten geschrieben worden sind. – [Literaturhinweis:] z. B. Lardner,
vom historischen Glauben der Evangelien

These XXIX.

Weiterhin steht durch das Zeugnis aller Zeiten fest, dass die Bücher
der Evangelisten und Apostel echt sind. Es gehören hierzu zumal die
Zeugnisse der Schreiber, die in den ersten Jahrhunderten nach Christi
Geburt gelebt haben, so denn die Zeugnisse der Apostolischen Väter; dann die der Schreiber des zweiten und dritten Jahrhunderts,
des Justinus Martyr [Justinus der Märtyrer], des Irenaeus [Irenäus
von Lyon], des Theophilus Antiochenus, des Clemens Alexandrinus
[Clemens von Alexandria], des Tertullianus [Tertullian], des Origines,
und anderer. Es sollen dazukommen die Zeugnisse der Häretiker, v. c.
die *des Kerinthos*, siehe Epiphanius [Epiphanius von Salamis], Haereses 28. 3 [*Panarion* oder *Adversus haereses*], *der Ebioniten*, siehe dieselbe 30,26 *des Markion*, von diesem siehe Tertullian, schließlich die
Zeugnisse derer, die in diesen Jahrhunderten die Christliche Religion
bekämpft haben v. g. die des Kelsos, und Porphyrios.

These 31.

Zu diesen Beweisen tritt jenes hinzu, was für völlig unmöglich gehalten werden muss, [nämlich] dass alle Bücher der Evangelisten und
Apostel [fälschlich] untergeschoben worden sein könnten sei es zu
Lebzeiten der Apostel, oder auch kurz nach deren Tod. Da nämlich
diese Bücher nicht nur Dogmatisches und Moralisches, sondern so
Vieles auch Historisches in Hinblick auf die einzelnen Menschen jenes Zeitalters beinhalten, und da die meisten dieser [Bücher] an gewisse Kirchen, oder an einzelne Menschen geschriebene Briefe sind,
kann man keinesfalls erdenken, dass so viele Kirchen und so viele

einzelne Menschen so getäuscht werden konnten, und dass der gute Leumund gekauft werden konnte, dass [sie] sich davon überzeugen ließen, dass von den Aposteln solche Bücher geschrieben worden sind, und solche Briefe, wenn die Autoren nicht die Apostel, sondern Betrüger gewesen wären.

These 32.
Die Widersacher werfen vor, dass die echte Herkunft einiger Bücher des Neuen Testaments einst, so denn im dritten und vierten Jahrhundert von einigen angezweifelt worden ist. Wir antworten
1.) um die Wahrheit der Christlichen Religion zu beweisen und um sogar einige Christliche Dogmen darzulegen, genügen jene Bücher, deren echte Herkunft, und göttliche Autorität niemals zweifelhaft in der Christlichen Kirche gewesen ist.
2.) was die übrigen Bücher betrifft, über deren echte Herkunft einige irgendwann einmal gezweifelt haben, ist von höchstgebildeten Männern gezeigt worden, dass diese auch echt sind, und die Anzweiflungen, die gegen die Herkunft dieser Bücher gehegt worden sind, sind geradezu unnütz und nichtig.
3.) gerade dies ist unserer Sache gewogen, dass in jenen alten/antiken Jahrhunderten nicht [gerade] wenige Christen über die echte Herkunft einiger Bücher eine Weile lang gezweifelt haben, denn daher verstehen wir, dass die alten Christen nicht leichtgläubig gewesen sind und leichtfertig in dieser Sache, und dass die Bücher der Apostel nicht ohne eine geeignete Methode für echt angenommen worden sind.

These 33.
Ein anderer Einwurf der Widersacher ist dieser, dass einst, zumal im 3. und 4. Jahrhundert viele Bücher Christus selbst und den Aposteln oder deren Schülern untergeschoben worden sind. Daher antwortet man, dass nichts gesammelt werden kann gegen diejenigen Bücher, deren echte Herkunft durch höchstzuverlässige Beweise feststeht. Jene untergeschobenen Bücher selbst beweisen die Wahrheit der

Evangelischen Geschichte und die echte Herkunft der Apostolischen Bücher; ~~und fast nichts beinhalteten sie~~ dennoch sind diese Bücher von den Christen nicht in ewiger Übereinstimmung, geschweige denn in gemeiner aufgenommen worden, ganz im Gegenteil: so wie unechte sind sie verworfen worden.

These 34.

Dass die Bücher der Apostel und Evangelisten unversehrt und unverdorben in unser Zeitalter gelangt sind, ist offenbar

1.) aus der Übereinstimmung der alten Handschriften zu verschiedenen Orten und Zeiten, in denen freilich eine große Verschiedenheit der Lesarten, aber dennoch derselbe Text enthalten ist / steht, wie ein kritischer Vergleich derer gelehrt hat.

2.) aus den alten/antiken Versionen des Neuen Testaments, und den sehr zahlreichen Anwendungen in den Schriften der Väter

3.) wenn jemand festlegen wollte, dass die Bücher des Neuen Testaments nicht unversehrt und nicht unverdorben zu unseren Zeiten hinübergebracht worden sind, müsste jener durch historische Beweise seine Meinung beweisen: aber die ganze Geschichte schweigt von einer solchen Verderbung der Bücher des Neuen Testaments, welche irgendein Widersacher unserer Sache sich in den Kopf zu setzen beschließen kann.

4.) Die Verderbung der Bücher des Neuen Testaments war tatsächlich keinesfalls möglich a.) weil diese schon in den ersten Zeiten oftmals beschriebenen Bücher in verschiedene Sprachen übersetzt, und in viele weit auseinanderliegende Gegenden geschickt und verbreitet worden sind b.) da diese Bücher ja bei den Christen zu jeder Zeit öffentlich gelesen und so wie heilige oder auch göttliche gebraucht worden sind. c.) weil früh und von gerade den Zeiten der Apostel an die Christen in verschiedene und widerstrebende Seiten / Parteien / Sekten getrennt worden sind, weshalb keine [Sekte] jene Bücher verderben konnte aus Furcht vor den anderen Sekten.

These 35.

Ein ganz besonderer Beweis, um die echte Herkunft und Unversehrtheit der Bücher des Neuen Testaments zu beweisen, ist darin
gelegt, dass, obwohl eine so große Verschiedenheit des Stils in diesen
Büchern vorhanden ist, dennoch die höchste Übereinstimmung in
den Dingen/Taten selbst offensichtlich ist.

These 36.

Dass die Mosaischen, und die übrigen Bücher des Alten Testaments
echt sind, beweisen wir

1.) daher, dass der Israelitische Stamm seit Urzeiten die echte Herkunft dieser Bücher anerkannt hat, und öffentlich bezeugt hat

2.) aus der Anlage/Beschaffenheit selbst dieser Bücher, weil sie doch
nichts beinhalten, was beweist oder auch einen berechtigten Ver-
dacht bereitet, dass diese nicht echt seien, ganz im Gegenteil:
möglichst viele Anzeichen und Beweise für ihr Alter und ihre
echte Herkunft geben sie zu erkennen,

3.) aus dem Ausgang/Eintreten der Weissagungen/Prophezeiungen,
die in diesen Büchern stehen

4.) aus der Übereinstimmung der alten Schriftsteller, die weder von
Hebräischem Stamm noch von der Hebräischen Religion gewesen sind, ja [vielmehr] aus der Übereinstimmung des gesamten
Altertums/Antike. [Literaturhinweis:] Siehe Jerusalems Briefe
über die Mosaische Geschichte, u. Philosophie

~~These 37. Dass die Mosaischen und die übrigen Bücher des Alten~~
~~Testaments echt sind, steht fest.~~

These 37.

Dass die Bücher des Alten Testaments unversehrt und unverdorben
zu unserem Zeitalter gelangt sind, ist höchst gewiss, da jene Bücher
ja bei den Juden immer eine öffentliche Autorität hatten, und unter
öffentlicher und besonderer Sorgfalt abgeschrieben worden sind, und
nicht einmal der geringste Argwohn kann auf die Juden fallen, dass

sie diese Bücher hätten verderben wollen, da die ganze Geschichte eher lehrt, dass die Juden immer höchst religiös gewesen sind in der Bewahrung und genauen Abschrift dieser Bücher.

[Literaturhinweise:] v. Buxdorf. Tiberias v. den Masoreth. von Esra an – Dresd[ius].[x] Dreigestalt von Betrachtungen, die die Kritik des hebräischen Texts betreffen.

x *Lesart der Literaturhinweise schwierig.*

5.4 Analyse und Kommentar

Die Untersuchung der frühen theologischen Handschrift Fichtes, der *Theologia dogmatica secundum Theses D. Pezoldi*, verfolgt eine ›Dreifach-Strategie‹. Zum einen soll mit ihr unsere Grundthese zu Fichtes Verhältnis zum Pietismus insbesondere am theologischen Hintergrund von Christian Friedrich Pezold vertieft und verstärkt werden, womit sich auch von dieser Seite die in der Forschungsliteratur vertretene Ansicht einer ›Pietismus-Abstinenz‹ bei Fichte als unhaltbar erweist. Zum anderen wird mit ihr der Nachweis erbracht, dass Fichtes theologisch-philosophische Studienzeit – entgegen einigen Behauptungen der Forschungsliteratur – durchaus ertragreich war, demzufolge auch nachhaltiger und differenzierter auf seine spätere Entwicklung gewirkt hat, als bisher angenommen. Diese Erkenntnis wird durch den Einbezug von zwei weiteren, im Zeitraum der *Theologia dogmatica* verfassten Arbeiten Fichtes bestätigt, die, gemeinsam mit ihr, die Struktur einer theologischen Gesamtkonzeption beim Studiosus Fichtes in seiner ›vorkantischen Zeit‹ erkennen lassen.[166] Dadurch wird die gängige Forschungssicht erweitert und erweist sich insbesondere die in ihr behauptete Generalthese eines von Fichte durchgängig und grundsätzlich vertretenen Determinismus in dieser Zeit als unzutreffend. Für eine biographisch wie ideengeschichtlich angemessene

---

166 Die Forschungsliteratur hat zur Frage nach der möglichen konzeptionellen Einheit der frühen schriftlichen Dokumente Fichtes, der *Theologia dogmatica*, den *Absichten des Todes Jesu* und der *Predigt An Mariä Empfängnis* bisher wenig Antwort gegeben. Allein Reiner Preul sieht zumindest ihren thematischen und zeitlichen Zusammenhang (vgl. Preul [1969], 31). Allerdings zieht er die drei Texte so auseinander, dass er durch den Ausschluss der *Theologia* »als nicht origineller Kollegnachschrift« (ebd., 30) auch den Zusammenhang von Theologie, Christologie und Pneumatologie beim frühen Fichte ausblendet. Schließlich kann man, was ja nicht ganz abwegig ist, die *Absichten des Todes Jesu* als christologische Ergänzung zur Gotteslehre der *Theologia* lesen, und zwar als den in der These XXVI 3.) der Kollegnachschrift erwähnten, aber nicht ausgeführten Teil über die »Göttlichkeit der Lehre Jesu«.

Beurteilung dieser Bildungsphase Fichtes ist demzufolge eine differenziertere Betrachtung notwendig. Denn wenn man vom Determinismus des jungen Fichte sprechen will, dann betrifft dieser, insofern man das überhaupt generell sagen kann, seine frühe rationalistische Verstandes-Metaphysik und (theologische) Ontologie. Dokumente dafür sind einige Briefe und die *Aphorismen über Religion und Deismus*. Und auch für sie gilt diese These, wie wir schon sahen, nur bedingt. Vom Determinismus unberührt ist Fichtes bereits sehr früh explizit vertretene moral-philosophische Freiheits- und Verantwortungslehre. Seine Pastoral-Theologie und Moral-Theologie, und damit die Grundzüge seiner Anthropologie, waren nie deterministisch, im Gegenteil. Schon seine erste, noch nicht kantisch geprägte Predigt unterläuft, wie wir noch sehen werden, mit der Forderung nach moralischer Selbstbildung nicht nur jedweden ontologischen oder existenziellen Determinismus. Auch der theologische Begriff einer göttlichen Vorsehung wird hier kritisch verwendet. Die Erwählung Marias ist kein Exempel für eine allgemeingültige Prädestinationslehre oder ›Bildungstheorie des Herzens‹, sondern lediglich *ein* Aspekt moralphilosophischer Reflexionen über Gottes Bildungsarbeit am Menschen. Daneben sind zentral: Selbstbildung und Selbsterziehung, zu denen es eines freien und kräftigen Entschlusses sowie der Anstrengung und Ausdauer bedarf. Dieser Gedanke ist sowohl als allgemeine oder – um mit Pezold zu reden – *abstrakte* Feststellung einer philosophischen Anthropologie, aber vor allem als konkrete, das heißt die Wahl- und Handlungsfreiheit des Individuums betreffende Bestimmung im Sinne der theologischen Psychologie oder Psychotheologie zu verstehen. Sicherlich schlägt sich in dieser Freiheitslehre das unerschütterliche Freiheitsdenken des lutherischen Protestantismus, insbesondere aber die unmittelbare, personenorientierte Glaubensgewissheit des Pietismus nieder.

Weitergehende Konsequenzen aus dieser frühen, differenziert zu beurteilenden theologischen Prägung für Teile von Fichtes philosophischem Denken sind unter anderem: die transzendentalphilosophisch transformierte Theologie des Bildes sowie deren Weiterentwicklung in den Konzeptionen einer Theorie der (moralischen)

Bildung und der funktional auf sie bezogenen Rechts- und Staatsphilosophie.[167]

Die dritte Argumentationslinie wendet sich gegen das insbesondere vom Fichte-Sohn vermittelte Bild über das Verhältnis von Theologie und Philosophie bei Fichte, und dies sowohl im Hinblick auf die universitäre Realität, das heißt, die Theologie, wie sie »damals auf den Universitäten gelehrt wurde« (LLB I, 25), als auch im Hinblick auf das Fichte unterstellte Motiv, sich von der vermeintlich unkritisch-dogmatischen Theologie ab- und der kritischen Philosophie zugewandt zu haben. Darin soll nach Fichte junior auch die Erklärung dafür gelegen haben, dass Fichte sein Theologiestudium nie abgeschlossen hat (vgl. ebd., 24 f.) – ein bemerkenswerter, wohl aber eher zweifelhafter Entlastungsgrund für Fichtes Studium ohne Examen. Auch an dieser biographischen These Immanuel Hermann Fichtes sind Zweifel angebracht. Denn was das wissenschaftliche Niveau der Theologie an den von Fichte besuchten Universitäten betraf – wenn man insbesondere auf die theologischen Lehrer, etwa Griesbach in Jena und Pezold in Leipzig, sieht –, wird dieses Urteil den Fakten nicht gerecht. Denn beide Theologen sind – was für Fichtes eigene Philosophie von Bedeutung ist – methodologisch versierte Köpfe: der eine, Griesbach, auf dem Feld der biblischen Exegese und der andere, Pezold, auf dem Feld der Vermittlung von Theologie, Philosophie, Psychologie und Logik. Werfen wir einen Blick auf die fünfte Vorlesung der *Anweisung* oder die späte *Staatslehre*, so sehen wir dort einen Exegeten am Werk, der biblische Textstellen und religionsphilosophische Metaphysik virtuos auf einander bezieht. Und denken wir an die Bedeutung logisch-mathematischer Begründungs- und Ableitungsversuche innerhalb der Wissenschaftslehre, dann könnte er dafür sein Handwerkszeug aus den Lehrveranstaltungen seiner theologischen Lehrer bezogen haben.

Zu einem ebenso kritischen Urteil gelangt man auch im Hinblick auf Immanuel Hermann Fichtes Einebnung der in der Wissenschaftslehre systematisch und aus Prinzipien begründeten Unterscheidung

---

167 Vgl. Traub (2011a) und (2016).

zwischen esoterischer, das heißt wissenschaftlicher, und exoterischer, das heißt populärer Philosophie. Diese Differenz soll laut I. H. Fichtes Vorrede zu Band V der Ausgabe *Fichtes sämtliche Werke* durch die Forderung nach bloß argumentativer Klarheit auf allen Feldern philosophischer Darlegungen nivelliert werden. Das aber verkennt den tiefgreifenden systematischen und prinzipientheoretischen Unterschied, der die beiden ›Wege zur Wahrheit‹ – wenn auch vermittelnd – voneinander trennt (vgl. DgF, 51–65). Die Grundlage für diese systemprägende Differenzierung in Fichtes Denken finden wir, und zwar theoretisch ausführlich begründet, funktional erklärt und auseinandergelegt, in der *Theologia dogmatica*. Dass dem Fichte-Sohn diese, für die Philosophie seines Vaters nicht eben nebensächliche Unterscheidung auch in ihrer Begründung entgangen ist, lässt sich unter anderem dadurch erklären, dass er zwar die *Theologia dogmatica* als Handschrift seines Vaters kannte, denn er verweist ausdrücklich auf die Stichworte des »Conspectus« (LLB I, 26). Allerdings, wie wir sehen werden, sind gerade die vom Fichte-Sohn erwähnten Stichworte und die daraus abgeleiteten Konsequenzen für den definitiven Inhalt der Handschrift, wenn überhaupt, dann nur bedingt aussagekräftig. Das genauere Studium der Handschrift hätte ihm Aufschluss darüber gegeben, dass gerade das, was sein Vater darin, seiner Meinung nach vergeblich, suchte, zumindest im Grundsätzlichen enthalten ist, nämlich: eine Theologie, in der die Fragen nach Beweisbarkeit und Darstellbarkeit von Glaubenssätzen ebenso wie die nach dem Einsatz und den Grenzen von Vernunft und Kritik erörtert und auch beantwortet werden.

5.4.1   Der Text der Theologia *in seinem formalen Aufbau*

Fichte Vorlesungsmitschrift oder überarbeitete Vorlesungsnachschrift *Theologia Dogmatica Secundum Theses D. Pezoldi* umfasst eine gegliederte Übersicht (Conspectus) über den Text und, als eigentlichen Textkorpus, 36 auf vier Kapitel verteilte Thesen. Die These 30 ist in der fortlaufenden Nummerierung wohl versehentlich übersprungen worden, sodass Fichtes Nummerierung bei 37 endet.

Dieser Aufbau hat zwei Auffälligkeiten. Die erste besteht darin, dass die dem Text vorangestellte Gliederung (Conspectus) nicht oder nur sehr bedingt zum tatsächlichen Aufbau der Vorlesung selbst passt. Während die Übersicht nach A.) »Ursprung/Quelle des Erkennens« usw. und B.) »Lehren, die in der Heiligen Schrift enthalten sind« untergliedert ist, wobei der Punkt B.) in sich I.) »Von Gott, Schöpfung und Vorsehung«, II.) »Vom Menschen« usw. und in 1. »die Gnade Gottes« sowie 2.) »die Vermittlung Christi« unterteilt ist, sieht die Gliederung des Textes der *Theologia* selbst anders aus. Auch lauten deren Überschriften anders.

Im Unterschied zum *Conspectus* hat der Text der *Theologia* zwei Teile: *Prolegomena*, sie umfassen die Thesen I bis VIII, und *Präcognitia (Vorkenntnisse/Vorüberlegungen)*, sie umfassen die Thesen IX bis 37. Die Präcognitia sind in drei Kapitel gegliedert, wobei ein viertes zu Beginn von Kapitel III (These XXVI) angekündigt wird, jedoch in der Handschrift nicht enthalten ist. *Kapitel I*: »Summe der natürlichen Religion« (These IX bis XIX), *Kapitel II*: »Von der Macht und Notwendigkeit der offenbarten Religion« (These XX bis XXV), *Kapitel III*: »Von der Wahrheit der Christlichen Religion« (These XXVI bis 37).

Vergleicht man den *Conspectus* und die tatsächliche Gliederung, dann ist festzustellen, dass sich die im Überblick genannten Themen zumindest ansatzweise im Text der Dogmatik finden, insbesondere die Gotteslehre. Insofern könnte die Gliederung zur *Theologia* gerechnet werden. Unklar bleibt dabei aber, ob diese Gliederung aus Pezolds Vorlesung stammt und wenn, wo sie ihren systematischen Ort hat, oder ob der *Conspectus* einen Versuch Fichtes darstellt, für sich die Vorlesung zu rekapitulieren und zu strukturieren. Letzteres ist wahrscheinlicher als Ersteres. Denn warum sollte der Logiker Pezold seinem klar gegliederten Text ein Inhaltsverzeichnis vorangestellt haben, das von dieser Gliederung abweicht? Die dritte Variante einer Erklärung wäre die, dass es sich beim *Conspectus* um die bloß mögliche Gliederungsskizze einer theologischen Dogmatik

handelt, die als solche für die Vorlesung selbst nicht oder nur annä-
herungsweise zur Anwendung gekommen ist. Ob diese Möglichkeit
auf Überlegungen Fichtes beruht oder durch Pezold angeregt wurde,
kann dabei offen bleiben. Diese Erklärungsvariante stützt sich auf
einen Hinweis der Vorlesung in These VII, in dem auf *Die Quellen der Erkenntnis* des Johannes von Damaskus verwiesen wird. Die
These behandelt den Unterschied zwischen allgemeinverständlicher
(exoterischer) und systematisch-scholastischer Lehrmethode. Als einen Begründer der Scholastik in der griechischsprachigen Ostkirche
nennt die These Johannes von Damaskus und verweist dabei auf dessen zentrales dogmatisch-theologisches Lehrwerk über den rechten,
orthodoxen Glauben (*De fide orthodoxa*). Folgt man diesem Hinweis
unter der Voraussetzung, dass Pezold und seinen Zuhörern die Schrift
des Kirchenvaters nicht nur vom Namen, sondern auch vom Inhalt
her bekannt war, dann ergibt sich daraus eine Erklärung für den *Conspectus.* Denn das theologische Hauptwerk »des letzten großen, uni-
versal eingestellten Theologen der alten griechischen Kirche«[168] trägt
nicht nur denselben Titel wie der *Conspectus* von Pezolds *Theologia
dogmatica,* nämlich *Quelle der Erkenntnis* (*Principium cognescendi*).
Auch die Gliederung des dritten Buches, *Über den rechten Glauben,*
auf das Pezolds Vorlesung explizit hinweist, lässt sich als Vorlage
zum *Conspectus* lesen. Die lateinische Fassung gliedert den Text des
Johannes in vier Kapitel, von denen eines im *Conspectus* unter I.) explizit genannt wird: »Von Gott, Schöpfung und Vorsehung«. Die bei
Johannes im Kapitel III und IV – »Christologie« und »Fortsetzung
der Christologie« –[169] erörterten Themen finden sich im *Conspectus* –
wenn auch nicht exakt – unter II.) behandelt.

Aus diesem Vergleich lässt sich schließen, dass die dem Fichte-
Text vorangestellte Übersicht weniger als konkrete Gliederung der
Vorlesung, sondern entweder als Erinnerungsposten oder als mögliche, an Johannes‹ *Quellen der Erkenntnis* orientierte Strukturskizze
zu verstehen ist.

168 B. Altaner: *Patrologie. Leben, Schriften und Lehre der Kirchenväter.* Freiburg
      1951, 474.
169 Vgl. ebd., 475.

Die zweite Auffälligkeit des Aufbaus der Thesen betrifft deren Bezifferung. Zum einen fehlt die These 30. Dieser Fehler ist aller Wahrscheinlichkeit nach ein Versehen in der fortlaufenden Nummerierung. Denn inhaltlich schließt die These 31 bruchlos an die These XXIX an. In ihr wird der in These XXVII begonnene Beweis der Echtheit der Evangelien-Texte fortgesetzt und zum Abschluss gebracht. Auch in der Originalhandschrift findet sich keine Lücke. These XXIX und 31 stehen auf derselben Seite. Auffällig ist allerdings, dass mit diesem Fehler eine Veränderung in der Bezifferung der Thesen einhergeht. Denn während die Thesen I bis XXIX in römischen Ziffern nummeriert sind, erfolgt die Nummerierung der Thesen 31 bis 37 in arabischen Ziffern. Was diesen Lapsus verursacht hat, darüber kann man nur spekulieren.

Die Hauptkapitel I bis III hat Fichte mit der Überschrift »Präcognitia«, Vorüberlegungen, Vorkenntnisse oder Vorbegriffe, versehen. Hierzu sind drei Überlegungen angebracht, die den Aufbau der Vorlesung insgesamt betreffen. Zunächst ist an der Überschrift »Praecognitia« fraglich, ob Pezold an dieser Stelle Vorüberlegungen vorgetragen hat, die aber von Fichte nicht niedergeschrieben wurden. Fichte hätte sich dann erspart, Pezolds Vorbemerkungen schriftlich festzuhalten und zu bearbeiten. Fraglich ist zum Zweiten, ob es sich nur um Vorüberlegungen zu Kapitel I »Summe der natürlichen Religion« handelt. Möglich wäre auch, dass die folgenden drei Kapitel insgesamt Vorüberlegungen zu weiterführenden dogmatischen Themen darstellen sollen. Für diese dritte Variante spricht die Tatsache, dass einige der in Kapitel III angesprochenen zentralen dogmatischen Themen, wie etwa ›der göttliche Ursprung der christlichen Lehre und der Heiligen Schriften‹ sowie ein weiteres, in Kapitel III angekündigtes Kapitel VI im vorliegenden Text nicht enthalten sind. Es könnte sich bei diesen Hinweisen um eine Ankündigung Pezolds auf spätere Vorlesungen handeln, die Fichte dann nicht besucht beziehungsweise nicht schriftlich bearbeitet hat oder von denen wir im Hinblick auf die Quellenlage keine Kenntnis haben. Sollte es der Fall sein, dass der vorliegende Text die *Prolegomena* und *Präcognitia* zur Dogmatik sind, dann hat der Text insgesamt eine einigermaßen geschlossene

Gestalt. Sollte es allerdings so sein, dass die im Text benannten dogmatischen Themen Bestandteile der Vorlesung waren, dann muss der
vorliegende Text als unvollständig gelten. Das lässt drei Erklärungen
zu. Die erste wäre die, dass Fichte den Schluss von Kapitel III sowie
das angekündigte Kapitel IV der Dogmatik nicht gehört beziehungsweise nicht schriftlich ausgearbeitet hat. Die zweite Erklärung ist die,
dass der Rest von Fichtes Aufzeichnungen verschollen ist. Dann wäre
die vorliegende *Theologia dogmatica* ein Fragment. Oder Pezold hat
die in den *Präcognitia* angekündigten, aber in dieser Vorlesung nicht
ausgeführten Themen in späteren Vorlesungen abgehandelt. Präcognitia wäre dann als ›Vor-Begriff‹, etwa im Sinne von Fichtes Ein-
führungsschrift *Über den Begriff der Wissenschaftslehre* (1793/94)
zu verstehen. Wofür die Tatsache sprechen könnte, dass Pezold in
Fichtes früher Leipziger Studienzeit die *Theologia dogmatica* dreimal
unmittelbar aufeinander, 1781, 1782, 1783 und später 1788 (vgl. GA
II/1, 33) gelesen hat. Ob die Inhalte der Vorlesungen identisch waren,
wissen wir nicht. Möglicherweise hat Pezold die *Praecognitia* vorhe-
riger Vorlesungen in den folgenden aufgegriffen, vertieft und weiter
ausgeführt. Auf dieses Thema kommen wir bei der Erörterung der
zweiten theologischen Frühschrift Fichtes *Ueber die Absichten des
Todes Jesu* noch einmal zurück.

5.4.2   Exkurs: Philipp David Burk und der Einfluss des württembergischen Pietismus auf Pezolds Dogmatik

Die J. G. Fichte Gesamtausgabe weist in ihrem kurzen einleitenden
Kommentar zur *Theologia dogmatica* darauf hin, dass der Bakka-
laureus Pezold seine Dogmatik nach der Theologie des Pfarrers und
theologischen Schriftstellers Philipp David Burk gelesen habe (ebd.).
Mit Blick auf unsere zentrale Fragestellung nach den Einflüssen des
Pietismus auf die Grundlegung und Entwicklung von Fichtes Bildungsweg und Weltanschauung ist der Hinweis auf Burk sehr aufschlussreich und verdient besondere Aufmerksamkeit.

Wir haben aus Fichtes Zeit in Schulpforta gehört, dass er dort Famulus des Mathematikers und Theologen Johann Gottlieb Schmidt war. Dieser wird von Zeitgenossen theologisch dem Pietismus von Bengel und Crusius zugeordnet. Auch für Fichtes Theologieprofessoren Griesbach in Jena und Reinhard in Wittenberg haben wir auf die Nähe zu dieser Traditionslinie des Pietismus hingewiesen.

Burk, ein 1714 geborener und 1770 verstorbener Pfarrer zu Hedelfingen bei Stuttgart, war nicht nur Schüler, sondern auch Hauslehrer und späterer Schwiegersohn von Johann Albrecht Bengel oder, wie es in der Pietismus-Forschung heißt, Bengels »›zweites Ich‹« (Brecht, GdP 2, 263). Mit Burk kommt Fichte somit – in zweiter Generation und über Pezold vermittelt – mit dem wohl wichtigsten Schüler und Familienangehörigen Bengels, dem zweiten der beiden genannten Pietisten, in Kontakt. Über Burks Verhältnis zum Pietismus hält die Pietismus-Forschung fest: »Er [Burk] ist deutlich einer der Repräsentanten der zweiten Generation, die sich etwas darauf zugute hielt, zur Familie des großen Pietistenhauptes [Bengel] zu gehören« (ebd.).

Mit Pezold und Burk stoßen wir also auf zwei weitere Vertreter des Pietismus als Lehrer Fichtes. Dieses Mal haben wir es sogar mit zwei ziemlich prominenten Repräsentanten des Reformprotestantismus zu tun, und zwar sowohl der sächsischen wie der schwäbisch-württembergischen Linie. Es wird kein Zufall gewesen sein, dass Fichte, wie seinerzeit in Schulpforta und Jena, wo er die Nähe zu seinen bengelianisch-crusianischen Lehrern suchte, sich jetzt in Leipzig in besonderer Weise an den Crusianer Pezold wandte, der, wie Schmidt, Griesbach und Burk, demselben weltanschaulich-theologischen Umfeld angehörte.

Wie nahe Fichte, in der Person seines Lehrers Pezold, nun der Weltanschauung des Pietismus stand – ja, man kann hier von einem direkten Einfluss sprechen –, zeigt der Hinweis auf Burk in der Gesamtausgabe der Fichte-Werke. Dort ist es nur ein Hinweis, nicht mehr; im Zusammenhang unserer Untersuchung aber ist dieser Hinweis geradezu ein Beweis. Es geht um die Fußnote 3 zur These IV der *Theologia* (GA II/1, 38). Die Fichte-Handschrift zu Punkt 2.) der These IV enthält zum Schluss der Ausführungen zum Thema ›Me-

thoden der Beweisführung im biblischen Kontext‹ einen Literaturhinweis in deutscher Sprache, auf den sich die Fußnote der GA-Her-
ausgeber bezieht. Der Literaturhinweis lautet:»v[gl.] Crusii Vorrede
zu Burgks Evangelischer Fingerzeig« (ebd.). Die Feststellung, Pezold
las seine *Theologia* nach Burk, bedeutet demnach nicht eigentlich,
dass Fichtes Lehrer sich in seiner Vorlesung an einem Vertreter des
württembergischen Pietismus orientierte, sondern dass Pezolds eigener Lehrer und Cousin, Crusius, selbst von ›Bengels zweitem Ich‹,
das heißt dem Schwiegersohn des württembergischen ›Pietistenhauptes‹, beeinflusst war. Und zwar so sehr beinflusst, dass Crusius dessen
Schriften zur homiletischen Didaktik des *Evangelischen Fingerzeigs,*
über *den wahren Verstand und heilsamen Gebrauch der gewöhnlichen Sonn-, Fest- und Feyertäglichen Evangelien, zur gründlichen
Erbauung aufmerksamer Christen,* immerhin so gut kannte, dass er
sie ab 1760 in sieben Bänden herausgegeben und mit einer eigenen
Vorrede versehen hat. Der Hinweis der *Theologia* ist damit zwar
schon ein Hinweis auf Burks *Fingerzeig,* mehr aber noch auf das von
Crusius verfasste Vorwort dazu. Dass der Hinweis darauf zielte, bestätigt sich bei näherer Betrachtung dieses in vielerlei Hinsicht be-
merkenswerten Textes von Crusius. Denn was die 75 Seiten umfas-
sende Vorrede des ›Proffesoris primarii zu Leipzig‹ abhandelt, ist im
Speziellen das, was Pezold im Allgemeinen in seiner Vorlesung zur
Theologia dogmatica erörtert, nämlich die Frage nach den Kriterien
und Methoden der Auslegung und Beweisführung im Rahmen der
Theologie als ›Wissenschaft von der Religion‹. Es geht Crusius wie
Pezold um die differenzierte Darlegung der Gründe, durch die sich
Gewissheit über die Wahrheit der göttlichen Dinge aus der Vernunft
oder der Heiligen Schrift oder aus beidem erlangen lässt – und dies
in Auseinandersetzung mit gebildeten oder ungebildeten, berufenen
oder unberufenen Kritikern, Leugnern, Skeptikern oder Gegnern
von Theologie und Religion.

　　Bemerkenswert in Bezug auf Fichte ist an der Vorrede zu Burks
Fingerzeig, dass Crusius dort sehr überzeugend den Unterschied
zwischen einem am Widerspruch und Gegenteil orientierten *Beweisverfahren* und einer am bloß rechten Verstehen orientierten *Ausle-*

gung der christlichen Lehre darlegt und damit zwischen mittelba-
reren und unmittelbareren Evidenzquellen unterscheidet, sie aber
gleichwohl auch aufeinander bezieht. Der Ausleger, heißt es dort,
»soll den Beweis wissen, und wenigstens vor sich selbst aufsuchen,
ob es gleich nicht allemal nötig ist, ihn anzugeben«.[170] Fichte wird
in seiner Schiller-kritischen Unterscheidung zwischen wissenschaftlichem und populärem Vortrag (vgl. GA III/2, 339) genau in diesem
Sinne argumentieren. Popularität rekurriert nicht auf mehr Anschau-
lichkeit und Bilderreichtum, wie er gegen Schiller einwendet, sondern auf andere Evidenzquellen und ein anderes, nicht dialektisches
Beweisverfahren.[171]

Neben dem *Evangelischen Fingerzeig* gründet sich Burks theologische Bedeutung, und auch das ist für Fichtes Ausbildung zum
Pfarrer interessant, auf die 1771 posthum veröffentlichten und 1876
noch einmal neu herausgegebenen *Sammlungen zur Pastoraltheologie.* Darin betont Burk den auch von Pezold vertretenen Ansatz
einer erfahrungsorientierten Psychotheologie und Psychagogik, das
heißt eine Analyse theologischer Frage- und Problemstellungen, die
nicht nur auf systematischem, sondern vor allem auf pädagogisch-
psychologischem Weg verläuft, und zwar so, wie sich die Themen
in und aus der Erfahrung des Menschen darstellen und sich aus dieser weiter entwickeln lassen. Auch bei Fichte finden wir diese ›Ex-
perimentalmethode‹ des Geistes als ›genetisches Philosophieren‹,
als Selbstschulungs- und -erkenntnisweg geistiger und moralischer
Bildung, später wieder. Weitere möglicherweise von ihm aus dieser
pietistischen Schule übernommene Elemente sind Burks intensive
Erörterungen des Zusammenhangs von Leben und Lehre sowie die
damit verbundene Frage nach dem ›Wesen‹, der ›Bestimmung‹ oder
›Beschaffenheit eines Pfarrers‹ – Fichtes zentrales Thema über die Be-

---

170 C. A. Crusius: »Vorrede«, in: P. D. Burk: *Philipp David Burks [...] Evangelischer
Fingerzeig auf den wahren Verstand und heilsamen Gebrauch der gewöhnlichen
Sonn-, Fest und Feyertäglichen Evangelien.* Hrsg. von C. A. Crusius. Leipzig 1760,
38.
171 Vgl. Traub (1992), 20–24.

stimmung beziehungsweise das Wesen des Gelehrten klingt hier an.
Besonderes Augenmerk legt Burks Pastoraltheologie auf rhetorische
Fragen, auf die Regeln, nach welchen ans Herz zu reden ist, auf die
Gebärdensprache des Predigers, auf Themen also, die nachweislich
auch Fichte gerade in seiner Leipziger Zeit, aber auch darüber hinaus, sehr interessiert haben und zu deren professioneller Vertiefung
er möglicherweise durch die von Pezold vermittelten Ideen Burks angeregt wurde. Erinnert sei hier an seinen privaten Deklamationsunterricht bei Schocher. ›Über Geist und Buchstaben‹ in der Theologie
sowie über die Regeln des rechten Studierens wären weitere Themen
Burk'scher Pastoraltheologie, auf die Fichte über Pezold möglicherweise aufmerksam gemacht wurde und die bei ihm selbst dann nachhaltig fortgewirkt haben. Akademische Lehrer prägen.

Was wir am Verhältnis Fichte–Pezold für die Frage nach der Beziehung zwischen dem Pietismus und der Bildungsbiographie des
Studiosus Fichte festhalten können, ist, dass er an Pezold einen Lehrer und Förderer hatte, der sich nicht nur als Pietist verstand, sondern dessen akademische Lehre in Logik, Philosophie und Theologie durch den direkten Einfluss namhafter und geistesgeschichtlich
wirkmächtiger Pietisten geprägt war. Unter diesem Einfluss bildete
sich Fichtes theologisch-philosophisches Denken weiter aus und auf
der Grundlage dieses Einflusses verfasste er auch seine erste theo-
logisch-systematische Skizze zur *Theologia dogmatica*. Aber nicht
nur das: Denn über das in der Vorlesung vermittelte Berufsethos
des Theologen, das neben den im engeren Sinne wissenschaftlichen
Kompetenzen vor allem Übungen der Frömmigkeit und spirituelle
Erfahrungen betont, prägt und unterstützt Pezold bei Fichte die
ganzheitliche Idee eines Gelehrten, mit der sich immerhin drei Vorle-
sungszyklen, zu Beginn seiner Jenaer, Erlanger und Berliner Lehrtätigkeit, befassen. Diese Idee charakterisiert auch Fichtes persönliches
Selbstverständnis als Philosoph.

5.4.3 Erste inhaltliche Annäherung an die Theologia dogmatica

Wir werden im Folgenden zunächst die 37 Thesen der vier Teile der Dogmatik vorstellen, um sie dann in einigen für Fichtes Denken relevanten Aspekten eingehender zu analysieren. Schon durch die Kurzfassung kann deutlich werden, dass es sich bei der Dogmatik um einen substanziellen theologischen Text handelt, aus dem Fichte für seine weitere wissenschaftliche Entwicklung grundlegende Orientierungen gewonnen hat. Auch einiges, was die Fichte-Forschung für Fichte-spezifisch hält, lässt sich in der *Theologia dogmatica* in Ansätzen bereits deutlich erkennen. Mit diesem Nachweis wäre, nach Bacins Dokumentation zu Fichtes Ausbildung in Schulpforta und unseren Analysen zu den ›Prägegestalten‹ Fichte'scher Bildung, ein weiterer Schritt zur Beantwortung der Frage nach Herkunft und Quellen von Fichtes akademischer Bildung getan.
Die 37 Thesen im Überblick:

Vorworte (Prolegomena)

These I:	Theologie ist eine Wissenschaft und als solche ist sie Bestandteil der Religion.
These II:	Wahre Religion ist das rechte Wissen von Gott.
These III:	Jede Bildung, auch die theologische, beruht auf dem Wissen eines höchsten Wahren.
These IV:	Zur Logik des theologischen Wissens gehören Begriffe, Argumente, Beweise und eine Systematik der theologischen Wahrheiten.
These V:	Die Bedeutung der Vernunft für die Grundlegung eines methodisch geleiteten theologischen Wissens in abstrakter und existenzieller Hinsicht.
These VI:	Voraussetzungen und Bedingungen für einen christlichen Theologen.
These VII:	Theologie als esoterische Fachwissenschaft und exoterische, allgemein verständliche Lehre.

These VIII: Sinn und Bedeutung des systematischen Studiums.
Anleitung für Studierende.

Vorkenntnisse (Präcognitia)

Kapitel I: Die Summe der natürlichen Religion

These IX: Erstes Dogma der christlichen Religion: Gott ist.
Das Sein Gottes [Esse Deum].

These X: Allgemeine Möglichkeiten für den Beweis der
Existenz Gottes.

These XI: Beweise der Existenz Gottes (ontologischer,
teleologischer Gottesbeweis).

These XII: Die Attribute Gottes und die Möglichkeit, sie
a priori und a posteriori zu beweisen.

These XIII: Die Attribute Gottes (Verstand, Güte, Heiligkeit,
Gerechtigkeit, Freiheit des Willens) und
apriorischer und aposteriorischer Beweis
des Verstandes Gottes.

These XIV: Apriorischer und aposteriorischer Beweis der Güte
Gottes.

These XV: Apriorischer und aposteriorischer Beweis
der Heiligkeit und Gerechtigkeit Gottes.

These XVI: Apriorischer und aposteriorischer Beweis
der Freiheit des göttlichen Willens.

These XVII: Zusammenfassung und Schlussfolgerung: Die
Religion ist natürlich. Dies alles lehrt die gesunde
Vernunft.

These XVIII: Drei Beweise zur Unsterblichkeit der Seele.

These XIX: Eingeborene natürliche Theologie des Gefühls und
durch Philosophie (Denken) und Naturbetrachtung
(schlussfolgernd) erworbene natürliche Religion.

Kapitel II: Über die Macht und Notwendigkeit
der geoffenbarten Religion

Kapitel III: Von der Wahrheit der christlichen Religion

Was bereits beim ersten Überblick über die 37 Thesen der *Theologischen Dogmatik* mit Bezug auf Fichtes eigenes Denken auffällt, sind *fünf inhaltliche sowie drei methodologische Themen*, die eine große Nähe zu Fichtes Auffassungen über grundlegende wissenschaftstheoretische Fragestellungen zeigen.

In den *Prolegomena* ist es die Behauptung (Thesen I–V), dass *das rechte Wissen* von Gott Bestandteil der christlichen Religion sei. Das heißt, die wissenschaftliche, begriffliche, systematische und argumentative Klarheit über die theologischen Dogmen und deren Zusammenhänge gehört zum religiösen Selbstverständnis des christlichen Glaubens, ebenso wie die Anstrengungen der Vernunft und des Denkens, sich diese Klarheit zu verschaffen. Die *Theologische Dogmatik* ist damit ein Dokument rationaler Aufklärungs-Theologie, in der Reflexion, Denken und Vernunft als konstitutive Bestandteile der Religion verstanden werden.

Das zweite Fichte-affine inhaltliche Argument der *Dogmatik* lautet: Grundlage jeder, auch einer systematisch durchdachten theologischen Bildung ist ein *höchstes Wahrheitswissen* (These III). Von diesem jede Bildung fundierenden Wahrheitswissen aus lässt sich eine zweifache Weise seiner Darstellung ableiten, eine fachwissenschaftlich-*esoterische* und eine existenzielle, *exoterisch*-allgemeinverständliche oder populäre *Religions-Lehre* (These V und VII). Zu dieser These gehören auch die bemerkenswert personenorientierten Anweisungen und Qualitätsbestimmungen zum christlichen Gelehrten sowie die ebenfalls persönlich adressierten Anleitungen für die Studierenden (These VI und VIII), ein Thema, das sich bei Fichte von der ersten Vorlesungsreihe zur *Bestimmung des Gelehrten* (1794) bis zu seinem Lebensende in einer Vielzahl von Arbeiten zum Ethos akademischer und nichtakademischer Bildung niedergeschlagen hat.

Aus den Kapiteln I und II ist als dritter inhaltlicher und für Fichtes eigenes Denken bedeutsamer Aspekt die nähere Qualifizierung des höchsten Wahren, alle Bildung tragenden Fundaments: das *Esse Deum*, hervorzuheben (These IX). Weniger für den Jenaer Fichte der frühen Wissenschaftslehre, gewiss aber für den Berliner Fichte wird dieser theologische Grundsatz zum alles tragenden und durchziehenden substanziellen Prinzip seines Denkens.

Viertens: Es ist bemerkenswert, dass sich Fichtes erste größere Arbeit, der *Versuch einer Critik aller Offenbarung*, mit dem zentralen Problem des Kapitels II der *Dogmatik* – der Spannung zwischen *natürlicher* und *moralischer Offenbarung*, auseinandersetzt (These XX bis XXV).

Als letzter Punkt sei auf die von Anfang an tendenziell soteriologische Grundierung des Fichte'schen Denkens hingewiesen, die sich, wie in der *Dogmatik* vorgezeichnet, auf wissenschaftlichem wie populärem Wege um die Wiedererlangung verlorener Glückseligkeit bemüht (These XXIII und XXIV). Sei es Fichtes geflügeltes Wort vom Ursprung der Philosophie aus Übermut und ihrer Fortsetzung zum Zwecke der Erlösung. Seien es die Arbeiten, die die Begriffe Erlösung und Glückseligkeit explizit zum Thema haben, wie die *Bestimmung des Menschen* und die *Anweisung zum seligen Leben*. Oder sei es die Wendung der Wissenschaftslehre zur Weisheits- und Lebenslehre. Gleichviel: Fichte versteht das Projekt seiner Philosophie fundamental und ausdrücklich im Kontext einer Theologie der Erlösung.

Neben den fünf inhaltlichen Aspekten, die als Orientierungs- und Vertiefungspunkte des *frühen Fichte* verstanden werden können, sind auch *drei methodische Eigenarten* der *Dogmatik* hervorzuheben, die für sein Denken von grundlegender Bedeutung sind.

Zunächst ist es die die *Dogmatik* insgesamt charakterisierende Gestalt eines durchgängigen Beweisverfahrens. Unabhängig davon, welche Art von Beweisen in der *Dogmatik* zur Anwendung kommt, es ist für den jungen Theologicus Fichte bedeutend, dass er bei Pezold an einen Theologen geriet, der von Hause aus Logiker war. Wissenschaftliches Denken, insbesondere in Dingen der Religion und der Theologie, kann nur als *bewiesenes* und beweisendes Denken überzeugen und Geltungsanspruch erheben. Dass die ›göttlichen Dinge‹, die sich bisher über Tradition vermittelten und in gutem Glauben für wahr und richtig galten, auch einem strengen wissenschaftlichen Diskurs unterzogen und dem logischen Beweis ausgesetzt werden und in diesem Verfahren bestehen können müssen, um Geltung beanspruchen zu können, wird keinen geringen Eindruck auf Fichte gemacht haben. Ableitungen aus letzten Gründen, Klarheit der Begriffe, Stringenz der Argumente, Systematik der Gedanken, Aufdeckung und Widerlegung von Widersprüchen: Wissen und zumal theologisches ist ein System *kritischen* Wissens, es ist Religionsphilosophie. Aus dieser Erfahrung des systematisch begründenden und ableitenden Denkens, die zugleich ein intellektuelles Bedürfnis Fichtes offenbart, speist sich wohl auch dessen starkes Interesse an der Rechtsgelehrsamkeit. Dass mit dem systematischen Wesenszug der *Dogmatik* die Erörterung des Unterschieds und der Vermittlung von akademischer und nichtakademischer Religionslehre zusammenhängt, darauf haben wir im Vorherigen schon als inhaltlich prägendes Thema für den jungen Fichte hingewiesen.

Zum systematischen Theologisieren gehört als zweites methodisch prägendes Charakteristikum der *Dogmatik* die *Dialektik,* und zwar eine doppelte, das heißt eine theoretische Dialektik einerseits und eine praktische andererseits. Die Auseinandersetzung mit Gegenargumenten und der Versuch ihrer kritischen Würdigung oder Widerlegung ist ein Verfahren, das unter dem Leitbegriff der Entgegensetzung bereits in Fichtes erster großer wissenschaftlicher Arbeit, der *Grundlage der gesammten Wissenschaftslehre* von 1794, zum erkenntnisleitenden und erkenntnisgenerierenden Prinzip schlechthin avanciert. Es ist ein Verfahren, das aus der Setzung und Entgegensetzung sowie aus der Relativierung und einschränkenden Geltung einander entgegengesetzter, gleichwohl aufeinander bezogener Thesen das System eines zusammenhängenden, genetischen Wissens entwickelt, das den Anspruch auf Vollständigkeit, Gewissheit und Beweisbarkeit erhebt und rechtfertigt. Auch der spätere Fichte wählt die Entwicklung der Wahrheit aus der Annahme und Untersuchung einander widersprechender Thesen zum Motto und methodischen Prinzip wissenschaftlichen Denkens: »Die Klarheit gewinnt allenthalben durch den Gegensatz« (GA I/9, 130).

Neben die theoretische Dialektik widerstreitender wissenschaftlicher Thesen stellt die Dogmatik Pezolds eine zweite, für Fichte nicht weniger bedeutsame Dialektik, nämlich die einer mittelbaren, über begriffliche Rationalität sowie die einer unmittelbaren, über Gefühle vermittelte Gewissheit und Evidenz. Gerade das Letztere, das heißt die Lehre vom theologisch geprägten Wahrheitsgefühl sowie die daraus von Pezold entwickelte Psychotheologie und Psychagogik, ist nicht nur ein prägendes Motive für Fichtes grundsätzliches Verständnis von Wissenschaft und Leben. Sondern wir haben darin vor allem ein in wissenschaftlicher Gestalt veredeltes, gleichwohl zentrales Element spezifisch pietistischer, das heißt innerer, Glaubens- und Wahrheitsgewissheit vor uns – ein substanzielles Element reformprotestantischen Denkens und Lebens also, das zwar in Fichtes Bildungsbiographie schon seit langem angelegt war, das aber durch den Crusius-Schüler Pezold und dessen theologische Dogmatik und Didaktik noch einmal eine starke wissenschaftliche Unterstützung erhielt.

Als drittes methodisches Element lernt Fichte in der *Dogmatik* ein sehr interessantes Verfahren kennen, das apriorische und aposteriorische Erkenntnisse nicht (nur) als gegensätzliche, streng voneinander zu unterscheidende Wissensgestalten trennt, sondern im Hinblick auf dieselbe Sache konstruktiv und ergänzend aufeinander bezieht. Dieses Verfahren wird in Fichtes spezifischem Verständnis von Transzendentalphilosophie und deren Bedeutung für die Analyse und Bewertung empirischer Phänomene, seien sie politisch oder historisch, zum Tragen kommen. So heißt es 1797 in der Einleitung zum *Versuch einer neuen Darstellung der Wissenschaftslehre*: »Das *a priori* und das *a posteriori* ist für einen vollständigen Idealismus gar nicht zweierlei, sondern ganz einerlei; es wird nur von zwei Seiten betrachtet, und ist lediglich durch die Art unterschieden, wie man dazu kommt« (GA I/4, 206; vgl. auch DgF, 168).

Bereits der erste Überblick über die *Theologia dogmatica* zeigt somit: Sie ist keine philosophisch marginale und unergiebige Fichte-Handschrift, sondern ein bedeutsames Dokument, das uns Aufschluss über die Grundlegung und Orientierung des Denkens beim jungen Fichte gibt. Ob als bloße Mitschrift einer Vorlesung oder als eigenständige Reorganisation der Pezold-Thesen: Der Inhalt der *Theologia* war für Fichte Gegenstand einer durchdachten Bearbeitung. Und dabei hat sie nachhaltig Spuren hinterlassen.

5.4.4 Kommentar zum Vorwort (Prolegomena)

Die *These I* (s. o. S. 387) definiert die Theologie als Wissenschaft von der Religion und der zu ihr gehörigen Dinge. Als Wissenschaft befähigt die Theologie dazu, Religion zu lehren und zu verteidigen. Schon in dieser grundlegenden Wesens- und Zweckbestimmung der Theologie beschreibt die Vorlesung eine für Fichte relevante systematische Differenz und Beziehung von wissenschaftlicher Kunst einerseits und natürlicher Geisteshaltung andererseits – eine für ihn geradezu notwendige Interdependenz zweier Wissenstypen, der mittelbaren und der unmittelbaren Gewissheit, die geistesgeschichtlich das Zeitalter einer weltanschaulichen Krise, das heißt in Fichtes Fall die Aufklärung, kennzeichnen. Unterstrichen wird diese Festlegung einerseits durch die funktionale Zweckbestimmung der Theologie, durch sie *als Wissenschaft* Religion lehren und insbesondere verteidigen zu können. Das setzt voraus: Für den Erhalt und die Weitergabe religiöser Überzeugung und Orientierung scheint eine kunstlose, unbefangene und lebensweltliche Tradierung allein nicht (mehr) auszureichen. Was als Religion gelehrt wird, bedarf der Unterstützung durch wissenschaftliche Vergewisserung. Und was als Religion gelebt wird, bedarf intellektueller Verteidigung gegen Zweifel und Widerstreit. Der wissenschaftlich für die Praxis geschulte Theologe – insbesondere der Pfarrer – ist nach dieser Auffassung ein akademisch gebildeter Kämpfer des Glaubens, eine Rolle, in die sich Fichte, nach allem, was wir über ihn auch als Person wissen, mehr oder weniger eingefunden und aus der heraus er sein Berufsethos als Gelehrter verstanden hat. Ob mühelos oder mit Widerständen, das sei hier dahingestellt.[172]

---

172 Während etwa Manfred Kühn diese (Berufs-)Rolle im Naturell Fichtes verankert

Auch die zweite in These I eingeführte Unterscheidung zwischen subjektiver und objektiver Präsenz der Theologie als gelehrte Religion enthält – was Fichtes Bildungsweg betrifft – Grundlegendes. Während mit objektiver Bedeutung der Theologie ihr akademischer Theoriebestand, das System der Lehren, gemeint ist, gilt als subjektive Bedeutung der Theologie die gelehrte Kenntnis der religiösen Wahrheiten als Wissen des theologisch gebildeten Subjekts. Das heißt – um es in der Sprache Heideggers auszudrücken – vorhandenes, objektives theologisches Wissen und zuhandenes, subjektives theologisches Wissen beschreiben zwei relevante und differente Modi des Daseins gebildeter Religiosität. Dieser Unterschied ist für das Konzept psychotheologischer Bildung, das Pezold, später auch Fichte vertritt, von Bedeutung.

Und auch der dritte in These I verhandelte Punkt enthält eine nachhaltig bei Fichte wirksame Behauptung oder Forderung. Nämlich: Das System der Lehren, also die wissenschaftlich ausgebildete Theologie, gehört zur Religion. Auch wenn es eine klare Unterscheidung zwischen unwissenschaftlich verstandener, traditionell praktizierter Religion und ihrer systematischen Durchdringung, Lehre und Verteidigung gibt, so gehört zu einem vollständigen Begriff der Religion auch deren Wissenschaft, die Theologie. Und das gilt – zumindest für Fichte auch explizit – sowohl kultur- als auch individualgeschichtlich. Bildung zur Wissenschaftlichkeit ist insbesondere in Fragen der Religion Auftrag und Bestimmung der Vernunftkultur des Einzelnen und der Menschheit insgesamt. Dadurch erhält die Aufklärung als Krise ihre doppelsinnige, dialektische Bedeutung: einerseits als Überwindung und Negation blinder, zwanghafter und fragwürdiger Traditionen und Strukturen und andererseits als Orientierung für den Aufbau und die Gestaltung einer freien ›Vernunftkultur‹.

(Kühn [2012], 24), weist Wilhelm Weischedel mit dem Titel seines Vortrags zum 200. Geburtstag des Philosophen *Der Zwiespalt im Denken Fichtes* wohl zu Recht auf die Ambivalenz zwischen dem kämpferischen und dem kontemplativen Wesen des Fichte'schen Charakters hin (vgl. W. Weischedel: *Der Zwiespalt im Denken Fichtes.* Berlin 1962).

Was in Pezolds Vorlesung vertreten und von Fichte durch Nie-
derschrift rezipiert und verarbeitet wurde, ist somit grundlegend
ein spezifisches, gleichwohl aufgeklärtes Religionsverständnis: eine
dialektische Idee aufgeklärter Theologie und Religionslehre, die
Fichte in seiner Auseinandersetzung mit der Berliner Aufklärung um
Friedrich Nicolai, aber auch mit der rationalismuskritischen Position
Friedrich Heinrich Jacobis, vertreten und später in seiner eigenen Religionslehre, aber nicht nur in ihr, systematisch entfalten wird. Dabei
markieren Lehre und Verteidigung eine prinzipielle Differenz. Lehre
setzt allein Unbildung, Verteidigung aber Widerspruch voraus. Darin ist bereits Fichtes späterhin bedeutsame systematische Trennung
von populärer und wissenschaftlicher Philosophie im Ansatz erkennbar. Dasselbe gilt für die nicht weniger fundamentale Differenz und
Synthesis von objektiv vorhandenem Lehrbestand und subjektiv an-
geeigneter und engagiert vertretener Lehre. Es gilt für die Differenz
von Lehre und Leben sowie deren Synthese im individuellen Vollzug einer gebildeten und im Gleichklang mit dieser Bildung gestalteten lebensweltlichen Praxis, sowohl in der Person des Gelehrten
als Theologe, Philosoph, Wissenschaftler, Politiker, Künstler – »Die
Einheit der Lehre ist der Gelehrte selbst« (DgF, 20-35) – als auch für
jedermann, unter dem Anspruch eines vernünftigen Daseins.

Auf der Grundlage des postulierten sowohl wissenschaftlichen wie
apologetischen Charakters aufgeklärter Religion vertieft die *These II*
(s. o. S. 388) die im Vorherigen eingeführte Differenz von subjektiver
und objektiver Betrachtung am zentralen Gegenstand der Theologie:
Gott. In Konsequenz dieser These wird zunächst der methodologische Zugang zu dieser Betrachtung erkenntniskritisch thematisiert.
»Die wahre Religion ist die rechte Methode *Gott zu verstehen* [recht
zu erkennen], *und ihn zu verehren*« (II). Gottesglaube, vertrauens-
volles Fürwahrhalten, spielt hier keine entscheidende Rolle. Es geht
um Theologie als Wissenschaft und um ein methodologisch-wissen-
schaftlich begründetes Religionsverständnis.

Für Fichtes Bildungsbiographie lässt sich daran zweierlei verdeutlichen. Zum einen widerspricht der hier von Pezold vertretene
erkenntniskritische, philosophisch-wissenschaftliche Ansatz dogma-

tischer Theologie der Behauptung Immanuel Hermann Fichtes, dass es die anspruchslose, sterile orthodoxe Theologie gewesen sei, die seinen Vater zur Philosophie gezogen habe (vgl. LLB I, 26). Das mag für einige Professoren, die Fichte möglicherweise auch gehört hat, gelten. Für Pezold aber gilt das sicherlich nicht. Denn er repräsentiert in seiner Vorlesung nicht nur eine methodologisch anspruchsvolle Konzeption, sondern auch den für Fichte bedeutsamen Anspruch der Vermittlung von Lehre und Leben, was sich eben auch in der von Fichte gesuchten und gepflegten persönlichen Beziehung zu Pezold – wie ehedem bei Schmidt – niederschlägt. Dass beide aus dem weltanschaulichen Milieu des Pietismus stammen, für den die Synthese von philosophisch-christlicher Lehre und Leben zentrales Anliegen ist, und Fichte sich auch aus diesem Grund, mit Rücksicht auf seine eigene pietismusaffine Sozialisation, zu ihnen hingezogen fühlte, ist kein Zufall. Und es ist diese Synthese von Lehre und Person, die auch in der Rede vom rechten Verständnis und der rechten Auffassung und Verehrung Gottes in These II noch einmal unterstrichen wird.

Der inhaltliche theologische Fortschritt der zweiten These besteht allerdings in einem anderen erkenntniskritischen Differenzpunkt. Es gehört zur rechten Methode oder Vernunft des Gottesverständnisses, sowohl die natürlichen wie auch die geoffenbarten theologischen Erkenntnisquellen zu berücksichtigen und daraus Unterschied und Zusammenhang zwischen natürlicher und geoffenbarter Religion abzuleiten und im Folgenden (in Kapitel I »Summe der natürlichen Religion« und in Kapitel II »Von der Macht und Notwendigkeit der geoffenbarten Religion«) zu entfalten. Als natürliche Erkenntnisquellen gelten die Vernunft und das Gewissen. Als Quelle der geoffenbarten (christlichen) Religion gilt die Heilige Schrift.

Auch in dieser, für die Fundierung eines rechten Gottesverständnisses erforderlichen Differenz unterschiedlicher Erkenntnisquellen lässt sich ein systematisch durchdachter Ansatzpunkt für Fichtes spätere, für ihn so spezifisch geltende Charakterisierung eines populären und wissenschaftlichen Zugangs zu den Grundlagen philosophischer, genauer für eine philosophisch-theologisch entfaltete Wissenschafts- und Weisheitslehre erkennen. Speziell in diesem Punkt hat Immanuel

Hermann Fichte die Philosophie seines Vaters gründlich missverstanden, wenn er behauptet, dass die Unterscheidung von populärer und wissenschaftlicher Philosophie deshalb unsinnig und ›verfehlt‹ sei, weil sich Popularität in der Philosophie – aber nicht nur in ihr – allein durch die Klarheit ihrer Darstellung begründen ließe. »Wir müssen«, schreibt der Fichte-Sohn,

> jedes Unternehmen dieser Art [der Popularisierung] an sich schon für mislich halten, indem, wenn man das eigentliche Verhältnis sich deutlich machen will, die wahre Popularität in philosophischen Dingen doch nur darin bestehen kann, die wissenschaftliche Form oder Begründung selbst zur höchsten Klarheit und Vollendung zu bringen, nicht, diese Form aufzugeben: ein philosophisches Resultat, populär ausgesprochen, ist gerade dies nicht mehr, ist ein, ebendarum unklares, Mittelding (SW V, XXXV).[173]

Das ist für Fichte, den Älteren, keineswegs eine hinreichende Begründung. Denn eine rein wissenschaftliche oder eine populärwissenschaftliche Herangehensweise an philosophisch-theologische Themen rekurriert auf je klar voneinander unterscheidbare und unterschiedene Erkenntnisquellen und didaktische Verfahren. Und es ist diese Differenz, die Fichte sehr früh, auch hier, in seiner Auseinandersetzung mit Pezolds theologischer Dogmatik, in der Unterscheidung zwischen natürlicher und geoffenbarter Religion, klar wurde. Die *Thesen III* und *IV* (s. o. S. 388–390) kontextualisieren den methodologisch erkenntniskritischen Ansatz der Vorlesung in einem fachwissenschaftlichen Überblick, der zeigt, auf welche Themenfelder sie sich erstreckt (III) und mit welchen Mitteln eine methodologisch gesicherte Theologie zur Erfüllung ihrer Aufgabe vorgeht (IV) und damit insgesamt die »gemeine [Bildung] teils an Menge oder auch an *Umfang*, teils an *Güte* überragt« (III).

---

173 Überdies ist es bemerkenswert, dass der Fichte-Sohn gerade die vielen unterschiedlichen Fassungen der Wissenschaftslehre, »welche in wiederholten Ansätzen, in verschiedenen Wendungen und Ausdrücken den philosophischen Gedankengang des Ganzen fasslich zu machen strebt« (SW V, XXXVI), als einen Mangel begreift, der seinen Grund »in dem verfehlten Unternehmen findet, auf populäre Weise eigentlich philosophische Resultate mitheilen zu wollen« (ebd.).

Die Theologie gilt, wie schon in These I ausgeführt, als diejenige Wissenschaft, in der die »Dogmen, zum *Glauben* uns in der Heiligen Schrift vorgelegt, so erklärt werden, dass man durchschaut, welches ihre [der Dogmen] Berücksichtigung/Bedeutung (respectus) und Verbindung untereinander (conjunctio) ist« (III). Theologie ist wissenschaftliche und insbesondere systematische Erkenntnis. Dabei erklärt die *moralische* Theologie besondere christliche Dogmen und die *praktische* Theologie befasst sich mit den allgemeinen und speziellen, die Geschlechter oder Stände betreffenden Pflichten eines Christenmenschen. Teile der moralisch-praktischen Theologie sind: Pastoraltheologie, Katechetik, Kasuistik und Homiletik. Als Hilfswissenschaften gehören zur Theologie: Polemik, Symbolik, Kirchengeschichte, Patristik, Altertumswissenschaft und Literaturgeschichte der Theologie.

Nach These IV ist zur Verbesserung des Wissens und Durchblicks in Sachen der Religion (*cognitio religionis et perspectum*) zum einen die *Klarheit der Begriffe* in der Erörterung der göttlichen Dinge zur Unterscheidung von Wahrem und Falschem sowie zu einem entschiedenen Urteil über sicheres, unsicheres oder nur wahrscheinliches Wissen erforderlich. Dabei ist zwischen der Klarheit der Dinge (*rerum claritas*) und der Deutlichkeit der Begriffe (*notionum perspicuitas*) zu unterscheiden. Denn das Einleuchten der göttlichen Dinge findet nicht immer statt und es ist zur bloßen Kenntnis der theologischen Wahrheiten auch nicht notwendig.

Des Weiteren lässt sich zur Sicherung der Argumentation auf dem Feld der Theologie *sowohl auf Vernunftgründe als auch auf die Heilige Schrift oder auf beide Bezug* nehmen. Was Vernunftgebrauch in der Theologie insbesondere bedeutet, erläutert dann die folgende These V. Der reine Schrift-Beweis wird in der Theologie über Einzelstellen, Analogien, aus der Verknüpfung mehrerer Stellen oder aus der Heiligen Schrift als Ganzer geführt. Schließlich wird noch einmal betont, dass zur Verbesserung des Wissens in Sachen Religion die »genaue Kenntnis der Verknüpfung und der wechselseitigen Bedeutung/Berücksichtigung, die die Dogmen untereinander haben« (III), das heißt das Wissen um die Theologie als *System*, erforderlich ist. An diesem Teil der Prolegomena zur theologischen Dogmatik sind mit Blick auf Fichte, insbesondere drei Themen bemerkenswert. Das eine ist der Hinweis der Vorlesung darauf, dass ein qualitativer Unterschied zwischen der immanenten Evidenz der göttlichen Dinge einerseits und der Klarheit ihrer begrifflichen Darstellung und Argumentation andererseits besteht und dass zum rein wissenschaftlichen Verständnis in Sachen Religion die »Klarheit der Dinge« (*rerum claritas*, III) nicht immer stattfindet, aber zum bloß wissenschaftlichen Verständnis der Dinge auch nicht unbedingt erforderlich zu sein scheint. Theologische Gewissheit und Glaubensgewissheit sind offenbar zweierlei und sie miteinander zu verwechseln und zu vermischen, widerspricht einem reflektierten Umgang in Sachen Religion. Was hier wieder betont wird, ist der schon einige Male gegebene Hinweis auf die unterschiedlichen Grundlagen oder Quellen der (theologischen) Erkenntnis.

Das zweite Thema – ein nur kleiner, aber nicht unwesentlicher Aspekt in These III – ist die Erwähnung der Polemik als Hilfswissenschaft der Theologie. Theologie, so hieß es in These I, befähigt nicht nur zur Lehre, sondern vor allem auch zur Verteidigung der religiösen Wahrheiten gegen Zweifel, Widerspruch, Gegnerschaft und Leugnung. Dazu bedurfte es, wie es scheint, auch der Ausbildung in der Kunst der Polemik, eine Kunst, die in der Krisenzeit der Aufklärung des 17. und 18. Jahrhunderts, aber auch darüber hinaus und in der Wissenschaft, insbesondere auch in der Philosophie, bis zum Ende des 19. Jahrhunderts, prominent etwa bei Schopenhauer, Kierkegaard oder Nietzsche, intensiv gepflegt wurde. Auch Fichtes Philosophie ist nicht frei von Polemik, sei es gegen Schleiermacher, die Schlegel-Brüder, Schelling oder Jacobi. Seine Abhandlung *Friedrich Nicolais Leben und sonderbare Meinungen* (GA I/7, 365–463) gilt als Glanzstück zeitgenössischer Polemik. Betrachtet man diese Haltung von der Herkunft seiner theologischen Bildung aus, dann kann sie zwar als Fichte-affin, aber sie muss nicht im Sinne Kühns als Fichte-spezifische Eigenschaft seiner Persönlichkeit verstanden werden.[174] Polemik gehörte zum Handwerkszeug einer geisteswissenschaftlichen Ausbildung insbesondere in solchen Fächern, für die eine ausgeprägte Streitkultur typisch war, und das waren und sind eben besonders Theologie und Philosophie.

Der dritte Hinweis auf Fichte aus These IV, betrifft das Beweisverfahren, mit dem Wahrheitsansprüche von Religion und Theologie eingelöst werden können. Neben einem Beweis aus Vernunftgründen steht der reine, durch biblische Quellen geführte Beweis. Als dritte Beweisart nennt die Vorlesung den sogenannten gemischten Beweis (*articuli mixti*), in dem sowohl nach der Vernunft als auch nach der Heiligen Schrift argumentiert wird. Fichte hat mindestens an zwei Stellen seines literarischen Werks prominent und ausführlich auf diese Weise argumentiert. Sowohl seine Religionslehre von 1806 (GA I/9, 115–128) als auch die *Staatslehre* von 1813 (GA II/16) entfalten für die Grundfragen der Metaphysik und Ontologie parallel eine rein vernunftorientierte Argumentation und eine auf biblische Quellen verweisende. Dabei werden beide Verfahren im Sinne einer wechselseitigen Unterstützung aufeinander bezogen. Für einen Philosophen ist das eine eher ungewöhnliche, für einen in Pezolds Vorlesungen theologisch ausgebildeten Denker aber dann doch wiederum eine nicht ganz so ungewöhnliche Methode des Argumentierens.[175]

Im Ausgang von den in These II und IV erwähnten beiden Erkenntnisquellen, des Gewissens und der Vernunft für die natürliche

---

174 Vgl. Kühn (2012), 10–16.

175 Über den Umfang der in der *Staatslehre* von Fichte selbst eingefügten Bibelstellen herrscht in der Fichte-Forschung einige Unklarheit. Während die Herausgeber der Gesamtausgabe alle Bibelstellen in der von Immanuel Hermann Fichte herausgegebenen Ausgabe der Werke seines Vaters für nicht authentisch halten und sie deshalb lediglich als Anhang beigefügt haben (vgl. GA II/16, 10 u. 178–204), behauptet der Fichte Sohn, dass dies nur für einen Teil der Zusätze gilt (vgl. SW IV, XXXf.). Es ist zweifelhaft, ob das, was Fichte in der *Anweisung* und anderswo – auch in der Wissenschaftslehre – eindrucksvoll mit Bibelstellen belegt, nämlich die Kongruenz zwischen seinem philosophischen Denken und der biblischen Überlieferung, für die *Staatslehre*, die genau dieses Thema ausführlich behandelt, vollständig ausgeschlossen werden kann.

Religion einerseits und der Heiligen Schrift für die geoffenbarte Religion anderseits, fragt die *These V* (s. o. S. 390 f.) nun ausdrücklich nach dem Verhältnis der beiden Erkenntnisquellen zueinander und insbesondere nach der Bedeutung des Gebrauchs der Vernunft (*usus rationis*) in der Theologie. Womöglich durch das Bibelwort »Herr, lehre uns bedenken, [...] auf dass wir klug werden« (Ps 90, 12) gestützt, betont die These zunächst die Übereinstimmung zwischen biblischer Überlieferung und Vernunftgebrauch. Damit stellt Pezolds theologische Dogmatik ein zentrales Element christlicher Religion im Sinne eines aufgeklärten, protestantisch-pietistischen Theologieverständnisses heraus, das sich mit der Forderung nach ›Bedenken‹ gegen jede Gestalt dogmatischer Orthodoxie und unkritischer Übernahme auch christlicher Traditionen wendet. Zugleich wird damit ein für Fichte maßgebliches Verständnis zum Verhältnis von Philosophie und Theologie bzw. Religion angesprochen, nämlich deren Übereinstimmung in den Grundfragen von Metaphysik und Ontologie, das heißt der zwar im Sprachgebrauch historisch gewandelten, in der Sache aber übereinstimmenden Herangehensweise an die Gottesfrage und die Beurteilung der Bedeutung und Funktion vernünftiger, auch übersinnlicher, transzendentaler Erkenntnis.

Denn mit dieser These, die die konstitutive Bedeutung des Vernunftgebrauchs in Fragen von Theologie und Religion, im akademischen wie persönlichen ›Bedenken‹ hervorhebt, glaubt Fichte, ein zentrales Unterscheidungsmerkmal des Christentums, insbesondere, wie später zu zeigen sein wird, gegenüber dem Islam (Mohammedanismus) und Judentum, festmachen zu können. In der wahrscheinlich während seiner Hauslehrerzeit in Sachsen um 1786 verfassten christologischen Skizze *Ueber die Absichten des Todes Jesu* wird er dieses Motiv mit dem Zweifel und der daraus entstandenen Reflexionshaltung der frühen Christen begründen – eine Haltung, die sich bei ihnen angesichts des ›Scheiterns‹ der göttlichen Sendung Jesu am Kreuz herausbildete, respektive herausgebildet haben soll (vgl. GA II/1, 75–98).

Bemerkenswert an der These ist nun, dass sie methodisch geleiteten Vernunftgebrauch in Sachen Theologie und Religion nicht nur ganz allgemein aus der Übereinstimmung mit biblischen Quellen herleitet, sondern dabei auf spezifische Modalitäten eines rationalen Umgangs mit theologischen Fragen näher eingeht. Die Vorlesung öffnet damit das Feld für einen differenzierten, näherhin zu legitimierenden Gebrauch der Vernunft innerhalb der Grenzen von Theologie und Religion; für ein Unternehmen also, das Kant einige Jahre später (1793) mit der Frage nach der *Religion innerhalb der Grenzen bloßer Vernunft* unter philosophischen Vorzeichen behandelt.

Im Sinne der Auslotung eines biblisch gerechtfertigten und damit auch theologisch zu fordernden methodischen Gebrauchs der Vernunft in Sachen Religion unterscheidet die Vorlesung vier verschiedene Arten vernunftgeleiteten Theologisierens, die auch für Fichtes Denken eine nicht unbedeutende Rolle spielen.

Zum einen kann die Vernunft methodisch so geleitet werden, dass sie – durch göttliche Hilfe unterstützt – zu einem geeigneten Mittel wird, um das heilbringende Wissen der christlichen Lehre (*salutarem doctrinae*) als Ganzes zu erschließen. Dass die These an dieser Stelle, an der es um das Heilsverständnis der christlichen Lehre insgesamt geht, den göttlichen Beistand betont, der dazu erforderlich sei, ist ›lerntheoretisch‹ ein bemerkenswerter Umstand, der auch für Fichte von Bedeutung ist. Denn letztlich bleibt auch für ihn im Prozess der Bildung eines ›Überzeugungswissens‹ – trotz seines »sonnenklaren« Versuchs, »den Leser zum Verstehen zu zwingen« (GA I/7, 183) – ein für jede Didaktik unverfügbarer Freiraum, in dem und aus dem heraus sich Zustimmung und Gewissheit beim Zuhörer oder Zögling bilden. Auch für Fichte ist dabei göttliches Wirken im Spiel, wie er sowohl in seinen frühen Predigten als auch in seinem späteren System unmittelbarer Gewissheiten, des Wahrheitssinns und der Wahrheitsgefühle, weiter ausführt.[176]

Zur Unterstützung der These über den rechten Einsatz von Verstand und Vernunft in Sachen Religion und Theologie im Sinne der

---

176 Vgl. H. Traub: »Der Staat und die Erziehung. Die Entstehung von Fichtes staats- und erziehungsphilosophischem Denken aus dem Geist seiner frühen Predigten«, in: *Der Staat als Mittel zum Zweck*. Hrsg. von G. Zöller. Baden-Baden 2011a, 151–153.

Erschließung der Heilsbedeutsamkeit der christlichen Lehre verweist die Vorlesung an dieser Stelle auf die erwähnte Vorrede von Christian August Crusius zu Philipp David Burks *Evangelischem Fingerzeig*. In dieser Vorrede geht es Crusius genau um die Frage nach der Notwendigkeit, Möglichkeit und den Grenzen des Einsatzes des Verstandes im Rahmen einer verständigen *Auslegung* der Heiligen Schrift einerseits und eines logischen und hermeneutischen *Beweises* der christlichen Lehre andererseits. Dabei erörtert er insbesondere die Frage nach Ursprung, Grund und Arten der Gewissheit.

> Man muß nämlich den Erkenntnißweg, welchen man bey Beweisen gehet, nicht mit der Gewißheit verwirren, und etwa die Gewißheit nur einer Art von Beweisen zuschreiben, auch nicht meinen, als ob die Gewißheit selbst, welche die Beweise geben, von ihnen allein, und adäquat, oder allzeit unmittelbar, abhienge. Erwiesen seyn und gewiß seyn sind abstracta, welche in verschiedener Absicht gemacht werden. Das Erwiesen seyn ist nicht nur dem Unerwiesenen, sondern auch dem unmittelbar Klaren entgegen gesetzt.[177]

Und daher ist es »Prahlerey« und »irrig« zu behaupten, »was sich nicht demonstriren laße, könne nicht gewiß seyn, [oder] *Demonstration* und *Gewißheit* [sei] einerley« und letztere womöglich allein »durch den Satz vom Widerspruche [zu] verstehen«.[178]

Neben dem Vernunftgebrauch in der Vermittlung und Erhellung eines Heilsverständnisses der christlichen Lehre im Ganzen kommt die Vernunft in Sachen Theologie und Religion des Weiteren bei spezifischen Fragen und Themen zur Anwendung. Was damit gemeint sein könnte, lässt sich dem Hinweis aus These III auf die zur Theologie gehörigen Hilfswissenschaften, der Polemik, Symbolik, Kirchengeschichte, Patristik, Altertumswissenschaft und Literaturgeschichte, entnehmen.

Als dritten und vierten Punkt unterscheidet die Vorlesung einen *abstrakten* von einem *konkreten* Vernunftgebrauch. Erstreckt sich

---

177 Burk (1760), 27 f.
178 Ebd., 28.

der konkrete Vernunftgebrauch auf die Ausprägung der religiösen
Themen und Fragestellungen, wie sie sich in der meist unbegründeten
Meinung »in diesem oder jenem Menschen« darstellen, so behandelt
der abstrakte Vernunftgebrauch solche Gegenstände der Theologie
und Religion, deren »*Wahrheit aus der Betrachtung der Natur durch
den rechten Gebrauch der Kräfte unseres Verstands erkannt und gebilligt werden kann*« (V). Mit dem ›abstrakten Vernunftgebrauch‹, der
hier als eine natürliche Erkenntnisquelle der theologischen Wahrheiten vorgestellt wird, ist, neben der Offenbarung durch die Schrift, der
zweite, ›helfende‹ Ursprung der christlichen Theologie (*principium
Theologiae Xst. secundarium et subsistiarium*) benannt und damit das
Thema des folgenden Kapitels »Summe der natürlichen Religion« in
den Blick genommen.

Der hier angesprochene Unterschied zwischen konkretem und ab-
straktem Vernunftgebrauch weist auch an dieser Stelle noch einmal
auf die auch für Fichte bedeutsame Differenz psychotheologischer,
das heißt individualitäts- oder existenzbezogener, und rein-theolo-
gischer, das heißt sachbezogener Entwicklung und Darstellung (reli-
gions-)wissenschaftlicher Themen und Gegenstände hin. Mit diesem
Unterschied trennt Fichte gelegentlich und in zugespitzter, ja in po-
lemischer Absicht lebendiges von historischem Wissen.

Den Unterschied ›abstrakter und konkreter Vernunftgebrauch‹
vertieft dann die These VII mit der Trennung von esoterisch-syste-
matischer und exoterisch-katechetischer Lehre und behandelt damit
ein Thema, das bei Fichte in der Trennung und Vermittlung von wissenschaftlicher und populärer Lehrmethode einen ebenso nachhaltigen wie fruchtbaren Eindruck hinterlassen hat.

Nicht weniger relevant für die Prägung von Fichtes Wissenschafts-
verständnis, insbesondere im Hinblick auf sein berufsethisches Verständnis des Gelehrten, ist die zwischen den methodologischen
Reflexionen von These V und VII erörterte Thematik zum ›Drei-
Säulen-Modell‹ des Ethos eines Theologen in These VI. Im Hinblick
auf den Aufbau der Vorlesung folgt dieser Einschub allerdings einem
sinnvollen Gedanken. Denn während die bisherigen Überlegungen
zum Vernunftgebrauch in Sachen der Theologie eher die spekulative

Praxis betrafen, wendet sich die These VII dem Thema Lehre, das heißt der theologischen Didaktik zu. Von daher ist es schlüssig, ja vielleicht notwendig, zunächst das Berufsethos des Lehrers in den Blick zu nehmen, um sich dann von ihm ausgehend näher mit den Spezifika der theologischen Lehre zu befassen. Darüber hinaus bildet das in These VI vorgestellte ›Drei-Säulen-Modell‹ des »wahrhaften Christlichen Theologen« die Folie, auf der die in der folgenden These VII geäußerte Kritik an Orthodoxie und Scholastik verstanden werden kann.

Nach *These VI* (s. o. S. 391) ist der ›wahrhaft christliche Theologe‹ mehr als ein theologisch gebildeter Wissenschaftler, der die Heilige Schrift und die theologische Literatur gründlich studiert hat. Die umfassende, sozusagen *literaturwissenschaftliche Bildung* ist lediglich die erste Säule, auf der das berufliche Ethos des Theologen ruht. Als zweite Säule des theologischen Berufsethos bestimmt die Vorlesung einen spezifisch pietistischen Charakterzug theologischer Bildung und *Frömmigkeitspraxis (verae erga Deum pietatis)*, nämlich »ernsthaftes und eindringliches Studium der wahren *Frömmigkeit* gegen Gott«, wozu konstitutiv das »*fromme und* [...] *beständige Gebet*« (VI) gehört.

Die dritte Säule bildet die *spirituelle Erfahrung* des christlichen Theologen. Sie erwächst aus dem Gebet (*oratione*), der Meditation (*meditatione*) und der Glaubensprüfung (*tentatione*) und bildet gewissermaßen die umfassende und durchdringende Grundstimmung des christlichen Theologen als eines ›Geistlichen‹. Erst die Realisierung aller drei Bildungselemente erfasst das ganze Wesen eines christlichen Theologen.

Es war bekanntlich Fichtes erste Pflicht ›als Priester der Wahrheit‹, seine drei Lehrtätigkeiten in Jena (1794), Erlangen (1805) und Berlin (1811) mit einer Vorlesung über das Wesen bzw. die Bestimmung des Gelehrten zu beginnen. Diese Vorlesungen haben, wie Reinhard Lauth schon in den 1960er Jahren überzeugend dargestellt hat,[179]

---

179 Vgl. R. Lauth: »J. G. Fichtes Gesamtidee der Philosophie«, in: *Philosophisches Jahrbuch* 71 (1964/65), 353–384.

eine zentrale, die Systemidee der Wissenschaftslehre als Theorie und Praxis, Leben und Denken in der Person des Gelehrten vereinende Funktion (vgl. DgF, 20–35). Dabei ist der Gelehrte auch bei Fichte explizit – in einer umfassenden Theorie des Berufsethos begründet – weit mehr als der fachwissenschaftliche Experte. Sein berühmtes emphatisches Credo, »ich will nicht blos *denken*; ich will *handeln*« (GA III/1, 72), und sein für ihn so spezifisches ganzheitliches Konzept körperlicher, seelischer und geistiger Bildung und Erziehung haben womöglich ihre Wurzeln oder wenigstens eine Verstärkung in Pezolds Vorlesungen und dem darin postulierten umfassenden Theologie- und Theologen-Verständnis erfahren.

Interessant an Pezods Dreiteilung des beruflichen Selbstverständnisses eines ›wahren christlichen Theologen‹ ist die darin vorgenommene Schwerpunktsetzung theologischer Bildung, die dem eigentlichen, theologischen Gelehrtentum eine nur relative, aus dem Zusammenspiel mit den beiden anderen Säulen, der Frömmigkeit und spirituellen Erfahrung, sich ergebende Bedeutung zumisst. Die besondere Betonung von Frömmigkeit und eigener, aus Gebet, Meditation und Glaubensprüfung erwachsener Spiritualität kann, ja muss wohl als Ausprägung eines eigentümlich pietistisch-protestantischen Theologieverständnisses und gleichzeitig auch als kritische, vor allem subjektbetonte Distanzierung gegenüber einer theologisch-religiösen Deutungshoheit von Orthodoxie und fachwissenschaftlicher, scholastischer Theologie verstanden werden. Das bestätigt auch die folgende These.

These VII (s. o. S. 391) vertieft zunächst die im Vorherigen eingeführten methodologischen Unterscheidungen von subjektiver und objektiver, von konkreter und abstrakter Bedeutung der Theologie im Hinblick auf eine ebenfalls für Fichte späterhin konstitutive Unterscheidung innerhalb der Lehrmethodik. Theologie kann demnach auf zwei Weisen gelehrt werden und wird deshalb unterschieden in eine äußerliche (exoterische), katechetische, für den Zuhörer bestimmte Theologie einerseits und in eine innere (esoterische), systematische Theologie andererseits. Letztere ist insbesondere für die

Ausbildung von Theologen erforderlich. Sie ist das, was man Schultheologie nennen könnte. Im Hinblick auf diesen Unterschied folgt nun die bereits am ›Drei-Säulen-Modell‹ in These VI angedeutete Kritik am verengten, scholastischen Theologieverständnis. Die Kritik verweist zunächst darauf, dass die ›heiligen Schriftsteller‹, gemeint sind wohl die Apostel und Evangelisten, die christliche Lehre nicht systematisch und schulmäßig vorgetragen und dies wohl auch nicht für notwendig erachtet haben.

Begonnen wurde mit der systematischen Lehrmethode in der christlichen Theologie, so die These, in der byzantinischen ›Ostkirche‹ während des ›Bilderstreits‹ im 7. Jahrhundert. Als Gründer schulmäßiger Theologie nennt die *Theologia* den Kirchenvater Johannes von Damaskus, der etwa 650 im damals zum islamischen Reich gehörigen Damaskus geboren wurde und 754 in Mar Saba, südlich von Jerusalem, starb. Als Quellen zur systematischen Theologie nennt die Vorlesung dessen Schrift über den rechten Glauben (*libris de fide orthodoxa*). Damit ist vermutlich vor allem die »Ekdosis« gemeint, der dritte Teil der *Quelle der Erkenntnis*, in der Johannes entlang dem Glaubensbekenntnis eine Lehre des rechten Glaubens darlegt. Diese orthodoxe Systematik der Ostkirche wurde, so die These weiter, in der lateinischen Kirche unter dem besonderen Einfluss und der Rezeption der aristotelischen Philosophie zur Kunst der Scholastik ausgebaut, allerdings mit vielen Lastern und Fehlern verunreinigt (*multisque vitiis et erroribus contaminarunt*). Dieser Mangel sei durch Verbesserung (*emendationem*) des Heiligen inzwischen behoben. Es ist nicht ganz klar, worauf die Vorlesung mit der »Verbesserung des Heiligen« (VII) hier genau anspielt. Vielleicht meint Pezold die reformatorische, an den Prinzipien *sola scriptura* und *sola gratia* orientierte Kritik an der scholastischen Theologie oder die Erweiterung und Ergänzung des bloß Scholastischen durch Frömmigkeitspraxis und spirituelle Erfahrung? Unabhängig von der Klärung der kirchen- und dogmengeschichtlichen Details, die hier nicht erfolgen kann, ist der Scholastik-Kritik der Vorlesung mit Blick auf die Glaubensgewissheit insbesondere der Vorbehalt gegenüber der artifiziellen und strategischen Bedeutung der wissenschaftlichen, dogmatischen Theologie zu entnehmen – ein Vorbehalt, der auch für Fichtes Wahrheitsverständnis relevant ist und der in der letzten These der Prolegomena noch näher ausgeführt wird.

These VIII (s. o. S. 392) greift die im Vorherigen erörterte Scholastik-Kritik auf und stellt das schulmäßig-dogmatische Theologisieren dem Glauben einerseits und dem Studium der Heiligen Schrift andererseits gegenüber. Das unterstützt die Vermutung, dass die Vorlesung mit der in These VII angesprochenen »Verbesserung des Heiligen« eben diese beiden Felder der Religion und Theologie meint. Dogmatische Theologie hat demnach die fachwissenschaftliche, esoterische Aufgabe, Studenten der Theologie in den Stand zu versetzen, »den ganzen Umfang der christlichen Lehren geistig [zu] erfassen, deren Verknüpfung umso kundiger [zu] durchschauen, und das umso genauer erklären, zeigen, und verteidigen [zu] lernen« (VIII). Genau das, so der an These I noch einmal anknüpfende Schlusssatz der Prolegomena, sei auch das Ziel der Vorlesung.

Von dieser ›professionellen‹, systematischen, didaktischen und apologetischen Funktion der dogmatischen Theologie hängt aber, und das betont die Vorlesung hier noch einmal ausdrücklich, weder der Glaube noch das rechte Verständnis der Heiligen Schrift ab. Der Begriff der Theologie, ihr systematischer Zusammenhang, nicht aber ihr Inhalt, wird durch das Studium der Theologie und die Anwendung ihrer wissenschaftlichen Künste gefördert und geschärft. Die ›natürlichen Grundlagen‹ des Glaubens und der Religion, die ›ungekünstelte Vernunft‹, die Offenbarungskraft von Gewissen und Heiliger Schrift haben und behalten gegenüber der ›Schultheologie‹ ihren eigenständigen und fundamentalen Rang. Diese Überzeugung wird auch Fichte später in seinem Urteil über die Fundierung, Funktion und Bedeutung seiner Wissenschaftslehre genau so zum Ausdruck bringen, etwa dort, wo er die Evidenzgrundlage der Wissenschaftslehre und der Schulphilosophie überhaupt aus einer Theorie des ›natürlichen Wahrheitssinnes‹ ableitet und stützt – ein Evidenzgrund, der bei ihm bezeichnenderweise eben auch erkenntnistheoretisch

und moralisch-theologisch, durch Gewissen und Glauben, charakterisiert ist.[180]
Mit den Ausführungen zur didaktisch-methodischen Funktion der *Theologia dogmatica* und der von ihr unabhängigen Geltung des Glaubens und der Heiligen Schrift beendet die Vorlesung ihre Prolegomena. Es folgen nun die drei Hauptkapitel über die »Summe der natürlichen Religion«, »Von der Macht und Notwendigkeit der geoffenbarten Religion« und schließlich »Von der Wahrheit der Christlichen Religion«. Alle drei Kapitel stehen unter der mehrdeutigen Überschrift »Präcognitia«, Vorüberlegungen. Was das genau bedeuten soll, ob die drei folgenden Kapitel lediglich der skizzenhafte Begriff oder die Grundlage für eine ausführlichere Erörterung dieser Themen sind, ist – wir erwähnten es – nicht ganz klar auszumachen. Die in Thesenform und gelegentlich tatsächlich nur kurzgefassten Darlegungen erwecken und stützen bisweilen diesen Anschein.

5.4.5   Kommentar zu Kapitel I
»Summe der natürlichen Religion«

In ihren drei Hauptkapiteln im Anschluss an die *Prolegomena* folgt Pezolds theologische Dogmatik dem klassischen, das heißt auch schon prälutherischen Muster der Grundlegung einer Theologie und der darin vollzogenen Unterscheidung zwischen natürlicher Religion und Offenbarungsreligion.[181] Während sich die Religion der

---

180   Vgl. Traub (2016a), 162–171.
181   Der Titel des Kapitels »summa Theologiae naturalis« verweist auf die lange theologische Tradition, aufgelaufene Literatur oder im Umlauf befindliche Lehrmeinungen zu theologischen Fragen in ›Summen‹ zu bündeln und einer Lösung zuzuführen, und zwar insbesondere auch für das nicht wissenschaftlich gebildete Publikum. Wirkmächtigstes Beispiel dieser Tradition ist wohl die zwischen 1265 und 1274 entstandene *Summa Theologiae* des Thomas von Aquin. In deren ersten beiden Untersuchungen werden sowohl der Unterschied und die Beziehung von Philosophie und Theologie als Wissenschaft insbesondere im Hinblick auf die

Offenbarung auf den Ursprung des Religiösen aus dem unmittelbaren Sich-Zeigen des Göttlichen beruft, sei es in heiligen Schriften, Zeichen und Wundern oder der Menschwerdung Gottes, begründet sich die natürliche Religion auf Anlagen oder Phänomene in der menschlichen oder nicht-menschlichen Natur, die die Annahme eines Göttlichen nahelegen.

Wollte man beide Formen des Religiösen oder Theologischen formal-begrifflich unterscheiden, so böte es sich an, die Offenbarungsreligion als extern oder transzendenzbegründet und die natürliche Religion als intern oder immanenzbegründet zu verstehen. Dabei lassen sich neben der Unterscheidung beider Formen und Begründungen des Religiösen interessante Möglichkeiten ihrer Vermittlung oder Verweisung denken und in der Ideengeschichte von Religion und Theologie, nicht zuletzt auch bei Fichte, nachweisen, nämlich insofern man die natürlichen Anlagen, Anstöße und Gelegenheiten zur Gotteserkenntnis – Vernunft, Gewissen und Zweckmäßigkeit der Natur – als Offenbarungen des göttlichen Lebens und Seins versteht und auslegt und andererseits den gewöhnlicherweise als Zeugnisse göttlicher Offenbarung verstandenen heiligen Schriften oder anderen Zeichen der Transzendenz auch eine immanente, historische oder ›psychotheologische‹ Bedeutung beilegt. Das heißt, indem man sowohl die Transzendenz der Immanenz als auch die Immanenz der Transzendenz zu erschließen sucht, wie das Fichte unter anderem in seiner Ideenlehre im Rahmen der *Religionslehre* von 1806 tut.

Pezolds »Summe der natürlichen Religion« hebt – bemerkenswerterweise – mit dem ersten theologischen »Dogma der Christlichen Religion«, dem *Primum dogma religionis Xstianae*, und dessen Defi-

Gottesfrage, das Thema, das Pezold in seinen *Prolegomena* erörtert hat, als auch die in diesem Unterschied angelegte Differenz zwischen geoffenbarter und natürlicher Religion behandelt (Thomas von Aquin: *Summe der Theologie*. Zusammengefasst und erläutert von J. Bernhart. Bd. 1. Stuttgart 1985, 1–17). Die Lehre des Thomas über die »fünf Wege« (*quinque viae*, ebd., 23–26), über die allein mit Beweismitteln der menschlichen Vernunft, das heißt auf einem ›natürlichen‹ Wege, das Sein Gottes nachgewiesen werden kann, wird auch in Pezolds »Summe der natürlichen Religion« eine, wenn auch auf mögliche andere Quellen verweisende Rolle spielen.

nition an:»das Sein Gottes« – *Esse Deum*. Und:»Wenn wir Gott sagen, verstehen wir (darunter) die verständige von der Welt verschiedene, ewige Natur, die die Welt, d.h. die Gesamtheit der endlichen
Dinge geschaffen hat« (*These IX*, s.o. S. 392).
An dieser These ist mit Blick auf Fichte dreierlei auffällig. Zum
einen ist es die Seins-, Lebens- und Gottesfrage, die für den Philosophen spätestens ab dem zweiten Vortrag der *Wissenschaftslehre* von
1804 eine grundlegende und zentrale Stellung in seinem Denken einnimmt. Gott, das »Esse in mero actu […] das von sich, in sich, durch
sich […] [von] Sein und Leben« (GA II/8, 228), das *in* seinem und
durch seinen Existenzialakt als Wissen, Bild oder Bewusst-Sein – als
Da des Seins oder Da-Sein – existiert respektive erscheint, ist das vielfach variierte und systematisch ausgebaute Grundthema der späten
Wissenschaftslehre schlechthin. Wollte man Fichtes geistiges Ringen
mit dieser Thematik von der *Theologia dogmatica* aus in den Blick
nehmen, dann wäre die Grundfrage der Wissenschaftslehre nach dem
Sein, Leben und Wesen des Wissens als eine vor allem theologisch-
dogmatisch inspirierte und orientierte, gleichwohl philosophisch
ausgeführte Metaphysik und Ontologie auszulegen. Motiviert durch
Fichtes eigene theologische Werkdeutung ist diese Lesart seiner
Philosophie in der internationalen Forschung weit verbreitet und
im deutschsprachigen Raum unter anderem von Wolfgang Janke,[182]
Dominik Schmidig[183] und dessen Schüler Mathias Müller[184] vertreten
und eindrucksvoll unter Beweis gestellt worden. An These IX ist für
Fichte des Weiteren die Rede von Gott als verständiger, ewiger welt-
schöpfender Natur interessant. Immanuel Hermann Fichte schreibt
in der Biographie über seinen Vater, dass dieser im Zusammenhang
der Auseinandersetzung mit dem Determinismus »durch Zufall« auf

182 W. Janke: *Vom Bild des Absoluten. Grundzüge einer Phänomenologie Fichtes*. Ber-
lin/New York 1993.
183 D. Schmidig: *Gott und Welt in Fichtes ›Anweisung zum seligen Leben‹*, Wald 1966.
184 M. Müller: *Theologie im Transzensus. Die Wissenschaftslehre als Grundlagentheorie einer transzendentalen Fundamentaltheologie*. Amsterdam/New York 2010
(*Fichte-Studien Supplementa 25*).

Spinozas *Ethik* und die darin entwickelte (vermeintlich) deterministische Gottes- und Seinslehre gestoßen sei (LLB I, 28 f.). Das Studium dieses Werks, so I. H. Fichte, habe seinen Vater »gewaltig ergriffen«, ihn aber gleichwohl in seinen Ansichten bestätigt (ebd.). Ganz unvorbereitet und überraschend wird Fichtes Erstbegegnung mit Spinoza nicht gewesen sein. Denn wie wir sehen, war Fichte etwa Spinozas berühmte Redeweise ›deus sive natura‹, zumindest dem Wortlaut nach, aus seinen Studien und Aufzeichnungen zu Pezolds *Theologia dogmatica* bereits geläufig. Womöglich noch bedeutsamer als die Präfiguration eines Spinoza-affinen Denkens sind die Anfänge, die Grundlegung und Herausbildung eines *philosophischen* Gottesbegriffs, der Fichte, über das im engeren Sinne christlich, vielleicht auch pietistisch Religiöse hinaus, mit theologisch-philosophisch-logischen Kategorien konfrontierte, mit deren Hilfe dieses Thema in der akademischen Welt behandelt wurde.

Pezolds These IX konstatiert als Drittes, dass das *Esse Deum*, das Sein Gottes, als ewige Schöpfer-Natur zu verstehen sei, der die »Gesamtheit der endlichen Dinge« ihr Dasein verdanke. Fichtes Transzendentalphilosophie und auch die auf deren Grundlage entwickelte Religionsphilosophie hat gerade im Hinblick auf das Sein der ›endlichen Dinge‹ kaum eine These als »Grund=Irrthum aller falschen Metaphysik« (GA I/9, 177) so heftig angegriffen wie die, die einen Ursprung der Welt – als Gesamtheit der endlichen Dinge – aus Gottes unmittelbarem Schöpfungshandeln behauptet. Nicht aus Gott selbst, sondern durch sein Wort – ›Gott sprach‹ –, das heißt in Fichtes Sprachgebrauch, durch das *Da-Sein* Gottes, durch den *Begriff* und im Begriff, durch das *Wissen* und im Wissen, durch *Bilden* und im Bild entsteht, erscheint und gestaltet sich das ›unvordenkliche‹ Sein und Leben Gottes als Welt im Sinne der ›Gesamtheit endlicher Dinge‹. Und es ist eben das Wissen, der Begriff oder das Bild, über die sich dem denkenden Menschen ein Zugang zu einem rationalen oder, wie Fichte sagt, zu einem spekulativen Gottesverständnis erschließt. Aber, und auch das steht bei Fichte spätestens seit den *Aphorismen* fest, der spekulative Zugang zu einem wissensbasierten Gottesbegriff muss sein Verhältnis zu den affektiven und ethisch-moralischen Grundlagen und Facetten der Religion klären. Es geht also um die philosophische Erörterung des Verhältnisses, der Ansprüche und Aufgaben von Verstandes- und Herzensreligion. Auch hierzu hatte die *Theologie dogmatica* schon in These VIII festgestellt: Die dogmatische Theologie wird nicht um des bloßen Wissens willen, noch deswegen gelehrt, den Glauben davon abhängig zu machen. Zwar geht es auch ihr um Systematik und Durchblick, in erster Linie ist ihr Ziel aber ein ethisch-praktisches, nämlich, dass die jungen Theologiestudenten lernen, die christlichen Lehren zu verteidigen.

5.4.6 Exkurs: Ein Blick in die Fichte-Forschung

Die Fichte-Forschung, insofern sie sich eingehender mit den Ursprüngen des Fichte'schen Denkens in der vor-kantischen Zeit befasst, folgt im Hinblick auf dessen frühes Gottesverständnis, wie es etwa in den *Aphorismen* von 1790 vorliegt, folgender Hypothese. Es sei »zu vermuten«, so etwa Armin Wildfeuer,

> daß er [Fichte] sich auf einen Gottesbeweis stützt, in dem aufgrund der unverbrüchlich und ausnahmslos angenommenen Gültigkeit des Satzes vom Grunde in seiner Funktion als ratio cognoscendi aus den Wirkungen Gottes in der Welt auf die Existenz Gottes selbst als Erstursache der Welt zurückgeschlossen werden kann.[185]

Nach dieser Vermutung über Fichtes frühes deterministisches Gottesverständnis ist Gott »Prinzip des Weltgeschehens, dessen ratio fiendi, essendi und zugleich cognoscendi. D.h. freilich auch, daß Gott selbst mit der Welt nirgends in Kontakt tritt, außer über Mittelursachen«.[186] Es sei dieses deterministisch-deistische Modell, innerhalb dessen der junge Fichte den Kosmos seiner Ideen und Gedanken organisiere und dessen erster strukturierter Niederschlag die

---

185 Wildfeuer (1999), 172.
186 Ebd.

Aphorismen über Religion und Deismus seien. Freilich, und darin käme dann das christlich-religiöse und das nicht rein spekulative Element dieser Frühschrift zum Ausdruck, steht der Rationalismus eines deterministischen Deismus in einem unüberwindlichen Widerspruch zur Welt der religiösen Gefühle, der Vorstellungen und Bedürfnisse des gläubigen Menschen. Beides, Verstandes- und Herzensreligion, zu vermitteln, sei dann tendenziell die Aufgabe, die eine den ganzen Menschen erfassende und sein ganzes Wesen integrierende Philosophie zu lösen habe. Das sei Fichte schließlich – wenn auch mit einer Reihe offener Fragen – durch eine klare Grenzziehung beider Bereiche und ihrer Geltungsansprüche zumindest ansatzweise gelungen.[187] Als eine der ›problematischen Fragen‹ gelten etwa die Aufzeichnungen Fichtes zwischen 1780 und 1790, aus denen ein Entstehungszusammenhang mit den in den *Aphorismen* erörterten theologisch-philosophischen Themen zu erklären sei. Wildfeuer stellt fest, dass es solche Aufzeichnungen nicht gibt.[188] Diese Behauptung lässt sich nun aber angesichts von Fichtes schriftlich erhaltene Auseinandersetzung mit Pezolds *Theologia dogmatica*, die ja genau in diesem Zeitraum zu datieren ist, nicht halten. Auch enthält der gesamte bildungsbiographische Vorlauf zu Fichtes philosophisch-theologischer Prägung Hinweise genug, um die Diskussion über Herzens- und Verstandesreligion, über religiös-moralische Innerlichkeit, Pietismus und Orthodoxie und deren philosophische Durchdringung und Begründung aus einem komplexen Umfeld ideengeschichtlicher Strömungen zu verstehen und zu erörtern.

Sehen wir uns Fichtes Aufzeichnungen zu Pezolds theologischer Dogmatik insbesondere auch mit Blick auf die vermeintlich fehlenden Bindeglieder zur 1790 vertretenen Gotteslehre an, dann können wir die beiden Elemente entdecken, die Fichte später, nicht nur in den *Aphorismen,* kritisch-dialektisch erörtert. Denken wir darüber hinaus an Pezolds aus dem Pietismus herrührendes Konzept einer Psychotheologie, das heißt den Aufweis göttlichen Wirkens im Rah-

---

187 Vgl. ebd., 185–191.
188 Ebd., 191.

men einer ›theologischen Psychoanalyse‹ oder Seelenphänomenologie, dann wird auch darin das von Fichte zunehmend philosophisch durchdrungene, gleichwohl vermittlungsbedürftige Spannungsverhältnis zwischen objektiver und subjektiver, verstandes- und gefühlsorientierter Erfassung der Wahrheit in seiner weltanschaulichen und ideengeschichtlichen Herkunft deutlich.

Die Diagnose eines von Pezold ausgehenden Einflusses auf Fichtes Kategorienbildung im Umgang mit der Gottes- und Glaubensproblematik in ihren objektiven wie subjektiven Akzenten lässt sich durch die Analysen zu den folgenden Thesen der *Theologie dogmatica* weiter stärken.

5.4.7   Kommentar zu den Gottesbeweisen im Rahmen der natürlichen Religion

Hatte die These IX ›das Sein Gottes‹, im Sinne der »verständige[n], von der Welt verschiedene[n], ewige[n] Natur, die die Welt, d.h. die Gesamtheit der endlichen Dinge geschaffen hat« (IX), zum Thema, so stellen die Thesen X bis XVI die logischen und metaphysischen Verfahren dar, durch die sich im Rahmen einer Theologia naturalis einerseits die Existenz Gottes und anderseits seine wesentlichen Attribute beweisen lassen.

Es handelt sich bei diesem Teil der *Theologia dogmatica* um einen Text, der belegt, dass und durch wessen Vermittlung sich der junge Fichte in seiner vorkantischen Zeit *nachweislich* mit dem Thema Gottesbeweise befasst hat und wodurch die in den *Aphorismen* geführte Debatte über Deismus und Religion höchst wahrscheinlich beeinflusst wurde. Damit wäre *eine* der von Wildfeuer aufgeworfenen Fragen zur ideengeschichtlichen Herkunft der *Aphorismen* beantwortet, nämlich die nach einer Textquelle vor 1790, aus der sich der »spekulative Determinismus« der *Aphorismen* und die darin behauptete »strenge Geltung des Satzes der Notwendigkeit«[189] herleiten und erklären lässt.

189 Wildfeuer (1999), 191.

Die Thesen X, XI und XII (s. o. S. 392–394) präsentieren klassische theologisch-philosophische Beweisverfahren zur *Existenz Gottes* (*Principia ad probandam Dei existentiam*). Deren Darstellung und Erörterung ist durchgängig eher knapp gehalten und die aus der Darstellung abgeleiteten Konsequenzen werden mehr benannt denn bewiesen. Gleichwohl lassen sich aus dem von Fichte ausgearbeiteten Konzept die traditionellen theologisch-philosophischen Grundannahmen deutlich erkennen.

Philosophiegeschichtlich verweisen die in dieser Passage der *Theologia dogmatica* aufgeführten Gottesbeweise in Gänze auf die *Fünf Wege* eines Beweises der Existenz Gottes, wie sie in der *Summa theologiae* bei Thomas von Aquin vorliegen,[190] wobei Thomas sich in diesem Text auf die allgemeinen Prinzipien eines logischen Beweisverfahrens der aristotelischen *Metaphysik* bezieht. Für die philosophische Bildungsgeschichte Fichtes ist dieser über seinen Lehrer Pezold gestiftete ideengeschichtliche Zusammenhang zur Philosophie des Mittelalters und der Antike bemerkenswert, weil sich über ihn zumindest ein konkreter und zu erhärtender Ansatz bietet, um der Herkunft einiger Strukturähnlichkeiten von Fichtes Denken mit Modellen der philosophiegeschichtlichen Klassiker nachgehen zu können.

Das erste Prinzip (a) zum Beweis der Existenz Gottes, das Fichtes *Theologia dogmatica* anführt, ist der bei Thomas von Aquin auf die Frage nach der Existenz Gottes angewandte *Satz vom Widerspruch* (*principium repugnantiae*), der in diesem Fall das logische Widerspruchsprinzip mit der ebenfalls aristotelischen Idee der Rückführung alles Bewegten und Lebendigen auf einen ersten, unbewegten Beweger, Gott, verbindet.

Das zweite Prinzip (b) ist der auf den Beweis der Existenz Gottes angewandte Satz des *zureichenden Grundes* (*principium causae sufficientis*). Es ist dies nach Thomas von Aquin *der zweite Weg*,[191] den Fichte in seiner Aufzeichnung, möglicherweise wegen seines hohen

---

190 Thomas (1985), 23–26.
191 Ebd., 24.

Bekanntheitsgrades in Philosophie und Theologie, lediglich benennt, nicht aber weiter ausführt.

Das dritte Prinzip (c) ist das *Prinzip der Möglichkeit oder Kontingenz (principium contingentiae), der dritte* und *vierte Weg* des Thomas von Aquin.[192] Im Sein oder Nichtsein, im Werden und Vergehen zeigt sich die Kontingenz der Dinge, die jedoch, insofern sie sind, auf ein Sein verweisen, das notwendig ist und ewig. Darüber hinaus spricht der an dieser Stelle gegebene Hinweis auf den mit der Kontingenz verbundenen Mangel an unendlicher Vollkommenheit (*infinita perfectione*) auf die Approximation und Stufung im Guten, Wahren und Edlen an, wie sie bei den endlichen Dingen anzutreffen ist. Mittels dieser Stufung begründet Thomas von Aquin im *vierten Weg* einen Beweis für die Existenz Gottes, als Ursache des Seins, der Gutheit und jeglicher Vollkommenheit.[193]

Für den weiteren Argumentationsgang der *Theologia* reichen Fichte die drei Prinzipien offenbar aus, um aus diesen (*ex his*) in These XI weitere Beweisverfahren (*multis modis probari*) zu generieren. Dass die folgenden drei Überlegungen gedanklich in einer – wenn auch nicht ganz klaren – Subordination zu den vorherigen Prinzipien stehen, zeigt sich zum einen daran, dass sie nicht mehr Prinzipien genannt und zum anderen nicht in lateinischen Buchstaben, sondern in arabischen Zahlen gezählt werden.

Der erste Beweismodus (1.) ist in der Tat die Konkretion eines der drei genannten Prinzipien zum Beweis der Existenz Gottes und bezieht sich als ›Kette der Ursachen und Wirkungen‹ (*serie causarum et effectuum*) ausdrücklich auf das unter a) genannte Kausalitätsprinzip. Der Unterschied zwischen beiden Kausalitätsmodi besteht im Grad der Konkretion. Während in a) das Kausalitätsargument als spezieller Fall für die Anwendung des allgemeinen Widerspruchsprinzips bzw. der Widerlegung des infiniten Regresses angeführt wird, konkretisiert Punkt 1.) in These XI das Kausalitätsprinzip im Hinblick auf spezielle Verursachungsketten, zum Beispiel die der ›menschlichen Generationen‹.

---

192 Ebd.
193 Thomas (1985), 25.

Dass Fichte respektive Pezold bei diesem Beispiel an die alttestamentliche Genealogie aus Genesis 5 und 10 f. – von Adam bis Noah und von Noah bis Abraham – dachte, ist nicht unwahrscheinlich. Ob im Genealogiegedanken als Anwendungsfall des Satzes vom Widerspruch und der mit ihm verbundenen Idee eines ersten Einheitsgrundes, des unbewegten Bewegers, ein früher Anstoß für Fichtes auf Einheitsgründe reflektierendes und sich stets gegen infinite Regresse wendendes ›genetisch-synthetisches Denken‹ ausgemacht werden kann, sei als reizvolles Motiv für weitere Grundlagenspekulationen dahingestellt. Als Indiz für die Herleitung beziehungsweise Erklärung oder Entwicklung des Fichte'schen Philosophierens aus den Grundlagen seiner theologischen Bildung ist dieser Zusammenhang jedoch allemal interessant.

Der zweite aus den Prinzipien hergeleitete Beweis für die Existenz Gottes ist, wie der folgende auch, nur bedingt als subordiniert gegenüber den drei Prinzipien zu verstehen. Es sei denn, man subsumiert Zweckursächlichkeit, das heißt die »Ordnung und Regelhaftigkeit der Welt« im Allgemeinen (XI, 2.) und die der *Kulturgeschichte* der Menschheit im Besonderen, etwa im Hinblick auf die »Übereinstimmung aller Völker über Gott« (XI, 3.), als Anwendungsfall dem Kausalitätsprinzip. Philosophiegeschichtlich und mit Blick auf Thomas von Aquin handelt es sich hierbei um ein eigenständiges ›Prinzip‹ für den Existenzbeweis Gottes. Es geht um den ›physico-teleologischen Gottesbeweis‹, den Thomas in seinem *fünften Weg* – über die durch Gott in Lenkung, Ordnung und Regelhaftigkeit der natürlichen Dinge gebrachte *Zweckmäßigkeit* – erörtert.[194]

Für den Protestanten, und den pietistischen Protestanten insbesondere, verweist der Punkt 3.) über Kulturanthropologie und Physikotheologie hinaus auf zwei weitere Dimensionen des Gottesbeweises. Es sind dies die bereits im Zusammenhang mit Pezolds speziellen Lehrgegenständen erwähnte Psychotheologie sowie die Heilige Schrift. Ebenso wie die Kultur- und die Naturgeschichte bieten auch das ›Zeugnis des Gewissens‹ und die Heilige Schrift Gelegenheit,

---

194 Thomas (1985), 25.

›Gott an seinen Werken‹ zu erkennen. Dabei steht – und das folgt aus den Prämissen des Beweisverfahrens nach These II und Punkt 4 der These IV – der gesamte hier in These XI abgehandelte Komplex auch mit der Forderung der Heiligen Schrift (»vgl. Ps[alm] 19 und Rom[er] 1,1 [richtig: Röm 1,20]«) in Übereinstimmung, nämlich: »Gott an seinen Werken zu erkennen« (XI).

Die These XI (s. o. S. 393) schließt mit einem kritischen Hinweis auf Descartes' Gottesbeweis aus der Dritten *Meditation über die Erste Philosophie*. Die Kritik besagt, dass Descartes' Gottesbegriff allein (a priori) über das logische »Prinzip des Widerspruchs aus dem Begriff des höchstvollkommenen Seienden angenommen« (XI) werde, und dies im Unterschied zum physiko- oder psychotheologischen Gottesbeweis, die sich gewissermaßen empirisch auf Gott beziehen. Diese Beweisführung sei deswegen fehlerhaft, weil damit ›eine gleichsinnige Ursache einer nur ähnlichen entgegengesetzt‹ werde (*Causa univoca opponitur aequivocae*). Diesem Einspruch gegen Descartes ist eine kurze in Deutsch verfasste Erklärung eingeschoben. Der ganze Satz wird über einen Gedankenstrich mit zwei deutschen Worten abgeschlossen, die bemerkenswert sind. Der ganze Satz lautet: »*Causa univoca*, Ursache die eine homogene Wirkung hervorbringt, *opponitur aequivocae*, – aus Fäulniß« (GA II/1, 40). Höchst komprimiert verhandelt das Argument der *Theologia* zwei Sätze der scholastischen, auch bei Thomas von Aquin verhandelten Seins-Logik, denen zufolge *univoke* (gleichsinnige) *Ursachen* Wirkungen hervorbringen, die mit der Ursache von einer und derselben Art und Gestalt (Fichte: homogen) sind: »Wie der menschgeborene dem fortpflanzenden Menschen«.[195] Als *äquivoke Ursache* gilt dagegen eine solche, die in ihrer Wirkung nicht in derselben Art und Gestalt, sondern nur auf ähnliche Weise anwesend ist, wobei auch diese Ähnlichkeit ihren (nun äquivoken) Grund in dem hat, dem es ähnlich ist. »Darum findet sich die Form des Gewirkten irgendwie in der es übersteigenden Ursache, aber auf eine andere Weise und in einem an-

195 Thomas (1985), 200.

deren Sinn, weshalb die Ursache eine ›äquivoke‹ genannt wird«.[196] Die Causa aequivoca bringt somit Wirkungen hervor, die mit der Ursache nicht von einer und derselben Art und Gestalt sind. Die Kritik an Descartes besagt dann in etwa, dass der in der dritten Meditation geführte Gottesbeweis insofern fehlerhaft sei, als er einerseits auf dem Vergleich und Widerspruch zwischen dem erkannten ›Mängelwesen‹ Mensch und der diese Erkenntnis voraussetzenden Vorstellung eines vollkommenen Wesens beruht – also den Gottesbeweis aus dem logischen Prinzip des Widerspruchs führt. Andererseits kommt es bei diesem Vergleich zu einer Vermischung oder Verwechselung von univoker und äquivoker Ursächlichkeit.[197] Die diesem Einwand nach dem Gedankenstrich folgende Einfügung in deutscher Sprache »aus Fäulniß« könnte demnach als kritikverstärkender Kommentar zu Descartes' fehlerhafter Beweisführung verstanden werden. Nämlich, dass Descartes dieser Fehler aus Faulheit oder mangelndem Nachdenken unterlaufen sei.

Unabhängig von der Frage, ob diese Descartes-Kritik berechtigt oder unberechtigt ist, scheint es doch, als habe Pezolds Vorlesung nicht nur klassische Formen des Existenzbeweises Gottes *doziert*, sondern sie auch in ihrer Tragweite und Stichhaltigkeit *diskutiert*. Dadurch wurde der Studiosus Fichte über diese zentralen Fragen der

---

196 Thomas von Aquin: *Summa contra gentiles*. Hrsg. von K. Albert u. a. Darmstadt 2013, 125.

197 Zur Erläuterung führt Thomas das Beispiel der Erwärmung von Gegenständen durch die Sonne an: »Die Sonne nämlich verursacht in den niederen Körpern Wärme, indem sie wirkt, insofern sie wirklich ist. Deswegen muß die von der Sonne erzeugte Wärme irgendeine Ähnlichkeit mit der Wirkkraft der Sonne haben, durch die in diesen niederen [Körpern] die Wärme verursacht wird und auf Grund welcher Wärme, obschon nicht im selben Sinn, die Sonne warm genannt wird. Daher wird die Sonne allen den Dingen irgendwie ähnlich genannt, in denen sie ihre Wirkungen wirksam hervorruft. Dennoch ist sie wiederum ihnen allen unähnlich, insofern Wirkungen von dieser Art nicht auf dieselbe Weise Wärme und ähnliches besitzen, wie sie sich in der Sonne finden. Ebenso teilt auch Gott den Dingen alle ihre Vollkommenheiten zu und hat dadurch mit allen Ähnlichkeit und Unähnlichkeit zugleich« (Thomas [2013], 125).

Theologie, die später auch im Zentrum seiner eigenen Philosophie stehen werden, sowohl unterrichtet, vor allem aber auch kritisch zu reflektieren angeleitet, sodass er »selber in den Schulen derselben [der Theologen] gebildet – mit ihren Waffen zu gut bekannt« war (GA I/8, 275).

Der Erfolg dieser Art, über die ›letzten Dinge‹ kritisch nachzudenken, lässt sich vom Beginn seiner eigenen Arbeiten, den *Aphorismen* und der *Offenbarungskritik* etwa, bis zum Ende seines philosophischen Schaffens in vielen seiner wissenschaftlichen und populären Schriften und den darin erkennbaren unablässigen Analysen der Gottesfrage als Frage nach dem Absoluten ablesen.

Auf der Grundlage der Existenzbeweise beginnt mit der *These XII* (s. o. S. 393 f.) die *Attributenlehre*, und zwar als die »[d]reifache Methode, die göttlichen Merkmale zu beweisen« (XII). Die ›drei Beweiswege‹, die der Fichte-Text erörtert, unterscheiden sich von den Existenzbeweisen Gottes dadurch, dass sie die Blickrichtung verändern. Das heißt, die ›drei Wege‹ zum Beweis der Attribute Gottes, auch die folgenden Analysen der konkreten Attribute in These XII bis XVI, erörtern das Wesen Gottes im *Verhältnis* zur Wirklichkeit und Vollkommenheit der Schöpfung und Geschöpfe. Diese methodologische Veränderung thematisiert die These XII explizit durch die Einführung des Unterschieds zwischen einem Beweisverfahren a priori und einem solchen a posteriori. Gottes Attribute können demnach einerseits a priori, durch den *Begriff* der Vollkommenheit, (*ex notione entis perfectissimi*), das heißt logisch, oder aber a posteriori, aus dem *Zusammenhang* und der *Beschaffenheit* der Geschöpfe (*ex nexu et idole creaturarum ducuntur*), also empirisch, und schließlich aus dem Verhältnis beider Verfahren zu einander bewiesen werden.

Auch wenn es sich bei dieser methodologischen Differenzierung nicht um eine spezifisch Pezold'sche Verfahrensweise theologisch-philosophischer Beweisführung handeln sollte, so ist doch bemerkenswert, dass Fichte in der Einleitung zu seinem geschichtsphilosophischen Vorlesungszyklus über *Die Grundzüge des gegenwärtigen Zeitalters* (1804) – mit der Unterscheidung *Philosoph, Empiriker* und *Welt- und Menschenbeobachter* – genau dieses dreischrittige Verfah-

ren einer rein begrifflich-apriorischen, einer bloß empirischen und
einer beide Verfahren mit einander in Beziehung setzenden kompa-
rativen Beweisführung anwenden wird.

Zurück zur *Theologia docmatica*. Den ersten Weg, die Attribute
Gottes zu beweisen, nennt der Text den »Weg der Kausalität« (XII,
via causalitatis). Im strikten Sinne thematisiert dieser Weg die Allmacht Gottes, aus der die den Geschöpfen – in welchem Grad auch
immer – ›innewohnende Wirklichkeit und Vollkommenheit‹ begründet wird. Der Begriff a priori der Allmacht und Vollkommenheit
Gottes wird hier verbunden mit der aposteriorischen Beobachtung
der ›Beschaffenheit‹ der Geschöpfe. »[W]as auch immer an Wirklichkeit und Vollkommenheit in den Geschöpfen innewohnt, zu dessen
Erschaffung hat Gott ausreichende Kräfte.« (XII)

Der zweite Weg, die *via negationis*, kehrt den Kausalitätsbeweis
der ursächlich in Gott gegründeten Vollkommenheit und Wirklichkeit der Geschöpfe durch Negation um. Die Unvollkommenheit des
geschöpflichen Seins ist der göttlichen Allmacht und Vollkommenheit nicht absolut, sondern nur relativ entgegengesetzt. Das heißt,
die Unvollkommenheit der Geschöpfe ist nicht aus dem attributiven
Vollkommensein Gottes selbst, sondern durch die (in ihrer Möglichkeit noch zu begründende) Entfernung (*remotum*) von dieser zu erklären. Der thomasische Stufenbeweis des Fünften Weges wird hier
nicht zur approximativen Näherung des geschöpflichen Seins an das
Absolute, sondern umgekehrt, zur Erklärung einer stufenweisen
Verminderung und Negation der göttlichen Vollkommenheit in den
Geschöpfen verwendet.

Der dritte Weg, der Weg der Erhöhung (*via eminentae*), kehrt nun
den Weg der Negation um und erklärt die in den Geschöpfen an-
zutreffenden Stufen und Ausprägungen von Vollkommenheit als in
Gott begründet und ihm selbst in ›hervorragendster‹ Weise innewoh-
nend (*id in Deo etiam, sed eminentissimo modo inest*).

Fichte wird dieses Beweismodell der Progression und Degression,
des Aufstiegs zum und des Abstiegs aus dem Absoluten, des Glaubens an und des Glaubens aus Gott usw. in seinen populären philo-

sophischen Schriften zu einem Erkenntnis- und Lebensweg par excellence ausbauen. Mit dem der Anatomie entlehnten Bild eines dem Herzen nahen, den ganzen Körper durchströmenden und wärmenden oder nur in den Extremitäten pulsierenden, ansonsten aber erkalteten Lebens veranschaulicht etwa die Weltanschauungslehre der *Anweisung zum seligen Leben* die Gottesnähe und Gottesferne sowie unterschiedliche Glückseligkeitsstufen der Weltanschauungsmodelle – vom empirischen Materialismus bis hin zum Standpunkt der Religion. Auch das bekannte Bild aus der *Grundlage der gesammten Wissenschaftslehre* von 1794, nach dem sich mancher Zeitgenosse Fichtes eher für ein Stück erkalteter Lava auf dem Mond als für einen lebendig denkenden Menschen halte (vgl. GA I/2, 326), weist auf das hier in der *Theologia dogmatica* von Fichte verhandelte Beweisverfahren zurück.

Nachdem die Beweise der natürlichen Religion zur Existenz Gottes und die Beweisverfahren a priori und a posteriori für dessen Attribute vorgestellt sind, verhandeln die Thesen XIII bis XVI auf der nächst höheren Konkretionsstufe die Attribute selbst: den göttlichen *Verstand* (These XIII, s. o. S. 394), die göttliche *Güte* (These XIV, s. o. S. 394), *Heiligkeit* und *Gerechtigkeit* (These XV, s. o. S. 395) sowie die *Freiheit* des Willens Gottes (These XVI, s. o. S. 395 f.).

Den göttlichen *Verstand* beweist der Fichte-Text *aposteriorisch* einerseits physiko-theologisch, nämlich aus der ›unendlichen Begabung‹ der natürlichen Dinge, die ihr innewohnende göttliche Intelligenz und Ordnung zu verstehen, und anderseits psychotheologisch »aus der Schöpfung unseres [eigenen] Verstands«. *A priori* folgt das Attribut des göttlichen Verstandes aus dem Begriff Gottes als eines »höchstvollkommenen Seienden« (XIII, *ex notione entis perfectissimi*).

Gottes *Güte*, das heißt seine »unendliche Neigung [...] zum Wohltun für die Geschöpfe« (XIV), wird erwiesen *a posteriori* anhand des großen Überflusses an Gütern in der Natur, der das Leben nicht nur erhält, sondern überdies angenehm und freudvoll macht. *A priori* folgt Gottes Güte aus dem Begriff der Vollkommenheit Gottes.

Der Beweis der *Heiligkeit* erfolgt über die Anwendung der im göttlichen Verstand implizierten, mit der Güte Gottes ausgestatteten Ordnungsgesetze auf den Willen und das Handeln Gottes. Die Heiligkeit Gottes ist die »Notwendigkeit/Zwang, das zu wollen und zu tun, was mit den Regeln der Vollkommenheit, der Wahrheit, und der Ordnung im Einklang steht« (XV). Als *Gerechtigkeit Gottes* erweist sich seine Heiligkeit, insofern den vernunftbegabten Geschöpfen »Gesetze, die mit den Regeln der Vollkommenheit, der Wahrheit, und der Ordnung der Dinge in Einklang stehen« (XV), verordnet werden, denen gemäß Gott seine Geschöpfe behandelt. Aus dem Begriff der Gerechtigkeit Gottes werden im Hinblick auf die ›verordneten Regeln‹ die *belohnende und strafende Gerechtigkeit*, das heißt die aus der Übereinstimmung oder Nichtübereinstimmung mit den Regeln der Wahrheit, Vollkommenheit und Ordnung folgenden Konsequenzen, abgeleitet.[198] Der *apriorische* Beweis der Zusammenhänge von Heiligkeit und (belohnender respektive bestrafender) Gerechtigkeit beruft sich, wie bisher, auf den ›Begriff eines höchstvollkommenen Seienden‹. Dagegen weist der *aposteriorische* Beweis auf eine Evidenzquelle, die für Fichte auch späterhin von systemtragender Bedeutung ist: auf das »Gefühl und den Stachel/(An-)Sporn des Gewissens« (XV, *ex sensu et stimulo conscientiae*).

---

198 Das hier im Zusammenhang von Gottes Heiligkeit und Gerechtigkeit mit Bezug auf Gehorsam und Ungehorsam des Menschen gegenüber den ihm verordneten Regeln diskutierte Thema der Vergeltung ist theologisch und bibelwissenschaftlich – und schließlich auch philosophisch – von Bedeutung. Denn was hier erörtert wird, ist das, was die Theologie den ›Tun-Ergehen-Zusammenhang‹ nennt, wobei sich nach alttestamentlicher Gerechtigkeitskonzeption der Gehorsam gegenüber den Geboten Gottes unmittelbar in einem langen und gesegneten Leben im Diesseits niederschlägt, was nach neutestamentlicher Auslegung – aufgrund einer anderen Lebens-, Geschichts- und Zeitkonzeption – durch die Idee einer jenseitigen Vergeltung und den Glauben an ein Leben nach dem Tod erweitert wird. Philosophiegeschichtliche Folge dieser neutestamentlichen Gerechtigkeitslehre ist die aus der griechischen Tradition stammende und dann im christlichen Abendland dominant auftretende Lehre von der Unsterblichkeit der Seele, mit der sich auch Kants Postulate der praktischen Vernunft als konstitutive Idee seiner Ethik befassen.

Schon die *Aphorismen über Religion und Deismus* (1790) erörterten »das Gefühl des Missfallens Gottes an einer Sünde« (GA II/1,
291). Für Fichtes Schriften der Jenaer Periode spielt das Gewissen
als ›heilsamer Stachel‹ bekanntlich eine entscheidende und ›stimu-
lierende‹ Rolle sowohl für die Moralphilosophie der Sittenlehre,
die Offenbarungstheologie der religionsphilosophischen Schriften als auch für die sogenannten Revolutionsschriften. Schließlich,
aber nicht zuletzt, spricht die *Anweisung zum seligen Leben* dann
im Kontext der »göttlichen Oekonomie« (GA I/9, 158) explizit vom
Trennungsschmerz als dem »heilsamen Stachel, der uns treiben soll
[...] zur Vereinigung mit dem Geliebten, und zur Seligkeit mit ihm«
(ebd., 134). Dass das Thema Gefühl und ›System der Gefühle‹ sowie
deren evidenzsichernde und wirklichkeitsverbürgende systematische
Bedeutung – als ›Wahrheitsgefühl‹ oder ›heilsamer Stachel der göttlichen Oekonomie‹ – als ein ›Alleinstellungsmerkmal‹ der Philosophie
Fichtes zu bewerten ist, wurde von Fichte selbst betont und ist von
der Forschung mehrfach nachgewiesen und weitgehend anerkannt.[199]
Für unsere These von der vorkantischen Prägung des Fichte'schen
Denkens insbesondere durch den Pietismus ist hier bemerkenswert,
dass neuerdings gerade Stefano Bacin, mit dem wir uns im Kontext
von Fichtes pietistischer Prägung in Schulpforta eingehender befasst
haben, darauf aufmerksam gemacht hat, dass Fichte eine »nicht-kantische These des Gewissens vertritt«,[200] die auf vorkantische Quellen
der Frühaufklärung verweist. Bacin behauptet nunmehr auch, dass
für die Ausprägung des Fichte'schen Gewissensverständnisses, das
heißt für die Unterscheidung zwischen moralischem Gefühl und moralischem Urteil, neben Volkmar Reinhard gerade Pezolds Lehrer
und Cousin Christan August Crusius eine nicht unbedeutende Rolle
spielt.[201]

---

199 Vgl. Lohmann (2004), DgF, 59–64, Traub (2016a) u. v. m.

200 S. Bacin: »›Ein Bewußtsein, das selbst Pflicht ist‹: Fichtes unkantische Auffassung
des Gewissens und ihr philosophischer Kontext«, in: *Fichte und seine Zeit. Streitfragen.* Hrsg. von M. d'Alfonso u. a. Leiden / Boston 2017 (*Fichte-Studien 44*), 306.

201 Vgl. ebd., 317–322.

These XVI (s. o. S. 395 f.) thematisiert schließlich unter apriorischer wie aposteriorischer Beweisführung *die göttliche Freiheit.* Die *Theologia dogmatica* definiert die Freiheit Gottes nicht als Offenheit, Unbestimmtheit oder Möglichkeit, sondern positiv als die dieser Möglichkeit, im selben Augenblick etwas tun, unterlassen oder anderes zun zu können, zugrundeliegende *Kraft und Wirkmächtigkeit des göttliches Willens* (*vis divinae voluntatis*). Freiheit ist hier weniger die bloße Offenheit, nach welchen Motiven auch immer zu handeln, sondern meint die ungezwungene Kraft voluntativer (Selbst-) Bestimmung, die fremde Einflüsse abhält, darin aber zugleich Motive und Bestimmungsgründe festlegt. Apriorisch beweisen lässt sich diese Selbstbestimmungskraft Gottes wieder aus dem Begriff der »völligen Vollkommenheit Gottes« (XVI). A posteriori wieder auf psycho- und physikotheologischem Wege, nämlich zum einen durch den Beweis ›via eminentiae‹, also der ›Erhöhung der Freiheit unseres Willens‹, und zum anderen durch die Schöpfung der Welt, insofern Gott sie aus freiem Entschluss erschaffen und auch den »Augenblick/ Moment der Ewigkeit« (*momentum aeternitatis*, XVI) ihrer Erschaffung frei bestimmt hat.

Fichtes Theorie der »Thathandlung«, die »ursprüngliche und schlechthinnige Seins-Setzung des Ich durch sich selbst« (GA I/2, 261), ist eine der bemerkenswertesten Grundlegungen einer Philosophie in deren Geschichte. Und sie ist überdies *die* Grundlegung einer Theorie der Freiheit schlechthin, sowohl in ihrem transzendental- und existenzphilosophischen sowie in ihrem ontologischen Sinn. Dass diese Theorie der Freiheit als eine umfassende Erfahrungslehre der Kraft selbstbewusster Selbstsetzung und Schöpfung des Ich konzipiert ist und sich nicht auf das Feld praktischer Philosophie im engeren Sinne als Ethik abdrängen und reduzieren lässt, markiert, wenn nicht ein ideengeschichtliches Novum, so doch eine sehr spezielle und zugleich universelle Art der Begründung eines philosophischen Systems der Freiheit. Fichte war sich dieser Tatsache bewusst. Denn er verweist in diesem Kontext ausdrücklich sowohl auf Kants ›implizite‹ Theorie transzendentaler Freiheit in dessen Analytik zur *Kritik der reinen Vernunft* als auch auf Descartes’ ›cogito ergo sum‹, ebenso auf Reinholds ›Saz der Vorstellung‹ sowie auf Spinoza und Leibniz (vgl. ebd., 262–264). Grundpunkt seiner Auseinandersetzung mit den in dieser Sache für ihn relevanten philosophiegeschichtlichen Positionen ist die schöpferische und unmittelbare Seinsgewissheit des Ich im Sinne der deduzierten oder besser: freigelegten, Praxis und Theorie vermittelnden Tathandlung. Das Ich ist selbstevidente Schöpfungskraft seiner selbst. Und als diese Kraft ist es frei.

Mit welchen theologischen Implikationen diese Theorie versehen ist, inwieweit hier absolutes Ich vom empirischen Ich oder der Ichheit unterschieden werden muss, das alles sind Streitfragen der Fichte-Forschung, denen wir hier nicht nachgehen müssen. Bemerkenswert ist allein der Hinweis, dass schon Fichtes *Theologia dogmatica* über eine Definition der Freiheit als unbedingter Kraft verfügt, aus der heraus sich unterschiedliche denkerische, ethische oder ästhetische Modifikationen der Setzung als schöpferische Akte generieren lassen.

Mit der *These XVII* (s. o. S. 396) zieht die *Theologia dogmatica* ein Fazit der erörterten Gottesbeweise mit dem Ziel, in einem ersten Schritt theologisch-moralische Konsequenzen für die Gesinnung und das Handeln des Menschen abzuleiten. Daher folgt aus der dargelegten ›Lehre der gesunden Vernunft‹ über die Existenz und die Attribute Gottes ›notwendigerweise‹ zweierlei: *Gott will*, dass seine moralisch handelnden Geschöpfe ihn selbst und ihre Abhängigkeit von ihm erkennen, ihn anbeten und lieben; dass sie aus Liebe und Gehorsam gegen ihn Rechtes und Gutes tun, das Gegenteil aber meiden. Diese Lehre führt die Vernunft, im zweiten Schritt, zur *Erkenntnis der menschlichen Pflicht* gegenüber dem göttlichen Willen und – über dies – zum Verständnis Gottes als höchstem Gesetzgeber. Die Beweise zu dieser Erkenntnis werden sowohl a priori (aus dem Begriff der göttlichen Vollkommenheit) als auch a posteriori (aus dem Gefühl und Stachel des Gewissens) geführt. Und das bedeutet schließlich: Es gibt ein natürliches Gesetz, dem zu folgen höchste Pflicht ist, oder: Die Religion ist natürlich (*esse denique religionem naturalem*).

Damit ist der erste thematische Teil, das Kapitel I, der *Theologia dogmatica:* »Summe der natürlichen Religion«, abgeschlossen. Im Übergang zum zweiten Kapitel »Von der Macht und Notwendigkeit der geoffenbarten Religion«, erörtern die Thesen XVIII und XIX das schon im Kontext der Gerechtigkeit Gottes angesprochene Thema der Unsterblichkeit der Seele.

Zum Beweis oder zum Verständnis der Unsterblichkeit der menschlichen Seele (*immortalitatas animorum humanorum*) führt die *Theologia* drei Argumente an. Für die Bildungsbiographie Fichtes sind alle drei Beweise, wenn auch in unterschiedlicher Intensität, bemerkenswert.

Der erste Beweis für die Unsterblichkeit der Seele, der über die »göttlichen Beschlüsse beim Erschaffen der Welt« (These XVIII, s.o. 396 f.) geführt wird, kann als notwendig vorauszusetzende Annahme gelten, von der aus sich die beiden folgenden Beweise als Konkretionen verstehen lassen. Das Argument beweist via negationis, dass, wenn die menschliche Seele ›als edles Geschöpf moralischer Natur‹ einmal aufhörte zu sein oder zu leben, ›die göttlichen Beschlüsse‹, wie sie etwa in These XVII zusammengefasst sind, unwirksam würden. Die »Welt wäre vergebens erschaffen« (XVIII), weil das von Gott gewollte Erkennen seiner Heiligkeit und Gerechtigkeit sowie deren Anerkennung und Befolgung im menschlichen Handeln vernichtet wären. Das aber lässt sich, auch ohne dass der Text ausdrücklich darauf hinweist, mit dem Begriff a priori von einem höchst vollkommenen Wesen nicht vereinbaren.

Wollte man diesen Beweis in der religionsphilosophischen Sprache Fichtes formulieren, dann klänge das etwa so: Das mit einem vollkommenen Sein gesetzte Da-Sein als Bewusstsein, Wissen oder Begriff desselben muss selbst – an sich, in sich und für sich – sowohl den Charakter des Vollkommenen besitzen, das heißt ewig sein, als auch den Impuls in sich tragen, den Zusammenhang von Sein und Dasein zu realisieren. Dabei meint realisieren sowohl Erkennen als auch Verwirklichen. Daraus folgt: Die Seele, das Organ im Menschen, das dazu ›berufen‹ und in der Lage ist, für sterblich zu erklären, wäre gleichermaßen ein ontologischer wie logischer Widerspruch.

Der zweite Beweis für die Unsterblichkeit der Seele wird – gemäß der Logik des ersten Beweises – aus dem von Gott der menschlichen Natur beigegebenen Streben nach ewiger Glückseligkeit geführt.

Gott hat die (moralische) Natur der Menschen so geschaffen, »dass sie zur ewigen Glückseligkeit zu gelangen suchen, und sie begehren« (XVIII). Wir haben im Vorherigen schon auf Fichtes Verwendung dieses Arguments in seiner Religionslehre von 1806 hingewiesen. Die ›Sehnsucht nach dem Ewigen‹ wird dort als ein ›Stachel‹ in der menschlichen Natur erörtert, der das Streben des Menschen in seiner Naturanlage, das heißt bei Fichte als ein Grundgefühl, über die nur temporäre Zufriedenheit respektive Unzufriedenheit mit endlichen Glücksgütern hinaus auf die Vereinigung mit dem Ewigen ausrichtet (vgl. GA I/9, 158 f.). Nach der Konzeption der *Theologia dogmatica* wäre dieses Argument ein Beweis a posteriori, der – insofern hier der Einfluss Pezolds zu Recht unterstellt wird – auch in das Gebiet der von ihm betriebenen Psychotheologie ausschlägt, die Fichtes Philosophieren, wenn auch nicht explizit, so doch methodologisch, nachhaltig beeinflusst und geprägt hat.

Der dritte Beweis der *Theologia dogmatica* für die Annahme der Unsterblichkeit der Seele hat vor allem durch Kants Postulatenlehre der praktischen Philosophie, insbesondere durch die Lehre vom höchsten Gut, Eingang in die Geschichte der neueren Philosophie gefunden. Der empirische Umstand, dass es den Guten im irdischen Leben oft schlecht, den Schlechten aber gut geht, führt unter der Leitung der Idee der Gerechtigkeit Gottes einerseits zur Annahme einer ›göttlichen Vergeltung‹ (*Deus recta facta remuneretur*) und andererseits zum Postulat der Unsterblichkeit der Seele, an der die Vergeltung vollzogen werden kann.

Wenn wir davon ausgehen, dass Fichte in der Auseinandersetzung mit der *Theologia dogmatica* von deren Thesen nicht unberührt geblieben ist, vielleicht – wofür einiges spricht – von ihnen grundlegend in seinem Denken beeinflusst wurde, dann lässt sich verstehen, warum dieser dritte, für Kant bedeutsame Beweis der Unsterblichkeit der Seele für ihn keine nachhaltige Wirkung in seiner Moralphilosophie und Sittenlehre entfaltet hat. Denn unter der Voraussetzung der Überzeugungskraft der beiden ersten Beweise ist der dritte ein eher schwacher, weil auf den Gerechtigkeitsgedanken reduzierter

Beweis. Ist das Bewusstsein als Dasein des Seins eine ewig mit diesem verbundene und damit selbst ewige Erscheinung desselben und erfährt der Mensch im Streben nach Glückseligkeit in sich den unwiderstehlichen Ruf und Drang zum Ewigen als dessen Zuspruch zu sich selbst und zur Erhöhung des Endlichen ins Ewige, dann ist das moralische Argument zum Beweis der Unsterblichkeit der Seele, inklusive der Theorie des Gewissens, weniger prinzipiell, sondern vielmehr als eine Konsequenz aus diesen beiden Überlegungen zu verstehen. Dass Fichte auch später in diese Richtung gedacht hat, zeigt seine religionsphilosophische Kritik an der unbedingten Geltung von Kants kategorischem Imperativ. Danach gilt dieser nur, und damit eben nicht unbedingt, unter der Voraussetzung der Unkenntnis und Unwirksamkeit des ersten und zweiten Beweises zur Unsterblichkeit der Seele. Ihre Geltung vorausgesetzt, ist der kategorische Imperativ überflüssig. Und nach Fichte kann diese Geltung für die Welt- und Lebensanschauung eines religiös-moralischen Bewusstseins vorausgesetzt werden (vgl. GA I/9, 136f.).

Die *These XIX* (s. o. S. 397) wäre mit ihrer sinnvollen, auch im Hinblick auf Fichte bemerkenswerten Unterscheidung zwischen einer ›eingepfropften‹, auf einem (Pflicht-)*Gefühl* beruhenden natürlichen Religion und einer ›erworbenen‹, durch philosophisches *Nachdenken* und Schlussfolgern aus der Betrachtung der Natur gewonnenen natürlichen Religion vielleicht besser in den Prolegomena platziert gewesen. Von dort aus hätte sie systematisch den Argumentationsgang über begriffliche und affektive Aspekte innerhalb der natürlichen Religion leiten können. Aber vielleicht gewinnt diese Differenz ihre überzeugende Plausibilität auch erst nach Grundlegung und Entfaltung der kognitiven und affektiven Elemente einer Theologia naturalis, was dann wiederum ihre Präsentation zum Schluss der Ausführungen zur natürlichen Religion vorlesungsstrategisch und didaktisch sinnvoll erscheinen lässt.

Wir haben schon des Öfteren auf die für Fichtes späteres Systemverständnis konstitutive Ebene *metaphilosphischer* Betrachtungen aufmerksam gemacht, die mit einem populären, am (Wahrheits-)Gefühl ansetzenden Erkenntnisweg einerseits und dem philosophisch geschulten, begrifflichen Erkenntnisweg andererseits, sowie der Vermittlung beider, arbeitet (vgl. DgF, 15–97).

In seiner Religionslehre von 1806 setzt Fichte das systematisch um, was er bereits hier, in der erkenntniskritischen Ausarbeitung der *Theologia dogmatica,* in der Unterscheidung zwischen gefühls- und begriffsbegründeter Erschließung theologisch-religiöser Wahrheiten erörtert. Und wir werden sehen, dass diese methodologische Besonderheit auch die folgenden Kapitel dieser frühen Fichte-Schrift prägt.

5.4.8 Kommentar zu Kapitel II »Von der Macht und Notwendigkeit der geoffenbarten Religion«

Mit der *These XX* (s. o. S. 397 f.) eröffnet die *Theologia dogmatica* ihr zweites Kapitel, wobei »geoffenbarte Religion« noch nicht explizit die über heilige Schriften vermittelte Offenbarung, sondern hier im Kapitel II zunächst die Macht und Notwendigkeit einer »unmittelbare[n] Offenbarung« (XXIV, *per revelationem immediatam*) zum Thema hat.

Die *Macht* geoffenbarter Religion erweist sich nach These XX auf zweifache Weise, nämlich einerseits auf physischem, anderseits auf moralischem Wege. Physisch erweist sich die Macht so, dass Gott kraft seines unmittelbaren Handelns »in den geschaffenen Seelen/ Personen« (XX, *in spiritibus creatis*) Kräfte zum Nachdenken anzutreiben und zu lenken vermag. Wobei er zugleich bewirken kann, dass »Seelen von dieser Art« (XX) zuverlässig wissen können, dass in ihnen nicht ein Trugbild (*vana imagine*), sondern Gott wirkt und sie von ihm zu diesem oder jenem Gedanken angetrieben worden sind.[202]

---

202 Bei der ›unmittelbaren Offenbarung‹ als Lenkung geistiger Kräfte im Menschen durch Gott handelt es sich um eine der frühesten oder gar um die erste nachweisliche Quelle eines der zentralen Themen zu Fichtes Pädagogik und Erziehung, nämlich ›die göttliche Erziehung‹. Die weitere Entwicklung dieser schon in der The-

Auf den moralischen Weg wird die These XXII eingehen. Die *These XXI* (s. o. S. 398 f.) erörtert nun mögliche Zweifel an dem Nachweis einer unmittelbaren göttlichen Offenbarung in besonderen Seelen. Der *erste Einwand* fragt nach dem Kriterium, mit dessen Hilfe göttlich inspirierte Gedanken von menschlichen und natürlichen Ideen, vor allem aber von »Hirngespinste[n]« und »Delirien« religiöser Fanatiker unterschieden werden können. Drei Kriterien werden vorgeschlagen, um göttliche Inspiration von anderen Ideen zu unterscheiden. Das erste grenzt zunächst den Personenkreis derer ein, an die die *Theologia* bei diesem Thema denkt. Es geht nicht um Eingebungen bei jedermann, sondern es geht um Propheten und Apostel. Fichte wird diese Personengruppe später ›religiöse Genies‹ nennen. Der zweite Hinweis auf die Echtheit göttlicher Eingebung ist der unmittelbare, durch ein Gefühl erzeugte Zwang, durch den die Apostel und Propheten zur Erkenntnis des göttlichen Ursprungs der Offenbarung genötigt werden. Ursprung und Ereignis der Vergewisserung der Göttlichkeit der Offenbarung geschieht nicht durch eigenen Antrieb oder mittels einer subjektiven Gewissheit. Sondern sie werden in der Offenbarung und durch sie, das heißt durch Gott selbst bewirkt. Der dritte Hinweis macht ein überpersönliches, empirisches Kriterium geltend, nämlich den Vergleich und die Ähnlichkeit zwischen den Offenbarungserlebnissen unterschiedlicher Propheten oder Apostel. Wie die Bewährung der physischen Offenbarung religionsgeschichtlich und im Kontext der Heiligen Schrift einzuordnen sei, dazu wird zum einen auf die Berufungsgeschichte Moses in 2. Mose 3 sowie auf die Anweisung im Umgang mit falschen Propheten in 5. Mose 13 verwiesen.

Der *zweite Einwand* gegen die physische Macht der Offenbarung stellt die Frage, »wie einerseits einst zuverlässig feststehen konnte,

---

ologie des Thomas von Aquin verhandelten ›pädagogischen‹ These (vgl. Thomas [1985], 373–375) wird sich bei Fichte – über seine Predigten, die einschlägigen pädagogischen Schriften der Jenaer und Berliner Zeit, bis zur späten *Sittenlehre* von 1812 – zu einem konstitutiven Strukturelement seines Denkens ausgestalten (vgl. Traub [2011a], 155–159).

andererseits auch jetzt für alle sogar Ungebildeten feststehen kann, dass die Propheten und Apostel von Gott geschickt worden sind, und deren Lehre Gott als Urheber/Autor hat« (XXI). Die Antwort auf diesen Zweifel bleibt die *Theologia* an dieser Stelle schuldig. Sie verweist darauf, dass sie auf dieses Thema später – nämlich im Zusammenhang des Beweises über den göttlichen Ursprung der christlichen Religion – eingehen wird, und zwar so, dass auch jeder beliebige Ungebildete (*indoctissimus*) die Religion als göttlich wird erfassen können.

Mit der These, dass Gott an der menschlichen Seele auf eine dem jeweiligen Menschen erkennbare, offenbare Weise wirkt, liefert die *Theologia* noch einmal einen Hinweis auf eine natürliche, gleichwohl übersinnliche Quelle insbesondere theologischer Gewissheit. Fichte wird diesen Gedanken nicht mehr aus dem Arsenal seiner Argumente und Begründungsdiskurse zum Thema ›Evidenz‹ streichen. Er wird ihn lediglich philosophisch-anthropologisch in die Annahme und Ausgestaltung eines Systems ›vernunftgewirkter Gefühle‹ verwandeln und sowohl für seine wissenschaftliche als auch für seine populäre Philosophie unter dem Stichwort ›Vernunft-Natur‹ weiterentwickeln.[203]

Hatte sich die These XX mit dem physischen Beweis der geoffenbarten Religion befasst, untersucht und belegt der dort angekündigte moralische Beweis nun in *These XXII* (s. o. S. 399 f.) mit vier Argumenten die Nützlichkeit und Notwendigkeit der geoffenbarten Religion. Dabei wird der Ausdruck ›moralisch‹ weniger in einem engen, normativ-ethischen als vielmehr in einem weiten, pragmatisch-utilitaristischen Sinne verstanden. Es geht hier nicht so sehr um ethische Vorschriften, sondern um eine empirische Praxis, als deren orientierendes Fundament göttliche Offenbarung angenommen wird.

Der hier angedeutete Unterschied zwischen normativer Gesetzesethik und Moral, als religiös begründete Lebenspraxis, hat in Fichtes Denken nachhaltig gewirkt und lässt sich bei ihm – systematisch ausgebaut insbesondere in seiner Wissenschaftslehre ab 1804 – in der

---

203 Vgl. DgF, 59–64, 319–328, Traub (1992), 253–287 und (2015), 99–112.

grundsätzlichen Trennung zwischen dem Standpunkt der Legalität und Ethik einerseits sowie dem der Moralität anderseits nachweisen. Bei diesem Unterschied handelt es sich um ein bedeutendes Theorem Fichte'schen Denkens, das in der *Anweisung zum seligen Leben* explizit als eine nicht-kantische Bestimmung auf dem Feld von Ethik und Moral ausgewiesen wird (vgl. GA I/9, 135 f. u. 149 f.). Kants durch den kategorischen Imperativ, das Sittengesetz, geprägte Pflichtethik wird dort einem auch in seinem transzendentalen Grund verschiedenen Prinzip schöpferischer Moral entgegengesetzt, die sich nicht allein auf sittliches, sondern auf jedwedes ›künstlerisch-inspirierte‹, das heißt genialische Handeln bezieht. Während die Ethik des Sittengesetzes dem Standpunkt und Prinzip der Legalität zugeordnet und transzendental über einen individualistisch-subjekttheoretischen Ansatz begründet wird, weist das Prinzip der Moralität auf einen universalistisch-objektiven Bestimmungsgrund hin, dessen materiale Gestaltungskraft im Handeln des Einzelnen genialische Züge trägt und sich, unabhängig vom Gestaltungsbereich, letztlich unmittelbar aus einem religiösen, das heißt aus einem Offenbarungs-Motiv speist.

Das *erste Argument* der moralischen Begründung göttlicher Offenbarung behauptet, dass es ohne göttliche Lenkung der Gedanken schwer, wenn nicht unmöglich sei, die Grundzüge der natürlichen Religion recht zu verstehen. Stattdessen würde man sich in diesen Dingen ohne göttliche Lenkung, wie »die Erfahrung lehrt« (XXII), in Widersprüche und Irrtümer verwickeln. Als Weiterentwicklung des ›Herz-Motivs‹ als mentales Gegenstück zum Verstand, wie wir es aus den *Aphorismen über Religion und Deismus* kennen, findet sich die Idee ›göttlicher Leitung der Gedanken‹ seit 1794 im *Begriff der Wissenschaftslehre* und auch später in der Referenz auf den sogenannten natürlichen ›Wahrheitssinn‹ wieder. Dieses präreflexive, das spekulative Denken leitende und im Falle eines Irrtums neu justierende Korrektiv erlebt der Denker als eine Kraft »interner Externalität«, als objektives (Wahrheits-)Kriterium im Gewand subjektiven Erlebens (vgl. DgF, 179–188).[204]

---

204 Vgl. Traub (2015), 102–107.

Das *zweite Argument* vertieft und spezifiziert diesen nachhaltig in Fichtes Denken wirksamen Gedanken der Notwendigkeit göttlicher Führung insbesondere in Sachen Religion, aber auch darüber hinaus, indem es auf den Unterschied zwischen mittelbarer, philosophisch-wissenschaftlicher, und unmittelbarer, am ›natürlichen Wahrheitssinn‹ ausgerichteter Begründung und Vergewisserung über die elementaren Fragen nach den Bedingungen eines gelungenen, seligen Lebens hinweist. Das geschieht mit einem Argument, das Fichte auch später in seiner ›Theorie der Wahrheitswege‹ verwenden wird (vgl. DgF, 51–65): Selbst wenn kontrafaktisch zugegeben würde, dass das Wissen um die Wahrheiten der natürlichen Religion allein auf dem Weg der Philosophie erreichbar sei, dann müsste man doch zugeben, dass dieser Weg »langwierig und schwierig« (*longa et impedita*) und »für den größten Teil der Menschen keinesfalls geeignet wäre« (XXII). Göttliche Offenbarung dagegen ist sowohl der kürzeste und einfachste Weg (*brevissima atque expeditissma via*) als auch der, auf dem sogar die »Unkundigen und Ungebildeten zur wahren und zuverlässigen Kenntnis Gottes und der göttlichen Dinge gelangen können« (XXII). Selbst wenn die durch Offenbarung gewonnene Gewissheit der ›göttlichen Dinge‹ dem Wissen über die Wahrheiten der natürlichen Religion inhaltlich nichts hinzufügen würde, was im Folgenden durch das dritte und vierte Argument bestritten wird, so wäre allein der Hinweis auf deren Effizienz im Hinblick auf Praktikabilität und Universalität ein starkes Argument, das für eine Religion der Offenbarung spricht.

Mit Blick auf Fichtes weitere Systementwicklung der Wissenschaftslehre ist das hier erörterte Argument genau das, mit dem er in seiner späteren Glückseligkeitslehre den Unterschied sowie die wechselseitige Verwiesenheit von populärer und wissenschaftlicher Erschließung der Welt begründen wird (vgl. DgF, 64 f.).

Das *dritte Argument* führt die erkenntniserweiternde Bedeutung der geoffenbarten Religion aus und bestätigt damit den Nachweis ihrer Nützlichkeit und Notwendigkeit. Denn auf dem Weg geoffenbarter Religion wird uns über Gott »vieles Neues [...] von seiner Natur, von seinen Absichten und Beschlüsse, und sicherlich auch von demjenigen Teil seiner Werke [bekannt], der nicht in unsere Wahrnehmungen fällt« (XXII).

Schauen wir auf Fichte, so ist eines der zentralen Themen, mit denen er sich gerade in den unsteten Zeiten seiner Wanderjahre befasst, die Frage nach dem ›Gang und Plan der Vorsehung‹ (vgl. GA III/1, 71) über sein weiteres Leben sowie der Versuch ihrer Ergründung.[205] Neben den vielen wissenschaftlichen Problemen, die den Philosophen zeit seines Lebens umgetrieben haben, ist die Frage nach der Vorsehung, also die Frage nach dem bestimmenden göttlichen Plan seines Lebens, vielleicht das bedeutendste, sozusagen das existenzielle Kernthema, um das sein Denken kreist. Es sind die ›Winke der göttlichen Vorsehung‹, nach denen er vor allem in Entscheidungssituationen Ausschau hält und von denen ausgehend er sein Leben deutet. Besonders eindrucksvoll bestätigen das der Briefwechsel mit seiner Braut und späteren Frau Johanne Rahn sowie die eigenen Meditationen und Übungen der Selbstprüfung (vgl. GA III/1, 61 u. GA II/1, 375–380). So betont er im Februar 1790 gegenüber Johanne Rahn mit Blick auf das ›Vertrauen auf die Vorsehung‹ und das ›Hinüberblicken in's künftige Leben‹:»daß man mich für alles eher, als für einen Frömmling, und steifen Orthodoxen halten wird; aber ich wüsste keine Empfindungen die mehr mit dem Innersten meiner Seele verwebt wären; als eben diese« (GA III/1, 61). Systematisch, das heißt transzendentallogisch, erhält diese Dimension der Reflexion auf das »Zeitleben« dann später eine spezifische Bedeutung in Fichtes Konzeption der Theorie der Zeitlichkeit. In der transzendentalphilosophischen Strukturanalyse der ›Zeitigung‹ spielt neben der historischen und biographischen Zeit gerade die *eschatologische Dimension des Zeitgeschehens* und die Interpretation der sich daraus ergebenden oder abzuleitenden Aufgaben für das persönliche Leben eine zentrale Rolle.[206]

205 Vgl. M. Ivaldo: »Fichtes Vorsehungsgedanke«, in: *Fichte und die Aufklärung.* Hrsg. von C. de Pascale u. a. Hildesheim / Zürich / New York 2004, 147–165.
206 Vgl. Traub (2016b), 3–18.

Im *vierten Argument* zum Nachweis der Notwendigkeit und
Nützlichkeit der geoffenbarten Religion im moralischen Sinne wird
diese erkenntniserweiternde eschatologisch-soteriologische Dimension, wenn auch nur kurz, dafür aber in aller thematischen Wucht
angesprochen. Denn, so das Argument, auf die Fragen nach dem Ursprung des Bösen, dem Ursprung der Welt und nach einem Leben
nach dem Tod »kann allein die göttliche Offenbarung antworten«
(XXII).
    Und, so resümiert die *These XXIII* (s. o. S. 400), die geoffenbarte
Religion ist nicht allein nützlich, weil sie auf würdige Weise einen
Weg zur Vergebung der Sünden weist und Hoffnung auf die ewige
Glückseligkeit stiftet, sondern geoffenbarte Religion ist auch notwendig, weil sie zur Seelenruhe und Verbesserung des Geistes beiträgt, um ihn mit Zuversicht und Liebe zu Gott zu erfüllen. Oder in
einem Satz: »[O]hne göttliche Offenbarung wird keine zuverlässige
Hoffnung den Sündern hinterlassen.« (XXIII)
    Die Thesen XXIV und XXV fassen die Argumentation zum
Thema natürliche und geoffenbarte Religion zusammen und führen sie noch ein Stück über das bisher Geleistete hinaus. Die *These
XXIV* (s. o. S. 400) verknüpft zunächst den kognitiven Beweisgang
zur Nützlichkeit und Notwendigkeit der geoffenbarten Religion mit
dem Postulat der natürlichen Religion zum Thema göttliche Weisheit und Güte. Die zentralen Merkmale der geoffenbarten Religion
lassen sich mit denen der natürlichen Religion nicht nur gedanklich
vereinbaren (*maxime convenire*). Sondern, so das weiterführende Argument, es sei sogar höchstwahrscheinlich (*probabile esse*), dass Gott
aus Weisheit und Güte den elenden Menschen mittels der unmittelbaren Offenbarungen einen Weg gewiesen hat, »aus ihrem Elend zu
entkommen, und ihre verlorene Glückseligkeit wiederzuerlangen«
(XXIV).
    Schaut man von diesem Argument aus auf die Konzeption von
Fichtes *Anweisung zum seligen Leben*, dann lassen sich einige der
Vermittlungen von mittelbar-kognitiven und im Gefühl sich offenbarenden Elementen natürlicher und geoffenbarter Religion wieder

erkennen, die die *Theologia* bereits thesenhaft entworfenen hat: so
etwa die Unterscheidung eines rein philosophisch-denkerischen
ersten Teils der *Anweisung* vom gefühlsdominierten zweiten Teil.
Auch die relevanten Kriterien zur Entscheidung darüber, was sich als
Evidenz zur Frage nach einem glückseligen Leben aus dem Denken
(wissenschaftlich) ermitteln lässt und was darüber hinaus eine durch
die Offenbarungen Gottes und seiner ›Ökonomie‹ gesteuerte affektive Motivation (populär) zur Verwirklichung einer ›glückseligen‹
Lebenspraxis beiträgt, werden hier in der *Theologia* schon festgelegt.
Und schließlich verweist das folgende Kapitel III der *Theologia* mit
der Erörterung des Christentums als geoffenbarter Religion auf die
auch in der *Anweisung* erarbeitete Legitimation der Religionslehre
durch den Beweis der Kongruenz zwischen ihr und der christlich-
biblischen Überlieferung.

　　These XXV (s. o. S. 400 f.), die letzte These des Kapitels II zur
»Macht und Notwendigkeit der geoffenbarten Religion«, behandelt
in fünf Punkten noch einmal bereits bekannte Themen, jetzt aber unter dem Gesichtspunkt ihrer apriorischen Erkenntnis einerseits sowie
ihrer notwendigen und möglichen modalen Bestimmung andererseits.

　　Im ersten Punkt wird die Übereinstimmung zwischen natürlicher
und geoffenbarter Religion behauptet, die im zweiten Punkt durch
den Hinweis auf neue, dem Verstand unbekannte ›Heilmittel‹ der
Letzteren ›für die erkrankte menschliche Natur‹ ergänzt wird. Dass
es diese wunderbaren Heilmittel gibt, muss, so Punkt 3, innerhalb
der geoffenbarten Religion bewiesen werden, wobei deren Nachweis,
sozusagen im Umkehrschluss, nun seinerseits die geoffenbarte Religion bestärkt. Punkt 4 macht darauf aufmerksam, dass die geoffenbarte Religion über die Erkenntnis der den Verstand erweiternden,
wunderbaren Heilmittel für die erkrankte menschliche Natur hinaus
Mysterien enthalten kann – als da wären: »Mysterien *unbekannten
Grundes, unbekannter Art,* unbekannter Absicht« (XXV).

　　Der für die These XXV insgesamt wohl entscheidende Punkt ist
der Punkt 5. In ihm wird auf die Notwendigkeit hingewiesen, dass
die geoffenbarte Religion – als erste und höchste Pflicht (*officium pri-*

mum et maximum) – zum Glauben an das Wort Gottes auffordert.
Denn durch den Glauben *verstehen* wir einerseits die durch Beweise
gestützte Zustimmung zu den Inhalten der geoffenbarten Religion.
Diese Zustimmung ist aber durch die *moralische*, über das bloße Verstehen hinausgehende, zu erweitern. Erst die moralische auf heilsbedeutsame ›Nützlichkeit‹ ausgelegte Gewissheit erzeugt »eine Art
des Gehorsams gegenüber Gott [...] [, die] den Gott liebenden und
verehrenden Geist hervorbringt« (XXV), der als Heilmittel notwendig ist, um die erkrankte menschliche Natur zu kurieren. Das heißt,
so der abschließende Merksatz: Im Hinblick auf die im Rahmen der
geoffenbarten Religion vermittelten Gewissheiten und die auf sie bezogene Zustimmung ist eine *moralische*, auf Gehorsam, Liebe und
Verehrung Gottes ausgerichtete Zustimmung von einer *nicht moralischen*, allein auf das Verständnis der Beweise ausgerichteten Zustimmung zu unterscheiden.

Damit werden wir insgesamt noch einmal auf Fichtes auch späterhin stets eindringlich vertretenen ›therapeutischen Ansatz‹ hingewiesen, der als eine ›medicina mentis‹ einerseits den Verstand von seinen
Irrtümern befreit und der anderseits als ganzheitliches, den einzelnen
Menschen und die Menschheit insgesamt umfassendes heilgeschichtliches Projekt darauf angelegt ist, ihnen den durch besonnenes und
entschiedenes Handeln zu realisierenden Ausweg aus der Misere eines ›Zeitalters vollendeter Sündhaftigkeit‹ aufzuzeigen und nahezulegen.

5.4.9   Kommentar zu Kapitel III
»Von der Wahrheit der Christlichen Religion«

Die *These XXVI* (s. o. S. 401) enthält eine zusammenfassende Übersicht des ganzen Kapitels in drei Punkten (1.–3.) sowie den thematischen Ausblick auf das folgende (allerdings nicht vorliegende) Kapitel IV (4.). Zentrale Gegenstände dieser Kapitel sind die Nachweise

1. über die Echtheit und unversehrte Überlieferung der Bücher der Heiligen Schrift, sowohl der des Alten wie des Neuen Testaments;

2. über die Glaubwürdigkeit der in der Heiligen Schrift berichteten Geschichte des Glaubens;

3. darüber, dass die Propheten, Jesus selbst und die Apostel Abgesandte Gottes sind und ihre Lehre göttlich ist;

4. darüber, dass die Bücher der Heiligen Schrift durch Eingebungen des Geistes Gottes, durch ›Theopneustie‹, geschrieben worden sind und folglich göttliche Autorität besitzen.

Was als Schluss oder Rest der Fichte-Schrift folgt, beschränkt sich allerdings im Wesentlichen auf die Punkte 1. und 2. Für eine Untersuchung der Echtheit eines alten Buches benennt *These XXVII* (s. o. S. 402) vier Prüfkriterien, als da wären: 1. die Anlage des Buchs sowie 2. externe Quellen, die über das Buch berichten. 3. Die zeitgeschichtliche und redaktionelle Stimmigkeit von Inhalt, Redeweise und Autor und 4. bereits vorhandene glaubwürdige Zeugnisse über die Echtheit des betreffenden Buches. Mit diesem Auftrag geht die folgende Untersuchung an die Prüfung des Alten und Neuen Testaments und beginnt mit Letzterem.

Die *These XXVIII* (s. o. S. 402 f.) kommt zu dem in der Forschung zur Entstehungsgeschichte des Neuen Testaments auch heute noch weitgehend gültigen Schluss, dass die Bücher des Neuen Testaments den Kriterien standhalten, dass sie »im ersten Christlichen Jahrhundert« – und zwar »größten Teils vor der Zerstörung der Stadt Jerusalem« (70 n.Chr.) – von Autoren verfasst wurden, die, »unter der Ausnahme des Paulus,« theologisch »Ungelehrte [...]« (XXVIII) waren.

Diesen ›Echtheitsnachweis‹ aus der zeitgeschichtlichen Stimmigkeit ergänzt die *These XXIX* (s. o. S. 403) mit den ebenfalls auch weiterhin gültigen Hinweisen auf schriftliche Zeugnisse der ersten Jahrhunderte. Dabei handelt es sich um solche apologetischer wie kritischer oder dem Christentum gegenüber feindsinnig eingestellter Autoren.

Die *These 31* (s. o. S. 403 f.)[207] diskutiert die Schwierigkeiten, die es bereiten würde, wenn man annähme, dass die Schriften des Neuen Testaments den Aposteln und Evangelisten untergeschoben worden seien. Man hätte nämlich, so das Argument, alle historischen, biographischen und persönlichen Details, die in den Evangelien, der Apostelgeschichte und den Briefen über die Autoren und die Umstände der Verfassung ihrer Schriften enthalten sind, so erfinden müssen, dass sie insbesondere auch für die Adressaten der Schriften, die die Autoren – etwa Paulus – persönlich kannten, glaubwürdig gewesen wären. Das anzunehmen, sei höchst unwahrscheinlich, ja unmöglich.

Die *Thesen 32, 33 und 34* (s. o. S. 404 f.) befassen sich mit weiteren Zweifeln an der Echtheit der neutestamentlichen Schriften. Hier geht es insbesondere um solche Texte, die bekanntermaßen nicht zum eigentlichen Kanon des Neuen Testaments gehören, wie etwa die sogenannten apokryphen Schriften. Deren Autorität, Echtheit und Nähe zu den ursprünglichen Glaubensquellen wurde, so das Gegenargument, bereits in den ersten Jahrhunderten von den Christen selbst angezweifelt und zurückgewiesen und damit indirekt die Echtheit der ursprünglichen Quellen bestätigt.

Aus dieser Argumentation gewinnt die *Theologia* zwei wichtige Einsichten im Hinblick auf Charakter und Wesen des christlichen Glaubens. 1. Die gesicherten Quellen des Neuen Testaments reichen aus, um die Wahrheit der christlichen Religion sowie einige ihrer Dogmen zu beweisen und darzulegen. 2. Was die Annahme, Übernahme und Vergewisserung des Glaubens aus überlieferten Quellen der Tradition betrifft, ist das Christentum, und zwar schon zu Beginn seiner Wirkungsgeschichte, nicht naiv, sondern kritisch. Denn aus der Diskussion um die biblischen Quellen geht hervor, »dass die

---

207 Eine These XXX fehlt und die folgende Nummerierung wird in arabischen Zahlen fortgesetzt. In der Handschrift Fichtes besteht zwischen den Thesen XXIX und 31 keine Lücke: Der Text wird fortlaufend weitergeschrieben. Was zu diesem Bruch in der Zählung geführt haben könnte, ist unklar. Offenbar hat der Autor den Text nicht noch einmal auf Fehler hin gelesen. Oder, wenn ihm diese Unstimmigkeiten aufgefallen sind, hat er sie als unbedeutende Formalitäten stehen lassen.

alten Christen nicht leichtgläubig gewesen sind und leichtfertig in dieser Sache, und dass die Bücher der Apostel nicht ohne eine geeignete Methode für echt angenommen worden sind« (32).

Für Fichte wird dieses Argument, das dem Christentum aus seinem Entstehungs- und Konsolidierungsprozess einen genuin skeptisch-kritischen Wesenszug attestiert, in zweifacher Weise nachhaltig wirksam sein. Zum einen bestätigt und betont auch der in zeitlicher Nähe zur *Theologia* entstandene christologische Entwurf *Über die Absichten des Todes Jesu* diesen kritisch-reflektierenden Wesenszug des Christentums, insbesondere im Gegensatz zum ›Mohamedanismus‹. Und zum Zweiten – was die weitaus gewagtere, aber plausiblere These ist – lässt sich die Wissenschaftslehre als der wissenschaftlich-philosophisch, systematisch und zeitalterspezifisch ausgebaute Grundzug des schon im Ursprung des Christentums angelegten skeptischen Elements, als ›vollendeter Skeptizismus‹, verstehen. Die Wissenschaftslehre gälte dann (auch) als der dem Christentum immanente, zum philosophischen System ausgebaute Wesenszug einer kritisch-reflektierten Geisteshaltung. Deren Zweck und Bestimmung wäre es, im Zeitalter der Aufklärung und mit ihren Mitteln genau das zu leisten, was schon im frühen Christentum praktiziert wurde, nämlich wissenschaftlich-methodische Kritik von Traditionen und Überlieferungen zum Zweck der Klärung dessen zu üben, was in einem umfassenden, auch religiös-metaphysischen und moralisch-praktischen Sinne als Wahrheit Bestand hat und daher als gesicherter Glaube angenommen werden kann. Es ist dieser theologisch-philosophische Zusammenhang von Christentum und *Wissenschaftslehre in nuce*, der uns in Fichtes Abhandlung über die *Absichten des Todes Jesu* noch intensiver beschäftigen wird.

Die *Thesen 34 und 35* (s. o. S. 405 f.) führen im Sinne der kritischen frühchristlichen Streitkultur eine Reihe von weiteren Argumenten an, die die Annahme stützen, dass die Schriften des Neuen Testaments unverfälscht auf die Neuzeit gekommen sind und dass sich die gegenteilige Annahme einer nicht authentischen und gefälschten Überlieferung historisch nicht belegen lässt. Zur Stützung dieser Thesen wird auf die Gemeinsamkeiten der unterschiedlichen Handschriften des Altertums auch in verschiedenen Übersetzungen verwiesen. Darüber hinaus bestätigt die Übereinstimmung der Lehre in den Texten (Briefen), die an verschiedene, auch intern zerstrittene Gemeinden der frühen Christenheit versandt wurden, und deren Kontrolle im öffentlichen Gebrauch sowie ihre identitätsstiftende Funktion in den Gemeinden den unverfälschten Charakter der Lehre. Schließlich sei die große Übereinstimmung in der Sache, bei aller Varianz in Stil und Form der Schriften, ein besonderer Beweis, um die Echtheit und Unversehrtheit der neutestamentlichen Bücher zu bestätigen.

Dasselbe Prüfverfahren wenden die zwei letzten *Thesen 36 und 37* (s. o. S. 406 f.) auch auf die Schriften des Alten Testaments an. Dabei hebt die *Theologia* im Hinblick auf die Glaubwürdigkeit dieser Quellen den für das Judentum spezifisch geltenden öffentlich kontrollierten Gebrauch der heiligen Schriften hervor und weist überdies auf die bis in die ›Urzeit‹ zurückreichende Tradition der besonderen Sorgfalt und Genauigkeit im Umgang mit den Texten insbesondere bei deren Abschrift hin. Für die Echtheit der Inhalte der Bücher sprächen darüber hinaus die jüdische Tradition selbst und vor allem die Übereinstimmungen der biblischen Texte mit historischen Berichten aus nicht jüdischen Quellen des gesamten Altertums. Insofern gelte auch für die Schriften des Alten Testament, dass sie unversehrt und unverdorben (*integros et incorruptos*) auf unser Zeitalter gekommen sind.

5.4.10   Exkurs: Ansätze zu einer Trinitäts-Theologie?

August Messer hat im Rahmen seiner Arbeit zu *Fichtes religiöser Weltanschauung* die Trinitätslehre aus der *Staatslehre* der Spätphilosophie erörtert.[208] Seine Analyse lässt, wie zu erwarten, die ›Dreieinigkeit Gottes‹ als religionsphilosophischen Anwendungsfall einer gedanklichen Figur der Wissenschaftslehre erscheinen: *Gott-Vater*

---

208 Vgl. A. Messer: *Fichtes religiöse Weltanschauung*. Stuttgart 1923, 160–162.

als die natürliche Anlage des Menschen zur Transzendenz, die sich in Ahnungen und Gefühl äußert; *Gott-Sohn* als die zum faktischen Bilde des Reichs Gottes gesteigerte Klarheit der Gottheit; *Gott-Heiliger-Geist* schließlich als die »Auffindung« und »Anerkennung« des Bildes durch das natürliche Licht des Verstands.[209] Über die ideengeschichtliche Herkunft dieses wissenschaftstheoretisch ermittelten Trinitätsgedankens gibt Messers Arbeit keine Auskunft, was angesichts der Wahl des Ausgangspunkts seiner Analyse, nämlich der *Staatslehre* von 1813, nicht wirklich verwundert.[210] Bemerkenswert ist allerdings schon, dass, selbst wenn man für die eigene Analyse die frühen, ›vorkantischen‹ Schriften Fichtes außen vor lassen möchte, auch die theologisch gesättigten Arbeiten Fichtes der Jenaer, frühen Berliner und Erlanger Zeit so gut wie gar nicht berücksichtigt werden. Blicken wir allerdings unter der werk- und ideengeschichtlichen Perspektive auf die vorkantischen theologischen Schriften im Ganzen, dann bietet sich im Hinblick auf die Trinitätslehre ein interessantes Bild. Nicht nur, dass sich die drei infrage kommenden Schriften untereinander in einen thematischen Zusammenhang stellen lassen, auch in sich bieten sie, wie das im Folgenden noch deutlicher wird, bemerkenswerte Überlegungen Fichtes, die den Schluss zulassen, dass er als gereifter Theologiestudent bereits vor der Wissenschaftslehre über ein eigenständiges und konsistentes Konzept zu theologischen Grundfragen verfügte, von dem seine spätere Wissenschaftslehre entscheidende Impulse empfangen und das sie dann philosophisch weiterentwickelt hat. Dies gilt zunächst für die *Theologia dogmatica* und ihren Zusammenhang mit den *Absichten des Todes Jesu* und der *Predigt an Mariä Verkündigung*.

Die im Vorherigen gegebenen Hinweise auf den Aufbau der Kapitel der *Theologia* unterstreichen noch einmal den fragmentarischen Charakter der Schrift. Dieser kann auf unterschiedliche Ursachen zurückgeführt werden – etwa auf die, dass Fichte Pezolds Vorlesung nur bis zum Schluss von Kapitel III gehört oder über die weiteren

---

209 Ebd., 160.
210 Vgl. ebd., 150.

Vorlesungen keine Aufzeichnungen gemacht hat oder dass diese verschollen sind. Dabei ist der Umstand zu berücksichtigen, dass das Ende der Vorlesung, im Juni 1788, in die Zeit der großen Lebenskrise Fichtes im Mai 1788 fällt. Am 28. Juni 1788 reiste Fichte zum Antritt seiner Hauslehrerstelle bei der Familie Ott nach Zürich ab. An einer von Pezold möglicherweise geplanten Fortsetzung der Vorlesung in einem folgenden Semester konnte Fichte somit nicht mehr teilnehmen.

Blickt man auf die beiden anderen, aus diesem Zeitraum der Fichte'schen Bildungsbiographie erhaltenen Schriften des jungen Theologen, die *Absichten des Todes Jesu* sowie die *Predigt zu Mariä Verkündigung*, dann enthalten alle drei Schriften zusammen – von Fichte wohl unbeabsichtigt – erkennbare Grundzüge einer Theologie, Christologie und (psychotheologischen) Pneumatologie, das heißt eine im Ansatz erkennbare ›Trinitäts-Theologie‹. Folgte man dieser vielleicht gewagten, aber nicht unbegründeten These, dann ließe sich das ›offene Ende‹ der *Theologia* durch die Gegenstände der beiden anderen Schriften kompensieren. Und es mag sein, dass Fichte selbst in der überschaubaren Zeitspanne der Entstehung dieser Arbeiten zwar weniger reflektiert und strategisch, gleichwohl aber intuitiv diesem Konzept folgte.

Der unterstellte thematische Zusammenhang der drei Schriften wird durch die Analysen von Hans Jacob, dem Mitherausgeber der Fichte-Gesamtausgabe, bestätigt. Jacob, der zu diesem Ergebnis durch Schriftvergleiche in Fichtes *deutscher* Handschrift gelangt, hat für diesen Vergleich naturgemäß die in lateinischer Schrift verfasste *Theologia* nicht mitberücksichtigt. Allerdings gilt auch für sie das, was Jacob für den Zusammenhang zwischen Fichtes *Predigt zu Mariä Verkündigung* und der Abhandlung *Ueber die Absichten des Todes Jesu* feststellt.»Diese Wahrscheinlichkeit, dass beide Schriften im Laufe des gleichen Jahres 1786 entstanden sind, wird [...] durch den inhaltlich gleichen Grundgedanken, eine Religion des bloßen Verstandes, von einer Religion des Herzens zu unterscheiden, bestärkt« (GA II/1, 73). Dass die inhaltlichen Übereinstimmungen dieser Schriften erheblich über das hinausgehen, was Jacob unterstellt, wurde in unseren Analysen schon ersichtlich und wird durch die folgenden Untersuchungen weiter bestätigt.

Fünfter Teil:
Ueber die Absichten des Todes Jesu und die
Predigt An Mariä Verkündigung

1. Ueber die Absichten des Todes Jesu

Selbst wenn, wie Reiner Preul behauptet, die *Theologia dogmatica*
»nur« eine Vorlesungsnachschrift »ohne eigenen Gedanken Fichtes«
sein sollte,[1] so zeigt doch die Rekapitulation der hier verhandelten
theologisch-philosophischen Gegenstände, dass der Vortrag Pezolds
nicht spurlos an dem jungen Theologen vorübergegangen ist. Nach
allem bisher Recherchierten wird man daher insgesamt dreierlei sagen müssen.

Erstens: Fichtes Studium war in Sachen Philosophie und Theologie nicht so ertraglos, wie das gelegentlich, etwa von Manfred Kühn,
behauptet wird. Allein die erörterte Schrift zur dogmatischen Theologie zeigt, dass Fichte sich als Student einiges gründliches fachliches
Wissen angeeignet hat, auf das er sich später auch explizit beruft. Sei
dies nun spezifisch theologisches und religionswissenschaftliches
Handwerkszeug (GA I/8, 275), seien es die vielfältigen philosophisch
und theologisch nachhaltig wirksamen Themen, die etwa die *Theologia dogmatica* zum Gegenstand hat, oder seien es Personen wie Crusius oder Reinhard, die Fichte später erwähnt oder mit deren Ideen
und Schriften er sich später eingehender befassen wird.

Daraus folgt zweitens: Das ihm im Studium Nahegebrachte beeinflusste maßgeblich, und zwar in bisher unbekanntem Umfang,
Grundlegungen und Orientierungen seines eigenen, späteren Philosophierens. Themen und Schwerpunkte seiner Philosophie und
Weltanschauung, die bisher als für Fichte genuin und originell angesehen wurden oder deren Herkunft im Dunkeln lag, erweisen sich
nunmehr, im Licht seines Studiums, als Früchte der Be- und Verar-
beitung von zum Teil klassischen, aber auch spezifischen, durch seine
Lehrer geprägten theologisch-philosophischen Fragestellungen und
Methoden. Mit ihnen hatte sich der Studiosus in der Begegnung und
im Austausch mit seinen Professoren auseinanderzusetzen. Und das
hat nachhaltig Spuren hinterlassen.

---

1 Preul (1969), 30.

Drittens zeigt sich gerade an Fichtes Verhältnis zu Pezold und den Folgen dieser Begegnung, wie unmittelbar der schon bis dahin auf unterschiedliche Weise wirksame Einfluss des aufgeklärten und wissenschaftlich orientierten Pietismus auf ihn auch hier in seiner Leipziger Studienzeit war.

Diese Zusammenhänge werden sich an den beiden noch nicht thematisierten theologischen Arbeiten aus Fichtes vorkantischer Zeit bewähren und vertiefen.

Schon Hans Jacob, der Mitherausgeber der Fichte-Gesamtausgabe, vertrat, wie wir hörten, in den 60er Jahren des 20. Jahrhunderts aufgrund einer akribischen Handschriftenanalyse die These, dass Fichtes undatierter christologischer Entwurf *Ueber die Absichten des Todes Jesu* »im Zusammenhang mit dem [...] Schriftwechsel Fichtes mit Chr. Fr. Pezold« zu sehen sei. Dieser Zusammenhang ließe sich, so Jacob weiter, nicht nur über die Entwicklung von Fichtes Handschrift, sondern auch inhaltlich durch die thematische Nähe der *Absichten* zu einer weiteren, datierten Arbeit Fichtes aus dieser Zeit, nämlich die Predigt *An Mariä Verkündigung* vom 25. März 1786, herstellen. Beide Texte, so der Hinweis, behandeln den Unterschied zwischen einer »Religion des bloßen Verstandes [und] einer Religion des Herzens« (GA II/1, 73).

In dem von Jacob erwähnten Schriftwechsel mit Pezold aus dem Jahr 1787 (GA III/1, 17f.) spricht Fichte davon, dass er nun – seit welcher Zeit, ist nicht näher bestimmt – unter Pezolds Aufsicht gekommen sei (vgl. ebd., 17). Des Weiteren erbittet er den Rat Pezolds für seine weitere berufliche Laufbahn. Das eigentliche Sachargument, das neben der von Jacob behaupteten zeitlichen und vagen inhaltlichen Nähe einen direkten Bezug zwischen Fichtes Brief und dem christologischen Fragment der *Absichten* belegt, benennt Jacob allerdings nicht. Auch Preul, der einen unmittelbaren Zusammenhang zwischen beiden Texten – aufgrund des von Jacob durchgeführten Schriftvergleichs – für unwahrscheinlich hält,[2] geht auf dieses Sachar-

---

2 Vgl. Preul (1969), 31.

gument des Briefes nicht ein. Worum geht es? Fichte bittet Pezold um
Rat hinsichtlich seiner theologischen Laufbahn. Diese Bitte endet mit
einer Auskunft über den aktuellen Stand seines christologisch-pastoralen Selbstverständnisses sowie einer mit der Vorsehung hadernden
Kritik, nämlich dass die Vorsehung ihn, mit seinem theologischen
Selbstverständnis, für das angestrebte Pfarramt offenbar »nicht brauchen will« (GA III/1, 18). Das, was Fichte zu seinem christologisch-
pastoralen Selbstverständnis gegenüber Pezold äußert, lässt sich
kaum anders deuten, als dass es sich dabei um Hinweise auf *Ueber
die Absichten des Todes Jesu* handelt. Fichte schreibt, er habe »das
wohlthätige der Religion Jesu, u[nd] das ehrwürdige[,] ein Lehrer dieser Religion zu sein[,] mit innigster Wärme erkannt« (ebd.). Zunächst
fällt hier die Bestimmung des Christentums als »Religion Jesu« auf,
die man als einen Hinweis auf die *Absichten* verstehen kann. Denn es
ist eines der zentralen Themen dieses christologischen Entwurfs, die
Lehre und Religion Jesu einerseits und das durch die Apostel gegründete Christentum anderseits auseinanderzuhalten, das heißt, die »Religion Jesu« ist als ein Terminus technicus der *Absichten* zu verstehen.
Das Zweite, was den Bezug zwischen dem Brief an Pezold und der
Fichte-Schrift nahelegt, ist die Emphase, mit der der Studiosus über
das ›Wohltätige der Religion Jesu‹ spricht, das er mit innigster Wärme
erkannt zu haben glaubt. Was soll das bedeuten, wenn nicht, eine tiefe
Überzeugung davon zu besitzen, worin das Wesen und die Heilsbedeutsamkeit der Religion Jesu besteht? Genau das aber ist, auch nach
Auskunft Preuls, das Thema, mit dem sich die *Absichten* befassen.
Insofern vermutet Hans Jacob zu Recht einen Zusammenhang zwischen dem christologischen Fragment und dem Brief an Pezold. Und
insofern wird das Fragment, entgegen der Einschätzung von Reiner
Preul,[3] tatsächlich – wenn auch nicht unter seinem Titel, sondern als
die von Fichte gewonnene Herzensgewissheit über die Wahrheit der
christlichen Religion – im Brief erwähnt. Es ist infolgedessen sehr
gut möglich, dass Pezold den entschiedenen theologisch-pastoralen
Impetus Fichtes, seine pietismusaffine religiöse Grundüberzeugung

3 Ebd.

erkannte und ihm den Rat gab, bei der Theologie zu bleiben und sein Studium in Leipzig – womöglich unter seiner Aufsicht – fortzusetzen und abzuschließen. Demzufolge wäre auch die Empfehlung Pezolds an Fichte schlüssig, sich über seine enthusiastische christologische Erkenntnis hinaus einmal gründlich mit den Fundamenten der theologischen Dogmatik zu befassen, das heißt: Pezolds Vorlesung zur *Theologia dogmatica* zu besuchen. Für die Datierung der erhaltenen Fichte-Handschrift bedeutet das, dass sie sich auf Pezolds späteren Vorlesungszyklus aus dem Jahre 1788 bezieht und bildungsbiographisch eine theologische Vertiefung und Ergänzung von Fichtes bereits bestehendem christologischen Selbstverständnis darstellt.

Für diese Deutung und Schwerpunktsetzung sprechen einerseits das durch die Vorlesung über die dogmatische Theologie angeregte und erweiterte wissenschaftstheoretische Methoden- und Problembewusstsein Fichtes, das in den *Absichten* so noch nicht, wohl aber in der Folgezeit deutlich und nachhaltig zum Ausdruck kommt. Andererseits verlagert sich durch die *Theologia* auch Fichtes spezifisches Forschungsinteresse der folgenden Jahre, das nun eher an der gleichermaßen vernunft- wie offenbarungsorientierten Gottes- oder Seinsfrage, weniger an dem gegenüber Pezold emphatisch geäußerten christologisch-pastoralen Schwerpunkt ausgerichtet ist. Diese Überlegung zu Fichtes theologisch-philosophischer Bildungsgeschichte stützt auch Preuls Analyse zur *Theologie Fichtes in seiner vorkantischen Zeit*, wenn er im Hinblick auf die *Absichten* feststellt: »Die Frage nach dem Gottesbegriff und den verschiedenen Möglichkeiten seiner Bestimmung ist hier noch nicht mit in seine Reflexion einbezogen«.[4]

Die folgende Untersuchung der *Absichten* wird sich auf den Nachweis unserer These zum theologisch-religiösen Selbstverständnis konzentrieren. Die ausführliche und inhaltliche Analyse des Textes liegt bereits in der Arbeit von Preul vor.[5] Da, wo von unserer Seite her Anknüpfungspunkte zu ihr bestehen, werden wir diese erörtern.

4   Ebd., 47.
5   Vgl. ebd., 32–62.

In diesem Zusammenhang sei noch auf einen interessanten Umstand der Fichte-Forschung im Hinblick auf das Begründungsverhältnis zwischen Theologie und Philosophie bei Fichte verwiesen. Bemerkenswerterweise sind die *Absichten* nicht oder nur selten bei der Analyse zu Fichtes Religionsphilosophie berücksichtigt worden – ein Umstand, der einer gewissen Nachlässigkeit im Umgang mit den früh geprägten christologisch-theologischen Überzeugungen Fichtes geschuldet ist. Das gilt selbst für solche Untersuchungen, die, wie August Messers *Fichtes religiöse Weltanschauung*, in ihrer religionsphilosophischen Analyse explizit auf Fichtes Verständnis des Christentums rekurrieren. Zwar erörtert Messers Arbeit in ihrem fünften Kapitel das Thema ›Fichte und das Christentum‹, jedoch sind die Bezugspunkte nicht die christologischen Grundlagen des ›frühen‹, sondern ausschließlich die theologischen Positionen des ›späten Fichte‹, wie er sie etwa in der *Staatslehre* von 1813 vertritt. Diese Positionen erscheinen hier als *Resultate* der geistigen Arbeit des Philosophen der Wissenschaftslehre. Dass ihr Ursprung und Grund höchstwahrscheinlich aber in den auch die Wissenschaftslehre schon prägenden theologisch-christologischen Überzeugungen des Theologiestudenten Fichte liegen und damit etliche Jahre vor der ›Entdeckung‹ der Wissenschaftslehre zu datieren sind, kommt bei Messer und anderen, etwa auch bei Wolfgang Ritzel, nicht in Betracht.[6] Insbesondere an

---

6   Vgl. W. Ritzel: *Fichtes Religionsphilosophie.* Stuttgart 1956. Das Problem, das sich bei Messer und anderen älteren wie jüngeren Analysen zum Verhältnis von Religion und Philosophie zeigt, besteht darin, dass sie von Fichtes Philosophie, der Wissenschaftslehre, aus dessen Religionsverständnis in den Blick nehmen. Wolfgang Ritzel fragt nach dem Beitrag, den »der Fichtesche Idealismus zur Deutung der christlichen Lehre« zu leisten vermag (Ritzel [1956], 22). Emmanuel Hirsch stellt Fichtes Verhältnis zum Christentum unter die Prävalenz der Wissenschaftslehre respektive unter die ihrer Geschichtsphilosophie. Die Stellung, »die ein Denker mit ausgebildeter Geschichtsphilosophie dem Christentum gegenüber einnimmt, [wird] nur im Zusammenhang mit seiner Geschichtsphilosophie verstanden werden können« (E. Hirsch: *Christentum und Geschichte in Fichtes Philosophie.* Tübingen 1920, 1). Auch neuere Arbeiten folgen diesem Deutungsansatz. So schlägt in Marco Ivaldos umfassender und präziser Analyse zu diesem Thema schon im Titel des Buches »Philo-

den bisher nicht erkannten christologischen Grundlagen der Konstitutionstheorie des (empirischen) Selbstbewusstseins in der Theologie von Kreuz und Auferstehung, wie sie die *Absichten* interpretieren, werden wir diesen Sachverhalt noch näher untersuchen.

1.1 Anknüpfungspunkte und Voraussetzungen der Absichten des Todes Jesu

Ausgangspunkt und Zentrum des Fragments *Ueber die Absichten des Todes Jesu* ist Fichtes Kritik an dem, was er bloße Verstandesreligion nennt, der er das Christentum als eine Religion »guter Seelen« (GA II/1, 76) entgegensetzt. Mit dem Begriff der Verstandesreligion wird ein komplexer Typus von Religion oder Religiosität umschrieben, dessen Überzeugungen durch objektive, nach Fichte *äußerliche* Mittel begründet werden. Als ein solches gilt der bloße Rationalismus, das heißt ein allein an Gesetzen, Regeln und Argumenten des Verstandes ausgerichteter – aufgeklärter – Religionsbegriff. Des Weiteren gelten als äußerliche Mittel der Begründung von Religion ein im weiteren Sinne akademisches oder dogmatisches, orthodoxes sowie traditionalistisches und schließlich auch ein rein pragmatisches oder praxologisches Religionsverständnis (ebd., 89 u. 79). Es wird sich allerdings zeigen, dass Fichtes Rationalismuskritik nur mit Vorsicht zu genießen ist. Denn mangelnder Verstandesgebrauch ist gerade der zentrale Vorwurf, den er, ausgehend von einem recht verstandenen und notwendigen Einsatz des Verstandes bei der Erschließung der

sophie und Religion« (*Filosofia e religione. Attraversando Fichte.* Neapel 2016) das hier angesprochene Problem klar durch. Das Resultat dieses Analyse-Paradigmas zur Genese des Fichte'schen Denkens ist, dass in diesen Arbeiten das fundamental religiös geprägte Denken des Philosophen, das eben auch für den Ansatz seines philosophisch-wissenschaftlichen Denkens maßgeblich ist, entweder gar nicht oder nur ansatzweise zur Sprache kommt (vgl. »La religione nel Saggio di una critica di ogni rivelazione«, in: Ivaldo [2016], 59–61).

›göttlichen Dinge‹, gegenüber unterschiedlichen christlichen wie
nicht christlichen Religionen und Konfessionen – orthodoxem Judentum, Islam, Katholizismus und auch gegenüber einem orthodoxen Protestantismus – erhebt.

Geistesgeschichtliche Vorlage und Anstoß zu Fichtes konfrontati-
ver Herangehensweise an das Thema Christologie, als Auseinandersetzung insbesondere mit ›dem Rationalismus‹, sei, so Reiner Preul,
die Auseinandersetzung mit Hermann Samuel Reimarus und dessen
Fragment *Von dem Zwecke Jesu und seiner Jünger*.[7] Diese Annahme
lässt sich sowohl über die Ähnlichkeit der Titel beider Fragmente als
auch durch einen Textbezug in Fichtes Arbeit erhärten, ein Textbezug, der sich mit den möglicherweise auch auf Reimarus zu bezie-
henden »neuern Ungläubigen« befasst (GA II/1, 85). Preul macht die
Position von Reimarus daran fest, dass sie die »Religion Jesu grundsätzlich von der der Apostel unterscheidet«, wobei ihm erstere »ein
Gemisch aus fanatischem jüdischem Messianismus und allgemeingül-
tiger vernünftig-praktischer Religion, die andere […] als ein auf Be-
trug gegründetes, vernunftwidriges und in sich unstimmiges System«
galt.[8] Diese Position passt inhaltlich ziemlich genau zu Fichtes Kritik an den »neuern Ungläubigen« und ihrem Urteil über die Wunder
Jesu. »Sie [die Wunder] wurden von den ungläubigen Juden einem
Bunde mit dem Teufel, den Würckungen der Zauberey; sie werden
von den neuern Ungläubigen natürlichen HeilungsMitteln, Kunst-
griffen, Verabredungen, Betrügereyen zugeschrieben« (GA II/1, 85).

Folgt man diesem ideengeschichtlichen Zusammenhang zu den
»neuern Ungläubigen« und Reimarus, dann bestätigt sich darin auch
von dieser Seite unsere These, dass Fichtes Studium der Theologie
weder voraussetzungslos noch erfolglos war, wie das gelegentlich behauptet wird. Fichte war offensichtlich – zumindest in der zweiten
Hälfte seines Theologiestudiums – mit den aktuellen Diskussionen
seines Faches einigermaßen vertraut, zumindest so weit, dass er sie

---

7   Vgl. Preul (1969), 32 f.; vgl. hierzu auch Wildfeuer (1999), 270 f.
8   Preul (1969), 33.

– wenn auch implizit – als Kontrast zur Entwicklung eines eigenen Urteils nutzen konnte.

Für die *Absichten* gilt das jedoch nicht nur, wie am Beispiel Reimarus, in einem abgrenzenden, sondern auch in einem bemerkenswert zustimmenden und Fichtes eigene Position stärkenden Sinne – und zwar durch einen ausdrücklichen Textbezug. Gemeint ist das der Forschung bisher unerkannt gebliebene Zitat in den *Absichten* aus der Feder des Dichters Carl Ernst von Reitzenstein, einer der vielen Kommentatoren von Goethes Erfolgsroman *Die Leiden des jungen Werther* (1774). Bekanntlich war Goethe einer der »Lieblingsautoren« Fichtes zur damaligen Zeit (GA III/1, 134). Und es ist davon auszugehen, dass er, neben dessen *Iphigenie* (vgl. ebd., 126), auch die tragische Liebesgeschichte zwischen Werther und der bereits mit einem anderen, Albert, so gut wie verlobten Lotte kannte und schätzte. Darauf verweist etwa Fichtes nicht ganz korrekte Verwendung eines der geflügelten Goethe-Worte aus diesem Roman im Brief vom 2. März 1790 an Johanne Rahn. Es steht bei Fichte wie bei Werther in dem vergleichbaren Sachzusammenhang einer glücklichen Berufswahl. Wer, so heißt es bei Goethe, seine Beruftätigkeit allein am Ziel der materiellen Absicherung und gesellschaftlichen Anerkennung, nicht aber an einem tiefer empfundenen Bedürfnis, einer Berufung oder gar Leidenschaft, ausrichtet, »ist immer ein Tor«.[9] Für Fichte ist ebenfalls die Wahl des Berufs, gleichgültig ob »Pfarrer oder Primier-Ministre«, im Hinblick auf das »wahre Glück« nicht entscheidend. Der Unterschied bei der Wahl solcher Tätigkeiten besteht allein darin, und nun folgt bei Fichte das leicht abgewandelte Werther-Zitat: »Der eine zählt Linsen; der andere Erbsen« (GA III/1, 73). Bei Goethe heißt es: »ist's im Grunde nicht einerlei: ob ich Erbsen zähle oder Linsen?«[10] Neben diesem speziellen Hinweis auf die Bekanntschaft des frühen Fichte mit Goethes *Werther* betont dieser Roman auch im Allgemeinen das *Gefühl* als substanziell prägende ›Verfassung der

---

9 J. W. von Goethe: *Die Leiden des jungen Werther*. Hrsg. von A. Riman, Stuttgart 2013, 46.
10 Goethe (2013), 46.

Seele‹ – eine anthropologische Kernaussage, die Goethe wie Fichte, später insbesondere auch Schleiermacher, gerade im Hinblick auf die Religion miteinander teilen. Worum geht es in diesem ›Goethe-Reitzenstein-Fichte-Zusammenhang‹? Im Widerspruch zu einem weiteren Typus *äußerlicher* Religiosität, der »Werckgerechtigkeit«, entwickelt Fichte in den *Absichten* eine kurze Theologie der Rechtfertigung. »Äußerl. Werckgerechtigkeit«, so heißt es, »verlange Gott nicht, auch nicht Opfer u. Versöhnung, wer ein Christ würde der habe Gott genug gethan, u. Gott sey nun zufrieden. Das ist Rechtfertigung« (GA III/1, 79).

Und nun folgt das erwähnte, allerdings nicht als solches kenntlich gemachte Zitat aus Reitzensteins berühmtem Gedicht *Lotte bei Werthers Grabe* (1775). Es lautet: »O dann dräng ich zu des Thrones Stufen« (ebd.; richtig: »Dann, o! dräng ich zu des Thrones Stufen«[11]).

Sieht man auf den Kontext, dem das Zitat entstammt, trifft dieser sowohl im Ganzen das Grundthema von Fichtes *Absichten*, nämlich den Unterschied zwischen Herzens- und Verstandesreligion, als auch im Speziellen das Argument, das Fichte für seine »himmlische Rechtfertigungslehre« gegen die Werkgerechtigkeit geltend macht. Lotte, so das 44-zeilige Gedicht Reitzensteins, erwacht aus einem schrecklichen Traum, in dem sie Werther blutig im Sterbekleide wandeln sah, und berichtet nun weiter:

Dann erwach ich bebend – und ersticke/Noch den Seufzer, der mir schon entrann,/Bis ich weg von Alberts finstern Blicke/Mich zu deinem Grabe stehlen kann./Heilige, mit frommen kalten Herzen [!],/Gehn vorüber und – verdammen dich:/Ich allein, ich fühle deine Schmerzen,/Teures Opfer, und beweine dich!/Werde weinen noch am letzten Tage,/Wenn der Richter unsre Tage wiegt,/Und nun offen auf der furchtbarn Wage/Deine Schuld und deine Liebe liegt:/Dann, wo Lotte jenen süßen Trieben/Gern begegnet, die sie hier verwarf,/Vor den Engeln ihren Werther lieben/Und ihr Albert nicht mehr zürnen darf:/Dann, o! dräng ich zu des Thrones Stufen/Mich an meines Alberts Seite zu,/Rufen wird er selbst, versöhnet rufen:/Ich vergeb Ihm: O, verschone du!/Und der Richter wird Ver-

11 Reitzenstein (1775), zitiert nach Goethe (2013), 196.

schonung winken; / Ruh empfängst du nach der langen Pein, / Und in einer Myrtenlaube trinken / Wir die Seligkeit des Himmels ein.[12] Fünf zentrale Motive der Fichte'schen Position aus den *Absichten* sind hier versammelt. Im Einzelnen ist es: Lottes Kritik an den vorübergehenden Heiligen mit den frommen kalten Herzen, die Werther mit Blick auf die ›äußere‹ Schuld seiner Taten verdammen, ein Motiv, das an die selbstgerechten und gefühllosen Figuren aus dem Gleichnis vom barmherzigen Samariter aus dem Lukasevangelium erinnert (Lk 10) und die womöglich und im Allgemeinen den Standpunkt der ›Verstandesreligion‹ repräsentieren. Dagegen steht, zum Zweiten, Lottes tiefes, reuiges Mitgefühl mit Werthers Leiden sowie ihre aufrichtige Liebe und Treue zu ihm. Hier haben wir Fichtes Anknüpfungspunkt für seine Konzeption einer Religion ›guter Seelen‹, in der – denken wir noch einmal an die zur selben Zeit entstandene Novelle *Das Thal der Liebenden* – Frauen offenbar eine besonders privilegierte Rolle zu spielen scheinen. Drittens wären da die aus der liebenden Herzensstimmung Lottes heraus bewirkte Aufhellung von Alberts finsterem Blick, die Rührung und Erweichung seines Herzens und die daraus entspringende Versöhnung mit Werther, was dann viertens, wenn nicht auf eine Rechtfertigung, so doch auf eine ›winkende‹ gnädige Verschonung durch den höchsten Richter hoffen lässt. Auch das ist womöglich als eine biblische Anspielung gedacht; dieses Mal auf das Gleichnis vom verlorenen Sohn (Lk 15). Dies verschafft schließlich fünftens insgesamt dem gepeinigten Werther Seelenfrieden und vereint ihn in himmlischer Seligkeit mit seiner geliebten Lotte.[13] Offensichtlich, das zeigen diese einleitenden Hinweise, hat Fichte

---

12 Ebd.

13 Reiner Preuls kategorisches, pejoratives Urteil zum Verhältnis Fichte–Goethe und zur Genie-Idee der Epoche von ›Sturm und Drang‹ lässt sich, nach dem Gesagten, wohl in seiner Radikalität nicht halten (vgl. Preul [1969], 63 f.). Sowohl Goethes *Werther*, dessen Kongruenz zu den Ideen von Sturm und Drang unstrittig ist, als auch Fichtes eigene, früh gebildete Idee der (religiösen) Begeisterung und des Genies (vgl. Traub [2016a], 164 f.) weisen darauf hin, dass er vom Geist dieser Epoche nicht ganz so unberührt war und geblieben ist, wie es Preul behauptet.

seine theologischen Positionen in den *Absichten des Todes Jesu* in
kritisch-abgrenzender wie in affirmativer Auseinandersetzung mit
den geistesgeschichtlichen Kontroversen seiner Zeit erarbeitet – und
dies, wie wir noch sehen werden, nicht allein mit denkerischen, sondern vor allem mit den Mitteln theologischer Bibel-Exegese und ver-
gleichender Religionswissenschaft. Sein auf diesem Wege erarbeitetes
und grundgelegtes Verständnis des Christentums als ›Religion guter
Seelen‹ sowohl in seiner Ablehnung der verschiedenen Typen eines
bloß ›äußerlichen‹ Bekenntnisses als auch in seiner emphatischen
Zustimmung zu einer religiösen Überzeugung der Innerlichkeit, des
Gefühls und der daraus zu gewinnenden ›Erleuchtung des Verstandes‹ trägt deutlich die Merkmale einer pietistischen Konfession. Das
wird durch den erklärenden Hinweis auf Reitzenstein und Goethe,
über dessen pietistischen Sozialisationshintergrund ja kein Zweifel
besteht, bestätigt.
    Was bedeutet nun Christentum in diesem Sinne? Was sind die *Ab-
sichten des Todes Jesu?* Und was unterscheidet das Christentum von
den anderen, nach Fichte nicht als Religion im eigentlichen Sinne zu
qualifizierenden Weltanschauungen und Konfessionen, wie etwa das
Judentum oder der Islam? Mit diesen Fragen knüpfen wir zum einen
an das im Vorherigen zu Fichtes Bekenntnis bereits Gesagte an und
vertiefen damit die These zur grundlegend pietistisch-reformprotes-
tantischen Prägung seines christlichen Selbst- und Weltverständnisses sowie zu seiner Distanz gegenüber Katholizismus und lutherischer Orthodoxie. Zum anderen bietet die Analyse des Textes die
Möglichkeit, über die interne Diskussion christlicher Konfessionen
hinaus auf Fichtes Verständnis des Christentums auch im Verhältnis
zu Islam und Judentum näher eingehen zu können. Daraus ergibt
sich insgesamt das Bild eines christlichen Glaubensverständnisses
beim frühen Fichte, an dem sich auch sein beginnendes und späteres
philosophisches Denken ausgerichtet haben dürfte.

1.2 »*Die wohltätige Religion Jesu und die Ehrwürdigkeit, ihr Lehrer zu sein*«

Im Brief vom 26. September 1787 an Pezold behauptet Fichte, er habe »das wohlthätige der Religion Jesu u[nd] [nicht weniger bedeutsam, H.T.] die ehrwürdigkeit ein Lehrer dieser Religion zu sein mit der innigsten Wärme erkannt« (GA III/1, 18). Unsere These war es, dass diese Dreifach-Erkenntnis der ›Wohltätigkeit‹ der Religion Jesu in Verbindung mit der ›Ehrwürdigkeit‹, ihr Lehrer zu sein, sowie der Charakter dieser Erkenntnis, als ›mit innigster Wärme‹ vollzogen, auf die in den *Absichten* niedergelegten Reflexionen Fichtes zum Tode Jesu und dessen Bedeutung für die Konstituierung und Ausbreitung des Christentums als wahre Religion zu beziehen ist.[14]

14 Armin Wildfeuers erhellende Auseinandersetzung mit den *Absichten* im Sinne seiner werkgeschichtlichen (Re-)Konstruktion der Vernunfteinheit von Fichtes philosophischem System übergeht – aus seiner Intention heraus nachvollziehbar – den theologisch-christologischen Kontext, in dem diese Abhandlung steht und in den sie auch von Fichte gestellt wurde (vgl. Wildfeuer [1999], 270–273). Die Folge davon ist – und das gilt im Ansatz auch für andere Untersuchungen zu Fichtes früher Entwicklungsphase –, dass die expliziten und nachhaltig wirkenden *theologischen* Ausgangs- und Bezugspunkte in Fichtes Denken zugunsten der Betonung ihrer philosophischen Implikate vernachlässigt werden. Was ursprünglich konkret theologisch-anthropologisch gemeint war, verwandelt sich dadurch, wenn es überhaupt Berücksichtigung findet, in ein abstraktes Strukturelement des transzendentalen Systems. Für dieses stellt sich dann im Nachhinein die auch für Fichte stets virulente metaphilosophische und zugleich existenzielle Frage nach der Vermittlung von Philosophie und Leben (vgl. DgF, 15–20). In diesem Zusammenhang ist der Hinweis nicht ganz unwichtig, dass Fichte, womöglich um dieses Problem der Trennung von Philosophie und Leben zu vermeiden, nicht selten parallel zu seinen wissenschaftlich-philosophischen Vorlesungen Vorträge zur populären und angewandten Philosophie gehalten und in diesen gelegentlich auch dieselben Themen, jetzt aber in concreto, verhandelt hat: so etwa die Vorlesungen zur *Wissenschaftslehre* im Jahre 1804 und die parallel gehaltenen Vorträge über die *Grundzüge des gegenwärtigen Zeitalters*.

1.2.1 Das Wohltätige der Religion Jesu

Unter dem Gesichtspunkt der Stiftung, Ausbreitung und Charakterisierung des Christentums haben die *Absichten des Todes Jesu* mit der Unterscheidung von ›Verstandes- und Herzens-Religion‹ nur eine grobe, wenn auch grundsätzliche Unterscheidung im Hinblick auf die Konstituierung des Glaubens und der Überzeugung überhaupt getroffen. Sie besagt: Von Religion ist wesensmäßig nur dann zu sprechen, wenn eine innige, und das bedeutet, eine auch existenziell sinnstiftende Beziehung, eine Religio, zwischen dem Inhalt der Lehre und dem von ihr überzeugten Menschen besteht, genauer: hergestellt wird, beziehungsweise sich aus der Religion als Lehre herstellen lässt. Das leistet, nach Fichte, die Religion Jesu und das ›wahre Christentum‹ in besonderer, ja einmaliger Weise und darin ist das »Wohltätige« dieser Lehre zu sehen.

Fichtes spezifische Intensivierung des Religionsbegriffs besteht also zum einen darin, dass religiöse Überzeugung als subjektives Moment der Beziehung nicht passive Auf- oder Übernahme des religiösen Gehalts, sondern aktive Verinnerlichung, geistige Arbeit und kritische Selbstvergewisserung bedeutet. Was die Religiosität betrifft, ist Religion also nicht gegeben, sondern im Prozess der Kultivierung und inneren Ausgestaltung durch die individuelle ›Seele‹ zu bilden, anzueignen und weiter zu entwickeln. Auf diese Weise angeeignet, wird sie zu einem Inneren und Eigentlichen des Menschen. Reiner Preul spricht daher zutreffend von der »Genesis des christlichen Bewusstseins«.[15] Dieser je selbst zu leistende und fortwährende Prozess der Aneignung und Kultivierung als Merkmal ›lebendiger Religiosität‹ unterscheidet ›wahre Religion‹ vom religiösen Kult, vom Ritual, von religiöser Tradition und jeder anderen ›sinnlichen‹, ›äußerlichen‹, statischen Form der Religionsvermittlung oder -ausübung. Zum anderen muss oder sollte die Religion selbst als Lehre strukturell so angelegt sein, dass sie die Möglichkeit enthält, ja, die *Absicht* verfolgt, den Prozess ihrer subjektiven Aneignung objektiv

---

15 Preul (1969), 48.

herauszufordern, um sich in der Annahme dieser Herausforderung durch den Einzelnen zu vollenden. Darin besteht sozusagen das objektiv Komplementäre der Lehre zur subjektiven Aneignungskultur. Die wechselseitige Entsprechung von subjektiver Aneignung und objektiver Darstellung der Religion liegt, so Fichte, bei der *Religion Jesu* in besonderem Maße – wenn nicht sogar ausschließlich und nur bei ihr – vor.

Schauen wir uns die ›Genesis des christlichen Bewusstseins‹ aus dem Zusammenspiel von gegebener Lehre und zu leistender Aneignung etwas näher an. Dabei soll zunächst die Lehre, das, worauf sich das Christentum der Sache nach bezieht, im Zentrum der Betrachtung stehen, nämlich Leben, Tod und Auferstehung Jesu. In einem weiteren Schritt wollen wir dann der Frage nachgehen, ob und inwiefern die dabei angewendete gedankliche Figur bereits die für die Grundlegung der Wissenschaftslehre konstitutive Figur der genetischen Konstitution des Selbstbewusstseins im Rahmen der ›Reflexionstheorie des Anstoßes‹ enthält und vorwegnimmt. Dadurch würde sich der Gedanke nahelegen, die philosophische Theorie der Selbstbewusstseinsgenese als formalisierte und ihres religiösen Inhalts entäußerte ›Genesis des christlichen Bewusstseins‹ zu verstehen.[16]

1.2.2 Die Religion Jesu und seine Lehre

Zunächst gilt es den Unterschied zwischen dem, was Fichte die *Religion* Jesu einerseits und seine *Lehre* andererseits nennt festzustellen. Zur Religion Jesu heißt es: »*Jesus selbst konnte* [...] *seine Religion nicht errichten* oder«, wenn er es gekonnt hätte, »es wäre nicht *seine*

---

16 Wollte man Kühns Absicht folgen und Fichtes philosophischem Lebenswerk ein spezifizierendes Attribut beilegen, dann wäre der missverständliche Untertitel seiner Fichte-Biographie »Ein deutscher Philosoph« zu kurz gegriffen, selbst wenn es sich dabei um eine mehr oder weniger authentische Charakterisierung des Fichte-Sohnes handelt. Dagegen wäre der Titel: ›Fichte – Ein christlicher Philosoph‹ sachlich bedeutend angemessener, wenn auch nicht weniger problematisch.

Religion« gewesen. Statt seiner sollten seine Jünger diese Aufgabe übernehmen:»Seine Jünger sollten sie errichten« (GA II/1, 89). Die Begründung dieser These beruht auf zwei Argumenten. Mit dem ersten Argument wendet sich Fichte gegen das, was Petra Lohmann die Gefahr eines »Personenkults« im Christentum nennt.[17] Das zweite Argument verweist über den Tod des Stifters auf das eigentliche, spirituelle Wesen seiner Lehre und damit auf den Wesenskern der Religion Jesu. Die Gründung des Christentums durch Jesus selbst hätte, so das erste Argument, der Gefahr Vorschub geleistet, es vor allem oder gar ausschließlich wegen des Erfolgs, Ansehens und der daraus folgenden Anerkennung und Autorität seines Stifters anzunehmen. Man wäre ein Christ dadurch geworden, dass man Jesus für »den Meßias erkannte, sich also verbunden hielt[,] seine Lehrsätze auswendig zu lernen und nachzusagen« (GA II/1, 88). Das Christentum wäre das geworden, was Fichte eine »Gedächtniß, u. Mund-Religion« nennt (ebd., 89). Es wäre also vor allem die weltliche Autorität Jesu, nicht aber die Anerkennung seiner Lehre gewesen, die für die Ausbreitung der Lehre Jesu gesorgt hätte. Diese allein vom Stifter her begründete Autorität einer Lehre lässt sich nach Fichte auch nicht dadurch stärken, dass man seinen Tod als Märtyrer-Tod aufwertet. Denn für eine vertretene Überzeugung Leid oder Tod in Kauf zu nehmen, ist, so Fichte, kein Beweis für die Wahrheit der Überzeugung:»Kein Märtyrertod kann erstlich überhaupt beweisen, daß irgend etwas würcklich wahr ist; unter gewissen Bedingungen nur soviel, daß der Märtyrer es würcklich vor wahr hält« (ebd., 83). Beide Aspekte der Religionsstiftung laufen auf einen ›Personenkult‹, eine Jesus-Sekte, aber nicht auf das hinaus, was das Christentum als Religion charakterisiert: die durch göttliche Macht wiedererweckte Wahrheit der Lehre Jesu in den ›Seelen‹ derer, die sich ihr mit Herz und Verstand zuwenden. Was Jesus hat leisten wollen, was in ›seiner Absicht‹ lag, war eben genau dieses: Er »wollte nur die Triebfedern in Bewegung setzen, die hernach würcken [sollten], er wollte nur den Saamen ausstreuen, der sich hernach weiter entwickeln sollte« (ebd.,

---

17 Lohmann (2004), 20.

89). Damit das erfolgreich initiiert werden konnte, musste er allerdings »bei der ersten Morgendämmerung« des erfolgreichen Aufzugs seines Wirkens »vom Schauplatze abtreten« (ebd.), und zwar schändlich, damit seine Lehre um ihrer selbst und nicht um seinetwillen ihre volle Wirkung als wahre Religion entfalten konnte. Zum Beleg seiner These über das Verhältnis von Gründung und Ausbreitung der Religion des Christentums verweist Fichte auf entsprechende biblische Gleichnisse, auf das Gleichnis vom Senfkorn oder vom Weizenkorn. Beide müssen in die Erde gelegt werden und zugrunde gehen, damit sich aus ihnen ein Baum oder eine Frucht entwickeln kann (vgl. ebd).

Dass es »dem Wesen der Religion Jesu *nothwendig* [war] einen *gekreuzigten Stifter* zu haben« (ebd., 75), führt auf das zweite Argument, mit dem die *Absichten des Todes Jesu* die Erfolglosigkeit des Stifters als Begründer seiner Religion und damit als den Wesenskern des Christentums erklären. Es geht um das, was Fichte die »Ausrottung der Sinnlichkeit« nennt (ebd.). Die Kreuzigung Jesu, sein »schmählichster und schrecklichster« – physischer – Tod (ebd., 85), soll in radikaler Weise auf das eigentliche Milieu des christlichen Glaubens und sein Ziel aufmerksam machen, nämlich auf die je individuell durch göttliche Kraft initiierte Erweckung des »Enthusiasmus für Wahrheit u. das Geistige« (ebd., 75) sowie auf die allein auf diesem Weg erreichbare »Ausbreitung des reinsten besten Glücks« (ebd., 77). Der Tod Jesu am Kreuz ist somit *das* heilsgeschichtliche Ereignis, durch das die Menschheit exemplarisch und ein-für-allemal aus ihrer innerweltlichen Befangenheit (Sünde) befreit und auf das Wesen ihrer geistig-moralischen Bestimmung verwiesen wird.[18]

---

18 Die unter dem Titel ›Ausrottung der Sinnlichkeit‹ eingeleitete und ausgedeutete Kreuzestheologie Fichtes muss neben ihrer theologischen unbedingt auch in ihrer systemprägenden Bedeutung wahrgenommen werden. So ist es gerade der späte, ja der ›letzte Fichte‹, der kurz vor seinem Tod im Januar 1814 im fünften Vortrag der am 10. Januar begonnenen Darstellung der Wissenschaftslehre die Abstraktion und Vernichtung alles faktischen Wissens, das heißt die »Leerheit« des Wissens zu dem Zweck postuliert, dass »uns in dieser Leerheit von selbst [...] die Einsicht des objektiven Princips des Wissens«, das heißt die »Sichbestimmung des [göttlichen] Lebens« ergreift und sich so zum »Daseyn« der Form des Wissens bestimmt (J. G.

Dadurch kommt nun eine andere, nicht-empirische, gleichwohl »enthusiastische Bewunderung« für den Religionsstifter ins Spiel, eine »Hochachtung, [die] nicht auf irrdische, sondern auf Hochachtung seines Geistes und Herzens« gegründet ist (ebd., 91).

Was nun im Einzelnen als die geistig-moralische Bestimmung des Menschen aus der Lehre Jesu je individuell zu neuem Leben zu erwecken ist, führt auf den Leitbegriff, unter dem in der Forschungsliteratur Fichtes frühe Reflexionen zum Wesen des Christentums, wenn auch bisweilen sehr verkürzt, gefasst werden: *die Religion des Herzens*. Denn bereits für den frühen Fichte gilt – und das ist, bevor wir uns dem Inhalt der Lehre Jesu zuwenden, noch einmal zu betonen –, dass die Grundlagen und Quellen, die die religiöse Glaubensgewissheit sichern und speisen, dieselben sind, auf die sich die Argumentation einer vernunftorientierten Denkweise stützt und bezieht. Was ist das Wesen der (christlichen) Religion?, fragen die *Absichten* zu ihrem Beginn. Die Antwort lautet: »Ueberzeugung durch die Gründe der Vernunft« (ebd., 75). Was sind die Gründe der Vernunft? Es handelt sich nicht um Vernunftgründe im Sinne zwingender rationaler Beweise. Gegen sie und ihren *Zwang* formuliert Fichte einen Begründungsvorbehalt, der für sein Denken überhaupt, und das heißt auch für sein späteres philosophisches Denken, fundamental ist. Überzeugung durch Gründe der Vernunft bedeutet nicht Überzeugung durch den rationalen Zwang derselben. Logik ist keine hinreichende Bedingung zur Begründung von Überzeugung. Sondern, was Überzeugung zur Überzeugung macht, ist nach Fichte: »Enthusiasmus«, Begeisterung, Feuer und Leidenschaft »für Wahrheit u. fürs Geistige«

Fichte: »*Wissenschaftslehre* 1814«, in: *Ultima Inquirenda. J. G. Fichtes letzte Bearbeitungen der Wissenschaftslehre Ende 1813 / Anfang 1814*. Hrsg. von R. Lauth. Stuttgart Bad-Cannstatt 2001 [*Spekulation und Erfahrung I/7*], 450–459). Die inhaltliche Nähe zu der von der *Absicht* vertretenen Kreuzestheologie ist kaum zu übersehen, ja mehr noch. Denn so wie die Vernichtung der Sinnlichkeit in der *Absicht* als Gründungsgeschehen für die Stiftung wahren Christentums ausgelegt wird, so erklärt die Wissenschaftslehre von 1814 die Vernichtung der Inhalte des faktischen Bewusstseins zum »Principium essendi einer W. L. [Wissenschaftslehre] überhaupt« (ebd., 455).

(ebd.). Darauf kommt es Fichte hier im Kontext der Begründung religiöser Überzeugung, aber auch später in der Fundierung seines philosophischen Denkens, an. »Ich bin ein Priester der Wahrheit« sind bekanntlich die Worte, mit denen sich der frischberufene Professor der Philosophie 1794 in seiner Vorlesung über die *Bestimmung des Gelehrten* seinem akademischen Publikum vorstellt (GA I/3, 58). Und es ist dasselbe Feuer, für das der Philosoph brennt, das Fichte auch als Prediger auf der Kanzel in den Herzen der Zuhörer entzünden will, oder das er vermisst, wenn er schlechte Predigten hört oder selbst ohne Begeisterung spricht.[19] Dieselbe Argumentation leitet, leicht variiert, auch den zweiten Anlauf für den Einstieg in die *Absichten* ein, der mit »richtigere Disposition zur N[euen]F[assung]« überschrieben ist. Auch sie setzt mit der Frage ein: »worinne besteht das Wesen der christl. Religion?« Und auch hier lautet die Antwort, jetzt zugespitzt auf Einheit und Unterschied von Verstand und Herz: »*In Ueberzeugung des Verstandes*, aber in einer warmen fruchtbaren Ueberzeugung, die ihren Ursprung aus dem Herzen hat, u. in *Güte u. Wohlwollen des Herzens*« (ebd., 79). Christliche Religion und Philosophie speisen sich bei Fichte somit aus derselben Evidenzquelle: der Begeisterung für die Wahrheit.[20]

---

19 Fichtes Rede vom ›Brennen für die Wahrheit und das Geistige‹ hat aller Wahrscheinlichkeit nach einen biblischen Ursprung. Denn wie in den *Absichten* insgesamt biblische Quellen allgegenwärtig sind, so wird Fichte auch bei der Feuer-Metapher vermutlich die Emmaus-Geschichte aus Lk 24 im Sinn gehabt haben, in der es über die Intensität der Auslegung der Schrift durch den Auferstandenen heißt: »Brannte nicht unser Herz in uns, da er mit uns redete auf dem Wege, als er uns die Schrift eröffnete« (Lk. 24, 32). Damit ist zugleich ein Hinweis auf Sinn und Bedeutung dessen gegeben, was Fichte unter ›Begeisterung‹ überhaupt versteht (vgl. Traub [2016a], 164 f.).

20 Vgl. Traub (2016a), 146 f.

1.3   Christentum, die »Religion guter Seelen«

Die konkrete inhaltliche Dimension der »warmen fruchtbaren Ueberzeugung«, der Synthese von Herzenswärme und Vernunft respektive Verstand, füllt und umschreibt in den *Absichten* den Komplex
dessen, was die christliche Religion als ›Religion guter Seelen‹ kennzeichnet und worauf Lehre, Tod und Auferstehung Jesu abzielen.
Es ist zwar durchaus plausibel und gerechtfertigt, statt der Formulierung ›Religion guter Seelen‹ Fichtes Kennzeichnung des Christentums als ›Religion des Herzens‹ zu verwenden, wie das die einschlägige Sekundärliteratur in der Regel tut. Allerdings, und deswegen
wählen wir die alternative Formulierung, verleitet der Ausdruck ›Religion des Herzens‹ dazu, Fichtes Überlegungen in den *Absichten* im
Licht des ideengeschichtlichen, insbesondere philosophiegeschichtlichen Kontextes zu deuten, etwa mit Blick auf Rousseaus religionsphilosophische Gefühls- und Gewissenslehre.[21] Es ist unbestritten,
dass Rousseau auf Fichtes Denken einen maßgeblichen Einfluss
hatte. Belege dazu sind sowohl seine expliziten Bekenntnisse zu, aber
auch seine Kritik an Rousseau, etwa in Fichtes Briefen der frühen
1790er Jahre oder in der fünften Vorlesung *Über die Bestimmung des
Gelehrten* von 1794. Auch der beiden Denkern gemeinsame katholi-
zismus- und kirchenkritische, reformprotestantische und pietismusaffine Sozialisationshintergrund[22] spricht für eine geistige Verwandtschaft zwischen beiden. Jedoch führt, wie sich zeigen wird, eine konkrete interpretatorische Anlehnung der *Absichten* Fichtes an Rousseaus Lehre von Herz, Gefühl und Gewissen, wie sie im *Émile* entfaltet
ist, sowohl theologisch als auch anthropologisch zu Schwierigkeiten,

---

21 Vgl. Preul (1969), 69–71 und Lohmann (2004), 23 f.

22 Zum Einfluss des Pietismus auf Rousseau, etwa über seine Pflegemutter und Ge-
liebte Françoise-Louise de Warens, die vor ihrem Übertritt zum Katholizismus dem
»Pietistenkreis der Romandie […] von Vevery« angehörte, oder dem der politischen
Philosophie des Pietismus auf Rousseaus politisches Denken vgl. K. Bütikofer: *Der
frühe Züricher Pietismus 1689–1721*. Göttingen 2011 (*Arbeiten zur Geschichte des
Pietismus 54*), 449 f.

die es geraten erscheinen lassen, auf diesen ideengeschichtlichen Zusammenhang eher zu verzichten. Diese Vorsicht ist, wie das in Preuls ideengeschichtlicher Kontextualisierung deutlich wird, auch gegenüber anderen Einflüssen, etwa denen von Gellert, Spalding oder Lessing, angebracht.[23] Für Fichtes Verständnis des Christentums als ›Religion guter Seelen‹ gilt zunächst, und darauf wurde schon hingewiesen, dass sie keine Religion des Gefühls im Sinne eines Irrationalismus, Sentimentalismus oder dogmatischen Beharrens auf einer wie auch immer geprägten spirituellen Stimmung ist. Wie an anderer Stelle schon gezeigt, ist auch Mystizismus keine Option für das Christentum als ›Religion guter Seelen‹. Was als Gefühl im Sinne dieses Christentums gilt, wird in den *Absichten* klar benannt, in seiner Komplexität differenziert bestimmt und sowohl auf dem Wege eines natürlichen wie geoffenbarten, christlichen Religionsverständnisses erörtert. Dabei ist das Besondere dieses Unternehmens der Beweis, dass sich beide Wege, wenn auch aus unterschiedlicher Richtung kommend, entsprechen.

1.3.1   Die gute Seele – Eine kleine Tugendlehre

Die Analyse zu den Merkmalen und Attributen dessen, was die *Absichten* eine ›gute Seele‹ nennen, führt auf eine Struktur des Seelischen, in der Dispositionen, Tugenden, Handlungsbereitschaften und Ziele zusammengeführt sind. Von Fichte wohl eher spontan als systematisch aufgezählt, lassen die Merkmale dennoch eine Konzeption erkennen, die insofern von einiger Bedeutung ist, weil sie sich klar gegenüber der Instanz des Gewissens abgrenzen lässt. Dadurch wird ein Unterschied markiert, der zu beachten ist, und zwar sowohl im Hinblick auf die interne Entwicklung der Moral- und Religionsphilosophie Fichtes selbst als auch im Hinblick auf seine Differenzen zu seinem späteren philosophischen ›Referenzpunkt‹, zur Philosophie Kants. Die hier vorgenommene Skizzierung des Modells

---

23 Vgl. Preul (1969), 71–78.

›guter Seelen‹ ist idealtypisch als eine zugleich anthropologische wie empirisch-individualistische Konstruktion zu verstehen. Das heißt, Fichtes Text benennt zwar einen Teil der im Folgenden aufgeführten Merkmale guter Seelen, insofern lässt sich daraus ein Konzept extrapolieren. Jedoch unterstellt er für die erfolgreiche empirische Anknüpfung seiner Christologie an diese Psychologie lediglich ein Minimum an Kongruenz.

> Christliche Ueberzeugung sezt […] eine gewiße Lauterkeit des Herzens voraus. […] Das Christenthum [beabsichtigt] besonders die sanften zärtlichen Neigungen des Herzen [zu] erregen […] unserm *inneren Gefühle des Wahren u. Guten*, u. dem *Herzen* auch zu thun [zu] geben (GA II/1, 88).[24]

In diesem Sinne begründet das Christentum eigentlich nichts, sondern es bietet den begründeten *Anstoß* dazu, die vorausgesetzte (natürliche) Lauterkeit der Herzen, ihre zarten Neigungen, durch das Gefühl des Wahren und Guten geleitet, aktiv zu entfalten. Auf die sich ankündigende Frage, ob es sich bei diesen Voraussetzungen um die Annahme einer natürlichen Religiosität oder Moral handelt oder ob auch diese auf eine spezifische, theologisch geprägte Anthropologie bei Fichte verweisen, werden wir im Anschluss an die »Tugendlehre guter Seelen« näher eingehen. In jedem Falle wird der schon im Kontext der theologischen Dogmatik erörterte Ansatz zu einer Kongruenz zwischen natürlicher und geoffenbarter Religion auch an dieser Stelle in Fichtes Denken deutlich.

Das erste und gerade im Hinblick auf das Thema ›Gewissen‹ bedeutsame Wesensmerkmal einer guten Seele ist die »sanfte Neigung« eines Menschen zu gewissen Tugenden (GA II/1, 75). Wäh-

---

24 An dieser Stelle zeigt sich noch einmal, dass die wissenschaftslehre-immanenten Auslegungen von Fichtes Theologie – wie etwa die der Trinitätslehre im Kontext der *Staatslehre* von 1813 bei August Messer u. a. – einem fulminanten Begründungsirrtum unterliegen. Denn wie wir hier in den *Absichten* sehen, hat Fichte das bei Messer im Zusammenhang mit der späten Wissenschaftslehre herausgearbeitete Gott-Vater-Motiv, das heißt, das ›innere Gefühl des Wahren und Guten‹, bereits vor der Wissenschaftslehre theologisch, genauer: religionsphilosophisch entwickelt und systematisch bedacht.

rend die klassische Gewissenslehre, etwa die Kants, Moralität aus einem Bestimmungsverhältnis des Willens gegenüber einem Sollen, einer Pflicht, einem Gebot und Gesetz – auch und gerade gegen die Neigung – definiert, wird für die Konstruktion der ›guten Seele‹ eine Seelen-Verfassung unterstellt, die, ohne den Zwang durch ein Sollen oder eine Pflicht, von einem Hang, das heißt einer natürlichen Bereitschaft zu bestimmten moralischen Einstellungen oder Haltungen geprägt ist. Schon diese Eingangsvoraussetzung zur Bestimmung der ›Religion guter Seelen‹ zeigt, wie problematisch es ist, im Zusammenhang der *Absichten* mit dem Begriff des Gewissens zu operieren. Allein das Wort Gewissen kommt im Fichte-Text nur einmal, als Gewissen Jesu (vgl. ebd., 90), vor.

Die einzelnen Tugenden, zu denen die ›gute Seele‹ eine Neigung hat, richten sich sowohl auf andere als auch auf das eigene Ich, wobei schon im Modus der Zuwendung als ›Neigung‹ eine klare affirmative Grundgestimmtheit deutlich wird. Auf andere gerichtet, neigt die gute Seele zu: Güte, Sanftmut, Gefälligkeit, Barmherzigkeit, zu Wohlwollen, Zärtlichkeit und Geduld, zu Ehrlichkeit und Redlichkeit, zu Liebe bis hin zur Feindesliebe. Mit Blick auf das eigene Ich artikuliert sich in den Tugenden der guten Seele eine moralische Sensibilität, eine bestimmte, ebenfalls geneigte Wahrnehmungsempfindlichkeit gegenüber Einstellungen und Verhalten anderer oder gegenüber ästhetischen Phänomenen. Selbstverständlich lassen sich die Tugenden gegenüber anderen, zumindest zum Teil, auch auf das eigene Ich beziehen, wie etwa die Geduld, die Redlichkeit und Ehrlichkeit, aber die *Absichten* formulieren auch solche Tugenden, die das Selbstverhältnis der Seele betreffen, beziehungsweise Wesensmerkmale offenlegen, die erst durch äußere Impulse angeregt werden. Ein Wesenszug guter Seelen in dieser Hinsicht ist das ›Zutrauen‹, eine Seelenhaltung oder Einstellung, die als vertrauensvolle Anerkennung, Achtung oder Wertschätzung eigener Kräfte oder der Kräfte und Fähigkeiten anderer zum Ausdruck kommt. Mit dem ›Zutrauen‹ verwandt ist auch der ›Glaube‹, der hier noch nicht religiös, sondern als Vertrauen gemeint ist. Insbesondere die Fähigkeit der Seele zur Achtung und Wertschätzung gegenüber anderen spielt, wie wir noch sehen werden, sowohl für Fichtes christologischen Entwurf der *Absichten* als auch darüber hinaus in seiner späteren Bildlehre, insbesondere in seiner pädagogischen Beziehungstheorie des Lernens am Modell des Vorbildes, eine fundamentale Rolle.[25] In diesen Kontext gehört auch die Fähigkeit der Seele zum urteilenden Vergleich unterschiedlicher Stufungen der Wertschätzung. Als weiterentwickelte Stufen der Achtung nennen die *Absichten* die ›Hochachtung‹ und die ›Bewunderung‹. Als Grundlage für diese Tugenden wird man wohl die grundsätzliche Fähigkeit der Seele ansehen müssen, die Fichte ›Rührung‹ nennt, wobei sich diese nicht, wie man meinen könnte, nur auf tendenziell ethische, sondern auch auf ästhetische Phänomene, etwa ›die Schönheit einer Lehre‹ beziehen kann. Die Empfindsamkeit gegenüber den Phänomenen des Guten und Schönen sowie die Fähigkeit, sie in ihren unterschiedlichen Graden einschätzen zu können, führt schließlich auf eine weitere, qualitativ andersgelagerte Fähigkeit guter Seelen, nämlich die Selbstbildungskraft der Seele. Aus ihr lassen sich ›Rührung‹, ›Zutrauen‹, ›Achtung‹ und ›Bewunderung‹ zur ›Herz-Erhebung‹ und ›Besserung des Herzens‹ praktisch weiterentwickeln. Damit kommt der dritte Wesenszug einer Charakterisierung guter Seelen in den Blick, ihre an der Idee des *Perfektionismus* orientierte Vita activa.

Rührung, Bewunderung, Erhebung, Besserung weisen darauf hin, dass Fichtes Konzeption guter Seelen als ein psychologisches Modell zu verstehen ist, dem über Empfindsamkeit hinaus das Moment des Praktischen wesentlich ist. Darauf, wie praktisch und handlungsorientiert das Modell gedacht ist, verweisen die seelischen Zuschreibungen der ›feurigen Entschließung‹, der ›Aufopferungsbereitschaft für das Wohl des Ganzen‹ sowie die ›Ergebung in den Willen Gottes‹. Das heißt: Die personalen wie interpersonalen Charakterzüge einer guten Seele tendieren dahin, über den personalen Rahmen hinaus sowohl in die Welt überhaupt als auch und im Besonderen in geistige Sphären jenseits des im engeren Sinne Seelischen hinein zu wirken. Die Konzeption verfolgt daher eine doppelte Absicht. Zum einen

---

25 Vgl. Traub (2016a), 171 f.

geht es ihr darum, den ›Verstand zu erwärmen und zu erleuchten‹, was wohl heißen soll, Rationalismus und Empirismus, Erfahrung und Logik, also das Konzept der Aufklärung, nicht als einzige Quellen und Grundlagen einer – auch wissenschaftlichen – Weltanschauung gelten zu lassen. Handlungsleitende Motive und Absichten des (wissenschaftlichen) Rationalismus und Empirismus müssen auf einer auch persönlichen Kultur der Moral gegründet sein und eine solche fördern und realisieren, um in einem höheren, human-religiösen Sinn als gerechtfertigt gelten zu können. Aufgesetzt auf dieses Motiv der Tugendlehre und darüber vermittelt, verfolgt sie die perfektionistische Absicht, »die Welt verständig, gut und glücklich zu machen« (GA II/1, 92).

Blickt man von diesem psychologischen Tugendmodell auf die gängige Beurteilung von Fichtes *Absichten* als gefühlsbasierte ›Religion des Herzens‹, so zeigt allein das Theorem der ›guten Seele‹ – ohne die noch zu erörternden theologisch-christologischen Implikationen –, dass hier eine eigenständige, nicht kantisch, sondern eher neuplatonisch anmutende Konzeption der Begründung moralischen Handelns vorliegt. Statt eines universellen, rein formalen Sittengesetzes findet sich hier eine materiale Tugendlehre. Diese orientiert sich weniger an der punktuellen Überprüfung einzelner Handlungen an verallgemeinerungsfähigen Maximen, sondern vor allem am moralischen Fortschrittsmodell des individuellen und kollektiven *Perfektionismus*. Dieser Tugenlehre liegt nicht die Konzeption einer durch Gesetz und Pflicht geprägten Gewissensinstanz, sondern vielmehr die Idee einer von Neigung, Rührung, der Erwärmung von Herz und Verstand bestimmten Seele zugrunde. Diese Differenzen, die die *Absichten* religionsgeschichtlich unter anderem auch als Überwindung des mosaisch-jüdischen Gesetzeskonformismus, als »Abschaffung der mosaischen Religion« (ebd., 81 f.) durch das Christentum herausstellen, werden für Fichte auch nach seiner Bekanntschaft mit Kants Ethik weiterhin Bestand haben.

Transzendental werden diese Differenzen (›Konformismus‹ versus ›Rührung‹) als objektive beziehungsweise subjektive Erscheinung der Vernunft in der *Wissenschaftslehre* (1804) begründet und mit

Blick auf die jeweils relevanten Modifikationen ihres Lebensgefühls in der Religionslehre (1806) ausgebaut. In Fichtes späterer Ideenlehre markieren sie den Unterschied zwischen dem Zwang des sittlichen oder juristischen Gesetzes und der materialen Ethik einer höheren, schöpferischen Moral (vgl. GA II/8, 417–421; GA I/9, 141–152). Dabei weisen diese späten religionsphilosophischen Überlegungen zum Übergang von dem an Kant ausgerichteten legalistisch-formalen zum moralisch-materialen Bewusstsein starke Übereinstimmungen mit dem Tugendkonzept der *Absichten* und ihrer Kritik am Konformismus gesetzlicher oder traditioneller Legitimation auf.[26]

Eine Schwachstelle der insbesondere über Rousseau vermittelten, auf Kant zulaufenden Deutung des Fichte'schen Konzepts liegt in ihrer Zuspitzung auf das »Gewissensgefühl«.[27] Fichtes ›Religion der guten Seelen‹ ist, wie wir sahen, mehr als eine Religion, die sich auf eine Gefühlstheorie des moralischen Gewissens, das heißt auf eine Theorie vernünftiger Moralität, beschränken ließe oder darauf angelegt wäre, wie das gelegentlich behauptet wird.[28] Es ist vielmehr eine ursprüngliche und Fichtes Denken spätestens seit der *Valediktionsrede* prägende Idee, dass das Gefühl, etwa im Sinne der Begeisterung, alle Bereiche des menschlichen Lebens – Ästhetik, Kunst, Moral, Politik, Religion und Wissenschaft – trägt und orientiert. Die *Anweisung* von 1806 macht dann systematisch klar, was Fichte in *Ueber Geist und Buchstab in der Philosophie* über den Grundtrieb und seine Aufspaltungen in einen praktischen und einen theoretischen Trieb bereits angedacht und ausgeführt hatte (vgl. GA I/6, 340–352). Es ist die eine Liebe Gottes, aus der die unterschiedlichen Lebensgefühle möglicher Weltanschauungen, und zwar als deren jeweils perspektivische Aspektierung, zu verstehen sind. Das Gewissen als im engeren Sinne ethisch-moralisches Gefühl wäre danach ein spezifischer Aspekt der umfassenden, religiös-philosophischen Idee des geistigen Lebens des Absoluten.

---

26 Vgl. Traub (1992), 266–271.
27 Preul (1969), 70.
28 Vgl. ebd., 69 f. und Lohmann (2004), 18–23.

1.3.2 Jesus, »*das vorzüglichste Muster der Tugenden*«

Das Christentum, so heißt es in den *Absichten*, sei die ›Religion guter Seelen‹. Was eine gute Seele ausmacht, das haben wir in der kleinen Tugendlehre im Vorherigen skizziert. Die Rolle, die nun dem biblischen Bezug auf Lehre und Botschaft Jesu zukommt, besteht darin, den Beweis anzutreten, dass das, was die Tugendlehre als bloße Neigung aufgewiesen hat, als gelebte Wirklichkeit eines Menschen realisiert werden kann, ja durch das Leben Jesu vollkommen realisiert wurde. Das heißt: An Leben und Lehre Jesu lässt sich zeigen, dass das, was die Tugendlehre ideal als Modell guter Seelen skizziert, als wirkliches Leben eines Menschen real vollzogen werden kann, dass das im Menschen moralisch Mögliche, Angelegte und Geforderte in der Person Jesu wirklich, ausgeführt und eingelöst ist. Jesus gilt demnach als »das vorzüglichste Muster der Tugenden, die das Wesen des Xstenthums ausmachen« (GA II/1, 81).

Religionsgeschichtlich wird damit behauptet, dass die im ›Neuen Testament‹ überlieferte Lebens- und Leidensgeschichte Jesu darauf angelegt ist, an seiner Person die in der Tugendlehre der guten Seele beschriebene moralisch-ethische Kultur exemplarisch zu bestätigen. Dadurch soll insbesondere das ›Alleinstellungsmerkmal‹ des Christentums ausgewiesen und damit der Bruch zwischen der konformistischen Gesetzeskultur des traditionellen *Judentums*, dem autoritären ›Personenkult‹ des ›*Mohamedanismus*‹ sowie dem *heidnischen Glauben* vollzogen und der Kern wahrer Religiosität offengelegt werden.

> Das Christenthum unterscheidet sich auf eine ganz eigene Art von allen Religionen der Welt. Sie ist die Einzige, die mit dem Aeußerlichen gar nichts zu thun hat, die einzige Religion des Herzens. Vervollkommnerung des ganzen Menschen ist nach ihr *Gottesdienst*, u. ihr erhabener Zweck *Erleuchtung des Verstandes*, u. *Beßerung des Herzens* (ebd., 87).

Blickt man von dieser Feststellung des jungen Fichte – Erleuchtung des Verstandes, Besserung des Herzens sowie die Vervollkommnung des ganzen Menschen sei *Gottesdienst* – auf die weitere Entwicklung seiner Philosophie, dann erscheint es nicht abwegig, diesen Gang als

›liturgische Durchführung‹ seiner christologischen Ursprungsidee auszulegen. Sind doch genau diese Absichten ›des Gottesdienstes‹ auch die Ziele des erweiterten Begriffs der Wissenschaftslehre, der ›Wissenschaftslehre in genere‹: Wissenschaftslehre als notwendiger Umweg des Verstandes zu den Wahrheiten des Herzens sowie deren ›Verklärung‹ durch den ›erleuchteten‹ Verstand als vernünftige, moralisch-praktische Religiosität.

Das Verfahren, mit dem die *Absichten* den Beweis ihrer These zur religionsphilosophischen und religionsgeschichtlichen Bedeutung des Christentums antreten, hat zwei bedeutsame Resultate. Einerseits wird damit die Frage nach der ›Wohltätigkeit der Christlichen Religion‹ beantwortet, von der Fichte im Brief an Pezold sprach. Und andererseits führt die Form des Verfahrens in den Ursprung und das Eigentümliche der Methodologie des Fichte'schen Denkens überhaupt, in das, was später genetisches Philosophieren heißen wird.

Den Beweis für die Sonderstellung des Christentums als wahrer Religion gegenüber allen anderen ›Religionen‹ führen die *Absichten* mit unterschiedlichen Mitteln.

1.3.3   Der Schriftbeweis

Reiner Preul vermutet, dass die Vielzahl exegetischer Belege in den *Absichten* im Zusammenhang einerseits mit Fichtes Studiensituation, nämlich als »Befähigungsnachweis«, und anderseits mit einem größeren von Fichte geplanten theologischen Projekt zu sehen seien.[29] Das mögen zwei Motive für die vielfältigen Bezüge der *Absichten* zum Neuen Testament sein. Ihre zentrale, inhaltliche Funktion innerhalb der Argumentation des Textes ist damit jedoch nicht erkannt. Denn mit den Hinweisen auf die biblischen Quellen sichert Fichte vor allem seine Deutung des Christentums als ›Religion guter Seelen‹ ab. Er stellt dadurch die inhaltliche, das heißt theologische, christologische und soteriologische Übereinstimmung seiner Exegese zum

---

29 Preul (1969), 31.

Wesen des Christentums mit der Heiligen Schrift her. Sicher ist es richtig, dass er auf diesem Weg auch Auskunft über den Stand seiner Professionalisierung als Student der Theologie gibt. Die eigentliche Zielrichtung ist aber an der Sache orientiert.

Mit Blick auf das Leben Jesu lautet Fichtes zentrale These zur Fundierung seiner Behauptung, das Christentum sei eine ›Religion guter Seelen‹: Die Autorität der Botschaft Jesu muss, als reine Seelenlehre, auf jedwede empirische, historische oder politische Unterstützung verzichten und davon frei sein. Ihre Wahrheit und Überzeugung muss sich auf rein geistigem Wege offenbaren. Diese These sichert Fichte zunächst biblisch, über die Deutung der christlichen Lehre aus den Briefen des Apostels Paulus, ab. Dessen Briefe an die Römer und Galater bestätigen Fichtes Annahme. Denn in ihnen lehrt Paulus die allein durch den Glauben begründete Freiheit des Christen von der jüdischen Tradition des mosaischen Gesetzes – und damit, für Fichte, die Freiheit vom Druck »bürgerlicher u. äußerlicher Rechtschaffenheit«, von Legalismus und Traditionalismus überhaupt (GA II/1, 82).[30] Rechtfertigung vor Gott war

> bey den Juden das Bestreben dem Gesetze genug zu thun, u. bey den beßern Heyden, so gut zu leben, als sie konnten. [...] Die Christliche Religion sagte ihnen [dagegen] blos so viel [...]. Sie könnten (ohne gründliche Beßerung ihrer Seele) nicht rechtschaffen seyn, (sie wären allzumahl Sünder) Gott verlange eine solche Werkgerechtigkeit gar nicht von ihnen (ebd.).

Eine Besserung der Seele und damit die Rechtfertigung vor Gott erfolgt, so Fichte weiter, durch die Annahme der »erhabenen Religion

---

30 In diesen Paulus-Briefen geht es in zum Teil sehr drastischen Formulierungen, wie etwa der vom »Fluch des Gesetzes« (Gal 3, 13), um die Trennung, Besonderheit und Freiheit des christlichen Glaubens gegenüber insbesondere einem ›werkgerechten Judentum‹, aber auch gegenüber dem, was Paulus die Weltanschauungen der Heiden nennt. Mit Ausnahme von einigen wenigen Textbelegen, verzichten wir im Folgenden auf eine ausführliche Darlegung der zahlreichen Bibelstellen aus dem Fichtetext. Die wenigen biblischen Hinweise genügen unserer Absicht, ihre Beweisfunktion im Hinblick auf Fichtes Christologie hinreichend zu verdeutlichen.

Jesu«, das heißt durch seine Lehre von der »Ergebung in den Willen Gottes, der Geduld, der Sanftmuth, der FeindesLiebe«, also über das, was die »gute Seele« ausmacht und worin »Xstus [...] ein Muster u. Bild der Tugenden« war (ebd., 75).[31]

Die Anerkennung des Vorbildcharakters Jesu beruht dabei auf zwei Voraussetzungen. Zum einen auf der Annahme, dass es, um dieses ›Muster an Tugenden‹ erkennen und schätzen zu können, eines Minimums an ›Herzensgüte‹ bei denjenigen bedarf, denen es begegnet. Und zum anderen bezieht sich die Anerkennung weder auf den äußerlichen, allgemeinen Erfolg noch auf irgendwelche Wundertaten Jesu, sondern ausschließlich auf »die Hochachtung seines Geistes u. Herzens« (ebd., 76).

1.3.4 Kreuz und Auferstehung – Anstoß und Reflexion oder: Das Prinzip der personalen, geistigen Vermittlung des Christentums

Das soeben erörterte Theorem bestätigt noch einmal das Wesen des Christentums als Religion der Innerlichkeit. Darüber hinaus betont es den streng personalen Bezug seiner Vermittlung. Während das erste Charakteristikum inzwischen hinreichend erörtert wurde, bedarf es zum rechten Verständnis auch der weitreichenden Bedeutung des zweiten noch einiger Erläuterungen.

Notwendige Bedingung für eine erfolgreiche Vermittlung der Religion Jesu, der Anerkennung seines Lebens und seiner Lehre als ›Muster an Tugenden‹, ist das Minimum an moralischer Emp-

---

31 In der *Staatslehre* von 1813 wird Fichte die hier in den *Absichten* gegen das Judentum und die Heiden gewendete Legalismuskritik auch gegen die Werkgerechtigkeit und Bußpraxis im Christentum wenden. Die Erkenntnis der eigenen Sündhaftigkeit und die aus ihr mögliche »Heiligung« des Menschen beruhen danach nicht auf »empirischer Selbstprüfung«, sondern auf dem »schlechthin apriorischen Satz des Christenthums, daß Alles, was aus dem eigenen Willen hervorgeht, und nicht aus Gott, nichtig sey, und, wenn man so reden will, Sünde« (GA II/16, 154).

findsamkeit auf der Seite derer, denen Jesus als Vorbild dient. Ohne diese Gemeinsamkeit zwischen Vorbild-Geber und Vorbild-Nehmer bleibt eine Zustimmung zur Religion Jesu letztlich rein äußerlich, konventionell, traditionell und ohne Wirkung für die ›Erleuchtung des Verstandes‹ und die ›Besserung des Herzens‹. Die echte Vorbild-Nachbild-Prüfung verläuft demnach auf der Ebene eines individuellen Überzeugungsprozesses. Das heißt, die Feststellung der Kongruenz zwischen der inneren Zustimmung und dem ›äußerlichen‹ Muster kann und darf, dem Wesen der Lehre entsprechend, wiederum nur geistig sein. Und diese Kongruenzprüfung ist nicht in erster Linie eine von Logik und Verstand, sondern grundlegend die Feststellung einer affektiven Kongruenz, nämlich die Rührung und Regung des Wahrheitsgefühls sowie der ›sanften Neigungen einer guten Seele‹.

Allerdings kommt neben dem Kriterium der persönlichen Überprüfung und subjektiv herzustellenden Übereinstimmung von Tugendmuster und moralisch-ästhetischem Gefühl noch ein – und zwar entscheidendes – *objektives* Kriterium der Vermittlung hinzu. Als ein mögliches objektives Kriterium hatten die *Absichten* im Vorherigen den Schriftbeweis, die Übereinstimmung von Fichtes Exegese mit den biblischen Quellen, genannt. Als historischer Quelle haftet dem Schriftbeweis jedoch auch der Makel des Äußerlichen an. Das heißt, der Schriftbeweis kann, wenn überhaupt, erst in zweiter Linie als ein objektives Kriterium der Wahrheitsprüfung gelten. Was die Vermittlung und ›Akkommodation‹ von Vorbild und Nachbild also benötigt, ist ein objektives, gleichwohl aber rein geistiges Kriterium der Überprüfung: eine spirituelle Autorität. Als diese Autorität bringen die *Absichten* das Zeugnis Jesu über die Quelle seiner eigenen Lehre ins Spiel. Zwar ist dieser Hinweis der biblischen Tradition entnommen und damit selbst noch kein echter innerer, sondern ein historischer Beweis. Das aber, worauf hingewiesen wird, ist reiner Geist, nämlich Gottes Wille und die göttliche Botschaft. »Diese Lehre«, so lässt Fichte Jesus sagen, »ist nicht mein sondern des Vaters, der mich gesandt hat: glaubet nicht mir, glaubet dem Vater, der von mir zeuget« (ebd., 84; vgl. Joh 14, 24). Der Hinweis auf die Heilige Schrift dient hier also nicht der Absicherung der Tugendlehre über die Autorität der Person Jesu, sondern als Verweis auf die spirituelle Quelle, aus der sich ›seine‹ eigene Lehre speist, oder auf die geistige Autorität, durch die auch er sein Evangelium legitimiert. Das objektive *Tertium comparationis* der geistigen Kongruenzbildung zwischen dem Tugendvorbild Jesus und seinem Nachbild in denjenigen, die sich aufgrund ihrer moralischen Empfindsamkeit von ihm ansprechen lassen, ist nicht die Heilige Schrift, sondern der lebendige und verlebendigende Geist Gottes selbst.

Fichtes erste große religionsphilosophische Arbeit, der *Versuch einer Critik aller Offenbarung* von 1792, bezeichnet das hier beschriebene Verfahren als den engeren, philosophischen Begriff der Offenbarung, nämlich als »Bekanntmachung des unendlichen Geistes« (GA I/1, 156). In zwei der wenigen Schriftbeweise wird auch in der Offenbarungskritik mit demselben Argument, und im Übrigen auch im selben, allerdings jetzt kantisch eingefärbten moralphilosophischen Kontext gearbeitet. Die Tugendlehre Jesu erfährt auch hier ihre Autorität aus dem Geist Gottes, der sich in ihr ›offenbart‹. Und der Textverweis lautet hier ebenso wie in den *Absichten*: »Wer mich siehet, siehet den Vater« (GA I/1, 93, vgl. Joh 14, 9). Oder: »So jemand *will* den Willen thun des der mich gesandt hat, der wird innen werden, ob diese Lehre von Gott sey« (ebd., 111; vgl. Joh 7, 17).[32]

Der Hinweis darauf, dass es der Geist Gottes selbst ist, der die Kongruenz zwischen dem vollkommenen Tugendvorbild Jesus und

---

32 Im Hinblick auf die Frage ›Kontinuität und Wandel‹ im Denken Fichtes unter dem Einfluss Kants ist ein Vergleich der beiden Arbeiten überaus interessant. Neben der von Crusius bereits bekannten und von Kant noch einmal besonders betonten Unterscheidung zwischen Naturkausalität und Freiheitskausalität sowie dem Übergang von den materialen Tugenden zum formalen Sittengesetz ist es vor allem der auch stark an Kants Argumentationsstil angelehnte Duktus der Gedankenführung, an dem Kants Einfluss auf den jungen Theologen deutlich wird. Es ist ein betont sachlicher Stil, von dem sich Fichte allerdings bereits Ende der 90er Jahre des 18. Jahrhunderts wieder spürbar, später auch kantkritisch (vgl. DgF, 248), entfernt und den er, bedingt wohl auch, aber nicht nur durch seine vermehrte Rednertätigkeit, mehr und mehr durch seinen frühen, personen- und evidenzorientierten Lehrstil ersetzt.

der moralischen Empfindsamkeit des Betrachters vermittelt, führt ins christologische Zentrum der *Absichten*, in dem, neben dem erwähnten Offenbarungsbegriff, auch der Kern der Evidenztheorie von Fichtes späterer Wissenschaftslehre angelegt ist. Die Anerkennung der Wahrheit der Lehre Jesu durch den einzelnen Menschen ›offenbart‹ sich in ihrer ›Auferweckung‹ im existenziellen Vollzug durch den lebendigen und verlebendigenden Geist Gottes. Das vollkommene Tugendvorbild Jesus verwandelt sich im Wunder seiner Auferstehung durch die Kraft und den Geist Gottes zum Nachbild im Leben des einzelnen Menschen. Was Fichte hier um 1786 über den Zusammenhang der Lehre Jesu, die selbst Gottes Botschaft an den Menschen ist, und ihrer Verlebendigung im Leben des Einzelnen behauptet, wird sich als »Realitätsbeweis« des Ich in der *Bestimmung des Menschen* einerseits (GA I/6, 255) und als Gottesbeweis in der *Anweisung zum seligen Leben* andererseits durchhalten. So heißt es in der *Anweisung zum seligen Leben* (1806): »Willst du Gott schauen, wie er in sich selber ist, von Angesicht zu Angesicht? […] Schaue an das Leben seiner Ergebenen und du schaust Ihn an; ergib dich selber ihm, und du findest ihn in deiner Brust« (GA I/9, 111 f.).[33]

Mit der Beschreibung der durch göttlichen Geist initiierten Wandlung vom Vorbild zum Nachbild als ›Auferweckung‹ ist das eigentliche ›Wie‹ dieses Wunders noch nicht geklärt. Nun könnte man sagen, das *Wie* eines Wunders zu erklären heißt, dem Wunder den Charakter des Wunderbaren zu entziehen und es damit als solches zu zerstören. Aber das ist es nicht, was die *Absichten* im Sinn haben. Was Fichte mit dem Wie des Wunders der Auferstehung der Lehre Jesu im Inneren eines Menschen – als Werk des göttlichen Geistes und einer durch ihn initiierten Begeisterung – beabsichtigt, ist, das Spezifikum seines Vollzugs herauszustellen, um dieses Wunder damit gegenüber anderen ›Wundern‹ abzugrenzen.

Das erste Argument betrifft den qualitativen Unterschied zwischen den sinnfälligen, die Quelle seines Handelns verdeckenden und dem sie offenbarenden Wunder Jesu. Wenn das Christentum die

---

33 Vgl. Traub (2016a), 164 f.

einzige Religion sein soll, deren Wesen in strikter Innerlichkeit und
der Ablehnung jedweder äußerlichen Autorität besteht, dann haben
Wunder als außergewöhnliche Heilsereignisse innerhalb der Sinnenwelt keine wirkliche Beweiskraft und als äußerliche Handlungen, einem Wundertäter zugeschrieben, bleiben sie über seine empirische
Person dem Bereich historischer Wirklichkeit verhaftet. Insofern haben alle ›offenkundigen‹, das heißt sinnfälligen Wunder Jesu als solche nur empirisch-historische, aber keine spirituelle Beweiskraft. Sie
sind für die *Begründung* der Glaubwürdigkeit der christlichen Religion unbrauchbar. Was sie dokumentieren, lässt sich erst im Nachhinein angemessen begreifen. Sie dienen der nachträglichen, aposteriorischen Veranschaulichung. Denn das, was sie sollen, nämlich ihren
Ursprung, die Kraft des göttlichen Geistes offenbaren, verhindern sie
durch ihre Ablenkung auf das Spektakuläre und auf den, der sie im
Angesicht seiner ›Bewunderer‹ vollbringt:»Seine Kräfte verdunkeln
die Kräfte der Gottheit« (GA II/1, 85).[34] Aber auch andere äußerliche, nicht durch die Wundertätigkeit Jesu begründete Bestätigungen
seiner göttlichen Autorität trifft diese Kritik. So ist etwa die»don-
nernde Stimme: Dieses ist mein lieber Sohn, an dem ich Wohlgefallen
habe« (ebd., 86) zwar eine Bestätigung der göttlichen Sendung Jesu.
Aber insofern sie sich auf ihn als historische Person und an die Ohren
des umherstehenden Volkes richtet, bleibt auch sie im Empirischen
stecken. Sie hat die Hörer womöglich beeindruckt, aber kein wirkliches, innerliches Verstehen hervorgerufen.

Daher war es zur Aufrichtung der wahren Religion und zum Heil
der Menschheit notwendig, dass Jesus sein Leben ließ und starb, und
zwar so, wie er starb: nämlich in der größtmöglichen Erniedrigung
seiner irdischen Existenz, verspottet, verachtet, gegeißelt, in der Gesellschaft gewöhnlicher Verbrecher, am Schandpfahl des Kreuzes.

---

34 Vgl. hierzu Fichtes ähnlich gelagerte Kritik am Wunderglauben in seiner späten *Sit-*
tenlehre von 1812 und seine dort aufgestellte Behauptung, dass es ohne den ›Sprung‹
des »wahren« Wunders, nämlich den ›Sprung‹ ins Übersinnliche, auch nicht zur
wahren Ph[ilosophie] […] kommen kann, u. daß diese selbst auf dem faktischen
Boden der Offenbarung ruhe« (GA II/13, 391).

Nur durch diesen Tod ließ sich die Gründung oder Anbindung des Glaubens an Elemente seiner irdischen Biographie – ein wie auch immer gearteter Reliquienkult – vermeiden und die Aufmerksamkeit vom Sinnlichen auf das Übersinnliche seiner Botschaft und Lehre lenken. Darin liegt eine der fundamentalen, wenn auch nur negativen Absichten seines Todes: Negation aller empirischen Gründe zur Legitimation der Religion. ›Lass fahren dahin!‹, so könnte man hier mit Luther sprechen. »Der Tod Jesu an sich beweist nichts, er *widerlegt*« (ebd., 85). »Er erlöst« und befreit (ebd., 77), und das in großem Stil. Denn mit dem Tod Jesu und der Negation aller empirischen Legitimationsgründe für eine wahre Religion sind alle Dokumente, heiligen Bücher oder kultischen Gegenstände, Traditionen und Riten, äußerlichen Bußübungen, guten Werke, aber auch die Verehrung von Personen, Heiligen und Propheten in ihrer religiösen Autorität entwertet. Ein auf historisch-empirischer Faktizität gegründeter religiös-geistiger Geltungsanspruch – und sei es die »Auferweckung aller Toten in Judäa« (ebd., 86) – verfehlt das Wesen dessen, was Jesus zu legitimieren und zu begründen beabsichtigt. Seine Legitimation muss auf anderem Wege hergestellt und begründet werden. Und dazu ist zunächst die gründliche Negation, Widerlegung oder theologisch gesagt: ›das Opfer‹ des Falschen, der sinnlich-empirischen Legitimationsgründe, erforderlich.

Bevor wir uns dem nächsten Argumentationsschritt der *Absichten* zuwenden, wollen wir kurz darauf hinweisen, dass Fichte die hier entwickelte gedankliche Figur der Legitimation der wahren Religion über die Negation des Empirismus, insbesondere des empirischen Ichs, sowie die darin enthaltene Negations-Theorie der ›Freiheit-Von‹, als eine zentrale These bis in die ›späte‹ Wissenschaftslehre durchhält. So heißt es im zweiten Vortrag der *Wissenschaftslehre* von 1804: »Endlich zeigt sich hier die Freiheit in einer ihrer ursprünglichsten Gestalten […], nicht als affirmativ, erschaffend die Wahrheit, sondern nur als negativ, als abhaltend den Schein« (GA II/8, 218). Und die Religionslehre von 1806 resümiert nach einer längeren Erörterung zum Glauben an die individuelle Freiheit und an mögliche

Bestimmungsgründe des Handelns, zu denen zuletzt auch ein kategorischer Imperativ zählt:

So wie durch den höchsten Akt der Freiheit, und die Vollendung derselben, dieser Glaube schwindet, fällt das gewesene Ich in das reine göttliche Daseyn. [...] Diese Selbstvernichtung ist der Eintritt in das höhere, dem niedern, durch das Daseyn eines Selbst, bestimmten, Leben, durchaus entgegengesetzte Leben (GA I/9, 159 f.).

Negation des Empirischen, Freiheit vom Gesetz, Opfer des empirischen Ich, alles in der Absicht, den originären, übersinnlichen Grund der wahren Religion, Weltanschauung und Moral freizulegen – alles das zieht und entnimmt auch das spätere Denken des Philosophen Fichte noch aus den Anfängen seiner ersten, tieferen und herzerwärmenden Durchdringung des ›Wohltätigen der Religion Jesu‹. Dabei steht der egologische Terminus »Selbstvernichtung« in einer bemerkenswerten Kongruenz zur theologischen Auffassung über den Opfertod Jesu als eines Aktes, in dem er aktiv ›sein Leben lässt‹, eine Auffassung, die für Fichte, biblisch-theologisch begründet, fundamental ist und bleibt. Der Tod ist nach Fichtes ›Thanatologie‹ keine positive Größe, sondern stets nur Minimierung und Negation einer bestimmten Gestalt des Daseins, der sinnlichen Existenz etwa. Einen absoluten Tod als Gegensatz zum Leben oder ein absolutes Nicht-Sein als seiend zu denken ist ein Widerspruch in sich und ›gibt es‹ daher nicht.[35]

»Jesus starb also [...] weil das Wesen der Religion Jesu seinen Tod forderte« (GA II/1, 87). Der Kreuzestod Jesu ist notwendige, jedoch nicht hinreichende Bedingung zur Gründung und Verbreitung des Christentums. Er negiert lediglich jedweden empirischen Begründungs- oder Legitimationsversuch seiner positiven, übersinnlichen Wahrheit. Zu deren Konstituierung bedarf es eines im Wesentlichen ebenso übersinnlichen Aktes: der Auferweckung Jesu von den To-

---

35 Vgl. P. L. Oesterreich / H. Traub: »Fichte quer. Das Ich, die Nation und der Tod des Gelehrten«, in: *Mit Fichte philosophieren.* Hrsg. von M. d'Alfonso. Leiden / Boston 2018a (*Fichte-Studien 45*), 221–241.

ten durch eine göttliche Macht. An dieser Stelle tritt argumentationslogisch das ein, was Fichte das gewisse ›Helldunkel‹ nennt, das zur christlichen Überzeugung notwendig war und ist. Das heißt eine Argumentation, die nicht auf den ersten Blick zwingend, aber, unter gewissen, für das Christentum – und auch für Fichtes spätere Philosophie – charakteristischen Voraussetzungen überzeugend sein kann. Das Neue Testament berichtet über einige durch Jesus bewirkte Totenerweckungen. Die berühmteste ist die Lazarus-Geschichte im Kapitel 11 des Johannes-Evangeliums.[36] Schon mehrere Tage soll Lazarus, der Freund Jesu, tot gelegen haben, als ihn Jesus aus seiner Grabstätte in sein altes Leben zurückruft. Diese und andere Wundergeschichten, so frappierend sie auch sein mögen, bleiben für das, was die *Absichten* verfolgen, im Sinnlichen stecken, verdecken über den Wundertäter die göttliche Kraft, die ihn zu diesem Werk befähigt. Das ist bei seinem eigenen Tod und dessen Überwindung in der Auferstehung anders. Denn hier gibt es keine ›äußerliche Ursache‹, sie vollzieht sich, »ohne daß man [...] einen äußerl.[ichen] Auferwecker sieht [...] hier haben die Sinne kein Urtheil« (GA II/1, 86). Die Auferweckung Jesu von den Toten, seine Auferstehung ist nicht die Tat eines Wundertäters, sondern – »hier muss der Verstand denken, [...] – hier ist gewiss *Gottes* Finger« (ebd.). Wie dieses Ereignis im Helldunkel der Argumentation zu denken sei, dazu enthält der Text eine interessante, auferstehungstheologische Randbemerkung. Dort heißt es zunächst im Sinne der bisherigen Argumentation, dass in den biblischen Quellen die Auferweckung Jesu »immer Gotte selbst zugeschrieben« (ebd.) wird. Die Doppelsinnigkeit von Auf-Erstehung, als aktiver Akt des Auferstehenden, und Auf-Erweckung, als Akt eines Auferweckers, demgegenüber sich der Auferstehende eher passiv verhält, löst Fichte mit einer bemerkenswerten dialektischen Figur, die in gewissem Sinne seine spätere Theorie der Wechselbe-

---

36 1806 wird Fichte auf die Lazarus-Geschichte zurückgreifen, um an ihr den tieferen Sinn der »geistigen Erweckung« sowie den Zusammenhang zwischen der Wissenschaftslehre – speziell der Religionslehre – und der christlichen Botschaft darzulegen (vgl. GA I/9, 124–128).

stimmung, etwa der zwischen Ich und Nicht-Ich, theologisch und
biblisch begründet vorwegnimmt. »Christus richtete *seinen Leib* allerdings selbst durch die von Gott erweckte Seele auf. [...] Christus
hatte *possibilitatem* das ihm von G.[ott] wiedergegebene Leben zu
nehmen« (ebd.). Begründet wird diese interessante, mit der Wechselbestimmung zwischen Leib und Seele arbeitende Denkfigur durch
einen Hinweis auf das Johannes-Evangelium, Kapitel 10, in dem dieses Thema in der Dialektik von Geben und Nehmen des Lebens erörtert wird. Dort sagt Jesus: »Niemand nimmt es [das Leben] von mir,
sondern ich lasse es von mir selber. Ich habe die Macht, es zu lassen,
und ich habe die Macht, es wiederzunehmen. Solch Gebot habe ich
empfangen von meinem Vater« (Joh 10, 18).

Durch das Ausbleiben eines empirischen und der Annahme eines
geistigen Urhebers der Auferweckung Jesu verändert sich auch der
›Aggregatzustand des Lebens‹ des Auferstandenen. Er wird nicht,
wie Lazarus oder die anderen zum Leben Wiedererweckten, in sein
altes, sondern in ein anderes, höheres, geistiges Leben gerufen. Die
Be-Rührung des Gekreuzigten und Begrabenen durch »Gottes Finger« (GA II/1, 86) – Michelangelo lässt grüßen – bewirkt eine andere,
eine geistige, allerdings für empirische Menschen erkennbare und
spürbare Auferstehung. Der Auferstandene erscheint seinen Freunden nicht als der, der er empirisch-leiblich war, sondern in einer für
sie ›helldunklen‹ Mischgestalt zwischen Zweifel und Gewissheit,
zwischen Fremdheit und Vertrautheit, zwischen Erschrecken und
Freude. Sie vermeinen, einen Geist zu sehen (vgl. Lk 24, 37), und
doch erkennen sie in ihm den, den sie glaubten, am Kreuz endgültig
verloren zu haben. Nicht die Begegnung mit der leiblichen Gestalt,
ob am Grab als vermeintlicher Gärtner oder Jüngling oder als Weg-
begleiter nach Emmaus, ist es, was ihnen die Augen öffnet, ihren Verstand erleuchtet und ihre »Herzen entzündet« (Lk 24, 32). Es ist das
an sie gerichtete Wort, die ›Auslegung der Schrift‹, der Umgang des
›Fremden‹ mit ihnen sowie die Selbstbefragung und Erörterung der
Jünger untereinander über das Erlebte. Und »wie auf einen Schlag
fiel Licht auf die Herzen der Jünger, u. der Saame, der in ihnen lag,
keimte« (GA II/1, 76). Was hier auf einen Schlag in den Herzen der

Jünger aufgeht, ist das Verständnis über den Sinn von Tod und Auferstehung Jesu. Sein physischer Tod am Kreuz wird zur Bedingung der Möglichkeit seiner Erweckung und Auferstehung im Geist. »Jesus starb also, um auferstehen zu können: u. durch diese seine Auferstehung die Wahrheit seiner göttlichen Sendung, u. seiner Religion auf das überzeugendste zu beweisen« (ebd., 86 f.). Dabei verläuft dieser Beweis auf dem Wege der ›erleuchteten‹ Selbstaneignung und Vergewisserung von Leben und Lehre Jesu durch seine Jünger, das heißt, er findet in den Köpfen und Herzen derer statt, in denen ein Minimum an Affinität zur Tugendlehre der ›guten Seele‹ vorhanden ist.[37]

Zwei für Fichtes Denken grundlegende Elemente und Intentionen des Textes sind hier noch einmal besonders zu betonen. Zum einen ist es der Charakter der Vermittlung der Heilsbotschaft über Tod und Auferstehung Jesu. Die Offenbarung als Auferstandener und die ›Erwärmung‹ und ›Erleuchtung‹ von Herz und Verstand vollziehen sich in der Hinwendung des Auferstandenen an Einzelne, Wenige, die selbst ›Suchende‹ sind. Die Situation ist eine private, ja intime und persönliche. Die wenigen Namen oder die Gruppen derer, an die sie sich einst richtete, nennt das Neue Testament im Einzelnen. Sie vollzieht sich nicht im großen Stil, vor aller Augen, in öffentlicher Inthronisation vor allem Volk oder aller Welt – urbi et orbi –, nicht in Pracht und Pomp, in den Gesten und Demonstrationen weltlicher Macht und Herrschaft. Das sind, nach Fichte, religionsgeschichtliche Irrwege, von denen einer der des ›Mohamedanismus‹ ist, was aber nicht exklusiv für ihn, sondern auch für den Papismus des Ka-

---

37 Die theologische Verbindung zwischen den *Absichten* und der zwanzig Jahre später verfassten *Anweisung zum seligen Leben* ist bemerkenswert. Denn die frühe Schrift aus dem Jahre 1786 verweist zur Erläuterung der Auferstehungsthematik auf dieselben Passagen des Johannesevangeliums – insbesondere auf den Zusammenhang zwischen Kapitel 11 und 12 –, die in der Sechsten Vorlesung der *Anweisung* wieder in Anspruch genommen werden. Das heißt, die gelegentlich in der Fichte-Forschung vertretene These von der johanneischen Phase Fichtes, etwa in den Jahren 1804 bis 1806, kann eigentlich nicht als Novum seiner Argumentation, sondern sie muss als anlassbezogene Aktualisierung der bereits sehr viel früheren Grundlegung dieser Ideen verstanden werden.

tholizismus, letztlich für jede mit äußerlicher Machtdemonstration auftretende Heilslehre gilt. In diese Kritik am Versuch einer Glaubensvermittlung auf äußerlichem Wege eingeschlossen sind auch bestimmte Formen der Missions- und Bekehrungsbewegung des Pietismus. In seiner *Staatslehre* von 1813 setzt sich Fichte explizit mit den »Heilsordnungen« des Hallensischen und Herrnhuter Pietismus auseinander (vgl. GA II/16, 154 f.). Seine Pietismus-Kritik richtet sich hier gegen das letztlich empirische und am »Princip der Selbstliebe« ausgerichtete theologische ›Geschäftsmodell‹ der Überzeugung, dass der Weg zum Heil über die Erkenntnis der eigenen Sündhaftigkeit, die ›Höllen-Angst‹ und die daraus wachsende Bereitschaft zur Einhaltung der Gebote verlaufen könne. Das aber ist nach Fichte nichts anderes als eine Variante der Lehre von der Werkheiligkeit und damit »antichristisch« (ebd., 155). Das einzige, was auch hier zählt, ist der »apriorische Satz des Christenthums, daß Alles, was aus dem eigenen Willen hervorgeht, und nicht aus Gott, nichtig sey, und wenn man so reden will, Sünde« (ebd., 154). Bekehrung erfolgt auch hier innerlich, allein durch ›Auferweckung‹ respektive ›Auferstehung‹ des göttlichen Geistes. Man kann diese Kritik Fichtes am ›Bekehrungsgeschäft‹ spezieller pietistischer Frömmigkeit durchaus als eine aus dem innersten Geist des Pietismus heraus formulierte Kritik verstehen. Denn der ›Überzeugungsprozess‹ der Religion Jesu ist in seinem Wesen eine personenbezogene, innere Offenbarung. Er vollzieht sich zwar in einer Situation des Zweifels zwischen Bangen und Hoffen, am Rande der Verzweiflung. Und nichts wäre hier für die Überzeugungsarbeit einfacher als das Machtwort und die schnelle Antwort. Das aber wäre nicht Überzeugung, sondern Überwältigung. Genau das aber haben die *Absichten* nicht im Sinn. Die Begegnung mit dem Auferstandenen und die Erkenntnis über ihn und seine Lehre entwickeln sich aus der persönlichen Ansprache. Die Begegnung stößt Reflexions-, Frage-, Selbsterkenntnis- und Verständnisprozesse an. Sie ist Anstoß, nicht Lösung. Sie zwingt nicht »durch scharfe Demonstrazionen, durch unwiderstehliche sinnliche, oder Verstandes-Beweiße« (GA II/1, 88), nicht dadurch, dass man »andere für sich denken [lässt], man muß selber denken, selbst forschen, u. suchen,

u. dieses Forschen muste durch Geschmack [!] fürs Wahre u. Gute
geleitet werden« (ebd., 90). Und auf diesem Weg kann dann – erweckt
durch den Geist Gottes –»mit einem Schlag Licht auf die Herzen der
Jünger« fallen, Vorurteile gründlich »ausgerottet« und »die göttliche
Sendung Jesu unwidersprechlich bewiesen« werden (ebd., 76).
Was Fichte hier als Auslegung der Kreuzes- und Auferstehungstheologie bietet, ist, methodologisch und inhaltlich gesehen, das Paradigma und Credo seiner Lehr-Lern-Didaktik überhaupt. Und da
das Methodologische, die ›Kunst des Philosophierens‹, für seine Wissenschaftslehre wesentlich ist, stehen wir hier sozusagen im Epizen-
trum seiner Lehrkunst. Seien es Fichtes ›Erweckungspredigten‹, die
in den Herzen der Gemeinde ›inneres Feuer‹ entfachen wollen, sei es
die Moralerziehung im Hause Ott, die die Zöglinge über den Weg des
moralischen Gefühls zur Einsicht führen will, oder die moralischen
›Experimente‹ an den ›Gemütern‹ seiner Zuhörer, die Anstöße zum
Selbst- und Mitvollzug seiner philosophischen Vorträge im Hörsaal
oder in den ›Konversatorien‹: Das Prinzip ›man muss, geleitet durch
den Geschmack am Wahren und Guten, selber denken, forschen und
suchen, um zu finden‹, gilt für Fichte über die Grenzen der jeweiligen didaktischen Situationen hinaus für alle personenbezogene, das
heißt humane Kommunikation und Interaktion unbedingt und gleichermaßen. Damit zusammen hängt das Aufmerksamkeitsaxiom der
Lehrtätigkeit Fichtes:[38] Wer sich auf die Forschungs- und Denkpro-

---

38 In seinen *Aphorismen über Erziehung* aus dem Jahre 1804 wird »Aufmerksamkeit
und absolutes Nichtdulden des Zerstreutseyns« zum Heilmittel schlechthin aufgewertet. Dort heißt es: »Dieser Punct ist wichtiger als er scheint, und ich getraue mir
zu behaupten, dass man das Menschengeschlecht mit Einem Streiche von allen seinen übrigen Gebrechen geheilt haben würde, wenn man jeden von dem Zerstreut-
seyn geheilt, und ihn dahin gebracht hätte, nur allemal seine ganze unzerstreute Aufmerksamkeit auf das zu richten, was er jetzt treibt« (GA II/7, 15). Die Wichtigkeit
dieses Gedankens betont dann die *Anweisung zum seligen Leben*, wenn es dort über
kontrahierendes und zerfließendes Bewusstsein heißt: »das ursprüngliche Bild der
geistigen Selbstständigkeit ist im Bewußtseyn ein – ewig sich machender, und leben-
digst sich haltender geometrischer Punkt: das ebenso ursprüngliche Bild der Un-

jekte nicht konzentriert, sich auf die Suchbewegung des Geistes nicht
einzulassen vermag, für den ist das, was er in Fichtes Vorträgen hört
oder erlebt, vielleicht kurios und unterhaltsam, wohlmöglich auch
langweilig und unverständlich – letztlich aber ist es ohne jedweden
intellektuellen oder moralischen Ertrag. Es dringt nicht durch und
bleibt nichtssagend. Das neutestamentliche Gleichnis, auf das Fichte
in diesem Zusammenhang verweist, ist das Gleichnis vom Sämann
(Mt 13, 3–23, GA II/1, 86), anhand dessen Jesus die Notwendigkeit
der Kongruenz zwischen seiner Botschaft und der Bereitschaft seiner
Zuhörer, sich auf die Botschaft einzulassen, zu erklären versucht.

Wie wir im Folgenden noch weiter sehen werden, enthält das Moment der Zuschreibung eines individuellen Eigenanteils an geistiger
Arbeit für den Prozess der Glaubensgründung ein starkes Argument
gegen die vielfach vertretene Determinismus-These beim frühen,
vorkantischen Fichte. Auch die *Absichten* dokumentieren deutlich,
dass Wahrheit und Gewissheit im Hinblick auf ihre Überzeugungskraft wesentlich auch von der Bereitschaft des Erkennenden abhängen, sich aus eigener Initiative und eigener Kraft, das heißt frei und
entschieden, mit den hier relevanten Fragen und Quellen auseinanderzusetzen.

Theologisch, didaktisch und konkret auf die *Absichten* bezogen,
wird damit ein Element von Fichtes Denken betont, das aus seinem
pietismusaffinen Verständnis des Christentums stammt und worin
sich sowohl sein spezifischer Blick auf das Thema Kirche und Gemeinde als auch sein grundsätzliches, auch späteres Selbstverständnis
als Lehrer verdeutlicht. So sind es nicht die kirchlichen ›Großereig-
nisse‹, die Messe, die Prozession, auch nicht die beeindruckenden
Monumente der Kirchengeschichte, Dome und Kathedralen, nicht
die Macht der altehrwürdigen Institution von Mutter Kirche – ka-
tholisch oder lutherisch, gleichviel –, ihre Überlieferung, ihre Theologen, Priester, Heiligen und Wundergeschichten, nichts von alledem
dringt in das vor oder bringt hervor, worum es dem Fichte'schen Ver-

selbstständigkeit, und des geistigen Nichtseyns, eine, unbestimmt sich ergießende,
Fläche« (GA I/9, 130).

ständnis über das Wesen des Christentums als Religion der Innerlichkeit geht. Im Gegenteil: Dies alles lenkt vom Eigentlichen und Wesentlichen ab. Alles das sind für Fichte – wie für den Pietismus, etwa
für Gottfried Arnold, einen seiner Gründerväter (vgl. Gäbler, GdP 4,
30–33) – religiöse Verfallssymptome, ob in der »Papstkirche oder im
Luthertum« (ebd., 31). Was wirkt und zählt, ist die unmittelbare, an
den Einzelnen oder an die kleine Gruppe gerichtete, intensive Mit-
Teilung. Vorbild dafür ist, wie die *Absichten* ganz im Sinne pietistischer Frömmigkeitskultur deutlich machen, die aus der Begegnung
mit dem Auferstandenen von Einzelnen oder kleinen Gruppen erfahrene Wahrheit über den heilenden Sinn der Botschaft des Evangeliums, wie es über die Apostel und die frühchristliche Gemeinde
biblisch überliefert ist.

Joseph Beeler-Port hat dieses besondere Struktur-, man könnte
vielleicht sagen: Alleinstellungsmerkmal des theologisch begründeten Lehrstils Fichtes – allerdings ohne Bezug zu seiner theologisch-
katechetischen Herkunft – an den Konversatorien untersucht, die
Fichte seinen Hörern regelmäßig und parallel zu den Vorlesungen
über die Wissenschaftslehre, insbesondere in den Jahren 1804/05, angeboten hat. Beeler-Port nennt die Konversatorien treffend eine von
Fichte gepflegte »lebendige Gesprächsgemeinschaft mit den Hörern«.
Nach Fichtes eigener Auffassung sind die Konversatorien das »vermittelnde Organ« zwischen ihm und seiner Hörerschaft. In diesem
»Organ der Vermittlung« wurden offenbar »Fragen zum Verständnis
des Vorgetragenen« erörtert, »Argumentationsschritte zusammengefasst«, von Fichte »Diskussionen unter den Hörern angeregt und zu-
gelassen«, denen er selbst interessiert zuhörte.[39] Beeler-Ports Analyse
kommt zu dem bemerkenswerten Resultat, dass Fichte

> in […] hohem Maße […] bei seinen [mündlichen] Darstellungen mit dem
> direkten Kontakt zu den Hörern rechnete und […] seine Vorträge auch
> auf diesen gegenseitigen Austausch mit ihnen einrichtete. Eine schriftli-
> che Darlegung der W[issenschafts]L[ehre] hätte niemals denselben Erfolg

---

39 J. Beeler-Port: *Verklärung des Auges. Konstruktionsanalyse der ersten Wissenschaftslehre von 1804.* Bern 1997, 72 f.

erwarten lassen. Auch in der literarischen Gattung der *Dialoge*, wie sie Fichte [...] mit seinen beiden Schriften *Die Bestimmung des Menschen* und *Sonnenklarer Bericht* erprobt hat, bleibt die Gesprächsgemeinschaft künstlich und fiktiv.[40]

Am ehesten überliefere heute, so Beeler-Ports Fazit, »da eine Unterredung mit Fichte nicht mehr möglich ist, [...] vielleicht die literarische Gattung von *Manuskripten,* anhand derer er sich Tag für Tag auf seine Vorträge vorbereitete, [...] noch seine lebendige Gesprächsgemeinschaft mit den Hörern aus dem Jahre 1804/05«.[41] Das heißt, das Medium, innerhalb dessen sich die Innerlichkeit religiöser oder philosophischer Evidenzerfahrung unmittelbar kommunikativ vermitteln lässt, ist der Kreis der ›lebendigen Gesprächsgemeinschaft‹, der aus einem entschiedenen, gemeinsamen Geist um die Wahrheit Ringenden und Suchenden: die *Communio pietatis.* Dass Fichte aus diesem äußerlichkeitskritischen Geist der Innerlichkeit und Innigkeit nicht nur sein christliches Religions- und Glaubens-, sondern auch sein Kirchenverständnis entwickelte, belegt zum einen seine Rede von der »unsichtbaren Kirche« als der »Uebereinstimmung aller vernünftigen Wesen zum gleichen Glauben« (GA I/1, 371), aber auch und noch deutlicher sein um 1800 gehegter Plan, mit Schelling, den Brüdern Schlegel, Schleiermacher und anderen ein »Haus Jenaischer Colonisten in Berlin zu gründen« und dort mit den »Gleichgesinnten« in einer »kleinen unsichtbaren Kirche« zu leben und zu arbeiten (GA III/4, 302).[42]

1.4 Zur Anstoß- und Konstitutionslehre des bestimmten, empirischen Ich

Neben dem didaktischen Paradigma der ›lebendigen Gesprächsgemeinschaft‹ enthält Fichtes Analyse zur Vermittlung der Auferste-

---

40 Ebd., 76.
41 Ebd.
42 Vgl. Traub (2001), 44–53.

hungsbotschaft des Neuen Testaments im Kontext der *Absichten* bereits zentrale Elemente seiner *Grundlage der gesammten Wissenschaftslehre*. Hinzuweisen wäre zum einen auf die Konstitutionstheorie des bestimmten Ich durch die Lehre vom Anstoß und zum anderen auf das um 1798 entwickelte und weiterhin als Grundlage der Theorie von Wahrheit und Gewissheit ausgebaute Modell der Evidenz.

Im Zusammenhang mit der Diskussion um Kants Lehre vom Ding an sich ist der Fichte-Forschung das *Motiv eines ›äußerlich gesetzten Impulses‹* zur Auslösung eines komplexen internen Reflexions- und Konstitutionsprozesses des Ich-Bewusstseins vor allem durch die systematisch verankerte und transzendentalphilosophisch begründete *Theorie des Anstoßes* bekannt, wie sie Fichte in der *Grundlage der gesammten Wissenschaftslehre* (1794) entwickelt hat. Im Hinblick auf eine Beziehung zwischen dem Anstoßgedanken, den das Ärgernis des Todes Jesu bei seinen Jüngern bei der Gründung respektive Auferstehung/Auferweckung eines originären religiösen Bewusstseins auslöst einerseits, und dem Anstoß, der die Setzung eines bestimmten Ich-Bewusstseins begründet andererseits, ist das in beiden Akten angelegte ›Helldunkel‹ der Konstituierung bemerkenswert. Fichte hatte sich in den *Absichten* intensiv mit der Frage befasst und gezeigt, wie das Auferstehungs- bzw. Auferweckungsereignis in der Wechselwirkung von Aktivität und Passivität sowohl zwischen Gott und Jesus als auch zwischen dem Auferstandenen und seinen Jüngern zu denken sei. Dieser komplexe Wechselbestimmungsgedanke zeigt sich nun ebenso im Akt der Konstituierung des bestimmten Ich: der Selbstreflexion, das heißt in der Vermittlung zwischen der das Ich begrenzenden Entgegennahme des Reflexionsimpulses durch den Anstoß und dessen aktiver Setzung durch das Ich. So heißt es in der *Grundlage*:

> [Die] Bestimmung des Ich, seine Reflexion über sich selbst, als ein bestimmtes ist nur unter der Bedingung möglich, daß es sich selbst durch ein entgegengesetztes begrenze [...]. Bloß die Frage, wie und wodurch der für [die] Erklärung der Vorstellung anzunehmende Anstoß auf das Ich geschehe, ist hier nicht zu beantworten; denn sie liegt ausserhalb der Grenze des theoretischen Theils der Wissenschaftslehre (GA I/2, 361 f.).

Gesetzt ist damit das Dass sowie der transzendentale Gedanke eines Wie der Konstituierung eines bestimmten Ich überhaupt, nicht aber die konkrete inhaltliche Bestimmung des Anstoßes. Die Frage nach dem Wesen des gesetzten Anstoßes bleibt damit theoretisch unbeantwortet. Sie wird von Fichte an den praktischen Teil der Wissenschaftslehre verwiesen, der über die Bestimmung des Nicht-Ich durch das Ich, über die Theorie des Gefühls, des Strebens und des Sollens handelt. Gleichwohl gilt, theoretisch begründet, die grundlegende Offenheit des Ich für eine begrenzende Entgegensetzung, durch die es sich als bestimmtes setzt.

Im Licht unserer Untersuchung zu den *Absichten* erscheint es forschungsgeschichtlich nicht voll überzeugend, wenn die Kommentatoren zur *Grundlage der gesammten Wissenschaftslehre* die Theorie des Anstoßes als ein Modell »der rationalen Mechanik« erklären und diese These durch den Bezug auf ein von Fichte anderenorts verwendetes Beispiel von einander anstoßenden Kugeln untermauern.[43] Denn werkgeschichtlich naheliegend wäre es, auch eine auferstehungstheologische Deutung des Anstoßes in Betracht zu ziehen. Diese bietet, auch im Sinne des verwendeten Zitats aus der *Grundlage*, eine weniger mechanische als vielmehr moraltheologische Interpretation der ›Erweckung‹ des bestimmten Ich-Bewusstseins – ein Gedanke, der Fichtes freiheitlicher Grundüberzeugung durchaus näher liegt als der eines Mechanismus.[44] Auferstehungstheologisch gedacht wäre der Anstoß dann der aus dem Kreuzestod Jesu erfolgte Impuls zur Reflexion über das eigentliche Wesen der Lehre Jesu. Als dessen Konsequenz folgen die darüber vermittelte Theologie der Auferstehung, das heißt die Erweckung des Evangeliums im Geist

---

43 W. Class / A. K. Soller: *Kommentar zu Fichtes Grundlage der gesamten Wissenschaftslehre.* Amsterdam / New York 2004 (*Fichte-Studien Supplementa 19*), 281

44 Es sei hier auf Fichtes Ablehnung des Denkmodells »moralischer Maschinen« und sein Plädoyer für das Genuss-Modell des inneren Kampfes verwiesen (GA I/1, 79, vgl. Traub [2018], 106–108 und Oesterreich [2018a], 137–146). Auf diesen Aspekt der Moralphilosophie Fichtes werden wir im Folgenden noch näher eingehen.

der Jünger oder die »Genese des christlichen Bewusstseins«[45], sowie die damit verbundene Schaffung eines erkämpften ›neuen‹, nicht der Dominanz der Empirie und Sinnlichkeit unterworfenen, freien, tugendhaft handelnden Ich.

Es könnte somit durchaus sein, ja, es liegt sogar nahe, dass Fichtes frühe und originelle Auslegung von Tod und Auferstehung als geistig-metaphysisches Ereignis die ursprüngliche Idee ist, aus der sich dann – theologisch neutralisiert und formalisiert – die transzendentalphilosophische Konzeption der anstoß-vermittelten Konstitutionstheorie der Wechselbestimmung von Ich und Nicht-Ich, insbesondere die darin gesetzte transzendentale Gründung des bestimmten Ich, entwickelt hat.

1.5   Der »Blitz-Gedanke« – Zu Fichtes Theorie der Evidenz

Fichte unterstellt, geleitet von den neutestamentlichen Berichten über die näheren Umstände der Begegnung mit dem Auferstandenen, dass sich die Gewissheit über die göttliche Bestätigung der Sendung Jesu bei den Jüngern wie folgt ereignete:»[W]ie auf einen Schlag fiel Licht auf die Herzen der Jünger«, »rottete« ihre »Vorurtheile« gründlich aus und »bewies unwidersprechlich« (GA II/1, 76). Dass für Fichtes Philosophie und ihre ›Entdeckung‹ die Lehre von der ›unwiderstehlichen Evidenz‹, vom ›Licht der Erkenntnis‹, vom ›unmittelbaren Einleuchten‹, vom ›Ergriffenwerden durch das Licht‹ eine zentrale Rolle spielt, ist unbestritten. Schon die Berichte über die Erfindung der Wissenschaftslehre sind Erzählungen über eine ›plötzliche, ergreifende und seelenerwärmende Evidenz‹ (vgl. GA II/1, 220).[46] Und wie bei keinem anderen der Idealisten spielt das ›Licht‹ der Erkenntnis eine entscheidende Rolle bei der Entwicklung philosophischer Gedanken wie bei Fichte. So ist schon in den frühen Stadien der Wissen-

---

45 Preul (1969), 48.
46 Vgl. Traub (2015), 114–129.

schaftslehre vom »Blitzgedanken« des Ich die Rede (GA II/3, 123).
Die *Wissenschaftslehre* von 1805 versteht sich explizit als eine »Theorie des [...] Lichts« (GA II/9, 228), die ihre Erkenntnisprozesse als ›Lichtfäden‹ und »Licht-Welt« (ebd., 204) entwickelt und ihre erkenntniserweiternden Einsichten existenziell und objektiv als Ergriffenwerden vom Licht auslegt.[47] Auch die vorherige, zweite Fassung der *Wissenschaftslehre* aus dem Jahre 1804 entwickelt ihre ›Wissens- und Wahrheitslehre‹ als eine Theorie des lebendigen Erscheinens, als »Lichtung des Absoluten«.[48] Günter Zöller hat darauf hingewiesen, dass Fichtes »aufklärerische Grundeinsicht«, das heißt sein Grundverständnis von Aufklärung als Ciècle des lumières, im Unterschied zu Kants Orientierung am ›Gebrauch des Verstandes‹, in der »Lichtmetaphorik« begründet ist.[49] Allerdings ist hier mit Recht zu fragen, ob Fichtes Rede vom Licht angemessen als »metaphorisch« und nur im übertragenen Sinne gemeint oder nicht vielmehr wörtlich zu verstehen ist.[50]

Bei allem Konsens der Forschung über dieses charakterisierende und tragende Spezifikum des Fichte'schen Philosophierens blieb die Antwort auf die Frage nach dessen Herkunft bisher unklar. Wie wir aus der Analyse der *Absichten* sehen, liegt sein Ursprung weit vor der Entdeckung der Wissenschaftslehre. Und es ist wohl nicht zu gewagt, zu behaupten, dass dieses Theorem weniger einer philosophiegeschichtlichen, etwa platonischen Tradition (vgl. DgF, 221), als vielmehr und vor allem der theologischen Tradition entnommen wurde. Es sind Fichtes theologische Studien, insbesondere die zur Auferstehungsthematik, die seine Rede vom Licht der Erkenntnis beeinflusst, wenn nicht begründet haben. Diesen allgemeinen theologischen Grundzug in Fichtes Lehre vom Licht, nämlich, dass »die Gottheit nicht mehr in das todte Sein, sondern in das lebendige

---

47 Vgl. Traub (2009a), 195–201.
48 Janke (1970), 322 f.
49 G. Zöller: »Kant, Fichte und die Aufklärung«, in: *Fichte und die Aufklärung*. Hrsg. von C. de Pascale u. a. Hildesheim / Zürich / New York 2004, 51.
50 Vgl. Traub (2009a), 195–201.

Licht gesetzt werden muß«, betont schon Janke in seiner Analyse
zum zweiten Vortrag der *Wissenschaftslehre* von 1804.[51] Einen Hinweis auf die Verbindung zwischen wissenschaftlicher Evidenz und
der schlagartigen Erleuchtung der Herzen durch die göttliche Bestätigung der Religion Jesu im Zuge seiner Auferstehung, so wie sie
Fichte in den *Absichten* entwickelt, gibt – wenn auch indirekt und
über Schelling vermittelt – Walter E. Ehrhardt.[52] In seiner Analyse zu
»Schellings Metapher ›Blitz‹ – eine Huldigung an die Wissenschaftslehre« weist Ehrhardt zu Recht die in der Idealismus-Forschung
gängige, bloß metaphorische, das heißt ›uneigentliche‹ Interpretation der Licht- und Blitzthematik bei Schelling – und damit indirekt auch bei Fichte – zurück.[53] Und auch der geistesgeschichtliche
Hintergrund, den es hier nach Ehrhardt zu beachten gilt, ist nicht
der griechische. »Es ist ja nicht *der* Blitz gemeint, der Zeus in die
Hand gegeben wurde«.[54] Sondern – und das ist nun für den späten Schelling der *Philosophie der Offenbarung* ebenso wie für den
jungen Fichte der *Absichten* bemerkenswert – es geht hier um den
»Blitz [von] Christi Auferstehung«,[55] um das »entscheidende Fak-
tum, womit die ganze höhere, von gemeinem Standpunkte aus nicht
begreifliche, Geschichte sich schließt«.[56] Und nicht nur das. Denn in
Bezug auf das Verhältnis vom Handeln Gottes und der Auferstehung
Jesu gilt offenbar für Schelling, was auch schon für den Studiosus
Fichte galt, nämlich: Der Blitz der Auferstehung Christi ist »Wie-
derholung« und Bestätigung des göttlichen Schöpfungshandelns im
Sohn Gottes, die Auferstehung ist »freie göttliche Zeugung«. In ihr

---

51 Vgl. Janke (1970), 323.
52 Vgl. W. E. Ehrhardt: »Schellings Metapher ›Blitz‹ – eine Huldigung an die Wissen-
    schaftslehre« in: *Fichte und die Romantik*. Hrsg. von W. Schrader. Amsterdam / At-
    lanta 1997 (*Fichte-Studien 12*), 203–210.
53 Ebd., 206 f. In einer früheren Untersuchung habe ich mit Blick auf Fichte ebenfalls
    die These vertreten: »Das Licht ist keine Metapher!« (vgl. Traub [2009a], 195–201).
54 Ehrhardt (1997), 207.
55 Ebd.
56 F. W. J. Schelling: *Urfassung der Philosophie der Offenbarung*. Hrsg. von W. E. Ehr-
    hardt. Hamburg 1992, 599.

wird der Zusammenhang zwischen der »höheren, transzendentalen, göttlichen Geschichte« mit der irdischen auf das Deutlichste, im erleuchtenden und belebenden Lichtblitz, offenbar.[57] Wie heißt es in Fichtes *Absichten?* »Starb aber Jesus, u. wurde hernach auferweckt, so wurden die Vorurtheile aus dem Grunde ausgerottet, die göttliche Sendung Jesu unwidersprechlich bewiesen, und wie ein [Blitz-] Schlag fiel Licht auf die Herzen der Jünger, u. alle der Saame, der in ihnen lag, keimte« (GA II/1, 76).

Fichtes Theorie des Wissens als *Bild und Erscheinung des Absoluten,*[58] seine Lehre von evidenter Erkenntnis, der Akt der Evidenz und des Einleuchtens selbst, beruhen werk- und ideengeschichtlich schon beim jungen Fichte nicht auf philosophischen, sondern auf theologischen, auf christologischen Prinzipien. Und zwar auf solchen, die im Ausgang von der göttlich inspirierten Auferstehung Jesu, Auferweckung, Verlebendigung und Erleuchtung des Geistes in den Herzen und im Verstand seiner Jüngerinnen und Jünger bewirken.

Dass Schelling den Philosophen Fichte für einen eben solchen Geistesblitz wie den Auferstandenen selbst hält und wertschätzt, ist bemerkenswert und bedürfte einer eigenen Untersuchung. Dass aber beide für ihre Lehre vom geistesgeschichtlichen Aufleuchten eines Heilswissens auf die christliche Auferstehungsauslegung und ihre Folgen für andere Formen religiöser Orientierungen, zum Beispiel das Heiden- und Judentum, zurückgreifen, kann nur auf den ersten Blick überraschen.[59] Vom Standpunkt unserer religionsgeschichtlichen Analyse zum Thema Pietismus aus erscheint diese Übereinstimmung in den Grundlagen und Konsequenzen ihrer weltanschaulichen Prägung nicht weiter erstaunlich, haben doch beide Denker ihre Wurzeln in derselben Frömmigkeitsbewegung des Protestantismus. Für Fichte ist das nun allerdings in besonderem Maße der Fall und darin liegt eine weitreichende Differenz zwischen ihm und Schelling – eine Differenz, die schließlich auch zum Bruch ihrer persönlichen

---

57 Ebd.
58 Vgl. Janke (1993).
59 Vgl. Ehrhardt (1997), 208.

Beziehung und Freundschaft führte.[60] Es ist Fichtes Affinität zur Psychotheologie, der Lehre vom Handeln Gottes an der menschlichen Seele, die seiner Evidenztheorie dauerhaft den Charakter besonderer, personenbezogener Intensität und Innerlichkeit verleiht. Diese Haltung lässt einen ›objektiven Beweis‹ nur unter der Voraussetzung des Nachweises einer auch subjektiven Verankerung gelten und erkennt Tatsachen nur bei gleichzeitiger Genese der sie hervorbringenden Tathandlungen, Seiendes nur als Gewordenes und Werdendes an. In ihr spielt die Ingangsetzung, die Belebung, Bewegung, Durchleuchtung und Arbeit des eigenen Geistes die vorrangige Rolle gegenüber Aneignung, Speicherung und Sicherung von Daten, Kenntnissen und Wissen. Damit rückt das bereits erörterte, nachhaltig wirksame Element von Fichtes Auferstehungsexegese noch einmal in den Blick und wird bestätigt, nämlich *der personale Bezug im Anstoßgeschehen der Auferweckung des Geistes*.

Die zentrale These in den *Absichten* zu diesem Thema lautet:

Jesus selbst also konnte seine Religion nicht errichten, oder es wäre nicht *seine* Religion. [...] Seine Jünger sollten sie errichten. Er muste in der Welt erscheinen, er muste die Aufmerksamkeit der Menschen erregen. [...] Aber den hellen Tag der Ueberzeugung durfte er nicht erwarten; er muste bey der ersten Morgendämmerung deßelben vom Schauplatze abtreten (GA II/1, 89).

Sein Erscheinen in der Welt als von Gott Auferweckter und in seiner Heilsbotschaft Bestätigter vollzog sich nicht in aller Öffentlichkeit, sondern »er ließ sich nur von den auserwählten Zeugen [seinen Jüngern], u. nicht von allem Volke sehen« (ebd., 90). Das, was der Auferstandene in denen, denen er sich zeigte, auslöste, war zum einen die Bestätigung seiner göttlichen Sendung und zum anderen die daraus gewonnene Bereitschaft und Sendung der Jünger, über diese tiefgreifende Erfahrung zu berichten. Ihre »Erzählung hatte so ganz das Gepräge der Ehrlichkeit, und der Glaubwürdigkeit« (ebd.). Und damit beginnt nun nach Fichte die eigentliche Gründungsgeschichte

60 Vgl. Traub (2001), 73–117.

des Christentums als Religion Jesu, nämlich: das, was sich den Jüngern in der Begegnung mit dem Auferstandenen durch den Geist
Gottes als die Botschaft über Sinn und Bedeutung von Leben und
Lehre Jesu ›offenbart‹ hatte, aus dem engeren Kreis der Eingeweihten
hinaus ›in alle Welt‹ zu tragen und mit dieser ›Mission‹ das im Menschen anzustoßen, worum es in der von Gott bestätigten Lehre Jesu
geht: die Religion der guten Seele. Dabei spielen in der Vermittlung
des Evangeliums weiterhin der schon in der Erstbegegnung mit dem
Auferstandenen prägende Charakter der persönlichen Nähe sowie
die Offenheit und kritische Selbstreflexivität auf Seiten der Adressaten, das heißt die lebendige Aneignung und Fortentwicklung, wie
auch das bereits erörterte Prinzip der minimalen moralischen Kongruenz zwischen Hörer und Botschaft, eine bedeutende Rolle.

Über den genaueren Ablauf einer personenbezogenen, selbstkritischen und denkenden, also das Herz erwärmenden und den Verstand erleuchtenden Erschließung und Aneignung der Religion Jesu
haben die *Absichten* eine klare Vorstellung. In ihr kommt in bemerkenswerter Konkretion und Deutlichkeit zum Ausdruck, wie sich
der junge Fichte religiöse Reflexionsprozesse im Zusammenhang mit
individuellen Voraussetzungen schon von Anfang an dachte. Einige
der Elemente haben wir im Vorherigen bereits ausführlich erörtert.
Insbesondere wirft dieses Vermittlungsmodell zwischen Hörer und
Botschaft ein klärendes Licht auf das, was Fichte unter »Glauben«
versteht (ebd., 95). Dabei ist bemerkenswert, dass im hier erörterten
Vermittlungs- und Aneignungskontext der Lehre Jesu Fichtes berühmtes, in der Einleitung zur *Wissenschaftslehre* von 1797/98 for-
muliertes Credo:»Was für eine Philosophie man wähle, hängt sonach
davon ab, was man für ein Mensch ist« (GA I/4, 195), bereits grundgelegt ist und zur Anwendung kommt. Denn in den *Absichten* heißt
es:

> Wer kein Gefühl vor Ehrlichkeit, Redlichkeit u. Zutrauen hatte: wem
> die Gesinnungen seines Herzens, u. die Lüste, deren Aufopferung diese
> Religion verlangte, diese Lehre verhaßt u. unangenehm machten, wer es
> wünschen muste, daß sie unwahr seyn möchte: blieb bei dem schlimms-
> ten Anscheine stehen, entzog sich einem ferneren Nachdenken, um nicht

wider seinen Willen von ihr überzeugt zu werden und fand sie, so wie er's wünschte unwahr (GA II/1, 91).

Zur wertschätzenden Annäherung an die Religion Jesu gehört demnach mindestens dreierlei: Erstens eine gewisse moralische Disposition, zweitens eine kritische Distanz gegenüber den gewohnten Annehmlichkeiten eines sinnlichen Genusslebens und drittens die Offenheit und Bereitschaft, sich auch intellektuell, durch ›ferneres Nachdenken‹, auf sie einzulassen. Wer diese Voraussetzungen nicht mitbringt, bleibt – um es mit der späteren Weltanschauungslehre Fichtes zu sagen – in der Weltanschauung der Sinnlichkeit, einem gedankenlosen Empirismus und Hedonismus sowie der ihnen entsprechenden Rechtsidee und ›Religion‹ gefangen.[61] Ihm bleibt die Botschaft Jesu und mit ihr der Zugang zum wahren Geist des Christentums verschlossen. Fruchtbar wird sie dagegen für den, der

in seinem Herzen fühlte, daß es nicht zum besten mit ihm stände, daß er Unterricht, Beßerung, Belehrung bedürfte, dem war eine Religion willkommen, die ihm alles dieses versprach: er fühlte es, daß sie das enthielte, was er suchte: wünschte sie wahr zu finden: er durchdrang ihre äußere Hülle, wurde überzeugt, u. je mehr er forschte je mehr wurde er überzeugt (GA II/1, 91).

Einmal in die Welt gesetzt, so scheint es, entwickelt die Religion Jesu bei entsprechender Disposition und Bereitschaft auf Seiten des Adressaten eine Art Selbstentfaltungsdynamik, die ihre Wahrheit und Überzeugung weniger einem einmaligen Initiationsereignis, sondern vor allem einem entschiedenen und fortlaufenden Prozess der Durchdringung und Erforschung der Lehre – einem Selbstbildungsprozess – verdankt.

---

61 Vgl. Traub (1992), 209–266.

1.6 Glaube: Bedeutungen und Dimensionen

Christlicher Glaube konstituiert sich demzufolge nicht durch die unkritische Annahme von Lehrsätzen oder Glaubensartikeln und das irrationale Bekenntnis zu ihnen. Sondern christlicher Glaube umfasst weit mehr und vor allem anderes.

In der Fichte-Forschung besteht seit einiger Zeit Konsens darüber, dass die bewusstseins- und erkenntnistheoretische Dimension des Glaubens als grundlegende, systematisch eingeordnete und durchdachte Kategorie der Evidenz für die Wissenschaftslehre von konstitutiver Bedeutung ist. Wir wollen nun in einem ersten Angang zur Klärung von Fichtes Glaubensverständnis auf die bemerkenswerte Kongruenz zwischen dem als Gründungsmotiv der christlichen Religion herausgearbeiteten ›Auferstehungsglauben‹ in den *Absichten* und der späteren, insbesondere in der *Wissenschaftslehre* von 1805 entwickelten Funktion und Bedeutung des Glaubens innerhalb des Systems der Transzendentalphilosophie eingehen. Dadurch wird die These von der theologisch-christologischen Begründung des philosophischen Denkens bei Fichte auch in diesem zentralen Element seiner wissenschaftlichen Philosophie gestützt. Die ausführliche Erörterung von Struktur, Funktion und Bedeutung des Glaubens erfolgt in einem eigenen Kapitel zum Schluss der Arbeit. Dort werden die hier im Kontext der *Absichten* aufgewiesenen Hinweise noch einmal aufgegriffen und der Versuch einer systematischen Entfaltung und Einordung des Glaubens im Rahmen von Fichtes Gesamtidee der Philosophie unternommen.

Günter Zöller hat für den transzendentalphilosophischen Begründungszusammenhang von Sein und Wissen auf die dem Glaubensbegriff immanenten Bedingungen und Konsequenzen innerhalb des Systems der Transzendentalphilosophie Fichtes sowie auf die bedeutsame Differenz zwischen einem *Glauben an* und einem *Glauben aus* hingewiesen.

[Der] von Fichte hier [in der WL 1805] zum Einsatz gebrachte Glaubensbegriff hat einen ganz spezifischen Charakter und eine durchaus spezifische Funktion. Er dient nicht zum Ersatz des Wissens, sondern zur Letztbegründung des Wissens außerhalb des Wissens. Damit setzt der hier thematisierte Glaube sowohl die volle Funktionsfähigkeit des Wissens voraus als auch die Einsicht in das, was Wissen ist (Bild) und was es nicht ist (Sein). [...] Schließlich ist der hier einschlägige Glaube nicht etwas, das sich einfach einstellte, sondern das Resultat der Freiheit und ihres Gebrauchs in dem Entschluss, das, was vor, außer, hinter oder unter dem Wissen liegt, als ein Letztes (oder Erstes) und ein alles Wissen Tragendes gelten zu lassen.[62]

In seiner funktionalen Bedeutung dient der philosophische Glaubensbegriff nicht nur als ein »Verfahren der Entscheidung zwischen Wahrheit und Schein, [...] sondern auch dem Aufstieg vom Schein zum Sein«.[63] Entsprechend den Ausführungen der *Wissenschaftslehre* von 1805 weist Zöller darüber hinaus auf die bedeutenden objektiven Bedingungen hin, die das Glaubensverständnis Fichtes sowohl vor dem Vorwurf eines bloßen Dezisionismus als auch vor dem des Irrationalismus schützen. Voraussetzung für den »positiven Glauben« ist der begründete Zweifel an der Letztbegründungsfähigkeit des Wissens, ein kritisches Wissen, das Fichte »negativen Glauben« nennt.

[Der] Übergang vom negativen Glauben zum positiven Glauben [ist] für Fichte nicht ein vom Subjekt bewerkstelligter Erkenntnisfortschritt, sondern das Sicheinstellen des Absoluten. [...] Der aus dem Zusammenspiel von absoluter Freiheit und absoluter Faktizität [dem Sicheinstellen des Absoluten] resultierende ›absolute Glaube‹ ist deshalb nicht nur als ein

---

62 G. Zöller: »›Einsicht im Glauben‹. Der dunkle Grund des Wissens in der Wissenschaftslehre 1805«, in: *Fichte in Erlangen 1805*. Hrsg. von M. Gerten. Amsterdam/New York 2009 (*Fichte-Studien 34*), 212. Die hier von Zöller formulierte Funktion des Glaubens und dessen Wesen, wie er sie anhand der *Wissenschaftslehre* von 1805 erörtert, findet sich vor allem im Hinblick auf das Moment der Freiheit auch in den Skizzen von Fichtes Vorbereitung zu einem späteren Vortrag der Wissenschaftslehre aus dem Jahre 1809. Das Ich, heißt es dort, sei Prinzip eines Sehens. »Ohne Zweifel ist der Glaube ein Ausfluss dieses Vermögens. [...] Es ist Identificiren eines möglichen Sehens mit sich selbst: sonach ganz u. recht eigentlich der Ausdruck der Freiheit, der Kunst und Fertigkeit des Wißens« (GA II/11, 274).

63 Zöller (2009), 215.

Glaube *an* das Absolute, sondern auch als ein Glaube *aus* dem Absoluten anzusehen.[64]

Dabei betont Zöller – implizit gegen Jacobis Fichte-Kritik gerichtet (vgl. DgF, 123–140) – noch einmal die Notwendigkeit einer Vollendung des Wissens, das heißt dessen abschließende Selbstreflexion. Denn »durch eine unangemessene, verfrühte Absage an das Wissen, bei der das Potential der Reflexion nicht voll ausgeschöpft wird, [entsteht] nicht etwa der absolute Glaube, sondern nur ein ›blinder Glaube‹«.[65]

Legen wir die Konstruktionen des Glaubens-Begriffs beim Studiosus Theologiae Fichte und dem Wissenschaftslehrer Fichte übereinander, dann stellt sich eine bemerkenswerte und offensichtliche Kongruenz zwischen den beiden Konzeptionen ein. Der Glaube wächst aus einer kritischen Selbstreflexion über die moralische oder epistemologische Unzulänglichkeit des Menschen sowie dem freien Entschluss, der Sache des Wissens auf den Grund zu gehen. Hierbei orientiert der Glaube als minimale moralische Voraussetzung und Wahrheitsgefühl den Prozess moralischer und epistemologischer (Selbst-)Bildung. Die entscheidenden Schritte zum Fortschritt auf diesem Weg beruhen zwar einerseits auf der ›Selbstprüfung‹, der geistigen und moralischen Anstrengung des Subjekts als notwendiger Bedingung. Sie sind damit grundsätzlich nicht deterministisch konzipiert. Aber als hinreichende Bedingung bedürfen sie andererseits eines objektiven Kriteriums: das vom Absoluten oder vom Geist Gottes her sich einstellende Einleuchten der Wahrheit.

---

64 Ebd.
65 Zöller (2009), 215. Janke zeigt, dass sich Fichtes Idee eines ›aletheuischen‹, das heißt wahrheits- und realitätserschließenden, ›positiven‹ oder ›absoluten Glaubens‹ in seiner Kritik vor allem (auch) gegen Schelling und dessen *System des transzendentalen Idealismus* richtet. Vgl. W. Janke: »Glauben und Wissen. Ein Beitrag zur Schellingkontroverse in Fichtes Erlanger Wissenschaftslehre 1805«, in: *Schelling zwischen Fichte und Hegel*. Hrsg. von C. Asmuth u. a. Amsterdam/Philadelphia 2000 (*Bochumer Studien zur Philosophie 32*), 63–76.

In den *Absichten* wird dieses Modell von Wahrheit und Gewissheit vor allem unter dem Gesichtspunkt der über Tod und Auferstehung göttlich autorisierten Stiftung, Vermittlung und Entfaltung der Lehre Jesu als christliche Religion der guten Seelen vorgestellt. Der Glaube, als spezifischer, synthetischer, auch theologisch auszulegender Modus von Wahrheit und Gewissheit, wird nur an zwei Stellen der *Absichten*, zu Beginn des konzipierten zweiten Teils, thematisiert. Dies geschieht aber sowohl in der Tragweite, in der ihn die *Absichten* als ›das Wesen der Religion des Christentums‹ charakterisieren, als auch in der philosophischen Bedeutung, wie ihn die spätere Wissenschaftslehre auslegt.

In der ersten Stelle heißt es: »Glaube oder das Christenthum heißt: lebendige Ueberzeugung von den Lehren Jesu, u. Gesinnung des Herzens, wie diese Lehren sie erfordern. Ein diesen [entsprechender] anständiger Wandel folgt von selbst« (GA II/1, 81). In dieser Formulierung ist der gesamte existenziell-christologisch-theologische Komplex zusammengefasst, den die *Absichten* mit der Kennzeichnung des Christentums als Kongruenz zwischen der Tugendlehre guter Seelen einerseits und der göttlichen Bestätigung von Jesu Leben, Lehre, Leiden und Auferstehung andererseits im Blick haben. Die durch den Geist Gottes als Fortsetzung des Auferstehungsgeschehens gedachte existenzielle Akkommodation beider Sphären begründet schließlich die These, dass in Folge der Akkomodation, das heißt durch den christlichen Glauben, die Ausformulierung einer expliziten und besonderen christlichen Ethik nicht mehr erforderlich sei, weil sie aus der gelebten Kongruenz und Akkommodation folgt, beziehungsweise ihr bereits immanent ist.

Die zweite Stelle über den christlichen Glauben führt diesen Kongruenz-Gedanken weitergehend dahin aus, dass sie ihn zunächst über den *Schriftbeweis* bestätigt: »Die christliche Religion wird in den Schriften des N.[euen] T.[estaments] gewöhnlich mit dem Worte *Glaube* bezeichnet« (ebd., 94f.). Und nun folgt eine Interpretation des Glaubensbegriffs, der der gesamten Thematik noch einen anderen Schwerpunkt gibt. Glaube, so wie ihn das Neue Testament als christliche Religion versteht, deckt sich, so Fichte, mit der »Bedeutung, die auch das Wort Religion nach unserer DenkungsArt hat« (ebd.). Offenbar ist sich Fichte in seinen *Absichten* der Tatsache bewusst, dass er mit seiner Auslegung dessen, was (christlicher) Glaube bedeutet, eine womöglich von der protestantischen Orthodoxie abweichende, eigenständige und besondere »DenkungsArt« über dieses Thema präsentiert – eine Annahme, die noch einmal Fichtes Bemerkung gegenüber Pezold bestätigt, dass er das »wohlthätige der Religion Jesu […] mit der innigsten Wärme erkannt habe« (GA III/1, 18). Was bedeutet nun Glaube respektive Religion nach dieser Denkungsart Fichtes? Es bedeutet dreier- beziehungsweise viererlei: Zum Ersten »den *Inbegriff u. das System der* Religionswahrheiten, welches auch sonst mit dem Worte *Evangelium* bezeichnet wird« (GA II/1, 95). Bemerkenswert an dieser Formulierung ist der deutliche philosophische Unterton: *Inbegriff und System der Religionswahrheiten* und dies in Verbindung mit dem Evangelium des Neuen Testaments. Demnach sind dessen Schriften für Fichte nicht in erster Linie mehr oder weniger willkürlich auf Kirchenkonzilen zusammengestellte Sammlung historischer Texte und keine individuellen Kompositionen ihrer Verfasser über Leben und Lehre Jesu, die es nach historisch-quellenkritischer Analyse zu sezieren gilt – das vielleicht auch. Insofern kann und muss man Fichtes Schriftbeweise, das heißt die Anbindung seines Glaubensbegriffs an die überlieferten biblischen Quellen (»sola scriptura«), als ein Element dieser Denkungsart hinzufügen, allerdings nur unter dem Vorbehalt eines ›inspirierten‹, nicht rein historisch-kritischen Deutungshintergrundes. Hierin artikuliert Fichte ein gegenüber dem Katholizismus, der Aufklärung und der Orthodoxie kritisches Element reform-protestantischen Glaubens. Aber in erster Linie und wesentlich ist das Evangelium für den Fichte'schen Glaubensbegriff ein Ganzes, ein Inbegriff, und dieses Ganze ist ein System. Das heißt, es enthält eine interne rationale Struktur, die die einzelnen Religionswahrheiten in einer Ordnung von Beziehungen und Bedeutungen sinnvoll gliedert und zusammenhält.

Wenn zum christlichen Glauben und Religionsverständnis ein wie auch immer ausgefeiltes Verständnis dieses Systems gehört, dann erschließt sich über diesen Aspekt des Glaubens die in den *Absichten*

wiederholt gestellte Forderung und Erwartung einer ›Arbeit, Vertiefung und Erleuchtung des Verstandes‹ auf dem Wege einer auch intellektuellen Einlassung auf die ›Lehre Jesu und die Botschaft der Evangelien‹. Christlicher Glaube kann demnach nicht blind, fatalistisch
oder irrational sein. Christlicher Glaube kann keinem deterministischen Modell der Weltauslegung folgen. Das können nur Fanatismus
und Fundamentalismus. Und so spricht denn auch der Textverweis,
mit dem Fichte diesen Gedanken neutestamentlich belegt, davon, dass
»die Zeit der Unwissenheit« vorbei sei. Es sei allen Menschen nunmehr geboten, »Buße zu tun, denn Gott hat [mit der Auferstehung
Jesu] den Tag gesetzt, an welchem er richten will den Kreis der Erde
mit Gerechtigkeit« (Apg 17, 30 f.). Und dies »durch einen Mann, in
welchem er es beschlossen hat und jedermann vorhält den Glauben,
nachdem er ihn hat von den Toten auferweckt« (Apg 17, 31). Buße
tun im Sinne der Fichte'schen Denkungsart heißt: Abkehr von der
Dominanz des Empirismus und »Ausrottung der Sinnlichkeit« (GA
II/1, 75) als lebensbeherrschendes Prinzip. Und in diesem Sinne wird
Gottes Jüngstes Gericht nicht historisch-apokalyptisch ans Ende der
Weltgeschichte verlegt, sondern existenziell als ›präsentische Eschatologie‹ und als entschiedene Wende zum Guten im Gegenwärtigen
verstanden.

Wenn Hegel »den Verkehr *mit der Philosophie* […] *Sonntag des
Lebens*«[66] nennt, der Sonntag aber die Christenheit an die Auferste-

---

66 G. W. F. Hegel: *Enzyklopädie der philosophischen Wissenschaften III*. Theorie Werkausgabe Bd. 10. Frankfurt am Main 1970, 412. Der Hinweis auf Hegel ist insofern
interessant, weil dieser im ›Konzept‹ seiner Antrittsrede in Berlin (1818) für die Religion das ausschließt, was der junge Fichte explizit für sie fordert, nämlich ihre Vertiefung und Rechtfertigung durch einen ›erleuchteten‹ und ›erwärmten‹ Verstand.
Zwar habe die Philosophie, so Hegel, »*denselben Zweck* und *Gehalt* mit der Religion, nur nicht [als] *Vorstellung*, sondern *Denken*«. Dieses hebe »die *Form der Religion* auf, allein darum, um *ihren Inhalt zu rechtfertigen*. Dies sei dann die wahrhafte
Rechtfertigung, nicht die geschichtliche, gelehrte, äußerliche. Das Ewige hat nicht
im Zeitlichen seine Begründung, in Fakta usf. Jenes ist das Zeugnis des Geistes«
(ebd., 411). Den Unterschied zwischen einer historischen, empirisch-äußerlichen
oder rein gefühlshaften, und einer metaphysisch-innerlichen, geistigen Begründung

hung Jesu erinnert, dann ist der Zusammenhang zwischen Philosophie und Auferstehung schon hier beim jungen Fichte deutlich erkennbar: hat er doch die zur Freiheit des Geistes unabdingbare denkerische Aufklärungsarbeit des erleuchteten, richtiger des ›sich verklärenden Verstandes‹[67] an der Überlieferung des Evangeliums und seinem ›System der Religionswahrheiten‹ zum Konstitutivum eines wahren, christlichen Glaubens, zum Gottesdienst erklärt.[68]

Das vertiefte Verständnis von Inbegriff und Systematik der Religionswahrheiten des Evangeliums ist aber nur ein Element des spezifischen Glaubensbegriffs Fichte'scher Denkungsart. Das, was neben der ›Verklärung und Erleuchtung des Verstandes‹, hinzukommen muss, ist die aus der Tugendlehre bekannte *»Verfaßung einer Seele, die die christliche Religion wahrhaftig angenommen hat«* (GA II/1, 95), das heißt ›die Verbesserung des Herzens‹, die nach Fichte zwar nicht so sehr die Erleuchtung, wohl aber die ›Erwärmung des Verstandes‹ bewirkt.

des Inhalts der Religion würde Fichte durchaus mittragen. Aber für ihn ist gerade der »erleuchtete«, durch das moralisch-religiöse Gefühl der guten Seele »erwärmte« Verstand *innerhalb* von Religion und Glauben unabdingbar, um ihren Zweck und Inhalt zu rechtfertigen. Hier stünde dann die Frage nach dem Unterschied zwischen einem rein philosophischen und einem im engeren Sinne theologisch-religiösen Denken, nicht aber die strikte Trennung zwischen Religion (Vorstellung) und Philosophie (Denken) im Raum.

67   Die Formulierung ›erleuchteter Verstand‹ greift etwas zu weit. Und insofern ist hier der Hinweis auf Fichtes spätere, philosophische Präzisierung dieses Prozesses in der *Wissenschaftslehre* 1805 unter dem Stichwort ›Verklärung des Auges‹ angebracht (vgl. Beeler-Port [1997]). Dass der in der ›Verklärung des Auges‹ angesprochene Prozess der Erleuchtung nicht nur blitzhaft, sondern in seiner Entfaltung auch prozessual als »Lichtfaden« und »Lichtstrom« (GA II/9, 189 u. 204) zu denken ist, das haben aber schon die *Absichten* im Blick. Denn: »je mehr er forschte je mehr wurde er überzeugt« (GA II/1, 91).

68   Dieser Auslegung des Sinns und der Bedeutung von Sonntag und Auferstehung lässt sich für uns Gegenwärtige der durchaus kritische Hinweis darauf entnehmen, woran unsere sich so aufgeklärt und liberal verstehenden Gesellschaften mit ihrer zunehmenden Säkularisierung und Kommerzialisierung des Sonntags eigentlich arbeiten.

Wahres Christentum, und damit der volle Inbegriff des Glaubens, besteht nach Fichte dann drittens in der synthetischen Vermittlung von beidem, dem lebendigen ›Durch-und-In-einander-Sein‹, also in einem Modus des Geistes, der sowohl die Bedürfnisse des Verstandes als auch die des Herzens vollumfänglich befriedigt. Dabei sind der Fundierung dieses Modells die einschlägigen Belege aus der Schrift hinzuzufügen, um ihm den Zusammenhang mit der überlieferten christlichen Lehre zu sichern. Somit besteht der Glaube oder das

> wahre Christenthum in einer gänzlichen Verbeßerung, u. Umänderung unserer ganzen Denkungsart; in innerer thätiger Überzeugung von den Lehren des Christenthums, und den Empfindungen des Herzens, die diese Ueberzeugung von uns fordert, welches ohne einen dieser Lehre würdigen Wandel unmöglich ist (ebd.).

Auch diese Textstelle fügt, wie schon die vorherige, dem Glauben als ›gänzliche Umänderung unserer Denkungsart und der Empfindungen des Herzens‹ das konstitutive Element moralischer Praxis als äußerliches Handeln und Wirken in der Welt hinzu. Der Kern des Glaubens aber bleibt die eigene tätige, durch das Licht des göttlichen Geistes geleitete innere Überzeugungs- und Selbstvervollkommnungsarbeit: also das, was die *Absichten* im Sinne der Religion Jesu unter ›Gottesdienst‹ verstehen. Denn »Vervollkommnerung des ganzen Menschen« – und diese besteht in der Entwicklung der im Glaubensbegriff zusammengefassten Elemente – »ist nach ihr [der Religion Jesu] *Gottesdienst* und ihr erhabener Zweck« (ebd., 87).

Mit diesen Schlussfolgerungen zum Glaubens- und Religionsverständnis, das von seiner Definition und Wesensbestimmung des Christentums als Religion guter Seelen alle zentralen Begriffe und Glaubensartikel, alle Überzeugungsarbeit und allen Gottesdienst konsequent in ihrem Ursprung und Wesen ›innerlich‹ und präsentisch auslegt, wird noch einmal deutlich, wie nahe Fichtes *Absichten* den Frömmigkeitsideen des Pietismus stehen, ja, dass sie diese, genau genommen, in einer eigenen Auslegung und als Fichtes eigenes Credo zum Ausdruck bringen.

1.7 Exkurs: »*Auferstanden aus Ruinen*« – *Gedankensplitter zur kulturgeschichtlichen Bedeutung der* »*Auferstehung*«

Es gibt wohl keinen kulturgeschichtlich wirkmächtigeren Glaubensartikel des Christentums als den der Auferstehung: das Zentrum des Osterereignisses. Seinem Andenken und seiner Feier ist in der christlichen Welt der Sonntag gewidmet. Nicht ruhen sollst du an diesem Tag, und nicht nur nicht an diesem, sondern aufwachen, dich wiedererwecken lassen, auferstehen in das, worein dich die Religion berufen hat.

Fichte hat das Auferstehungsmotiv, man kann dieses auch seine ursprüngliche Idee der Freiheit nennen, an zentralen Punkten seiner Philosophie, und zwar von Anfang an, verankert. Hier in den *Absichten* fungiert es als Weckruf an die moralischen Restbestände des menschlichen Gemüts, zu Stärkung und Aufbau einer Mentalität der guten Seele. Im ›Merke auf dich selbst‹ ist es der Lockruf zur Freiheit des Geistes und selbstverantworteten Lebensführung, gerichtet an seine Zuhörer und Leserschaft. Es soll die Erstarrung in gesellschaftlichen und traditionellen Konventionen des Denkens, Glaubens und Handelns aufbrechen und die erloschene Lava zu neuem Leben und neuem Feuer erwecken, nicht allein im Einzelnen, auch im Kollektiv. Mit dem Bild der Auferweckung der Toten aus dem Kapitel 37 des Propheten Hesekiel versuchen seine *Reden an die deutsche Nation* die Hoffnung und den Glauben einer Wiederbelebung und Stärkung der durch Napoleon verdrängten und unterdrückten kulturellen Identität zu erneuern und wieder aufzurichten (vgl. GA I/10, 141 f.).

Fichte steht mit diesem umfassenden, auch politisch gemeinten Begriff der Auferstehung nicht alleine. In komprimierter, gleichwohl universeller und dazu auch noch in poetischer Form hat uns Goethe in seinem ›Osterspaziergang‹ aus *Faust I* den kosmischen und kulturprägenden Sinn des Auferstehungsgedankens überliefert. Das Wiedererwachen der Natur und des Hoffnungsglücks »durch des Frühlings holden, belebenden Blick«. Der Aufbruch des Eises, Erstarrtes, das wieder in Fluss kommt, nicht allein in der Natur, sondern auch im Gesellschaftlichen und Politischen. »Jeder sonnt sich heut so gern. / Sie feiern die Auferstehung des Herrn, / Denn sie sind selber auferstanden.«[69] Die niedrigen Häuser und dumpfen Gemächer haben sie hinter sich gelassen. Sie dürfen sich einem menschenwürdigen Dasein und Gefilde zuwenden. Die alten Zwänge der Handwerks- und Gewerbesbande sind gelöst, Berufs- und Gewerbefreiheit werden gefeiert, ebenso wie die Lichtung des Dunkels der kirchlichen Nacht, die Befreiung von Dogmatismus und religiösen Zwängen.[70] Aufklärung! Und mit ihr die Zurückdrängung der Privilegien alter Machteliten, Militarismus, Feudalismus, Chauvinismus. Fichte hat den Auferstehungsgeist des Liberalismus der Aufklärung, auch Freiheit, Gleichheit – insbesondere das Schiller'sche: »Alle Menschen werden Brüder«, die Prinzipien der Französischen Revolution – als politisches Exempel der universalen, neutestamentlich gestifteten Auferstehungstheologie verstanden. Im 20. Jahrhundert ist es der ›erste sozialistische Staat auf deutschem Boden‹, der – dezidiert atheistisch zwar – den biblisch-christlich gegründeten Topos der Auferstehung – Hesekiel lässt grüßen – in den Rang eines identitätsstiftenden ersten Satzes seiner Nationalhymne erhob (»Auferstanden aus Ruinen«) und damit gleichermaßen den Geist von Völkerverständigung, Freiheit und Gerechtigkeit zu beschwören versuchte.

Der Auferstehungsglaube ist, mit einem Wort, das individual-, kultur- und gesellschaftsgeschichtliche Signum des neuen, ›lichten‹ Europa. Nur, und das hat Goethe, wie die anderen Enthusiasten der Auferstehung auch, durchaus realistisch gesehen, der ›wahre Himmel‹, in den der große Weckruf der Auferstehung leiten soll, ist für das Volk weniger das Reich Gottes oder das der freien Geister, sondern eher ›des Dorfs Getümmel‹. Dort jauchzt zufrieden Groß und Klein: »Hier bin ich Mensch / hier darf ich's sein!«[71] Was die anderen Aspekte des Auferstehungsglaubens betrifft, bleibt, insofern sie im Getümmel des Dorfes nicht völlig in Vergessenheit geraten, nicht nur

---

69 J. W. von Goethe: *Faust. Der Tragödie erster Teil*. Stuttgart 1971, 28 f.
70 Vgl. ebd., 29.
71 Ebd.

dem vermeintlich aufgeklärten Europa welt- und heilsgeschichtlich noch viel zu tun übrig.

1.8 *Islam und Judentum: Religiöse Kulturen der Macht und des Gesetzes und die einheitstiftende Funktion des Christentums*

Fichtes Verständnis des Christentums als Religion der Innerlichkeit findet seinen Niederschlag insbesondere auch in der Kritik an den beiden im engeren Sinne religiösen Gegenpositionen, die die *Absichten* behandeln: dem *Judentum* und dem *Islam*, beziehungsweise ›Mahometanismus‹. Rationalismus und Empirismus/Sensualismus ließen sich ebenfalls als nicht nur wissenschafts- oder erkenntnistheoretische Modelle, sondern als sinnsetzende oder -negierende ganzheitliche Weltanschauungen zur Abgrenzung und Wesensbestimmung des ›wahren Christentums‹ in den kritischen Ansatz der *Absichten* miteinbeziehen.

Zu Beginn unserer Analyse hatten wir darauf hingewiesen, dass sich die *Absichten* in ihrem religionswissenschaftlichen Selbstverständnis auch als theologische Kritik an einem ›oberflächlichen‹, das heißt jetzt *uninspirierten* Aufklärungsrationalismus positionieren: eine Begriffsbestimmung, die sich aus der ›Aufklärung‹ über den Unterschied zwischen einem ›erleuchteten und erwärmten‹ Verstand einerseits und einem ›kalten, rein wissenschaftlichen Rationalismus‹ andererseits herleiten lässt. Fichtes hier, in seinen Anfängen, vertretene Aufklärungskritik, die sich bis in seine späten Auseinandersetzungen mit der Berliner Aufklärung um Friedrich Nicolai fortsetzen wird, richtet sich über die Rationalismuskritik hinaus auch gegen den aufklärungsaffinen Empirismus und Sensualismus – aber nicht deswegen, weil sie an sich bedeutungslos wären. Vielmehr richtet sich schon die frühe Kritik Fichtes nicht allein gegen die von Rationalismus und Empirismus vertretene Ablehnung ›transrationaler‹ bzw. ›übersinnlicher‹ Erkenntnisquellen, die für Fichte Grundlage und Zugang sind für den Aufbau einer in einem umfassenden Sinne zu verstehenden Idee des Menschen. Ja mehr noch, Sensualismus, Empirismus und Rationalismus verhindern als Weltanschauungsmodelle durch ihre nicht zu Ende gedachte ›Metaphysikkritik‹ sinnerfüllte Lebensentwürfe, in denen auch die von ihnen ausgeschlossenen Sphären des Daseins vernünftig begründet zur Geltung kommen könnten, um dadurch ein ganzheitliches seliges – und im theologischen Sinne heiliges, das heißt vollkommenes und glückliches – Leben führen zu können. Zur Erschließung dieser Dimensionen des menschlichen Daseins – und das ist die Botschaft der *Absichten* – sind Historismus, Empirismus, Sensualismus, Rationalismus – kurz: die Orientierung an äußeren Erkenntnisquellen – untauglich. Nicht, dass sie keinen Erklärungswert hätten, den haben sie und den gilt es auch ernst zu nehmen und zu studieren. Begründen oder in ihrem genuinen Wesen darstellen lassen sich die hier relevanten Phänomene in den Grenzen dieser Modelle aber nicht. Um diese heilsrelevanten Dimensionen des Menschseins, das heißt nach den *Absichten*, das Evangelium des Christentums, zur Geltung bringen zu können, bedarf es eines radikalen Schnitts. Es bedarf »der Ausrottung der Sinnlichkeit« (GA II/1, 75) und der gänzlichen Vernichtung »alle[r] äußerliche[n] Ursachen, und fleischl.[lichen] Beweggründe zur Annahme dieser Lehre […] [–] wer sie annahm konnte sie nur um ihrer selbst willen annehmen« (ebd., 90).

Weil wahre religiöse Überzeugung und christlicher Glaube auf dem Prinzip der Innerlichkeit beruhen und darin ihr Wesen haben, religiöse Praxis als Moral, Ethik, Tradition, Ritus, Geschichte, Tempel oder Moschee entweder keine oder, im Falle der Ethik, eine abgeleitete religiöse Bedeutung oder Autorität besitzen, Judentum und Islam in ihrer Geltung aber wesentlich auf diesen Aspekten beruhen und von ihnen ihre Autorität ableiten, kommen sie nach Fichte als Vertreter einer wahren Religion nicht in Betracht. Worum es den *Absichten* und auch den späteren religionskritischen Überlegungen Fichtes geht, ist weniger, einen intellektuellen Kreuzzug gegen nichtchristliche Religionen zu führen, richtet sich doch seine Kritik mit denselben Argumenten und derselben Schärfe auch gegen Katholizismus und lutherische Orthodoxie. Im Mittelpunkt seines Interesses steht die Herausbildung eines ›reinen‹ Religionsbegriffs. Gemeint ist damit ein Begriff der Religion, der sich gegenüber den Sphären der Politik, der Moral, der kulturellen Tradition, gegenüber Kunst und Geschichte nicht absolut aber doch spezifisch abgrenzt. Das heißt von Sphären, die in den unterschiedlichen Weltanschauungen entweder nicht sauber vom Wesen des Religiösen getrennt sind oder sich, wie und wodurch auch immer, darin eingemischt haben und dadurch insbesondere die heilsgeschichtliche Dimension des Religiösen überlagern oder verfälschen. Und das gilt, nach Auskunft der *Absichten*, für das Judentum und den Islam auf grundsätzlich dieselbe, im Detail dann aber doch sehr unterschiedliche Weise.

Grundsätzlich wird die Tradition beider ›Religionen‹ wesentlich durch Merkmale der Äußerlichkeit gekennzeichnet, Merkmale, die dem Christentum nicht fremd sind, die es aber radikal nach innen wendet. Überlieferungsgeschichtlich und biblisch zentral ist dabei die Vielzahl von Beispielen, in denen sich Jesus gegen die ›Scheinheiligkeit‹ eines äußerlichen, werkgerechten ›Pharisäertums‹ wendet, dessen Wandel vor den Menschen »weißgetüncht und hübsch« erscheint, dessen Inneres aber »voller Totenbeine und alles Unflats« ist (Mt 23, 27). Fichtes eigenes Beispiel für den Unterschied von Innerlichkeit und Äußerlichkeit geht – in seinem kommentierenden Exzerpt zum Römerbrief (GA II/1, 95–98) – an die Substanz beider Religionen, nämlich an den auch in der Gegenwart, wenn auch aus anderen Gründen, umstrittenen, für Judentum und Islam gleichermaßen konstitutiven Initiationsritus der Beschneidung. Was Paulus im Römerbrief erklärt, nämlich dass Abraham sowohl zum Vater aller wurde, »die da glauben in der Vorhaut« – also glaubende Heiden –, als auch für diejenigen, »die nicht allein von der Beschneidung sind, sondern wandeln in den Fußstapfen des Glaubens, welcher war in unserm Vater Abraham, als er noch Vorhaut hatte« (Röm 4, 11 f.), wendet Fichte im Sinne seiner radikalen Sinnlichkeitskritik dahin, dass er behauptet: »*Die Beschneidung war ihm* [Abraham] *nur ein sinnliches sichtbares Zeichen*« (GA II/1, 97). Das, was für den Islam und das Judentum in ihrer Berufung auf den durch Gott mit Abraham im Zeichen der fleischlichen Beschneidung gestifteten ewigen Bund konstitutiv, ja dessen Fehlen Ausschlusskriterium ist (1. Mose 17, 14), wird im Zeichen der Äußerlichkeits- und Leiblichkeitskritik zu einem bei Paulus noch möglichen, jedoch lässlichen, für Fichte dann aber problematischen Merkmal der Gottesbeziehung. Die ›Ausrottung der Sinnlichkeit‹ zum Zweck einer grenzscharfen Bestimmung des Religionsbegriffs zwingt Fichte dazu, das Beschneidungsritual ungeachtet seiner traditionellen oder symbolischen Funktion, das heißt, insofern es wesentlich religiöse Bedeutung haben soll, *ausschließlich* geistig, als ›Beschneidung des Herzens‹ zuzulassen. Insofern Abraham bereits vor seiner Beschneidung, aus seinem Glauben heraus für gerecht befunden wurde und damit im Bund mit Gott, das heißt ›am Herzen beschnitten‹ war, gilt er Fichte nun auch als »Vater der Beschneidung des Herzens« (GA II/1, 98). Das, worauf sich das Christentum nach dieser Lesart gründet, nämlich der Glaube an die Heilsbedeutsamkeit des Evangeliums, wird hier von Fichte über das Heilswirken Jesu hinweg in den ›geistigen Bund‹ zwischen Gott und Abraham, das heißt in eine Zeit vor der Gründunggeschichte von Judentum und Islam verlegt, insofern sich diese mit ihrem Glauben auf den durch die leibliche Beschneidung Abrahams gestifteten Bund mit Gott berufen. Diese Idee eines weniger historischen, sondern vielmehr metaphysischen ›Urchristentums‹ in vorjesuanischer, aber auch vorjüdischer und vorislamischer Zeit, ein ›Christentum‹, mit dem der historische Jesus bekannt gewesen sein soll und auf das er nach dem Johannes-Evangelium verweist: »Ehedem Abraham ward, bin Ich« (Joh 8, 58), ist fester Bestandteil von Fichtes sensualismus- und empiriekritischem, rein geistigem Religionsverständnis.

20 bzw. 27 Jahre nach Abfassung der *Absichten* befasst sich Fichte in der sechsten Vorlesung der *Anweisung zum seligen Leben* (1806) und der *Beilage* zu dieser Vorlesung sowie in der *Staatslehre* (1813) noch einmal ausführlich mit diesem Thema. In der *Anweisung* legt er zum einen das jesuanische Auferstehungsverständnis anhand des Johannes-Evangeliums aus (Jh 8, 51 f.), in dem es ebenfalls um das Autoritätsverhältnis zwischen Jesus und Abraham geht (vgl. GA I/9, 124). Die *Beilage* (ebd., 188–193) ebenso wie die *Staatslehre* vertiefen und verfeinern das in den *Absichten* bereits formulierte antisensua-

listische und antihistorisch-empirische Postulat der ›Ausrottung der Sinnlichkeit‹[72] durch die Differenz von historischem, spekulativem und metaphysischem Glaubenserkenntnis (vgl. GA I/9, 191) einserseits sowie der werkkritischen und allein metaphysisch-apriorischen ›Heiligung‹ des Christen (vgl. GA II/16, 154) andererseits. Dabei spielt auch hier die These von der Ursprünglichkeit der wahren (christlichen) Religion gegenüber den historisch-empirischen sich auf Abraham berufenden Religionsformen eine Rolle. »Jesus hatte seine Erkenntnisse weder durch eigene Spekulation [philosophisch], noch durch Mitteilung von außen [Tradition und Belehrung], [...] er hatte sie eben schlechthin durch sein bloßes Daseyn; [...] rein durch Inspiration [den Geist Gottes]« (GA I/9, 191).

Mit dieser Unterscheidung hängt eine weitere Christentum einerseits und Islam und Judentum andererseits charakterisierende Wesensbestimmung zusammen. Sie folgt aus der definierten Grunddifferenz von Innerlichkeit und Äußerlichkeit und bildet für die *Absichten* zugleich den Ansatz zur Herausarbeitung spezifischer Differenzen der empirischen Religionen untereinander.

Im Zusammenhang der Entwicklung eines Konzepts des Christentums als Religion der Innerlichkeit behandeln die *Absichten* im

---

72 Es wäre ein grobes Missverständnis, Fichtes Postulat der ›Ausrottung der Sinnlichkeit‹ als absolute Negation von Sinnlichkeit und Empirie auszulegen. Worum es in dieser Denkfigur sowohl theologisch als auch wissenschaftlich geht, ist, das Verhältnis zwischen ›geistiger‹ und ›sinnlicher‹, ›innerlicher‹ und ›äußerlicher‹ Welt im Sinne der Vorrangigkeit der ersteren zu bestimmen. Aus Fichtes konsequenter Auslegung des Christentums als einer Religion der Innerlichkeit und durch göttlichen Geist belebten Inspiration folgt in seiner späteren Philosophie die Vorrangigkeit der ›Geisterwelt‹ gegenüber politischer oder sozialer Vergesellschaftung ebenso wie die Bestimmung gesellschaftlicher Strukturen oder natürlicher Ressourcen, inklusive des menschlichen Körpers, als ›Material der Freiheit‹, und zwar für moralische, ästhetische, religiöse, das heißt an Ideen orientierte Bildungs- und Gestaltungsprozesse. Insofern formulieren die *Absichten* mit ihrem Religionsbegriff lange vor Fichtes Begegnung mit Kant *den* Grundzug seines späteren Idealismus schlechthin, nämlich den einer von der Subjektivität her angelegten, aber aus der Objektivität begründeten *Philosophie des Geistes*.

Interesse einer klaren Abgrenzung des Religionsbegriffs den Islam und das Judentum, ebenso, allerdings nur am Rande, die Heiden. Fichtes Kritik am Islam ist in ihrem Ursprung nicht ganz klar. Zum einen wird man wohl sagen müssen, dass er von der im 17. und 18. Jahrhundert in Wissenschaft und Gesellschaft virulenten ›interreligiösen Auseinandersetzung‹ insbesondere mit dem Islam Kenntnis hatte. Auch wenn Lessing zu seinen ›Lieblingsautoren‹ der frühen Zeit gehörte, wissen wir nicht, ob er dessen 1779 erschienenen *Nathan der Weise* kannte. Wahrscheinlich ist ihm während seines Theologiestudiums die Islamkritik des Johannes von Damaskus begegnet, eines theologisch-dogmatischen Referenzautors seines Lehrers Pezold. Explizit äußert sich Fichte dann 1808, in der achten *Rede an die deutsche Nation* (GA 1/10), zu einer literarischen Quelle, aus der er seine islamkritischen Kenntnisse geschöpft hat, nämlich Voltaires 1742 erschienene Tragödie in fünf Akten, *Le Fanatisme ou Mahomet le prophète*. Voltaires nicht historische, sondern literarische Figur des Mahomet wird in den *Reden* als positives Beispiel für die Notwendigkeit einer starken ideologischen Überzeugung angeführt, die erforderlich sei, um militärisch erfolgreich zu sein. Das gälte selbst dann, wenn diese Idee nur eine ›Grille‹ wäre. Die Grille im Kopf eines Heerführers, wie Mahomet, so Fichte, reiche aus, um solchen Nationen militärisch überlegen zu sein, die ohne ein ideologisches Fundament, aus reinem Machtinteresse, ›wie die Römischen Heere‹, Krieg führen.

> Ein Volk, [so Fichte], das da fähig ist, sey es auch nur in seinen höchsten Stellvertretern, und Anführern, das Gesicht aus der Geisterwelt, Selbstständigkeit, fest ins Auge zu fassen, und von der Liebe dafür ergriffen zu werden, wie unsere ältesten Vorfahren, siegt gewiß über ein solches, das nur zum Werkzeuge fremder Herrschsucht, und zu Unterjochung selbstständiger Völker gebraucht wird, wie die Römischen Heere; denn die erstern haben alles zu verlieren, die leztern bloß einiges zu gewinnen. Ueber die Denkart aber, die den Krieg als ein Glücksspiel ansieht, um zeitlichen Gewinn oder Verlust, und bei der, schon ehe sie das Spiel anfängt, fest steht, bis zu welcher Summe sie auf die Charten setzen wolle, siegt sogar eine Grille (GA 1/10, 208).

Als einen solchen, von einer grillenhaften Idee beherrschten, gleichwohl siegreichen Heerführer führt die *Rede* nun Mohammed alias
Mahomet an.

Denken Sie sich z.B. einen Mahomet, – nicht den wirklichen der
Geschichte, über welchen ich kein Urtheil zu haben bekenne, sondern den
eines bekannten französischen Dichters, – der sich einmal fest in den Kopf
gesezt habe, er sey eine der ungemeinen Naturen, die da berufen sind, das
dunkle, das gemeine Erdenvolk zu leiten, und dem, zufolge dieser ersten
Voraussetzung, alle seine Einfälle, so dürftig und so beschränkt sie auch in
der That seyn mögen, dieweil es die seinigen sind, nothwendig erscheinen
müssen, als große und erhabene und beseeligende Ideen, und alles, was
denselben sich widersezt, als dunkles gemeines Volk, Feinde ihres eig-
nen Wohls, übelgesinnte und hassenswürdige; der nun, um diesen seinen
Eigendünkel vor sich selbst als göttlichen Ruf zu rechtfertigen, und ganz
aufgegangen in diesem Gedanken mit all seinem Leben, alles daran setzen
muß, und nicht ruhen kann, bis er alles, das nicht eben so groß von ihm
denken will, denn er selbst, zertreten hat, und bis aus der ganzen Mitwelt
sein eigener Glaube an seine göttliche Sendung ihm zurückstrale (ebd.,
208 f.).

Und Fichte fährt fort:

ich will nicht sagen, wie es ihm ergehen würde, falls wirklich ein geistiges
Gesicht, das da wahr ist und klar in sich selbst, gegen ihn in die Kampf-
bahn träte, aber jenen beschränkten Glücksspielern gewinnt er es sicher ab,
denn er sezt alles gegen sie, die nicht alles sezen; sie treibt kein Geist, ihn
aber treibt allerdings ein schwärmerischer Geist, – der seines gewaltigen
und kräftigen Eigendünkels. Aus allem gehet hervor, daß der Staat, als
bloßes Regiment des im gewöhnlichen friedlichen Gange fortschreitenden
menschlichen Lebens, nichts erstes, und für sich selbst seyendes, sondern
daß er blos das Mittel ist für den höhern Zweck der ewig gleichmäßig fort-
gehenden Ausbildung des rein menschlichen in dieser Nation; daß es allein
das Gesicht, und die Liebe dieser ewigen Fortbildung ist, welche immer-
fort auch in ruhigen Zeitläuften die höhere Aufsicht über die Staatsverwal-
tung führen soll, und welche, wo die Selbstständigkeit des Volks in Gefahr
ist, allein dieselbe zu retten vermag (ebd., 209).

Ob sich Fichtes 1786 in den *Absichten* vorgetragene Islamkritik schon aus derselben literarischen Quelle speist wie die aus dem Jahre 1808, lässt sich schwer sagen. Allerdings fällt auf, dass beide Texte derselben Argumentation folgen, den Islam ›Fanatismus‹ nennen und sich perspektivisch ergänzen. Während die *Reden* aus der Perspektive Mahomets, eines machtpolitischen Narzissten, argumentieren, dessen Ziel und eigenwillige, vorgeblich göttliche Sendung es ist, seine Gegner zu unterwerfen und zur Anerkennung seiner ›dürftigen und beschränkten Ideen‹ zu zwingen, argumentieren die *Absichten* aus der Perspektive der Anhänger. Fichte entwickelt dieses auf die Anhänger ausgerichtete Argument gegen den Islam aus der Entstehungsgeschichte des Christentums und den alternativen Möglichkeiten, wie sich diese auch hätte ereignen können. Es ist der ›schändliche Tod‹ Jesu und sein Scheitern in der Welt, die den Weg in die eigentliche, innere Dimension der Religion des Christentums weisen. Ihr äußerlicher Erfolg als anerkannte messianische Sendung zu Lebzeiten Jesu hätte ihre Entdeckung als Religion der Innerlichkeit behindert, wenn nicht verhindert. Genau das, der Weg über den innerweltlichen Erfolg, so Fichte, sei nun aber der Weg des Islam zur Anerkennung als ›Religion‹ gewesen. Im Hinblick auf die »SittenLehre so gut [...], als die christliche, weil sie die Christliche selbst ist«,[73] wurde sie als

---

[73] Wir haben darauf verwiesen, dass eine literarische Quelle, bei der sich Fichte mit seiner Islamkritik bedient hat, die des Johannes von Damaskus gewesen sein könnte. Die Behauptung, der Islam sei in seiner Sittenlehre die christliche Religion selbst, deutet womöglich auf die in der oströmischen Kirche verbreitete und auch von Johannes im 7. Jahrhundert vertretene Einschätzung hin, der Islam sei eine häretische christliche Sekte (vgl. C. Kohls: *Johannes von Damaskus und seine Beurteilung des Islam*. Norderstedt 2014, 16–22). Fichte wird daraus in seiner Offenbarungskritik unter den Stichworten ›unberufen Inspirierte und Schwärmerei‹ einen weiteren Vorbehalt auch gegen den Islam formulieren, nämlich, dass dessen ›Offenbarungen‹ nicht göttlichen Ursprungs seien, weil es mit dem Christentum »unter den Menschen« bereits eine »alle Criterien der Göttlichkeit an sich tragende Religion [gab]« (GA I/1, 75). Mit dieser Kritik wiederholt Fichte die ihm möglicherweise durch Pezold bekannt gewordene und auch von Johannes von Damaskus formulierte Islamkritik des 7. Jahrhunderts.

Religion durch die »Art ihrer Errichtung« verdorben (GA II/1, 89).
Denn der Glaube an die göttliche Sendung Mohammeds und die
Wahrheit seiner Lehre aufseiten der ›Gläubigen‹ beruhe, im Unterschied zum Christentum, nicht auf der aus Zweifel und Verzweiflung
erwachsenen eigenen, inneren Überzeugungsarbeit – der ›Erleuchtung des Verstandes und der Besserung des Herzen‹, das heißt der
Conditio sine qua non des Christentums –, sondern auf dem »Bey-
fall« zum äußerlichen, machtpolitischen Erfolg des Propheten. Dadurch aber wurden die Anhänger des ›Mohammedanismus‹ »weder
erleuchtet noch *gebeßert*« (ebd., 80). Folge dieses Erfolgs oder Miss-
erfolgs sei die Entstehung »einer blos äußerl.[ichen] Gedächtnis, u.
MundReligion, nicht [aber einer] Religion des Herzens« (ebd., 75);
und die sich daraus ergebenden Konsequenzen für die Weiterverbrei-
tung der Lehre seien: »Tumult, Unordnung, Rebellion, Revolution,
Fanatismus« (ebd., 80) – und am Ende: keine Religion, sondern eine
durch Zwang, nicht durch Freiheit erwachsene weltliche Macht –
»eine *Monarchie*« (ebd., 89).[74]

In seiner Offenbarungskritik dehnt Fichte seine Kritik am Islam,
verallgemeinert als Religionskritik, auf alle ›nicht göttlichen‹, das
heißt machtpolitisch begründeten Religionen aus. »Keine göttliche
Religion also muss durch Zwang oder Verfolgung sich angekündigt
oder ausgebreitet haben. […] Jede Offenbarung also, die durch Ver-

---

74 Dieselbe Kritik am Islam wiederholt und vertieft Fichte dann 1804 in den *Grund-*
zügen des gegenwärtigen Zeitalters. Dabei verbindet Fichte auch dort die beiden
Aspekte »des Schwerts wohl kundig, durch welches er [der Islam] vom Anfange
an sich verbreitet hatte«, respektive »die Asiatische, stumme Ergebung, und die
Despotie« mit der Behauptung der Gleichursprünglichkeit des Islam »aus einer und
eben derselben Urquelle mit dem Christenthume« (GA I/8, 350). Bemerkenswert ist
der dritte europa-politische Aspekt, den Fichte 1804 seiner Islamkritik hinzufügt,
nämlich die identitätsstiftende Funktion der Kreuzzüge und Kriege gegen das Os-
manische Reich für die Herausbildung eines Europa einenden Selbstverständnisses
als christlich-europäische Kulturnation (ebd., 351). Vgl. hierzu: H. Traub (2020):
»Überzeugung oder Unterwerfung – Fichtes Auseinandersetzung mit dem Islam«,
in: *Pithanologie. Exemplarische Studien zum Überzeugenden.* Hrsg. von M. Pietsch
und M. Mülke. Berlin 2020 (in Vorbereitung).

folgung sich ankündigt und befestigt hat, ist sicher nicht von Gott«
(GA I/1, 76). Das Argument, das die Gründungsidee des Islam mit
der machtpolitischen Geschichte seiner Ausbreitung in einem problematischen Spannungsverhältnis sieht, wird Fichte auch in seiner
Sittenlehre von 1798 wiederholen. Im Hinblick auf die wahre Gründungsidee des Islam, die Primordialität des Übersinnlichen in einer
spezifischen kulturhistorischen Modifikation, heißt es dort:

> Ein anderer Religionsstifter, Muhamed, ertheilte demselben Uebersinn-
> lichen eine andere seiner Nation angemessenere Form, und er that wohl
> daran; wenn nur die Nation seines Glaubens nicht das Unglück betroffen
> hätte, dass sie aus Mangel eines gelehrten Publicums [...] stillegestanden
> wäre (GA I/5, 219).

Das machtpolitische Element der Religionskritik wird in der Sittenlehre vor allem im Zusammenhang von Fichtes Theorie des Symbo-
lismus vertieft, die hier besagt, dass der Mangel oder gar die Unterdrückung symboldidaktischer Reflexion gegenüber religiösen Sym-
bolen zu religiösem Dogmatismus, zu blindem Glauben und Gehorsam führt.

Im Rahmen der Entwicklung von Fichtes philosophischer Weltanschauungslehre bleibt dieses Modell der Stiftung und Organisation
einer religiösen Orientierung als äußerliche, machtpolitische Institution, das heißt als *eine* Konstitutionsmöglichkeit religiösen Bewusstseins bestehen. In seiner 1804/05 entwickelten Weltanschauungsthe-
orie ließe sich dem Modell des Islam ein Platz im Vernunftsystem
möglicher Formen des religiösen Denkens zuweisen, und zwar als
Modus der äußeren, gleichwohl legalistischen Existenzialform des
Vernunftlebens, einer in ihrem Ursprung zwar subjektgebundenen
Hervorbringung, die aber in ihrer Geltung rein äußerlich, wie ein
natürlicher Zwang, auf die Menschen wirkt. Zu dieser sinnenwelt-
lich-legalistischen Weltanschauung heißt es: In ihr sei »ein Gott vorhanden, um die höhere Polizei, die über die Kraft der menschlichen
Policei hinausliegt, zu handhaben, und eine Moralität, die aber mit
der äußern Rechtlichkeit im Verhältnisse mit andern zusammenfällt,
und in ihr aufgeht« (GA II/8, 419).

Es ist das Stichwort Gottesbild, das in den *Absichten* auf eine weitere Unterscheidung zwischen Christentum und Islam – später auch zum Judentum – führt. Bemerkenswert an diesem Punkt ist, dass Fichte den Unterschied nicht – was ja nahe läge – über die christliche Lehre einer trinitarischen Gottheit markiert, obwohl dies von der Anlage der *Absichten* her durchaus möglich gewesen wäre, sind doch sowohl die Idee der »Gottes-Sohnschaft« (GA II/1, 87) als auch die der »Erleuchtung« der Jünger durch den »Heiligen Geistes« (ebd., 76) darin angelegt. Stattdessen argumentieren die *Absichten* auch theologisch ganz im Sinne ihrer Christologie. Wenn es die Absicht des Todes Jesu war, seinen Anhängern mittels des Heiligen Geistes die Wahrheit über den ›liebenswürdigen und edlen Charakter‹ Jesu als Zentrum seiner göttlichen Botschaft zu beweisen und in ihnen aufzurichten, dann muss auch das hinter dieser Absicht stehende Gottesbild damit übereinstimmen. Und das tut es in mehreren Hinsichten, allerdings mit dem sehr bemerkenswerten Vorbehalt, dass das Eingehen auf die Frage nach dem Wesen Gottes nicht zum eigentlichen Kernbestand der christlichen Religion als Religion guter Seelen gehört. Die Antwort auf die Gottesfrage – und einige andere dogmatische Fragen – »interessirt […] nur den schärfern Verstand« (ebd., 82). Gleichwohl verweisen die *Absichten* auf ein mögliches, mit der christlichen Religion kompatibles und biblisch überliefertes Gottesbild.

Das erste ›Attribut‹, das im Sinne der christlichen Religion Gott zugewiesen wird, ist die ›Anbahnung‹ des für Fichtes spätere Religionslehre maßgeblichen Verständnisses Gottes als Gott der Gnade und der Liebe. So sei im Neuen Testament »weniger vom Zorn, vom Grimme von Rache Gottes […] oft von der *Gnade Gottes*« die Rede (ebd., 82 f.). Das zweite ›Attribut‹ Gottes entspricht ganz dem Wesen des Christentums als Religion der Innerlichkeit. Es ist nicht der äußerliche Machtbeweis, der politische oder gesellschaftliche Sieg der Religion, der ihre göttliche Sendung beweist. Im Gegenteil: Die Macht Gottes und die Wahrheit der am Beispiel Jesu offenbarten und im Menschen erweckten Heilslehre erweist sich in ihrem Wesen gerade im Scheitern an der Welt und ihrer dadurch einleuchtenden

Grundlegung als Religion der Innerlichkeit. Gott ist wesentlich eine geistige Macht. Allerdings ist er eine solche – und das wäre das dritte Attribut –, deren Zentrum das moralische Wesen einer geläuterten, das heißt in ihrem Verstand erleuchteten und erwärmten guten Seele ist. Der eigentliche ›Gottesdienst‹ besteht daher in der freien, auf moralische Besserung ausgerichteten geistigen Auseinandersetzung mit den Wahrheiten der christlichen Lehre, ihrer verständigen Durchdringung und ihrer engagierten Verwirklichung. Hierin betonen die *Absichten* noch einmal das Glaubenselement der freien, geistigen Arbeit, die es erfordert, um sich der auch den Verstand überzeugenden Wahrheit der christlichen Religion als »vernünftiger Überzeugung« anzunähern (GA II/1, 80). Damit formulieren die *Absichten* bereits vor, was Fichtes Offenbarungskritik ausdrücklich zum Kernbestand der (christlichen) Religion erklärt:

> Der Endzweck aller Offenbarung ist reine Moralität. Diese ist nur durch Freyheit möglich, und läßt sich also nicht erzwingen. Nicht nur sie aber, sondern auch die Aufmerksamkeit auf Vorstellungen, welche dahin abzwecken, das Gefühl für sie zu entwickeln, und die Bestimmung des Willens beim Widerstreite der Neigung zu erleichtern, läßt sich nicht erzwingen, sondern Zwang ist ihr vielmehr entgegen (GA I/1, 76).

Hier haben wir es mit dem nicht nur religionspädagogischen, sondern grundlegenden Prinzip von Fichtes Philosophie der Erziehung und Bildung zu tun, einem Grundzug, der auch sein philosophisches Lehren als Bildung zur Selbstbildung kennzeichnet.[75]

Was sich der Religion an weltlicher Macht zuschreiben ließe, kommt ihr also nicht ursprünglich, sondern nur in einem aus dem vernünftigen Glauben abgeleiteten, womöglich als ›Vorsehung‹ zu interpretierenden Sinn zu. Dies gilt aber nur unter der Voraussetzung des Nachweises ihres ursprünglich moralischen, auf Freiheit und vernünftiger Überzeugung beruhenden Wesens.

Fassen wir alle drei Momente des Gottesbildes zusammen, dann lässt sich in ihrem ›Inbegriff‹ erkennen, dass Fichte bereits in seiner

---

75 Vgl. Traub (2010), 35–58.

Studienzeit über den Ansatz zu einem Begriff des Absoluten verfügte, in dem Affektives (Liebe), Voluntatives (moralischer Wille)
und Epistemisches (Erleuchtung des Verstandes) zusammengehören.
Diese Attribute gelten dort als Grundzüge sowohl seines christlichen
Religions- und Glaubensverständnisses der Innerlichkeit wie auch
seines Erziehungs- und Bildungsverständnisses.

Was Fichte somit am Modell des Islam kritisiert, ist nicht so sehr
der Inhalt seiner Lehre, sondern die über die äußerliche, machtorien-
tierte Art seiner politischen und gesellschaftlichen Verbreitung vermittelte und geförderte Haltung der Unterwerfung. Eine Haltung,
die die ›Kultivierung‹ einer individuellen, selbstständigen, auf Liebe,
Freiheit und Vernunft basierenden Religiosität eher behindert als
fördert.[76] Im Hintergrund dieser methodologisch und entwicklungs-
geschichtlich begründeten Unterscheidung stehen selbstredend auch
klare inhaltliche Differenzen zwischen beiden Religionen, die sich
exemplarisch an den skizzierten Konturen des Gottesbildes – und
dem daraus ableitbaren Menschenbild –, das die *Absichten* vertreten,
erkennen lassen.

Die am Mohammedanismus kritisierten Aspekte einer Religion
der Äußerlichkeit treffen in Teilen auch auf Fichtes in den *Absichten* formulierte Kritik am *Judentum* zu. In diesem Fall macht Fichte
die Bezugsquellen seiner Kritik explizit. Sie beruht in der Summe
auf der Übernahme und Modifizierung der schon in den Evangelien
grundgelegten, dann aber durch Paulus systematisch begründeten
Auseinandersetzung mit der Frage nach Geltung und Bedeutung
›des Gesetzes‹ für Juden und Nichtjuden. Eine Diskussion, die wir
am Thema Beschneidung und Unbeschnittenheit bei Abraham, dem
Gründungsvater der drei monotheistischen Religionen, schon berührt haben. Für Fichtes Kritik am Judentum spielen, wie auch in der
Kritik am Islam, die Themen Äußerlichkeit, Mundreligion, Lippen-
bekenntnis, Formalismus und Ritualismus, Tradition und Konven-
tion die entscheidende Rolle. Die Frage nach dem Zusammenhang
zwischen der inneren Haltung des Gläubigen und dem äußerlichen,

---

76 Vgl. H. Traub (2020).

machtpolitischen Erfolg der Ausbreitung der Religion steht dabei nicht so im Vordergrund wie bei seiner Islam-Kritik. Allerdings werden jüdischer Messianismus und islamischer Prophetismus in ihrer Funktion einer allgemeinen und öffentlichen Anerkennung der jeweils als Messias oder Prophet ausgerufenen Person (Jesus oder Mohammed) auf dieselbe Weise kritisiert (vgl. GA II/1, 75).

Zentral für Fichtes Kritik am Judentum ist die in den Evangelien grundgelegte und dann insbesondere im Römer- und Galaterbrief (vgl. ebd., 81) pointiert vorgetragene Auseinandersetzung des Apostels Paulus mit dem Gesetzes- und Traditionsverständnis des Judentums, und zwar in seinem Verhältnis zum Christentum. In diesem Zusammenhang stehen auch Fichtes Ausarbeitungen zu den Kapiteln 1 bis 5 des Römerbriefs am Ende der *Absichten* (ebd., 95–98). In dieser kritischen Auseinandersetzung spielen für Fichte aber nicht allein die interreligiösen Differenzen, sondern spielt vor allem die einheitstiftende Funktion des Christentums im Hinblick auf die Grundlegung der Einheitsidee eines Kosmopolitismus, der weltumspannenden Idee einer im rechten Glauben geeinten Menschheit – die »Vereinigung […] überhaupt der Welt« – eine bedeutende Rolle (ebd., 77).[77]

---

77 Die Diskussion um ›Fichte und das Judentum‹, insbesondere im Hinblick auf Fichtes vermeintlichen oder tatsächlichen Antisemitismus, hat, seit Saul Aschers 1794 geäußerter Kritik, eine lange forschungsgeschichtliche Tradition. Die Ansichten dazu gehen auch in der Gegenwart noch weit auseinander. So beurteilt Micha Brumlik die Philosophie Fichtes als systematisch antisemitisch. Auch Fichte als Person hält er für einen Judenfeind und Gesinnungsantisemiten mit ideologischen Nähen zum rassistischen Antisemitismus des jungen Adolf Hitler (Brumlik [2000], 75 f.). Dagegen weist Hans-Joachim Becker sowohl auf die freundschaftlichen Beziehung Fichtes zu Juden seiner Zeit (Becker [2000], 103–117) als auch auf ideengeschichtliche Nähen Fichtes zum Judentum sowie des Judentums – etwa des Zionismus – zu ihm (ebd., 320–364) hin. Es ist inzwischen Stand der Forschung, dass Fichtes Kritik am Judentum nicht pauschal als antisemitisch, rassistisch oder völkisch verurteilt, sondern nur kontextgebunden und damit differenziert beurteilt werden kann. Die gröbsten Missverständnisse und Fehlurteile in dieser Sache hat das ›den vergessenen Generationen der jüdischen Fichte-Rezeption‹ gewidmete Standardwerk von Hans-Joachim Becker, *Fichtes Idee der Nation und das Judentum*, ausgeräumt. Der Vorzug dieser Arbeit besteht darin, dass sie mit der Aufarbeitung von etwa 200 Jah-

Als Strukturierungshilfe für diese komplexe, von theologischen,
ethischen, religionsgeschichtlichen und hermeneutischen Aspekten
durchzogene Diskussion, die Fichte hier in den *Absichten* mit dem
typisierten Judentum führt, lässt sich die in den beiden Ausarbei-

ren innerjüdischer Fichterezeption ein differenziertes, vielfach apologetisches, ins-
besondere gegen nationalistische und nationalsozialistische Vereinnahmungen, Ver-
zerrungen und Pervertierungen gerichtetes Panorama der Fichte-Exegese aufspannt.
Damit gelingt nicht nur der Nachweis einer »bislang in diesem Umfang nicht zur
Kenntnis genommene[n] Affinität des Judentums zu Fichte« (ebd., Klappentext),
sondern auch die Überwindung der üblicherweise konfrontativ vereinseitigenden
Auseinandersetzung um Fichtes Äußerungen zum Judentum. So muss etwa als eine
Quelle von Fichtes Kritik am Judentum die hier in den *Absichten* diskutierte Frage
nach den Grenzen einer an tradierten und unreflektiert angewandten Geboten ausgerichteten Orthodoxie angesehen werden, die Frage also, die Fichte an dieser Stelle
mit Bezug auf die neutestamentliche, insbesondere paulinische Auseinandersetzung
um Gesetz und Freiheit vom Gesetz, um Beschneidung und Nicht-Beschneidung
erörtert. Was schon in dieser frühen Debatte deutlich wird, ist, dass es ihr nur vordergründig um die kulturkritische Differenz zwischen Christentum, Islam und Judentum geht. Denn dahinter steckt eine Kritik, die sich in entscheidenden Punkten
ebenso, und zwar verstärkt, auch gegen bestimmte konfessionelle Ausprägungen
des Christentums richtet. Das heißt, die hier vorgetragene, vermeintlich exklusiv
gegen das Judentum gerichtete Kritik ist nicht weltanschaulich, kulturkritisch, völkisch oder gar im Sinne des Nationalsozialismus rassistisch, sondern, wie beim Islam auch, systematisch oder typologisch zu verstehen. Fichte wird diese Position in
seiner *Wissenschaftslehre* 1804[2] auch transzendental – als Standpunkt der Legalität,
der auch den »Gesetzesglauben« des kategorischen Imperativs einschließt – ableiten.
Dass Fichte auch kulturkritische Einwände gegenüber spezifischen Ausformungen
insbesondere des orthodoxen Judentums geäußert hat, resultiert – kontextuell verankert – etwa aus den Erfahrungen seiner frühen Reise durch Polen, die er in seinem Reisetagebuch festgehalten hat (vgl. Becker [2000], 31 f.). Im Kontrast dazu
stehen sowohl seine hochachtungsvolle Korrespondenz mit dem jüdischen Gelehrten Salomon Maimon als auch sein Umgang, ja seine Freundschaft mit Juden und
Jüdinnen des Berliner Bürgertums, etwa mit Rahel Levin, David Veit, dem Neffen
von Mendelssohns Tochter Dorothea und mit dieser selbst (vgl. ebd., 76–96). Dass
Fichte aus einem weltanschaulich tiefsitzenden antijüdischen Ressentiment heraus
den Umgang mit Juden überhaupt gemieden habe, lässt sich somit nicht behaupten
(wie das Brumlik [2000], 76 tut).

tungsansätzen verwendete, in sechs bzw. sieben Punkte aufgeteilte
Gliederung zu den »Folgen der Religion Jesu« (GA II/1, 77) verwenden. Worin die Besonderheit des Christentums als Religion der
Innerlichkeit und Fichtes spezifische Interpretation ihres Zentrums
von Kreuz und Auferstehung besteht, brauchen wir an dieser Stelle
nicht zu wiederholen. Es sollen Hinweise genügen, um diesen Zusammenhang noch einmal zu verdeutlichen.

Als ersten Punkt im Hinblick auf die Verhältnisbestimmung zwischen Judentum und Christentum nennen die *Absichten* die »Aufhebung des jüdischen Gesetzes« bzw. die »Abschaffung der *Mosaischen
Religion*« (ebd., 71 u. 81). Was Fichte als Gefahr einer Gesetzesreli-
gion sieht und im Sinne der ›Religion Jesu‹ kritisiert, ist einerseits,
dass die Einhaltung der Gesetze nicht aus Einsicht in deren inneren
Sinn und moralische Substanz, sondern aus bloßem ›Gehorsam‹ erfolgt. Andererseits fördere eine sich allein durch Gesetzestreue legi-
timierende ›Moral‹ das, was theologisch ›Werkgerechtigkeit‹ genannt
und von Fichte unter das Verdikt von ›Äußerlichkeit, Mundreligion‹
(vgl. GA II/1, 88 f.) und bloße ›Legalität‹ gestellt wird. Wenn eine vermeintlich über ›bürgerliche u. äußerliche Rechtschaffenheit‹ vermittelte Rechtfertigung vor Gott keine wahrhafte Religiosität begründen
kann, dann sind auch alle äußerlichen Versuche vergeblich, sich von
Verfehlungen zu befreien: »Reinigung, Versöhnung, Opfer, durch
welche sie [Juden und Heiden] Gott für begangene Sünden genug
thun wollten« (ebd., 82). Der Hinweis »Juden und Heyden« (ebd.)
macht noch einmal deutlich, dass Fichte in seiner Kritik zwar das
biblisch überlieferte historische Judentum zum Gegenstand hat, im
Grunde aber einen Religionstypus meint, wobei gerade die Themen
Werkgerechtigkeit, Reinigungs-, Buß- und Opferrituale eben auch
vom Wesen der Innerlichkeit entfremdete Spielarten und Traditionen
des Christentums treffen.

Darüber hinaus macht Fichte geltend, dass eine Rechtfertigung des
Menschen vor Gott schon deswegen durch den Versuch des unbedingten Gehorsams gegenüber dem Gesetz misslingen muss, »weil
ers nicht halten kann« (ebd., 97) und Gott es, überdies, »gar nicht
verlange« (ebd., 82). Denn »durch des Gesetzes Werk wird kein

Fleisch gerecht« (ebd., 97). Es kommt daher auf etwas anderes an, nämlich auf die *Religion der guten Seele*, weil die Menschen bei aller Werkgerechtigkeit und Traditionsfrömmigkeit »ohne gründliche Besserung ihrer Seele [...] nicht rechtschaffen seyn« können (ebd., 82). Damit wird noch einmal auf die komplexe, den Verstand erleuchtende, erwärmende und die Gesinnung verbessernde Religion der Innerlichkeit und dabei insbesondere auf deren Appell an die entschiedene Bereitschaft zur geistigen und moralischen Eigenleistung des religiösen Menschen verwiesen.

Dieses zentrale Element von Fichtes christlichem Religions-, Glaubens- und späterem Philosophieverständnis, das ›Selbst-Denken und Erschließen durch eigene geistige Anstrengung‹, unterstreicht seine spätere Offenbarungskritik insbesondere im Hinblick auf das Thema des unkritischen Gehorsams gegenüber dem Gesetz, als ›göttlichen Befehlen‹, im Bild der ›moralischen Maschinen‹. Die spekulative Frage, was und wie Gott an sich sei, haben schon die *Absichten* in der Diskussion um das neutestamentliche Gottesbild als für die Begründung der Religion nicht unmittelbar relevant bewertet. Die Offenbarungskritik geht in dieser Sache noch einen Schritt weiter und erklärt, dass eine Erkenntnis des Wesens Gottes an sich der Moralität sogar hinderlich sei, weil die Erkenntnis eines »unendlichen Wesens [...] in seiner ganzen Majestät [...] uns [...] mit Gewalt treiben und drängen wird, seine Befehle zu erfüllen«. Damit wäre »die Freiheit [...] aufgehoben« und »wir werden alles Verdienst, und alle Uebung, Stärkung, und Freude durch den Kampf, verlieren. [...] [A]us freien Wesen mit eingeschränkten Kenntnissen [werden] moralische Maschinen mit erweiterten Kenntnissen geworden seyn« (GA I/1, 79).

Innerer Kampf, moralische Übung – das, was Fichte später *Ascetik* als Anhang der Moral nennt –, entschiedene innere Auseinandersetzung mit den Fragen nach Wahrheit und Möglichkeiten der ›Besserung der Seele‹ sind somit konstitutiv für echtes religiöses Bewusstsein und das schließt die unreflektierte Anerkennung und Befolgung von Gesetzen aus. Kant wird an diesem Unterschied in seiner Moralphilosophie die ebenso gravierende Differenz zwischen einer bloß ›pflichtgemäßen‹ und einer Handlung ›aus Pflicht‹ festmachen.

Auch wenn die *Absichten* von der ›Abschaffung‹ sprechen, heißt
das nicht, dass der Standpunkt des (mosaischen) Gesetzes an sich,
und damit die idealtypisch skizzierte Religion des Judentums – richtiger des Legalismus, denn Fichte schließt darin eben auch ähnlich
aufgebaute Religionen, den Islam wie heidnische Religionen ein – als
solche abgelehnt würde. Im Gegenteil: »Wir richten das Gesetz auf.
Wir zeigen seine wahre Bestimmung« (GA II/1, 97), zitiert und kommentiert Fichte den Apostel Paulus. Aus der bloßen Orientierung an
der Überlieferung von Gesetz und Tradition aber lässt sich (wahre)
Religiosität nicht begründen, weil hier die entscheidenden Momente
ihrer ›wahren Bestimmung‹, die persönliche Auseinandersetzung
und eigenständige, vernünftige Urteilsbildung, fehlen. Daraus folgt,
und das ist nun für Fichtes Theorie religiös-moralischen Handelns
bedeutsam, das rechte Tun von selbst – insofern die Kultur der guten Seele gebildet, Verstand und Herz durch eigene Anstrengung und
mithilfe des heiligen Geist erwärmt und erleuchtet sind, also rechter Glaube gegründet ist. Der auf diese Weise gegründete Christ, so
Fichte, bedarf des Gesetzes eigentlich nicht mehr, weil er »*gar nicht*
[mehr] *sündigen kann*« (ebd., 83).

Fichtes Ansatz einer am Typus ›legalistischer Religion‹ ausgerichteten Kritik des gesetzestreuen, aber unreflektierten Judentums wird
überdies durch die mit der Gründung des Christentums als Religion
der Innerlichkeit verbundene »Abschaffung der heydnischen Religionen« (ebd., 81) bestätigt. Dabei bestehen in diesem Zusammenhang
neben der Gemeinsamkeit zwischen den »beßeren Religionen der
Heyden« (ebd., 82) und dem Judentum im Hinblick auf die Tradition des Legalismus bemerkenswerte Unterschiede gerade in ihrem
Verhältnis zum Christentum. Dadurch hält also Fichte neben dem
Trennenden auch an der besonderen Verbindung zwischen Judentum
und Christentum fest.

Fichtes Auszüge aus sowie seine Kommentare zum Römerbrief
zeigen, auch wenn er hier mehr oder weniger eng am biblischen Text
arbeitet, wohin seine Verhältnisbestimmung zwischen Christentum,
Judentum und Heidentum tendiert. Zunächst sind für Christentum
und Judentum der gegenüber den polytheistischen Heiden (gemeint

sind in erster Linie Römer und Griechen – vermutlich aber auch
Germanen) gemeinsame Bezugspunkt auf denselben einen Gott und
die aus dieser Tradition vermittelten Wahrheiten zu betonen, ebenso
die Tatsache, dass sich das Christentum auf die jüdische Religion
»stützt« (ebd., 96). Das Zweite ist die privilegierte Adressatenschaft
des Judentums, die auch gegenüber den Christen einen Vorrang begründet. »Jesus macht die Juden *vornehmlich* selig, weil es [das Evan-
gelium] denen *zuerst* verkündet worden.« Ihnen gelten in erster Linie
Rechtfertigung und Heiligung durch die Lehre, »*Glückseeligkeit u.
Seegen hier u. in einer Ewigkeit*« (ebd.). Das Judentum hat somit den
Vorzug gegenüber den Heiden, dass es diese Lehren »leichter annehmen konnte. [...] Sie wusten die Weißagung Gottes vom Meßia, u. an
sie sind sie eigentlich gerichtet« (ebd.). Die folgende einschränkende
Kritik, dass ihnen dieses Privileg der besseren Voraussetzungen aber
nur hilft, »wenn sie sie [die Lehre im Sinne der an Paulus angelehnten
Fichte'schen Auslegung] annehmen«, trifft selbstverständlich nicht
nur das Judentum. Verschärft gilt das selbstverständlich auch für die
Religionsgeschichte des Christentums, was – wie wir sahen – in Fichtes Kritik an Katholizismus und Protestantismus auch deutlich zum
Ausdruck kommt.

Dass Fichte die Struktur wahrer Religiosität schon in der frühen
Phase seines Denkens als eine universalistische Figur begreift, die rassistischen, völkischen oder gar persönlich motivierten Antisemitismus ausschließt und im Gegenteil selbstkritisch vor überheblichem
Urteil über andere Religionen – auch über die Religiosität und Moralität christlicher Mitmenschen – warnt, belegt die kurze Erörterung
dieses Themas in der im selben Zeitraum entstandenen Predigt zu
Mariä Verkündigung (GA II/1, 53–66). Dort heißt es: »noch immer
knien so viele Heyden vor stummen Götzen, noch immer folgen so
viele blinde Heiden u. Juden ihren blinden Führern nach, eifern vor
[für] Gott, eifern vor [für] die väterliche Religion, vielleicht mit den
wärmsten Herzen, aber mit Unverstand!« (ebd., 57). Und nun warnt
der Prediger Fichte von der Kanzel herab: »Laßet uns nicht verwe-
gen urtheilen, Fr[eunde]« (ebd.). Denn es ließe sich zeigen, was aber
nicht Thema der Predigt sei, »daß es auch diesen nicht an Gelegenheit

zur Verbesserung ihres Verstandes u. ihres Herzens fehlt u. daß Gott noch immer genügend Mittel übrig sind, auch an den Seelen dieser Menschen zu arbeiten« (ebd.).

Der letzte Punkt, den Fichte in seiner Verhältnisbestimmung von Juden-, Heiden- und Christentum hervorhebt, bevor er dann auf die bereits erörterten Inhalte der Religion der guten Seelen eingeht, ist das kosmopolitische und universalistische, das menschheits- und weltverbindende Potenzial des Christentums gegenüber Juden- und Heidentum:»die Vereinigung dieser beyden Religionen u. überhaupt der Welt« (ebd., 77). Wenn alle, für Fichte äußerlichen, kulturellen Eigenheiten der Religionen, das Pantheon des heidnischen Polytheismus, die unbedingte Geltung tradierter religiöser Kulte, Riten und Gebote, die fraglose Autorität heiliger Schriften und die Unterwerfungsansprüche ihrer Propheten, für die Begründung und Kultivierung einer wahren Religion guter Seelen irrelevant, ja hinderlich sind, das Christentum aber nicht nur historisch, sondern auch metaphysisch die Religionskultur bereithält, die unangesehen aller traditionellen Unterschiede der religiösen Kulturen eine menschenwürdige Versöhnung mit der Gottheit sowie einen intellektuell wie moralisch anspruchsvollen Weg zur Besserung des Menschen bereithält, dann besteht mit und in seinem Geist die Chance auf eine Zusammenführung der Menschheit, auf eine ›Vereinigung der Welt‹.

Mit dieser universalistischen Forderung und Perspektive formulieren die *Absichten* wohl nicht nur eine theologisch-christologische, das heißt religionswissenschaftliche Expertise zum Neuen Testament, sondern womöglich das weltanschauliche Credo Fichtes schlechthin – oder die nachhaltig und tief wirkende Einsicht in das »wohlthätige [Wesen] der Religion Jesu«, von der in seinem Briefentwurf an Christian Friedrich Pezold die Rede ist (GA III/1, 18).

An Fichtes universaler Idee einer im ›wahren Geist‹ des Christentums geeinten Menschheit ist, im Hinblick auf sein Verständnis anderer Religionen, insbesondere des Islam und Judentums, das eigenständige und von Lessing doch deutlich unterschiedene Urteil bemerkenswert. Die drei monotheistischen Religionen stehen bei Fichte nicht gleichberechtigt nebeneinander. Nach Lessing können sie ihren

Geltungsanspruch jeweils moralisch und vernünftig über ihren Bezug zum ›Herrn der Ringe‹ legitimieren. Das heißt, sie sind zwar untereinander gleichermaßen verschieden, jedoch egalitär im Hinblick auf ihr *tertium comparationis*, den Geist der Aufklärung. Das gälte für Fichte nur unter der (falschen) Voraussetzung, das Christentum, wie die beiden anderen Religionen, im Wesentlichen (äußerlich) aus seiner historischen Geschichte zu begreifen und die Aufklärung dagegen als eine eigenständige Größe zu definieren. Diese Egalität aber gibt Fichte sowohl für das Verhältnis von Islam und Judentum als auch im Hinblick beider auf das Christentum nicht zu. Der Geist der Aufklärung, das heißt nach Fichte: der durch die ›Rührung des Herzens‹ erwärmte und durch die Wahrheit der Religion Jesu erleuchtete Verstand, ist ein Kind und Erbe des wahren Verständnisses des Christentums, das als solches, wie es in der Predigt *An Mariä Verkündigung* heißt, das »ganze Menschengeschlecht [...] beglückseligend« eint (GA II/1, 53). Und noch 1813 heißt es, protestantisch pointiert, über den christlichen Universalismus und das für die Aufklärung relevante Verhältnis von Verstand und Religion: » *Verstand in Anwendung* auf das Xstenthum, u. *Protestantismus* [ist] ganz einerlei, der moderne [man könnte auch sagen: aufgeklärte] Philosoph u. Gelehrte ist drum und nothwendig ein Protestant« (GA II/15, 367).[78]

---

78 Vgl. Traub (2011a), 153–164.

2. Predigt An Mariä Verkündigung

Die Fichte-Forschung geht davon aus, dass die *Absichten* und die am 25. März 1786 in Dubrauke gehaltene *Predigt An Mariä Verkündigung* im selben Zeitraum verfasst wurden. Die Begründung dafür beruht vor allem auf formalen Indizien – dem Schriftvergleich und den übereinstimmenden orthographischen Eigenheiten beider Texte –, Eigenheiten, die sich insbesondere von den späteren Phasen deutlich unterscheiden (vgl. GA II/1, 70–73). Zwar weist die Gesamtausgabe der Fichte-Werke auch auf gemeinsame »Gedankeninhalte« beider Schriften hin. Worin diese bestehen, reduziert sich aber auf die Feststellung eines »inhaltlich gleichen Grundgedankens«, nämlich der Unterscheidung einer »Religion des bloßen Verstands von einer Religion des Herzens« (ebd., 73). Eine Unterscheidung, die sich inzwischen tendenziell als widersinng, zumindest aber als deutlich zu grob erwiesen hat.

Reiner Preul befasst sich in der *Theologie Fichtes in seiner vorkantischen Zeit* vor allem mit dem »streng deterministische[n] Weltbild« Fichtes, für das die Predigt »bereits alle Voraussetzungen« besitzt.[79] Die im Predigttext entfaltete Idee der Freiheit, der zufolge jedermann, proportional zu seinen individuellen, persönlichen und sozialen, ihm von der Vorsehung zugedachten Voraussetzungen, zur moralischen Vervollkommnung aufgefordert ist, »könne keinen Augenblick darüber hinweg täuschen, daß die vorgetragene Lösung als ein mühsam errungener Ausgleich zu betrachten ist. Fichte hat seine Theorie auch in späteren Texten nicht mehr aufgenommen«.[80] Auf weitere theologische oder religionspädagogische Aspekte der Predigt geht Preul leider nicht ein. Abgesehen von diesem begrenzten Blickwinkel, ist es eine gewagte These, dass Fichte das Modell unterschiedlicher, quasi-determinierter biographischer und gesellschaftlicher Voraussetzungen und die Nutzung der darin liegenden Möglichkeiten zu

79 Preul (1969), 104.
80 Ebd., 105.

einer freien, selbstverantworteten moralischen Vervollkommnung als
Lösung für das Problem von Determinismus und Freiheit tatsächlich
aufgegeben haben soll. Handelt es sich dabei doch um eine sehr realistische, geradezu modern anmutende milieutheoretische These, die
– gegen allen sozialen Druck – an der, wenn auch nicht absoluten, so
doch relativen Selbstverantwortung und Freiheit des Menschen für
die Gestaltung seines Lebens festhält. Fichtes erzieherisches Engagement, seine Appelle an die Bereitschaft seiner Zöglinge oder die
seiner Zuhörer und Zuhörerinnen, die in ihnen ruhenden, ganz unterschiedlichen Anlagen zum Besseren – auch mit seiner Hilfe – zu
aktivieren, oder seine deutliche Kritik an jenen, die sich trotz vor-
handener Möglichkeiten nicht auf sein transzendentales Abenteuer
der Selbsterfindung oder moralischen Autonomisierung einzulassen
bereit waren, sprechen eher dafür, dass Fichte auch in diesem Punkt
derselbe geblieben ist.

Petra Lohmanns Einlassungen auf die Predigt von Dubrauke richten sich im Wesentlichen und ganz im Sinne Preuls an der Frage Determinismus versus Freiheit aus. Alle weiteren Aspekte der Predigt spielen auch für sie keine Rolle. Allerdings akzentuiert sie dieses Thema
im Hinblick auf die Ausschärfung des »Gefühls des Gewissens« als
»moralisch-religiöse Instanz«.[81] Wir haben schon für die *Absichten*
gezeigt, und das gilt nun auch für die Predigt von Dubrauke, dass zu
diesem Zeitpunkt kein spezifischer Begriff des Gewissens als »moralisch-religiöse Instanz« bei Fichte vorliegt. Religiosität orientiert sich
auch in der Predigt – wie schon in den *Absichten* und auch in den
späteren Einlassungen zu diesem Thema, etwa Fichtes Auseinandersetzung mit der Familie Ott in seiner Züricher Zeit Ende der 80er
Jahre des 18. Jahrhunderts – nicht am Begriff des Gewissens, sondern
an dem der Tugend. »Religiosität ist *die Gewohnheit tugendhaft zu
denken und zu handeln*« (GA II/1, 176). Was das bedeutet, haben die
Absichten am ›Vorbildcharakter Jesu‹ in ihrer *kleinen Tugendlehre*
ausgeführt und darauf bezieht sich auch die Predigt.

---

81 Lohmann (2004), 29.

An dieser Sicht der Dinge wird bei Preul und Lohmann noch
einmal exemplarisch die Macht der traditionellen Fichte-Deutung
deutlich, die einer von Fichte selbst zur damaligen Zeit zurückgewie-
senen ›Verstandesreligion des Deismus‹ – in deren Konsequenz die
Annahme eines deterministischen Weltbildes durchaus anzusiedeln
wäre – mehr oder weniger kritiklos folgt und daran festhält, auch
gegen Fichtes deutliche Hinweise auf eine ›Kultur des Kampfes‹ um
moralische Freiheit, Autonomie und geistige Selbstbestimmung, die
sich *bis ins Detail* in den *Absichten*, der Predigt von Dubrauke, in der
Dokumentation seiner pädagogischen Alltagsarbeit im Hause Ott,
bis hin zur Offenbarungskritik nachweisen lassen.

Für unsere Analyse der *Predigt* wird gerade dieses Element des
inneren, intellektuellen Kampfes um die eigene moralische, religiöse
und damit letztlich menschliche Würde eine zentrale Rolle spielen,
und zwar deswegen, weil sich darin, neben den allgemeinen theologischen Sachzusammenhängen mit den beiden anderen Arbeiten Fichtes, dreierlei insbesondere nachweisen lässt.

Zum einen zeigt sich in der Synopse der drei Arbeiten – und jetzt
vor allem im Blick auf die Predigt von Dubrauke – ein bereits deutlich konturiertes Freiheitskonzept im Denken Fichtes, das zwar
Kant-affin, nicht aber durch die Bekanntschaft mit dessen Schriften
begründet oder geprägt ist. Dadurch kann, zum zweiten, noch einmal, und zwar insbesondere in der *Predigt An Mariä Verkündigung*,
nachgewiesen werden, dass Fichtes Denken in vorkantischer Zeit weder durchgängig deterministisch noch vom Gedanken der Vorsehung
im Sinne einer unausweichlichen Prädestination dominiert wurde.
Am Thema einer nur unter der Voraussetzung der Freiheit denk-
baren ›Arbeit an der moralisch-religiösen Selbstoptimierung‹ zeigt
sich insbesondere ein interessanter Zusammenhang mit der dogmatischen Theologie, nämlich der Bezug zu Pezolds aposteriorischen
Gottesbeweisen (Gottes Güte und Heiligkeit), die im Kontext seiner
Psychotheologie zu verstehen sind. Dieser Denkansatz dürfte für die
Ausbildung der existenziellen Dimension in Fichtes Denken von Bedeutung gewesen sein, in einem Denken, wie es sich *vor* Kant gerade

in den *Absichten* und der *Predigt* und auch *nach* Kant in der Methode
des philosophischen Denkens zeigt.

Schließlich verweist die Idee des Kampfes um die moralisch-religiöse Selbstoptimierung, das heißt das Modell des ›Perfektionismus‹,
noch einmal auf den pietismusaffinen Kern von Fichtes Selbstverständnis als frommer, gleichwohl aufgeklärter Protestant, das heißt
auf den Denker, dessen Denken auf philosophisch durchdrungenem
Glauben ruht und aus diesem Glauben lebt.

2.1 Gottesdienst

Die *Predigt an Mariä Verkündigung* hat ihren liturgischen Ort im
Gottesdienst. Gottesdienst verstehen die *Absichten*, wie zuvor die
theologische Dogmatik und später auch die Wissenschaftslehre, als
die Arbeit an der ›Vervollkommnung des ganzen Menschen‹. Dies
geschieht insbesondere durch die Erleuchtung und Erwärmung des
Verstandes, deren Ergebnis die Bildung einer auch praxisrelevanten,
wahren Überzeugung ist. Die dazu erforderlichen Gründe und Beweise, die auch den »schärfsten ForschungsGeist befriedigen«, »dringen sich [jedoch] nicht auf, sie müßen gesucht werden« (GA II/1, 87).
Voraussetzung der Initiation einer solchen forschenden Suche ist ein
Minimum an »Lauterkeit des Herzens«, die sich auf dem Wege einer an ihm orientierten »Forschung« und Erforschung »*immer mehr
verbeßert*« (ebd., 87f.). Mit einem Wort: Christlicher Gottesdienst ist
der verständige Prozess der Arbeit an der geistig-moralischen Selbstvervollkommnung des Menschen.[82] Wie das möglich ist, dazu macht

---

82 Diese liturgische Bestimmung des Gottesdienstes ist bei Fichte konzeptionell verankert. Dies belegt die Auseinandersetzung um die vermeintliche ›Sabbatschändung‹
durch Fichtes 1794 sonntags gehaltenen Vorlesungen über die *Bestimmung des Gelehrten*. Fichte verteidigt sich gegen den Vorwurf, seine Veranstaltung sei ein »in-
tendierter Schritt gegen den öffentlichen Landesgottesdienst« (FiG 5, 244), mit dem
Argument, dass die Vorlesungen keinen rein wissenschaftlichen Charakter hätten,
sondern Predigten in einem neuen Stil seien. Ihre Absicht sei es, das »Nachdenken

›die Religion Jesu‹ ein allgemeingültiges, in ihren Beweisen wahres und überzeugendes, den Einzelnen in seiner Eigeninitiative herausforderndes Angebot, das als solches auf individuell unterschiedliche Voraussetzungen und Bereitschaften trifft, sich darauf einzulassen. Ein in den *Absichten* mehrfach bemühter biblischer Beleg für dieses Modell der moralisch-religiösen Selbstbildung ist das Gleichnis vom Sämann (Mt 13, 1–23). Die Frage nach der Frucht, die das ausgesäte Korn bringt, entscheidet sich am Milieu, in das es fällt, und den Unterstützungskräften, die dort für seine Entfaltung bereitstehen und aktiv werden. Passend wäre hier eventuell auch der Hinweis auf das Gleichnis von den anvertrauten Talenten/Gütern (Mt 25, 14–30), in dem es ebenfalls um die geistig-moralische Selbstvervollkommnung im Sinne der ›Religion Jesu‹ geht. Allerdings betont dieses Gleichnis den aktiven und individuellen Eigenanteil an der erfolgreichen Verwirklichung und Entwicklung dieses Prozesses in stärkerem Maße. Die Variante des Sichausruhens auf den anvertrauten Gütern oder Talenten wird verworfen und stattdessen der Prozess der Fortentwicklung gefordert. Das heißt: Sich mit dem Minimum an moralischer Veranlagung, natürlicher oder in der Kindheit vermittelter Religiosität zufriedenzugeben, wird, so die Prognose, darauf hinauslaufen, dass auch diese Anlage mit der Zeit verdirbt. Denn »wer […] nicht hat, dem wird auch, was er hat, genommen werden« (Mt 25, 29). Insofern bedarf es zur Aufrechterhaltung und Entwicklung einer aufgeklärten religiös-moralischen Überzeugung einer mit der sonstigen Bildung fortschreitenden Vertiefung und Ausschärfung des Glaubens und des religiösen Bewusstseins. Oder, wie es in Fichtes Ausführungen zur religiösen Erziehung wenige Zeit später, 1789, heißt: Es bedarf der Übung (GA II/1, 177). Die vorausgesetzte ›Lauterkeit‹ des Herzens *und* das fortgesetzte intellektuelle Ein- und Durchdringen der Wahrheiten des christlichen Glaubens versteht Fichte als notwendiges und dialektisches Hand-in-Hand-Gehen der Verbesserung des Herzens

über unsere höhere Bestimmung und über unseren moralischen Seelenzustand […] [zum Zweck] der Bildung des Herzens und [der] Tugend« (LLB II, 29) anzuregen und zu fördern (vgl. Traub [2011a], 136).

einerseits und der Erleuchtung des Verstands andererseits (ebd., 88), die nur gemeinsam und in Wechselwirkung zu einer im Leben verankerten und darin weiter wirkenden lebendigen Religiosität führen. Dieser Gedanke der ›geistig-moralischen Arbeit‹ an der Entwicklung einer lebendigen, Verstand und Herz gleichermaßen beteiligenden wie befriedigenden Religiosität ist auch das inhaltliche wie methodische Zentrum der *Predigt An Mariä Verkündigung*. Thema der Predigt ist, wie es ihr Titel sagt, die Verkündigung an Maria, dass sie schwanger und den erwarteten, ewig herrschenden Messias-König gebären werde, den man einen Sohn des Höchsten nennen wird (vgl. Lk 1, 26–33). Mit der nicht ganz unkritischen Frage: Warum ausgerechnet *diese* Maria und nicht irgendeine andere »rechtschaffne Israelitin«? (GA II/1, 55), leitet Fichte sein Thema ein: das unterschiedliche Wirken Gottes an den Seelen der Menschen, oder: die mehr oder weniger vorzügliche Ausstattung der Menschen im Hinblick »auf die Erkenntnis der Wahrheit« und die damit verbundenen Vor- oder Nachteile für die Entwicklung einer tugendhaften Lebensführung (ebd.). Die daran anschließende Schlussfolgerung im Hinblick auf die moralische Entwicklung des Individuums ist eine doppelte. Zum einen: »[N]icht alle können gut, u. gleich vollkommen sein, denn die Bemühungen der Vorsehung sind nicht an aller Herzen gleich« (ebd., 56), wobei »Vorsehung« im Folgenden vor allem ganz weltliche, soziale und gesellschaftliche Unterschiede in den Voraussetzungen und Bedingungen für eine individuelle Moralentwicklung meint. Wir nennen das einen milieutheoretischen Ansatz. Zum anderen folgert Fichte aus der empirisch eher trivialen, dafür moral-theologisch und ethisch umso bedeutsameren Feststellung anthropogener und sozialer Ungleichheit, dass aufgrund dieser Unterschiede im Hinblick auf das, was individuell an moralischer Leistung zu erwarten ist respektive von Gott erwartet wird, klare Abstufungen vorgenommen werden beziehungsweise vorgenommen werden müssen (vgl. ebd.).

Soweit der ›Eingang‹ der Predigt oder deren Eingangsthese über eine theologische Wahrheit, deren Geltung und Konsequenzen nun in der folgenden Abhandlung und Anwendung am Beispiel der Verkündigung an Maria untersucht und begründet werden. Was nun folgt, demonstriert exemplarisch Fichtes Konzeption der Arbeit an der Verbesserung, Erwärmung und Erleuchtung des Verstandes im Sinne seiner Deutung des Christentums als einer Religion guter Seelen. Daran wird deutlich, wie dieses psychagogische oder psychotheologische Konzept der »Stärkung und Freude durch den Kampf« (GA I/1, 79) um die (christliche) Wahrheit zu denken und zu verstehen ist.

2.2   Der »innere Kampf«

> Laßet uns die gegenwärtige Stunde dazu anwenden, diese Wahrheit genauer zu untersuchen, u. [und / um?] unsre Herzen mit alle den Empfindungen zu erfüllen, die die Betrachtung derselben uns an die Hand giebt. [...] Laßt uns diese wichtige Wahrheit [...] weiter untersuchen (GA II/1, 56 f.).

Genau dies, das eigene geistige und moralische Bemühen um die Wahrheiten der ›Religion Jesu‹, hatten die *Absichten* zu einem, vielleicht *dem* Wesensmerkmal des Christentums gegenüber anderen Formen der Religiosität erklärt. »Es erforderte [für die Jünger] Mühe, eigenes Nachdenken ernstliches Forschen und schon einige Güte des Herzens um ihn [den Beweis der Wahrheit der Religion Jesu] zu faßen« (ebd., 80). Denn »[i]hre Beweise [...] dringen sich nicht auf, sie müssen gesucht werden« (ebd., 87).

Fichte wird dieses Verfahren später auch im philosophischen Diskurs anwenden – so etwa 1804 in seinem berühmten »[rhetorischen] Experiment am menschlichen Gemüthe« in den geschichtsphilosophischen Vorlesungen zu den *Grundzügen des gegenwärtigen Zeitalters* (GA I/8, 222). Die neuere Fichte-Forschung beurteilt dieses »rhetorische Experiment« der »Psychagogik« als eine der wohl »spektakulärsten und für das Problem öffentlicher Vernunft aufschlussreichsten Passagen der gesamten philosophischen Literatur« (DgF, 150 f.).

Mit dem Appell an die individuellen, analytischen Kräfte des Verstandes, an den Forschungs- und Untersuchungsgeist des Christen wird auch noch einmal betont, dass die sogenannte Herzensreligion Fichtes keine reine Herzensangelegenheit ist, sondern dass sie gleichermaßen eine Verstandesreligion zu sein beansprucht. Sie ist Religion der Innerlichkeit und Frömmigkeit, aber sie ist dies in einem mehr als aufgeklärten, ›bloß verstandesmäßigen‹ und in einem mehr als schlicht frommen, ›bloß schwärmenden‹ Sinne. Letzteres kommt in Fichtes Abgrenzung gegenüber den bisher als Typen reiner Äußerlichkeit verstandenen Religionen dadurch zum Ausdruck, dass er für sie auch eine Form innerer Frömmigkeit unterstellt. Damit erweitert Fichte zunächst seine ›Phänomenologie‹ oder ›Typologie‹ möglicher Religionen, indem er auch für nicht-christliche Religionen neben der sozusagen äußeren auch eine innere Form der Frömmigkeit reklamiert. Vor allem aber schärft er an diesem Zugeständnis noch einmal sein eigenes synthetisches, Herz und Verstand gleichermaßen beanspruchendes und befriedigendes Verständnis des Christentums. »[N]och immer knien so viele Heyden vor stummen Götzen, [...] folgen so viele Heiden u. Juden ihren blinden Führern nach, eifern vor [für] Gott, eifern vor [für] die väterliche Religion, vielleicht mit wärmsten Herzen« (GA II/1, 57). Soweit der den nicht-christlichen Religionen konzedierte Charakter einer Herzensreligion, eines ›Eiferns für Gott und die eigene Religion‹ aus ›wärmstem Herzen‹. Aber, so läuft die Argumentation weiter, dieser religiöse Eifer ist ohne Verstand. Sie eifern für die »Wahrheiten« der eigenen Religion »mit den wärmsten Herzen, aber mit Unverstand!« (ebd.) Das hier von Fichte gesetzte Ausrufungszeichen markiert und betont, worauf es ihm ankommt. Religiöse Wahrheiten können nicht überzeugen, wenn sie nicht auf einem verständigen Weg, später heißt das reflektiert, und mit eigenem Verstand erarbeitet, geprüft und kritisch untersucht werden. Dabei unterstellt Fichte den hier in Rede stehenden Lehren gleichwohl, und im Widerspruch gegen einen radikalen Konstruktivismus, einen Wahrheitsgehalt, der sie von sich her, das heißt *objektiv* befähigt, die subjektive Begriffsanstrengung ihrer Erschließung und Ergründung zu erleuchten, zu orientieren, zu stärken und zu erweitern, um sie schließlich als Herz und Verstand befriedigende und handlungsleitende Überzeugung zu sichern.

Es sei daran erinnert, dass dieses Modell einer subjektbetonten, auf inneren ›Glaubenskampf‹ und klare Abgrenzung hin angelegten Überzeugungsreligion ziemlich genau dem Frömmigkeitstypus eines aufgeklärten oder ›subtilen‹ Pietismus entspricht, den schon Zinzendorf dem radikalen, schwärmenden oder auch mystikaffinen Pietismus entgegengesetzt hatte (Schneider, GdP 1, 391 f.).

Sehen wir uns Fichtes theologische oder religionspädagogische ›Operation‹ am geöffneten beziehungsweise zu öffnenden Herzen und zu erleuchtenden Verstand der in Dubrauke am 25. März 1786 als christliche Gemeinde versammelten ›Patienten‹ – bei vollem Bewusstsein – etwas näher an, dann lassen sich folgende Schritte als charakteristisch für dieses Verfahren erkennen.

Das Leitthema der Predigt ist die Verkündigung, die Überbringung der Botschaft an Maria durch einen Engel, dass sie von Gott als die Mutter des Messias auserwählt wurde, das heißt besondere Gnade gefunden habe. Fichte modifiziert dieses Thema zunächst in eine sozusagen familiäre Szenerie. Selbstverständlich hat Maria bei aller ihrer vortrefflichen Tugend (vgl. GA I/2, 54) das besondere Privileg, von Gott als die Mutter des Welterlösers auserwählt zu sein. Aber dieser höchst übersinnliche und mythologische Umstand wird von Fichte auf eine beinahe familiäre Ebene heruntergebrochen. Maria wird nicht im Glorienschein der vergoldeten Gottesmutter als die mit Hoheitstitel versehene Heilige, sondern vor allem als folgsame Schülerin der Lehren ihres mütterlich geliebten Sohnes vorgestellt (vgl. ebd., 56). Die entfernte Mythologie einer biblischen Geschichte verwandelt sich in Fichtes Predigt in eine für die Gemeinde nachvollziehbare, gleichwohl höchst besondere Familiengeschichte über eine liebende und vertrauensvolle Mutter und ihren Sohn, einen Lehrmeister, der mit einer besonderen, welterlösenden und göttlichen Botschaft auftritt. Seine Lehre ist nun aber die, in der auch die Mitglieder der Gemeinde und mit ihnen die gesamte Christenheit über beinahe 2000 Jahre aufgewachsen sind – eine Lehre, die mit dem Selbstverständnis, mit den je persönlichen Biographien und Identitäten nahezu unauflöslich verwachsen und verbunden ist. »Ist das Gefühl der Großen Wahrheiten derselben [Lehren] euch nicht eben so nothwendig geworden, [...] als das Gefühl von euerem eigenen Dasein?« (ebd., 58).

Mit diesem Arrangement, der Umformung der biblischen Geschichte in eine lebensnahe Szenerie und dem Hinweis darauf, dass das, worum es hier geht, mit dem Leben des einzelnen Zuhörers zu tun hat, platziert Fichte den Gegenstand seiner Predigt im Hier und Jetzt der Anwesenden. Aber nicht nur das. Denn im Sinne des Christentums als notwendiger Vermittlung von Herz und Verstand geht es nun ganz rational, in drei Punkten gegliedert (vgl. ebd., 57), an die genauere Untersuchung der in der Verkündigungsgeschichte niedergelegten Wahrheit. Zu dieser Prüfung vollzieht die Predigt einen bemerkenswerten Schritt. Sie verlagert, ganz im Sinne pietistischer Frömmigkeit, Ort und Gegenstand der Verkündigung aus dem szenischen Rahmen der Interaktion zwischen dem Engel und Maria in den Innenraum einer je persönlichen Selbstprüfung. »Fragt euch selbst Fr[eunde] euch rufe ich zu Zeugen an« (ebd.). Hier wird der Gemeinde nicht mehr schlicht von der Kanzel herab die christliche Botschaft verkündet, sondern es werden Anstöße zur Selbstprüfung gegeben. Genau das, was die *Absichten* als Spezifikum des Christentums – als Religion der Innerlichkeit, der inneren Auseinandersetzung, des inneren Kampfes und des Aufbaus und der Einübung einer religiösen Reflexionskultur – beschrieben haben, versucht Fichte in Dubrauke konsequent umzusetzen.

Das, was der Engel für Maria war, der Bote Gottes, legt die Predigt als die ›Aufmunterungen, Reizungen und Rührungen‹ aus, mit denen Gott allen Menschen biographisch unterschiedlich, sei es bei der Genesung von einer Krankheit, bei der Rührung durch eine Predigt, der ersten Teilnahme am Abendmahl und so weiter, Gelegenheit zur Bekehrung und Besserung anbietet. Die Gunst Gottes, die der Engel im ›du hast Gnade bei Gott gefunden‹ Maria mitteilte, erweist Gott, so Fichte, jedem Menschen auf unterschiedliche Weise bei unterschiedlichen Gelegenheiten. Und mit jedem dieser biographischen Hinweise verbindet Fichte den Appell: »Beantwortet diese Frage in euren Herzen« (ebd., 64).

Theologisch bemerkenswert an dieser Konstruktion ist die in ihr ausgedrückte lutherische Theologie der Rechtfertigung ›nur aus Gnade‹. Neben dem *sola scriptura* und *sola fide*, die wir schon in den *Absichten* angesprochen haben, befasst sich insbesondere die *Predigt* mit dem Thema der Gnade und legt sie, wie sich hier andeutet, auf eine originelle und moraltheologisch interessante Weise aus. Zwar versteht Fichte die Gnade auch im theologischen Sinne als einen von Gott ausgehenden Erweis seiner Gunst. Jedoch verweist das Gnadenhandeln Gottes konstitutiv auf das dialektische Gegenüber seiner Annahme oder Verweigerung durch den Menschen, an dem es sich zeigt. Gnade ist demzufolge, wie es schon die *Absichten* formulierten, ein An- und Auf-»Ruf Gottes« an den Menschen (ebd., 86), ihm – mit Blick auf sein Heil oder seine Seligkeit – zu entsprechen. Darin verweist die Gnade grundsätzlich auf die Freiheit. Und so deutet die *Predigt* Gottes Gnade als die vielfältigen Gelegenheiten, die sich dem Menschen bieten, um Gutes zu tun, sich und die Welt darüber zu ihrem Heil zu vervollkommnen. »Gottes Gnade erstreckt sich über alle Menschen: oder: Gott gibt jedem Menschen Gelegenheit, u. Mittel gut zu werden« (ebd., 57). Daher lebt der Mensch, nicht nur der Christ (vgl. ebd.), grundsätzlich im Stand der Gnade. Dieses Gnadenangebot jedoch situativ jeweils zu erkennen, anzunehmen und zu befolgen oder verstreichen zu lassen, ist es, was den Menschen vor Gott rechtfertigt oder ihn schuldig werden lässt. In diesem Sinne heißt es im abschließenden Gebet der *Predigt* folgerichtig: »mach uns doch aufmerksam auf diese deine besonderen Lockungen und Reizungen zur Buße, damit deine Gnade an uns nicht vergeblich werde, u. wir uns dadurch nicht desto mehr Verantwortung auf den Tag des Gerichts zuziehen« (ebd., 66).

Was die Gunsterweise Gottes an den Menschen oder seine Vorsehung im Einzelnen, empirisch und biographisch, betrifft, das – so heißt es – kann höchst unterschiedlich ausfallen. Von Maria, ›voll der Gnaden‹, bis hin zum sozial geächteten Zöllner Zachäus: die Bedingungen und Möglichkeiten, die ›Lockungen und Reizungen‹ Gottes zu vernehmen und umzusetzen, sind, je nach Anlage und Lebenslage, vielfältig und bedürfen, mal mehr mal weniger, der Anstrengung. Sie sind aber in keinem Fall zwingend. Selbst für die Günstlinge Gottes (vgl. ebd., 61), diejenigen, denen er die Möglichkeiten zu ihrer Vervollkommnung sozusagen in die Wiege legt, bleibt der *Hiatus der Freiheit*, das heißt die Notwendigkeit, diesen Bedingungen individuell angemessen zu entsprechen. Gottes »Lieblinge« können seinen Gnadenerweisen »kaum«, aber sie können ihnen »widerstehen« (ebd., 59). Gottes Vorsehung oder (Prä-)Destination befreit sie somit nicht aus der Pflicht, den Gunsterweisen *angemessen* zu entsprechen. Im Gegenteil, gerade sie sind gefordert, Besonderes zu leisten. Entsprechendes gilt für denjenigen, den Gott »mehr sich selbst« (ebd., 61) oder gar seinem »selbstgewählten Verderben« (ebd.) überlässt. Sein Kampf um die Selbstvervollkommnung ist ungleich schwerer, seine Herausforderungen sind größer und dementsprechend sind seine Anstrengungen zu bewerten: »unaufhörl[ich] [sind die] Kämpfe, die er zu streiten, die Menge der Laster, die er zu besiegen hat« (ebd., 60). Aber auch er »kann dennoch siegen, er wird siegen, wenn er siegen will durch die Kraft der Religion«. Ja, »glücklich ist der, den Gott mit seiner liebreichen Strenge erzieht« (ebd.), liegt darin doch die Chance, dass sich gerade mit den besonderen Herausforderungen auch die moralischen Kräfte stärken.[83]

Was für die Beurteilung der Resultate sowohl in dem einen, glücklichen, wie in dem anderen, eher ›unglücklichen‹ Fall als Maßstab der Rechtfertigung gilt, sind nicht die ›Werke‹ im Besonderen, was mit

---

83 Fichte entwirft in diesem Kontext die Idee einer mit dem Begriff der Gnade eng verknüpften ›göttlichen Erziehung‹, die den Menschen einerseits »bei jeder Thorheit, bei jeder Unbedachtsamkeit bei jeder Vernachläßigung seiner Pflicht, bei jeder Vergesslichkeit eines über ihre Ausübung wachenden Gottes, durch Leiden und Schmerz an ihr Daseyn erinneret; die sie bei jeder lobenswürdigen Absicht, bei jeder edlen u. redlichen Bemühung, Ruhe u. Zufriedenheit in seiner Seele, u. sichtbaren [!] Seegen empfinden lässt« (ebd., 60). Vgl. »Die göttliche Erziehung«, in Traub (2011a), 155–158. Eine ›gnadentheologische‹ Interpretation der späteren Wissenschaftslehre findet sich in J. Stoffers: *Die Befreiung vom Bösen und der Aufstieg zum Absoluten. Fichte, Schelling und der Gedanke göttlicher Gnade.* Hrsg. von K. Müller. Wien / Zürich / Berlin 2011 (*Pontes Philosophisch-theologische Brückenschläge 47*), 9–49.

Fichtes Kritik der Werkgerechtigkeit ausgeschlossen ist. Was aber auch nicht zählt, sind die je spezifischen soziokulturellen oder individuellen Anlagen und Talente, die den Einzelnen vor seinen Mitmenschen auszeichnen oder benachteiligt erscheinen lassen. Es ist, insofern es sich um konstitutionelle Voraussetzungen handelt, »kein Verdienst beßer zu sein, […] kein Verdienst mehr Stärke zu haben« als andere. Gott »selbst hat sie uns gegeben« (GA II/1, 62). Anlagen und Talente sind nicht »*unser*«, sie sind »*Gottes* Werk« (ebd.). Exakt an dieser moraltheologisch und ethisch, das heißt für Fichte entscheidenden Grenze enden die Mächte der Vorsehung und (Prä-)Destination. Was zählt, ist der fortgesetzte innere Kampf um die eigene moralische Vervollkommnung. Und es ist dieser täglich über Jahre andauernde, »eifrige« Kampf, der die Kräfte des Geistes gegenüber den Kräften der »sündl.[ichen] Neigung« des Fleisches stärkt (ebd., 58 f.).

Der je persönlich zu führende Kampf um die moralische Selbstvervollkommnung ist aber keiner, der im Sinne des prometheischen ›Hast du's nicht alles selbst vollendet / Heilig glühend Herz?‹ geführt werden müsste. Denn Gott schläft nicht bei diesem Kampf. Sondern er unterstützt und stärkt den ernsthaft Kämpfenden durch die bekannten *Mittel*, die die Religion bereithält: das »Gebet«, die »wärmste Andacht«, »Wehmuth« und »Reue« über die eigenen Schwächen, die »Sehnsucht« nach Besserung, den »Kampf gegen die sündl.[ichen] Lüste, genaue Abmessung des Verhaltens gegen die Regeln, die die Religion giebt« (ebd., 58). Diese Gnaden-Mittel, vom Menschen ›fleißig gebraucht‹, sind die Quellen, durch die nun umgekehrt ›die unsichtbare Macht‹ des göttlichen Geistes in das Herz und das Innere der Seele des Gott zugewandten Menschen fließt – eine Macht, die ihn stärkt und ihm das Gefühl vermittelt, »mit einem göttl.[ichen] Muthe ausgerüstet« zu sein, um »der Stimme [des] Gewißens zu gehorchen, den Befehlen Gottes zu folgen, es folge […] daraus, was da wolle« (ebd.).[84]

---

84 Mut ist eine der zentralen Kategorien der philosophischen Aufklärung. Kants ›Habe Mut, dich deines eigenen Verstandes zu bedienen!‹ gilt hier pars pro toto. Mut, ver-

Damit hat Fichtes Predigt den Innenraum der personalen Ebene der moralischen Selbsterforschung bei den Mitgliedern der versammelten Gemeinde abgesteckt. Zunächst ist es der gemeinsame Reflexionsraum des Gotteshauses im Hier und Jetzt. Mit der Aufforderung »Fragt Euch selber« (GA II/1, 57) eröffnet die Predigt darüber hinaus den persönlichen Innenraum der Selbsterforschung, die »Herzkammer« und den »Kampfplatz« der »Vervollkommnung des ganzen Menschen«, den Ort des eigentlichen »Gottesdienstes«, wie es in den *Absichten* im Geist pietistischer Frömmigkeit hieß (ebd., 87). Dabei verfolgt die Erschließung des personalen Innenraums eine doppelte religionspädagogische Absicht. Zum einen richtet sich die Innenschau auf die je persönliche Seelenprüfung im Hinblick auf die biographischen Erfahrungen mit den Erziehungsbemühungen Gottes, mit seinen ›Reizungen‹, ›Rührungen‹ und ›Lockungen‹ der Seele zur Tugend. »Sind wir *so* gut, *so* weise, *so* tugendhaft, als wir nach den unendlich größeren Bemühungen Gottes an unsern Seelen hätten werden *können*, als wir nach der Absicht G.[ottes] werden *sollten*« (ebd., 62)? Der Gesichtspunkt, unter dem die Prüfung stattfindet, die Rolle, die der Gottesdienstbesucher hier zugewiesen bekommt, ist die des inneren »Zeugen« (ebd., 57) und, in einem gewissen Umfang, auch die des Richters gegen oder für sich selbst. »Beantwortet diese Frage in euren Herzen« (ebd., 64).

Aber, und damit kommt der zweite Gesichtspunkt der ›Selbstprüfungen‹ ins Spiel, dieses Selbsturteil unterliegt der kritischen Aufsicht eines höheren Richters und Zeugen. Dem ›Intellectus archetypus‹ Gottes, dem Ursache, Umstände und Wirkungen, »alles auf einmal auffassenden [göttlichen] Verstande«, dem es unmöglich ist, mit den äußeren Wirkungen von Handlungen nicht zugleich deren Ursachen,

---

standen als »die Seele ganz und gar in vollständig wachem Zustand« (Traub [2004a], 266), ist auch für Fichte im Hinblick auf die Emanzipation und Selbstwerdung des Menschen konstitutiv. Interessant ist für ihn die differenzierte Betrachtung dieses Themas, die auch auf die Unterscheidung zwischen Mut und Übermut führt, wobei Letzterer im Sinne der Überschwänglichkeit auf eine theologische Dimension, auf den göttlichen Mut, hinweist (vgl. ebd., 263–283).

Motive und »Bewegungsgründe« zu sehen (ebd., 62). An einer Reihe von Beispielen lenkt die Predigt die Aufmerksamkeit ihrer Zuhörer nun auf diese subjektüberschreitende Perspektive und Ausdehnung ihres moralischen Blickfeldes, die durch die Einführung des höheren, die Innen- und Außenansichten von Handlungen oder Unterlassungen in Eins sehenden Zeugen und Richters eröffnet wird. Er sieht die Unbesonnenheiten, die Schwächen, inneren Kämpfe, die Reue, die Versuche und Wünsche, tugendhafter zu werden, aber auch die Eitelkeit, den Stolz, die Ruhmbegierde, den Wahn und schließlich auch die genutzten oder ungenutzten Möglichkeiten, an einer nachhaltigen Vervollkommnung der eigenen Tugendhaftigkeit zu arbeiten, wobei Letzteres die Tugend ist, auf die es dann schließlich sowohl vor dem eigenen wie dem göttlichen Urteil ankommt.

Mit der Einführung und Erörterung der Seelen-Funktion des Zeugen und Richters sind alle zentralen Strukturelemente des Innenraums einer kritischen Selbstbeobachtung in der Absicht einer wahrheitsbasierten, die moralischen Kräfte des Menschen stärkenden, auf Selbstvervollkommnung angelegten Psychagogik oder Psychotheologie erfasst. Zudem sind auch die äußeren und inneren Mittel für den Prozess der ›geistgestützten‹ Selbstoptimierung benannt sowie die irdischen Einschränkungen, aber auch die himmlischen Unterstützungskräfte der ›Vervollkommnung‹ erwähnt. Die Dialektik von aktiver Wahrheitssuche und Wahrheitsoffenbarung als lebendige Wechselbeziehung zwischen persönlich-kritischem Bemühen einerseits, der ›fleißigen‹ Nutzung der durch die Religion angebotenen Mittel der Erschließung der Wahrheit, sowie deren ›Selbstoffenbarung‹ in der Gestalt der Stärkung des Geistes andererseits, seiner moralischen Urteilskraft und Ermutigung zum rechten Handeln ist damit geschlossen. Oder: Der Arbeitsraum und Gerichtssaal für eine psychagisch-psychotheolgische ›Operation am offen Herzen‹ ist geöffnet und vorbereitet.

Wollte man für die Darstellung der lebendigen Mitte dieser Wechselbeziehung zwischen redlichem persönlichen Bemühen und religiösem, ja göttlichem Beistand einen existenziellen theologischen oder künstlerischen Ausdruck suchen, so wäre zum einen »Jakobs Kampf mit Gott und den Menschen«, nach 1. Mose 32, 25–33, nicht ganz unzutreffend. »Du hast mit Gott und mit Menschen gekämpft und bist oblegen [...] ich habe Gott von Angesicht gesehen, und meine Seele ist genesen« (1. Mose 32, 29 und 31). Zum anderen ist auch Michelangelos Fresko *Erschaffung des Adam* nicht unpassend, das, wenn auch weniger kämpferisch, also Fichte-untypisch, die Dialektik zwischen der Zuwendung Gottes und der Erhebung des Menschen in den beiden einander ›beinahe‹ körperlich berührenden Zeigefingern darstellt.

Bemerkenswert ist, dass Fichte in den *Absichten* im Kontext seiner Auferstehungstheologie ebenfalls von »*Gottes* Finger« spricht. Durch ihn wird dort aber nicht der ›alte Adam‹, sondern der neue Adam zum Leben erweckt (GA II/1, 86). Was in diesem Bild der nicht berührenden (Be-)Rührung zwischen Gott und Adam sehr passend zum Ausdruck kommt, ist einerseits das, was wir den ›Hiatus der Freiheit‹ genannt haben, und anderseits die Spiritualität dieser ›Versinnbildlichung‹. Gott nähert sich dem Menschen zwar spürbar, geistig belebend und ermutigend als eine Realerfahrung der menschlichen Seele. Aber er nähert sich nicht so weit, dass er mit seiner Hand den Lebensweg des Menschen in seinen Entscheidungen, im Sinne von Vorsehung oder Determinismus, direkt lenkt. Zwischen beiden bleibt – wie minimal auch immer gedacht – gleichwohl und prinzipiell ein Hiatus, der den insbesondere für Fichte notwendigen Raum für das Ringen um die Wahrheit und die Bewährung des Menschen im auch ›genussvollen‹ Kampf um die eigene Selbstvervollkommnung offen hält. Es bleibt der auch von Gott gewollte *Freiraum*, der dem Ich die Möglichkeit zur Übernahme seiner Verantwortung für die eigene geistige und moralische Vervollkommnung, für seine ›Menschwerdung‹, offen hält.

Blicken wir auf den thematischen und zeitlichen Komplex der Predigt als Ganzes, dann lässt sich für die zentralen Themen festhalten, dass sie im Zusammenhang mit Fichtes christologischem Entwurf der *Absichten* und der Analysen zur *theologischen Dogmatik*, aber auch mit dem späteren, bereits unter dem Einfluss Kants 1792 verfassten *Versuch einer Critik aller Offenbarung* stehen. Gegen eine rein ver-

standes- oder vernunftorientierte Moral- beziehungsweise Religionsphilosophie behauptet Fichte in allen genannten Arbeiten je einen
subjektiv wie objektiv notwendigen Konstitutionsanteil zur Begründung von Wahrheit und Gewissheit im Allgemeinen und in Angelegenheiten von Religion und Theologie im Besonderen. Auch gilt für
alle drei Schriften, was für den späteren, philosophischen Fichte gilt:
Ohne einen hohen Anteil denkerischer Eigenleistung, ohne dauerhafte
geistige Arbeit, innere Auseinandersetzung und ›Kampf‹ lassen sich
die Wahrheiten des Glaubens weder in ihrer spekulativen Tragweite
einsehen noch in eine existenziell bedeutsame, vernünftige und moralisch legitimierte Überzeugung verwandeln. Dass es dazu kommt,
und auch das wird für Fichte stets gelten, erfordert einen doppelten
Entschluss, der des Individuums für den ›Kampf‹ um die Wahrheit
einerseits und der der Wahrheit für ihr Erscheinen, ihre Offenbarung,
auf dem Felde dieser Auseinandersetzung andererseits. Dabei ist und
bleibt das Kriterium in diesem dialektischen Zusammenschluss stets
das der moralischen, und das heißt, der sowohl intellektuellen wie
ethischen Vervollkommnung des (einzelnen) Menschen. Der Ort des
Geschehens, und auch das wird sich für Fichte, bei allem politischen
Engagement, nicht ändern, ist die ›innere Welt‹ des Geistes, die sich
in diesem Prozess der Auseinandersetzung ausbildet, weitet und sich
zu einer mehr und mehr umfassenden, systematisch festigenden und
doch gleichwohl lebendigen ›Sicht der Dinge‹ und ethischen Haltung
zu ihnen gestaltet. Das lässt sich an vier bedeutsamen ideengeschichtlichen Prinzipien weiter verdeutlichen.

2.3   Moralische Freiheit, »höchstes Gut«, »innerer Gerichtshof« und »Intellectus archetypus«

Philosophie- und ideengeschichtlich bemerkenswert sind an diesem Konzept – insbesondere mit Blick auf Kant und die vermeintlich durch ihn hervorgerufene Wende in Fichtes Denken – vor allem
vier Aspekte. Zum einen ist es die Idee der moralischen Freiheit und
Verantwortung, die insbesondere in der *Predigt An Mariä Verkündi-*

gung im Zentrum von Fichtes Rechtfertigungstheologie steht. Es ist der entschiedene persönliche Eigenanteil an der Entwicklung einer moralischen Haltung auch gegen die Kontingenz widriger sozialer Umstände oder mehr oder weniger großer Begabung, der allein für die (auch göttliche) Beurteilung und Rechtfertigung menschlichen Handelns maßgeblich ist. Die kontingenten, gegebenen, determinierten Lebens- und Handlungsumstände, in denen der einzelne Mensch lebt und aus denen heraus er handelt, entbinden ihn nicht von der Verantwortung für seine Handlungsentscheidungen. Und auf diese Umstände, als Vorsehung oder Determination, ist seine Verantwortung auch nicht abzuschieben. Er bleibt frei und offen, sich zu jeder sich bietenden Gelegenheit zu entscheiden.

An dieser Freiheitsidee ist bemerkenswert, dass sie von Fichte bis in die Spätsphilosophie der *Staatslehre* (1813), und dort in einer besonderen theologischen Zuspitzung, durchgehalten wird. Der Sühnetod Jesu ist dort sozusagen nur der Türöffner für den Eintritt der göttlichen Gnadenmittel in das historische Leben. Mit ihnen aber an der ›Heiligung‹ und ›Entsündigung‹ der eigenen Person zu arbeiten, das heißt sich in den Tugenden Jesu zu üben und diese zu perfektionieren, das kann und darf der Kreuzestod Jesu dem Menschen nicht abnehmen. »Von der Sünde […], von der Nichtigkeit des Fleisches, werden wir erlöset doch wohl nur durch unsere eigene Heiligung? und von dieser wird doch hoffentlich Jesus uns nicht erlöst haben, und in dieser Rücksicht unsere Stelle vertreten« (GA II/16, 154). Und daraus folgt – und auch das gilt für Fichte überhaupt –, dass es seiner Moralphilosphie im Unterschied zu Kant weniger um die Konformität einer Handlungsmaxime mit dem allgemeinen Sittengesetz, sondern vielmehr um den *Prozess* der ›Heiligung‹, um die stetige Verbesserung und Steigerung des moralischen Charakters des Menschen, dass es ihm um *Perfektionismus* geht.[85]

---

85 Vgl. H. Traub:»›Nicht die Freude durch den Kampf verlieren‹. Fichte im Streit – mit sich selbst«, in: *Fichte im Streit – Festschrift für Wolfgang Janke.* Hrsg. von dems. u. a. Würzburg 2018, 99–109.

Damit geht, zweitens, nach Fichtes *Offenbarungskritik*, eine ebenfalls für ihn spezifische Deutung des ›höchsten Guts‹ einher. Denn
während bei Kant der proportional gerechte Ausgleich von Moralität
(respektive Gückswürdigkeit) und Glückseligkeit über das Postulat
Gottes und der Unsterblichkeit der Seele verläuft, verlegt die auch
gefühlsgeladene Steigerung des eigenen moralischen Charakters diesen Ausgleich in die »Freude« über den Fortschritt im Kampf um die
eigene moralische Würde – in die »Empfindung der Glückseligkeit,
die die allmähige Verbesserung unseres Zustandes uns geben kann«
(GA I/1, 79).

Mit der Idee des Perfektionismus verbunden ist für Fichte, drittens, die später durch Kant klassisch gewordene Idee des ›inneren
Gerichtshofs‹ sowie, viertens, die Idee Gottes als eines *Intellectus archetypus*. Während Kants innerer Gerichtshof in besonderer Weise –
wie auch bei Fichte – das Szenario der lebendigen, interaktiven »inneren Welt« des Menschen in unterschiedlichen juristischen Rollen als
Täter, Zeuge und Richter umschreibt, repräsentiert der *Intellectus archetypus* sozusagen den universalen Sachverständigen. Er sieht nicht
nur die Tat, er kennt die Motive und Beweggründe, die äußeren und
inneren Umstände und Bedingungen ihrer Ausführung, und er ist es
auch, der Zurückhaltung und Mäßigung beim Urteil nach bloßem
Augenschein gebietet. Moraltheologisch gedacht, verkörpert Fichtes
Intellectus archetypus in besonderer Weise die objektive, erkennt-
nisleitende Idee einer umfassenden historischen, kulturellen und
psychologisch-theologischen Bildung, die in den frühen Arbeiten
Fichtes als *Möglichkeit* einer subjektiven Wahrheitsannäherung und
Wahrheitsfindung durch geistige Arbeit unterstellt und angenommen
wird und in die hinein oder aus der heraus sich diese Arbeit entwickeln kann.

3. »Wirklicher Glaube [...], welcher nichts anderes ist, als die W. L. [Wissenschaftslehre] selbst.«

Wir sind es gewohnt, Wissen und Glauben in einem sich ausschließenden Gegensatz zu verstehen. Wer glaubt, weiß nicht. Wer weiß, glaubt nicht. Glauben ist uns ein subjektives, meist aus dem Gefühl heraus begründetes Fürwahrhalten von etwas, das sich einer intersubjektiven oder objektiven beziehungsweise wissenschaftlichen Überprüfung entzieht.

Dagegen erhebt Wissen, insbesondere in seiner wissenschaftlichen Ausprägung, den Anspruch, dass die von ihm behaupteten Aussagen nicht nur intern für die wissenschaftliche Gemeinschaft, sondern für jedermann gelten. Seine Gegenstände und Methoden der Wahrheitsüberprüfung, die empirische Forschung, die wissenschaftliche Hypothesenbildung und deren experimentelle Überprüfung, der Aufbau von Argumentation und schlussfolgerndem Denken, sind allgemein nachvollziehbar. Von den so erzeugten Wahrheitsbehauptungen kann sich grundsätzlich jedermann durch Kontrolle und Prüfung überzeugen, ohne dass er dafür irgendwelche religiösen oder weltanschaulichen Glaubenssätze anerkennen muss. Für uns Gegenwärtige ist der Streit um Glauben und Wissen weitgehend befriedet. Zu Fichtes Zeiten war das anders, ging es doch nicht nur um Glauben, Vertrauen und Fürwahrhalten überhaupt, sondern um den religiösen, christlichen Glauben und damit um die Autorität, die Macht und den Einfluss der Kirchen und Konfessionen in Staat und Gesellschaft.

Um den Streit zwischen Glauben und Wissen *philosophisch* lösen zu können, hatte Kants Transzendentalphilosophie gezeigt, dass der dogmatisch behauptete, ausschließende Gegensatz beider Erkenntnistypen auf einem Kategorienfehler beruht. Dieser Fehler besteht darin, nicht zu erkennen, dass das, worauf sich Wissen und Glauben jeweils beziehen, zwei unterschiedliche Gegenstandsfelder der Erkenntnis sind, nämlich das Feld empirisch-sinnlicher Gegenstände und Zusammenhänge auf der einen und das Feld moralischer Handlungen und deren nicht sinnlicher Begründungsfundamente auf der anderen Seite: hier das Reich der Freiheit, dort das der Notwendigkeit. Die irrige Ansicht über die Widersprüchlichkeit von Glauben und Wissen beruht daher einerseits auf der mangelnden Unterscheidung zwischen Tatsachen und Werten sowie andererseits auf der fehlerhaften Verwendung der für deren Erörterung und Begründung jeweils adäquaten Erkenntnisinstrumente. Werden diese Unterschiede dagegen berücksichtigt, dann findet, so Kant, zwischen Glauben und Wissen kein Widerspruch statt. Und durch die Begrenzung theoretischer Erkenntnis auf das Gebiet dessen, was Kant die *Erscheinungen*, das heißt die Gegenstände und Zusammenhänge raum-zeitlicher Konfiguration unter »Naturbegriffen« oder Kategorien, nannte, konnte er auf dem Gebiet der Moral (auch auf dem der Ästhetik) einen davon unterschiedenen Erkenntnistypus nach Freiheitsbegriffen etablieren. Dessen Gegenstände und Themen sind nicht durch das geprägt, was ist, das Material sinnlicher Anschauung, sondern durch das, was sein soll, die übersinnliche Idealität der sittlichen Bestimmung des Menschen unter Berücksichtigung seiner sinnlichen Existenz. Während auf dem Feld der raum-zeitlichen Erfahrungswirklichkeit das Thema Glauben keinen Platz hat, sondern hier richtiger von Hypothesen, Annahmen oder Wahrscheinlichkeit gesprochen werden muss, spielt der Glaube auf dem Feld der Moral auch im Sinne einer religiösen oder weltanschaulichen Überzeugung – als »Vernunftglaube«, als »Bedürfniß« und »Postulat« der praktischen Vernunft – eine allerdings gewichtige Rolle (AA VIII, 141). Denn er sichert der Ethik die Übereinkunft zwischen unterschiedlichen, in der Regel empirisch schwer zu vereinbaren Zielsetzungen des Menschen als einerseits sinnliches und andererseits moralisches Vernunftwesen. So können Glückseligkeit, das Ziel seiner sinnlichen Natur, und Sittlichkeit, der Zweck seiner moralischen Bestimmung, nur unter der Idee des *höchsten Guts* widerspruchsfrei gedacht werden, das heißt, durch die Annahme von drei Postulaten oder ›Glaubenssätzen‹, dem der Freiheit des Willens, dem der Unsterblichkeit der Seele und dem Postulat Gottes als intelligenter Vermittlungsinstanz von sittlicher und sinnlicher Natur des Menschen. Bemerkenswert an Kants Überlegungen zur Annahme des Glaubens als Bedürfnis der Vernunft ist, dass er ihm nicht allein die konstitutive Funktion *systematischer* Notwendigkeit im Hinblick auf eine widerspruchsfreie Argumentation im Rahmen der Moralphilosophie zuweist, sondern dass er, vielleicht vor allem, dessen Bedeutung für die Aufrechterhaltung einer Kultur der Moralität in *pragmatischer* Hinsicht betont. Denn, so das Argument Kants, die Lossagung

> der Vernunft von ihrem *eigenen Bedürfniß* (Verzichtthuung auf Vernunft-glaube) [...] [ist] ein mißlicher Zustand des menschlichen Gemüths, der den moralischen Gesetzen zuerst alle Kraft der Triebfedern auf das Herz, mit der Zeit sogar ihnen selbst alle Autorität benimmt und die Denkungs-art veranlaßt, die man Freigeist nennt, d.i. den Grundsatz, gar keine Pflicht mehr zu erkennen (AA VIII, 146).

Das führt am Ende – durch Intervention der »Obrigkeit« und deren Sorge um die »Ordnung« der bürgerlichen Angelegenheiten – zur Aufhebung der Denkfreiheit und deren Unterwerfung unter die »Landesverordnungen. Und so zerstört Freiheit im Denken, wenn sie sogar unabhängig von Gesetzen der Vernunft verfahren will, end-lich sich selbst« (ebd.).

Inwiefern diese Überlegungen Kants zur Unterscheidung und Vereinbarkeit von Wissen und Glauben im Ganzen einer Kultur der Vernunft und Vernünftigkeit im Einzelnen auch für Fichte gel-ten, soll hier nicht näher untersucht werden.[86] Entscheidend ist, dass schon Kant dem Glauben konstitutiv sowohl eine orientierende und strukturierende Funktion im Hinblick auf eine rational schlüssige Ethik und darüber hinaus eine fundamentale Bedeutung für die Auf-rechterhaltung einer aufgeklärten und freiheitlichen Kultur der Ver-nunft zuweist. Wissen respektive Denken und Glauben sind somit nicht als kontradiktorische, sondern als komplementäre Modelle der Gewissheit zu verstehen, die, kontradiktorisch gesetzt, sowohl in der

---

86 Vgl. hierzu die Analyse von Günter Zöller über Fichtes Glauben als eine Position zwischen Kant und Jacobi (Zöller [1998], 34–36).

einen wie der anderen Richtung zu problematischen Fehlformen und
Einseitigkeiten des Geistes führen.

Fichtes Biographie ist von Anfang an in den Streit um das rechte
Verständnis des Glaubens und dessen Begründungsfundamente eingebettet: politisch durch die Spätfolgen des Dreißigjährigen Kriegs
in seiner Heimat Sachsen, konfessionell durch den Glaubenskrieg
zwischen Katholizismus und Protestantismus sowie das Unbehagen
über die Verkrustungen des Glaubens in der Orthodoxie – auch und
insbesondere im lutherischen Protestantismus. Eingebunden ist seine
(Bildungs-)Biographie sowohl in die aufkommende Aufklärung und
ihre Kritik an den tradierten Mustern der Glaubensgewissheit und
Glaubenspraxis als auch in die Geschichte des Reformprotestantismus und seine Rückbesinnung auf ursprüngliche Formen der Frömmigkeit, etwa im Pietismus: Fichtes Leben war vom Kampf um den
Glauben geprägt, er war ein ›Grundzug seines Zeitalters‹ – und dies
bis zuletzt. Denn auch die Napoleonischen Kriege waren – nicht nur
für Fichte – (auch) Kriege des Glaubens, der Werte und Kulturen.
Persönlich ist Fichte in vielfältiger Weise in diese Auseinandersetzungen hineingezogen worden. In Briefen und Schriften, aber auch
in Gesprächen und Diskussionen in den verschiedensten biographischen Kontexten, hat er zu diesen Fragen kritisch Position bezogen
und die Folgen davon auch leidvoll zu spüren bekommen, ob als
Kandidat der Theologie, als Hauslehrer oder als Professor.

Unsere Untersuchung hat gezeigt, dass Fichte bereits sehr früh in
einen reformprotestantischen Typus von Glaubensgewissheit hinein-
gewachsen ist, der in seinem Kern durch ein hohes Maß an Selbstreflexion und Ichbezogenheit einerseits und die sich auf diesem Wege
erschließenden Glaubenswahrheiten andererseits gekennzeichnet ist.
Im Unterschied zu Kant ging und geht es Fichte bei dieser Frage weniger um die Funktionalität des Glaubensbegriffs im Hinblick auf die
architektonische Struktur einer Vermittlung und produktiven Unterscheidung zwischen theoretischer und praktischer Vernunft. Sondern
es geht ihm um den affirmativen oder affirmierenden Charakter des
Glaubens als Grundlage und Orientierung für die Urteilsbildung
sowohl in theoretischer wie praktischer, wissenschaftlicher wie exis-

tenzieller Hinsicht. Daraus folgt, und auch das unterscheidet Fichtes Glaubensbegriff und Glaubensverständnis von dem Kants, dass Fichte weniger die *Differenz* von Glauben und Wissen, sondern viel stärker deren *Vermittlung*, ja deren wechselseitige *Durchdringung* interessiert. Das haben wir sehr deutlich an seiner frühen, präkantischen Studie über die *Absichten des Todes Jesu* sehen können. Denn ein Glaube, der sich vom Verstand distanziert, läuft Gefahr, blind zu werden und damit in Fanatismus und Dogmatismus auszuschlagen. Ebenso verhält es sich mit einem vom Wesen und Inhalt des Glaubens distanzierten Verstand. Ohne die im Glauben aufbewahrten existenzbezogenen Grundlagen von Moral und Sittlichkeit läuft der Verstand Gefahr, sich in einen ›kalten‹, im existenziellen Sinne blinden Rationalismus zu verrennen. Oder um es in der Variante einer kantischen Formulierung zu sagen: ›Glauben ohne Verstand ist blind, Verstand ohne Glaube leer‹.

Im Hinblick auf die Frage nach dem Begriff des Wissens und des Glaubens bei Fichte muss man somit kontextuell klar unterscheiden, welcher Typus von Glauben oder Wissen jeweils gemeint ist. Diese grundlegende Regel hat zur Konsequenz, dass man bei Fichte in einem affirmativen wie pejorativen Sinne sowohl über Glauben als auch über Wissen sprechen kann und muss. Oder genauer: Fichtes vermittelndes Verständnis von Glauben und Wissen ist darauf angelegt, da, wo sich beide jeweils als blinder Glaube oder Rationalismus in sich zu verschließen drohen, dialektisch und im Sinne einer harmonisierenden Durchdringung beider das jeweils andere Element zu stärken, um so Vereinseitigungen und unproduktive Erstarrungen auf der einen wie der anderen Seite aufzulösen.

Der Gang unserer bisherigen Untersuchung hatte vor allem die Herkunft und Quellen des Fichte'schen Denkens, soweit es nicht durch die Philosophie Kants geprägt ist, im Blick. Die gelegentlichen Ausgriffe auf deren spätere Übernahme, Modifikation, Fortführung oder Amalgamierung innerhalb der Wissenschaftslehre diente dazu, deren Nachhaltigkeit zu dokumentieren und aus ihnen – zumindest ein Stück weit – die Originalität der Philosophie Fichtes zu erklären. Diesen Ansatz wollen wir speziell am Glaubensbegriff oder Glaubensverständnis Fichtes, wie es in seiner Wissenschaftslehre an unterschiedlichen Stellen vorliegt, exemplarisch vertiefen. Das heißt, es soll zunächst noch einmal auf zentrale Strukturelemente der Glaubenskonzeption des frühen Fichte hingewiesen und dann auf deren Gegenwart im Kontext der Wissenschaftslehre aufmerksam gemacht werden. Darstellung und Erörterung der thematischen Aspekte verstehen sich als exemplarische Hinweise und erheben keinen strengen systematischen Anspruch. Gleichwohl lässt ihre Sammlung Denkmuster erkennen, die ein klareres Bild über Fichtes Verständnis des Glaubens liefern. Darüber hinaus lassen sie auch spezifische Argumentationsfiguren seiner Philosophie, etwa den in unterschiedlichen Phasen seines Denkens immer wieder geführten inhaltlichen und methodologischen Streit zwischen Realismus und Idealismus, in einem neuen Licht erscheinen und verstehen.

Den im Vorherigen analysierten frühen Schriften Fichtes sind im Hinblick auf die Verwendung des Glaubensbegriffs deutlich unterschiedene Aspekte zu entnehmen, die Fichtes Denken grundlegend prägen. Es zu unterscheiden zwischen 1.) dem Glauben als Inhalt oder System einer Lehre: die *Glaubenslehre*, 2.) dem Erkenntnisakt der Erzeugung der *Glaubensgewissheit*, 3.) dessen Ermöglichungsgrund, der *Glaubensfreiheit* und schließlich 4.) der Vermittlung der Glaubensgewissheit mit der Praxis, das *Glaubensbekenntnis*.

Zuvor sei noch einmal an den biographisch bemerkenswerten Umstand erinnert, dass sich Fichte über längere Zeit, in Schulpforta beginnend bis in seine sprachwissenschaftliche und rhetorische Ausbildung unter Schocher in Leipzig, intensiv mit den Wurzeln und Eigenarten der deutschen Sprache beschäftigt hat. Über dieses Studium entwickelte er eine etymologische Sensibilität, die insbesondere in der systematischen Verdeutschung griechisch-lateinischer Schulbegriffe vor allem in seinen späteren Wissenschaftslehren zum Ausdruck kommt. So, wenn dort anstatt von der Dialektik vom ›Durcheinander‹ die Rede ist, oder die genetische Herleitungen gedanklicher Figuren unter dem Prinzip des ›Von‹ abgehandelt oder Ideen als ›Gesichte‹ bestimmt werden. Insofern ist es nicht ganz abwegig, sich dem Fichte'schen Glaubensverständnis auch über einen etymologischen Zugang zu nähern. Man kann diese semantische Annäherung an das Glaubensthema in Ergänzung der vier genannten Punkte 5.) die Grundlegung eines *Glaubensbegriffs* nennen. Mit dessen Klärung möchten wir beginnen.

3.1 Glaubensbegriff

Das Wort Glauben gehört zur Wortgruppe ›lieb‹, woraus sich das englische *believe* gebildet hat. Glauben meint dann: ›für lieb‹ und ›für-wahr-halten‹, auch ›für-gut-heißen‹. Die Ableitung ›be-glaubigen‹ bedeutet ›bestätigen‹, ›befestigen‹, ›für-glaubwürdig-erklären‹. Mit der Bedeutungsnuance ›für-lieb-halten‹ impliziert Glauben die voluntative Note des Begehrens (Libido) und steht damit in einer engen Beziehung zum Wort Liebe.

Sinnverwandt mit dem Glauben sind die Worte ›vertrauen‹, sich auf etwas oder jemanden verlassen, sowie ›treu‹ (Trauung) und ›Trost‹, die beide entschiedenes, äußeres wie inneres Feststehen, stark werden oder stark sein bedeuten. Damit verbinden sich die Sinnbezüge eines ›starken Glaubens‹ oder der ›Kraft des Glaubens‹. Interessant an diesen Konnotationen der Festigkeit, Treue, Stärke und Kraft im Glauben sind die in ihnen mitschwingenden Assoziationen zu ›Baum‹ und ›Eiche‹.[87]

Mit diesem allgemeinen Bedeutungsumfeld des Wortes Glauben hat sich sprachentwicklungsgeschichtlich dessen theologisch-religiöse Bedeutung verbunden. Glauben im theologischen Sinne meint dann: die entschiedene, feste, treue und stärkende Vertrauens- oder Liebesbeziehung zwischen Mensch und Gott.

Aus diesem etymologischen Deutungsgefüge lässt sich ein sinnstiftender Zugang zu Fichtes komplexem Verständnis oder Begriff des Glaubens gewinnen. Denn Glauben bedeutet auch für ihn, und zwar in einem emphatischen Sinne, sowohl etwas für wahr, verlässlich, bewährt und darin für lieb halten und wollen als auch in dem

---

87 Vgl. Duden (1963), 225.

so Geglaubten feststehen oder daraus Festigkeit und Stärke für das Handeln gewinnen.

Glauben bedeutet aber auch, und sozusagen auf seiner dialektischen Rückseite, die begründete Klarheit gegenüber denjenigen Formen der Gewissheit, denen ihre Solidität, Festigkeit und Tragfähigkeit entweder nur in einem abgeleiteten Sinne zukommen oder die in sich haltlos sind. Insofern korrespondiert dem Glauben auch dessen Gegenteil, der Unglaube, das heißt die Haltung oder Verfassung eines ›Wissens‹, dem die dem Glauben inhärenten Attribute der Freiheit, der Festigkeit, des Vertrauens, des Für-lieb-und-wert-Haltens usw. nicht zukommen und die sich, insofern sie den Anspruch erheben, Wissen zu sein, als ein Glaube im pejorativen Sinne, als ›blinder Glaube‹, erweisen.

In der Annahme eines natürlichen Wahrheitssinnes und Wahrheitsgefühls, die, wie gezeigt, sowohl in wissenschaftlicher wie existenzieller Hinsicht als Orientierung für die erkenntnistheoretische wie ethisch-moralische Wahrheitssuche dienen, kommt Fichtes materiales oder substanzielles Glaubensverständnis in besonderer Weise zum Ausdruck.

Das setzende, *voluntative* Element dieses Wahrheitsglaubens wird an kaum einer anderen Stelle deutlicher artikuliert, als im zweiten Vortrag der *Wissenschaftslehre* aus dem Jahre 1804, an der Fichte »kurz und gut und mit einem Male für immer [erklärt], daß hier in allem Ernste vorausgesetzt wird: es gebe Wahrheit, die allein wahr sei, und alles Andere ausser ihr unbedingt falsch; und diese Wahrheit lasse sich wirklich finden und leuchte unmittelbar ein, als schlechthin wahr« (GA II/8, 4). Wahrheit wird hier nicht oder nur bedingt argumentativ bewiesen, sie wird gefunden, was bei Fichte das voluntative Moment der Suche voraussetzt, und sie leuchtet unmittelbar ein.

Auch den Übergang vom Wissen zum Glauben im dritten Buch der *Bestimmung des Menschen* stellt Fichte durch einen Willensakt, einen Akt der Freiheit her. Dort heißt es: Der Glaube »ist es […], der dem Wissen erst Beifall giebt, und […] [es] zur Gewißheit, und Ueberzeugung erhebt. Er ist kein Wissen, sondern ein Entschluß des Willens, das Wissen gelten zu lassen« (GA I/6, 257). Es lässt sich da-

her unterstellen, dass das, worauf der Glaube sich hier einlässt als
etwas, das gelten soll, für den, der sich dazu entschließt, auch die
Glaubensmomente des ›Für-gut-Heißens‹, des ›Für-lieb-Haltens‹
impliziert. Das Glaubensmoment des ›Für-lieb-Haltens‹ hat dann die
Anweisung zum seligen Leben zu einem daseinsumspannenden Exis-
tenzial ausgebaut, von dem Fichte behauptet:»Offenbare mir, was du
wahrhaftig liebst, […] und du hast mir dadurch dein Leben gedeutet.
Was du liebest, das lebest du. Diese angegebene Liebe ist dein Leben,
und die Wurzel, der Sitz und Mittelpunkt deines Lebens« (GA I/9,
57).

Nimmt man diese Elemente zusammen, dann lässt sich der per-
formative Akt des Glaubens, der der Bildung des dialektischen *Glaubensbegriffs* bei Fichte zugrunde liegt, als ein voluntativ und affektiv
verstärkter, existenziell und motivpsychologisch bedeutsamer, ja entscheidender substanzieller Modus der Gewissheit verstehen.

Über diese allgemeinen, etymologisch sinnverwandten Strukturelemente des Glaubens hinaus, die sich in Fichtes Denken nachweisen
und sicherlich durch weitere Quellen belegen und befestigen ließen,
hat selbstverständlich auch der im engeren Sinne theologisch-religiöse Glaubensbegriff seinen Ort und seine spezifische, auch – zumindest tendenziell – den säkularen Glaubensbegriff begründende und
durchziehende Funktion. Denn wenn Fichte in der Predigt von Dubrauke der Gemeinde suggeriert, dass das »Gefühl der großen Wahrheiten derselben [der Religion Jesu] […] ebenso genau mit eurer Natur verknüpft [sei], als das Gefühl von eurem eigenen Dasein« (GA
II/1, 58), dann spricht das für die enge, ja unauflösliche Verbindung,
die bei Fichte zwischen den Dimensionen des Religiös-Theologischen, des Affektiven, Existenziellen und Ethisch-Praktischen sowie
den Themen Wahrheit und Gewissheit besteht – und dies trotz ihrer
nicht zu übersehenden Differenzen. Schon das Vorlesungsexzerpt zu
Pezolds *Theologia dogmatica* drängt in seiner theologischen Didaktik auf Verinnerlichung und handlungsorientierte Existenzialisierung
der christlichen Glaubenslehre im Bewusstsein der Studenten zum
Zwecke ihrer nicht nur intellektuellen Bewährung und argumentativen, sondern vor allem moralisch engagierten Verteidigung.

Es ist schon bemerkenswert, dass diese Denkfigur der Wendung aufs Handeln bei Fichte dann in der *Wissenschaftslehre* 1805 an zentraler Stelle, das heißt bei der Frage nach der das Wissen transzendierenden und die Realität der Praxis erschließenden Funktion des Glaubens, auf eindringliche Weise wieder zur Sprache kommt. Wolfgang Janke hat diesen Gedanken in seiner Analyse zur *Wissenschaftslehre* von 1805 wie folgt zusammengefasst.

> Glauben ist kein besseres Meinen, eine bloß subjektive Überzeugung, die dem Wissen im Stande der Gewißheit unterlegen ist. Dem Glauben eignet die eigenständige Erschließungskraft, die weiter reicht als Verstand und Reflexion. Ihm erschließt sich eine Sphäre der Wirklichkeit, welche der objektiven Realität im Sinne wirklicher Vorhandenheit und massiver Dinglichkeit vor- und übergeordnet ist. [...] [Denn] der Glaube ist der Realität freien, vernunfthaften Handelns zugewendet, die in einer verbindlichen Ordnung zusammenstimmt und durch ein lebendig-ordnendes, alles übergreifendes Band (der Liebe Gottes) geeint ist. Das ist nicht sinnlos, sondern Sinn eröffnend. In der Abkehr von der verdunkelnden Realität der Dingwelt und in Zukehr zum Handeln freier Vernunftwesen geht dem Glauben ein Licht über die wahre, sinnverbürgende Realität auf. Auf der Höhe dieses Seins- und Gottesglaubens herrscht eine alles Sinnen und Trachten verwandelnde Denkungsart. [88]

In dieser Analyse zeigt sich, dass Fichte seinen Glaubensbegriff, im Kern aus seinen Ursprüngen in den vorkantischen Schriften, über die *Aphorismen über Religion und Deismus* sowie die *Bestimmung des Menschen* bis in die Wissenschaftslehre hinein – und hier in zentraler systematischer Bedeutung – durchgehalten oder dahin weiterentwickelt hat. Mit guten Gründen ist daher zu behaupten, dass es dieses

---

88 Janke (2000), 69. Neben Wolfgang Janke ist es Günter Zöller, der zum Glaubensbegriff der *Wissenschaftslehre* von 1805 sowohl dessen wissenskritische als auch realitätserschließende Funktion herausgearbeitet hat. Zufolge derer ist es allein der Glaube, der »auf immer u. entschieden die idealistische Ansicht der realistischen« unterordnet, und in ihr darüber hinaus einen »wirklichen Glauben [...] in vollendeter Klarheit« postuliert, »welcher nichts anderes ist, als die W.L. [Wissenschaftslehre] selbst« (GA II/9, 240 f., vgl. Janke [2000] und Zöller [2009]).

Wissen vollendende und Realität erschließende Amalgam im Glaubensbegriff Fichtes ist, das den Kern seines philosophischen Selbstverständnisses – auch und insbesondere gegenüber Kant, Schelling und Hegel – ausmacht.[89]

Im etymologischen Zusammenhang, aus dem wir den Zugang zu Fichtes Glaubensbegriff versucht haben, ist der Hinweis aufschlussreich, dass nicht nur Glaube und Liebe, sondern auch die dritte christliche Tugend, die Hoffnung, für Fichtes Denken eine nicht unbedeutende Rolle spielt. Wie Glaube und Liebe, so überschreitet auch die Hoffnung in ihrem etymologischen Ursprung den Rahmen dessen, was man mit Fichte reines oder kaltes Verstandeswissen nennen kann. Denn Hoffen gehört etymologisch zur Wortgruppe ›hüpfen‹ und meint dann »vor Erwartung aufgeregt umherhüpfen«.[90] Religionsgeschichtlich hat das »erwartungsfrohe Hüpfen« etwa in Paul Gerhardts – Fichte wohl bekanntes – Weihnachtslied *Fröhlich soll mein Herze springen* Eingang gefunden.[91]

Auch wenn Fichtes philosophischer Blick in die Zukunft weniger durch eine aufgeregte Erwartung gekennzeichnet ist, so sprechen seine optimistische Geschichtsphilosophie und auch seine pädagogische wie nationale Erziehungsphilosophie sowie sein starkes persönliches kulturpolitisches Engagement dafür, dass sein Denken insgesamt von einer begeisterten und lebendigen Hoffnung getragen wurde – und dies eben auch in einem theologisch-christologischen Sinne. So »offenbart« sich nach Fichte im religiösen Menschen

> die Liebe zu seinem Geschlecht [...] dadurch, daß er, schlechthin nie, und unter keiner Bedingung, es aufgibt, an ihrer Veredlung zu arbeiten, [...] schlechthin nie [...] die Hoffnung von ihnen aufgibt. [...] So wird ihm die Liebe eine ewig fortrinnende Quelle von Glaube und Hoffnung; nicht an

---

89 Vgl. zu diesen Differenz bildenden Überlegungen zwischen Fichte, Schelling und Hegel: Janke (2000) und ders.: *Die dreifache Vollendung des Deutschen Idealismus. Schelling, Hegel und Fichtes ungeschriebene Lehre.* Amsterdam/New York 2009 (*Fichte-Studien Supplementa 22*).

90 Duden (1963), 269.

91 P. Gerhardt: *Geistliche Lieder.* Stuttgart 1991, 85 f.

Gott, [...] sondern [...] an Menschen. [...] Endlich – und wo ist das Ende? – endlich muß doch alles einlaufen, in den sichern Hafen der ewigen Ruhe und Seeligkeit; endlich einmal muß doch heraustreten das göttliche Reich: und Seine Gewalt, und seine Kraft, und seine Herrlichkeit (GA I/9, 172 f.).

3.2   Glaubenslehre

Ist es zu Anfang seines Theologie- und Philosophiestudiums die im Glauben befestigte oder den Glauben befestigende *christliche Lehre*, in der Fichte Grund und Halt für das Modell eines wahrhaftigen, Herz und Verstand vermittelnden und versöhnenden Lebens gewinnt, so sind es im Folgenden die Modelle oder *Systeme möglicher Weltanschauungen*, innerhalb derer er, transzendental begründet, die Typologie möglicher Glaubenslehren entwickelt. Gemeint ist die Theorie der fünffachen Weltanschauung (Materialismus, Legalismus, Moralismus, Religion und Wissenschaft). Im ›System der Weltanschauungen‹ folgen deren Prinzipien dem im Vorherigen erörterten Glaubensbegriff. Das heißt, das, was den Glauben der verschiedenen Weltanschauungen kennzeichnet und bestimmt, sind die existenziell bedeutsamen Glaubensmomente des ›Für-wahr-wert-und-lieb-Haltens‹ usw.

Nun ist zunächst noch einmal daran zu erinnern, dass Fichte schon bei Pezold die Idee der (christlichen) Glaubenslehre als ein System kennengelernt hatte. Die *Theologia dogmatica* wird nach Pezold nicht nur selbst »mit systematischer Methode überliefert/gelehrt« (These VIII, s. o. S. 392), sondern es ist ihr Ziel, »dass junge Studenten der Theologie den ganzen Umfang der christlichen Lehre geistig erfassen, deren Verknüpfung umso kundiger durchschauen, und das umso genauer erklären, zeigen und verteidigen lernen« (ebd.). Den Glauben nicht nur in seinem performativen Akt als besonderen Modus der Gewissheit, sondern als System untereinander verbundener Lehren, das heißt als ein Ganzes, als Glaubenslehre, zu erfassen, zu durchdringen und zu ordnen, gehört somit zu den ersten strukturbildenden Prägungen des Fichte'schen Denkens. Und so unterscheiden die *Absichten des Todes Jesu* im Glaubensbegriff klar »theils [...] die Verfaßung einer Seele, die die christliche Religion wahrhaftig angenommen hat [und] theils den Inbegriff u. das System der Religionswahrheiten, welches auch sonst mit dem Worte Evangelium bezeichnet wird« (GA II/1, 95).

1804 wird Fichte diese Unterscheidung genauso auf die Wissenschaftslehre als »Weißheitslehre« anwenden, wenn er im Wesen des Wissens zwischen dem »zeitwörtlichen« – verbalen – und dem »absolut bestehenden« – systematischen – Sinn des Wissens unterscheidet (GA II/7, 70). In seiner systematischen Bedeutung spielt dann der Glaube in seinem Verhältnis zur Wissenschaftslehre, insbesondere in deren Fassung von 1805, eine bedeutende Rolle, wo es heißt, dass der in spezifischem Sinne gemeinte »wirkliche Glaube = A. [...] nichts anderes ist, als die W.L. [Wissenschaftslehre] selbst« (GA II/9, 241).[92] Es zeigt sich hier, dass Fichtes Wissenschaftslehre in ihrem Grund konstitutiv mit dem Begriff des Glaubens und in ihrem Umfang als System mit dem der *Glaubenslehre* verbunden ist.

Günter Zöller hat in seiner frühen Studie zum Fichte'schen Glaubensbegriff diesen Zusammenhang strikt verneint und stattdessen behauptet:

[D]er Glaubensbegriff [...] avanciert zu keinem Zeitpunkt zu einem Grundbegriff der Wissenschaftslehre als solcher. Vielmehr fungiert er im metaphilosophischen, propädeutischen und populärphilosophischen Umfeld der Wissenschaftslehre sowie deren Anwendung auf den Themenbereich der Religion. Zu keiner Zeit hat Fichte daran gedacht, Transzendentalphilosophie als Glaubenslehre zu entwickeln.[93]

Schon Wolfgang Ritzel hatte ebenfalls, wenn auch mit einer anderen Nuancierung, die Vereinbarkeit von Glauben und Wissen im Kontext der Wissenschaftslehre zurückgewiesen. Für ihn ist dieser Zusam-

---

92 Zu den spezifischen Elementen der Wissenschaftslehre als Glaubenslehre, wie sie von Fichte in der Fassung des Jahres 1805 in Erlangen vorgetragen wurde, vgl. Janke (1999), 49–56.
93 Zöller (1998), 36.

menhang sogar ausgeschlossen, weil der Glaube den Menschen gegenüber Gott in eine Pflicht nehme, die »schlechthin jede im Medium des Allgemeinen statuierte Verbindlichkeit« suspendiere.[94] Genau das aber sei das Medium der Philosophie als Wissenschaft.

Nach dem bisher Erörterten wird man die vorgetragenen Thesen von Zöller und Ritzel in dieser Schärfe wohl nicht mehr behaupten können. Ritzels über Kierkegaard hergeleitete Verengung des Glaubensbegriffs auf das Religiöse und insbesondere Christliche, auf den »Christenglauben«,[95] verschließt ihm sowohl den weiteren, auch philosophisch relevanten Begriff des »aletheuischen Glaubens«[96] als auch die von einer extremen Individualisierung her nicht vollständig zu erfassende existenzielle oder gar anthropologische Dimension des Glaubens, auch die des christlichen – zumindest in der allgemeinen theologischen und religionsdidaktischen Sicht der Dinge, wie sie uns von Fichte her angeboten wird.

Was an Zöllers Analyse dagegen zutrifft, ist die von ihm angedeutete Beziehung zwischen der ›Wissenschaftslehre in specie‹ und ihrem ›Umfeld‹, die über den Glaubensbegriff in seiner systembildenden Bedeutung vermittelt wird. Hiermit greift Zöller weiter aus als Ritzel. Denn insbesondere in den Jahren 1804 bis 1806, und hier im Zusammenhang zwischen der Wissenschaftslehre und der populärphilosophischen Arbeit zur Religionslehre, lässt sich die Vermittlung zwischen der Wissenschaftslehre im engeren Sinne (»der Leiter«, wie es 1804 heißt, GA II/8, 378) und ihrem ›Umfeld‹, und zwar über den systembildenden Begriff des Glaubens als Glaubenslehre, exemplarisch nachweisen.

Der zweite Vortrag der *Wissenschaftslehre* aus dem Jahre 1804 thematisiert den Glauben nur an wenigen, wenn auch bedeutenden Stellen. So wird die 1805 im Erlanger Vortrag dominant verhandelte Rolle des Glaubens 1804 nur kurz, im IX. Vortrag und XVI. Vortrag als idealismus- bzw. reflexionskritisches und darüber hinaus als die

94 Ritzel (1956), 22.
95 Ebd.
96 Janke (1999), 50.

absolute Realität erschließendes Instrument, behandelt (GA II/8, 135 u. 251 f.). Dabei werden gelegentlich bemerkenswerte, altbekannte Parallelen zum Christentum hergestellt (ebd., 135 u. 379 f.). Der XX-VIII. und letzte Vortrag erörtert den Glaubensbegriff dann an prominenter Stelle als systemstiftendes und systemgestaltendes Prinzip. Aus dem bisherigen Vorlauf erscheint es ausgeschlossen, dass Fichte den Begriff des Glaubens in diesen Zusammenhängen willkürlich oder beiläufig und unreflektiert verwendet. Das Gegenteil dürfte der Fall sein. Es geht an dieser Stelle im XXVIII. Vortrag, kurz gesagt, um die systematische Ableitung der Prinzipien möglicher Weltanschauungen aus dem Wechselverhältnis von *Objekt* und *Subjekt*, *Einheit* und *Mannigfaltigkeit*, im Rahmen einer prozess- und produktorientierten (inneren und äußeren) Existenzialanalyse der Vernunft. Als sogenannte ›Vernunfteffekte‹ weist der Vortrag vier materiale Grundprinzipien für die systematische Erfassung der genannten Kategorien aus, denen als fünftes (formales) Prinzip das der Wissenschaft im Sinne ihrer systematischen Zusammenschau und transzendentallogischen Ableitung zugrunde liegt. Vermutlich dem nahen Ende der Vorlesungszeit oder auch dem Bewusstsein, dieses Thema in einer späteren Vorlesung vertiefend aufzugreifen, geschuldet, fallen die Ausführungen zu dieser Schlüsselstelle der Wissenschaftslehre als System sehr knapp aus.[97]

Das erste Prinzip, so heißt es, sei das der *Sinnlichkeit*, »im stehenden *Objekte*, und zwar dem absolut wandelbaren« (GA II/8, 417). Das zweite Prinzip sei das der *Legalität*, worunter die gesetzte Subjektseite der Vernunft als stehend unter Gesetzen und Prinzipien überhaupt verstanden wird. Das dritte und vierte Prinzip thematisieren den lebendigen Bildungsprozess, aus dem sich die Vernunft gestaltet: den Standpunkt der *Moral* als eines »rein aus dem stehenden Ich (Subjekt) des Bewußtseins hervorgehenden Handelns durch die unendliche Zeit«. Kennzeichnend für das vierte Prinzip ist schließlich »das Stehen im absoluten Bilden und Leben des absoluten Objekts […] [der] Standpunkt der Religion« (GA II/8, 417 f.). Was hier

---

97 Vgl. Traub (1992), 209–287.

jeweils transzendentalphilosophisch genau gemeint ist und woher diese Prinzipien abgeleitet und näher bestimmt sind, kann und muss hier nicht gezeigt werden. Der für uns interessante Punkt kommt erst nach der Präsentation der Strukturierungsprinzipien des Vernunftlebens zur Sprache. Denn als erste zur Konkretisierung übergehende Erläuterung oder Fortführung verwendet Fichte für alle vier Prinzipien den *Begriff des Glaubens.*

Ausgestattet mit den Attributen des Glaubensbegriffs und der Idee der durch ihn konstituierten und organisierten Glaubenslehre, wandelt sich die Erscheinung des Vernunftlebens im »stehenden Objekt« in einen »*Glauben* an die Natur« (ebd., 417, Herv. H.T.) oder zur Weltanschauung des ›Materialismus‹ unter dem *Prinzip der Sinnlichkeit,* das heißt zum Organisationsgesetz der Mannigfaltigkeit objektiven Seins in der ›äußeren Existenzialform‹. Das »stehende Subjekt« wandelt sich unter derselben Bedingung in den »*Glauben* an Persönlichkeit, und bei der Mannigfaltigkeit derselben, an die Einheit und Gleichheit der Persönlichkeit« (ebd., Herv. H.T.), das heißt, es wandelt sich zum Prinzip des rechtlichen, moralischen und wissenschaftlichen Gesetzesglaubens, dem Standpunkt des Legalismus. Für die beiden folgenden Prinzipien gilt dann dasselbe. In ihnen wandelt sich das erscheinende Vernunftleben unter dem Primat des Lebendigen zum Glaubensprinzip eines schöpferischen Handelns seitens des Subjekts oder, in objektiver Betrachtungsweise, zum »*Glauben* an einen in allem Zeitleben allein wahrhaft und innerlich allein lebenden Gott« (ebd., 419, Herv. H.T.). Auf die im Folgenden skizzierten weiteren Grundzüge der einzelnen Weltanschauungslehren brauchen wir hier nicht näher einzugehen.

Was die Wissenschaftslehre an dieser Stelle des Übergangs von der Wissens- zur Weltanschauungslehre transzendentallogisch vollzieht, ist die organische Transformation der transzendentalphilosophischen Prinzipien zu systembildenden, das heißt Weltanschauung prägenden Glaubensgrundsätzen. Unter Berücksichtigung der affektiven, voluntativen und existenzbezogenen Elemente des Daseins gestatten es die transzendentalen Prinzipien der Wissenslehre offenbar, sie schlüssig als Konstituenzien unterschiedlicher Glaubenssysteme auszulegen beziehungsweise sie dahingehend weiter zu entwickeln. Deshalb kann auch die Wissenschaftslehre im engeren Sinne von ihnen als transzendental induzierte ›Glaubenslehren‹ sprechen. Was die Religionslehre dann 1806 im Einzelnen ausführt, nämlich die Möglichkeiten und Grenzen der durch die ›Glaubensgrundsätze‹ konstituierten Wirklichkeiten und ›Glaubenswelten‹, das findet sich zum Schluss der Wissenschaftslehre bereits transzendental abgeleitet.[98] Denn dort werden die Glaubensgrundsätze möglicher Weltanschauungen nicht nur transzendental begründet aufgestellt, sondern auch in ihren ersten Ansätzen ausgeführt. Das geschieht durch die aus dem Wesen der Einheit der Vernunft abgeleitete Inklusion aller vier Glaubensgrundsätze innerhalb des jeweils dominierenden Prinzips, das heißt durch die Ausdeutung der Momente des Religiösen, Moralischen, Rechtlichen und auch Wissenschaftlichen im Kontext einer entweder vom Prinzip der Sinnlichkeit, der Legalität, der Moralität oder der Religiosität dominierten Glaubenslehre (vgl. GA II/8, 419 f.).

Das Verfahren einer Transformation transzendentallogischer Prinzipien zu Grundsätzen einer Typologie möglicher Weltanschauungen wird auch für die Wissenschaftslehre selbst angewandt. Wenn der Umschlag vom transzendentalen ins weltanschauliche Denken transzendental induziert werden kann, dann muss gemäß Fichtes Grundsatz genetischen Philosophierens der Ansatz für eine solche Transformation in der Transzendentalität selbst liegen. Die transzendentale Wissenschaft muss glaubensaffin – um es mit einem ›Fichtea-

---

98 Zu erwähnen ist hier die zwischen den beiden Vorlesungen zur Wissenschafts- und Religonslehre gehaltene Vorlesung *Die Principien der Gottes- Sitten- u. Rechtslehre* aus dem Jahre 1805. In dieser steht insbesondere die Analyse der schon 1804 erörterten Theorie des Existenzialaktes und der aus ihm abzuleitenden Prinzipien der Weltanschauungen im Mittelpunkt. Für unsere These über die Glaubenslehren liefert die Vorlesung einen interessanten Aspekt, der es möglicht macht, die transzendental begründeten Prinzipien und die durch sie als Glaubenslehren konstituierten Weltanschauungen auch als ›Glaubenswelten‹ aufzufassen. Wenn Fichte in der 15. Stunde über »Welten, die sittliche, rechtliche u. sinnliche« (GA II/7, 438), spricht, dann lässt sich in Verbindung mit dem realitätsgründenden Glaubensakt daraus ein differenzierter Begriff der ›Glaubenswelten‹ ableiten.

nismus‹ zu sagen – ›fidealbel‹ sein. Das heißt, sie muss selbst die Möglichkeit enthalten, als Glaubenslehre ausgelegt werden zu können, und dies nicht beiläufig, sondern systematisch. Eine zentrale Stelle, die diese Transformation belegt, ist die bereits erwähnte aus der *Wissenschaftslehre* 1805, an der Fichte die Wissenschaftslehre den »wirklichen Glauben« nennt (GA II/9, 241). Dort geht es um das dreifache Erscheinen des Absoluten im Prozess der Analyse transzendentalen Wissens. Wirklicher Glaube, »welcher nichts anderes ist, als die W. L. selbst«, meint dort die (erleuchtete) Einsicht in das Wesen des substanziellen »Seyns-Wissens« (»Einsicht der Nothwendigkeit des Glaubens«) als »*Repräsentanten* des wahrhaft absoluten« (ebd.). Unabhängig von der Klarheit über das, was hier transzendentallogisch genau vor sich geht,[99] ist doch soviel deutlich, dass Fichte auch in der Wissenschaftslehre selbst, und zwar an systematisch bedeutsamen Stellen der Entwicklung seiner Philosophie, mit einem spezifischen und reflektierten Begriff ›transzendentalen‹ Glaubens arbeitet, ja, die Wissenschaftslehre selbst als eine in spezifischem Sinne ausgelegte Glaubenslehre versteht.

Wenn, wie gezeigt, Glauben mit der Setzung von und dem Interesse an Realität zu tun hat, dann ist noch ein weiterer Transformationsgedanke für die Beurteilung der Wissenschaftslehre als Glaubenslehre von Bedeutung. Gemeint ist die ebenfalls etwa ab 1804 geführte Diskussion um den Status der Wissenschaftslehre als Weisheitslehre.[100] Im Unterschied zu der in der Fichte-Forschung dominanten These, dass Fichte strikt zwischen Philosophie und Leben unterscheide, was in einem begrenzten Sinne auch zutrifft, behauptet Fichte selbst von der Wissenschaftslehre, dass sie eben genau dies, nämlich Seins- und Lebenslehre sei. Weil der Zweck der Wissenschaftslehre die »Weißheit [sei], um deren willen allein sie da ist« (GA II/10, 132), diese aber die Kunst ist, die Wissenschaftslehre in sich hervorzubringen, um so die übersinnliche mit der sinnlichen

---

99 Vgl. Janke (1999), 49–56.
100 Vgl. Traub (2009b), 393–416.

Welt »in einer bindenden Einheit« zu vermitteln,[101] so liegt offenbar im Wesen der Wissenschaftslehre selbst das Interesse an (auch empirisch-sinnlicher) Realität, das selbst Kennzeichen des Glaubens ist. Das heißt, die Wissenschaftslehre hat in ihrer Tendenz zur Weisheitslehre, also als auch empirisch wirksam gedachte und gewollte Theorie, das Moment des Glaubens an sich. Es kann unentschieden bleiben, ob Fichte genau daran gedacht hat, als er im ersten Vortrag der *Wissenschaftslehre* ›im Winter 1804‹ erläutert: »Sie [die Wissenschaftslehre] ist daher *Lehre* – Theorie, erschöpfende, vollendete, auseinandersetzende, systematisch geordnete, erprüfte – des *Wissens*, und da dies [...] hier nicht *zeitwörtlich*, sondern absolut bestehend genommen wird, der Wissen*schaft*, (Wißthums, Wißheit = Weißheit) Wissenschaftslehre« (GA II/7, 70). Deutlich wird aus diesen Überlegungen jedoch, dass Fichtes Idee der Wissenschafstlehre zumindest die Anlage zu einer Glaubenslehre immanent ist. Wenn sie nicht – wie im vierten Vortrag der *Wissenschaftslehre* (1805) – ausgeführt, explizit als Glaubenslehre zu verstehen ist.

Was an diesen Stellen allerdings noch nicht ganz deutlich wird, sind die Voraussetzungen und Bedingungen, durch die die Transformation vom transzendentalen Prinzip zum ›Grundsatz einer Weltanschauungs- respektive einer Glaubenslehre‹ *realiter* vollzogen wird oder durch die sie vollzogen werden kann. Die Antwort auf diese Frage lieferte schon 1794 der dritte Teil der *Grundlage der gesammten Wissenschaftslehre*, das heißt die dort als *Grundlage der Wissenschaft des Praktischen* entwickelte Lehre vom Gefühl, Trieb und Streben. In der späteren *Wissenschaftslehre* von 1804 wird die Möglichkeit dieses Übergangs in der Theorie des Sollens und der darin enthaltenen Offenheit für das Postulat der Freiheit begründet. Zur materialen und insbesondere existenziell bedeutsamen Ausführung der transzendental begründeten Prinzipien der Vernunft als Grundsätze möglicher Weltanschauungen, Glaubenslehren und Glaubenswelten kommt es in dieser Periode des Fichte'schen Denkens dann vor allem in der *Anweisung zum seligen Leben*, in der dort verhan-

---

101 Ebd., 394 f.

delten Theorie der *Grundaffekte* möglicher Weltanschauungen und deren Umsetzung in den individuellen Existenzvollzug im Rahmen der Liebeslehre.[102] Insbesondere für diese späte Phase der Systementwicklung und Systemdarstellung gilt die ausdrückliche, grundsätzliche und demonstrative Kongruenz zwischen Wissenschaftslehre und christlicher Glaubenslehre, wobei letztere die in vorkantischer Zeit geprägte Deutung des Christentums, wie wir sie in den *Absichten des Todes Jesu* kennen gelernt haben, meint. Das soll mit einigen Hinweisen kurz belegt werden.

Zunächst fällt die nahezu bruchlose Kontinuität der religiös-theologischen Grundauffassungen über das Wesen des Christentums beim frühen und ›mittleren‹ Fichte auf. In den exegetischen Überlegungen zu seinen Hausandachten, die wahrscheinlich aus dem Jahre 1804 stammen« und die sich konkret auf »Estomihi«, den letzten Sonntag vor der Fastenzeit, beziehen, notiert sich Fichte zum Wunder der Blindenheilung (Lk 18, 42): »*Wie u. daß der Glaube allein die Augen aufthue*« (GA II/7, 261). Und in Aufnahme der aus den *Absichten des Todes Jesu* bekannten ›Erleuchtungsgeschichte der Jünger‹ wird auch hier 1804 die anfängliche Blindheit der Jünger, ihr Unverständnis der tieferen Bedeutung des Todes Jesu und seines damit verbundenen vermeintlichen Scheiterns thematisiert. Im Gegensatz zu dem durch seinen Glauben geheilten Blinden von Jericho (›Dein Glaube hat dir geholfen‹) »sind die Jünger blind. Wie durch Noth u. Tod Jesus zur Herrlichkeit eingehen könne, begriffen sie nicht, weil sie nicht den rechten Glauben haben« (ebd.). Auch der bereits in den 1780er Jahren verwendete symbolische Deutungsansatz zu Tod und Auferstehung sowie die dort vorgebrachte Kritik am empirischen Wunderglauben finden sich in den Aufzeichnungen aus dem Jahr 1804: »Uebrigens hilft gerade der Glaube dem Blinden, weil er dadurch, dem vorausgesetzten Zweke Gottes nach, zur symbolischen Person wird. So in allen Wundergeschichten« (ebd., 261f.). Dass der ›symbolische‹ Topos der Blindheit auch für die Wissenschaftslehre selbst bis in ihre späten

102 Vgl. Traub (1992), 249–287.

Fassungen, etwa die Einleitungsvorlesung zur *Wissenschaftslehre* von 1813, von Bedeutung ist, steht außer Frage (vgl. GA II/17, 234–236 oder GA II/9, 241).

Nach Fichtes früher Christologie gehört es zum Wesen der Religion Jesu, neben ihrer grundsätzlich vernunftorientierten Überzeugungskraft und Stärkung der sanften Neigungen des Menschen den ›Enthusiasmus für Wahrheit und fürs Geistige‹ zu wecken. Das Postulat der »Ausrottung der Sinnlichkeit« (GA II/1, 75) fordert die vollständige Trennung des Wesens der Religion und des Glaubens von empirischen Begründungen, seien es politische, traditionalistische, legalistische oder spiritualistische. In diesem Sinne formuliert Fichte 1798 den »ersten Glaubensartikel« seines *Systems der Sittenlehre*, der da lautet: »*Ich bin wirklich frei*« (GA I/5, 65). Glaube, das können wir an dieser Stelle besonders deutlich erkennen, impliziert bei Fichte notwendigerweise Freiheit. Der Glaubensartikel ist es, »der uns den Übergang in eine intelligible Welt bahnt [...]. Dieser *Glaube* ist zugleich der Vereinigungspunkt zwischen beiden Welten [der sinnlichen und der intelligiblen], und von ihm geht unser System aus« (ebd., Herv. H.T.). Und mit Bezug auf das Thema Kirche und christliche Morallehre heißt es an späterer Stelle, wieder ganz im Sinne der *Absichten*: »es giebt überhaupt etwas übersinnliches und über die Natur erhabenes. Wer dies im Ernste nicht glaubt, kann nicht Mitglied einer Kirche seyn: er ist aller Moralität und aller Bildung zur Moralität völlig unfähig« (ebd., 218).

1804 sieht dann die Wissenschaftslehre in ausdrücklicher Übereinstimmung mit der Lehre des Christentums den »*Glauben*, d.h. die *Lehre*, die wahre Erkenntniß des Uebersinnlichen, als die Hauptsache und das Wesentliche« (GA II/8, 380) an. Und in wörtlicher Wiederholung dessen, was schon die *Absichten* über die Ethik des Christentums postuliert hatten (vgl. GA II/1, 81), heißt es weiter: »Dass bei der rechten und wahrhaft lebendigen Erkenntniß der rechte Wandel sich schon von selbst ergebe [...] hat jene Lehre [das Christentum] nicht vergessen beizubringen; und unsere Philosophie vergißt es eben so wenig« (GA II/8, 380).

1807 skizziert Fichte – im Angesicht der Ausdehnung der imperialen Kultur Frankreichs über ganz Europa – den Entwurf für den Aufbau einer *Republik der Deutschen*. Was die Religionsfragen in dieser Republik betrifft, wiederholt Fichte hier die schon in den *Absichten* niedergelegte Maxime, dass sich die Wahrheiten des Glaubens allein auf dem Weg eigener, Geist und Verstand erfordernder Erkenntnis erschließen. Demzufolge sei in der *Republik der Deutschen* (neben den anderen Konfessionen) ein Religionsbekenntnis zu installieren, das gerade diesem Anspruch Rechnung trägt. Und so erlässt der fiktive Gesetzgeber der utopischen Republik folgende Erklärung:

> Die erste Bedingung aller menschlichen Bildung ist unumschränkte Selbstständigkeit, und diese besteht darin, daß man keine Schranken anerkenne, als die durch klare eigene Einsicht vom festen eigenen Willen gesetzte. Wer nach fremder Einsicht wollen muß, ist nicht frei. Das System des blinden Autoritätsglaubens geht hervor, wo nicht aus Despoten=, denn doch sicher aus SklavenGemüthern‹. [...] Diesem Principe [der Selbstständigkeit] verfuhren die Gesetzgeber ganz gemäß. Sie errichteten einen Kultus dieser allgemeinen Christlichen Kirche (GA II/10, 414).

Dass es für die Kongruenz zwischen christlicher Glaubenslehre und Wissenschaftslehre gerade auch in der Spätphilosophie Fichtes ab 1810 zahlreiche Hinweise gibt, hat die Fichte-Forschung mit einer Reihe von einschlägigen Untersuchungen, die an anderer Stelle schon Gegenstand dieser Arbeit waren, etwa zur *Staatslehre* von 1813 oder zur *Wissenschaftslehre* von 1814, gezeigt. Das heißt, Fichtes Philosophie hat in unterschiedlichen Hinsichten starke, ja elementare Berührungspunkte zum Thema Glauben und Glaubenslehre. Nicht allein, dass sie immanent auf dem Wege transzendentaler Analyse und Genese die Prinzipien möglicher Glaubenswelten und Weltanschauungslehren begründet und darin selbst die Anlage zu einer transzendentale Glaubenslehre vertritt, sie führt die Grundsätze als Glaubenslehren und individuell bedeutsame Existenzentwürfe auch systematisch bis an den Rand der transzendentalen Analyse aus. Und sie entwickelt sie im organischen Anschluss daran im Rahmen der Populärphilosophie und angewandten Philosophie weiter. Darüber hinaus betonen die Systemteile, also die wissenschaftliche, populäre und angewandte Philosophie gleichermaßen, ihre generelle aber auch spezielle, das heißt wohl »vollkommene« Übereinstimmung (GA II/8, 379f.) mit der ›recht verstandenen‹ Glaubenslehre des Christentums, das heißt der wahren Religion. Deren interpretatorische Grundlagen aber liefern weder die Wissenschaftslehre *in specie*, noch die angewandte oder die populäre Philosophie, noch alle drei gemeinsam als Gesamtidee der Philosophie Fichtes. Ihren Ursprung hat diese Konzeption vielmehr in den vorkantischen, gleichwohl systematisch durchdachten theologischen, christologischen und im Ansatz auch philosophischen und anthropologischen Analysen und Darstellungen zum Wesen des Christentums.

3.3 Glaubensgewissheit

Etwas für wahr, für lieb und verlässlich zu halten, und zwar so stark, dass sich darauf vertrauensvoll bauen lässt – womöglich eine Weltanschauung –, braucht einen soliden Grund, ein möglichst unerschütterliches Fundament, braucht Grundsätze.

Fichtes Wissenschaftslehre ist geprägt durch die Suche, die Entwicklung und Darstellung von Gründen und Grundsätzen, die diese Anforderung in besonderem Maße erfüllen. »Wir haben den absolutersten, schlechthin unbedingten Grundsaz alles menschlichen Wissens *aufzusuchen«* (GA I/2, 255), lautet 1794 der erste Satz der *Grundlage der gesammten Wissenschaftslehre*, ihre Arbeitsanweisung sozusagen. Fichtes Hinweise für die Suchbewegung dieses Grundsatzes machen von vornherein klar, wo und auf welchem Wege dieser Grundsatz zu finden ist, und wo und wie die Suche nach ihm vergeblich sein wird. Den »absolutersten [...] Grundsaz alles menschlichen Wissens« kann man nicht *beweisen* (ebd.). Er ist weder die Konklusion eines argumentativen Schlusses (»Cogito ergo sum«), noch ist er eine ›empirische‹ Tatsache (des Bewusstseins). Als solcher hätte er Voraussetzungen, deren Gültigkeit wiederum erst nachgewiesen werden müsste. Der Grundsatz soll vielmehr eine Tathandlung, eine unbedingte *Gründungshandlung*, einen Akt ursprünglicher Setzung und Satzung zum Ausdruck bringen, die »allem Bewustseyn zum Grunde liegt, und allein es möglich macht« (ebd.). Die gesuchte Ursprungshandlung findet die Wissenschaftslehre im Akt des Setzens selbst, dem Ich im eigentlichen Sinne, das sich im Vollzug und der Erfahrung dieser Handlung selber setzt und dessen Sein im Bewusstsein und der Erfahrung dieses (Selbst-)Setzens aufgeht: im Ich, dessen Sein und Bewusstsein eins sind. Weder Verstand noch Empirie, noch beide gemeinsam, sind somit hinreichende Bedingungen für die Gründung und Sicherung menschlichen Wissens und Bewusstseins. Vielmehr bezieht sich Fichtes ›absolut erster Grundsatz alles menschlichen Wissens‹ auf die transzendentale Gewissheit im Vollzug des Aktes der Selbst-Setzung des Ich, das als solches diese Erfahrung in eins repräsentiert.

Die Suche nach dem Grund setzt ihn als zu findenden voraus. Sie wird, so die Annahme Fichtes, in ihrer Bewegung von ihm her ausgerichtet und in der vagen, eher gefühlten Hoffnung auf ihn durch Wahrheitsgefühl und Wahrheitsglauben geleitet. Seine Aktualisierung, sein Sich-Einstellen und Auffinden erfolgt durch ihn selbst und die Evidenz seines Inhalts, der zugleich die Suche zu einem befriedigenden Abschluss führt, das heißt, der das Streben als ein auf die Gewissheit hin orientiertes Moment der Gewissheit bestätigt.

Gewissheit ist in ihrer ursprünglichen Gestalt somit die sich einstellende Bejahung (Bestätigung, Beglaubigung) der im Vollzug der Ich-Setzung erfahrenen unteilbaren Einheit von Sein (Objekt) und Bewusstsein (Subjekt). Als diese Erfahrung ist sie mehr als bloßes Wissen oder Denken, das heißt, sie kann, wie Fichte behauptet, nicht schlussfolgernd bewiesen werden. Auf sie lässt sich aber auch nicht als eine Tatsache des Bewusstseins oder der Empirie verweisen. Ihre Realität ist translogisch und transempirisch. Gleichwohl beziehen beide, Verstand und Sinnlichkeit, das Moment ihrer spezifischen Evidenz aus ihr.[103]

---

103 Zur logisch-transzendentalen, ontologischen und existenziellen Bedeutung des Setzungsaktes der Tathandlung und den damit verbundenen Dimensionen eines transzendentalen, ontologischen und existenziellen Ich vgl. H. Traub: »›Ein schlaf-

Wir kennen dieses Modell sich einstellender transrationaler und transempirischer, gleichwohl ursprünglicher, lebendiger und realer Wahrheitsgewissheit aus Fichtes Gründungsidee des christlichen Glaubens, wie er sie in den *Absichten des Todes Jesu* entwickelt hat. Die Stichworte waren dort Negation der Sinnlichkeit und jeder bloß empirischen Begründung und Begründbarkeit der Wahrheit durch das *Symbol der Kreuzigung* sowie die Erleuchtung und Erwärmung des Verstandes aus der Erfahrung und Bestätigung der existenziellen Wahrheit des Lebens Jesu durch den Geist Gottes im *Symbol der Auferstehung*.

Hier, in der Wissenschaftslehre, ist der damalige Akt der Glaubensgründung auf das Elementare, die Essenz seines Setzungsvollzugs reduziert. Gleichwohl, so betont auch die Wissenschaftslehre, spielt der Glaube als die Realität des Ich bestätigender Setzungsakt und spezifischer Modus der Gewissheit auch für sie eine entscheidende Rolle. Denn, so die These Fichtes: »An Realität überhaupt, sowohl die des Ich, als des Nicht-Ich findet lediglich ein Glaube statt« (GA I/2, 429).

Wie das ›Stattfinden‹ eines Glaubens an Realität genauer zu verstehen ist, hat Fichte an kaum einer anderen Stelle deutlicher gemacht als im Übergang vom *Bildwesen des Wissens* zum *Realität setzenden Glauben* in der *Bestimmung des Menschen*. Wurde bisher vom Glauben entweder als Realität setzende und bestätigende Ursprungshandlung des Ich oder als durch ihn begründete und strukturierte (organisierte) Weltanschauung gesprochen, so fügt die *Bestimmung des Menschen* diesem Komplex ein bedeutsames Moment hinzu, das für Fichtes Philosophie so grundlegend wie originell ist. Der Glaube im Sinne der Seinssetzung wird hier als ein *Organ* vorgestellt – und zwar als ein solches, mittels dessen der Schritt vom bloßen Wissen in die Realität der Tat, der Schritt vom System der Bewusstseinsbilder zur tatbegründenden Überzeugung erfolgt oder genauer: durch

---

fer Charakter wird sich nie zum Idealismus erheben‹. Fichte und die Idee starker Subjektivität«, in: *Figuren starker Subjektivität*. Hrsg. von R. Breuning / P.L. Oesterreich. Würzburg 2017, 61–64.

freie Setzung erfolgen kann. Dadurch erweist sich die im und durch den Glauben erfolgende Realitätssetzung, wie schon erwähnt, als eine Freiheitshandlung, als Entschluss. Im Ausgang von seinem berühmten Postulat:»Nicht bloßes Wissen, sondern nach deinem Wissen *Thun* ist deine Bestimmung« (GA I/6, 253), entdeckt Fichte im Handeln diejenige Wirklichkeit, die über das bloße Wissen als dessen Zweck hinausliegt und demselben entgegengesetzt ist (vgl. ebd., 253 f.). Dabei hat Handeln hier zwar ein physisch-leibliches Tun im Blick, meint jedoch zunächst den Entwurf eines Zweckbegriffs, der nicht Nachbild eines bestehenden Seins ist, sondern als Vorbild für etwas Hervorzubringendes dient. »Ich schreibe mir«, heißt es,

> das Vermögen zu, schlechthin einen Begriff zu entwerfen […] aus absoluter Machtvollkommenheit meiner selbst als Intelligenz. Ich schreibe mir ferner das Vermögen zu, diesen [Zweck-]Begriff durch ein reelles Handeln außer dem Begriff darzustellen; schreibe mir zu eine reelle, wirksame, ein Seyn hervorbringende Kraft, die ganz etwas anderes ist, als das bloße Vermögen der [Erkenntnis-]Begriffe (ebd., 255).

Und dies, so schließt Fichte, ist

> der Punkt, an welchem das Bewußtseyn aller Realität sich anknüpft; die reelle Wirksamkeit meines Begriffs, und die reelle Thatkraft, die ich mir zufolge jener zuzuschreiben genötigt bin. […] Verhalte es sich indeß mit der Realität einer Sinnenwelt außer mir wie es wolle: Realität habe ich, und fasse ich: sie liegt in mir […]. Ich denke diese meine Tatkraft, aber ich *erdenke* sie nicht (ebd.).

Den idealistisch-skeptischen Einwand, dass auch dieses Modell einer realitätsbegründenden, geistigen wie praktischen Tathandlung ein bloß Ge- und Erdachtes sei, kann Fichte zwar nicht abwehren. Denn »auf jede Bestimmung des Bewusstseyns [kann man] wieder reflektieren, und ein neues Bewußtseyn des ersten Bewußtseyns erzeugen« (ebd., 256). Aber, so heißt es weiter:»Ich will jene Bestimmung mir freiwillig geben, die der Trieb [nach Selbstthätigkeit] mir anmuthet; und will in diesem Entschlusse zugleich den Gedanken an seine Re-

alität und Wahrhaftigkeit [...] ergreifen« (ebd., 257). Und nun fasst
Fichte den gesamten hier entwickelten Komplex in einem Heureka
zusammen:

> Ich habe das Organ gefunden, mit welchem ich diese Realität, und mit die-
> ser zugleich wahrscheinlich alle andere Realität ergreife. Nicht das Wissen
> ist dieses Organ; kein Wissen kann sich selbst begründen und beweisen
> [...]. Der Glaube ist es; dieses freiwillige Beruhen bei der sich uns natürlich
> anbietenden Ansicht [...]; er ist es, der dem Wissen Beifall giebt [...]. Er
> ist kein Wissen, sondern der Entschluss das Wissen gelten zu lassen (ebd.).

Fichte nennt den Glauben ein Organ. Die Verwendung dieses Ausdrucks ist für das, was er hier im Blick hat, überaus treffend und zeigt
erneut sein tiefes Sprachgefühl und Sprachverständnis. Das aus dem
griechischen ὄργανον ins lateinische *organum* aufgenommene Wort
wird im Deutschen in erster Linie mit Werkzeug übersetzt. Allein
schon die darin anklingende Bedeutung von Werk, die tätige, wirksame Herstellung eines Handlungsprodukts, zeigt, wie zutreffend die
Verknüpfung von Glauben und Organ das erfasst, was Fichte hier im
Sinn hat, nämlich: ein nach selbstentworfenen Zweckbegriffen initi-
iertes Handeln mit Blick auf ein ›Werk‹. Organ wird darüber hinaus
als ein selbstständiges, mit eigenen Funktionen versehenes System
verstanden, etwa als (Musik-)Instrument, als Orgel, als Körperorgan
oder als politische Organisationsform, etwa die Verfassungsorgane.
Auch ist dem Organ dessen organisierte und organisierende Lebendigkeit und Ganzheitlichkeit sowie der Austausch mit und die Um-
wandlung von äußeren Impulsen wesentlich. Glaube in diesem Sinne
als Organ zu verstehen, unterstreicht noch einmal und auf besondere Weise die bereits im Vorfeld behandelten Deutungsaspekte des
Glaubens als evidenter Selbstsetzungsakt des Ich und die durch den
Glauben, jetzt als Organ verstanden, organisierten Strukturen von
Glaubenslehren und Glaubenswelten.

Systemtheoretisch und auch ideengeschichtlich stehen wir hier an
einer bedeutenden Stelle des Fichte'schen Denkens, nämlich an der,
die auch einen Hinweis darauf gibt, wie Fichte das Leib-Seele- respektive Geist-Materie- oder Realitäts-Problem behandelt und löst.

Auch wenn ›Organ‹ ein wenig nach Descartes' Zirbeldrüse als Transformationsorgan zwischen Geist und Körper klingt, so verbietet es sich, Fichtes Glaubensorgan mit seinen intellektuellen und voluntativen Bezugsmomenten materialistisch-physiologisch zu erklären. Realitätsbewusstsein bleibt für Fichte an die Ursprungserfahrung des ›Setzens‹, an ›produktive Einbildungskraft‹, ›Urphantasie‹ und Glauben gebunden.[104] Hier liegt auch der ideengeschichtliche Differenzpunkt zwischen Fichtes Transzendental- und Schellings Naturphilosophie respektive Spinoza.[105]

Es sei hier darauf hingewiesen, aber nicht weiter ausgeführt, dass die Bedeutung des Glaubens als *Organ* mit den bereits mehrfach angesprochenen und für Fichte spezifischen Theoremen des Wahrheitssinnes oder Wahrheitsglaubens korrespondiert, die ebenfalls organologischen Charakter haben. In besonderer Weise gilt das auch für das zu erweckende und zu entwickelnde »neue innere Sinnenwerkzeug« der »Gesichte« (Ideen) des Übersinnlichen, von dem in der Einleitungsvorlesung zur *Wissenschaftslehre* von 1813 die Rede ist (GA II/17, 234 f.).

Der entscheidende Punkt, der in dieser Sache für Fichtes Denken von tragender Bedeutung ist, und dies gilt eben auch für die Wissenschaftslehre, ist die Verknüpfung des Glaubens mit der Annahme von »*Realität überhaupt*« (GA I/2, 429). In der *Bestimmung des Menschen* bleibt diese grundlegende Annahme in ihrer Allgemeinheit bestehen. Sie wird hier allerdings moralphilosophisch zugespitzt. Das bloße Wissen meint hier, wie Zöller zu Recht festhält, zwar insbeson-

---

104 Vgl. Traub (2009c), 285–303.

105 Vgl. hierzu Thomas Kissers kritische Auseinandersetzung: »›Omnia animata sunt – Alles ist beseelt.‹ Das Verhältnis von Geist und Materie bei Spinoza und in Schellings Identitätsphilosophie«, in: *Fichte im Streit – Festschrift für Wolfgang Janke*. Hrsg. von H. Traub u. a. Würzburg 2018, 185–214 und Traub (2001), 54–100. Zu erinnern ist in diesem Zusammenhang auch an Fichtes Philosophie der Sprache, der zufolge die Sprache der ›Duchströmungspunkt‹ von sinnlich-physischer und übersinnlich-geistiger Welt ist. Darüber hinaus gilt der Wissenschaftslehre die Theorie des transzendentalen ›Existenzialakts‹ als ein solcher ›Transsubstantiationspunkt‹ (vgl. DgF, 47–51 u. 233 f.).

dere das theoretische Wissen.[106] Gleichwohl gilt für beides, theoretisches wie praktisches Wissen, dieselbe Annahme, dass seine Geltung auf dem Entschluss des Glaubensaktes beruht. Denn wenn im

> bloßen Wissen […] kein Grund liegt, unsre Vorstellungen für mehr zu halten, als für bloße, jedoch mit Nothwendigkeit sich aufdringende, Bilder, warum halten wir sie denn alle für mehr und legen ihnen etwas unabhängig von aller Vorstellung vorhandenes zu Grunde? […] [D]as *Interesse* für eine Realität ist's, die sie hervorbringen wollen; – der Gute, schlechthin um sie [nach Zweckbegriffen] hervorzubringen, der Gemeine und Sinnliche, um sie zu genießen (GA I/6, 258f.).

Gleichviel, ob rezeptives oder produktives (moralisches) Wissen, ob die Annahme der Realität einer Sinnenwelt nach Verstandesbegriffen oder die Übernahme der Verantwortung ihrer Gestaltung nach Zweckbegriffen, ihre Geltung durch Entschluss und Freiheit beruht gleichermaßen auf der Aktivierung des Organs des Glaubens. Was sich im Nachgang dieses Entschlusses auseinander halten lässt, ist ein *moralischer* Glaube, das heißt die Geltung und Realität des Sittengesetzes oder des Gewissens, ein Moralismus, einerseits und ein Glaube an die Realität und Geltung der Sinnenwelt, ein Empirismus, andererseits.[107] Die Universalität der setzenden und organisierenden Geltungsmacht des Glaubens bleibt davon unberührt.[108] Denn: »Von diesem Interesse [an Realität überhaupt] kann keiner scheiden, der da lebt; und ebenso wenig von dem Glauben, den dasselbe mit sich führt. Wir werden alle im Glauben gebohren« (GA I/6, 259).[109]

---

106 Vgl. Zöller (1998), 40.

107 In dieser Differenz von moralischem und empirischem Glauben lässt sich bereits eine Vorstufe zu Fichtes späterer, transzendental begründeter Weltanschauungslehre erkennen, die, wie gezeigt, in ihren einzelnen Prinzipien von einem jeweils spezifischen ›Geltungsglauben‹ getragen und geprägt ist.

108 Insofern verengen sowohl Zöller als auch Janke den Glaubensbegriff im Rahmen der *Bestimmung des Menschen*, wenn sie behaupten, dass er hier allein in moralisch-praktischer Hinsicht thematisiert sei (vgl. Zöller [1998], 40; Janke [2009], 277).

109 Diese Formulierung ist vermutlich eine Anspielung auf Jacobi, der ebendies gegenüber Moses Mendelssohn behauptet hatte. Zur Geschichte dieser Ausein-

Wenn das so ist und die durch den Glaubensakt gesetzte Geltung
das Wissen über seinen Charakter, bloßes Spiel von Bildern zu sein,
erhebt und ihm so den Zugang zur Realität erschließt, dann muss man
sich fragen, ob Fichtes intensiv geführte Diskussion über das Verhältnis von Realismus und Idealismus nicht auch von diesem transzendentalen Grundgesetz berührt ist. Es ginge hier um die Frage, ob sich
Fichte nicht eigentlich im Medium des Glaubens bewegt, wenn er,
wie in der *Wissenschaftslehre* von 1804/05, begriffstranszendierende
Realerfahrungen des Geistes zur Geltung bringt, wie etwa die Erfahrung des Lichts, die das Wissen ergreifende Evidenz, das Einleuchten,
das *esse in mero actu* usw. Jede in dieser Diskussion aufgestellte Position eines niederen oder höheren Realismus würde danach auf dem
freien Glaubensakt des Geltenlassenwollens beruhen.[110] Zwar ließe
sich gegen jede dieser Positionen stets der Einwand des skeptischen
Idealismus erheben, dass zur Erzeugung der jeweiligen Einsicht die
Anstrengung des Begriffs erforderlich gewesen sei, somit der Inhalt
der Einsicht das Erzeugnis des Begriffs, nicht aber, wie beabsichtigt,
eine ursprüngliche Realität sei, die ihrerseits das Wissen begründet.
Aber um diesem bedrohlichen *regressus ad infinitum* einen Riegel
vorzuschieben, führt die Wissenschaftslehre in freier Setzung methodologische Leitsätze, sogenannte »Maximen« ein (GA II/8, 168f. u.
216). Diese bestehen in dem Entschluss, den Einwand des Idealismus,
auch wenn er sich grundsätzlich nicht abhalten lässt, beiseite zu stellen, um sich wissend auf den stets vom Idealismus relativierten Inhalt
einzulassen zu können. Das Ergebnis dieser methodologisch durch-

---

andersetzung und zum spezifischen Unterschied zwischen Jacobi und Fichte in
dieser Sache vgl. Zöller (1998), 25–41.

110 Als weiteres in diesem Zusammenhang notwendigerweise zu thematisierendes
›Vermögen‹ sei auf die »UrPhantasie« (GA II/8, 223) verwiesen. Sie ist – in Fortführung der Idee der produktiven Einbildungskraft – jenes Vermögen des menschlichen Geistes, über einen Graben des Nichterkennens (»per hiatum irrationalem«)
Objektivierungen des Wissens mit dem Charakter des lebendigen Seins auszustat-
ten oder »ein realistisch vorausgesetztes ›An-Sich-Sein‹ zu verlebendigen« (ebd.,
vgl. Traub [2009c], 289–298). Das auf diese Weise Erzeugte oder Hervorgebrachte
als Wahrheit gelten zu lassen, erfordert auch hier den ›Geltungsakt‹ des Glaubens.

dachten Fortführung der Debatte ist zum einen die Überwindung des ›absoluten Skeptizismus‹, einer theoretischen Haltung, die sich als Standpunkt ›absoluter Reflektierbarkeit‹ unentschieden zwischen den Geltungsansprüchen von Idealismus und Realismus einrichtet (vgl. GA II/9, 240). Zum anderen folgt aus der Anwendung der Maximen, die die *Wissenschaftslehre* von 1805 die Tat eines nunmehr ›in vollendeter Klarheit‹ vollzogenen Glaubens nennt, der reflektorisch und besonnen einzuholende Aufschluss über das Wesen des Wissens als Erscheinung oder Repräsentant des Absoluten (vgl. ebd., 240f.).[111] Der dabei von der Wissenschaftslehre eingenommene Standpunkt beansprucht, unter Beibehaltung aber Unterordnung des konstruktiven Potenzials des kritischen Idealismus, »auf immer, u[nd] entschieden« ein realistischer zu sein (GA II/9, 240). Dass Fichte in diesem realismusaffinen Sinne behauptet, die Wissenschaftslehre sei ein Standpunkt des »wirklichen«, »in vollendeter Klarheit« vollzogenen Glaubens (ebd., 240f.), unterstreicht die Annahme der argumentativen Strukturäquivalenz des Zusammenhangs zwischen Gewissheit, Realität, Wahrheit und Glauben bei Fichte. Und diese gilt sowohl für seine wissenschaftliche wie populäre und angewandte Philosophie.

---

111 Wolfgang Janke nennt den transzendentalen Grundsatz, nach dem die Wissenschaftslehre hier verfährt, das Prinzip »hypothetischer Notwendigkeit« (Janke in: Traub [2018], 7). Durch dessen Anwendung sei die Wissenschaftslehre in der Lage, reflektiert und damit rational begründet das Bildwesen des Wissens vollständig zu durchmessen und es einsehend als Erscheinung des Absoluten systematisch abzuleiten und zu entfalten. Es ist allerdings fraglich, ob es sich bei diesem Prinzip tatsächlich um etwas grundlegend Neues im Denken Fichtes handelt, wie Janke unterstellt. Denn nach unserer Untersuchung handelt es sich um die wissenschaftlich und reflektorisch ausgefeilte gedankliche Figur, mit der Fichte schon in seinen frühen produktiven Überlegungen zur Vermittlung des Widerspruchs von Verstand und Herz – insbesondere in seinen frühen christologischen Reflexionen – gearbeitet hat. Zutreffend und auch erkenntniserweiternd ist allerdings die von Janke eingeführte terminologische Ausschärfung des philosophischen Glaubens als eines »aletheuischen«, das heißt Wahrheit erschließenden Glaubens (Janke [1999], 50).

3.4   Glaubensfreiheit

Im Kontext der bisherigen Erörterungen zu Fichtes Glaubensverständnis ist das Element der Freiheit schon mehrfach auch explizit
angesprochen worden. Denn überall dort, wo das voluntative Moment im Entscheidungsakt des Glaubens, ein Wissen oder eine Erfahrung gelten oder nicht gelten zu lassen, erörtert wurde, war die
Freiheit thematisch mit anwesend. Freiheit ist das Prinzip, aus dem
heraus Fichte seine Philosophie entwickelt. Dabei hängt sein Verständnis des Glaubens und der Glaubensfreiheit sowohl mit seiner
persönlichen konfessionellen Prägung als auch mit deren religionsgeschichtlichem Hintergrund zusammen. Sie sind die Basis, von der
aus sich auch sein philosophisches Freiheitsverständnis entwickelt
hat. Noch stärker als im Aspekt der Glaubenslehre verdichtet sich im
Begriff der Glaubensfreiheit Fichtes theologisches Denken mit (re-
ligions-)geschichtlichen und biographischen Ereignissen, politischen
Analysen und Forderungen sowie philosophisch-transzendentalen
Überlegungen.

Luthers Reformation hatte mit dem Postulat des »allgemeinen
Priestertums«[112] die Autorität der katholischen Kirche und ihres
Berufspriesterstandes im Fundament, nämlich im Privileg, exklusiv
zwischen dem gläubigen Christen und seinem Gott zu vermitteln,
geschwächt. Zugleich aber wurde mit dem Postulat der »Freiheit des
Christenmenschen« die persönliche Verantwortung für die Dinge des
Glaubens gestärkt.[113] Aus dieser religionsgeschichtlichen Vorlage und
im Rückblick auf die Ereignisse des Dreißigjährigen Kriegs verdich-
tete sich in Fichtes sächsischer Heimat das konfessionelle Bekenntnis zum Protestantismus als Konfession der Glaubensfreiheit in dem
Satz: »Gustav Adolf, Christ und Held, rettete bei Breitenfeld Glaubensfreiheit für die Welt«.[114] Angespielt wird damit auf den Sieg der
sächsisch-schwedischen Truppen unter Gustav Adolf über die katho-

---

112 Luther (1989), 265.
113 Ebd., 104.
114 Zitiert nach Petzold (1993), 7.

lischen Truppen unter der Führung von Johann Tserclaes Tilly am 17. September 1631 bei Breitenfeld, nördlich von Leipzig.

Wir haben darauf hingewiesen, dass dieses Motto und die dahinter liegenden historischen Ereignisse zum ›Gründungsmythos‹ und konfessionellen Selbstverständnis der Familie Fichte gehören. Gemeinsam mit dem lutherischen Postulat des allgemeinen Priestertums ist dieser militärische Hintergrund der Konfessionsgeschichte, das heißt der Kampf um die Glaubensfreiheit, zu beachten, wenn man Fichtes Bekenntnis: »Ich bin ein Priester der Wahrheit; ich bin in ihrem Solde« (GA I/3, 58), in seiner ideengeschichtlichen Herkunft angemessen interpretieren und verstehen will. Hierher gehört auch Fichtes direkter Zug ins Militärische, sowohl in der Sprache, wenn er etwa von der »Uniform der Vernunft« (GA I/1, 242) spricht, als auch im Leben, das heißt in seinem mehrfachen Bemühen um die Stelle eines Feldpredigers. Dabei ist auch hier die Verbindung von Priester respektive Prediger und Söldner bemerkenswert.[115] Glaubensfreiheit ist für Fichte grundlegend *Kampf um Glaubensfreiheit* und zwar sowohl subjektiv, als Glaubenskampf des Individuums um seine Rechtfertigung vor Gott, als auch objektiv, als Engagement für die Schaffung und Aufrechterhaltung von Freiheitsräumen in Kultur und Gesellschaft, in Bildung, Kunst, Wissenschaft und Politik.

Dem Anspruch, die Dinge des Glaubens zur Sache des Christenmenschen selbst zu machen, folgten auch die Lehrwerke, die dem katechetischen Unterricht zu Fichtes Schulzeit zugrunde lagen. Mit ihrer Unterscheidung zwischen dem ›Lehrglauben‹, das heißt der äußerlichen Übernahme von Glaubenslehren, und dem ›Herzensglauben‹, dem aus eigener Überzeugung heraus begründeten Bekenntnis, betonen Lösecken und Rambach die Bedeutung der persönlichen

---

115 Obschon diese religions- und ideengeschichtlichen Zusammenhänge allein über die Wortwahl Fichtes naheliegen, findet sich dazu in der Fichte-Forschung kaum ein Hinweis. Manfred Kühns Fichte-Biographie widmet dem Fichte-Zitat über den ›Söldner-Priester der Wahrheit‹ ein ganzes Kapitel (vgl. Kühn [2012], 242–258). Über die theologischen und religionsgeschichtlichen Implikationen des für einen Philosophen nicht ganz selbstverständlichen Bekenntnisses erfährt der Leser aber leider nichts.

Auseinandersetzung mit Glaubensfragen als den Weg, der, mithilfe des Heiligen Geistes, »aus der Dienstbarkeit in den Stand der Freyheit« führt.[116] Stichworte waren hier *Personalisierung* des Glaubens und Aufbau einer Kultur der *Selbstreflexion*.

Für Fichtes späteres Selbstverständnis als kulturpolitisch denkender und handelnder Philosoph ist die Befreiung des Menschen aus geistiger, religiöser, aber auch politisch-feudalistischer Bevormundung das zentrale Anliegen überhaupt. Darin ist Fichte schon vor der Wissenschaftslehre ein radikaler Aufklärer. So kündigt er in seiner *Zurückforderung der Denkfreiheit von den Fürsten Europens* (1793) das Ende der »langen Geistes= und Leibessklaverei« (GA I/1 170), der politischen und geistigen Unterdrückung und Ausbeutung der Völker unter dem Joch des Feudalismus und einer dieses Unrecht legitimierenden Kirche, an. Und er tut dies unter Berufung auf das »göttliche Siegel der Freiheit«, das jedem Menschen »tief in seine Brust eingeprägt« ist (ebd., 172f.). Seinem dänischen Freund und Schüler Jens Immanuel Baggesen fasst er 1795 die Essenz seines Denkens in dem Satz zusammen: »Meine Philosophie ist das erste System der Freiheit« (GA III/2, 298).

Dass Denken und Glauben notwendigerweise mit einander verbunden sein müssen, wenn das Denken Substanz und der Glaube Klarheit haben soll, hatten die *Absichten des Todes Jesu* als spezifisches Charaktistikum des christlichen Glaubens herausgearbeitet. Die entscheidende Voraussetzung, unter der das synergetische Zusammenwirken von Verstand und Herz die Wahrheiten des Glaubens zu entdecken vermag, ist die Freiheit, genauer: die Befreiung vom Unglauben, nämlich dem Versuch, Religion auf empirische, traditionelle oder wunderbare Phänomene, auf Dogmen, Gesetze oder Glaubenslehren zu gründen. Der Tod Jesu am Kreuz ist das Symbol der Befreiung des Glaubens von der Bevormundung durch jedwede weltliche Autorität. Luthers: »Du bist aller Dinge frei bei Gott durch den Glauben«,[117] hat hier, in Fichtes Christologie, einen eigenständi-

---

116 Rambach (2014), 116.
117 Luther (1989), 104.

gen Ausdruck und eine durchdachte Interpretation gefunden. Und folgerichtig nennt er 1793 im *Beitrag zur Berichtigung der Urtheile* […] *über die französische Revolution* »Jesus und Luther […] heilige Schutzgeister der Freiheit« (GA I/1, 255). Wenn Fichte 1795 im Briefentwurf an Baggesen davon spricht, dass seine *Philosophie der Freiheit* den Menschen »von den Feßeln der Dinge an sich, des äußern Einflußes los[reißt]« (GA III/2, 298), dann wiederholt er damit nichts anderes als sein christologisches Freiheitscredo aus den *Absichten des Todes Jesu*, das den »Enthusiasmus für Wahrheit u. das Geistige« und die »Ausrottung der Sinnlichkeit« als Voraussetzung für die Eröffnung der Dimension des Übersinnlichen fordert (GA II/1, 75).

Bezieht man die explizit konfessionsgeschichtliche und politische Dimension des Kampfes um die Glaubensfreiheit, die sich leicht über Fichtes christologisch-biblische Interpretation der Französischen Revolution erweitern ließe,[118] so deutet sich im Verbund mit den religiösen und im engeren Sinne theologisch-christologischen Aspekten schon die Komplexität des Begriffs der Glaubensfreiheit an, von der in Fichtes Denken auszugehen ist. Mit der Linie Jesus, Luther, Gustav Adolf, Französische Revolution stellt sich Fichte in eine geistesgeschichtliche Tradition, in der der Begriff der Glaubensfreiheit konstitutiv mit religiös-theologisch-metaphysischen sowie historisch-politischen Implikationen und Postulaten verbunden ist.

Glaubensfreiheit im religiösen Sinne bedeutet bei Fichte somit nicht das, was wir heute in der Regel darunter verstehen, nämlich das individuelle Recht, glauben zu dürfen, was man will, und sei es noch so obskur, widersinnig oder unverständlich. Sondern religiöse Glaubensfreiheit meint zunächst die *Befreiung des Glaubens* von alledem, was nicht zum Wesen echter Religiosität gehört. Und das ist jedweder (Un-)Glaube, der sich über einen äußeren Einfluss, empirisch, biographisch, kulturell, traditionell zu begründen versucht. Das ist aber auch jedwede Art von Obskurantismus, Mystizismus und Irrationalismus. Ein Glaube, der sich auf rein äußere Quellen stützt, ist im Guten, um es mit dem pietistischen Religionslehrer Johann Jacob

---

118 Vgl. Traub (2011a), 146–148.

Rambach zu sagen, ein ›Lehrglaube‹. Im schlimmeren Fall, und das ist der von Fichte in der Regel unterstellte Obskurantismus, ist ein auf diesem Wege angenommener Glaube blind. Als solcher tendiert er latent oder akut zum religiösen Fanatismus, der, im Verbund mit politischem Despotismus, geradezu das Gegenteil von Glaubensfreiheit bedeutet. Von solchem auf äußere Autorität hin oder aus geistiger Blindheit angenommenen Glauben gilt es, den wirklichen Glauben zu befreien. Um das innere Wesen des Glaubens, den ›Herzensglauben‹, kultivieren zu können, sind die politischen und kulturellen Manifestationen und Institutionen des blinden oder autoritär-dogmatischen Glaubens zu bekämpfen.

Wirklicher Glaube aber, das hatten die *Absichten* gezeigt, erschließt sich nicht passiv oder äußerlich, sondern allein durch nachhaltiges geistiges Bemühen, durch eine vom ›Wahrheitssinn‹ geleitete und allgemein nachvollziehbare Forschungsarbeit am Sinn und Zusammenhang der Glaubensdinge und deren Konsequenzen für die moralisch-sittliche Handlungspraxis. Die Wahrheit und Freiheit des Glaubens wird somit aktiv und denkend erschlossen und ihr Gehalt besonnen, durch den vom Licht des Heiligen Geistes erleuchteten Verstand, als Realität er- und anerkannt. In der Symbolik der *Absichten des Todes Jesu* gesprochen, handelt es dabei um die nunmehr prozesshaft verstandene Auferstehung Jesu im Geist seiner Jünger und damit um deren Durchbruch zum ewigen Leben.

Denkfreiheit ist Voraussetzung oder Implikat der Begründung einer Glaubensfreiheit, die insbesondere den theologischen oder religiösen Glauben dazu befähigt, Herz und Verstand miteinander zu versöhnen. Was Fichte in der Revolutionsschrift mit der *Zurückforderung der Denkfreiheit von den Fürsten Europens* vor allem politisch einklagt, impliziert somit auch die Forderung, den Glauben in das Projekt der (Denk-)Freiheit mit einzubeziehen. Bezeichnend dafür ist die in diesem Zusammenhang von Fichte im Vorherigen schon angedeutete, aber auch explizit konstruierte politisch-theologische Parallele und Korrelation von politischem Despotismus und religiösem Fanatismus einerseits (vgl. GA I/1, 184f.) und von republikanischem Geist und verstandesoffenem Glauben andererseits (vgl. GA II/10, 414).

In diesem kritischen, in Glaubens- und Wahrheitsdingen die Spreu vom Weizen trennenden Sinne definiert dann auch Fichtes Wissenschaftslehre das nunmehr transzendentale Wesen der Freiheit konsequent »in einer ihrer ursprünglichsten Gestalten, in Rücksicht ihrer realen Wirkung, [...] [zunächst] nicht als affirmativ, erschaffend die Wahrheit, sondern nur als negativ, abhaltend den Schein« (GA II/8, 219). In Bezug auf die Glaubensfreiheit bedeutet das: Mit der Theologie des Kreuzes negiert das Christentum prinzipiell die Möglichkeit jedweder innerweltlichen Begründung des Glaubens und befreit ihn damit von überzogenen Geltungsansprüchen. Zugleich erschließt sich darüber die positive Seite der Freiheit, die Dimension des Übersinnlichen und Vernünftigen als Grund für die entschiedene Manifestation, das heißt für einen Realität setzenden »aletheuischen« Glauben (Janke). Auf dessen Grundlage ist dann die kritische Prüfung, Beurteilung und Akzeptanz von Geltungsansprüchen alternierender Weltanschauungen oder Religionssysteme möglich. Die konstitutiven Kriterien für eine solche kritische Prüfung sind: Schutz und Wahrnehmung der Freiheitsrechte, Vernunftorientierung und moralisch-sittliche Vervollkommnung, auf dass die Menschheit in ihrem Erdenleben »*alle ihre Verhältnisse mit Freiheit nach der Vernunft einrichte*« (GA I/8, 196). Dabei beruft sich gerade die späte Wissenschaftslehre in ihrer Begründung und Entfaltung des Systems des transzendentalen Wissens bemerkenswerterweise auf einen theologischen Topos, nämlich auf die biblische Bild- und Abbildlehre. Laut der Wissenschaftslehre ist die Freiheit des Menschen das Bild der Absolutheit Gottes. Sie in schöpferischem Handeln zu realisieren, das heißt, dieses Wissen mittels des realitätsetzenden Glaubens gelten zu lassen und zu verwirklichen, ist der notwendige Schritt zur freien Verwirklichung der Gottes-Ebenbildlichkeit des Menschen – und dies auf allen Feldern kulturellen, politischen und wissenschaftlichen Schaffens.[119]

---

119 Vgl. Traub (2016a), 153–173. Zur Bildlehre des späten Fichte vgl. C. Asmuth: *Bilder über Bilder. Bilder ohne Bilder. Eine neue Theorie der Bildlichkeit.* Darmstadt 2011, 87–91 und F. von Heeremann: *Selbst und Bild. Zur Person beim letzten Fichte (1810–1814).* Amsterdam / New York 2010 (*Fichte Studien Supplementa 26*).

3.5   Glaubensbekenntnis

Im Glaubensbegriff und der Glaubenslehre verbleibt das Wesen des
Glaubens im Medium des Wissens. Auch wenn es sich im Geltenlas-
sen einer Begriffsbestimmung oder eines Urteils ebenso einstellt wie
im physischen Handeln, liegt der qualitative Unterschied, den der
Glaube ausmacht, doch exakt hier, in der Differenz von Idealität und
Realität, im Unterschied von Denken, Sagen und Tun. In der durch
Glaubensfreiheit erwirkten Glaubensgewissheit, der affektiv aufge-
ladenen Zustimmung zu einem rational durchdrungenen Glaubenswissen – Fichte nennt dieses Wissen auch Begeisterung – verdich-
ten sich beide zu einem voluntativen Impuls, der zur Tat, das heißt
zur Realität drängt. Die auf diese Weise begründete Tat kann man
ein Glaubensbekenntnis im engeren Sinne nennen. Auch wenn der
gesamte intellektuelle und voluntative Vorlauf des Glaubensgesche-
hens zwingend zu einem vollständigen Glaubensverständnis gehört,
so erfüllt und erreicht der Glaube erst im aktiven Bekenntnis seinen
Zweck und seine Vollendung – reformprotestantisch ausgedrückt: in
der *praxis pietatis*.

Mit Blick auf die moralphilosophische Tradition, die sich auf
Kants Lehre von Pflicht und kategorischem Imperativ gründet oder
bezieht, ist an dieser Stelle ein für Fichte gravierender Unterschied
festzuhalten. Denn seine im vergewisserten und lebendigen Glauben
begründete Moral bedarf keines Imperativs und keiner Pflicht. Diese
ergeben sich nur für eine Sittenlehre, die sich sozusagen unterhalb
oder außerhalb des Glaubens legitimieren muss. Aus der lebendigen,
verstandesgeprüften Einsicht in die Wahrheit des christlichen Glaubens erfolgt das rechte Handeln unmittelbar von selbst. »Glaube
oder Christenthum heißt: lebendige Ueberzeugung von den Lehren
Jesu, u. Gesinnungen des Herzens, wie diese Lehre sie erfordern: Ein
diesen anständiger Wandel folgt von selbst« (GA II/1, 81). Dessen
Ausbleiben kann als Nachweis für ein unzureichendes oder fehlgelei-
tetes Glaubensverständnis gelten.

Die in den Lehranstalten Sachsens verbreitete pietistisch geprägte
Katechese hatte den größten Wert auf die Personalisierung und das

Bekenntnis des Glaubens gelegt. Fichtes erste Schüleraktion ist eine
kritisch-moralische Petition an die Schulleitung, mit der Bitte um
Aufhebung von Missständen in der Schülerschaft. Die beiden Kernanliegen der *Theologia dogmatica* sind ebenfalls pragmatischer Natur,
nämlich Verteidigung der verstandenen Glaubenslehre und ein ihr
entsprechender Lebenswandel. Dass Fichtes theologisches wie philosophisches Selbstverständnis wie bei keinem anderen idealistischen
Denker seiner Zeit essenziell auf überzeugtes Handeln ausgelegt ist,
ist in der Forschung unbestritten. Dafür spricht seine intensiv betrie-
bene *Ascetik*, das heißt die situations- und personenbezogene Prag-
matisierung der Moralphilosophie und Sittenlehre. Dafür spricht die
systematisch und methodologisch durchdachte Doppelstrategie seiner Religionslehre von 1806 als *Anweisung zum seligen Leben*, deren
erster Teil die Religionslehre als »Theorie über Seyn und Leben« (GA
I/9, 129) und Ausführung der transzendental deduzierten Prinzipien
möglicher Weltanschauungen darstellt. Der zweite Teil drängt dann
auf den »lebendige[n] Besitz« der aufgestellten Lehren, darauf, dass
sie »auf die Liebe und Leben unserer Zuhörer einfließen möchten«
(ebd., 129 u. 176). Dies versucht Fichte bekanntlich dadurch, dass er
die bloßen »Ansichten [...] mit ihrem Affekte, ihrer Liebe und ihrem
Selbstgenusse, versetzt, und dadurch die Form des Lebens erst vollendet« (ebd., 141). Für Fichtes dominantes Handlungsmotiv spricht
des Weiteren die Transformation der wissenschaftlich-philosophischen Wissens- und Wissenschaftslehre in eine Weisheitslehre und
nicht zuletzt Fichtes Programm angewandter und populärer Philosophie, das sich auf nahezu alle Themenfelder seines im engeren Sinne
philosophischen Werks erstreckt und sich, von da aus begründet, auf
jedes gesellschaftlich, politisch und kulturell relevante Praxisfeld bezieht. Das elementare Interesse an der Realität seiner Zweckbegriffe,
das sich allein durch Handeln verwirklichen lässt, verleiht Fichtes
Gesamtidee der Philosophie nicht nur den Anstrich eines tiefbegrün-
deten Glaubensbekenntnisses. Vielmehr macht das ›Interesse für Realität‹, die Essenz des Glaubensorgans, ihr Wesen als ideengeleitetes,
pädagogisches und kulturgeschichtliches Großprojekt aus und kennzeichnet den Denker selbst als einen Glaubenden, Liebenden und

Hoffenden (vgl. ebd., 172 f.). Ob Fichte seinen pragmatischen Gottesbeweis auf sich selbst angewendet wissen wollte, sei dahingestellt.
Jedoch spricht dieser das zentrale Motiv seines realitätssetzenden und
realitätsbezogenen Glaubensverständnisses als *praxis pietatis* in un-
zweideutiger, Geist, Wille, Handeln und Sein verdichtenden Klarheit
aus: »Gott *ist* dasjenige, was der ihm ergebene, und von ihm begeisterte thut« (ebd., 111).

Schluss: Der Blick zurück und nach vorn

Als Fichte Kants Transzendentalphilosophie und deren Freiheitslehre kennen lernte, war er achtundzwanzig Jahre alt. Auch wenn seine philosophiegeschichtlich bedeutsame Zeit noch vor ihm lag, waren die Grundlagen seiner auch philosophischen Weltanschauung inklusive seines Selbstverständnisses bereits in den Jahren zuvor gelegt und ausgebildet. Einen wesentlichen Anteil daran hatte seine religiöse und theologische Erziehung unter dem Einfluss von Personen, die mehr oder weniger starke Beziehungen zur reformprotestantischen Bewegung des Pietismus hatten. Diese Bildungsgeschichte in Schule und Universität bei Lehrern, deren spezifische reformprotestantische Ausrichtung Fichte gesucht zu haben scheint, hat tiefe Spuren in seinem Denken hinterlassen und starke Wurzeln für sein eigenes philosophisches und weltanschauliches Selbstverständnis ausgebildet. Beides, die Reife seiner bereits fortgeschrittenen Urteilskraft und deren pietistische Prägung, lassen Philosophie und Leben dieses bedeutenden Klassikers der Geistesgeschichte in einem neuen Licht erscheinen. Fichte, der Philosoph des lebendigen Denkens, war ein Glaubender. Und als Glaubender war Fichte ein starker Denker.

Im Rekurs auf sein spezifisches ›Glaubenswissen‹ lässt sich forschungsgeschichtlich eine ganze Reihe bisher ungeklärter Fragen zur Herkunft seines Denkens auflösen. So etwa das vehement vorgetragene Autonomie-Modell des Selbstdenkens und Selbsturteilens, dem die Ausbildung einer starken und verzweigten ästhetischen, ethischen und erkenntnistheoretischen Kultur der Innerlichkeit entspricht – eine Kultur, die gerade in der zeitgenössischen religionspädagogischen Praxis, das heißt unter dem maßgeblichen Einfluss pietistischer Denker, ihre Wurzeln hat. Aber nicht nur das, denn die Beachtung der fundamentalen Bedeutung von Fichtes religiös-theologischer Prägung, die, wie etwa an der *Theologischen Dogmatik* und anderen theologischen Frühschriften gezeigt, profunder und differenzierter war als bisher angenommen, eröffnet einerseits bemerkenswerte Perspektiven auf den Zeitgeist seiner Epoche: etwa zur politischen Romantik, zur Popularphilosophie, zur handlungsorientierten und aktionsbereiten Öffentlichkeitswirksamkeit von Theologie und Philosophie im Allgemeinen und zu der von Fichte im Besonderen. Darüber hinaus bietet diese Prägung nunmehr begründete Anhaltspunkte für die Beurteilung von Nähen und Differenzen zu Denkern, Autoren und politisch-kulturellen Strömungen seiner Zeit. Fichtes elementares Bedürfnis, als politischer, theologischer und akademischer Redner an der Gestaltung seiner Zeit handelnd mitzuwirken, erscheint nun nicht mehr nur als ein Spezifikum seiner Persönlichkeit, sondern auch als Ausdruck der biblisch begründeten und explizit praxisorientierten Interpretation seines Glaubens.

Ein entscheidender Gesichtspunkt, der die Idealismus-Forschung weiterhin beschäftigen wird, ist die Fortsetzung und Vertiefung der beginnenden kritischen Auseinandersetzung mit den Differenzen zwischen Kant und Fichte. Gerade weil Fichte selbst den Eindruck erweckt hat, seine Philosophie sei als Fortsetzung oder gar Vollendung der Kant'schen Transzendentalphilosophie und Freiheitsethik zu verstehen, sind die gravierenden Unterschiede beider Denker, insbesondere auch in den Grundlagen ihrer Systeme, vielfach übersehen oder ignoriert worden. Ein entscheidender Aspekt ist dabei Fichtes konstitutive Integration von Denken, Anschauung und Gefühl in die Grundlegung eines ganzheitlichen, theologisch begründeten Philosophiekonzepts der Aufklärung, ein Konzept, das bisweilen enthusiastische, ja eschatologische Züge trägt und sich damit deutlich gegenüber einer dominant rationalistisch-nüchternen und eher kantischen Konzeption der Aufklärung abgrenzt.

Nichtsdestoweniger, und das gilt gerade für unsere von religiösen und weltanschaulich-politischen Fundamentalismen aufgewühlte Zeit, ist Fichtes theologisches Denken und die in ihm kultivierte Gestalt des Glaubens und der Frömmigkeit eine radikal vernünftige. Was vielleicht naiv oder traditionell, persönlich auf Treu und Glauben angenommen wird, kann bei ihm nur solange Geltung beanspruchen, wie es sich gegenüber den Prinzipien der Vernunft, in kritischer Auseinandersetzung und Durchdringung aufrechterhalten lässt. Und über diese Prüfung entscheidet keine religiöse Autorität, keine Orthodoxie oder Dogmatik, nicht der Buchstabe eines heiligen Buches, sondern der argumentative Streit – der je in mühevoller Bildungsarbeit individuell zu entwickelnde und zu kultivierende Geist allgemeiner Menschenvernunft.

Literaturverzeichnis

Vergleiche auch die über Siglen zitierte Literatur im entsprechenden Verzeichnis.

Ackva, Friedhelm (1995): »Der Pietismus in Hessen, in der Pfalz, im Elsaß und in Baden«, in: GdP 2, 198–224.

Albrecht, Ruth (2004): »Frauen«, in: GdP 4, 522–555.

Altaner, Berthold (1951): *Patrologie. Leben, Schriften und Lehre der Kirchenväter.* Freiburg.

Asmuth, Christoph (2011): *Bilder über Bilder. Bilder ohne Bilder. Eine neue Theorie der Bildlichkeit.* Darmstadt 2011.

— (2018): *Wissen im Aufbruch. Die Philosophie der deutschen Klassik am Beginn der Moderne.* Würzburg.

— (2019): »Salomon Maimon und die Transzendentalphilosophie ganz grundsätzlich«, in: *Salomon Maimon: alle origini dell'idealismo tedesco.* Hrsg. von Luigi Azzariti-Fumaroli und Lidia Gasperoni. Bologna, 31–46.

Augusti, Johann Christian Wilhelm (1799): *Die Erscheinungen des Engels Gabriel: Oder: Der Engel Gabriel und Johann Gottlieb Fichte.* Leipzig.

Bacin, Stefano (2007): *Fichte in Schulpforta (1774–1780).* Stuttgart-Bad Cannstatt (*Spekulation und Erfahrung II/42*).

— (2017): »›Ein Bewußtsein, das selbst Pflicht ist‹: Fichtes unkantische Auffassung des Gewissens und ihr philosophischer Kontext«, in: *Fichte und seine Zeit. Streitfragen.* Hrsg. von Matteo d'Alfonso u. a. Leiden / Boston (*Fichte-Studien 44*), 306–325.

Beeler-Port, Joseph (1997): *Verklärung des Auges. Konstruktionsanalyse der ersten Wissenschaftslehre von 1804.* Bern.

Beer, Georg Emanuel (1787): *Leipziger gelehrtes Tagebuch auf das Jahr 1787.* Leipzig.

Becker, Hans-Joachim (2000): *Fichtes Idee der Nation und das Judentum. Den vergessenen Generationen der jüdischen Fichte-Rezeption.* Amsterdam / Atlanta (*Fichte-Studien Supplementa 14*).

Bengel, Johann Albrecht (1753): *Das Neue Testament zum Wachsthum in der Gnade und der Erkänntniß des Herrn Jesu Christi nach dem revidierten Grundtext übersetzt und mit dienlichen Anmerkungen begleitet von D. Johann Albrecht Bengel.* Stuttgart.

Die Bibel oder die ganze Heilige Schrift des alten und neuen Testaments nach der deutschen Übersetzung D. Martin Luthers. Stuttgart 1905.

Brecht, Martin (1993a): »Einleitung«, in: GdP 1, 1–10.

— (1993b): »Das Aufkommen der neuen Frömmigkeitsbewegung in Deutschland«, in: GdP 1, 113—203.

— (1993c): »Die deutschen Spiritualisten des 17. Jahrhunderts«, in: GdP 1, 205–240.

— (1993d): »Philipp Jacob Spener, sein Programm und dessen Auswirkungen«, in: GdP 1, 279–389.

— (1993e): »August Hermann Francke und der Hallische Pietismus«, in: GdP 1, 439–539.

— (1995a): »Der württembergische Pietismus«, in: GdP 2, 225–295.

— (1995b): »Der Hallesche Pietismus in der Mitte des 18. Jahrhunderts – seine Ausstrahlung und sein Niedergang«, in: GdP 2, 319–357.

Büchsenschütz, Karl / Kißling, Eckart (Hrsg.) (2001): *Pforta. Das Zisterzienserkloster – Die Landesschule.* Regensburg.

Bütikofer, Kaspar (2011): *Der frühe Züricher Pietismus 1689–1721.* Göttingen (*Arbeiten zur Geschichte des Pietismus 54*).

Burk, Philipp David (1760): *Philipp David Burks [...] Evangelischer Fingerzeig auf den wahren Verstand und heilsamen Gebrauch der gewöhnlichen Sonn-, Fest und Feyertäglichen Evangelien.* Hrsg. von Christian August Crusius. Leipzig.

Boehmer, Heinrich (1971): *Der junge Luther.* Mit einem Nachwort hrsg. von Heinrich Bornkamm. Stuttgart.

Brumlik, Micha (2000): *Deutscher Geist und Judenhass. Das Verhältnis des philosophischen Idealismus zum Judentum.* München.

Brunners, Christian (2004): »Gesangbuch«, in: GdP 4, 121–142.

Campe, Joachim Heinrich (2012): *Robinson der Jüngere zur angenehmen und nützlichen Unterhaltung für Kinder.* Hrsg. von Alwin Binder / Heinrich Richartz. Stuttgart.

Ceming, Katharina (1999): *Mystik und Ethik bei Meister Eckhart und Johann Gottlieb Fichte*. Frankfurt am Main.

Cicero, Marcus Tullius (2011): *De natura deorum – Über das Wesen der Götter*. Lateinisch/Deutsch. Übersetzt und hrsg. von Ursula Blank-Sangmeister. Stuttgart.

Class, Wolfgang/Soller, Alois K. (2004): *Kommentar zu Fichtes Grundlage der gesamten Wissenschaftslehre*. Amsterdam/New York (*Fichte-Studien Supplementa 19*).

Crusius, Christian August (1760): »Vorrede«, in: Philipp David Burk: *Philipp David Burks [...] Evangelischer Fingerzeig auf den wahren Verstand und heilsamen Gebrauch der gewöhnlichen Sonn-, Fest und Feyertäglichen Evangelien*. Hrsg. von Christian August Crusius. Leipzig, 3–75.

Danovius, Ernst Jacob (1777): »Nachricht von einer zwischen der theologischen Facultät zu Erlangen und dem Herrn [...] Kirchrath Danovius entstandenen theologischen Streitigkeit über die Lehre von der Rechtfertigung«, in: *Acta historica ecclesiastica nostri temporis oder gesammelte Nachrichten und Urkunden zu der Kirchengeschichte unserer Zeit* 4/30, 711–832.

Defoe, Daniel (1957): *Leben und wunderbare Abenteuer des Robinson Crusoe*. Übersetzt und mit einem Nachwort von Hans Reisiger. Zürich/Stuttgart.

Doering, Heinrich (1830): *Die deutschen Kanzelredner des achtzehnten und neunzehnten Jahrhunderts, nach ihrem Leben und Wirken dargestellt von Dr. Heinrich Doering*. Neustadt an der Orla.

— (1833): *Die gelehrten Theologen Deutschlands im achtzehnten und neunzehnten Jahrhundert. Nach ihrem Leben und Wirken dargestellt von Dr. Heinrich Doering*. Bd. 3. Neustadt an der Orla.

Duden (1963): *Etymologie. Herkunftswörterbuch der deutschen Sprache*. Der große Duden Bd. 7. Mannheim.

Ebert, Klaus (Hrsg.) (1996): *Protestantische Mystik. Von Martin Luther bis Friedrich D. Schleiermacher. Eine Textsammlung*. Weinheim.

Ehret, Hermann (1986): *Immanuel Hermann Fichte. Ein Denker gegen seine Zeit*. Stuttgart.

Ehrhardt, Walter E. (1997): »Schellings Metapher ›Blitz‹ – eine Huldigung an die Wissenschaftslehre«, in: *Fichte und die Romantik*. Hrsg. von Wolfgang Schrader. Amsterdam / Atlanta (*Fichte-Studien 12*), 203–210.

Fichte, Eduard (1863): *Johann Gottlieb Fichte. Lichtstrahlen aus seinen Werken und Briefen nebst einem Lebensabriß*. Leipzig.

Fichte, Johann Gottlieb: »Wissenschaftslehre 1814«, in: *Ultima Inquirenda. J. G. Fichtes letzte Bearbeitungen der Wissenschaftslehre Ende 1813 / Anfang 1814*. Hrsg. von Reinhard Lauth. Stuttgart-Bad Cannstatt 2001 (*Spekulation und Erfahrung I/7*), 427–459.

Fickelscherer, Johann Friedrich (Hrsg.) (1770): *Lausitzsches Magazin, Sammlung verschiedener Abhandlungen und Nachrichten zum Behuf der Natur- Kunst- Welt- und Vaterlands-Geschichte, der Sitten, und der schönen Wissenschaften*. St. 18 vom 28.9.1770. Görlitz.

Fortgesetzter Codex Augusteus oder neuvermehrtes Corpus Juris Saxonici, [...] Constitutiones, Decisiones, Mandata und Verordnungen bis zum Jahre 1772. Leipzig 1772.

Fortsetzung des Codicis Augustei oder des Neuvermehrten Corpus Iuris Saxonici. Dritter Theil. Leipzig 1770.

Fuchs, Erich (1990): »Fichtes Stellung zum Judentum«, in: *Kosmopolitismus und Nationalidee*. Hrsg. von Klaus Hammacher u. a. Amsterdam / Atlanta (*Fichte-Studien 2*), 160–177.

— (2016): »Zum Ineinander von Denken und Wirken in Fichtes Leben«, in: *Fichte und seine Zeit. Kontext, Konfrontationen, Rezeptionen*. Hrsg. von Matteo d'Alfonso u. a. Leiden / Boston (*Fichte-Studien 43*), 397–412.

Galter, Wolfgang (Hrsg.) (1911): *Das Volksbuch vom gehörnten Siegfried nach der ältesten Ausgabe von 1726*. Halle.

Gäbler, Ulrich (2004): »Geschichte, Gegenwart, Zukunft«, in: GdP 4, 19–48.

Gerhardt, Paul (1991): *Geistliche Lieder*. Stuttgart.

Gestrich, Andreas (2004): »Pietistisches Weltverständnis und Handeln in der Welt«, in: GdP 4, 556–583.

Goethe, Johann Wolfgang von (1971): *Faust. Der Tragödie erster Teil*. Stuttgart.

— (1998): *Goethe Werke*. Jubiläumsausgabe in sechs Bänden. Hrsg. v. F. Apel u. a., Bd. 1. Frankfurt / Leipzig.

— (2013): *Die Leiden des jungen Werther*. Hrsg. von Anna Riman. Stuttgart.

Grünberg, Reinhold (1939/40): *Sächsisches Pfarrerbuch. Die Parochien und Pfarrer der Ev.-Luth. Landeskirche Sachsens (1539–1939)*. Freiberg.

Gundlach, Horst (2004): »Psychologie«, in: GdP 4, 309–331.

Heeremann, Franziskus von (2010): *Selbst und Bild. Zur Person beim letzten Fichte (1810–1814)*. Amsterdam / New York (*Fichte-Studien Supplementa 26*).

Hegel, Georg Wilhelm Friedrich (1970): *Enzyklopädie der philosophischen Wissenschaften III*. Theorie Werkausgabe Bd. 10. Frankfurt am Main.

Heimsoeth, Heinz (1923): *Fichte*. München.

Hirsch, Emanuel (1920): *Christentum und Geschichte in Fichtes Philosophie*. Tübingen.

Ivaldo, Marco (1977): »Politik und Religion in der Staatslehre von 1813«, in: *Materiale Disziplinen der Wissenschaftslehre*. Hrsg. von Wolfgang H. Schrader. Amsterdam / Atlanta (*Fichte-Studien 11*), 209–227.

— (2004): »Fichtes Vorsehungsgedanke«, in: *Fichte und die Aufklärung*. Hrsg. von Carla de Pascale u. a. Hildesheim / Zürich / New York, 147–165.

— (2016): *Filosofia e religione. Attraversando Fichte*. Neapel.

Jacobi, Friedrich Heinrich (1816): »Jacobi an Fichte«, in: ders.: *Werke*. Bd. 3. Leipzig 1816, 1–57.

Jakubowski-Tiessen, Manfred (1995): »Der Pietismus in Niedersachsen«, in: GdP 2, 428–471.

Janke, Wolfgang (1970): *Fichte. Sein und Reflexion – Grundlagen einer kritischen Vernunft*. Berlin.

— (1993): *Vom Bild des Absoluten. Grundzüge einer Phänomenologie Fichtes*. Berlin / New York.

— (1999): *Johann Gottlieb Fichtes ›Wissenschaftslehre 1805‹. Methodisch-systematischer und philosophiegeschichtlicher Kommentar*. Darmstadt.

— (2000): »Glauben und Wissen. Ein Beitrag zur Schellingkontroverse in Fichtes Erlanger Wissenschaftslehre 1805«, in: *Schelling zwischen Fichte und Hegel*. Hrsg. von Christoph Asmuth u. a. Amsterdam / Philadelphia (*Bochumer Studien zur Philosophie 32*), 55–76.

— (2009): *Die dreifache Vollendung des Deutschen Idealismus. Schelling, Hegel und Fichtes ungeschriebene Lehre*. Amsterdam/New York (*Fichte-Studien Supplementa 22*).

Kant, Immanuel (1905): »Eine neue Beleuchtung der ersten Prinzipien der metaphysischen Erkenntnis« in: *Immanuel Kant's kleinere Schriften zur Logik und Metaphysik*. Hrsg. von Karl Vorländer. Leipzig, 1–51.
Kirchenbuch Evangelisch-Lutherischen Gemeinde in Niederau. Amtshandlungs- und Kirchenstuhlregister des Kirchenbezirks Meißen. 1765, lfd. Nr. 5.
Kisser, Thomas (2018): »›Omnia animata sunt – Alles ist beseelt‹. Das Verhältnis von Geist und Materie bei Spinoza und in Schellings Identitätsphilosophie«, in: *Fichte im Streit – Festschrift für Wolfgang Janke*. Hrsg. von Hartmut Traub/Alexander Schnell/Christoph Asmuth. Würzburg, 185–219.
Kohls, Christoph (2014): *Johannes von Damaskus und seine Beurteilung des Islam*. Norderstedt.
Kriedte, Peter (2004): »Wirtschaft«, in: GdP 4, 584–616.
Kühn, Manfred (2012): *Johann Gottlieb Fichte. Ein deutscher Philosoph*. Stuttgart.

Lauth, Reinhard (1964/65): »J. G. Fichtes Gesamtidee der Philosophie«, in: *Philosophisches Jahrbuch* 71, 353–384.
— (Hrsg.) (2001): *Ultima Inquirenda. J. G. Fichtes letzte Bearbeitungen der Wissenschaftslehre Ende 1813/Anfang 1814*. Stuttgart Bad-Cannstatt (*Spekulation und Erfahrung I/7*).
Layritz, Paulus Eugenius (1741): *Vierte Probe einer Psychotheologie Oder: Der aus den Wirckungen der menschlichen Seele hervorleuchtenden Weißheit, Macht und Güte ihres preißwürdigen Schöpfers*. Nürnberg.
Lindner, Konrad (1997): »›Vom Begriff der Freiheit‹ Fichtes Leipziger Kant-Studien (1790)«, in: *Anfänge und Ursprünge. Zur Vorgeschichte der Jenaer Wissenschaftslehre*. Hrsg. von Wolfgang H. Schrader. Amsterdam/Atlanta 1997 (*Fichte-Studien 9*), 19–26.
Lippmann, Werner (1966): *Schloss und Schule Siebeneichen*. Dresden/Siebeneichen.

Loheide, Bernwald (2000): *Fichte und Novalis. Transzendentalphilosophisches Denken im romantisierenden Dialog.* Amsterdam / Atlanta (*Fichte-Studien Supplementa 13*).

Lohmann, Petra (2004): *Der Begriff des Gefühls in der Philosophie Johann Gottlieb Fichtes.* Amsterdam / New York (*Fichte-Studien Supplementa 18*).

Loose, Wilhelm (1900): »Beziehungen deutscher Dichter zu Meißen«, in: *Mitteilungen des Vereins für Geschichte der Stadt Meissen* 5/1, 335–404.

Lösecken, Christoph Albrecht (1758): *Der zergliederte Katechismus.* Halle.

Luther, Martin (1888): »Vom Papsttum zu Rom wider den hochberühmten Romanisten zu Leipzig (1520)«, in: *Martin Luther's Werke. Kritische Gesamtausgabe.* Hrsg. von Joachim Karl Friedrich Knaake. Weimar. Bd. 6, 285–324.

— (1989): *Lutherlexikon.* Hrsg. von Kurt Aland. Göttingen.

— (2000): »Kirchliche Bekenntnisse und Lehrzeugnisse. Der kleine Katechismus«, in: *Evangelischer Erwachsenen Katechismus. Glauben Erkennen Leben.* Hrsg. von Manfred Kiesling u. a. Gütersloh, unpag., nach 243.

Matthias, Markus (2004): »Bekehrung und Wiedergeburt«, in: GdP 4, 49–79.

Medicus, Fritz (1914): *Fichtes Leben.* Leipzig.

Messer, August (1923): *Fichtes religiöse Weltanschauung.* Stuttgart.

Meusel, Johann Georg (1809): *Lexikon der vom Jahre 1750 bis 1800 verstorbenen teutschen Schriftsteller.* Bd. 9. Leipzig.

Meyer, Dietrich (1995): »Zinzendorf und Herrnhut«, in: GdP 2, 3–106.

— (2009): »Begründung einer christlichen Psychologie als einer Psychotheologie. Die Schulprogramme des Neustädter Pädagogen Paul Eugen Layritz von Layritz«, in: *Alter Adam und neue Kreatur. Pietismus und Anthropologie.* Hrsg. von Udo Sträter u. a. Tübingen (*Hallesche Forschungen 28/1*), 293–304.

Michel, Paul (2008): *Physikotheologie. Ursprünge, Leistung und Niedergang einer Denkform.* Zürich (*Neujahrsblatt auf das Jahr 2008 der Gelehrten Gesellschaft Zürich*).

Miltitz, Monica von (1927): *Das Schloss Siebeneichen.* Dresden.

Moderow, Hans Martin (2007): *Volkschule zwischen Staat und Kirche. Das Beispiel Sachsen im 18. und 19. Jahrhundert.* Wien / Köln / Weimar.

Müller, Mathias (2010): *Theologie im Transzensus. Die Wissenschaftslehre als*

Grundlagentheorie einer transzendentalen Fundamentaltheologie. Amsterdam / New York (*Fichte-Studien Supplementa 25*).

Ninck, Johannes (1939): *Sieghafte Liebe. Die Liebe der Züricherin Johanna Rahn zu dem Philosophen Fichte.* Zürich / Leipzig.

Nohl, Hermann (1911): »Miscellen zu Fichtes Entwicklungsgeschichte und Biographie«, in: *Kant-Studien* 16, 373–381.

Novalis (Friedrich von Hardenberg) (1996): *Die Christenheit oder Europa.* Hrsg. von Carl Paschek. Stuttgart.

Oesch, Martin (1981): *Das Handlungsproblem, ein systemgeschichtlicher Beitrag zur ersten Wissenschaftslehre Fichtes.* Amsterdam.

Oesterreich, Peter L. (2011): *Spielarten der Selbsterfindung. Die Kunst des romantischen Philosophierens bei Fichte, F. Schlegel und Schelling.* Berlin / New York.

— (2018a): »Fichte quer. Das Ich, die Nation und der Tod des Gelehrten«, in: *Mit Fichte philosophieren.* Hrsg. von Mateo d'Alfonso. Leiden / Boston (*Fichte-Studien 45*), 223–241.

— (2018b): »›Der Hahn über die Kohlen‹. Fichtes antikantische Ästhetik des Vergnügens«, in: *Fichte im Streit – Festschrift für Wolfgang Janke.* Hrsg. von Hartmut Traub / Alexander Schnell / Christoph Asmuth. Würzburg, 137–146.

Paulsen, Friedrich (191/1921): *Geschichte des gelehrten Unterrichts.* Hrsg. von Rudolf Lehmann. 3. Aufl. Bd. 1 Leipzig 1919; Bd. 2 Leipzig 1921.

Peters, Adolf (1863): *General Dietrich von Miltitz, sein Leben und sein Wohnsitz.* Meißen.

Petzold, Helmut (1993): *Begegnungen mit Fichte. Leben und Weltanschauung eines großen deutschen Philosophen.* Waltersdorf.

Pezold, Christan Friedrich (1774): *Psychotheologiae specimina.* Antrittsrede zur außerordentlichen Philosophieprofessur in Leipzig, 20. April 1774. Leipzig.

Pfister, Stefanie / van Spankeren, Malte (2014): »Vorwort« und »Einführung«, in: Johann Jacob Rambach: *Erbauliches Handbüchlein für Kinder (1734).* Hrsg. von dens. Leipzig, 5–77.

Platner, Ernst (1772): *Anthropologie für Aerzte und Weltweise. Erster Theil.* Leipzig.
— (1781): *Gespräche über die natürliche Religion von David Hume.* Leipzig.
— (1782): *Philosophische Aphorismen. Zweiter Theil.* Leipzig.
Preul, Reiner (1969): *Reflexion und Gefühl. Die Theologie Fichtes in seiner vorkantischen Zeit.* Berlin 1969.

Rambach, Johann Jacob (2014): *Erbauliches Handbüchlein für Kinder (1734).* Hrsg. von Stefanie Pfister / Malte van Spankeren. Leipzig.
Reinhard, Volkmar (1811): *Geständnisse seine Predigten und seine Bildung zum Prediger betreffend.* 2. Aufl. Sulzbach.
Reisiger, Hans (1957): »Nachwort«, in: Daniel Defoe: *Leben und wunderbare Abenteuer des Robinson Crusoe.* Aus dem Englischen übersetzt von Hans Reisiger. Zürich / Stuttgart, 541–566.
Ritzel, Wolfgang (1956): *Fichtes Religionsphilosophie.* Stuttgart.
Rohs, Peter (1991): *Johann Gottlieb Fichte.* München.
Römelt, Johannes (1990): »›Merke auf dich selbst‹. Das Verhältnis des Philosophen zu seinem Gegenstand nach dem ›Versuch einer neuen Darstellung der Wissenschaftslehre‹ (1797/98) von Johann Gottlieb Fichte«, in: *Fichte-Studien Bd. 1.* Hrsg. von Klaus Hammacher u. a. Amsterdam / Atlanta, 73–98.
Runze, Maximilian (1918): *Predigten von Johann Gottlieb Fichte.* Leipzig.
— (1919): *Neue Fichte-Funde aus der Heimat und der Schweiz.* Gotha.

Safranski, Rüdiger (2007): *Romantik. Eine deutsche Affäre.* München.
Santner, Eric L. (2010): *Zur Psychotheologie des Alltagslebens Betrachtungen zu Freud und Rosenzweig.* Zürich.
Schelling, Friedrich Wilhelm Joseph (1992): *Urfassung der Philosophie der Offenbarung.* Hrsg. von Walther E. Ehrhardt. Hamburg.
Schmidig, Dominik (1966): *Gott und Welt in Fichtes ›Anweisung zum seligen Leben‹.* Wald.
Schmidt, Carl Christian Gottlieb (1821): *Kurze Nachricht von dem Leben und Wirken des am 6ten Julius 1820 verstorbenen Professors [...] Johann Gottlieb Schmidt.* Leipzig.
Schneider, Hans (1993): »Der radikale Pietismus im 17. Jahrhundert«, in: GdP 1, 391–437.

Schocher, Christian Gotthold (1793): *Rechtfertigung der Schreibart, Teutsch.* Leipzig.

Schönborn, Sibylle (1999): *Das Buch der Seele. Tagebuchliteratur zwischen Aufklärung und Kunstperiode.* Tübingen.

Schott, Christian-Erdmann (1978): *Möglichkeiten und Grenzen der Aufklärungspredigt. Dargestellt am Beispiel Volkmar Reinhards.* Göttingen.

Sparn, Walter (2004): »Philosophie« (2004), in: GdP 4, 227–263.

Schrader, Hans-Jürgen (2004), »Die Literatur des Pietismus – Pietistische Impulse zur Literaturgeschichte. Ein Überblick«, in: GdP 4, 386–427.

Schultz, Uwe (1999): *Kant mit Selbstzeugnissen und Bilddokumenten. Dargestellt von Uwe Schultz.* Reinbek.

Steiner, Rudolf (2016): *Die Philosophie der Freiheit,* in: Schriften. Kritische Ausgabe. Hrsg. von Christian Clement. Bd. 2: Philosophische Schriften. Stuttgart-Bad Cannstatt, 73–260.

Stoffers, Johannes (2011): *Die Befreiung vom Bösen und der Aufstieg zum Absoluten. Fichte, Schelling und der Gedanke göttlicher Gnade.* Wien/Zürich/Berlin (*Pontes. Philosophisch-theologische Brückenschläge 47*).

Thomas von Aquin (2013): *Summa contra gentiles.* Hrsg. von Karl Albert u.a. Darmstadt.

— (1985): *Summe der Theologie.* Zusammengefasst und erläutert von Joseph Bernhart. Bd. 1. Stuttgart.

Traub, Hartmut (1992): *Johann Gottlieb Fichtes Populärphilosophie 1804–1806.* Stuttgart-Bad Cannstatt (*Spekulation und Erfahrung II/25*).

— (Hrsg.) (2001): *Schelling–Fichte Briefwechsel.* Neuried.

— (2003): »J. G. Fichte, der König der Juden spekulativer Vernunft – Überlegungen zum spekulativen Anti-Judaismus«, in: *Fichte und seine Zeit. Beiträge zum vierten Kongress der Internationalen J. G.-Fichte-Gesellschaft.* Hrsg. von dems. Amsterdam/New York (*Fichte-Studien 21*), 131–150.

— (2004a): »Mut zum ›Übermut‹! Der Ursprung des Philosophierens bei J. G: Fichte. Ein etymologisch-systematischer Versuch«, in: *Fichte und die Aufklärung.* Hrsg. von Carla de Pascale u.a. Hildesheim, 263–283.

— (2004b): »Fichtes Lehre vom Sein. Ein existenzphilosophischer Deutungsversuch«, in: *System und Kontext. Frühromatische und frühidealistische Konstellationen.* Hrsg. von Rolf Ahlers. New York/Queenston, 281–327.

— (2009a): »Der Begriff der Aufklärung in Fichtes Wissenschaftslehre von 1805«, in: *Fichte in Erlangen*. Hrsg. von Michael Gerten. Amsterdam / New York (*Fichte-Studien 34*), 187–201.

— (2009b): »Von der Wissenschaft zur Weisheit. Systematische und biographische Aspekte zu Fichtes Erlanger Vorlesung ›Über das Wesen des Gelehrten‹«, in: *Fichte in Erlangen*. Hrsg. von Michael Gerten. Amsterdam / New York (*Fichte-Studien 34*), 393–416.

— (2009c): »Urphantasie, wahre Creation und absolute Beschreibung – Transzendentale Strukturelemente für die Grundlegung einer Philosophie der Kunst im zweiten Vortrag der Wissenschaftslehre von 1804«, in: *L'Être et le Phénomène – Sein und Erscheinung*. Hrsg. von Christoph Goddard / Alexander Schnell. Paris (*Bibliotèque d'Histoire de la Philosophie*), 285–303.

— (2010): »Biographische Wurzeln und systematische Reflexionen. Grundlegung einer Philosophie ganzheitlicher Bildung und Erziehung in Fichtes Wanderjahren«, in: *Bildung als Kunst. Fichte, Schiller, Humboldt, Nietzsche*. Hrsg. von Jürgen Stolzenberg u. a. Berlin / New York, 29–58.

— (2011a): »Der Staat und die Erziehung. Die Entstehung von Fichtes staats- und erziehungsphilosophischem Denken aus dem Geist seiner frühen Predigten«, in: *Der Staat als Mittel zum Zweck*. Hrsg. von Günter Zöller. Baden-Baden, 133–167.

— (2011b): *Philosophie und Anthroposophie. Die philosophische Weltanschauung Rudolf Steiners, Grundlegung und Kritik*. Stuttgart.

— (2012): »J. G. Fichte: Eine Philosophen-Identität zwischen Politik und Wissenschaft«, in: *Nation – Gesellschaft – Individuum. Fichtes Theorie der Identität*. Hrsg. von Christoph Binkelmann. Amsterdam / New York (*Fichte-Studien 40*), 9–28.

— (2014): »Ästhetik und Kunst in der Philosophie J. G. Fichtes. Eine Bestandsaufnahme«, in: *Fichte und die Kunst*. Hrsg. von Ives Radrizzani / Faustino Oncina Coves. Amsterdam / New York (*Fichte-Studien 41*), 305–391.

— (2015): »Fichtes Begriff der Natur. Rezeptionsgeschichte im Wandel – Ein Forschungsbericht«, in: ›*Natur‹ in der Transzendentalphilosophie*. Hrsg. von Helmut Girndt. Berlin, 77–133.

— (2016a): »›Lasst uns Menschen machen‹. Fichtes Lehre vom Bild: Zwischen Gottesebenbildlichkeit und Bilderverbot«, in: *Bild, Selbstbewusstsein, Einbildung*. Hrsg. von Alexander Schnell / Jan Kuneš. Leiden (*Fichte-Studien 42*), 153–173.

— (2016b): »Fichte und seine Zeit: Versuch einer transzendentallogischen Erörterung der ›Zeitigung‹ nebst näherer Bestimmung eines personalen Zeitbegriffs«, in: *Fichte und seine Zeit. Kontext, Konfrontationen, Rezeptionen.* Hrsg. von Matteo d'Alfonso u. a. Leiden/Boston (*Fichte-Studien 43*), 3–18.

— (2017): »›Ein schlaffer Charakter wird sich nie zum Idealismus erheben‹. Fichte und die Idee starker Subjektivität«, in: *Figuren starker Subjektivität.* Hrsg. von Renate Breuning/Peter L. Oesterreich. Würzburg, 57–74.

— (2018): »›Nicht die Freude durch den Kampf verlieren‹. Fichte im Streit – mit sich selbst«, in: *Fichte im Streit – Festschrift für Wolfgang Janke.* Hrsg. von dems./Alexander Schnell/Christoph Asmuth. Würzburg, 91–109.

— /Schnell, Alexander/Asmuth, Christoph (Hrsg.) (2018): »Gespräch mit W. Janke«, in: *Fichte im Streit – Festschrift für Wolfgang Janke.* Würzburg, 5–9.

— (2020): »Überzeugung oder Unterwerfung. Fichtes Auseinandersetzung mit dem Islam«, in: *Pithanologie. Exemplarische Studien zum Überzeugenden.* Hrsg. von Michael Pietsch und Markus Mülke. Berlin 2020 (in Vorbereitung),

van den Berg, Johannes (1993): »Die Frömmigkeitsbestrebungen in den Niederlanden«, in: GdP 1, 57–112.

Vergil (Publius Vergilius Maro) (1990): *Aeneis.* Übersetzt von Johannes Götte. Zürich/München.

Verweyen, Hansjürgen (1983): »Vorwort«, in: Johann Gottlieb Fichte: *Die Anweisung zum seligen Leben.* Hamburg, XIII–LXVI.

Villacañas, José L. (1993): »Fichte und die charismatische Verklärung der Vernunft«, in: *Theoretische Vernunft.* Hrsg. von Klaus Hammacher u. a. Amsterdam/Atlanta (*Fichte-Studien 5*), 117–148.

Weber, Max (1979): *Die Protestantische Ethik. Eine Aufsatzsammlung.* Hrsg. von Johannes Winckelmann. Gütersloh.

Weigelt, Horst (1995): »Der Pietismus im Übergang vom 18. zum 19. Jahrhundert«, in: GdP 2, 700–754.

Weinhold, Moritz (1862): *Achtundvierzig Briefe von Johann Gottlieb Fichte und seinen Verwandten.* Leipzig.

Weischedel, Wilhelm (1962): *Der Zwiespalt im Denken Fichtes.* Berlin.

Weißhuhn, Friedrich August (2007): »Über die Schulpforte«, in: *Fichte in Schulpforta (1774–1780)*. Hrsg. von Stefano Bacin. Stuttgart-Bad Cannstatt (*Spekulation und Erfahrung II/42*), 321–393.

Wildfeuer, Armin (1999): *Praktische Vernunft und System. Entwicklungsgeschichtliche Untersuchungen zur ursprünglichen Kant-Rezeption Johann Gottlieb Fichtes*. Stuttgart-Bad Cannstatt. (*Spekulation und Erfahrung II/40*).

Wood, David W. (2012): ›*Mathesis of mind*‹. *A Study of Fichte's Wissenschaftslehre and Geometrie*. Amsterdam / New York (*Fichte-Studien Supplementa 29*).

Wundt, Max (1927): *Johann Gottlieb Fichte*. Stuttgart.

Zimmer, Friederich (1878): *Johann Gottlieb Fichte's Religionsphilosophie nach den Grundzügen ihrer Entwicklung*. Berlin.

Zöller, Günter (1998): »›Das Element aller Gewissheit‹ – Jacobi, Kant und Fichte über den Glauben«, in: *Fichte und Jacobi*. Hrsg. von Klaus Hammacher. Amsterdam / Atlanta (*Fichte-Studien 14*), 21–41.

— (2004): »Kant, Fichte und die Aufklärung«, in: *Fichte und die Aufklärung*. Hrsg. von Carla de Pascale u. a. Hildesheim / Zürich / New York, 35–52.

— (2009): »›Einsicht im Glauben‹. Der dunkle Grund des Wissens in der Wissenschaftslehre 1805«, in: *Fichte in Erlangen 1805*. Hrsg. von Michael Gerten. Amsterdam / New York (*Fichte-Studien 34*), 203–219.

Namenregister

Sachregister

JOHANN GOTTLIEB FICHTE
›Transzendentale Logik I (1812)‹

Die späten wissenschaftlichen Vorlesungen (1809–1814). Neu hrsg. von Hans Georg von Manz und Ives Radrizzani. Unter Mitarbeit von Erich Fuchs. – *fhS 4,1. 2019. XXXVIII, 251 S. Br. ISBN 978 3 7728 2012 0.* *Lieferbar*

Die beiden Vorlesungen zur ›Transzendentalen Logik‹ aus den Jahren 1812/13 erscheinen in zwei separaten Teilbänden. Die erste, aus dem Sommersemester 1812, ›Vom Verhältnis der Logik zur wirklichen Philosophie‹, wird nun zum ersten Mal einem größeren Publikum zugänglich. Sie bringt eine Vertiefung der bereits in der Jenaer Zeit angelegten Überlegungen zur Verortung der Logik im Gesamtsystem der Wissenschaftslehre. Als Vorbereitung auf die Wissenschaftslehre gedacht, will sie die Mängel einer bloß formalen Logik beheben, indem sie die Entstehungsart der Begriffe herausstellt. Dabei geht es auch in spezifischer Weise um das Verhältnis der Philosophie zur Wirklichkeit. Der Text wurde unter erneuter Prüfung des Originals und Einbeziehung der Kollegnachschriften neu herausgegeben.

FRIEDRICH HEINRICH JACOBI
Brief über den Nihilismus

Eingeleitet und mit Anmerkungen versehen von Ives Radrizzani. Mit einer Übersetzung aus dem Französischen von Perihan Göcergi. – *fhS 9. 2018. XLIV, 221 S. 1 Farbabb. Broschur. ISBN 978 3 7728 2842 3.* *Lieferbar*

Als kleines Lehrbuch der Nichtphilosophie für Philosophen und Nichtphilosophen bildet die kleine Schrift ›Jacobi an Fichte‹ ein Ausnahmedokument für die Entstehung des europäischen Nihilismus. Knapp vor der Wende zum 19. Jahrhundert verfasst, in einem polemischen Zusammenhang mitten im sogenannten »Atheismusstreit«, ist der Brief eine regelrechte Kampagne gegen die ganze westliche Philosophie, die beschuldigt wird, tendenziell nihilistisch grundorientiert zu sein und eine sinnentleerte und bezähmte Wirklichkeit geschaffen zu haben; er ist aber vor allem ein mitreißender Ruf, sich durch Abstraktion und Reflexion nicht vom Leben abbringen zu lassen und wieder auf eine Welt zu hören, die sich über »Wunder, Geheimniße und Zeichen« an uns wendet.